万卷方法

YONG STATA XUE WEIGUANJILIANG JINGJIXUE

用Stata学微观计量经济学

（修订版）

[美] A.科林 · 卡梅伦　[美] 普拉温 · K.特里维迪　著
肖光恩　杨　洋　王保双 等　译
肖光恩　审校

重庆大学出版社

Published by Stata Press, 4905 Lakeway Drive, College Station, Texas 77845

图书在版编目(CIP)数据

用 Stata 学微观计量经济学 / (美)A.科林·卡梅伦(Cameron,A.C.),(美)普拉温·K.特里维迪(Trivedi,P.K.)著;肖光恩等译.--2 版(修订版).--重庆 :重庆大学出版社,2018.8(2022.10 重印)
(万卷方法)
ISBN 978-7-5624-8536-0

Ⅰ.①用… Ⅱ.①A… ②普… ③肖… Ⅲ.①微观经济学—计量经济学—应用软件 Ⅳ.①F224.0-39

中国版本图书馆 CIP 数据核字(2018)第 183933 号

用 Stata 学微观计量经济学
(修订版)
[美]A.科林·卡梅伦 [美]普拉温·K.特里维迪 著
肖光恩 杨 洋 王保双 等译
肖光恩 审校
策划编辑:林佳木
责任编辑:林佳木 版式设计:林佳木
责任校对:关德强 责任印制:张 策
*
重庆大学出版社出版发行
出版人:饶帮华
社址:重庆市沙坪坝区大学城西路 21 号
邮编:401331
电话:(023) 88617190 88617185(中小学)
传真:(023) 88617186 88617166
网址:http://www.cqup.com.cn
邮箱:fxk@cqup.com.cn (营销中心)
全国新华书店经销
重庆市联谊印务有限公司印刷
*
开本:787mm×1092mm 1/16 印张:41 字数:875 千
2018 年 8 月第 2 版 2022 年 10 月第 5 次印刷
ISBN 978-7-5624-8536-0 定价:128.00 元

作者简介

[美] A.科林·卡梅伦(A. Colin Cameron)

美国加利福尼亚大学戴维斯分校经济学教授,斯坦福大学经济学博士。卡梅伦教授是世界著名的微观计量经济学专家,重点研究横截面数据特别是计数数据的计量经济学理论及其在劳动经济学和健康(卫生)经济学中的应用,在 *Review of Economic Studies*、*Quarterly Journal of Economics*、*Journal of Econometrics*、*Review of Economics and Statistics*、*Journal of Applied Econometrics* 和 *Journal of Business and Economics Statistics* 等国际权威期刊上发表论文三十余篇,著有《计数数据的回归分析》(*Regression Analysis of Count Data*)和《微观计量经济学:方法与应用》(*Microeconometrics Methods and Applications*)等著作,也是 *Journal of Econometric Methods* 和 *The Stata Journal* 的副主编。

[美] 普拉温·K.特里维迪(Pravin K. Trivedi)

美国印第安纳大学荣誉经济学教授,伦敦大学经济学博士。特里维迪教授是世界知名的微观计量经济学家,重点研究微观计量经济学理论及其在健康经济学中的应用,善长计量经济学建模分析,在 *Review of Economic Studies*、*Journal of Econometrics* 和 *Journal of Applied Econometrics* 等国际权威期刊发表论文几十篇,曾是 *Review of Economic Studies* 和 *Journal of Applied Econometrics* 等期刊的编委。

译者简介

肖光恩

武汉大学经济与管理学院副教授,世界经济系副主任,武汉大学国际商务研究中心副主任,英国雷丁大学商学院访问学者。重点研究世界经济、国际投资、空间经济学和空间计量分析,出版译著有《国际商务经济学:一个新的研究议程》《空间计量经济学导论》和《空间计量经济学:从横截面数据到空间面板》。

Stata 专业技术人员对本书的评论

由美国学者科林·卡梅伦和普拉温·K.特里维迪共同撰写的《用 Stata 学微观计量经济学》一书，是一本优秀的介绍微观计量经济学的专著，它同时也介绍了如何使用 Stata 来进行微观计量经济学研究。本书包括了微观计量经济学教材中省略的许多主题，同时也省略了对 Stata 基本使用知识的介绍。两位学者对 Stata 现有的微观计量经济学的方法进行了全面的和最新的总结。

本书的修订版更新了微观计量经济专家对 stata 11 版提出的新特征，本书不再使用 mfx 命令和用户编写的 margeff 命令，而是使用新的 margins 命令，它强调了在均值处的边际效应和平均的边际效应。让可以识别指示变量和交互效应的因子变量取代了 xi 命令，同时用几个实证的例子说明了用于广义矩估计和非线性工具变量估计的新命令 gmm。最后，有关最大似然估计章节对 Stata 11 中的命令 ml 的更新功能进行了介绍。

卡梅伦和特里维迪在本书中首先介绍了模拟的方法，然后用模拟的方法去演示了本书随后介绍的估计量和统计检验的特征。尽管模拟方法是微观计量经济学专家的重要工具，但它并不包含在标准的计量经济学教材中。通过对模拟方法的介绍，作者使用学生和研究者可以在未来的研究中使用这种武器。卡梅伦和特里维迪用详细的实例说明了每一个主题，而且在适当的时候他们也引用了 2005 年出版的《微观计量经济学：方法与应用》这本教材的内容。

而且两位作者还介绍了为执行那些没有 Stata 特定命令的计量分析方法而进行 Stata 编程的特征。尽管本书不是定位于 Stata 编程，但它也介绍了如何解决许多编程问题的方法。这些技术是实证计量经济学的基础，因为有许多新的特定的方法总会超出软件工具包现有的功能。

卡梅伦和特里维迪对主题的选择完全反映了当代微观计量经济学实证分析的操作，在向读者介绍了 Stata 之后，作者就介绍了线性回归、模拟和广义最小二乘法；有横截面技术的部分则介绍了对线性模型工具变量和分位数回归模型的最新处理方法。

本书后面的部分包括了对线性面板数据模型参数的估计方法，作者的选择是独具匠心的：在介绍了标准的随机效应和固定效应之后，然后介绍了混合线性模型，它在计量经济学之外的很多领域被广泛地应用。

卡梅伦和特里维迪不仅介绍了非线性回归模型，还说明了如何使用 Stata 对新的非线性估计量进行编程。此外，还详细地介绍了非线性的方法，这是很多传统计量经济学教材省略的内容，这一部分向学生和研究者说明了如何更简单地执行这些新的非线性估计的方法。

然后作者使用经验的近似方法来说明统计推断，同时使用自抽样的近似方法来说明检验统计量的分布。这一部分强调了 Stata 在获取自抽样近似法方面的强大优势，同时也介绍了统计推断的基本知识。

最后，卡梅伦和特里维迪在扩展部分中介绍了不同的非线性模型，他们首先介绍了二值因变量模型，然后介绍了多项选择模型、tobit 和选择模型、计数模型以及非线性面板数据模型。最后用两个有关编程的附录结束了本书的写作。

本书对不同计量经济学主题的独特组合，对不同计量实证分析方法的直觉介绍，以及对 Stata 实例的深入解说，对使用微观计量经济学实证分析方法的人来说，它是最有价值的手边工具书。

推荐序:微观计量经济学实证分析的必备工具

当前计量经济学已经成为举足轻重的基础性学科,并成为理论研究和经验分析的重要工具。自美国两位经济学家詹姆士·J.赫克曼(James J. Heckman)和丹尼尔·L.麦克法登(Daniel L. McFadden)获得诺贝尔经济学奖以来,微观计量经济学与宏观计量经济学的区分就不断得到强化,特别是微观计量经济学理论得到了社会各界充分的重视,并取得了长足的发展。与此同时,随着美国与欧洲一些国家微观调查数据的不断涌现,特别是对大量个人、家庭或企业微观信息的强烈关注和追踪调查,微观计量分析已经成为现实生活与工作的重要内容。数据的实证分析者不仅需要微观计量经济学理论的强力支持,更需要有对微观大数据的处理能力和分析能力。因此,在加强学习计量经济学理论及其他社会经济学理论的同时,掌握对微观大数据的处理、加工、计算与分析技术,就成为当代社会各界的理论研究者与实证分析者的现实需要。

美国学者科林·卡梅伦和普拉温·K.特里维迪是当前世界公认的微观计量经济学专家,他们对微观大数据特别是对计数数据有专门的研究,他们编写的《微观计量经济学:方法与应用》一书更是首部以"微观计量经济学"命名计量经济学教材,这本教材的出版对计量经济学发展产生了重要影响。两位教授编写的《用 Stata 学微观计量经济学》一书,是近期得到迅猛发展的计量分析软件 Stata 所在公司量身打造的一本微观计量实证分析的专著。

这本书从实证分析者的视角,运用 Stata 软件分析的实例,深入浅出地讲解了当前微观计量经济学实证分析的许多重要方法。这些方法主要有模拟分析、工具变量回归、分位数回归、面板数据分析、非线性回归、非线性优化、自抽样、二值结果变量分析、多项选择模型、样本选择分析、计数分析、非线性面板分析等,本书介绍的这些微观实证分析方法基本涵盖了当前微观计量经济学领域的最新发展。与此同时,这本书还比较详细地介绍了在微观计量实证分析中所使用的 Stata 更新版本中的一些新命令的功能,它使计量经济学实证分析功能得到了极大的提升;更为重要的是本书还对 Stata 分析中所使用的矩阵编程语言 mata 进行了初步介绍,这对广大的 Stata 编程用户来说是一个很大的福利。因此,本书的翻译出版,不仅有利于推动 Stata 在中国的普及与推广,而且有利于广大计量经济分析爱好者提高实证分析能力。

《用 Stata 学微观计量经济学》一书是微观计量实证分析的必备工具,它有助于微观计量实证分析迈入大数据分析的时代。

连玉君
2014 年 6 月于中山大学岭南学院

译者序

微观计量经济学是概率统计理论、计量经济学理论、微观数据处理和计量实证分析软件深度融合发展的结果。微观计量经济学理论的快速发展与广泛应用，不仅改变了传统计量经济学实证分析过度关注宏观经济加总数据和时间序列数据的分析，而且使时间序列数据与横截面数据嵌套构成的面板数据分析进入了新阶段。它把计量经济实证分析的重点聚焦在微观经济主体的同时，更强调微观主体个体特征对数据结构和计量方法的影响。在数据结构的构建上，大量微观数据的出现，使得微观计量分析从过度关注平衡面板数据分析逐渐转向非平衡面板数据和缺失数据的分析，而且在面板数据分析中从过度关注大 N 小 T 的面板数据逐渐转向小 N 大 T 的面板数据，更为重要的是从以前过度关注单层数据分析转向了多层数据分析，使分析的数据结构从单一水平结构转向了多层水平结构。在计量分析方法上，随着 Melitz(2003)异质性企业理论的广泛应用，很多计量经济实证分析者已经放松了过去有关观测单位是同质性且不相关的假设，并在实证计量分析中更关注观测单位的相关性与异质性特征对计量实证分析带来的影响，如对数据聚类性和分层性的控制以及对数据时间相关(或滞后)、空间相关(或滞后)或数据的时间一空间相关的控制等；与此同时，微观计量实证分析更重视微观观测单位个体特征与宏观数据的交互影响，使分层数据的计量实证分析方法不断丰富。因此，微观计量实证分析使理论研究与现实客观世界的联系更加紧密。

《用 Stata 学微观计量经济学》是一本计量经济学理论分析与实证分析深入结合的“手册式”工具书，本书的作者是当今世界研究微观计量经济学的重要权威，他们不仅对微观计量经济学最新的发展做出了巨大贡献，而且对 Stata 软件的编程分析具有重要的建树。本书是计量经济学理论研究与实证分析结合得十分完美的著作，是实证微观计量分析的重要工具书。本书对微观计量经济学的最新发展进行了总结，它不仅涵盖了分析位数回归、线性工具变量回归、非线性回归、非线性优化方法、非线性面板模型、二值结果变量分析、多项选择模型、样本选择模型和计数模型的基本分析方法，而且还囊括了模拟分析、自抽样和各种计量经济学分析的检验方法。本书的另一个重要特征就是把非传统计量经济学的分析方法与计量分析编程结合起来，使得实证计量分析的爱好者能学习到大量的编程知识与技巧，并有可能开发出属于自己的计量分析程序。

出于对微观计量分析和 Stata 软件的热爱，让我有足够的勇气与重庆大学出版社、Stata

出版公司和本书作者进行联系。2011 年在重庆大学出版社向林佳木编辑进行了推荐，然后重庆大学出版社与 Stata 公司经过漫长的曲折谈判，终于在 2013 年签订了中文版翻译合同。本书的翻译既是我长期学习 Stata 软件的一项成果，也是我带领我指导的研究生学习计量经济学和 Stata 软件操作的集体成果。本书的初译分工如下：冯楠（第 1 章）、肖光恩和冯楠（第 2 章）、范思齐和肖光恩（第 3 章）、杨洋（第 4 章、第 5 章、第 18 章和附录）、汪艺（第 6 章）、肖光恩和冯楠（第 7 章）、王保双（第 8 章和第 9 章）、袁盼盼（第 10 章至第 13 章）和黄艳（第 14 章至第 17 章），李莎莎参加了序言和主题词索引初译的工作。全书的最终校译由肖光恩完成，杨洋负责书中部分译文和书中图表及程序运行结果的编制工作。

本书翻译用了近两年的时间，仅最终校译工作就经历了四个多月。本书翻译的完成，不仅要感谢研究生们的辛苦工作，更要特别感谢研究生杨洋陪我一起牺牲了 4 个多月来的所有周末时间。本书的翻译还得益于武汉大学哲学社会科学优势和特色学术领域建设计划项目“后危机时代世界经济格局变动对中国的机遇和挑战”和武汉大学“70 后”创新团队，以及武汉大学经济与管理学院“计量经济学”平台课程等项目经费的支持。最后。要感谢重庆大学出版社林佳木编辑的认真工作，也要感谢我的家人对翻译工作的全力支持。

由于水平所限，错误与疏漏之处在所难免，敬请读者批评指正，以便及时修正。联系方式为：xiaoguangen@whu.edu.cn。

肖光恩

武汉大学经济与管理学院

2014 年 8 月 3 日

修订版序

2008年12月出版的《用Stata学习微观计量经济学》主要是针对Stata 10.1而写的。这本书包含了Stata 10.0的升级版Stata 10.1的新增内容，最重要的就是新的随机数生成器。

在修订版中，除了Stata 10的内容之外，我们介绍了首次出现在Stata 11中的内容。除了极少数的内容之外，我们用一种能重现在第一版中所出现的结果的方法来介绍这些新增的内容。

第一，我们介绍了因子变量新的构造方法。这些方法对设定具有一系列形成于分类变量的指示变量的模型和设定具有交互项的模型提供了一种简单的方法。因子变量取代了xi前缀命令。具体内容见1.3.4节和2.4.7节末尾。

第二，我们介绍了用于在回归模型中进行预测和对边际效应进行计算的新的margins命令。用带有包括dydx()选项的margins命令取代了Stata中的mfx命令以及用户编写的margeff命令。此外，在结合因子变量使用margins命令时，它可以简化具有交互项的模型中边际效应的计算。见10.5节和10.6节，特别是10.5.7节和10.6.5节。在整个修订版中，特别是在14—17章中，我们用margins命令取代了mfx和margeff命令。

在第一版中，我们通常计算在均值处的边际效应(MEM)，而不是平均边际效应(AME)，因为mfx命令不能计算AME。新的margins命令既可以计算MEM也可以计算AME。在修订版中，我们努力重现第一版中已经给出的分析结果。因为这个原因，我们还将继续更频繁地计算MEM，尽管在实际应用中，AME更受欢迎。

第三，我们介绍了用于广义矩方法和非线性工具变量估计方法中的新gmm命令。见10.3.8节和17.5.2节。

第四，我们介绍了在使用d1和d2方法时，对已有的ml命令所做的一些细小改变。这些改变的出现是因为现在的ml命令是新的Mata moptimize()函数的前端命令。同时，我们也介绍了新的lf0、lf1和lf2方法，见11.6节。Mata optimize() v计算器已经被更名为gf计算器，见11.7节。

我们感谢Stata公司的全体员工在修订版的准备工作中所提供的帮助，尤其是Patricia Branton、David Drukker、Lisa Gilmore以及Deirdre Patterson。

加利福尼亚州戴维斯　　A.科林·卡梅伦

印第安纳州布卢明顿　　普拉温·K.特里维迪

2010年1月

第一版序

本书解释了如何使用计量经济学计算机软件 Stata 来执行对横截面和面板数据进行回归分析。书名中使用的微观计量经济学这个术语，是因为其应用于与经济学相关的数据，并且因为其内容包含了诸如工具变量回归的方法，与在应用统计学的其他领域中的应用相比，此方法在经济学领域中运用得更多。然而，本书中所讨论的许多主题、模型和方法也与其他社会科学是相关的。

本书的主要读者是研究生和研究人员。对他们来说，可以把这本书作为我们自己的著作《微观计量经济学：方法与应用》(Cameron and Trivedi 2005)，以及其他研究生水平的教材如 Greene(2008) 和 Wooldridge(2002)等的补充读物。与这些书相比，本书并不介绍计量经济学理论，相反，本书强调使用 Stata 来执行某些实际操作。我们介绍了更多前沿的主题，包括分位数回归、弱工具变量、非线性优化法、自抽样法、非线性面板数据分析法以及 Stata 的矩阵编程语言 Mata。

与此同时，本书还介绍了诸如广义最小二乘回归、工具变量估计、logit 模型和 probit 模型的内容，它可以作为合适的本科生水平的计量经济学教材的补充读物，因此它非常适合在本科生的计量经济学课堂中使用。下表建议本书中的这些章节可以作为计量经济学导论的内容，需要注意的是这些章节中出现的某些公式使用了矩阵代数。

Stata 基础知识	第 1.1—1.4 节
数据管理	第 2.1—2.4，2.6 节
OLS	第 3.1—3.6 节
模拟	第 4.6—4.7 节
GLS(异方差)	第 5.3 节
工具变量	第 6.2—6.3 节
线性面板数据	第 8 章
logit 和 probit 模型	第 14.1—14.4 节
tobit 模型	第 16.1—16.3 节

虽然我们提供了有关 Stata 的很多细节，但是这种处理方法并不完整，特别是，我们介绍了各种不同的 Stata 命令，但没有对这些命令进行详细的列表和描述，因为它们在 Stata 手册和网络在线帮助中已经很好地进行了说明。通常，我们只给出一个提示、一个简短的

讨论，或者只给出一个例子。

我们尽可能提供一个模板程序，其可以被改编而适用于其他问题。请记住，为了减少本书中的输出结果，我们的例子中使用的解释变量比真正的严谨的研究所必需的解释变量要少得多。我们的程序经常压缩在实际研究中很重要的中间输出结果，因为广泛使用了 quietly 命令和 nolog、nodots、noheader 选项。并且我们还尽量避免使用在探索性数据分析中普遍使用的图表。

我们已经使用了 Stata 10 以及 Stata 的更新内容。① 关于如何获得本书中使用的数据集和 do 文件的介绍，可以在 Stata 出版社的网页 http://www.stata-press.com/data/mus.html 中获得。对本书进行的所有修正的文件可以在 http://www.stata-press.com/booksfmus.html 中获得。

在这个项目中，除了学习 Stata 之外，我们还学了很多计量经济学知识。事实上，我们坚信，学习计量经济学的一个有效方式就是干中学，即打开一个 Stata 数据集，查看使用不同方法以及这些方法的变化所得到的结果，比如使用稳健标准误，而不是使用默认标准误。这种方法对学习计量经济学的各种能力都是有益的。实际上，能让你熟悉 Stata 的主要特征的一个有效方式可能是用你自己的数据集执行相关章节中的命令。

我们感谢在本书的准备过程中许多提供过帮助的人。这个项目使我们出版了 2005 年的教材，并且我们感谢 Scott Parris 对那本书的专业处理。Juan Du、Qian Li 和 Abhijit Ramalingam 仔细阅读了本书的许多章节。与 John Daniels、Oscar Jorda、Guido Kuersteiner 和 Doug Miller 进行的讨论也是特别有帮助的。感谢 Deirdre Patterson 优秀的编辑和 Lisa Gilmore 对本书的 LaTeX 排版和本书的出版，尤其要感谢 David Drukker 在这个项目的各个阶段所给予的大量投入和鼓励，包括对最终稿的深入阅读和评论，这使得本书在计量经济学和 Stata 的相关内容上有了许多改进。最后，感谢我们各自的家庭所做出的不可避免的牺牲，以至于我们能开展并完成了这个多年的项目。

加利福尼亚州戴维斯　　A.科林・卡梅伦
印第安纳州布卢明顿　　普拉温・K.特里维迪
2008 年 10 月

① 为了查看你是否有最新的更新，输入 update query 命令。对于使用 Stata 早期版本的用户，一些关键的变化如下：Stata 9 引入了矩阵编程语言 Mata。Stata 10 的语法使用了 vce(robust)选项而不是 robust 选项来获得稳健标准误。在 2008 年中，在 Stata 10 的更新中引入了新的随机数函数，例如 runiform()和 rnormal()。

简明目录

目　录

1 Stata 基础知识

本章介绍了在 Stata 中使用命令的一些基本信息。第 1.1—1.3 节可以使一个新的用户开始交互地使用 Stata。相反，在本书中我们更强调把这些命令存储在一个文本文件中，这个文本文件称为 Stata 的 do 文件，然后再执行这个 do 文件。1.4 节介绍了这个内容。第 1.5—1.7 节介绍了更多高级的 Stata 内容，在初次阅读时可以跳过。

本章总结了一些常用的 Stata 命令和一个 do 文件的模板，这个模板可以演示本章介绍的许多工具。第 2 章和第 3 章则演示了许多在应用微观计量经济学中使用的 Stata 命令和工具。整本书和附录 A、B 中还介绍了 Stata 的其他特征。

1.1 Stata 的交互使用

交互使用意味着 Stata 命令可以从 Stata 内部发起。

有一个 Stata 的图形用户界面(GUI)使几乎所有的 Stata 命令可以从下拉菜单中选择。由于不需要提前知道 Stata 命令，交互使用就变得特别容易。

Stata 所有的执行过程都可以通过直接输入命令来完成，例如，输入 `summarize` 命令可以得到当前数据集的概述性统计。这是使用 Stata 的主要方式，因为它比使用下拉菜单快得多。此外，对于大多数分析，标准的程序是将所需的各种命令集合到一个文件中，该文件称为 do 文件(见第 1.4 节)，无论有没有交互使用，都可以运行它。因此，我们不再介绍 Stata GUI 的细节内容。

对于 Stata 的新用户，我们建议通常是：首先通过单击 Stata 图标进入 Stata，然后打开一个 Stata 的例子数据集，最后做一些基本的统计分析。为获得例子的数据集，选择 **File>Example Datasets...**，这意味着从 File 菜单中，选择其条目 **Example Datasets...**。然后单击如 **Example datasets installed with Stata** 的链接。例如，使用数据集 `auto.dta`，它用于 Stata 文件中介绍的许多入门的例子。首先，选择 **describe** 来获得对数据集中变量的描述。其次，选择 use 把数据集读入 Stata。然后，通过在 Command 窗口中输入 **summarize** 命令或者选择 **Statistics > Summaries, tables, and tests > Summary and descriptive statistics > Summary statistics** 来获得概述性统计。通过输入 `regress mpg weight` 命令或者选择 **Statistics > Linear models and related > Linear regression**(然后在 **Model** 标签的下拉列表中来选择 `mpg` 作为被解释变量，选择 `weight` 作为解释变量)可以执行一个简单回归。

Stata 手册[GS] *Getting Started with Stata* 是非常有帮助的，特别是[GS]**1 Introducting Stata—sample session**(其可以使用输入式的命令)以及[GS]**2 The Stata user interface**。

在多大程度上以交互的模式使用 Stata 事实上是个人的偏好。有几个原因会让你至少偶尔地使用交互模式。第一，对学习如何使用 Stata 是非常有用的。第二，对数据集的探索性分析应该是有帮助的，因为你可以适时地看到添加或删除解释变量的效果。然而，如果你这样做，必须确保要先打开一段时间的 log 文件(见第 1.4 节)，它可以保存命令和输出结果。第三，你可以使用 help 命令及其相关命令来获得关于 Stata 命令的在线信息。第四，运行 do 文件的一种首选方法是在交互模式中使用 Stata 的 do 文件编辑器。

最后，可以定期地更新一个给定 Stata 版本的内容，如版本 Stata 10。输入 update query 命令来确定当前更新的水平，并提供一个选项来安装 Stata 官方的更新内容。例如，一旦使用 findit 命令找到了相关软件，你还可以在交互模式下安装用户编写的命令。

1.2 Stata 文件

Stata 的文件是相当广泛的，你可以在硬盘副本、Stata(在线)或网络中找到它。

1.2.1 Stata 手册

对于初次使用的用户，请参阅[GS] *Getting Started with Stata*。最有用的手册是[u] *User's Guide*。手册中的条目是简写的方式，例如[u] **11.1.4 in range**，它表示[u] *User's Guide* 中有关 **in range** 的主题在 11.1.4 节中。

包含三卷的[R] *Base Reference Manual* 中介绍了许多命令。对于版本 Stata 11，这三卷分别是 A-H、I-P、Q-Z。然而，并不是所有的 Stata 命令都会出现在这里，因为有些命令会出现在相应的专题手册中。这些专题手册是[D] *Data Management Reference Manual*、[G] *Graphics Reference Manual*、[M] *Mata Reference Manual* (两卷)、[MY] *Multivariate Statistics Reference Manual*、[P] *Programming Reference Manual*、[ST] *Survival Analysis and Epidemiological Tables Reference Manual*、[SVY] *Survey Data Reference Manual*、[TS] *Time-Series Reference Manual* 和[XT] *Longitudinal/Panel-Data Reference Manual*。例如，generate 命令出现在[D] **generate** 中，而不是[R]中。

对于 Stata 文件的完整列表，见[u] **1 Read this—it will help** 和[I] *Quick Reference and Index*。

1.2.2 其他 Stata 资源

Stata Journal (SJ)和它的前身 *Stata Technical Bulletin*(STB)介绍的例子和程序超出了当前安装的 Stata 的内容。三年前的 SJ 文章和所有的 STB 文章都可以从 Stata 网站免费在线获得。在本节稍后的部分中，可以通过后面给出的各种 Stata 帮助命令找到这种资料，并且通常可以安装一些类似于免费的用户编写的命令程序。

Stata 的网站上有大量的信息，其中包括有关 Stata 功能的一个摘要。一个开始学习 Stata 的好地方是 http://www.stata.com/support/，特别是，可以查看常见问题的解答(FAQs)。

加利福尼亚州大学洛杉矶分校的网站 http://www.ats.ucla.edu/STAT /stata/提供了许多 Stata 教程。

1.2.3 help 命令

一旦你进入程序中，Stata 可提供大量的帮助文件。

如果你已经知道了所需帮助的命令的名称，help 命令是最有用的。例如，需要关于 regress 命令的帮助，输入：

```
. help regress
```

（输出已省略）

注意，这里和其他地方的点(.)不是被输入的，但是用点(.)可以区分 Stata 命令(命令之前有一个点)和其随后的 Stata 输出结果(结果之前没有点)。

如果你知道所需帮助命令的种类，help 命令也是有用的。例如，需要关于函数的帮助，输入：

```
. help function
```

（输出已省略）

然而，通常你需要先从基本的 help 命令开始，它将打开 Viewer 窗口，如图 1.1 所示。

```
. help
```

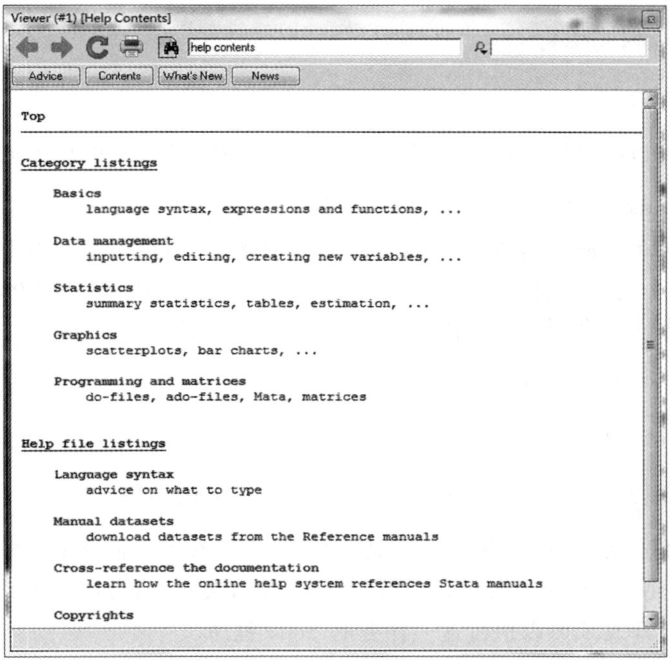

图 1.1　基本的 help 命令的内容

为了进一步获得细节，可以点击一个目录和其随后的子目录。

为了得到关于 Stata 的矩阵编程语言 Mata 的帮助，在 help 命令后添加术语 Mata。对于 Mata，通常必须从常用的命令开始。

```
. help mata
```

(输出已省略)

然后通过选择合适的目录和子目录来缩小相关结果的范围。

1.2.4 search、findit 和 hsearch 命令

有几个与搜索相关的命令,它们并不需要知道命令的名称。

比如,search 命令可以进行关键词搜索。如果你不知道 Stata 命令的名称或者想找到使用命令或方法的多个信息,这个命令特别有用。默认的 search 是从官方的帮助文件、FAQs、例子、SJ 和 STB 中获得信息,而不是从互联网资源中获得信息。例如,搜索普通最小二乘法(OLS)的命令为:

```
. search ols
```

(输出已省略)

可以在手册[R]、[MV]、[SVY]、[XT]、FAQs、例子、SJ 和 STB 中找到参考资料。它还提供通过点击来获取更多信息的 help 命令,而无须查阅手册。net search 命令可以在互联网上搜索可安装的程序包,包括来自于 SJ 和 STB 中的程序。

findit 命令为获取 Stata 相关信息提供了最广泛的关键词搜索。通过输入 help findit,你可以获得这个命令的详细信息。例如,查找弱工具变量的信息,可以输入

```
. findit weak instr
```

(输出已省略)

这个命令可以找到以字母"weak"和"instr"开头的同时出现的关键词的信息。

search 和 findit 命令只能用于关键词搜索。更详细的搜索是不限制于对关键词的搜索。比如,hsearch 命令可以搜索你的计算机中帮助文件的(文件扩展名为.sthlp 或者.hlp)所有单词,其中包括官方的 Stata 命令和用户编写的命令。与 findit 命令不同的是,hsearch 命令使用全词搜索。比如,

```
. hsearch weak instrument
```

(输出已省略)

实际上会比使用 hsearch weak instr 命令得到更多的结果。

如果你不确定 Stata 能否执行一个特定的任务,hsearch 命令是非常有用的。在那种情况下,首先使用 hsearch 命令,如果这个任务没有找到,然后再使用 findit 命令来查看是否有人已经开发了可以执行这一任务的 Stata 程序。

1.3 命令的语法和算子

Stata 命令的语法描述了 Stata 编程语言的一些规则。

1.3.1 基本的命令语法

基本的命令语法通常有以下几个部分:

[*prefix*:]*command* [*varlist*] [=*exp*] [*if*] [*in*] [*weight*]

[using *filename*] [,*options*]

方括号表示在大多数情况下可以进行选择的限定符。打印体的单词需要输入到 Stata 中,就像它们在本页中显示的那样。斜体的单词可以被用户替代掉,其中:

- *prefix* 表示一个重复执行 command 或者修改 command 的输入和输出的命令;
- *command* 表示 Stata 命令;
- *varlist* 表示一系列变量的名称;
- *exp* 是数学表达式;
- *weight* 表示加权的表达式;
- *filename* 是文件名;
- *options* 表示应用于 command 的一个或多个选项。

命令之间最大的差异在于可使用的选项。命令可以有很多选项,而且这些选项也可以有选项,这些选项在括号内给出。

Stata 是区分大小写的。我们通常全部使用小写,但是偶尔对模型的名称使用大写。

命令和输出结果是依照 Stata 手册的样式来显示。文本中给出的 Stata 命令使用打印体。例如,对于 OLS,我们使用 regress 命令。对于显示的命令及其输出结果,这些命令有一个前缀". "(句号[①]后有空格),而输出结果没有这个前缀。对于 Mata 命令,前缀是冒号(:)而不是句号。超过一行的命令输出结果有一个表示连续的前缀">"(即大于号)。对于 Stata 或 Mata 程序,程序中出现的行并没有前缀。

1.3.2 例子:summarize 命令

summarize 命令为一个或多个变量提供描述性统计(例如:均值、标准差)。

通过输入 help summarize 可以获得 summarize 命令的语法。这将会产生以下输出结果:

summarize [*varlist*] [*if*] [*in*] [*weight*] [,*options*]

这表明至少我们可以不给这个命令添加任何限定符。与其他一些命令不同,summarize 命令不使用[=*exp*]或者[using *filename*]。

我们使用一个常用的演示性数据集作为例子,这个数据集被称为 auto.dta,它与 Stata 一同安装,它包含了 74 辆新汽车的各种属性的信息。你可以使用 sysuse 命令(它用来获取 Stata 已经安装的数据集)将这个数据集读入内存。为了读入数据并获得描述性统计,我们输入:

---

① 译者注:此处的"."是英文中的句号。

```
. sysuse auto.dta
(1978 Automobile Data)

. summarize
```

Variable	Obs	Mean	Std. Dev.	Min	Max
make	0				
price	74	6165.257	2949.496	3291	15906
mpg	74	21.2973	5.785503	12	41
rep78	69	3.405797	.9899323	1	5
headroom	74	2.993243	.8459948	1.5	5
trunk	74	13.75676	4.277404	5	23
weight	74	3019.459	777.1936	1760	4840
length	74	187.9324	22.26634	142	233
turn	74	39.64865	4.399354	31	51
displacement	74	197.2973	91.83722	79	425
gear_ratio	74	3.014865	.4562871	2.19	3.89
foreign	74	.2972973	.4601885	0	1

这个数据集包含关于这 74 辆汽车的 12 个变量。汽车的平均价格是 $ 6165，标准差是 $ 2949。Obs 这一列给出了数据已有的每个变量的观测值的个数。变量 make 有 0 个观测值，因为它是一个表示汽车制造商的字符串（或文本）变量，并且概述性统计不适用于非数值型的变量。rep78 变量只有 74 个观测值中的 69 个。

对 summarize 更重要的使用是把注意力限制在所选择的变量上，并使用一个或多个可用的选项。例如，

```
. summarize mpg price weight, separator(1)
```

Variable	Obs	Mean	Std. Dev.	Min	Max
mpg	74	21.2973	5.785503	12	41
price	74	6165.257	2949.496	3291	15906
weight	74	3019.459	777.1936	1760	4840

上述结果提供了有关 mpg、price 和 weight 变量的描述性统计。选项 separator(1) 表示在每个变量的输出结果之间插入一条线。

1.3.3 例子：regress 命令

用 regress 命令执行 OLS 回归。

通过输入 help regress 可以获得 regress 命令的语法。这将会产生以下输出结果：

regress *depvar* [*indepvars*] [*if*] [*in*] [*weight*] [,*options*]

这表明至少需要包含被解释变量的变量名称（在那种情况下，只是对一个截距项进行回归）。虽然没有明确地说明，但是可以使用前缀。许多估计命令都有相似的语法。

假设我们想要执行变量 mpg(以每加仑英里数计的经济油耗)对 price(以美元计的汽车价格)和 weight(以磅计的重量)的 OLS 回归。基本命令很简单：

```
. regress mpg price weight

      Source |       SS       df       MS              Number of obs =      74
-------------+------------------------------           F(  2,    71) =   66.85
       Model |  1595.93249     2  797.966246           Prob > F      =  0.0000
    Residual |  847.526967    71  11.9369995           R-squared     =  0.6531
-------------+------------------------------           Adj R-squared =  0.6434
       Total |  2443.45946    73  33.4720474           Root MSE      =   3.455

------------------------------------------------------------------------------
         mpg |      Coef.   Std. Err.      t    P>|t|     [95% Conf. Interval]
-------------+----------------------------------------------------------------
       price |  -.0000935   .0001627    -0.57   0.567     -.000418    .0002309
      weight |  -.0058175   .0006175    -9.42   0.000    -.0070489   -.0045862
       _cons |   39.43966   1.621563    24.32   0.000     36.20635    42.67296
------------------------------------------------------------------------------
```

weight 的系数−.0058175 表明当汽车的重量增加 1000 磅时，经济油耗每加仑英里数下降了 5.8。

可以显示更多命令语法的 regress 命令的一个复杂形式如下：

```
. by foreign: regress mpg price weight if weight < 4000, vce(robust)
```

(输出已省略)

对于 foreign 变量的每个值，在这里是 0 或 1，这个命令拟合了用 mpg 对 price 和 weight 进行的特定的 OLS 回归。限定符 if 语句表示按 weight 变量小于 4000 磅的条件对样本中的汽车进行限制。选项 vce(robust)可以得到异方差-稳健标准误。

命令的输出结果并不总是我们想要的，我们可以使用前缀 quietly 来压缩输出结果。例如，

```
. quietly regress mpg price weight
```

基于历史原因，即便 quietly 是一个命令前缀，它也不需要冒号。在这本书中，我们将广泛使用这个前缀来压缩无关的输出结果。

上面的例子只使用了 regress 命令中已有的一个选项。从 help regress 中，我们发现 regress 命令有以下选项：noconstant、hascons、tsscons、vce(vcetype)、level(#)、beta、eform(string)、depname(varname)、display_options、noheader、notable、plus、msel 和 coeflegend。

1.3.4 因子变量

在 Stata 11 中引入的因子变量能通过在分类变量的名称前面插入 i.算子，这样就可以引用一系列指示变量，这些指示变量都是基于一个(非负且为整数值的)分类变量。在大多数 Stata 命令的变量列表中可以使用因子变量。

例如，研究变量 rep78。它选取了五个不同的值，分别为 1、2、3、4 和 5，尽管取任何其他的非负整数值也可以。另外，变量 rep78 缺失了 5 个观测值。我们有：

```
. * Factor variable for rep78 - base category is omitted
. summarize i.rep78

    Variable |        Obs        Mean    Std. Dev.       Min        Max
-------------+---------------------------------------------------------
       rep78 |
          2  |         69     .115942    .3225009          0          1
          3  |         69    .4347826    .4993602          0          1
          4  |         69    .2608696    .4423259          0          1
          5  |         69    .1594203    .3687494          0          1
```

默认的设置是省略一个类别，这个类别是分类变量取值最小的类别。对于变量 rep78，这个类别是取值为 1 的类别。为了查看哪一类是基准（或省略）类别，可以在命令（这里为 summarize）之后添加 allbaselevels 选项；想要改变这个基准类别，可以使用 ib. 算子，而不是使用 i.算子。例如，summarize ib2.rep78 命令将省略第二个类别（这里为 rep78=2），并且 summarize ib(last).rep78 命令将省略取值最高的类别（这里为 rep78=5）。

使用 ibn.算子可以得到没有省略任何类别的一组完整的指示变量。例如，

```
. * Factor variable for rep78 - no category is omitted
. summarize ibn.rep78

    Variable |        Obs        Mean    Std. Dev.       Min        Max
-------------+---------------------------------------------------------
       rep78 |
          1  |         69    .0289855    .1689948          0          1
          2  |         69     .115942    .3225009          0          1
          3  |         69    .4347826    .4993602          0          1
          4  |         69    .2608696    .4423259          0          1
          5  |         69    .1594203    .3687494          0          1
```

使用＃算子可以创建两个（或更多）分类变量之间的一组完整的交互项。例如，研究分类变量 rep78 和分类变量 foreign（是一个二值指示变量）之间的一个交互项。我们有：

```
. * Factor variables for interaction between two categorical variables
. summarize i.rep78#i.foreign, allbaselevels

    Variable |        Obs        Mean    Std. Dev.       Min        Max
-------------+---------------------------------------------------------
      rep78# |
     foreign |
        1 0  |         69      (base)
        1 1  |         69     (empty)
        2 0  |         69     .115942    .3225009          0          1
        2 1  |         69     (empty)
        3 0  |         69    .3913043    .4916177          0          1
-------------+---------------------------------------------------------
        3 1  |         69    .0434783    .2054251          0          1
        4 0  |         69    .1304348    .3392485          0          1
        4 1  |         69    .1304348    .3392485          0          1
        5 0  |         69    .0289855    .1689948          0          1
        5 1  |         69    .1304348    .3392485          0          1
```

这里的基准（省略）类别就是 rep78=1 且 foreign=0（由最低值联合构成的类别）。另外，0 观测值分别落入其中的两个分类中：rep78=1 且 foreign=1 以及 rep78=2 且

foreign=1。

除了用#算子能给出交互项以外,还可以用##算子创建因子交互项,这些交互项包括两个分类变量中的每一个分类变量的一系列指示变量。例如,命令 summarize i.rep78 ##i.foreign 与命令 summarize i.rep78 i.foreign i.rep78#i.foreign 是等价的。

也可以使用因子变量创建指示变量与连续型解释变量之间的交互项。在那种情况下,需要使用前缀 c.来表明这个交互项是与一个连续变量进行交互产生的。例如,

```
. * Factor variables for interaction between categorical and continuous variables
. summarize i.rep78#c.weight

    Variable |        Obs        Mean    Std. Dev.       Min        Max
-------------+---------------------------------------------------------
      rep78#  |
    c.weight  |
           1  |         69    89.85507    527.7129          0       3470
           2  |         69    388.8406    1091.012          0       3900
           3  |         69    1434.348    1719.108          0       4840
           4  |         69    748.6957    1348.094          0       4130
           5  |         69    370.2899    870.8548          0       3170
```

在这个连续交互项的例子中,没有省略的类别——变量 rep78 的所有五个可能的值都与连续变量 weight 进行交互。

因子变量也允许连续变量与连续变量之间进行交互。例如,下面执行了 mpg 对 price 和 weight 的平方项进行的 OLS 回归。

```
. * Factor variables for interaction between two continuous variables
. regress mpg price c.weight c.weight#c.weight, noheader

-------------------------------------------------------------------------------
         mpg |      Coef.   Std. Err.      t    P>|t|     [95% Conf. Interval]
-------------+-----------------------------------------------------------------
       price |  -.0002597    .0001696    -1.53   0.130     -.000598    .0000786
      weight |   -.016047    .0040403    -3.97   0.000     -.024105   -.0079889
             |
    c.weight#|
    c.weight |   1.72e-06    6.71e-07     2.56   0.013     3.79e-07    3.06e-06
             |
       _cons |   54.66807    6.150716     8.89   0.000     42.40086    66.93529
-------------------------------------------------------------------------------
```

对于更多关于因子变量的信息,输入 help factor variable 或者见[U]**11.4.3 Factor variable** 和[U]**25 Working with categorical data and factor variables**。例如,为了检查 regress 命令是否支持因子变量,可以输入 help regress 命令,其输出结果的语法摘要包括了一个注释,即"indepvars 可能包含因子变量,见 fvvarlist"。一些多项选择模型的估计命令并不支持因子变量,见 15.2.5 节。

1.3.5 缩写词、大小写的敏感性和通配符

可以把命令或命令的一部分缩写成最短的字符串来唯一识别它们,通常只有两个或三个字符。例如,我们可以将 summarize 命令缩写为 su。为了表述得更清晰,我们在本书中不使用这样的缩写词;一个值得注意的例外是我们会在图表命令的选项中使用缩写词,因为这些命令可能很长。不使用缩写词将会使阅读 do 文件变得更加容易。

变量名称最长可以达到 32 个字符,其中这些字符可以是"A-Z"、"a-z"、"0-9"和"_"

(下划线)。一些名称,比如 in,是保留字符。Stata 对大小写是很敏感的,通常的用法是使用小写。

对于单变量的命令,如果对变量的名称很清楚,我们就可以在命令中的变量名称中使用通配符"*"(星号)。例如,

```
. summarize t*

    Variable |       Obs        Mean    Std. Dev.       Min        Max
-------------+--------------------------------------------------------
       trunk |        74    13.75676    4.277404          5         23
        turn |        74    39.64865    4.399354         31         51
```

输出结果提供了名称以字母 t 开头的所有变量的概述性统计。如果不清楚变量的名称,那么不允许使用通配符。

1.3.6 算术、关系和逻辑算子

Stata 中的算术算子分别是+(加)、−(减)、*(乘)、/(除)、^(求幂)和前缀−(负号)。例如,为了计算和显示$-2\times\{9/(8+2-7)\}^2$,它可以简化为-2×3^2,我们输入:

```
. display -2*(9/(8+2-7))^2
-18
```

如果算术运算不能实现,或者执行运算的数据不可得,那么将会显示用"."来表示一个缺失值。例如,

```
. display 2/0
.
```

关系算子分别是>(大于)、<(小于)、>=(大于或等于)、<=(小于或等于)、==(等于)、!=(不等于)。除了用一对等号来表示相等,用!=来表示不等,其余都是意思很明显的符号。关系算子通常在 if 限定符(用来定义分析的样本)中使用。

如果为真,逻辑算子将返回 1,如果为假,则返回 0。逻辑算子分别是 &(且)、|(或)、!(非)。可以用算子~来替代!。逻辑算子同样可以用来定义分析的样本。例如,将回归分析限定在更小型更便宜的汽车上,输入:

```
. regress mpg price weight if weight <= 4000 & price <= 10000
```

(输出已省略)

使用字符串算子+可以把两个字符串合并成一个单一的更长的字符串。

所有算子的计算顺序为!(或者~),^,−(负号),/,*,−(减号),+,!=(或者~=),>,<,<=,>=,==,& 和|。

1.3.7 报错的信息

当一个命令失败时,Stata 会产生报错的信息。这些信息很简短,但从手册或直接从 Stata 中可以获得一个更加完整的解释。

例如,如果我们用 mpg 对 notthere 回归,但是变量 notthere 不存在,我们会得到:

```
. regress mpg notthere
variable notthere not found
r(111);
```

这里的r(111)表示返回编码111。通过点击r(111)可以获得更多详细信息。如果在交互模式中则需要输入：

```
. search rc 111
```

（输出已省略）。

1.4 do文件和log文件

对于需要许多命令，或者需要长命令的Stata分析来说，最好的方法就是把所有的命令收集到一个程序（或脚本）中，并将其存储在一个名为do文件的文本文件中。

在本书中，我们用do文件进行数据分析。我们假设do文件和任一输入和输出的文件（如果是相关的）都在一个共同的目录中，并且从这个目录中执行Stata。那么，我们只需提供文件名而不是完整的目录结构。例如，我们可以引用一个名为mus02data.dta的文件，而不是C:\mus\chapter2\mus02data.dta。

1.4.1 编写一个do文件

do文件是一个扩展名为.do的文本文件，它可以包含一系列的Stata命令。

作为一个例子，我们编写一个两行的程序，用它读入Stata的例子数据集auto.dta，然后再显示我们已知的数据集中的变量mpg的概述性统计。这些命令为：sysuse auto.dta, clear（添加clear选项是为了删除当前内存中的数据集）和summarize mpg。这两个命令合并到一个称为do文件的命令文件中。文件名不应包含空格，并且文件的扩展名为.do。在这个例子中，我们假设这个文件命名为example.do，并被存储在当前的工作目录下。

为了查看当前目录，可以输入不带任何参数的cd。要变换到另一个目录下，则需要使用带有参数的cd。例如，在Windows当中，为了变换到目录C:\Program Files\Stata10\中，我们输入：

```
. cd "c:\Program Files\Stata11"
c:\Program Files\Stata11
```

因为包含了空格，所以目录名称应在双引号中给出。否则，双引号是不必要的。

创建do文件的一种方法是启动Stata，然后使用do文件编辑器(Do-file Editor)。即在Stata中，我们选择 **Window** > **Do-file Editor** > **New Do-file**，输入命令，然后保存do文件。

另一种方法是，使用一个更好的文本编辑器在Stata外输入这些命令。理论上，这个文本编辑器支持多个窗口，可以读取更大的文件（数据集或者输出结果），并给出行数和列数。

type命令列出了这个文件的内容。我们有：

```
. type example.do
sysuse auto.dta, clear
summarize mpg
```

1.4.2 运行 do 文件

可以使用 Command 窗口运行(或执行)一个已经编好的 do 文件。启动 Stata,并在 Command 窗口中把目录(cd)转变为存有 do 文件的目录,然后执行 do 命令。我们得到:

```
. do example.do

. sysuse auto.dta, clear
(1978 Automobile Data)

. summarize mpg

    Variable |       Obs        Mean    Std. Dev.       Min        Max
-------------+--------------------------------------------------------
         mpg |        74     21.2973    5.785503         12         41
```

其中,我们假设 example.do 在目录 C:\Program Files\Stata10\中。

另一种方法是从 do 文件编辑器(Do-file Editor)中运行 do 文件。首先选择 **Window** > **Do-file Editor** > **New Do-file**,然后选择 **File** > **Open ...** 中适用的文件,最后选择 **Tools** > **Do**。使用 do 文件编辑器(Do-file Editor)的一个优点是你可以只强调或选择 do 文件中的一部分,然后选择 **Tools** > **Do Selection** 来执行这一部分。

你也可以使用批处理的模式,即非交互地运行 do 文件。这将启动 Stata,执行 do 文件中的命令,然后(可选择地)退出 Stata。批处理这个术语可以追溯到早些时候:那时程序的每一行都是用一个单独的计算机卡片来输入的,因此,这个程序就是计算机卡片的集合或者是批处理。例如,在批处理的模式下运行 example.do,在 Windows Explorer 中双击 example.do,将启动 Stata 并执行文件中的 Stata 命令。你也可以使用 do 命令(在 Unix 操作系统中,你需要使用 stata -b.example.do 命令。)。

do 文件的开头包括 set more off 命令是有帮助的,这将会使输出结果不断地滚动显示,而不是在每一页的输出结果后暂停一下。

1.4.3 log 文件

在默认的情况下,Stata 的输出结果会显示在屏幕上。为了重现结果,你应该把这些输出结果保存在一个单独的文件中。保存输出结果的另一个原因是很长的输出结果在屏幕上很难阅读;使用文本编辑器查看保存输出结果的文件很容易回顾这些结果。

保存 Stata 输出结果的文件被称为 log 文件。它储存了命令以及这些命令的输出结果。这个文件默认的 Stata 扩展名是.log,但是你可以选择另一个扩展名,比如.txt。改变扩展名也许是值得一做的,因为其他的一些程序,比如LATEX编辑器,也能创建扩展名为.log 的文件。log 文件可以作为标准的文本来读取,也可以按被称为 smcl(即 Stata 的标记和控制语言)的特殊 Stata 程序格式进行读取。在全书中我们都使用文本格式,因为它在文本编辑器中更容易被读取。一个有用的传统方法是 log 文件和 do 文件使用相同的文件名。例如,对于 example.do,我们可以把输出结果保存为 example.txt。

使用 log 命令可以创建 log 文件。在一个典型的分析中,do 文件会随着时间不断变化,同时输出结果的文件也会变化。因为 Stata 默认的设置会防止已有的 log 文件被意

外覆盖。为了创建一个名为 example.txt 的文本格式的 log 文件,通常的命令为:

```
. log using example.txt, text replace
```

使用选项 replace 则允许已有 example.txt(如果有这个文件的)可以被覆盖。如果不使用选项 replace,且已存在名为 example.txt 的文件,则 Stata 将拒绝打开 log 文件。

在一些情况下,我们可能不想覆盖已有的 log 文件,就可以不使用选项 replace。保存 log 文件最有可能的原因是它包含了重要的结果,比如最终的分析结果。因此,最好的习惯是在分析完成后更改 log 文件的名称。因此 example.txt 也许会被更名为 example07052008.txt。

当一个程序完成后,你应该输入 log close 命令来关闭 log 文件。

log 文件是非常长的。如果你需要一个完整的副本,你可以编辑只包含必要结果的 log 文件。你使用的文本编辑器应该使用诸如 Courier New 这样的等宽字体,其中每一个字符占据相同的空间,这样输出结果表的列将会对齐。

log 文件包括了用一个点(.)作为前缀的 Stata 命令及其输出结果。如果不存在这个 do 文件,通过删除点和所有命令结果(没有点)的行,可以创建一个 do 文件。通过这种方法,可以做这种初始化的工作:假如你在这段时间之前已经创建了一个 log 文件,就可以使用 Stata 的 GUI 方法来生成这段时间内的一个 do 文件。

1.4.4 一个三阶段的过程

使用 Stata 进行数据分析可以反复使用以下三阶段的过程:

1.创建或改变 do 文件。

2.在 Stata 中执行 do 文件。

3.用一个文本编辑器读入输出结果的 log 文件。

特别是如果使用了相同的数据集或相同的命令作为当前分析,通过改编已经编写好的 do 文件(它是一个很有用的程序模板或程序的起点),可以编写初始的 do 文件。输出结果的 log 文件可能包括了 Stata 的错误或估计结果(它们可能导致原始 do 文件发生改变,或在此后也发生改变)。

假设我们已经拟合了一些模型,并且现在想要拟合另一个模型。在交互模式下,我们会输入新命令,并执行它,且查看结果。使用三阶段的过程,即在 do 文件中添加新命令,执行 do 文件,并阅读新的输出结果。因为执行许多 Stata 的程序都只需要几秒钟,与使用交互模式相比,这种方法几乎不会增加额外的时间,且其好处是拥有一个在以后使用中可以修改的 do 文件。

1.4.5 注释和长行的处理

Stata 的 do 文件可以包含注释。这可以大大增加对程序的理解,如果你想在一年或两年之后再运行程序并得到其结果,这是特别有用的。为了确保可读性,较长的单行注释允许跨行。有一些方法来表示注释:

- 对于单行的注释，以星号(*)开始这一行，则 Stata 会忽视这些行。
- 对于和 Stata 命令在同一行的注释，在 Stata 命令后使用双斜线(//)。
- 对于多行的注释，可以将注释的文本放在斜线-星号(/*)和星号-斜线(*/)之间。

Stata 默认的是，把每一行视为一个单独的 Stata 命令，其中这一行直到遇到一个回车建(每行末或"Enter"键)为止。一些命令会非常长，比如那些格式排列得很好的图形命令。为了使这些命令容易阅读，它们需要跨越多行。例如，最简单的断行方法是，在第 70 列处，使用三条斜线(///)，然后在下一行继续这个命令。

下面的 do 文件程序包含了一些解释程序的注释，并说明了如何允许一个命令跨行。

```
* Demonstrate use of comments
* This program reads in system file auto.dta and gets summary statistics
clear  // Remove data from memory
* The next two code shows how to allow a single command span two lines
sysuse ///
auto.dta
summarize
```

对于长命令，另一种断行的方法是使用 #delimit 命令。它把 Stata 默认的分隔符(即如每行末尾的回车键)改为分号，同时允许多个命令位于同一行。下面的程序把分隔符从默认设置改为分号，然后又改回到默认设置：

```
* Change delimiter from cr to semicolon and back to cr
#delimit ;
* More than one command per line and command spans more than one line;
clear; sysuse
auto.dta; summarize;
#delimit cr
```

我们建议使用"///"而不是改变分隔符，因为注释的方法使得程序更具有可读性。

1.4.6 执行 Stata 的不同方法

Stata 的不同平台共享相同的命令语法。然而，不同版本之间，Stata 命令变化很大。对于本书，我们使用 Stata 11 版本。为了确保 Stata 之后的更新版本能继续使用我们的程序，我们在每一个 do 文件的开头处使用 version 11 这命令。

执行 Stata 的不同方法有不同的限制。一个常遇到的限制是如何把内存分配给 Stata，即限制 Stata 能够处理的数据集的大小。默认的设置是很小的，例如 1 兆字节，以致于在使用 Stata 时不能占用更多的内存来执行其他任务；另一个普遍的限制是矩阵的大小，即限制数据集中变量的个数。

你可以用 set 命令增加或减少这种限制。例如，

```
set matsize 300
```

上述命令将一个估计命令中变量个数的最大值设为 300。

最大变量个数的可能值随着 Stata 版本(Small Stata、Stata/IC、Stata/SE 或 Stata/MP)变化。help limits 命令为当前执行 Stata 时的限制提供了详细的说明。query 和 creturn list 命令提供当前设置的细节。

1.5 标量和矩阵

标量可以储存单个数字或单个字符串,而矩阵可以把几个数字或字符串储存为一个数列。我们在这里提供一个简介,它对于使用 1.6 节的标量和矩阵已经足够了。

1.5.1 标量

一个标量可以储存单个数字或字符串。你可以使用 display 命令显示一个标量的内容。

例如,为了把数字 2×3 储存为标量 a,然后显示这个标量,我们输入:

```
. * Scalars: Example
. scalar a = 2*3

. scalar b = "2 times 3 = "

. display b a
2 times 3 = 6
```

1.6 节中详细讨论的标量的一个常见用法就是储存估计命令的标量结果(然后获取这些结果用于后续的分析)。在 1.7 节中,我们将会讨论使用一个标量或宏来储存标量数值的相对优势。

1.5.2 矩阵

Stata 提供了使用矩阵的两种不同的方法,这两种方法都可以将几个数字或字符串储存为一个数列。一种方法是使用带有前缀 matrix 的 Stata 命令。最近,从 Stata 9 开始,Stata 包含了矩阵编程语言 Mata。这两种方法分别在附录 A 和 B 中进行介绍。

下面的 Stata 程序演示了一个特定的 2×3 阶矩阵的定义、列表以及矩阵中特定元素的提取和列表。

```
. * Matrix commands: Example
. matrix define A = (1,2,3 \ 4,5,6)

. matrix list A

A[2,3]
    c1  c2  c3
r1   1   2   3
r2   4   5   6

. scalar c = A[2,3]

. display c
6
```

1.6 使用来自 Stata 命令之后所获得的结果

本书的一个目标就是:不但能使用 Stata 内置的命令来分析并列出分析结果,而且能进一步利用 Stata 命令之后的结果进行运算，以进行其他分析。

1.6.1 使用从 r 类命令 summarize 所得的结果

分析数据但不估计参数的 Stata 命令是 r 类命令。所有 r 类命令的结果都保存在 r()中。r()中的内容随着命令的不同而不同，输入 return list 可以列出具体的内容。

作为一个例子，我们列出使用 summarize 后被储存的结果。

```
. * Illustrate use of return list for r-class command summarize
. summarize mpg

    Variable |       Obs        Mean    Std. Dev.       Min        Max
-------------+--------------------------------------------------------
         mpg |        74     21.2973    5.785503         12         41

. return list

scalars:
                  r(N) =  74
              r(sum_w) =  74
               r(mean) =  21.2972972972973
                r(Var) =  33.47204738985561
                 r(sd) =  5.785503209735141
                r(min) =  12
                r(max) =  41
                r(sum) =  1576
```

有八个单独的结果被储存在名为 r(N)，r(sum_w) …… r(sum)的 Stata 标量中。除了 r(sum_w)表示权重之和以外，其余标量的意思都很明显。如果使用 summarize 的 detail 选项，将会返回一些其他的结果，见[R]**summarize**。

下面的程序计算并显示了数据的范围：

```
. * Illustrate use of r()
. quietly summarize mpg

. scalar range = r(max) - r(min)

. display "Sample range = " range
Sample range = 29
```

当随后执行了一个 r 类或 e 类的命令后，r()中的结果将会消失。我们通常可以将这个值保存为一个标量。保存样本均值是特别有用的。

```
. * Save a result in r() as a scalar
. scalar mpgmean = r(mean)
```

1.6.2 使用从 e 类命令 regress 所得的结果

估计命令都是 e 类命令(或估计类命令)，如 regress 命令。它们的结果储存在 e()中，输入 ereturn list 可以查看其内容。

一个重要的例子就是用于 OLS 回归的命令 regress 之后，例如，输入下列命令之后：

```
. regress mpg price weight

      Source |       SS       df       MS              Number of obs =      74
-------------+------------------------------           F(  2,    71) =   66.85
       Model |  1595.93249     2  797.966246           Prob > F      =  0.0000
    Residual |  847.526967    71  11.9369995           R-squared     =  0.6531
-------------+------------------------------           Adj R-squared =  0.6434
       Total |  2443.45946    73  33.4720474           Root MSE      =   3.455

------------------------------------------------------------------------------
         mpg |      Coef.   Std. Err.      t    P>|t|     [95% Conf. Interval]
-------------+----------------------------------------------------------------
       price |  -.0000935   .0001627    -0.57   0.567     -.000418    .0002309
      weight |  -.0058175   .0006175    -9.42   0.000    -.0070489   -.0045862
       _cons |   39.43966   1.621563    24.32   0.000     36.20635    42.67296
------------------------------------------------------------------------------
```

再输入 ereturn list 命令得到：

```
. * ereturn list after e-class command regress
. ereturn list

scalars:
                  e(N) =  74
               e(df_m) =  2
               e(df_r) =  71
                  e(F) =  66.84814256414501
                 e(r2) =  .6531446579233134
               e(rmse) =  3.454996314099513
                e(mss) =  1595.932492798133
                e(rss) =  847.5269666613265
               e(r2_a) =  .6433740849070687
                 e(ll) =  -195.2169813478502
               e(ll_0) =  -234.3943376482347
               e(rank) =  3

macros:
            e(cmdline) : "regress mpg price weight"
              e(title) : "Linear regression"
         e(marginsok) : "XB default"
                e(vce) : "ols"
             e(depvar) : "mpg"
                e(cmd) : "regress"
         e(properties) : "b V"
            e(predict) : "regres_p"
              e(model) : "ols"
         e(estat_cmd) : "regress_estat"

matrices:
                  e(b) :  1 x 3
                  e(V) :  3 x 3

functions:
             e(sample)
```

方差分析表中的关键的数值输出结果存储为标量。作为使用标量结果的一个例子，我们研究 R^2 的计算。模型平方和储存在 e(mss)中，残差平方和储存在 e(rss)中，因此有：

```
. * Use of e() where scalar
. scalar r2 = e(mss)/(e(mss)+e(rss))

. display "r-squared = " r2
r-squared = .65314466
```

这个结果与原始回归输出中给出的 0.6531 是相同的。

其余的数值输出结果被存储为矩阵。这里我们介绍从这些矩阵中提取标量并操作标量的方法。具体来说，我们从 1×3 阶的矩阵 e(b)中获得了 price 的 OLS 系数，从 3×3阶的矩阵 e(V)中获得了这个估计值的估计方差，然后我们构造 t 统计量来检验 prize 的系数是否为 0：

```
. * Use of e() where matrix
. matrix best = e(b)

. scalar bprice = best[1,1]

. matrix Vest = e(V)

. scalar Vprice = Vest[1,1]

. scalar tprice = bprice/sqrt(Vprice)

. display "t statistic for H0: b_price = 0 is " tprice
t statistic for H0: b_price = 0 is -.57468079
```

这个结果与原始回归输出结果中给出的−0.57 是相同的。

当随后执行一个 e 类命令时，e()中的结果会消失。然而，你可以使用 3.4.4 节中介绍的 estimates store 命令来保存这些结果。

1.7 全局宏和局部宏

一个宏就是一串字符，它可以用来表示另一串字符。例如，你可以使用宏 xlist 来代替"price weight"。这种替换可以使程序更简短、更易读，而且更容易被改编用于相似的问题。

宏可以是全局的，也可以是局部的。一个全局宏在 Stata 的 do 文件或者整个 Stata 的一段程序中都可以使用。一个局部宏只能在一个给定的 do 文件或者一段交互的程序中使用。

1.7.1 全局宏

全局宏是最简单的宏，却有很多用途。我们在本书中广泛地使用全局宏。

用 global 命令定义全局宏。为了读取存储在全局宏中的内容，需要把字符“ $ ”放在宏的名称前面。例如，研究被解释变量 mpg 对几个解释变量的回归，其中使用全局宏 xlist 来储存解释变量串。

```
. * Global macro definition and use
. global xlist price weight

. regress mpg $xlist, noheader        // $ prefix is necessary
```

mpg	Coef.	Std. Err.	t	P>|t|	[95% Conf.	Interval]
price	-.0000935	.0001627	-0.57	0.567	-.000418	.0002309
weight	-.0058175	.0006175	-9.42	0.000	-.0070489	-.0045862
_cons	39.43966	1.621563	24.32	0.000	36.20635	42.67296

在拟合几个具有相同解释变量串的不同模型时，经常会用到全局宏，因为它们可以确保解释变量串在所有模型中都是相同的，并且它们使得改变解释变量串变得很容易。对全局宏的一个单独的改变就会改变所有模型中的解释变量串。

第二个例子是拟合几个不同的模型，但是我们想要保持一个关键的参数始终不变。例如，假设我们使用自抽样来获得标准误。那么，我们可以使用全局宏 nbreps 来表示自抽样重复的次数。探索性的数据分析可能为 nbreps 设置一个很小的值，如 50，以节省计算时间，而最终的分析结果将会为 nbreps 设置一个适当的较高的值，如 400。

第三个例子是突出关键的程序参数，例如，当要得到聚类-稳健标准误时，用来定义聚类的变量。在程序开始之前，通过收集所有这样的全局宏，就一定能知道关键的程序参数是如何设置的。

1.7.2 局部宏

用 local 命令来定义局部宏。为了读取存储在局部宏中的内容，需要把宏的名称包括在单引号中。这些单引号并不是它们在打印文字中出现的那个样子。在大多数键盘上，左引号位于左上方“波浪号”的下面，右引号位于右边中间位置的“双引号”的下面。

作为一个局部宏的例子，我们研究变量 mpg 对几个解释变量的回归。我们通过把变量串名称包括在单引号中，表示为‘xlist’，用其来定义局部宏 xlist，并随后调用它的内容。

```
. * Local macro definition and use
. local xlist "price weight"

. regress mpg `xlist', noheader      // single quotes are necessary
```

mpg	Coef.	Std. Err.	t	P>|t|	[95% Conf.	Interval]
price	-.0000935	.0001627	-0.57	0.567	-.000418	.0002309
weight	-.0058175	.0006175	-9.42	0.000	-.0070489	-.0045862
_cons	39.43966	1.621563	24.32	0.000	36.20635	42.67296

在把一个局部宏定义为一个字符串时，不必要使用双引号，这就是为什么我们没有在前面全局宏的例子中使用它们。使用双引号确实强调已经进行了文本替换。在随后对 xlist 的引用中，单引号是必要的。

我们还可以使用宏来定义被解释变量。例如，

```
. * Local macro definition without double quotes
. local y mpg

. regress `y' `xlist', noheader
```

mpg	Coef.	Std. Err.	t	P>|t|	[95% Conf.	Interval]
price	-.0000935	.0001627	-0.57	0.567	-.000418	.0002309
weight	-.0058175	.0006175	-9.42	0.000	-.0070489	-.0045862
_cons	39.43966	1.621563	24.32	0.000	36.20635	42.67296

注意，这里的'y'不是一个具有 N 个观测值的变量。相反，它是字符串"mpg"。regress 命令只用文本格式的 mpg 来代替'y'，文本格式的 mpg 随后表示一个有 N 个观测值的变量。

我们还可以在函数计算过程中来定义一个局部宏。例如，

```
. * Local macro definition through function evaluation
. local z = 2+2
. display `z'
4
```

上述命令使得局部宏'z'就是一个字符串格式的 4。当定义一个局部宏导致这个宏可以成为被计算的表达式时，应该使用等号。对于数值表达式，使用等号储存宏中表达式的结果，而不是宏中表达式本身的字符。对于字符串参数，最好不要使用等号。当在宏中存储变量串时，则更是如此。Stata 表达式中的字符串只能包含 244 个字符，比许多变量串的字符还要少。没有等号的宏在 Stata /IC 中可以包含 165200 个字符，而在 Stata/MP 和 Stata/SE 中可以包含 1081511 个字符。

在 Stata 的编程中局部宏是特别有用的，见附录 A。例如，你可以用'y'和'x'作为被解释变量和解释变量的通用符号，从而使程序更易于阅读。

局部宏只适用于当前的程序，且有不与其他程序产生潜在冲突的优点。除非有一个很充分的理由去使用全局宏，通常局部宏要比全局宏更好。

1.7.3 使用标量还是使用宏?

宏可以用来代替一个标量，但标量更简单。此外，[P] **scalar** 指出使用标量通常会比使用宏要快，因为宏需要把其内容转换成内部二进制表达式，再把二进制表达式转换为宏的内容。这个参考资料还给出了一个例子，其中因为这些转换使得宏损失了精度。

然而，标量的一个缺点就是：当使用 clear all 时标量就会被删除。相反，宏仍会被保留。参考下面的例子：

```
. * Scalars disappear after clear all but macro does not
. global b 3

. local c 4

. scalar d = 5

. clear

. display $b _skip(3) `c'    // display macrcs
3   4

. display d                  // display the scalar
5

. clear all

. display $b _skip(3) `c'    // display macros
3   4

. display d                  // display the scalar
d not found
r(111)
```

虽然在 clear 之后标量 d 不会被删除，但在 clear all 之后标量 d 还是被删除了。

在本书中我们使用全局宏，是因为在某些情况下，我们想使宏的内容在 do 文件中是可以被使用的。使用全局宏的第二个原因是用前缀 $ 可以清楚地表明正在使用一个全局参数。

1.8 循环命令

循环提供了一种多次重复相同命令的方法。我们在全书的不同内容中使用循环。

Stata 有三个循环结构：foreach、forvalues 和 while。foreach 命令在一个列表中的不同项之间构造循环，其中列表可以是一个变量名称的列表（可能在一个宏中给出），也可以是一个数字的列表。forvalues 命令在数字的连续值之间构造循环。while 循环持续到用户指定的一个条件不能被满足时为止。

我们演示在创建四个变量的总和时，如何使用这三个循环结构，其中每个变量都是从均匀分布中生成的。有许多不同的方法来使用这些循环命令，见[P]**foreach**、[P]**forvalues** 和[P]**while**。

generate 命令用于生成一个新的变量。runiform()函数用于从均匀分布中进行抽样。每当生成随机数时，我们都用 set seed 命令把种子设置为一个特定的值，以便后续运行相同的程序时会抽取相同的随机数。例如，我们有：

```
. * Make artificial dataset of 100 observations on 4 uniform variables
. clear

. set obs 100
obs was 0, now 100

. set seed 10101

. generate x1var = runiform()

. generate x2var = runiform()

. generate x3var = runiform()

. generate x4var = runiform()
```

我们想对这四个变量求和。这样做最明显的方法是：

```
. * Manually obtain the sum of four variables
. generate sum = x1var + x2var + x3var + x4var

. summarize sum
```

Variable	Obs	Mean	Std. Dev.	Min	Max
sum	100	2.093172	.594672	.5337163	3.204005

我们现在介绍几个使用循环来逐步对这些变量求和的方法。虽然这里只研究四个变量，但是同样的方法可以应用于数以百计的变量。

1.8.1 foreach 循环

我们首先用 foreach 命令在一个变量名称列表中的各个项之间进行循环。这里的变量列表是 x1var、x2var、x3var 和 x4var。

最终生成的变量将被称为 sum。因为 sum 已经存在，我们首先需要删除 sum，然后再生成 sum=0。而 replace sum=0 命令可以把这两个步骤合并成一个步骤，前缀 quietly 可以压缩声明 100 个观测值已经被替代的输出结果。在第一行，我们使用一个 foreach 循环，再在这个循环中使用 quietly 来压缩由 relpace 命令所得的输出结果。这个程序是：

```
. * foreach loop with a variable list
. quietly replace sum = 0

. foreach var of varlist x1var x2var x3var x4var {
  2.     quietly replace sum = sum + `var'
  3. }

. summarize sum
```

Variable	Obs	Mean	Std. Dev.	Min	Max
sum	100	2.093172	.594672	.5337163	3.204005

上述结果与手动获得的结果相同。

前面的程序是一个编程的例子（见附录 A），这个编程用一个大括号"{"出现在第一行末尾,且仅一个大括号“}”出现在这个程序的最后一行。数字 2.和 3.实际上没有出现在程序中,但会出现在输出结果中。在 foreach 循环中,我们通过名为 var 的局部宏指代 varlist 变量列表中的每一个变量,因此在随后使用 var 时,需要使用带有单引号的 `var′。选择 var 作为局部宏的名称是人为设定的,其他名称同样可以使用。varlist 这个词是必要的,尽管除了变量列表之外还有其他类型的列表,其中,我们可以使用 numlist、newlist、global 或 local,见[P]**foreach**。

使用变量列表的优点在于当变量名称不连续时可以用这个方法。例如,变量名称可能是 incomehusband、incomewife、incomechild1 和 incomechild2。

1.8.2 forvalues 循环

forvalues 循环可以在连续的值之间进行循环迭代。在以下程序中,我们设指数是局部宏 i,在随后使用 i 时,需要使用带有单引号的`i′。该程序为:

```
. * forvalues loop to create a sum of variables
. quietly replace sum = 0

. forvalues i = 1/4 {
  2.       quietly replace sum = sum + x`i'var
  3. }

. summarize sum

    Variable |        Obs        Mean    Std. Dev.       Min        Max
-------------+---------------------------------------------------------
         sum |        100    2.093172     .594672   .5337163   3.204005
```

它产生了相同的结果。

局部宏的名称 i 的选择是人为设定的。在这个例子中,增量只为 1,但是你也可以使用其他增量。例如,如果我们使用 forvalues i =1(2)11,那么在增量为 2 的情况下这个指数从 1 增加到 11。

1.8.3 while 循环

while 循环持续到一个条件不能被满足时为止。当不能使用 foreach 和 forvalues 命令时,可以使用这种方法。出于完整性的考虑,我们将它应用到求和的例子中。

在以下程序中,局部宏 i 的初始值为 1,然后在每个循环中增加 1;如果 i⩽4,循环将持续下去。

```
. * While loop and local macros to create a sum of variables
. quietly replace sum = 0

. local i 1

. while `i' <= 4 {
  2.      quietly replace sum = sum + x`i'var
  3.      local i = `i' + 1
  4. }

. summarize sum

    Variable |       Obs        Mean    Std. Dev.       Min        Max
-------------+--------------------------------------------------------
         sum |       100    2.093172     .594672   .5337163   3.204005
```

1.8.4 continue 命令

continue 命令提供了继续执行过早停止执行了当前循环迭代的一种方法。例如，如果循环包括了取一个数值的对数，并且如果数字是负的，我们想要跳过这个迭代，这个命令将会是很有用的。它在下一个循环迭代开始之前可以恢复执行循环，除非使用选项 break。详见 help continue。

1.9 一些有用的命令

我们仅仅提到很少的一些 Stata 命令。见[U]27.1 **43 commands** 给出的一个含有 43 个命令的列表，其中每一个都是非常有用的。

1.10 do 文件的模板

下面的 do 文件提供了一个模板。除了循环命令，它充分体现了本章介绍的 Stata 的大多数特性。

```
* 1. Program name
* mus01p2template.do written 2/15/2008 is a template do-file
* 2. Write output to a log file
log using mus01p2template.txt, text replace
* 3. Stata version
version 10.1           // so will still run in a later version of Stata
* 4. Program explanation
* This illustrative program creates 100 uniform variates
* 5. Change Stata default settings - two examples are given
set more off         // scroll screen output by at full speed
set mem 2m           // set aside 2 mb for memory space
* 6. Set program parameters using local and global macros
global numobs 100
local seed 10101
local xlist xvar
* 7. Generate data and summarize
set obs $numobs
set seed `seed'
generate xvar = runiform()
generate yvar = xvar^2
summarize
```

```
* 8. Demonstrate use of results stored in r()
summarize xvar
display "Sample range = " r(max)-r(min)
regress yvar `xlist'
scalar r2 = e(mss)/(e(mss)+e(rss))
display "r-squared = " r2
* 9. Close output file and exit Stata
log close
* exit, clear
```

1.11 用户编写的命令

我们广泛使用了用户编写的命令。它们都是很容易安装的免费的 ado 文件(见 A.2.8节),只要你连接到互联网,并且计算机实验室的用户所在计算机实验室对增加 Stata 的内容没有限制。可以用与 Stata 命令相同的方式来执行它们。

作为一个例子,我们考察工具变量(IV)估计。在某些情况下,我们知道哪些用户编写的命令是我们想要的。例如,对于 IV 来说,一个用户编写的重要命令是 ivreg2 命令,我们输入 findit ivreg2 来得到它。更一般地,我们可以输入更宽泛的命令:

```
. findit instrumental variables
```

(输出已省略)

如果你连接到互联网,可以给出在 Stata 和网络上找到的工具包中的关于 IV 命令的信息。

许多条目经常与几个潜在的用户编写命令和一个给定用户编写命令的不同版本一起被提供出来。开始学习最好的地方就是最近几期 *Stata Journal* 中的文章,因为其中的程序的准确性更有可能被仔细地审查了,并以一种适合的且被广泛应用的方式来编写。从 findit 命令所得的列表包括:

```
SJ-7-4  st0030_3  . . . .  Enhanced routines for IV/GMM estimation and testing
. . . . . . . . . . . . .  C. F. Baum, M. E. Schaffer, and S. Stillman
(help ivactest, ivendog, ivhettest, ivreg2, ivreset,
overid, ranktest if installed)
Q4/07   SJ 7(4):465--506
extension of IV and GMM estimation addressing hetero-
skedasticity- and autocorrelation-consistent standard
errors, weak instruments, LIML and k-class estimation,
tests for endogeneity and Ramsey's regression
specification-error test, and autocorrelation tests
for IV estimates and panel-data IV estimates
```

这个条目意味着它是工具包(st0030_3)的第三次修订,且这个工具包在 *Stata Journal* 的第七卷第 4 期(SJ-7-4)中进行了详细讨论。

通过左击这个条目第一行中高亮的文本 st0030_3,你会看到一个新窗口,有工具包的标题、描述/作者和安装文件。通过左击帮助文件,你可以获得这个命令的信息。通过左击(click here to install),可以把文件安装到一个 ado 目录中。

1.12 Stata 资源

对于首次使用的用户,[GS]Getting Started with Stata 是非常有帮助的,其中分析了一个例子数据集，例如在 Stata 交互模式下的 auto.dta。还有一个资源是[U] Users Guide，特别是前几章的内容。

1.13 习题

1.使用 help、search、findit 和 hsearch，寻找估计方法的信息。评论这些搜索命令的相对功能。

2.下载 Stata 的例子数据集 auto.dta。根据汽车的类型是否是进口的(使用前缀 by foreign:)，获得变量 mpg 和 weight 的概述性统计。评论进口车和国产车的不同之处。然后用 mpg 对 weight 和 foreign 进行 regress 回归。评论进口车的不同之处。

3.编写一个 do 文件来重复前一个问题。这个 do 文件应该包含一个 log 文件。运行这个 do 文件，然后使用一个文本编辑器查看 log 文件。

4.使用 auto.dta 得到变量 price 的概述性统计。然后使用储存在 r()中的结果计算一个标量 cv，它等于变量 price 的变异系数(标准差除以均值)。

5.使用 auto.dta，用 mpg 对 price 和 weight 进行 regress 回归。然后使用储存在e()中的结果计算一个标量 r2adj，它等于 $\overline{R}^2$。调整的 $\overline{R}^2$ 等于 $R^2-(1-R^2)(k-1)/(N-k)$，其中 N 表示观测值的个数，k 表示包括截距项在内的解释变量的个数。此外，还要使用储存在 e()中的结果来计算一个标量 tweight，它等于用于检验 weight 的系数为 0 的 t 统计量。

6.使用 auto.dta，为一个含有 mpg，price 和 weight 的变量串定义一个名为 varlist 的全局宏，然后获得 varlist 的概述性统计。然后用一个名为 varlist 的局部宏重复这个操作。

7.使用 auto.dta，用 foreach 循环创建一个变量 total，它等于 headroom 和 length 的和。使用 summarize 命令确认 total 的平均值等于 headroom 和 length 的均值之和。

8.生成一个含有 100 个观测值的模拟数据集，其中两个随机变量分别从均匀分布中抽样所得，使用的种子为 12345。理论上，这些随机变量的均值为 0.5，方差为 1/12。这里会出现这种情况吗?

2　数据管理和绘图

2.1　导论

基于微观经济数据的实证调查的起点就是收集和准备相关的数据集，其主要来源通常为政府调查和管理的数据。我们假设研究者已有这样一个原始数据集，不需解决调查设计和数据收集的问题。但即使是原始数据，也很少能够完全按照最终分析所要求的格式存在。

将原始数据转变为适合计量经济学分析的格式，这一过程被称为数据管理。它通常是一个耗时的工作，对下一阶段实行的建模的质量和可靠性具有重要意义。

这个过程通常始于一个数据文件或文档，其中包含从一次人口普查或调查中提取的基本信息。它们经常是按照被抽样的实体，例如个人、家庭和公司的数据记录来组织的。每条记录或观测值都是关于每个个体的定性和定量属性的数据向量。典型地，数据需要进行清理和重新编码，而不同来源的数据可能需要合并。调查的重点可能是一个特定的总体或子总体，例如雇佣女性，以至于需要用一系列的标准来确定数据集中是否有一个特定的观测值将被包含在分析的样本中。

这一章的任务涉及数据的准备和管理，它包括读入和修改数据、转换数据、合并数据、检查数据以及选择一个分析样本。尽管在相关章节给出了处理面板数据和多项选择数据的特殊方法，但本章的其余部分将重点分析一个给定的样本。

2.2　数据的类型

所有的数据最终都会以 0 和 1 的序列存储在计算机中，因为计算机上运行二进制数字，或是比特，即只用 0 和 1 表示的二进制。当然，还有几种不同的方式可以做到这一点，但可能会引起混淆。

2.2.1　文本或 ASCII 数据

一个标准的文本格式是 ASCII，即美国信息交换标准编码的首字母缩写。普通的 ASCII 代表 $2^7=128$(扩展的 ASCII 代表 $2^8=256$)种不同的数字、字母(大写和小写)以及常见符号和标点符号。在这两种情况下均使用八个比特(也称为一个字节)。例如，1 存储为 00110001，2 存储为 00110010，3 存储为 00110011，A 存储为 01010001，a 存储为 00110001。一个在电脑屏幕上可读的文本文件被存储在 ASCII 中。

一个重要的文本文件的例子是一个已经被存储为“逗号分隔值”的电子表格文件，这个文件通常以.csv 为扩展名。这里使用逗号分隔每个数据值；然而，一般而言，也可以使用其他分隔符。

文本文件的数据也可以被存储为固定宽度的数据。如果我们使用这种方法，比如说，用 1—7 列对应第一个数据项，用 8—9 列对应第二个数据项，以此类推，就不需要使用分隔符。

文本数据可以是数字也可以是非数字。字母 a 显然是一个非数字，但根据上下文，数字 3 可能是数字也可能是非数字。例如，数字 3 可能代表求医次数（数字）或街道地址的一部分，如第 3 大街（非数字）。

2.2.2 内部数字数据

当数据是数字时，计算机使用不同于文本格式在内部来存储它们，使其能够应用于算术运算且能够减少存储量。数字数据的两个主要类型是整数型和浮点型。由于计算机用很多 0 和 1（二进制数字或二进制）进行工作，因此，以二进制存储的数据，其值近似于以十进制存储时相对应的数字。

对于整数型数据，可以存储为准确的整数。整数存储的大小取决于使用的字节数，其中，一个字节是八位数字。例如，如果使用一个字节，那么在理论上可以存储 $2^8=256$ 个不同的整数，如－127，－126，…，127，128。

非整数型数据，或者是整数型数据，经常被存储为浮点型数据。标准的浮点数据存储在四个字节中，其中第一位可能代表符号，接下来的 8 位可能代表指数，而其余 23 位可能代表数字。尽管所有的整数都有二进制的精确表示，但并不是所有的整数都可以用十进制来表示。例如，以十进制表示的数字 0.1，以二进制表示就是 0.00011。因此，在以二进制表示的近似值中字节越多，其近似于以十进制表示的数字的精度越高。双精度浮点型数据使用 8 个字节，有大约 16 位数的精度（以十进制表示），且这对于统计计算来讲足够精确。

表 2.1 中列出了 Stata 的数字存储类型：三个是整数型，两个是浮点型。

表 2.1 Stata 的数字存储类型

存储类型	字节	最小值	最大值
byte	1	－127	100
int	2	－32767	32740
long	4	－2147483647	2147483620
float	4	$-1.70141173319\times10^{38}$	$1.70141173319\times10^{38}$
double	8	$-8.9984656743\times10^{307}$	$8.9984656743\times10^{307}$

这些内部数据类型的优点是用更少的字节存储相同数量的数据。例如，如果存储为文本，整数 123456789 占据 9 个字节；但是如果存储为一个整数型（long）或浮点型（float）数据，就只占 4 个字节。对于很大或很长的数字，节省的字节数明显会更多。Stata 默认地将浮点型数据存储为 float，将计算结果存储为 double。

Stata 使用不同的格式来存储读入的数据，并且 Stata 的数据文件（.dta）也会使用这些格式。第一个缺点是以内部存储格式存储的数字无法使用与读入文本相同的方式来读入;首先我们需要把它们转换成文本格式。第二个缺点是很难把以内部格式存储的数据在不同的软件包之间进行转换,例如把 Excel 的.xls 格式的数据转换成 Stata 的.dta 格式的数据,尽管一些商业软件可以在主要的程序包之间转换这些数据。

对存储为文本格式的数据进行转换是很容易的。然而,缺点是与存储为内部数字格式的相同数据集相比,其数据集的容量会增加,并且在把浮点数据转换为文本格式数据的过程中有可能损失精度。

2.2.3 字符串数据

Stata 中的非数字数据被记录为字符串,通常包含在双引号中,如“第 3 大街”。而格式命令,例如“str20”,则说明这些数据存储为一个长度为 20 个字符的字符串。

在本书中,我们重点分析数字型数据,且不使用字符串数据。Stata 有许多命令处理字符串。其中两个有用的命令是 destring 和 tostring,命令 destring 是将字符串数据转换为整数型数据,而命令 tostring 的转换过程正好相反。

2.2.4 数字型数据的显示格式

为了提高可读性,Stata 的输出结果和文本文件都被写成 Stata 格式的数据,这种格式是 Stata 自动选择的,但可以被修改。

最常用的格式是 f 格式,或是固定格式。一个例子是%7.2f,它的意思是这个数字将会右对齐且有 7 列,同时在小数点之后保留 2 位数字,例如 123.321 表示为 123.32。

定义格式类型总是以%开头。若后面跟一个选项“-”,则会用左对齐来代替默认的右对齐。然后跟一个整数来表示宽度(即列数),再跟一个句号(.),句号之后的整数表示小数点之后保留数字的个数,其后再跟 e 或 f 或 g 来表示所使用的格式。而末尾的选项 c 则表示用逗号分隔的格式。

通常的格式是 f 格式,或固定格式,例如,123.32。e 格式,或指数格式(科学记数法)用于非常大或非常小的数字,比如 1.23321e+02。不管这个数据是非常大的还是非常小的,对于 g 格式,或一般格式(数据的转换),Stata 会自动选择 e 格式或 f 格式,以达到更好的效果。特别地,%#.(#-1)g 格式会在小数点后将列数改至最优。例如,%8.7g 表示在数字的前 6 位之后添加一个空格,以此把小数点放在适当的位置。

2.3 输入数据

输入数据的起点就是包含原始数据的计算机可读文件。其中,会涉及大型数据集,通常它可能是一个文本文件,也可能是另一个计算机程序所输出的结果,例如 Excel、SAS,甚至是 Stata 程序。

2.3.1 基本原则

有关首次使用 Stata 的讨论,见第 1 章。我们通常假设以批处理的模式来使用 Stata。

要替换内存中任何已有的数据集,你首先需要清除当前的数据集。

```
. * Remove current dataset from memory
. clear
```

这就从内存中清除了数据和任何相关的数值标签。相反,如果你正在读入一个 Stata 数据集中的数据,你可以使用带有 clear 选项的 use 命令。此外,clear 的不同参数会分别清除 Mata 函数、保存的结果以及程序。clear all 命令会将清除所有内容。

一些数据集可能很大。在那种情况下,通过使用 set memory 命令,我们需要分配比 Stata 默认值更多的内存。例如,如果需要 100 兆字节,那么我们可以输入:

```
. * Set memory to 100 mb
. set mem 100m
```

可以使用不同的命令来读取数据,这取决于被读取文件的格式。这些命令包括以下内容,更详细的讨论见本节的其余部分。

- 用 use 命令来读取 Stata 数据(其扩展名为.dta)。
- 用 edit 和 input 命令从键盘或数据编辑器(Data Editor)中输入数据。
- 用 insheet 命令读取用电子表格(spread-sheet)建立的用逗号分隔或制表符分隔的文本数据。
- 用 infile 命令读取没有固定格式或有固定格式的文本数据。
- 用 infix 命令读取格式化的数据。

一旦数据被读入 Stata,你应该将数据保存为一个 Stata 数据集。例如,

```
. * Save data as a Stata dataset
. save mydata.dta, replace
```

(输出已省略)

replace 选项替代具有相同名称任何已有的数据集。如果你不希望这种情况发生,那么不要使用这个选项。

为了检查数据读入的正确性,列出前几个观测值,再使用 describe 命令,获得概述性统计。

```
. * Quick check that data are read in correctly
. list in 1/5     // list the first five observations
```

(输出已省略)

```
. describe        // describe the variables
```

(输出已省略)

```
. summarize       // descriptive statistics for the variables
```

(输出已省略)

在 2.4.1 节和 3.2 节中将给出实例来说明 describe 和 summarize 命令的输出结果。

2.3.2 输入 Stata 格式的数据

使用.dta 的扩展名来存储 Stata 格式的数据,如 mydata. dta。然后可以使用 use 命

令读入数据。例如，

```
. * Read in existing Stata dataset
. use c:\research\mydata.dta, clear
```

clear 选项清除当前内存中的所有数据，即使当前的数据还没有被保存，也会使新的文件读入到内存中。

如果从当前目录中启动 Stata，那么我们可以更简单地输入：

```
. * Read in dataset in current directoty
. use mydata.dta, clear
```

如果你的电脑连接了网络，use 命令还可以用于从互联网上读入数据。例如，你可以从 1980 年美国人口普查中提取数据，通过输入：

```
. * Read in dataset from an Internet web site
. use http://www.stata-press.com/data/r11/census.dta, clear
(1980 Census data by state)

. clear
```

2.3.3 用键盘输入数据

input 命令使得数据能从键盘输入。它假设数据都是数字型的。相反，如果数据是字符，那么 input 命令还应该把数据定义为字符串格式，并给出字符串的长度。例如，

```
. * Data input from keyboard
. input str20 name age female income

                      name          age       female       income
  1.   "Barry" 25 0 40.990
  2.   "Carrie" 30 1 37.000
  3.   "Gary" 31 0 48.000
  4. end
```

这里的引号不是必要的；我们可以使用 Barry 而不是"Barry"。如果名称中包括一个空格，例如"Barry Jr"，那么需要使用双引号；否则，Barry 将会被读作一个字符串，且 Jr 被读作一个数字，进而导致程序错误。

要检查数据读入是否正确，我们使用 list 命令。这里我们添加了 clean 选项，它将列出没有分隔符和分隔线的数据。

```
. list, clean

         name   age   female   income
  1.    Barry    25        0    40.99
  2.   Carrie    30        1       37
  3.     Gary    31        0       48
```

相反，在交互模式下你可以用数据编辑器(Data Editor)来输入数据(且可以编辑已有数据)。

2.3.4 输入非文本数据

关于非文本数据，即用非 Stata 的其他软件包的内部编码存储的数据。通过使用文

本编辑器查看这个文件,可以很容易确定这个文件是否是一个非文本文件。如果出现奇怪的字符,那么这个文件就是一个非文本文件。Excel.xls 文件就是一个例子。

Stata 支持多种特殊格式。使用 fdause 命令可以读取"SAS XPORT Tranport"格式的文件;使用 haver 命令可以读取"Haver Analytics"数据库的文件;使用 odbc 命令可以读取"Open Database Connectivity" (ODBC)数据文件;使用 xmluse 命令可以读取"XML"文件。

Stata 无法读取诸如 excel.xls 等其他格式的文件。一种解决方案就是使用一个软件,这个软件可以创建数据,并把数据改写成一个可读的文本格式的文件,正如下面所讨论的,如用逗号分隔的数值文本文件。例如,把 Excel 工作表格保存为.csv 文件。第二种解决方案是购买诸如 Stat / Transfer 的软件,它可以把数据从一种格式改变为另一种格式。对于转换程序,见 http://www.ats.ucla.edu/stat/Stata/faq/convert_pkg.htm。

2.3.5 从电子表格中输入文本数据

insheet 命令可以读取用电子表格或数据库程序存储的以逗号分隔的或以制表符分隔的文本数据。例如,用逗号分隔符的数值文件,即 mus02file1.csv,它有下列的数据:

```
name,age,female,income
Barry,25,0,40.990
Carrie,30,1,37.000
Gary,31,0,48.000
```

为了读入这些数据,我们使用 insheet 命令,因此

```
. * Read data from a csv file that includes variable names using insheet
. clear

. insheet using mus02file1.csv
(4 vars, 3 obs)

. list, clean

        name   age   female   income
  1.   Barry    25        0    40.99
  2.  Carrie    30        1       37
  3.    Gary    31        0       48
```

Stata 自动识别 name 变量为一个字符串变量,age 和 female 变量被视为整数型变量,而 income 变量被视为浮点型变量。

insheet 命令最大的一个优点是它能读入包含变量名称和数据的文本文件,使错误尽可能少的发生。但它也有一些局限性,insheet 命令仅限于每行有一个单一观测值的文件,并且数据必须是以逗号分隔或制表符分隔的,但不能同时使用这两种分隔方法。它不能用空格进行分隔,但可以运用 delimiter 选项来设定其他分隔符。

具有变量名称的第一行是可选择的。假设 mus02file2.csv 与原始文件相同,只是没有标题行:

```
Barry,25,0,40.990
Carrie,30,1,37.000
Gary,31,0,48.000
```

insheet 命令仍然有效。默认的情况下,读入的变量被命名为 v1、v2、v3 和 v4;此外,你可以在 insheet 命令中设定更有意义的名称。例如,

```
. * Read data from a csv file without variable names and assign names
. clear
. insheet name age female income using mus02file2.csv
(4 vars, 3obs)
```

2.3.6 输入自由格式的文本数据

infile 命令可以读取用空格分隔、制表符分隔或逗号分隔的自由格式的文本数据。

我们再来研究没有标题行的 mus02file2.csv。于是，

```
. * Read data from free-format text file using infile
. clear

. infile str20 name age female income using mus02file2.csv
(3 observations read)

. list, clean

          name   age   female   income
  1.     Barry    25        0    40.99
  2.   Carrie    30        1       37
  3.      Gary    31        0       48
```

默认地，infile 命令把所有数据读取为以浮点型存储的数字。如果原始数据是字符串，这样做就会导致明显的问题。通过在 name 之前插入 str20，第一个变量会被存储为最多有 20 个字符的字符串。

对于 infile 命令，一个单一的观测值可以跨行，或者每行不止有一个单一观测值。实际上，在"Barry"之后的每第四个条目会被读作"name"的字符串条目，"25"之后的每第四个条目会被读作"age"的数字条目，以此类推。

infile 命令是读入数据最灵活的命令，它也可以读入固定格式数据。

2.3.7 输入固定格式的文本数据

infix 命令读取具有固定列格式的固定格式文本数据。例如，假设 mus02file3.txt 包含与之前相同的数据，除了没有标题行，其固定格式如下：

```
Barry     250 40.990
Carrie    301 37.000
Gary      310 48.000
```

这里第 1－10 列存储"name"变量，第 11－12 列存储"age"变量，第 13 列存储"female"变量，第 14－20 列存储"income"变量。

注意，固定格式数据的一个特征就是在数据条目之间并不需要分隔符。例如，对于第一个观测值，序列"250"不是指 250 岁，而是指两个变量：age＝25 和 female＝0。当读取固定格式的数据时，很容易犯这样的错误。

为了使用 infix 命令，我们需要定义每个条目所出现在的列数。有许多方法可以做到这一点。例如，

```
. * Read data from fixed-format text file using infix
. clear

. infix str20 name 1-10 age 11-12 female 13 income 14-20 using mus02file3.txt
(3 observations read)

. list, clean

         name   age   female   income
  1.    Barry    25        0    40.99
  2.   Carrie    30        1       37
  3.     Gary    31        0       48
```

infile 命令类似，我们用 str20 表明“name”是一个字符串，而不是一个数字。

一个观测值可以在多行中出现，例如，我们用符号“/ ”表示跨行或者运用条目“2:”来转接到第 2 行。再如，假设 mus02file4.txt 和 mus02file3.txt 是相同的，对于第 1－7 列的每个观测值而言，只有 income 单独出现在第二行，那么，

```
. * Read data using infix where an observation spans more than one line
. clear

. infix str20 name 1-10 age 11-12 female 13 2: income 1-7 using mus02file4.txt
(3 observations read)
```

2.3.8 字典数据文件

对于更复杂的文本数据集，读入的数据格式可以存储在字典文件中，它是一个由文字处理器或编辑器创建的文本文件。详见[D]**infile(fixed format)**。假设这个文件叫做 mus02dict.dct。那么我们只需要输入

```
. * Read in data with dictionary file
. infile using mus02dict
```

其中，字典文件 mus02dict.dct 提供了变量名称和格式，以及包含数据的文件的名称。

2.3.9 常见的误区

读入数据可能会出奇的困难。对于固定格式的数据，错误的列对齐方式就会导致错误。数据会意外地包括字符串数据，或许还会有内嵌的空格。缺失值可能被编码为 NA，但如果预期的是数值，则会出现问题。当单独一行被误设时，观测值可能跨越数行。

将数据集读入 Stata 中，有可能 Stata 并不发出错误信息，但没有错误信息并不意味着数据集已正确读入。例如，将数据从一种计算机数据格式转换成另一种计算机数据格式，如使用文件传输协议(FTP)传输文件，会导致一个额外的回车(或 Enter)被输入到每一行的末尾。infix 命令可以读取这样一种数据集：一行数据紧接着一个空行，然后又是一行数据紧接着一个空行，并如此循环。这些空行生成具有缺失值的额外观测值。

你应该经常对数据进行检查，比如使用 list 和 summarize 命令，并在开始分析之前经常查看数据。

2.4 数据管理

一旦数据被读入，大量的工作就可能是清理数据、转换变量和选择最终样本。所有

数据管理的工作应该是记录数据、标注数据日期和保存数据。这种对数据的记录使得对定义变化的跟踪和减少数据重复更加容易。到目前为止，最简单的方法是把数据管理操作存储在一个 do 文件中，而不是交互地使用命令。我们假设使用 do 文件来管理数据。

2.4.1 PSID 的例子

使用一个真实数据的例子能最好地说明数据管理。通常，需要下载整个原始数据集和一个描述数据集的附件。但是，对于一些主要的常用数据集，可能会有一个精简(cleaned-up)的数据集，或者简单的数据提取工具，或两者同时具有。

这里我们从 1992 年个体水平数据中获得了一个非常小的精简数据。这个数据来自收入动态的面板数据研究（PSID），它是一个由密歇根大学指导的美国追踪数据调查。这个精简数据可以从网站 http://psidonline.isr.umich.edu/的数据中心下载，使用交互工具来选择一些变量。提取的样本仅限于 30—50 岁的男性。输出结果除了包括文本数据文件之外，还包括一个 Stata 的 do 文件。此外，还提供了一个描述所选变量的 codebook 命令输出结果。数据下载包含了其他几个变量，它们使得每个标识符是唯一的，并提供了样本权重。这些也应该被包括在最终的数据集中，但为了简便起见，在下面的分析中这些变量已经被省略了。

使用文本编辑器读入文本数据集 mus02psid92m.txt，可以显示前两个观测值分别是

```
4^ 3^ 1^ 2^ 1^ 2482^ 1^ 10^ 40^ 9^ 22000^ 2340
4^ 170^ 1^ 2^ 1^ 6974^ 1^ 10^ 37^ 12^ 31468^ 2008
```

这些数据是用符号“^”进行分隔的文本数据。

我们可以使用多种方法来读取数据，但是最简单的方法是使用 insheet 命令。在此提供了一个 do 文件，它非常的简单。do 文件 mus02psid92m.do 包含了以下信息：

```
* Commands to read in data from PSID extract
. type mus02psid92m.do
* mus02psid92m.d0
clear
#delimit ;
*  PSID DATA CENTER *****************************************************
   JOBID              : 10654
   DATA_DOMAIN        : PSID
   USER_WHERE         : ER32000=1 and ER30736 ge 30 and ER
   FILE_TYPE          : All Individuals Data
   OUTPUT_DATA_TYPE   : ASCII Data File
   STATEMENTS         : STATA Statements
   CODEBOOK_TYPE      : PDF
   N_OF_VARIABLES     : 12
   N_OF_OBSERVATIONS: 4290
   MAX_REC_LENGTH     : 56
   DATE & TIME        : November 3, 2003 @ 0:28:35
************************************************************************
;
insheet
   ER30001 ER30002 ER32000 ER32022 ER32049 ER30733 ER30734 ER30735 ER30736
    ER30748 ER30750 ER30754
using mus02psid92m.txt, delim("^") clear
```

```
;
destring, replace ;
label variable er30001  "1968 INTERVIEW NUMBER"  ;
label variable er30002  "PERSON NUMBER                 68"  ;
label variable er32000  "SEX OF INDIVIDUAL"  ;
label variable er32022  "# LIVE BIRTHS TO THIS INDIVIDUAL"  ;
label variable er32049  "LAST KNOWN MARITAL STATUS"  ;
label variable er30733  "1992 INTERVIEW NUMBER"  ;
label variable er30734  "SEQUENCE NUMBER               92"  ;
label variable er30735  "RELATION TO HEAD              92"  ;
label variable er30736  "AGE OF INDIVIDUAL             92"  ;
label variable er30748  "COMPLETED EDUCATION           92"  ;
label variable er30750  "TOT LABOR INCOME              92"  ;
label variable er30754  "ANN WORK HRS                  92"  ;

#delimit cr;    //  Change delimiter to default cr

* Data description
```

为了读取数据，最基本的命令只有 insheet 命令。这个程序使用分隔符而不是默认的“cr”(Enter 键或回车键)来分隔命令，即使命令和注释可以跨行。destring 命令可以把任何字符串数据都转换成数字型数据(这里没有必要使用它)。例如，把“$1234”转换成“1234”。label variable 命令对数据提供了一个更详细的描述，当然，这个数据的描述也可以用 describe 命令来重现。

执行这段程序产生以下结果：

```
(12 vars, 4290 obs)

. destring, replace ;
er30001 already numeric; no replace
```

(输出已省略)

```
er30754 already numeric; no replace
```

“already numeric”这个陈述就是所有数据的输出结果，因为 mus02psid92m.txt 文件中的所有数据都是数字型的。

describe 命令提供对数据的描述：

```
. * Data description
. describe

Contains data
  obs:          4,290
 vars:             12
 size:         98,670 (99.1% of memory free)
-------------------------------------------------------------------------------
              storage  display     value
variable name   type   format      label      variable label
-------------------------------------------------------------------------------
er30001         int    %8.0g                  1968 INTERVIEW NUMBER
er30002         int    %8.0g                  PERSON NUMBER 68
er32000         byte   %8.0g                  SEX OF INDIVIDUAL
er32022         byte   %8.0g                  # LIVE BIRTHS TO THIS INDIVIDUAL
er32049         byte   %8.0g                  LAST KNOWN MARITAL STATUS
er30733         int    %8.0g                  1992 INTERVIEW NUMBER
er30734         byte   %8.0g                  SEQUENCE NUMBER 92
er30735         byte   %8.0g                  RELATION TO HEAD 92
er30736         byte   %8.0g                  AGE OF INDIVIDUAL 92
er30748         byte   %8.0g                  COMPLETED EDUCATION 92
er30750         long   %12.0g                 TOT LABOR INCOME 92
er30754         int    %8.0g                  ANN WORK HRS 92
-------------------------------------------------------------------------------
Sorted by:
     Note:  dataset has changed since last saved
```

summarize 命令提供描述性统计：

```
. * Data summary
. summarize

    Variable |       Obs        Mean    Std. Dev.       Min        Max
-------------+--------------------------------------------------------
     er30001 |      4290      4559.2    2850.509          4       9308
     er30002 |      4290    60.66247    79.93979          1        227
     er32000 |      4290           1           0          1          1
     er32022 |      4290    21.35385    38.20765          1         99
     er32049 |      4290    1.699534    1.391921          1          9
-------------+--------------------------------------------------------
     er30733 |      4290    4911.015      2804.8          1       9829
     er30734 |      4290    3.179487     11.4933          1         81
     er30735 |      4290    13.33147    12.44482         10         98
     er30736 |      4290    38.37995    5.650311         30         50
     er30748 |      4290    14.87249    15.07546          0         99
-------------+--------------------------------------------------------
     er30750 |      4290    27832.68    31927.35          0     999999
     er30754 |      4290    1929.477    899.5496          0       5840
```

如果对已经读入的原始数据很满意，我们就可以继续简化数据。

2.4.2 对变量命名和贴标签

正如可以用数据编辑器来输入和管理数据一样，也可以使用变量编辑器来管理数据的属性，例如它们的名称和标签。我们使用下面的 Stata 命令对变量进行重新命名和贴标签，但是我们也能使用数据编辑器来操作。

第一步是要使用 rename 命令来给变量取一个有意义的名字。我们只对在随后分析中要使用的变量进行这样的操作。

```
* Rename variables
rename er32000 sex
rename er30736 age
rename er30748 education
rename er30750 earnings
rename er30754 hours
```

重新命名的变量保留了它们最初给定的描述。其中的一些描述不需要那么长，所以我们使用 label variable 来缩短从这些命令中所得的输出结果，如 describe 命令给出了变量的标签。

```
* Relabel some of the variables
label variable age "AGE OF INDIVIDUAL"
label variable education "COMPLETED EDUCATION"
label variable earnings "TOT LABOR INCOME"
label variable hours "ANN WORK HRS"
```

对于分类变量，解释变量的含义是很有用的。例如，2.4.4 节讨论的从 codebook 命令所得的输出结果中，如果是男性，er32000 变量的值为 1；如果是女性，则它的值为 2。我们可能更喜欢变量值的输出用一个标签来替代数字。而生成这些标签需要使用 label define 和 label values 命令。

```
. * Define the label gender for the values taken by variable sex
. label define gender 1 male 2 female

. label values sex gender

. list sex in 1/2, clean

         sex
  1.    male
  2.    male
```

重新命名后,我们得到:

```
. * Data summary of key variables after renaming
. summarize sex age education earnings hours

    Variable |       Obs        Mean    Std. Dev.       Min        Max
-------------+--------------------------------------------------------
         sex |      4290           1           0          1          1
         age |      4290    38.37995    5.650311         30         50
   education |      4290    14.87249    15.07546          0         99
    earnings |      4290    27832.68    31927.35          0     999999
       hours |      4290    1929.477    899.5496          0       5840
```

这些变量的数据共有 4290 个样本观测值。正如预期,对于所有的观测值,数据中变量 age 的取值 30<age<50,变量 sex=1(假如男性)。变量 earnings 的最大值是 $999999,它是一个异常值,即最有可能的是表示从上而下进行编码所得的值。变量 hours 的最大值(365×16=5840)非常大,也可能是表示从上而下进行编码所得的值。变量 education 的最大值 99 显然是错误的,最有可能的解释是,这是一个缺失值的编码,因为数字 99 或-99 通常用来表示一个缺失值。

2.4.3 查看数据

查看数据的标准命令是 summarize、list 和 tabulate。

我们已经演示了 summarize 命令。使用 detail 选项可以获得其他的统计值,包括关键的百分位数、最大的 5 个观测值和最小的 5 个观测值,见 3.2.4 节。

list 命令可以列出每个观测值,在实践中观测值可能会有很多。但是你也可以只列出一些观测值:

```
. * List first 2 observations of two of the variables
. list age hours in 1/2, clean

       age   hours
  1.    40    2340
  2.    37    2008
```

list 命令之后如果没有提供变量列表,则会列出所有的变量。clean 选项可以消除分隔线和分隔符。

tabulate 命令列出每个数据的不同值及其发生的次数。这个命令对于没有太多特殊值的数据是有用的。对于变量 education,我们有:

```
. * Tabulate all values taken by a single variable
. tabulate education

   COMPLETED |
   EDUCATION |      Freq.     Percent        Cum.
-------------+-----------------------------------
           0 |         82        1.91        1.91
           1 |          7        0.16        2.07
           2 |         20        0.47        2.54
           3 |         32        0.75        3.29
           4 |         26        0.61        3.89
           5 |         30        0.70        4.59
           6 |        123        2.87        7.46
           7 |         35        0.82        8.28
           8 |         78        1.82       10.09
           9 |        117        2.73       12.82
          10 |        167        3.89       16.71
          11 |        217        5.06       21.77
          12 |      1,510       35.20       56.97
          13 |        263        6.13       63.10
          14 |        432       10.07       73.17
          15 |        172        4.01       77.18
          16 |        535       12.47       89.65
          17 |        317        7.39       97.04
          99 |        127        2.96      100.00
-------------+-----------------------------------
       Total |      4,290      100.00
```

注意,作为标题的是变量标签而不是变量名称,这些值通常是貌似合理的。其中,约35%的样本的最高学历正好完成了 12 年的教育(即高中毕业),约 7%的观测值完成了17 年的教育,这最有可能表明取得了研究生学位(因为大学学位只需要 16 年)。样本中约 3%的值为 99,这最有可能是一个缺失数据的编码。令人惊讶的是,约 2%的样本似乎没有接受过学校教育。正如下面的解释,有一些数据同样是具有缺失值的数据。

2.4.4 使用原始文档

在这个阶段,转到原始文档是非常有必要的。

作为从收入动态的面板数据研究(PSID)网站中提取一部分数据而生成的文件 mus02psid92mcb.pdf 表明,对于变量 er30748 而言,数值 0 意味着"不合适的",编码簿中给出了各种不同的原因;数值 1-16 则表示在学校完成的最高年级或年限;数值 17 至少是从事了一些研究生的工作;数值 99 则定义为不适用(NA)或不知道(DK)的数据。

显然,变量 education 中的 0 和 99 都表示缺失值。不使用编码簿的话,我们可能将 0 值误认为学校教育的年限为 0。

2.4.5 缺失值

在本阶段,最好是标记出缺失值并保留所有的观测值,而不是立即删除有缺失数据的观测值。在随后的分析中,只有那些对分析中的变量产生重要影响的缺失数据的观测值才需要删除。有缺失数据的个体特征可以与那些拥有完整数据的个体特征进行比较。有缺失值的数据可以用一个缺失值的编码进行重新标记。

对于变量 education,缺失数据的值 0 或 99 被符号"."(一个句号)来替代,这是 Stata 默认的缺失值的编码。我们通过使用 replace 命令修改当前的变量,而不是创建一个新的变量，如下：

```
. * Replace missing values with missing-data code
. replace education = . if education == 0 | education == 99
(209 real changes made, 209 to missing)
```

使用双等号和符号“|”来表示逻辑算子中的“或”，详见 1.3.5 节。作为结果中的一个样本，我们可以列出第 46－48 个观测值：

```
. * Listing of variable including missing value
. list education in 46/48, clean

       educat~n
 46.         12
 47.          .
 48.         16
```

显然，变量 education 的原始数据中，第 47 个观测值等于 0 或 99，但实际上它已经变成了缺失值。

使用变量 education 的后续命令将删去有缺失值的观测值。例如，

```
. * Example of data analysis with some missing values
. summarize education age

    Variable |       Obs        Mean    Std. Dev.       Min        Max
-------------+--------------------------------------------------------
   education |      4081     12.5533    2.963696          1         17
         age |      4290    38.37995    5.650311         30         50
```

对于变量 education，只能使用 4081 个无缺失值的观测值，而对于变量 age，所有 4290 个原始观测值都是可用的。

如果需要，你可以使用多个缺失值的编码。如果你想跟踪变量缺失的原因，这可能是有用的。扩展的缺失编码分别是.a，.b，…，.z。例如，我们可以输入：

```
. * Assign more than one missing code
. replace education = .a if education == 0
. replace education = .b if education == 99
```

当我们想把多个缺失编码为一个变量时，使用 mvdecode 命令会更加方便，它可以把变量的值或值的范围转换为缺失值的编码，它类似于 recode 命令（详见 2.4.7 节）。一个相反的命令，即 mvencode 可以把缺失值转换为数值。

一旦使用了缺失值，就需要非常谨慎。特别要注意的是，缺失值被视为比其他任何数都大的数字。排序时所有的数字都比“.”要小，而“.”又小于“.a”，以此类推。命令为：

```
. * This command will include missing values
. list education in 40/60 if education > 16, clean

       educat~n
 45.         17
 47.          .
 60.         17
```

除了列出两个 17 的数值外，这个命令还列出了第 47 个观测值的缺失值。相反，如

果这不是所期望的，我们应该使用：

```
. * This command will not include missing values
. list education in 40/60 if education > 16 & education < . , clean

       educat~n
 45.         17
 60.         17
```

现在，有缺失值的第 47 个观测值已经被排除在外。

缺失值的问题同样出现在变量 earnings 和 hours 中。从编码簿中我们看到，零值可能表示由于各种原因而出现的缺失值，也有可能是一个真正的零值（如果那个人并不工作）。真正的零值用 er30748＝0 或 2 表示，但是我们不提取这个变量。由于这种原因，多次提取数据也是正常的。与其提取这个额外的变量，作为一种捷径，我们注意到，变量 earnings、hours 的缺失和 education 的缺失是出于相同的原因。因此有：

```
. * Replace missing values with missing-data code
. replace earnings = . if education >= .
(209 real changes made, 209 to missing)

. replace hours = . if education >= .
(209 real changes made, 209 to missing)
```

2.4.6 估算缺失的数据

微观计量经济学中的标准方法是删除有缺失值的观测值，这被称作成对剔除法。观测值的减少通常会使得估计和推断不精确。更重要的是，如果以解释变量为条件的被解释变量的值中保留了不具代表性的值，则可能在回归中导致样本选择偏误。

替代删除观测值的一种方法就是估算缺失值。impute 命令运用回归中的预测来进行估算，而 ipolate 命令则使用插值法来进行估算。我们不涉及这些命令，因为这些估算方法都有局限性，并且微观计量经济学研究的基本准则就是只使用原始数据。

一个更有前景、更高级的方法是多重估算。它产生了 M 个不同的估算数据集（例如，M＝20），对模型拟合 M 次，并进行统计推断，它同时考虑了估计和数据估算中的不确定性。为了执行这种方法，见 Stata11 中引入的 mi 命令以及用户编写的 ice 和 hot-deck 命令。在 Cameron 和 Trivedi（2005）和"findit multiple imputation"的结果中你可以找到更多的相关信息。

2.4.7 转换数据（generate、replace、egen 和 recode 命令）

处理完缺失值后，对于关键变量，我们有如下内容：

```
. * Summarize cleaned up data
. summarize sex age education earnings
```

Variable	Obs	Mean	Std. Dev.	Min	Max
sex	4290	1	0	1	1
age	4290	38.37995	5.650311	30	50
education	4081	12.5533	2.963696	1	17
earnings	4081	28706.65	32279.12	0	999999

现在，我们对已有变量进行编码且创建新的变量。基本的命令有 generate 和

replace。然而，使用另外的命令 recode、egen 和 tabulate 会更加方便。这些命令经常把 if 限定符和 by:前缀联合在一起使用。在全书中我们介绍了许多例子。

generate 和 replace 命令

使用 generate 命令创建新的变量，它经常使用标准的数学函数。该命令的语法是：

generate [*type*] *newvar* = *exp* [*if*] [*in*]

其中，对于数字数据的默认存储类型是 float，但这是可以改变的，例如把其改变为 double。

如果一个观测值没有标识符的话，则给每个观测值指定一个唯一标识符是一个很好的习惯。一个自然的选择是使用当前的观测值的个数，并把它存储为系统变量_n。

```
. * Create identifier using generate command
. generate id = _n
```

为了简单起见，我们使用了这个标识符，尽管对于这些数据，当结合变量 er30001 和 er30002 时，它们也可以提供一个唯一的 PSID 标识符。

下面的命令为 earnings 的自然对数创建了一个新的变量：

```
. * Create new variable using generate command
. generate lnearns = ln(earnings)
(498 missing values generated)
```

每当 earnings 的数据是缺失值时，也会生成 ln(earnings)的缺失值。此外，当 earnings≤0 时，也会产生缺失值，因为它不能取对数。

用 replace 命令来取代一个已有变量的一些值或所有值。当我们创建缺失值的编码时，我们已经演示了这个命令。

egen 命令

egen 命令是 generate 的扩展，它可以创建使用 generate 很难创建的变量。例如，假如样本的收入没有缺失值，我们想创建一个变量，让这个变量的每个观测值等于样本的平均收入。命令为：

```
. * Create new variable using egen command
. egen aveearnings = mean(earnings) if earnings < .
(209 missing values generated)
```

上述命令创建了一个变量，其值等于收入的均值(即变量 earnings 中没有缺失数据的所有观测值的均值)。

recode 命令

recode 命令是 replace 的扩展，如果使用 generate()选项，它能对分类变量重新编码，生成一个新的变量。这个命令为：

```
. * Replace existing data using the recode command
. recode education (1/11=1) (12=2) (13/15=3) (16/17=4), generate(edcat)
(4074 differences between education and edcat)
```

这个命令创建了一个新的变量 edcat，其取值分别为 1、2、3 和 4，相对应于“不到高中毕业""高中毕业""大学"以及"大学研究生或更高学历"。如果变量 education 不在 recode 命令给定的任何范围内,变量 edcat 的值将被设置为缺失值。

前缀 by

前缀 by varlist:对每组观测值重复同一个命令,因为它对 varlist 中的变量都是相同的。数据必须首先按照 varlist 进行排序,这可以通过使用 sort 命令完成,根据命令中给出的一个或多个变量,该命令把观测值按升序排列。

sort 命令和 by 前缀可以紧密地结合成前缀 bysort。例如,假设我们想为每个个体创建一个变量,让其值等于样本的平均收入(即受过教育的所有人的收入的均值)。我们输入:

```
. * Create new variable using bysort: prefix
. bysort education: egen aveearnsbyed = mean(earnings)
(209 missing values generated)

. sort id
```

一个将观测值的排序恢复到原始排序的最终命令是不需要的。但是,如果我们想要对前 1000 个观测值构成的子样本进行分析,它就会在随后的分析中产生很大的影响。

指示变量

考虑创建一个变量用来说明收入是否为正。尽管可以用多种方式来处理,但是我们只介绍我们推荐的方法。

最直接的方法是使用带有逻辑算子的 generate 命令:

```
. * Create indicator variable using generate command with logical operators
. generate d1 = earnings > 0 if earnings < .
(209 missing values generated)
```

表达式 d1 = earnings > 0 创建了一个指示变量,如果条件成立,其值为 1,否则为 0。因为缺失值被视为一个很大的数,我们添加了条件 if earnings < .,因此在这些情况下 d1 的值被设定为缺失值。

使用 summarize 命令可得:

```
. summarize d1

    Variable |        Obs        Mean    Std. Dev.       Min        Max
-------------+---------------------------------------------------------
          d1 |       4081     .929184    .2565486          0          1
```

我们可以看到,该样本中大约 93%的个体在 1992 年是有收入的。我们同样可以看到,有 0.929184×4081=3792 个观测值为 1289 个观测值为 0,以及 209 个缺失的观测值。

一组指示变量

有多种方法可以创建一组完备且互斥的分类指示虚拟变量。

例如,假设我们想创建互斥的指示变量,分别表示"不到高中毕业""高中毕业""大学"以及"大学研究生或更高学历"。起点就是先前创建的 edcat 变量,它的取值范围为 1~4。

我们可以使用带有 generate ()选项的 tabulate 命令。

```
. * Create a set of indicator variables using tabulate with generate() option
. quietly tabulate edcat, generate(eddummy)

. summarize eddummy*

    Variable |        Obs        Mean    Std. Dev.       Min        Max
-------------+---------------------------------------------------------
    eddummy1 |       4081    .2087724    .4064812          0          1
    eddummy2 |       4081    .3700074    .4828655          0          1
    eddummy3 |       4081    .2124479    .4090902          0          1
    eddummy4 |       4081    .2087724    .4064812          0          1
```

正如预期，对于四个互斥的分类变量来说，四个的均值之和等于 1。注意，如果 edcat 的取值为 4、5、7、9，而不是 1～4，则它仍然会生成编号为 eddummy1－eddummy 4 的变量。

实际上，通常没必要生成一组指示变量。相反，我们可以在变量列表中包含因子变量，见 1.3.4 节。例如，

```
. * Set of indicator variables using factor variables - no category is omitted
. summarize ibn.edcat

    Variable |        Obs        Mean    Std. Dev.       Min        Max
-------------+---------------------------------------------------------
       edcat |
          1  |       4081    .2087724    .4064812          0          1
          2  |       4081    .3700074    .4828655          0          1
          3  |       4081    .2124479    .4090902          0          1
          4  |       4081    .2087724    .4064812          0          1
```

这里没有省略任何分类，因为我们使用了 ibn.算子。相反，如果我们使用更简单的 i.算子，那么会省略最低的分类(这里为 edcat＝1)。

几乎所有的带有变量列表的命令都允许使用变量列表中的因子变量，除了如 asmprobit 和 exlogistic 命令的一些估计命令。相反，在这些情况下，会使用更旧的 xi 前缀命令。有关的详细情况，请输入 help xi。

交互项

可以用很简单的方式创建交互变量。例如，要在二值的收入指标变量 d1 和连续变量 education 之间创建一个交互项，输入：

```
. * Create interactive variable using generate commands
. generate d1education = d1*education
(209 missing values generated)
```

我们使用因子变量，而不是创建交互变量。例如，

```
. * Set of interactions using factor variables
. summarize i.edcat#c.earnings

    Variable |        Obs        Mean    Std. Dev.       Min        Max
-------------+---------------------------------------------------------
      edcat#
  c.earnings |
           1 |       4081    3146.368    8286.325          0      80000
           2 |       4081    8757.823    15710.76          0     215000
           3 |       4081    6419.347    16453.14          0     270000
           4 |       4081    10383.11    32316.32          0     999999
```

这里使用#算子来生成交互项,i.算子被应用于一个分类变量,且 c.算子被应用于一个连续变量。

我们也可以创建分类变量之间的交互项和连续变量之间的交互项,见 1.3.4 节。

去均值

假设我们想把一个包含 age 的二次项作为解释变量。如果我们使用去均值的变量 $(\text{age}-\overline{\text{age}})$ 和 $(\text{age}-\overline{\text{age}})^2$ 作为解释变量,age 的边际效应更容易解释。

```
. * Create demeaned variables
. egen double aveage = mean(age)

. generate double agedemean = age - aveage

. generate double agesqdemean = agedemean^2

. summarize agedemean agesqdemean

    Variable |        Obs        Mean    Std. Dev.       Min        Max
-------------+---------------------------------------------------------
   agedemean |       4290    2.32e-15    5.650311  -8.379953   11.62005
 agesqdemean |       4290    31.91857    32.53392   .1443646   135.0255
```

我们预期 agedemean 变量的均值为零。在浮点的计算中,我们设定 double 来提高计算的精度。在这个例子中,agedemean 的均值大约为 10^{-15},而不是单精度计算中所产生的 10^{-6}。

2.4.8 保存数据

在这个阶段,可以保存已经准备好的数据集。save 命令可以创建一个 Stata 的数据文件。例如,

```
. * Save as Stata data file
. save mus02psid92m.dta, replace
file mus02psid92m.dta saved
```

replace 选项意味着如果存在一个已有的具有相同名称的数据集,它将会被覆盖。扩展.dta 名是不必要的,因为它是默认的扩展名。

相关的命令 saveold 可以把数据保存为被 Stata 的第 8 版和第 9 版读取的一个数据文件。

数据还可以被保存为另一个格式,这个格式能够被除 Stata 以外的其他程序读取。

outsheet 命令允许把数据保存为电子表格格式的文本文件。例如，

```
. * Save as comma-separated values spreadsheet
. outsheet age education eddummy* earnings d1 hours using mus02psid92m.csv,
> comma replace
```

注意在变量 eddummy 中使用的通配符 *。outsheet 命令根据 1.3.5 节给出的有关通配符的法则，可以把这个通配符扩展至 eddummy1－eddummy4。comma 选项会得到一个.csv 文件，该文件的第一行有用逗号分隔的变量名称。于是 mus02psid92m.csv 文件的前两行是：

```
age,education,eddummy1,eddummy2,eddummy3,eddummy4,earnings,d1,hours
40,9,1,0,0,0,22000,1,2340
```

一个用空格分隔的格式化的文本文件，还可以使用 outfile 命令来创建：

```
. * Save as formatted text (ascii) file
. outfile age education eddummy* earnings d1 hours using mus02psid92m.asc,
> replace
```

mus02psid92m.asc 的第一行是：

```
40     9     1     0     0     0     22000     1     2340
```

这个文件将占用很大空间；如果使用 comma 选项，则会占用较少的空间。使用 Stata 的字典格式可以设定该文件的格式。

2.4.9 选择样本

在执行一个给定的命令时，大多数命令将自动删除缺失值。例如，为了把分析限制在一个特定的年龄段，我们可能想删除其他的观测值。

这可以通过在命令后添加一个适当的限定符 if 来完成。例如，如果我们只想对35～44 岁的个体的数据进行概述，那么有：

```
. * Select the sample used in a single command using the if qualifier
. summarize earnings lnearns if age >= 35 & age <= 44

    Variable |       Obs        Mean    Std. Dev.       Min        Max
-------------+--------------------------------------------------------
    earnings |      2114    30131.05    37660.11          0     999999
     lnearns |      1983    10.04658    .9001594   4.787492   13.81551
```

这里对两个变量使用了不同的样本，因为对于 131 个收入为零的观测值，我们有 earnings 的数据而没有 lnearns 的数据。限定词 if 使用了 1.3.6 节中定义的逻辑算子。

然而，大多数场合我们会想要使用一个一致的样本。例如，如果分别用水平值和对数值来执行收入的回归，我们通常要在两个回归中使用相同的样本。

drop 和 keep 命令允许对随后的分析进行样本选择。keep 命令明确地选择保留的子样本。或者，我们可以使用 drop 命令，在这种情况下，保留的子样本是没有删除的部分。通过使用限定符 if、一个变量列表或定义观测值的范围，来决定删除或保留的样本。

对于当前的例子，我们使用：

```
. * Select the sample using command keep
. keep if (lnearns != .) & (age >= 35 & age <= 44)
(2307 observations deleted)

. summarize earnings lnearns

    Variable |       Obs        Mean    Std. Dev.       Min        Max
-------------+--------------------------------------------------------
    earnings |      1983    32121.55    38053.31        120     999999
     lnearns |      1983    10.04658    .9001594   4.787492   13.81551
```

这个命令保留当 lnearns 是非缺失数据且 35≤age≤44 的数据。注意，现在 earnings 和 lnearns 的描述性统计中都有相同的 1983 个观测值。

作为第二个例子，输入以下命令：

```
. * Select the sample using keep and drop commands
. use mus02psid92m.dta, clear

. keep lnearns age

. drop in 1/1000
(1000 observations deleted)
```

将得到一个包含了所有数据的样本，但没有变量 lnearns 和 age 的前 1000 个观测值。添加 use mus02psid92m.dta 命令是因为前面的例子已经删除了一些数据。

2.5 操作数据集

数据集的有效操作主要包括：把观测值或变量进行重新排序，暂时改变数据集但之后又恢复到原始数据集，把一个观测值拆分成几个观测值(反之亦然)，以及把多个数据集合并成一个数据集。

2.5.1 观测值和变量的排序

一些命令需要排序后的观测值，例如那些使用前缀 by 的命令。根据命令中的一个或多个变量，sort 命令将观测值按升序排列，gsort 命令允许按降序排列。

你也可以使用 order 命令对变量重新排序。例如，如果你想把最重要的变量作为数据集中的第一个变量来出现，可以把这个数据集的其他变量进行排序，这个命令是非常有用的。

2.5.2 保存和恢复数据集

在某些情况下，需要暂时改变数据集，执行一些计算，然后将数据集恢复到原来的形式。10.5.4 节介绍了一个关于边际效应计算的例子。使用 preserve 命令保存数据，而使用 restore 命令将数据立即恢复到使用 preserve 命令之前的形式。

```
. * Commands preserve and restore illustrated
. use mus02psid92m.dta, clear
. list age in 1/1, noheader clean
  1.    40

. preserve

. replace age = age + 1000
age was byte now int
(4290 real changes made)
. list age in 1/1, noheader clean
  1.  1040

. restore

. list age in 1/1, noheader clean
  1.    40
```

正如预期，数据已经恢复到了初始值。

2.5.3 数据集的宽格式和长格式

一些数据集可以把几个观测值合并成一个单一的观测值。例如，一个家庭观测值可能包含几个家庭成员的数据，或者一个单个个体的观测值可能包含几年中每年的数据。这种数据格式被称为宽格式。相反，如果这些数据被分离，使得一个观测值对应一个不同的家庭成员，或者一个不同的个体-年数据对，这种数据格式被称为长格式。

在 8.11 节详细介绍了 reshape 命令。它可以将数据从宽格式转换成长格式，反之亦然。例如，如果一个估值命令要求数据是长格式的，而原始数据集是宽格式时，使用这个命令是必需的。在面板数据和多项选择数据分析时，这种区别尤其重要。

2.5.4 合并数据集

merge 命令可以把两个数据集结合起来创建一个更宽的数据集，例如，把第二个数据集的新变量添加到第一个数据集已有的变量中。常见的例子是同一个体的数据是从两个不同的来源获得的，然后需要合并在一起，此外，还有补充变量的数据或其他年份的数据。

合并两个数据集涉及把磁盘上数据集的信息添加到内存中的数据集上。内存中的数据集被称为主数据集。

如果数据集含有观测值的个数相同，而且合并是一个行与行的合并，合并两个数据集是非常简单的。例如，一个数据集的第 10 行与另一个数据集的第 10 行结合来创建一个更长的第 10 行。相反，我们考虑一个匹配合并，如果用于决定匹配的一个或更多的识别变量具有相同的值，那么两个数据集中的观测值可以合并在一起。在任何情况下，当匹配完成，如果一个变量出现在两个数据集中，那么保留的是主数据集中的值，除非它是缺失的。而如果主数据集存在缺失，保留的是第二个数据集中的值。如果一个变量只存在于第二个数据集，那么它会作为一个变量添加到主数据集中。

为了演示一个匹配合并，我们从本章使用过的数据集中创建两个数据集。第一个数据集由变量 id、education 和 earnings 的每第三个观测值的数据所构成：

```
. * Create first dataset with every third observation
. use mus02psid92m.dta, clear

. keep if mod(_n,3) == 0
(2860 observations deleted)

. keep id education earnings

. list in 1/4, clean

     educat~n   earnings   id
  1.       16      38708    3
  2.       12       3265    6
  3.       11      19426    9
  4.       11      30000   12

. quietly save merge1.dta, replace
```

如果观测值的编号(_n)正好可以被 3 整除,keep if mod(_n,3) == 0 命令将保留这个观测值,所以每第三个观测值得以保留。因为这些数据的 id = _n,通过保存每第三个观测值,我们保存了 id 等于 3,6,9…的观测值。

第二个数据集由变量 id、education 和 hours 的每第二个观测值的数据所构成:

```
. * Create second dataset with every second observation
. use mus02psid92m.dta, clear

. keep if mod(_n,2) == 0
(2145 observations deleted)

. keep id education hours

. list in 1/4, clean

     educat~n   hours   id
  1.       12    2008    2
  2.       12    2200    4
  3.       12     552    6
  4.       17    3750    8

. quietly save merge2.dta, replace
```

现在我们保存了 id 等于 2,4,6…的观测值。

现在使用 merge 命令合并这两个数据集。

在我们的例子中,尽管观测值有大量的重复,但是这些数据集在包含的观测值和变量上均有所不同。我们根据 id 执行匹配合并并获得:

```
. * Merge two datasets with some observations and variables different
. clear

. use merge1.dta

. sort id

. merge 1:1 id using merge2.dta
```

```
    Result                           # of obs.
    -----------------------------------------
    not matched                         2,145
        from master                       715  (_merge==1)
        from using                      1,430  (_merge==2)

    matched                               715  (_merge==3)
    -----------------------------------------

. sort id

. list in 1/4, clean

       educat~n   earnings   id   hours             _merge
  1.         12          .    2    2008    using only (2)
  2.         16      38708    3       .   master only (1)
  3.         12          .    4    2200    using only (2)
  4.         12       3265    6     552       matched (3)
```

回顾:主数据集中的观测值的 id 等于 3,6,9…,第二个数据集中的观测值的 id 等于 2,4,6…。变量 education 和 earnings 的数据总是可获得的,因为它们都在主数据集中。但是 hours 的观测值来源于第二个数据集;当 id 是 2,4,6…时它们是可获得的,否则,它们的观测值将是缺失的。

merge 命令创建一个变量_merge,如果一个观测值的变量全部来自主数据集,它的值为 1;如果它们都只来自第二个数据集,它的值为 2;如果对于一个观测值,一些变量来自主数据集,另一些变量来自第二个数据集,则其值为 3。在使用 merge 之后,你应该检查变量_merge 的每一值的观测值的个数是否符合你的预期。

使用 merge 命令可以有一些选项。当一个观测值是匹配的,update 选项的功能会根据 merge 命令所采取的行动的不同而变化。在默认的情况下,主数据集将保持不变:如果设定了 update 选项,如果在这两个数据集中发现了相同变量,那么将保留来自主数据集中的值。然而,如果主数据集中的变量是缺失的,将会使用合并数据集中变量的值。replace 选项(只允许与 update 选项一同使用)设定:即使主数据集包含了非缺失的值,当相应的值不相等时,它们都会被来自合并数据集中相应的值所替代。然而,主数据集中非缺失的值永远不会被来自合并数据集中的缺失值所替代。

2.5.5 追加数据集

append 命令可以创建一个更长的数据集,将来自第二数据集的观测值追加到第一数据集的所有观测值的后面。如果在两个数据集中相同的变量有不同的名称,应该使用 rename 命令改变其中一个数据集中的变量名称,以便名称相互匹配。

```
. * Append two datasets with some observations and variables different
. clear

. use merge1.dta

. append using merge2.dta

. sort id

. list in 1/5, clean

       educat~n   earnings   id   hours
  1.         12          .    2    2008
  2.         16      38708    3       .
  3.         12          .    4    2200
  4.         12       3265    6       .
  5.         12          .    6     552
```

现在把 merge2.dta 追加到 merge1.dta 的末尾。合并后的数据集有观测值 3,6,9,…,4290,其次是观测值 2,4,6,…,4290。然后我们再按照 id 进行排序。现在每第二个和第三个观测值都包括在内,因此排序后,我们有观测值 2,3,4,6,8,9…。然而值得注意的是:在数据合并中没有合并的观测值。特别地,对于 id=6 的观测值,在合并后观测值 4 中的 hours 变量是缺失的,在合并后观测值 5 中的 earnings 变量是缺失的。这是因为主数据集中的 hour 变量是缺失的,追加数据集中的 earning 变量是缺失的,并且没有尝试合并这两个观测值的数据。

在这个例子中,为充分利用这些数据,我们应该用第一个数据集作为主数据集来合并这两个数集,然后用第二个数据集作为主数据集来合并这两个数据。而且最后再把这两个合并的数据集追加在一起。

2.6 数据的图形显示

图形直观地展示了数据的重要特征。不同类型的数据需要不同的图形格式来显示这些数据特征。我们重点介绍能取许多不同值的数值型数据的图形显示方法,特别是非参数的方法。

2.6.1 Stata 的图形命令

Stata 的图形命令都是以单词 graph 开头(在一些情况下,这是可选择的),紧随其后的是图形的类型,通常是 twoway 命令。我们将介绍几个重要的例子,但是忽略了条形图和饼图,它们适用于分类数据的绘图。

图形命令的例子

基本的图形命令是很短的,并且易于使用。例如,

```
. use mus02psid92m.dta, clear

. twoway scatter lnearns hours
```

它生成了变量 lnearns 对变量 hours 的散点图,如图 2.1 所示。大多数图形命令支持限定符 if 和 in,还有一些支持权重选项。

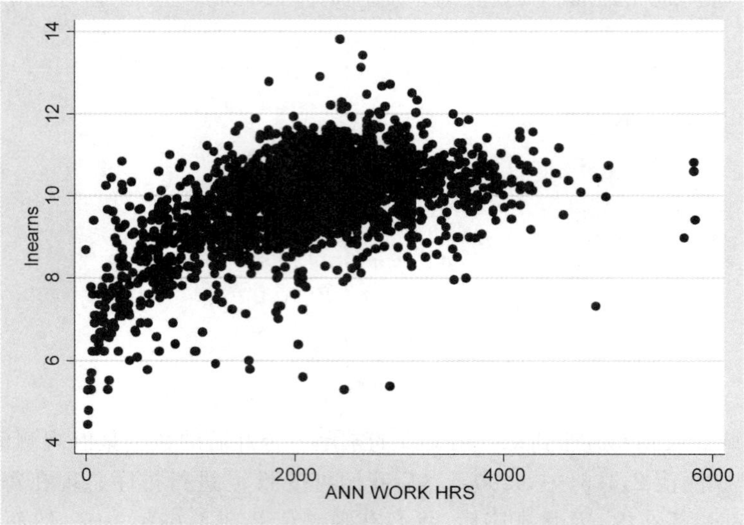

图 2.1 earnings 对数值对 hours 的基本散点图

然而，在实践中，自定义的方法通常是合意的。例如，我们可能想显示变量 lnearns 和 hours 之间的关系，可以通过在同一幅图形中显示数据的散点图和普通最小二乘法(OLS)的拟合线。此外，我们可能想改变散点图中数据点的大小，改变回归线的宽度，并为图形提供一个标题。我们输入：

```
. * More advanced graphics command with two plots and with several options
. graph twoway (scatter lnearns hours, msize(small))
>     (lfit lnearns hours, lwidth(medthick)),
>     title("Scatterplot and OLS fitted line")
```

两个单独的部分 scatter 和 lfit 被分别设定在括号内。每个命令都在逗号后给定了一个选项，但是这些选项都是在其相应的括号中。msize (small)选项使得散点图的点比默认的小，lwidth(medthick)选项使得 OLS 拟合线比默认的粗。twoway 的 title()选项出现在最后一个逗号之后。所得的图形如图 2.2 所示。

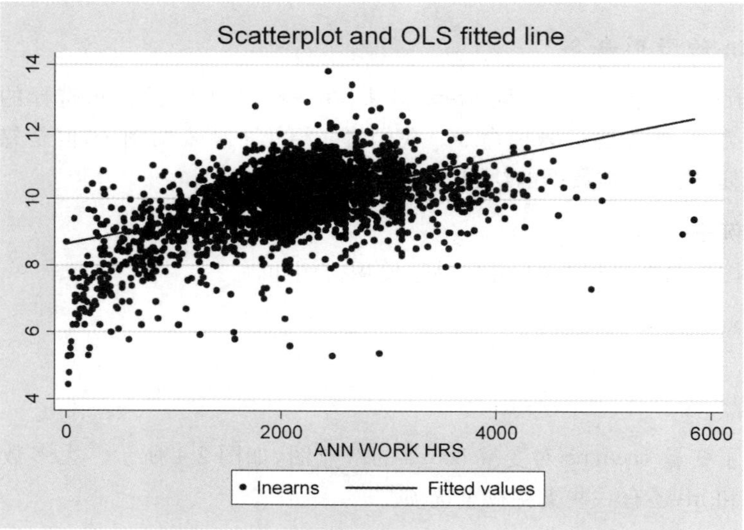

图 2.2 earnings 对数值对 hours 的更详尽的散点图

我们经常使用跨行的很长的图形命令来产生模板图,它们比默认设置产生的图更好看。特别地,这些命令添加标题并重新把点、线和轴调整到合适的尺寸,因为在本书中印刷的图形比横向模式中的整页图形更节省空间。通过改变变量名称和标题文本,可以修改这些模板来适合于其他应用。

图形的保存和导出

一旦创建了一个图形,就可以进行保存。Stata 使用术语 save,它的意思就是以 Stata 的内部图形格式保存为一个扩展名为.gph 的图形文件。这可以在 graph 命令中使用 saving()选项,或者在图形创建后通过输入 graph save 命令进行复制。当采用这种方式保存后,图形就可以被重新读取并在稍后做进一步的处理。

通过使用 graph combine 命令,可以把两个或多个 Stata 图形合并成一个单一的图形。例如,我们把第一个图形保存为 graph1.gph,把第二个图形保存为 graph2.gph,并输入命令:

```
. * Combine graphs saved as graph1.pgh and graph2.gph
. graph combine graph1 graph2
```

(输出已省略)

3.2.7 节提供了一个相关的例子。

Stata 内部图形格式(.gph)不能被其他程序识别,比如文字处理器。想要以外部格式保存图形,可以使用 graph export 命令。例如,

```
. * Save graph as a Windows meta-file
. graph export mygraph.wmf
```

(输出已省略)

有不同的外部格式,包括 PostScript(.ps)、增强的 PostScript(.eps)、Windows Metafile(.wmf)、PDF(.pdf)和 Portable Network Graphics(.png)。选择最优的格式部分取决于使用什么文字处理器,部分取决于不断地试错。

学习如何使用图形命令

Stata 的图形命令非常丰富,并通过众多的选项为用户控制图形提供了大量的选择。

最好的学习方式就是在 Stata 中交互地创建图形。例如,在从菜单中,选择**Graphics > Twoway graph (scatter, line, etc.)**。在出现的结果对话框 Plots 选项卡中,选择**Create…**,再选择 **Scatter**,并提供一个 Y 变量和一个 X 变量,然后单击 **Marker properties**。从 **Symbol** 的下拉菜单,改变默认值为,比如说,**Triangle**。同样,通过其他选项循环操作并把默认设置改为其他设置。

一旦创建了一个初始图形,通过点击 Stata 的图形编辑器(Stata Graph Editor)允许进一步地对图形进行自定义,例如在所需要的任何地方添加文本和箭头。这是一个非常强大的工具,这里我们不再继续讨论;更详细的总结见[G] **graph editor**。图形记录器(Graph Recorder)甚至可以保存修改图形的顺序以适用于来自不同样本所创建的相似图形。

即使熟悉 Stata 的图形命令,你可能也需要大幅修改一个图形来使它更有用。例如,任何使用所有观测值来分析 earnings 变量的图形都会遇到问题,因为一个观测值有一个 $ 999999 的异常值。在这种情况下,可能的操作是删除异常值,或者用 yscale(log)选项来绘制图形,或相反使用变量 earnings 的对数值。

2.6.2 箱线图

graph box 命令可以生成一个箱线图，它是以图形化的方式来显示一个单一序列的数据。箱子包括了四分位数差的范围，即从下四分位数到上四分位数。用水平线表示的须线扩展了分位数之间的范围以包括数据的大部分范围或全部范围。Stata 把上须线放置在上四分位数加上 1.5 倍的四分位数差的范围上。或者，如果这个数据的最大值小于这个范围，则上须线就放置在数据的这个最大值上。同样，下须线放置在下四分位数减去 1.5 倍的四分位数差的范围上，或者如果数据的最小值大于这个范围，则下须线就放置在最小值上。任何须线以外的数据值用点来表示。箱线图对于识别异常值特别有用。

绘制 hours 变量的箱线图的基本命令是：

```
. * Simple box-and-whisker plot
. graph box hours
```

（输出已省略）

我们想通过使用 over()选项，为四个受教育年数组中的每一组的变量 hours 分别绘制箱线图。为了使图形更加简明，首先我们要为四个受教育年数的类别提供如下标签：

```
. use mus02psid92m.dta, clear
. label define edtype 1 "< High School" 2 "High School" 3 "Some College"
> 4 "College Degree"
. label values edcat edtype
```

为了提高图形的可读性，添加图形选项 scale (1.2)，它增加了文本、刻度的大小和线的宽度(通过乘以 1.2)。使用 marker()选项可以减少箱子中大量点的大小；使用 ytitle ()选项可以显示标题；添加 yscale(titlegap(* 5))选项可以增加 y 轴标题和刻度标记之间的间隔。我们有：

```
. * Box and whisker plot of single variable over several categories
. graph box hours, over(edcat) scale(1.2) marker(1,msize(vsmall))
>   ytitle("Annual hours worked by education") yscale(titlegap(*5))
```

图 2.3 给出了结果。图中自动地给出了变量 edcat 的标签，而不是它的值，使图形更具有可读性。填充后的箱子呈现了四分位数的范围，中间线表示中位数，线以外的数据显示为点。对于这些数据，最低的受教育年数组，每年的工作小时数明显较低，并且有相当多的异常值。大约有 30 个人每年工作超过 4000 小时。

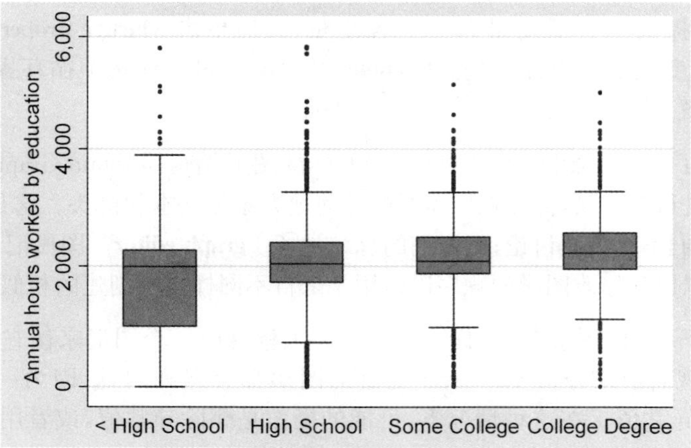

图 2.3　每年工作的小时数对四个受教育年数组的箱线图

2.6.3 直方图

使用 histogram 命令产生的直方图可以对概率质量函数或密度函数进行估算。这个命令可以与限定符 if 和 in 以及权重一起使用。关键的选项分别是：设置柱状宽度的选项 width（#），设置柱状数量的选项 bin(#)，设置第一个柱状下限的选项 start(#)，以及表明数据是离散的选项 discrete。默认的柱状数量是 min($\sqrt{N}$,10ln$N$/ln10)。其他选项可以在直方图上叠放一个拟合的正态密度曲线(使用 normal 选项)，或者一个核密度估计(使用 kdensity 选项)。

对于取值较少的离散数据，通常没有必要使用这些选项。

对于连续数据或者是取值很多的离散数据，使用选项是非常必要的，因为 Stata 默认设置下，柱状的宽度可能并不恰好是整数，而且柱状的个数也可能不是合意的。例如，histogram lnearns 的输出结果中有 35 个柱状，柱状宽度为 0.2681，初始值为 4.43。一个更好的选择可能是：

```
. * Histogram with bin width and start value set
. histogram lnearns, width(0.25) start(4.0)
(bin=40, start=4, width=.25)
```

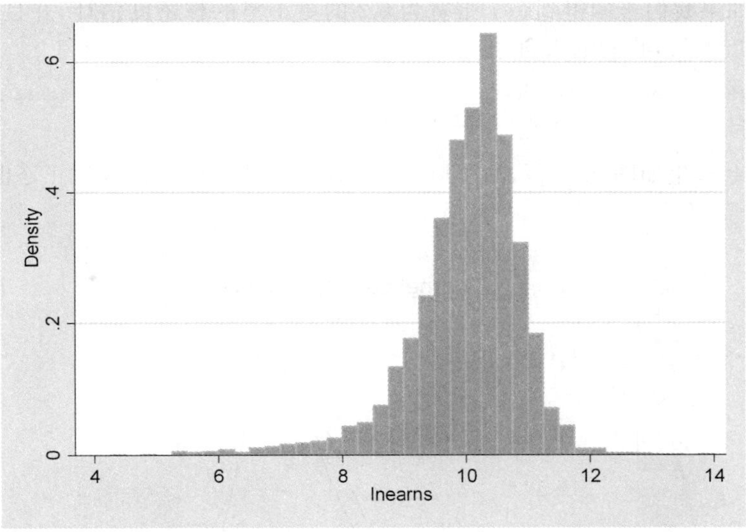

图 2.4 earnings 对数值的直方图

2.6.4 核密度图

对于取值连续的数据，比直方图更好的选择是核密度图。它提供了一个更加平滑的直方图，主要表现在以下两个方面：第一，它直接连接直方图的中点而不是形成直方图的阶梯函数。第二，它不是在柱状中给出每个条目以相等的权重，而是给最靠近估计点的数据更大的权重。

设定 $f(x)$ 表示密度函数。当 $x = x_0$ 时，$f(x)$ 的核密度估计为

$$\hat{f}(x_o)=\frac{1}{Nh}\sum_{i=1}^{N}K\left(\frac{x_i-x_0}{h}\right) \tag{2.1}$$

其中，$K(\cdot)$ 是一个核密度函数，它对距离 x_0 点更近的 x_i 点给出更大的权重。更

准确地说，$K(z)$ 在零附近是对称的，且积分为 1；同时，如果 $|z| \geqslant z_0$（对于一些 z_0），则 $K(z)=0$；或者当 $z\to\infty$ 时，有 $K(z)\to 0$；可以证明在 x_0 点处计算的柱状宽度为 $2h$ 的直方图是：当 $|z|<1$ 时 $K(z)=1/2$，否则 $K(z)=0$ 的特例。

要获得一个核密度图，首先选择一个核密度函数 $K(\cdot)$；再选择宽度 h；接着在 x_0 的一定取值范围内计算 $\hat{f}(x_0)$；最后绘制 $\hat{f}(x_0)$ 对这些 x_0 值的图形。

kdensity 命令可以生成一个核密度估计。这个命令可以与限定符 if 和 in 以及权重一起使用。默认的核密度函数是 Epanechnikov 函数，这个函数设定：如果 $|z|<\sqrt{5}$，$K(z)=(3/4)(1-z^2/5)/\sqrt{5}$；否则 $K(z)=0$。kernel()选项允许选择其他核密度函数，但除非宽度相对较小，否则核密度函数选择的差别不大。默认窗口的宽度或带宽是 $h=0.9m/n^{1/5}$，其中 $m=\min(s_x, iqr_x/1.349)$ 且 iqr_x 是 x 的四分位数差的范围。bwidth(#)选项允许设定不同的宽度(h)，选择较大的 h 会导致更平滑的密度图。n(#)选项可以改变计算点 x_0 的个数，即从默认值 min(N,50) 开始改变。其他选项可以在图形中叠放一个拟合的正态密度曲线（使用 normal 选项）或拟合的 t 密度曲线（使用 student(#)选项）。

命令 kdensity lnearns 的输出结果说明使用了 Epanechnikov 核密度函数，其带宽等于 0.1227。如果我们希望得到一个带宽为 0.2 的更平滑的核密度估计，并且叠放一个拟合的正态密度曲线，我们输入命令：

```
. * Kernel density plot with bandwidth set and fitted normal density overlaid
. kdensity lnearns, bwidth(0.20) normal n(4000)
```

上述命令产生如图 2.5 所示的图形。这个图形表明核密度曲线比正态曲线更尖，且有点偏斜。

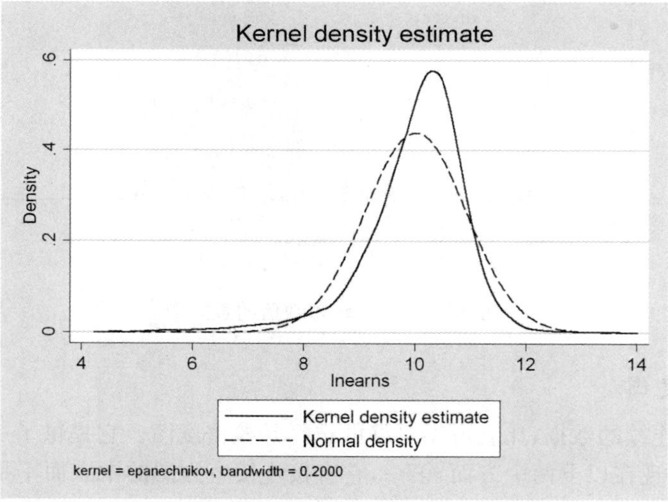

图 2.5　earnings 对数值的估计密度曲线

相反，下面的程序提供了一个被核密度估计叠加的直方图。使用 kdenopts()选项，直方图的宽度设置为 0.25，核密度曲线的带宽设置为 0.2；使用 lwidth(medthick)选项可以增加核密度图中线的宽度。2.6.2 节解释了这里所使用的其他选项。我们有：

```
. * Histogram and nonparametric kernel density estimate
. histogram lnearns if lnearns > 0, width(0.25) kdensity
>   kdenopts(bwidth(0.2) lwidth(medthick))
>   plotregion(style(none)) scale(1.2)
>   title("Histogram and density for log earnings")
>   xtitle("Log annual earnings", size(medlarge)) xscale(titlegap(*5))
>   ytitle("Histogram and density", size(medlarge)) yscale(titlegap(*5))
(bin=38, start=4.4308168, width=.25)
```

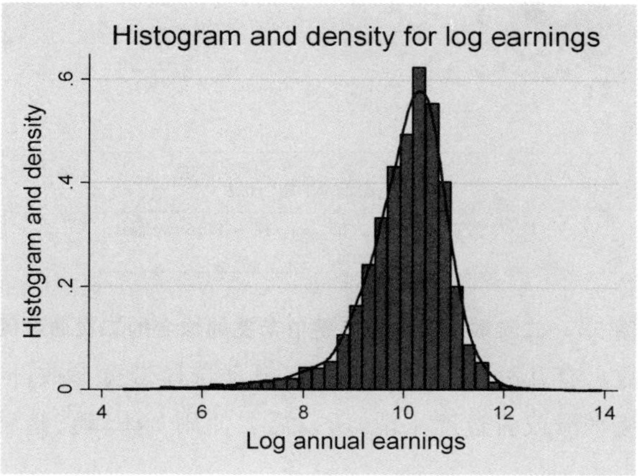

图 2.6 earnings 的自然对数值的直方图和核密度图

图 2.6 给出了输出结果。直方图和核密度估计均表明，收入的自然对数的核密度曲线轻度左偏斜。对于该收入水平值，一个类似的图形是非常右偏斜的。

2.6.5 二维散点图和拟合线

正如我们在图 2.1 中所看到的，散点图可以快速预览两个变量之间的关系。

对于取值很少的离散数据的散点图，有必要使用 jitter()选项。这个选项添加随机噪声以便一些点不会被绘制在另一些点的顶部，见 14.6.4 节的一个例子。

另外，提供一个拟合曲线是非常有用的。Stata 提供了几种可能的方法来估计 y 对 x 的全局关系，其中全局关系是对所有观测值估计的一个单一关系，然后绘制 y 的拟合值对 x 的图形。

twoway lfit 命令对拟合的 OLS 回归线进行绘图，twoway qfit 命令对拟合的二次回归曲线进行绘图，twoway fpfit 命令对一个分数多项式回归拟合的曲线进行绘图。另外，相关的 twoway 命令，如 lfitci、qfitci 和 fpfitci 可以提供预测的条件均值 $E(y \mid x)$（通过使用 stdp 选项）或者对 $y \mid x$ 实际值的预测值（通过使用 stdf 选项）的置信带宽。

例如，我们可能想要绘制一个散点图和具有 $y \mid x$ 的预测值置信带宽的拟合的二次曲线图（其结果如图 2.7 所示）：

```
. * Two-way scatterplot and quadratic regression curve with 95% ci for y|x
. twoway (qfitci lnearns hours, stdf)  (scatter lnearns hours, msize(small))
```

2.6.6 局部加权散点平滑估计、核密度、局部线性和最近邻回归

另一种曲线拟合的方法是使用非参数方法来拟合 y 对 x 的局部关系，其中局部关系意味着：在 x 的不同值上获得单独的拟合关系。有几种拟合的方法，它们都依赖于一个

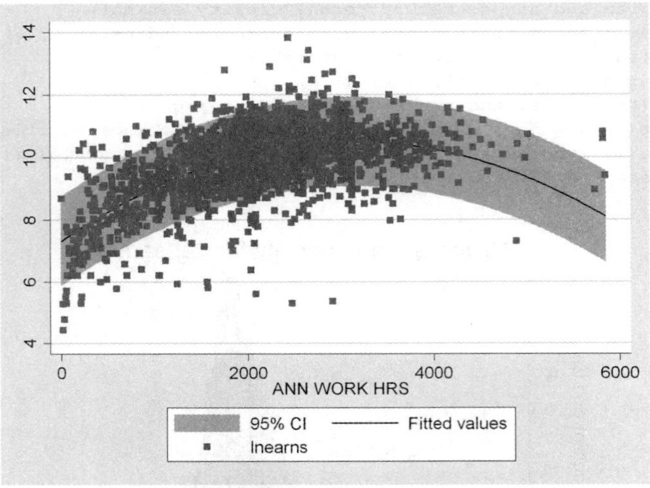

图 2.7　二维散点图和具有置信带宽的拟合的二次曲线图

带宽参数或平滑参数。有几种成熟的方法可以自动选择带宽参数,但是在实践中这些选择可能使得数据不够平滑或者过度平滑,所以需要使用 bwidth()选项对带宽进行设置。

一个容易理解的例子是中位数的带宽图。比如说,x 的取值范围被分成 20 个区间;在每个区间中都可以获得 y 和 x 的中位数;且用 y 的 20 个中位数对 x 的 20 个中位数绘制图形,并把这些点连成线。twoway mband 命令可以完成这种操作,而且相关的 twoway mspline 命令可以使用一个三次方曲线来获得一个比中位数曲线更平滑的曲线图。

相反,大多数非参数方法都是局部回归的变化形式。研究回归模型 $y=m(x)+u$,其中 x 是一个标量且没有设定条件均值函数 $m(\cdot)$ 。$m(x)$ 在 $x=x_0$ 处的局部回归估计是 y_i ($i=1,\cdots,N$)的局部加权平均数,即在靠近 x_0 处的观测值 x_i 上设置更多的权重,而在远离 x_0 处的观测值 x_i 上设置很少的权重或者没有权重。形式上,

$$\hat{m}(x_o)=\sum_{i=1}^{N}w(x_i,x_0,h)y_i$$

其中,对所有 i 权重 $w(x_i,x_0,h)$ 的和为 1,并随着 x 和 x_0 之间距离的增加而减少。随着带宽参数 h 的增加,在靠近 x_0 处的观测值 x_i 上设置了更少的权重。

要绘制一个图形,首先选择一个加权函数 $w(x_i,x_0,h)$,再选择带宽 h ,接着在 x_0 的一定取值范围内计算 $\hat{m}(x_0)$,最后用 $\hat{m}(x_0)$ 对这些 x_0 绘制图形。

第 k 个最近邻的估计量只使用 x_i 距离 x_0 是最近的 k 个观测值,因为,且这些第 k 个最接近的值具有相同的权重。使用用户编写的 knnreg 命令可以获得这个估计量(Salgado-Ugarte, Shimizu, and Taniuchi, 1996)。

核密度回归使用权重 $w(x_i,x_0,h)=K\{(x_i-x_0)/h\}/\sum_{i=1}^{N}K\{(x_i-x_0)\}/h$,其中 $K(\cdot)$ 是(2.1)式中定义的一个核密度函数。使用用户编写的 kernreg 命令可以获得这个估计量(Salgado-Ugarte, Shimizu, and Taniuchi, 1996)。使用 lpoly 命令也可以获得这个估计量,我们接下来就介绍这个命令。

通过使 $\sum_i K\{(x_i-x_0)/h\}(y_i-\alpha_0)^2$ 最小化可以等价地获得在 $x=x_0$ 时的核密

度回归估计,这是一个对常数的加权回归,其中,接近 x_0 的 x_i 的观测值的核密度权重是最大的。此外,局部线性估计量包括了一个斜率系数,并在 $x = x_0$ 时使得(2.2)式最小化。

$$\sum_{i=1}^{N} K\left(\frac{x_i - x_0}{h}\right)\{y_i - \alpha_0 - \beta_0(x_i - x_0)\}^2 \tag{2.2}$$

更一般地,p 级的局部多项式估计量在(2.2)式中的 $(x_i - x_0)$ 中使用一个 p 级的多项式。使用 lpoly 命令可以获得这个估计量。使用 degree(#)选项来设定级数 p,使用 kernel()选项来设定核密度函数,使用 bwidth(#)选项来设定核带宽 h,使用 generate()选项保存计算点 x_0 及其估计值 $\hat{m}(x_0)$。$p \geqslant 1$ 的局部线性估计量远胜于前面介绍的在邻近 x 的取值范围的终点的 x_0 值处估计 $m(x_0)$ 的方法,因为它考虑了邻近终点的任何趋势。

局部加权散点平滑估计量(lowess)是局部线性估计量的一个变化形式,它使用了一个变化的带宽、一个三元三次核密度,并且对具有较大残差的观测值使用向下加权的方法(运用了一种大大增加计算量的方法)。使用 lowess 命令可以获得这个估计量。带宽给一部分观测值来计算在数据中间位置的 $\hat{m}(x_0)$,且越趋向数据的终点,带宽所给的观测值的比例越小。使用 bwidth(#)选项可以改变默认值 0.8,所以与其他方法不同,通过增加带宽可以获得一个更加平滑的图。

下面的例子演示了收入的对数值和工作小时数之间的关系。这个图形包括了一个散点图(scatter)、一个拟合的 lowess 曲线图(lowess)和一个局部线性曲线图(lpoly)。命令很长,因为详细的格式化命令可以用来产生一个很好的具有标签且格式化的图。使用 msize(tiny)选项来减小散点图中点的大小,使用 lwidth(medthick)选项来增加线条的厚度,使用 clstyle(p1)选项来改变 lowess 曲线的类型,使用 title()选项来设定图形的总标题,使用 xtitle()和 ytitle()选项来设定 x 轴和 y 轴的标题,使用 size(medlarge)选项来定义这些标题文本的大小,使用 legend()选项将图例放置在四点钟方向(pos(4))的位置上,把图例文本的大小设置为 small,并提供了图例标签。我们有:

```
. * Scatterplot with lowess and local linear nonparametric regression
. graph twoway (scatter lnearns hours, msize(tiny))
>   (lowess lnearns hours, clstyle(p1) lwidth(medthick))
>   (lpoly lnearns hours, kernel(epan2) degree(1) lwidth(medthick)
>   bwidth(500)), plotregion(style(none))
>   title("Scatterplot, lowess and local linear regression")
>   xtitle("Annual hours", size(medlarge))
>   ytitle("Natural logarithm of annual earnings", size(medlarge))
>   legend(pos(4) ring(0) col(1)) legend(size(small))
>   legend(label(1 "Actual Data") label(2 "Lowess") label(3 "Local linear"))
```

从图 2.8 中可知,散点图、拟合的 OLS 线和非参数回归都表明,收入的对数随着小时数的增加而增加,直到大约 2500 小时,因此一个二次关系可能是合适的。图形对 lowess 使用默认的带宽设置,将 lpoly 命令的带宽从它的自动选择值 84.17 大幅增加至 500。即便如此,在小时数比较大时(此处数据很少),局部线性曲线变化很大。然而在小时数比较小时,lowess 估计量会高估预测值,而局部线性估计量却不会。

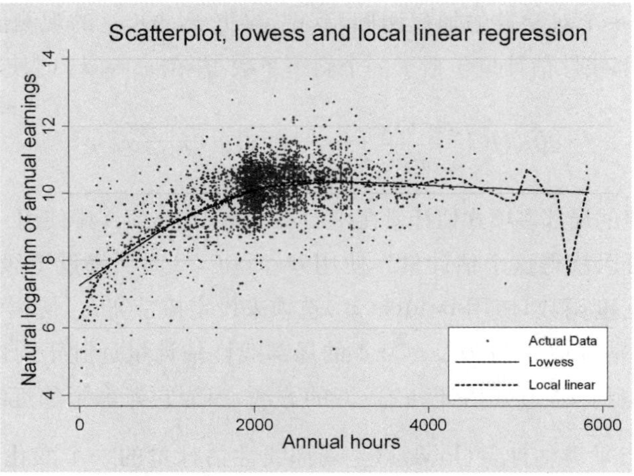

图 2.8　earnings 的自然对数值对 hours 的散点图、lowess 曲线图和局部线性曲线图

2.6.7　多重散点图

graph matrix 命令可以提供几个变量之间单独的二元变量散点图。这里我们创建了 lnearns、hours 和 age 对四个受教育年数组中每一个类别的二元变量散点图(图 2.9)：

```
. * Multiple scatterplots
. label variable age "Age"

. label variable lnearns "Log earnings"

. label variable hours "Annual hours"

. graph matrix lnearns hours age, by(edcat) msize(small)
```

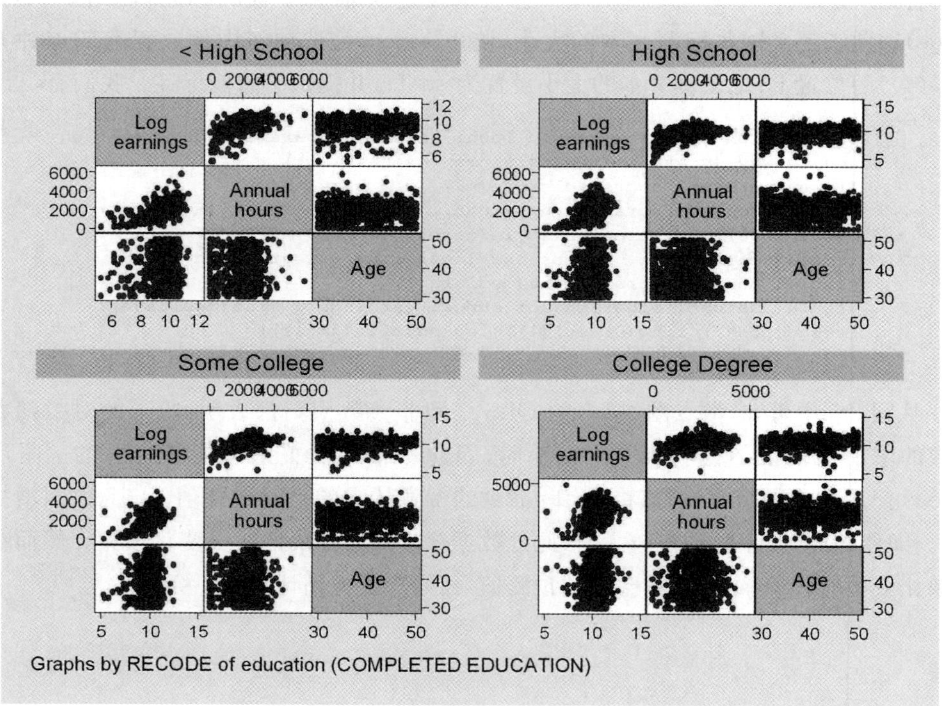

图 2.9　对于每个受教育年数组的多重散点图

Stata 并不提供三维图形,例如,对于一个非参数的二元变量密度估计图或一个变量对另外两个变量的非参数回归图。

2.7 Stata 资源

重要的数据管理参考文献是[U] Users Guide 和[D] Data Management Reference Manual。有用的在线 help 目录包括:(1)用于数据类型的 double、string 和 format 命令;(2) 用于数据输入的 clear、use、insheet、infile 和 outsheet 命令;(3) 用于数据管理的 summarize、list、label、tabulate、generate、egen、keep、drop、recede、by、sort、merge、append 和 collapse 命令;(4) 用于图形分析的 graph、graph box、histogram、kdensity、twoway、lowess 和 graph matrix 命令。

Stata 图形命令在第 8 版中增加了很多,但相对而言,仍旧没有得到充分利用。第 10 版引入了 Stata 的图形编辑器,见[G]**graph editor**。由 Mitchell 所著的 A Visual Guide to Stata Graphics(2008)提供了数以百计的模板图,它运用了基础的 Stata 编码,并对每一个编码进行了解释。

2.8 习题

1.输入命令 display % 10.5 f 123.321,将其结果与把格式% 10.5 f 分别改为% 10.5 e、% 10.5 g、% −10.5 f 和% 10,5 f 时所得的结果与当你没有设定格式时获得的结果进行比较。

2.除了对几个变量重新排序之外,研究 2.3 节中的例子。具体来说,变量的排列顺序是 age、name、income 和 female。三个观测值是 29 "Barry" 40.9900;30 "Carrie" 37.0001;31 "Gary" 48.0000。使用 input 命令将这些数据与变量名称一起读入 Stata 中并列出结果。使用一个文本编辑器来创建一个以逗号分隔的数值文件,它的第一行包括了变量名称,使用 insheet 命令将此文件读入 Stata,并列出结果。然后删除文本文件的第一行,使用指定了变量名称的 insheet 命令读入数据,并列出结果。最后,用空格代替文本文件中的逗号,使用 infix 命令读入数据,并列出结果。

3.研究 2.4 节中的数据集。er32049 变量是最后获知的婚姻状况的变量。将该变量重新命名为 marstatus,给出这个变量的标签"婚姻状况",并对 marstatus 进行列表。从编码簿中可知,婚姻状况分别为:已婚(1)、从未结过婚(2)、丧偶(3)、离婚或婚姻无效(4)、分居(5)、没有回答或不知道(8)以及没有收集到婚姻史(9)。在适当情况下将 marstatus 设置为缺失值。使用 label define 和 label values 命令为其余的类别提供描述,并对 marstatus 进行列表。如果最后获知的婚姻状况是已婚,创建一个二值指标变量为 1,否则为 0,并适当地处理任何缺失数据。根据婚姻状况提供收入的概述性统计。以 marstatus 为基础,为婚姻状况创建一组指标变量。创建这些婚姻状况指示变量与收入交互的一组变量。

4.研究 2.6 节中的数据集。创建所有数据的 earnings(水平值)的箱线图和受教育程度(使用变量 education)每一年所得收入 earnings(水平值)的箱线图。使用 100 个柱状和一个核密度估计,创建一个 earnings(水平值)的直方图。收入的水平值是右偏斜的吗?创建一个 earnings 对 education 的散点图。提供一个单独的图形来显示 earnings 对 education 的 scatterplot 图、lfit 图和 lowess 图。为坐标轴和图形添加标题。

5.研究 2.6 节中的数据集。当 $|z|<1$ 时,核密度 $K(z)=(3/4)(1-z^2/5)$,使用 kernel(epan2)选项为变量 lnearns 创建一个核密度图;当 $|z|<1$ 时,核密度 $K(z)=1/2$,使用 kernel(epan2)选项为变量 lnearns 创建一个核密度图。当带宽从默认值增加到 0.3 时重复以上操作。选择不同的核密度或选择不同的带宽,哪一个会产生更大的差异?如果使用 saving ()选项保存 4 个图形,然后再使用 graph combine 命令合并图形,这种比较就会更容易。

6.研究 2.6 节中的数据集。使用默认的带宽和 0.01 的带宽,用变量 lnearns 对 hours 执行局部加权散点平滑回归(lowess)。不同的带宽有区别吗?在数据按照 x 排列之后,y 的移动平均数是一个简单的 y 对 x 的非参数回归。根据变量 hours 对数据进行排序,为变量 lnearns 创建一个以 15 期为中心的移动平均,其中第 i 个观测值有 $yma_i=1/25\sum_{j=-12}^{j=12}y_{i+j}$。使用 forvalues 命令将是最简单的。使用 twoway connected 图形命令绘制这个移动平均对 hours 变量的图形,并把它与 lowess 图形进行比较。

3 线性回归的基本知识

3.1 导论

线性回归分析通常是一个实证研究的起点，因为其相对简单，所以对演示典型建模的不同步骤具有重要的帮助，建模过程包括模型的初始设定、随后的模型估计、诊断检验和模型的重新设定。线性回归分析的目的可能包括数据的概述性统计、生成条件预测值，或者检验和评价特定解释变量的作用。我们会运用一个具体的数据实例来对这些方面加以说明。

本章仅限于对被解释变量是一个连续的横截面数据进行基本回归分析，这种设定适用于单方程和外生解释变量的情况。本章将研究线性回归的一些普遍问题，如：条件均值的误设和模型中异方差的误差。特别地，我们是对医疗支出的自然对数建模，而不是对医疗支出的水平值建模。我们将忽略这个数据的其他方面的问题，它们可能会导致后面章节中所出现的更为复杂的非线性模型。

3.2 数据与数据的概述性统计

第一步是决定采用何种数据集，这个决定取决于感兴趣的总体和研究问题本身。在第 2 章中我们讨论如何将一个原始数据集转换为适合于回归分析形式的数据集。在这一节，我们介绍概述和了解数据的方法，这是进行任何回归分析前的一个必要步骤。

3.2.1 *数据的描述*

我们分析了获得美国医疗保险计划中的健康保健资格且年龄在 65 岁及以上的个人医疗支出数据。原始数据来源是医疗支出面板数据调查（MEPS）。

医疗保险不包括所有的医疗支出。例如，医疗服务和处方药物费用都不包括在这段期间的研究中。因此，大约有一半符合条件的个人需要购买由私人市场提供的、涵盖了各种自付费用的额外保险。

在本章中，我们研究了这种额外保险对每个人年度总医疗支出的影响，并以美元衡量。一项正式调查必须对个人医疗支出的其他决定因素的影响加以控制，特别是社会人口统计因素（如年龄、性别、受教育程度、收入和地理区位等）和健康程度的度量（如自我健康评价、是否患有慢性或限制性疾病等）。本章和其他章节一样，我们有意地使用解释变量的一个简表，从而得到了更简短的输出结果和更简单的讨论结果。这种做法是有优势的，因为我们的目的就是对 Stata 中可用的方法和工具进行简单的解释。

3.2.2 变量的描述

给定用于分析的 Stata 数据集，我们首先运用 describe 命令来列出线性回归中变量的各种特征。在未指定变量列表的情况下，该命令将描述数据集中的所有变量。这里我们只关注了本章中将要用到的变量。

```
. * Variable description for medical expenditure dataset
. use mus03data.dta

. describe totexp ltotexp posexp suppins phylim actlim totchr age female income

              storage  display     value
variable name   type   format      label      variable label
-------------------------------------------------------------------------------
totexp          double %12.0g                 Total medical expenditure
ltotexp         float  %9.0g                  ln(totexp) if totexp > 0
posexp          float  %9.0g                  =1 if total expenditure > 0
suppins         float  %9.0g                  =1 if has supp priv insurance
phylim          double %12.0g                 =1 if has functional limitation
actlim          double %12.0g                 =1 if has activity limitation
totchr          double %12.0g                 # of chronic problems
age             double %12.0g                 Age
female          double %12.0g                 =1 if female
income          double %12.0g                 annual household income/1000
```

变量的类型和格式这两列显示出所有的数据都是数值型的。在这种情况下，一些变量以单精度(float)的类型来存储，另一些以双精度(double)的类型来存储。根据变量的标签，我们预计 totexp 是非负的，如果 totexp 为 0，ltotexp 就会缺失；posexp、suppins、phylim、actlim 和 female 取值为 0 或 1；totchr 是一个非负整数；age 为正；income 为负或者为正。需要注意的是，整数变量可以被更加紧凑地存储为 integer 或者 byte 类型。变量标签提供了一个简短的描述，这很有用处但并不能完全地描述变量。例如，关键解释变量 suppins 是由几类私人额外保险加总而得到的。该数据集并不提供针对分类变量值的标签。

3.2.3 概述性统计

对于所有数据分析，首先运用 summarize 命令检查数据是非常必要的。

```
. * Summary statistics for medical expenditure dataset
. summarize totexp ltotexp posexp suppins phylim actlim totchr age female income

    Variable |       Obs        Mean    Std. Dev.       Min        Max
-------------+--------------------------------------------------------
      totexp |      3064    7030.889    11852.75          0     125610
     ltotexp |      2955    8.059866    1.367592   1.098612   11.74094
      posexp |      3064    .9644256    .1852568          0          1
     suppins |      3064    .5812663    .4934321          0          1
      phylim |      3064    .4255875    .4945125          0          1
-------------+--------------------------------------------------------
      actlim |      3064    .2836162    .4508263          0          1
      totchr |      3064    1.754243    1.307197          0          7
         age |      3064    74.17167    6.372938         65         90
      female |      3064    .5796345    .4936982          0          1
      income |      3064    22.47472    22.53491         -1     312.46
```

从均值上看，一年中有96%的个人会承担医疗支出，58%的个人承担额外保险支出；43%的个人患有功能限制性疾病；28%的个人患有活动限制性疾病；58%的人是女性，老年人口中女性的比例不同，因为女性的寿命更长。唯一存在缺失数据的变量是 ltotexp，它是 totexp 的自然对数，它缺失了(3064−2955)=109个观测值，因为 totexp=0。

所有变量的极差都在预期之内，除了收入为负的情况以外。为了了解 income 变量有多少个观测值为负值，我们运用 tabulate 命令，通过限制非正的观测值来限制输出结果。

```
. * Tabulate variable
. tabulate income if income <= 0

     annual
  household
income/1000 |      Freq.     Percent        Cum.
------------+-----------------------------------
         -1 |          1        1.14        1.14
          0 |         87       98.86      100.00
------------+-----------------------------------
      Total |         88      100.00
```

只有一个观测值是负的，而负的收入对于自主创业和投资来说是可能存在的。虽然这需要保证对原始数据来源进行检查，我们在这里的分析中还是包含了该观测值。

许多后续的回归分析会去掉医疗支出为0的109个观测值，所以在研究论文中，最好是报告不包含这些观测值的概述性统计。

3.2.4 更详细的概述性统计

对于关键变量，尤其是被解释变量需要更加详细的描述分析。对于 totexp 变量，即医疗支出的水平值，用 summarize, detail 命令得到

```
. * Detailed summary statistics of a single variable
. summarize totexp, detail

                  Total medical expenditure
-------------------------------------------------------------
      Percentiles      Smallest
 1%            0              0
 5%          112              0
10%          393              0       Obs                3064
25%         1271              0       Sum of Wgt.        3064

50%       3134.5                      Mean           7030.889
                        Largest       Std. Dev.      11852.75
75%         7151         104823
90%        17050         108256       Variance       1.40e+08
95%        27367         123611       Skewness       4.165058
99%        62346         125610       Kurtosis       26.26796
```

医疗支出对于不同的个体来说差别很大，其标准差为11853，这几乎是均值的两倍。中位数为3134，比均值7031小了很多，它反映了数据的偏度。对于变量 x，偏度统计量是对偏度的一种无量纲的测度，它对 $\dfrac{E\{(x-\mu)^3\}}{\sigma^{3/2}}$ 进行了估计，三阶中心矩是由二阶中心矩标准化得来的，对于对称分布的数据来说偏度为0。这里偏度统计值为4.16，表明数据具有很强的右偏性。峰度统计量是对 $\dfrac{E\{(x-\mu)^4\}}{\sigma^4}$ 进行估计，四阶中心矩是由

二阶中心矩标准化得来的。峰度的参考值为 3,即正态分布数据的峰度值。这里峰度统计值为 26.26,表明数据的峰度大大超过了正态分布。运用 centile 命令得出其他百分位数,运用 table 命令可以得到其他的概述性统计,如 3.2.5 节所示。

我们得出的结论是被解释变量的分布偏度很大且是厚尾的。这些复杂问题经常出现在一般研究中个体层面的经济变量中,如支出、收入、收益、工资和房价等。一种可能的方法是加入解释变量来消除被解释变量的偏度,但在实践中,数据的很多差异是无法解释的($R^2<0.3$ 对个体层面的数据是常见的),且偏度和过高的峰度仍会存在。

这种偏斜和厚尾的数据表明要使用一个具有乘法误差项而不是加法误差项的模型。对被解释变量进行转换的一种标准方法是取自然对数。这里的困难是,存在 109 个为 0 的观测值。简便的方法就是,在对数形式或水平形式的分析中删除为 0 的观测值。这对分析的结果并没有很大影响,因为只删除了样本中 3.6%的观测值。更好的方法是在第 16 章中讨论的一种运用两部分模型或样本选择模型。

在 3.2.5 节中 tabstat 命令输出的结果说明:对这些数据取自然对数从根本上消除了偏度和过高的峰度。

用户编写的 fsum 命令(Wolfe 2002)改进了 summarize 命令,它允许对输出结果的格式进行调整,并包含了如百分位数和变量标签在内的其他信息。用户编写的 outsum 命令(Papps 2006)可以生成数据的一个或多个子集均值和标准差的文本文件,例如:一列是针对整个样本,一列是针对男性的子样本,一列是针对女性的子样本。

3.2.5 数据的统计表

使用只能生成频数的 table 命令来创建一维表,或者使用能另外生成百分数和累积百分数的 tabulate 命令来创建的统计表,例子如 3.2.3 节中所示。

使用这些命令也能创建二维表。但对于频数,只能用 table 生成简洁的输出表格。例如:

```
. * Two-way table of frequencies
. table female totchr
```

=1 if female	# of chronic problems 0	1	2	3	4	5	6	7
0	239	415	323	201	82	23	4	1
1	313	466	493	305	140	46	11	2

该二维表提供了由性别与患慢性疾病个数所构成的频数。tabulate 命令的输出结果更详细,例如:

```
. * Two-way table with row and column percentages and Pearson chi-squared
. tabulate female suppins, row col chi2
```

Key
frequency *row percentage* *column percentage*

=1 if female	=1 if has supp priv insurance 0	1	Total
0	488 37.89 38.04	800 62.11 44.92	1,288 100.00 42.04
1	795 44.76 61.96	981 55.24 55.08	1,776 100.00 57.96
Total	1,283 41.87 100.00	1,781 58.13 100.00	3,064 100.00 100.00

```
Pearson chi2(1) =  14.4991   Pr = 0.000
```

对这个样本的行百分数进行比较，我们发现尽管女性更倾向于拥有额外保险，但样本中女性已购买额外保险的概率却比男性低。尽管我们并没有足够的信息来对总体进行这些推断，但皮尔森卡方检验完全拒绝了这些变量相互独立的原假设，也可以得到列联表的其他检验。相关的 tab2 命令会得到从以上几个变量的列表中生成的所有可能的二维表。

对于多维表，最好使用 table 命令。对于当前的例子，我们有：

```
. * Three-way table of frequencies
. table female totchr suppins
```

=1 if female	=1 if has supp priv insurance and # of chronic problems — 0 — 0	1	2	3	4	5	6	7
0	102	165	121	68	25	6	1	
1	135	212	233	134	56	22	1	2

=1 if female	=1 if has supp priv insurance and # of chronic problems — 1 — 0	1	2	3	4	5	6	7
0	137	250	202	133	57	17	3	1
1	178	254	260	171	84	24	10	

另一种方法是运用有 by 前缀的 tabulate 命令，但其结果不如 table 命令得到的结

果整齐。

如果其中一个变量在建表时取多个值,那么上述的表将会生成大量输出结果。所以最好运用包含 contents()选项的 table 命令来生成表格,它能给出变量关键的概述性统计,如均值和标准差。这样的表即使在变量取值很少时也很有用。例如,当根据性别对慢性疾病的个数进行概述时,table 命令得到:

```
. * One-way table of summary statistics
. table female, contents(N totchr mean totchr sd totchr p50 totchr)
```

=1 if female	N(totchr)	mean(totchr)	sd(totchr)	med(totchr)
0	1,288	1.659937888	1.261175	1
1	1,776	1.822635135	1.335776	2

从均值上看,女性有更多的慢性病(1.82 相较于男性的 1.66)。选项 contents()能生成很多其他的统计值,包括最小值、最大值和关键的百分位数。

使用带有 contents()选项的 table 命令可以另外生成概述性统计的二维表和多维表。例如:

```
. * Two-way table of summary statistics
. table female suppins, contents(N totchr mean totchr)
```

=1 if female	=1 if has supp priv insurance 0	1
0	488 1.530737705	800 1.73875
1	795 1.803773585	981 1.837920489

从均值上看,该表表明拥有额外保险的人患有更多的慢性病,对于男性尤其如此(1.74相对于女性的 1.53)。

tabulate,summarize()命令可以用于生成包括均值、标准差和频数在内的一维表和二维表。这是用 table 命令生成的一部分统计值,所以我们同样也可以使用 table 命令。

tabulate 命令提供了一个概述性统计的表,它比 summarize 命令更为灵活。下面的输出结果显示了医疗支出及其自然对数的概述性统计,这有助于确定偏度和峰度。

```
. * Summary statistics obtained using command tabstat
. tabstat totexp ltotexp, stat (count mean p50 sd skew kurt) col(stat)
```

variable	N	mean	p50	sd	skewness	kurtosis
totexp	3064	7030.889	3134.5	11852.75	4.165058	26.26796
ltotexp	2955	8.059866	8.111928	1.367592	-.3857887	3.842263

这再一次生成了在 3.2.4 节中给出的信息,且表明使用自然对数能最大限度地消除偏度和峰度。col(stat)选项的结果包括:以列来列出的概述性统计结果和以单独的行

列出的每个变量。如果没有这一选项,我们将在行中列出概述性统计,在列中列出变量。可以用 by()选项来获得一个概述性统计的二维表。

3.2.6 统计检验

ttest 命令可用于检验单个变量的总体均值的假设($H_0:\mu=\mu^*$,μ^* 是一个指定的值),也可用于检验均值相等的假设($H_0:\mu_1=\mu_2$)。对于更一般的方差分析和协方差分析,可以运用 oneway 命令和 anova 命令,对于更多特殊的统计检验的例子,如比例相等的检验,也存在一些其他的检验。这些命令很少在微观计量经济学中使用,因为它可以看作是一个具有截距项和适当指示变量的回归分析的特例。此外,对于渐近理论来说如果样本足够大就能提供一个更好的近似,因此回归的优势在于,很少依赖于分布的约束性假设。

例如,考虑那些拥有额外医疗保险的人和没有额外医疗保险的人医疗支出均值相等的检验,用 ttest, totexp, by(suppins)和 unequal 命令来执行这种检验,但作出了约束性假设,即所有 suppins=0 的样本具有同方差,所有 suppins=1 的样本也具有同方差(但可能与前者的方差不同)。另一种方法是用 totexp 对截距和 suppins 进行普通最小二乘法回归,并检验 suppins 的系数是否为 0。采用后面一种方法,使用 regress 命令的 vce(robust)选项可以允许所有的观测值有不同的方差,进而得到异方差一致的标准误,见 3.3.4 节。

3.2.7 数据的绘图

绘制被解释变量的一个直方图或者一个密度图是很有用的。这里我们用到了 kdensity 命令,它提供了密度的核估计值。

这个数据是高度偏斜的,因为此处第 97 个百分位数约为 $40000,而最大值为 $1000000。因此 kdensity totexp 命令会在 x 轴的前 4%聚集 97%的密度。有一种可行的方法是输入 kdensity totexp if totexp＜40000,但这会生成一个假设数据在 $40000处被截断的核密度估计。相反,我们运用 kdensity totexp 命令,用 kx1 来保存估计点和用 kd1 来保存核密度估计值,然后用 kd1 对 dx1 绘制线图。

我们对医疗支出的水平值和对数值都可以这样做,并运用 graph combine 命令来生成一个包括了这两种密度图的图形(图 3.1)。我们有

```
. * Kernel density plots with adjustment for highly skewed data
. kdensity totexp if posexp==1, generate (kx1 kd1) n(500)

. graph twoway (line kd1 kx1) if kx1 < 40000, name(levels)

. kdensity ltotexp if posexp==1, generate (kx2 kd2) n(500)

. graph twoway (line kd2 kx2) if kx2 < ln(40000), name(logs)

. graph combine levels logs, iscale(1.0)
```

只考虑正的支出,且为了使图具有可读性,变量 totexp 右边的长尾已经在 $40000 处截断。在图 3.1 中,变量 totexp 的分布是右偏的,而变量 ltotexp 的分布是相当对称的。

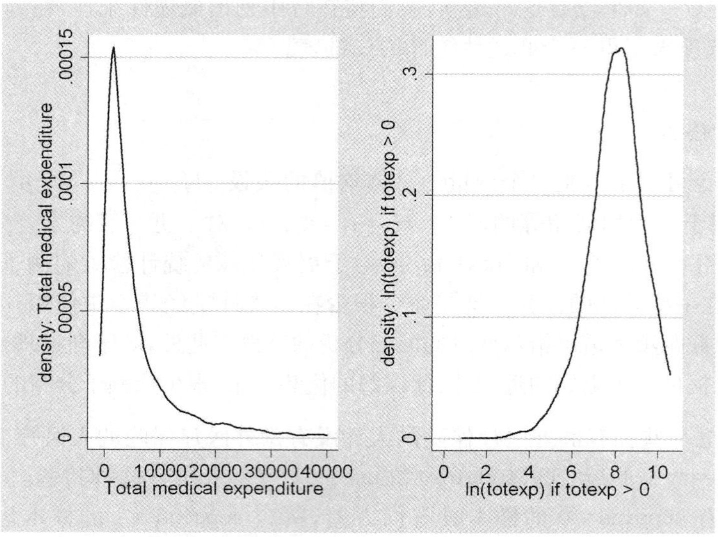

图 3.1　医疗支出水平值的核密度和对数值的核密度的比较

3.3　水平值和对数值的回归

我们提出了线性回归模型，首先针对被解释变量的水平值，然后针对被解释变量转换后的对数值。

3.3.1　基本的回归理论

我们首先介绍本书余下部分用到的术语。用 θ 表示待估计的参数向量，$\hat{\theta}$ 表示 θ 的一个估计量。理论上，$\hat{\theta}$ 的分布是以 θ 为中心的，较小的方差以保证估计精度，同时为了进行统计推断，假设其分布是已知的。我们只分析 θ 的一致估计量，这意味着在无穷大的样本中，除去可以忽略不计的随机差异，$\hat{\theta}$ 会等于 θ，表示为 $\hat{\theta}\xrightarrow{p}\theta$ 或者更正式地表示为 $\hat{\theta}\xrightarrow{p}\theta_0$，其中 θ_0 是未知的"真实"参数值。一致性估计的一个必要条件就是正确设定模型，或者在更多的情况下，就是正确设定模型的关键部分，尤其要注意的是条件均值的设定。

在其他的假设下，本书中研究到的估计量都服从渐近正态分布，这意味着它们的分布近似于大样本中的多元正态分布，可以表示为：

$$\hat{\theta} \sim N\{\theta, \mathrm{Var}(\hat{\theta})\}$$

其中，$\mathrm{Var}(\hat{\theta})$ 表示估计量的(渐近)方差-协方差矩阵(VCE)。估计量越有效，其 VCE 就越小。VCE 依赖于未知参数，因此我们运用 VCE 的一个估计值，表示为 $\hat{V}(\hat{\theta})$。参数估计值的标准误就是 $\hat{V}(\hat{\theta})$ 中对角线元素的平方根。关于数据生成过程(DGP)的不同假设，如异方差性，会使 VCE 具有不同的估计值。

基于渐近正态结果的检验统计值需要使用标准正态分布和卡方分布来计算临界值和 p 值。对于一些估计量，尤其是 OLS 估计量，相反，检验是建立在 t 分布和 F 分布上的。这在大样本中并没有本质的区别，如自由度大于 100 的样本，但在较小的样本中它能提供一个更好的近似值。

3.3.2 OLS 回归和矩阵的代数运算

线性回归的目标是估计线性条件均值的参数。

$$E(y \mid \mathbf{X}) = \mathbf{X}'\beta = \beta_1 x_1 + \beta_2 x_2 + \cdots + \beta_K x_K \tag{3.1}$$

其中通常包含一个截距项，所以有 $x_1 = 1$。这里的 $\boldsymbol{x}$ 是一个 $K \times 1$ 阶的列向量，其中第 j 个元素(第 j 个解释变量)为 x_j；β 是一个 $K \times 1$ 阶的列向量，第 j 个元素为 β_j。

有时预测的直接兴趣就是 $E(y \mid \mathbf{X})$。然而，更多的计量经济学研究的兴趣在于与第 j 个解释变量相关的一个或多个边际效应(ME)：

$$\frac{\partial E(y \mid \mathbf{X})}{\partial x_j} = \beta_j$$

例如，我们的兴趣是私人额外健康保险对医疗支出的边际效应。线性模型的优点是被估计的边际效应由斜率系数的估计值直接给出。

线性回归模型设定了一个加法形式的误差项，因此对于第 i 个观测值有：

$$y_i = \boldsymbol{x}'_i\beta + u_i,\ i = 1,\cdots,N$$

OLS 估计量使得误差平方和 $\sum_{i=1}^{N}(y_i - \boldsymbol{x}'_i\beta)^2$ 最小化。

对于表述估计量和方差矩阵的公式，矩阵符号提供了一种简洁的方法，它涉及乘积与交叉乘积的和。我们定义 $N \times 1$ 阶列向量 $\mathbf{y}$ 的第 i 个元素为 y_i，$N \times K$ 阶解释变量矩阵 $\mathbf{X}$ 的第 i 行为 $\boldsymbol{x}'_i$。那么 OLS 估计量可以写作不同的形式，我们有：

$$\begin{aligned}
\hat{\beta} &= (\mathbf{X}'\mathbf{X})^{-1}\mathbf{X}'y \\
&= \left(\sum_{i=1}^{N}\boldsymbol{x}_i\boldsymbol{x}'_i\right)^{-1}\sum_{i=1}^{N}\boldsymbol{x}_i y_i \\
&= \begin{bmatrix} \sum_{i=1}^{N}x_{1i}^2 & \sum_{i=1}^{N}x_{1i}x_{2i} & \cdots & \sum_{i=1}^{N}x_{1i}x_{Ki} \\ \sum_{i=1}^{N}x_{2i}x_{1i} & \sum_{i=1}^{N}x_{2i}^2 & & \vdots \\ & & \ddots & \\ \sum_{i=1}^{N}x_{Ki}x_{1i} & & \cdots & \sum_{i=1}^{N}x_{Ki}^2 \end{bmatrix}^{-1} \begin{bmatrix} \sum_{i=1}^{N}x_{1i}y_i \\ \sum_{i=1}^{N}x_{2i}y_i \\ \vdots \\ \sum_{i=1}^{N}x_{Ki}y_i \end{bmatrix}
\end{aligned}$$

我们把所有的向量定义为列向量，如果需要行向量，则需要对其进行转置。相反，Stata 命令和 Mata 命令把向量定义为行向量，因此在 Stata 和 Mata 编码的部分中，我们需要对行向量进行转置，以确保本书中的符号是一致的。

3.3.3 OLS 估计量的性质

任何一个估计量的性质都取决于对数据生成过程所作的假设。对于线性回归模型，这可以归纳为对回归误差项 u_i 的假设。

分析的出发点是对 u_i 作出假设，其必须满足以下经典条件：

1. $E(u_i \mid \mathbf{X}_i) = 0$(解释变量的外生性条件)。

2. $E(u_i^2 \mid \mathbf{X}_i) = \sigma^2$(同方差性的条件)。

3. $E(u_i u_j \mid \mathbf{X}_i, \mathbf{X}_j) = 0,\quad i \neq j$(观测值不相关的条件)。

假设 1 对 β 的一致性估计是必要的，它代表(3.1)式给出的条件均值是正确设定的。这意味着条件均值是线性的，所有相关的变量都包含在回归中。在第 6 章中将会放松假设1。

假设 2 和 3 定义了 $\hat{\beta}$ 的 VCE 形式。假设 1—3 使得 $\hat{\beta}$ 服从渐近正态分布，其默认的 VCE 估计量为：

$$\hat{V}_{\text{default}}(\hat{\beta}) = s^2 (\mathbf{X}'\mathbf{X})^{-1}$$

其中，

$$s^2 = (N-k)^{-1} \sum_i \hat{u}_i^2 \tag{3.2}$$

且有 $\hat{u}_i = y_i - \mathbf{X}'_i\hat{\beta}$。在假设 1—3 的条件下，OLS 估计量是完全有效的。此外，如果 u_i 服从正态分布，那么“t 统计量”也恰好服从 t 分布。我们并没有作出第四个假设，但继续用 t 分布是很常见的，其目的是在有限样本中提供一个比标准正态分布更好的估计值。

当放松假设 2 和 3 时，OLS 估计量并不再是完全有效的。在第 5 章中，我们提出了更有效的可行的广义最小二乘法(FGLS)的例子。正如实践中经常做的，在本章中我们继续使用 OLS 估计量，但当放松假设 2、假设 3 或同时放松这两个假设时，我们就要用另一种 VCE 的估计方法。

3.3.4 异方差-稳健标准误

给定了假设 1 和 3，但没有给定假设 2，我们就会得到有异方差但不相关的误差项。那么一个稳健的估计量，或者更准确地说，OLS 估计量的 VCE 的一个异方差-稳健估计量为：

$$\hat{V}_{\text{robust}}(\hat{\beta}) = (\mathbf{X}'\mathbf{X})^{-1} \left(\frac{N}{N-k} \sum_i \hat{u}_i^2 \mathbf{X}_i \mathbf{X}'_i \right) (\mathbf{X}'\mathbf{X})^{-1} \tag{3.3}$$

对于相互独立的横截面数据，这个由 White(1980)提出的估计量在几乎所有的应用分析中代替了默认的方差矩阵估计量，因为异方差是一种常态，而且在那种情形下，VCE 的默认估计量是错误的。

在 Stata 中，运用 regress 命令的 vce(robust)选项可以得到 VCE 的一个稳健估计值，正如 3.4.2 节所示。相关的选项是 vce(hc2)和 vce(hc3)，当样本容量很小时，它们能够提供更好的 VCE 的异方差-稳健估计值，见[R]**regress**。VCE 的稳健估计值已经扩展到其他的估计量和模型中；同时 Stata 的一个特点就是具有 vce(robust)选项，它适用于很多的估计命令。一些用户编写的命令用 robust 命令代替了 vce(robust)选项。

3.3.5 聚类-稳健标准误

当不同观测值的误差项相关时，就违反了假设 3。那么对 VCE 的默认估计和稳健估计都是无效的。对于时间序列数据，当误差项是序列相关时，就会出现这种情况，此时应使用 newey 命令。对于横截面数据，当误差项是聚类的时候也会出现这种情况。

聚类的或分组的误差项指的是聚类的内部或组的内部的误差项相关，但不同聚类之间的误差项不相关。一个简单的聚类的例子就是：当抽样独立于抽样的单位，但抽样单位内部的个体误差相关时，就产生了聚类。例如，对 100 个相互独立的村庄进行抽样，同时对来自每个村庄的一些人进行调查。对于一个村庄成员，如果回归模型过度地估计了 y，那么对同一个村庄所有的其他成员，回归模型都有可能过度估计了 y，这就说明存在正相关。当抽样独立于家庭，但每个家庭中的成员相关时，相似的评论也适用于这种情况。另一个重要的例子是面板数据，其个体之间是相互独立的，但给定个体是跨期相关的。

给定假设 1，但没有给定假设 2 和 3，则 OLS 估计量的 VCE 的聚类-稳健估计量为：

$$\bar{V}_{cluster}(\hat{\beta})=(\mathbf{X}'\mathbf{X})^{-1}\left(\frac{G}{G-1}\frac{N-1}{N-k}\sum_{g}\mathbf{X}_{g}\hat{\boldsymbol{u}}_{g}\hat{\boldsymbol{u}}'_{g}\mathbf{X}'_{g}\right)(\mathbf{X}'\mathbf{X})^{-1}$$

其中 $g=1,\cdots,G$，表示一个聚类（如村庄），$\hat{u}_g$ 是在第 g 个聚类中观测值的残差向量，$\mathbf{X}_g$ 是在第 g 个聚类中观测值的解释变量矩阵。关键的假设为聚类与聚类之间的误差项相互独立，且聚类的个数 $G\rightarrow\infty$。

在 Stata 中运用 vce(cluster clustvar) 选项可以计算聚类-稳健标准误，其中聚类用 clustvar 变量不同的值来定义。VCE 的估计值实际上是异方差-稳健且聚类-稳健的估计值，因为这里没有对 $Cov(u_{gi},u_{gj})$ 施加约束。聚类的 VCE 估计值可以应用于许多估计量和模型中，见 9.6 节。

当数据是聚类的，就必须使用聚类-稳健标准误。对于一个标量解释变量 x，有个经验法则是，聚类-稳健标准误为错误的默认标准误的 $\sqrt{1+\rho_x\rho_u(M-1)}$ 倍，其中 ρ_x 是解释变量聚类内部的相关系数，ρ_u 是误差项聚类内部的相关系数，且 M 是平均的聚类个数。

即使在聚类并不明显的情况下，运用聚类-稳健标准误也是很有必要的。当解释变量是加总的或者是宏观变量的时候尤其如此，因为这时就有 $\rho_x=1$。例如，假定我们使用美国当前的人口调查数据，并且用个体收入对个体特征和州水平的解释变量（它们在州的内部是不会发生变化的）进行回归。如果每一个州的内部有很多个体，M 就很大。同一个州内部的个体即使存在轻微的误差相关，也会使默认的标准误和异方差-稳健标准误的估计具有很大的向下偏误。通过样本调查的设计也可以引入聚类。这一问题将会在 5.5 节中继续讨论。

3.3.6 对数值的回归

医疗支出数据具有很强的右偏性。那么水平形式的线性模型只能提供很差的预测，因为它把解释变量的效应限制为加法形式。例如，忽略可观察的健康状况，年龄增大 10 岁假设对医疗支出的效应也增加了相同的数量。但事实上，假设年龄增大 10 岁具有乘法效应是更为合理的。例如，它可能导致医疗支出增加了 20%。

我们首先讨论正的医疗支出的一个指数均值模型，其中误差项也是乘法形式，因此 $y_i=\exp(\mathbf{x}'_i\beta)\varepsilon_i$。定义 $\varepsilon_i=\exp(u_i)$，我们有 $y_i=\exp(\mathbf{x}'_i\beta+u_i)$。同时两边取自然对数，通过 lny 对 x 进行 OLS 回归，我们来拟合对数线性模型：

$$\ln y_i=\mathbf{x}'_i\beta+u_i$$

该模型是对 lny 的条件均值进行建模，而不是对 y 的条件均值进行建模。特别地，当假设 u_i 是相互独立的且条件均值为零时，有：

$$E(\ln y\mid\mathbf{x})=\mathbf{x}'\beta$$

参数的解释要特别小心。对于 lny 对 x 的回归，系数 β_j 用来度量解释变量 $\mathbf{x}_j$ 的变

化对 $E(\ln y \mid \mathbf{x})$ 的效应,但最终的目的是要度量(解释变量 x_j 的变化)对 $E(y \mid \mathbf{x})$ 的效应。一些代数运算表明用 β_j 度量了当 x_j 变化时 $E(y \mid \mathbf{x})$ 相应的变化而不是 $E(y \mid \mathbf{x})$ 水平值的变化,这称为半弹性。例如,当 $\beta_j = 0.02$ 时,则 x_j 一个单位的变化,会相应地导致 $E(y \mid \mathbf{x})$ 增加 0.02,或者增加 2%。

因为 $E(y \mid \mathbf{x}) \neq \exp(\mathbf{x}'\beta)$,对 $E(y \mid \mathbf{x})$ 的预测更加困难,这将会在 3.6.3 节继续讨论。

3.4 基本的回归分析

我们使用 regress 命令来运行医疗支出的自然对数(ltotexp)对 suppins 与一些人口统计度量变量和健康状况度量变量的 OLS 回归。用 ln$y$ 而不是 y 作为被解释变量并不会引起 OLS 回归的变化,但正如已经指出的,它会改变对系数和预测的解释。

本节提供许多详细的可以适用于所有 Stata 的估计命令,而不仅仅是 regress 命令。

3.4.1 相关性

在回归之前,用 correlate 命令考查被解释变量和关键解释变量的配对相关系数是很有用的。我们有:

```
. * Pairwise correlations for dependent variable and regressor variables
. correlate ltotexp suppins phylim actlim totchr age female income
(obs=2955)

             |  ltotexp  suppins   phylim   actlim   totchr      age   female
-------------+---------------------------------------------------------------
     ltotexp |   1.0000
     suppins |   0.0941   1.0000
      phylim |   0.2924  -0.0243   1.0000
      actlim |   0.2888  -0.0675   0.5904   1.0000
      totchr |   0.4283   0.0124   0.3334   0.3260   1.0000
         age |   0.0858  -0.1226   0.2538   0.2394   0.0904   1.0000
      female |  -0.0058  -0.0796   0.0943   0.0499   0.0557   0.0774   1.0000
      income |   0.0023   0.1943  -0.1142  -0.1483  -0.0816  -0.1542  -0.1312

             |   income
-------------+---------
      income |   1.0000
```

医疗支出变量和健康状况度量变量 phylim,actlim 和 totchr 是高度相关的。除了健康状况度量变量之外,其他解释变量之间的相关性非常弱。注意,correlate 命令只分析了 2955 个观测值,这些观测值对于变量列表中所有变量都是存在的。一个相关的命令是带有 sig 选项的 pwcorr 命令(这里并没有演示),它给出了相关系数的统计显著性。

3.4.2 regress 命令

regress 命令执行 OLS 回归并生成方差分析表、拟合优度统计值、系数估计值、标准误、t 统计值、p 值和置信区间。该命令的语法是:

regress *depvar* [*indepvars*] [*if*] [*in*] [*weight*] [,*option*]

其他 Stata 的估计命令也有着相似的语法。regress 的输出结果类似于很多线性回归命令包的输出结果。

对于相互独立的横截面数据，标准的方法是使用 vce(robust)选项，它给出了有效的标准误，即使模型的误差项具有异方差时，见 3.3.4 节。在那种情形下，输出结果中删除了基于同方差假设的方差分析表。我们得到：

```
. * OLS regression with heteroskedasticity-robust standard errors
. regress ltotexp suppins phylim actlim totchr age female income, vce(robust)

Linear regression                                      Number of obs =    2955
                                                       F(  7,   2947) =  126.97
                                                       Prob > F      =  0.0000
                                                       R-squared     =  0.2289
                                                       Root MSE      =  1.2023

------------------------------------------------------------------------------
             |               Robust
     ltotexp |      Coef.   Std. Err.      t    P>|t|     [95% Conf. Interval]
-------------+----------------------------------------------------------------
     suppins |   .2556428   .0465982     5.49   0.000     .1642744    .3470112
      phylim |   .3020598    .057705     5.23   0.000     .1889136     .415206
      actlim |   .3560054   .0634066     5.61   0.000     .2316797    .4803311
      totchr |   .3758201   .0187185    20.08   0.000     .3391175    .4125228
         age |   .0038016   .0037028     1.03   0.305    -.0034587     .011062
      female |  -.0843275    .045654    -1.85   0.065    -.1738444    .0051894
      income |   .0025498   .0010468     2.44   0.015     .0004973    .0046023
       _cons |   6.703737   .2825751    23.72   0.000     6.149673    7.257802
------------------------------------------------------------------------------
```

解释变量是联合统计显著的，因为总体 F 统计值为 126.97，p 值为 0.000。同时，总体的变化中很多变化无法解释，因为 $R^2 = 0.2289$。MSE 统计值的平方根为 s，即(3.2)式中定义的回归标准误。在 0.05 的水平下运用双侧检验，除了 age 和 female，其他所有解释变量都是统计显著的，因为其他所有变量都有 $p < 0.05$。变量 age 具有很强的不显著可能是因为样本限制于老年人口，且包含了能很好捕捉“年龄”健康效应的其他几个健康状况的度量变量。

很容易得到系数在统计学上的显著性，但更重要的是系数在经济学上的显著性，即用来度量解释变量对于医疗支出的影响。对于水平值的回归这是很直观的，因为我们可以直接使用估计的系数。但这里的回归是对数值的回归。从 3.3.6 节可知，在对数线性模型中，参数需要被解释为半弹性。例如，变量 suppins 的系数为 0.256，这意味着私人额外保险一个单位的变化，会相应地导致医疗支出增加 0.256，或增加 25.6%。类似地，健康状况度量变量具有很大的效应，然而，在控制了其他特征变量之后，女性的医疗支出比男性低了 8.4%。变量 income 的系数为 0.0025，说明了效应很小，但这是一种误导。变量 income 的标准差为 22，因此 income 的一个单位标准差会相应地导致医疗支出增加了 0.055，或增加了 5.5%。

10.6 节中将详细地讨论非线性模型中的边际效应(ME)。前面的解释都是基于微积分法，这种方法只考虑了解释变量微小变化的影响。对于解释变量更大变化的影响，有限差分法更加适合。对数线性模型的解释与指数条件均值模型的解释相似，见10.6.4节。例如，从没有额外保险(suppins=0)到拥有额外保险(suppins=1)，其估计的效应增加了 $100 \times (e^{0.256} - 1)$ 或者 29.2%。

regress 命令提供了没有被列出来的其他结果。特别地，VCE 的估计值存储在矩阵

e(V)中。1.6 节中给出了从回归中得到这个结果和其他存储结果的方法。不同的估计后命令可以进行预测、比较残差、假设检验和模型设定检验。随后的章节中将演示这些方法。两个有用的命令是：

```
. * Display stored results and list available postestimation commands
. ereturn list
```

(输出已省略)

```
. help regress postestimation
```

(输出已省略)

3.4.3 假设检验

test 命令可以执行使用 Wald 检验程序的假设检验，它使用估计的模型系数和 VCE。我们在这里介绍了一些主要的例子，并在随后的 12.3 节进行更详细的阐述。在 regress 命令之后可以使用 Wald 检验的 F 统计量，而对于其他的估计量使用的是卡方统计量。

一个常见的检验是系数相等的检验。例如，考虑检验功能性限制和活动性限制对医疗支出的影响是相同的。检验的原假设为 $H_0: \beta_{phylim} = \beta_{actlim}$，备择假设为 $H_a: \beta_{phylim} \neq \beta_{actlim}$，执行的过程如下：

```
. * Wald test of equality of coefficients
. quietly regress ltotexp suppins phylim actlim totchr age female
>   income, vce(robust)

. test phylim = actlim

 ( 1)  phylim - actlim = 0

       F(  1,  2947) =    0.27
            Prob > F =    0.6054
```

因为 $p = 0.61 > 0.05$，在 5% 的显著水平下，我们无法拒绝原假设，即这两个变量系数间的差异在统计上并不显著。

模型在受约束的情况下也可以进行拟合。例如，在约束条件 $\beta_{phylim} = \beta_{actlim}$ 下，为了获得最小二乘估计值，我们用 constraint define 来定义约束，然后使用带有constraints() 选项的 cnsreg 命令对受约束的回归进行拟合。实例见本章末的习题 2。

另一个常见检验是对一部分解释变量进行联合统计显著性检验。对健康状况度量变量的联合显著检验的原假设为 $H_0: \beta_{phylim} = 0, \beta_{actlim} = 0, \beta_{totchr} = 0$，备择假设为 H_a：至少有一项不为 0。这个检验执行如下：

```
. *  Joint test of statistical significance of several variables
. test phylim actlim totchr

 ( 1)  phylim = 0
 ( 2)  actlim = 0
 ( 3)  totchr = 0

       F(  3,  2947) =  272.36
            Prob > F =    0.0000
```

在 0.05 的显著水平下,这三个变量是联合统计显著的,因为 $p = 0.000 < 0.05$。

3.4.4 多个回归输出结果的合并表

对于个人的分析和最终报告的撰写而言,把来自多个回归中的关键结果进行列表是非常有用的。

即使后续的模型要进行拟合,回归之后的 estimates store 命令可以把储存在 e()中的结果与用户编写的模型名称联系起来并进行保存。给定一个或多个存储的估计结果,estimates table 命令可以对回归系数(默认的)和其他可选的结果进行列表。estimates stats 命令可以列出样本的容量和一些基于似然比的统计值。

我们把初始的回归模型与用 educyr 代替 income 的模型进行比较。这个例子用到了几个 estimates table 可用的选项。

```
. * Store and then tabulate results from multiple regressions
. quietly regress ltotexp suppins phylim actlim totchr age female income,
> vce(robust)

. estimates store REG1

. quietly regress ltotexp suppins phylim actlim totchr age female educyr,
> vce(robust)

. estimates store REG2

. estimates table REG1 REG2, b(%9.4f) se stats(N r2 F ll)
> keep(suppins income educyr)

--------------------------------------
    Variable |    REG1         REG2
-------------+------------------------
     suppins |    0.2556       0.2063
             |    0.0466       0.0471
      income |    0.0025
             |    0.0010
      educyr |                 0.0480
             |                 0.0070
-------------+------------------------
           N |      2955         2955
          r2 |    0.2289       0.2406
           F |  126.9723     132.5337
          ll | -4.73e+03    -4.71e+03
--------------------------------------
                          legend: b/se
```

这个表显示了系数(b)和标准误(se),以及其他可用的选项,包括 t 统计值(t)和 p 值(p)。给定的统计值有样本容量、R^2、总体 F 统计值(基于 VCE 的稳健估计)和对数似然比估计值(基于误差项服从正态分布,且具有同方差的强假设)。类似于 drop()选项,keep()选项提供了一种仅对感兴趣的关键解释变量进行列表的方法。这里解释变量 educyr 比 income 更好,因为它具有更强的统计显著性,同时模型的 R^2 更大,变量 suppins 的系数也有很大的改变。

3.4.5 更好的回归输出表

前面的表对于模型间的对比非常有用,但也存在一些局限。如果在括号中有标准误就更有可读性。如果能报告出总体 F 统计量的 p 值就更好。还有些需要做的工作就是把表导入到外部的软件,如 Excel、Word 和 LaTeX。

用户编写的 esttab 命令(Jann 2007)提供了一种这样做的方法，它需要在 estimates store 命令之后使用。上表的一个更加清晰的输出格式是：

```
. * Tabulate results using user-written command esttab to produce cleaner output
. esttab REG1 REG2, b(%10.4f) se scalars(N r2 F ll) mtitles ///
>   keep(suppins income educyr) title("Model comparison of REG1-REG2")

Model comparison of REG1-REG2

----------------------------------------------
                      (1)             (2)
                     REG1            REG2
----------------------------------------------
suppins            0.2556***       0.2063***
                 (0.0466)        (0.0471)

income             0.0025*
                 (0.0010)

educyr                             0.0480***
                                 (0.0070)
----------------------------------------------
N                    2955            2955
r2                 0.2289          0.2406
F                126.9723        132.5337
ll             -4733.4476      -4710.9578
----------------------------------------------
Standard errors in parentheses
* p<0.05, ** p<0.01, *** p<0.001
```

此时标准误在括号内，统计显著性的强度使用星号来表示，可以使用 nostar 选项来取消星号，此外还添加了标题。

该表可以被写入到一个文件中，例如，在LaTeX中创建一个表。

```
. * Write tabulated results to a file in latex table format
. quietly esttab REG1 REG2 using mus03table.tex, replace b(%10.4f) se
> scalars(N r2 F ll)
> mtitles keep(suppins age income educyr _cons) title("Model comparison of REG1
> -REG2")
```

其他的文本格式包括：多文本格式(Word)的.rtf 以逗号来分割数值的.csv 以及使用固定格式和制表符分割文本的.txt。

正如之前提到的，如果提供总体 F 统计量的 p 值就能进一步完善此表。它没有被存储在 e()中。然而，在给定 e()中其他变量的条件下，可以计算出 p 值。用户编写的 estadd 命令(Jann 2005)允许在存储结果中加入这个计算出的 p 值，然后用 esttab 命令制成表格。为了简化输出结果，我们用一个较小的表来举例说明。

```
. * Add a user-calculated statistic to the table
. estimates drop REG1 REG2

. quietly regress ltotexp suppins phylim actlim totchr age female income,
> vce(rubust)
. estadd scalar pvalue = Ftail(e(df_r),e(df_m),e(F))
```

(输出已省略)

```
. estimates store REG1

. quietly regress ltotexp suppins phylim actlim totchr age female ///
>   educyr, vce(robust)

. estadd scalar pvalue = Ftail(e(df_r),e(df_m),e(F))
```

(输出已省略)

```
. estimates store REG2

. esttab REG1 REG2, b(%10.4f) se scalars(F pvalue) mtitles keep(suppins)
```

	(1) REG1	(2) REG2
suppins	0.2556***	0.2063***
	(0.0466)	(0.0471)
N	2955	2955
F	126.9723	132.5337
pvalue	0.0000	0.0000

Standard errors in parentheses
* p<0.05, ** p<0.01, *** p<0.001

estimates drop 命令通过删除存储在内存中不再需要的估计值来节省内存。特别地，对于大的样本来说，纳入样本的指示项 e(sample)会占用很大的内存。

相对于 esttab 命令，Jann(2005，2007)编写的相关命令 estout 功能更丰富、内容更复杂；同时还有 eststo，它对 estimates store 命令进行了扩展。一些更早的用户编写的命令，特别是 outreg，也创建了回归输出表，但这些命令通常都没有再被它们的作者更新。用户编写的 reformat 命令(Brady 2002)可以把单一估计命令输出的结果制成常用的表格。

3.4.6 用于生成分类变量和交互项的因子变量

假设我们想要把一些指示变量作为回归模型中的解释变量，如：家庭规模以及与收入进行交互的一些指示变量。从 1.3.4 节和 2.4.7 节中可知，因子变量 i.famsze 产生了一些指示变量，它基于非负的、整数值的分类变量 famsze，并且因子变量 c.income # i.famsze可以把一些连续的变量 income 与一些指示变量进行交互。

```
. * Factor variables for sets of indicator variables and interactions
. regress ltotexp suppins phylim actlim totchr age female c.income i.famsze c.inc
> ome#i.famsze, vce(robust) noheader allbaselevels
note: 8.famsze#c.income omitted because of collinearity
note: 13.famsze#c.income omitted because of collinearity
```

```
--------------------------------------------------------------------------------
             |               Robust
    ltotexp |      Coef.   Std. Err.      t    P>|t|     [95% Conf. Interval]
-------------+------------------------------------------------------------------
     suppins |   .2393808   .0466804     5.13   0.000     .1478511    .3309104
      phylim |   .3053458   .0575971     5.30   0.000      .192411    .4182807
      actlim |   .3464812   .0631655     5.49   0.000     .2226279    .4703345
      totchr |   .3743755   .0187983    19.92   0.000     .3375162    .4112347
         age |     .00313   .0037607     0.83   0.405    -.0042438    .0105039
      female |  -.0725641   .0475022    -1.53   0.127    -.1657051    .0205769
      income |   .0028057   .0015684     1.79   0.074    -.0002695    .0058809
             |
      famsze |
          1  |  (base)
          2  |   .0759158   .0722829     1.05   0.294    -.0658145    .2176462
          3  |  -.2180488   .1310662    -1.66   0.096    -.4750399    .0389423
          4  |  -.2928383   .1983967    -1.48   0.140    -.6818493    .0961727
          5  |    .393989   .4501513     0.88   0.382    -.4886557    1.276634
          6  |  -.3438142   .4524585    -0.76   0.447    -1.230983    .5433545
          7  |  -1.101773   .5046005    -2.18   0.029     -2.09118   -.1123653
          8  |    .216274   .0625337     3.46   0.001     .0936596    .3388884
         10  |   1.482976   .2976336     4.98   0.000     .8993834    2.066568
         13  |  -1.874285   .0712566   -26.30   0.000    -2.014003   -1.734567
             |
     famsze# |
    c.income |
          1  |  (base)
          2  |  -.0012899   .0020704    -0.62   0.533    -.0053495    .0027697
          3  |    .004134   .0039464     1.05   0.295     -.003604    .0118719
          4  |   .0160613   .0083284     1.93   0.054    -.0002688    .0323915
          5  |  -.0251491    .017609    -1.43   0.153    -.0596764    .0093781
          6  |   .0280329   .0227835     1.23   0.219    -.0166403    .0727062
          7  |  -.0324118   .0279151    -1.16   0.246     -.087147    .0223234
          8  |  (omitted)
         10  |  -.1759027   .0169673   -10.37   0.000    -.2091717   -.1426337
         13  |  (omitted)
             |
       _cons |   6.748094   .3005551    22.45   0.000     6.158773    7.337414
--------------------------------------------------------------------------------
```

这里有家庭规模的 10 个可能的指示变量(1—8,10 和 13),并且其中取值最小的指标变量(famsze=1)是基准类型,因此它在回归中被省略了。原则上,在回归模型中应该包含与 income 进行交互的许多交互项,但是当 famsze 等于 8 和 13 时,这些相应的交互项被省略了,因为它们不能够被识别,原因是,当 famsze 等于 8 和 13 时,这些数据都只有一个观测值。

我们可以用下列命令来检验这些指示变量(包括它们与收入的交互项)的联合显著性:

```
. * Test joint significance of sets of indicator variables and interactions
. testparm i.famsze c.income#i.famsze

 ( 1)  2.famsze = 0
 ( 2)  3.famsze = 0
 ( 3)  4.famsze = 0
 ( 4)  5.famsze = 0
 ( 5)  6.famsze = 0
 ( 6)  7.famsze = 0
 ( 7)  8.famsze = 0
 ( 8)  10.famsze = 0
 ( 9)  13.famsze = 0
 (10)  2.famsze#c.income = 0
 (11)  3.famsze#c.income = 0
 (12)  4.famsze#c.income = 0
 (13)  5.famsze#c.income = 0
 (14)  6.famsze#c.income = 0
 (15)  7.famsze#c.income = 0
 (16)  10.famsze#c.income = 0

       F( 16,  2931) =   83.76
            Prob > F =    0.0000
```

在 0.05 的水平上,有关 famsze 的这些指示变量是联合统计显著的,因为 $p = 0.00 < 0.05$。自由度的个数为 16,因为此处正确地考虑了另外的两个被省略的变量(当 famsze 等于 8 和 13 时与 income 进行交互的交互项)。

在这个模型中,与收入和家庭规模相应的 ME 的计算很复杂。我们将在 3.6.2 节中计算 ME。

3.5 模型设定的分析

拟合模型的 $R^2 = 0.23$,这对横截面数据来说是合理的。同时,多数解释变量在统计上是高度显著的,且系数的符号与预期相同。因此,可以开始对这些结果进行解释。

然而,在进行模型设定分析之前,对回归进行一些额外的检查是很有用的,因为模型的误设会导致错误的推断。我们研究几种模型设定的检验,但本节不考虑对解释变量内生性的检验,这将推迟到第 6 章再进行讨论。

3.5.1 模型设定的检验和模型的诊断

在微观计量经济学中,决定一个模型是否合适最常见的方法是 Wald 检验法,它适合于拟合更多的模型,并决定这个数据是否支持需要更多的模型。例如,我们可以在模型中增加另外一些解释变量,并检验这些变量的系数是否为 0。

Stata 也为用户提供了对当前拟合回归进行诊断的丰富的选择菜单,见[R]**regress postestimation**。一些菜单是针对 OLS 回归,另外一些菜单是针对更多的回归模型。一些菜单可以提供可视化的帮助,例如绘制残差对拟合值的散点图。一些菜单是诊断统计量,例如,可以表明个体观测值之间相对重要性的推断统计量。同时还有一些菜单是正式的检验,用来检验模型的一个或多个假设是否成立。在深入地讨论模型设定检验之前,我们简单地介绍这些诊断图和诊断统计量。

3.5.2 残差的诊断图

诊断图在微观计量经济学中比在统计学其他分支中使用得更少,有许多原因。第一,经济理论和以往的研究对模型中可能的关键解释变量和函数形式提供了很多指导。因此研究依赖于这些指导并回避了过多的数据挖掘。第二,微观计量经济学研究通常使用大数据集和包含了很多变量的回归。这些变量潜在地形成了很多诊断图,而多数观测值使得任意单一观测值不太可能具有很大的影响,除非这个观测值的数据有严重错误。

我们认为不同的残差图有助于检测异常值,异常值就是不能被模型进行很好的预测的观测值。一种检测方法是绘制被解释变量拟合值与实际值的散点图。估计后命令 rvfplot 给出了这种检测方法的转换形式,即绘制残差 $\hat{u}_i = y_i - \hat{y}_i$ 对拟合值 $\hat{y}_i = \mathbf{X}'_i\hat{\beta}$ 的散点图。我们有:

```
. * Plot of residuals against fitted values
. quietly regress ltotexp suppins phylim actlim totchr age female income,
> vce(robust)

. rvfplot
```

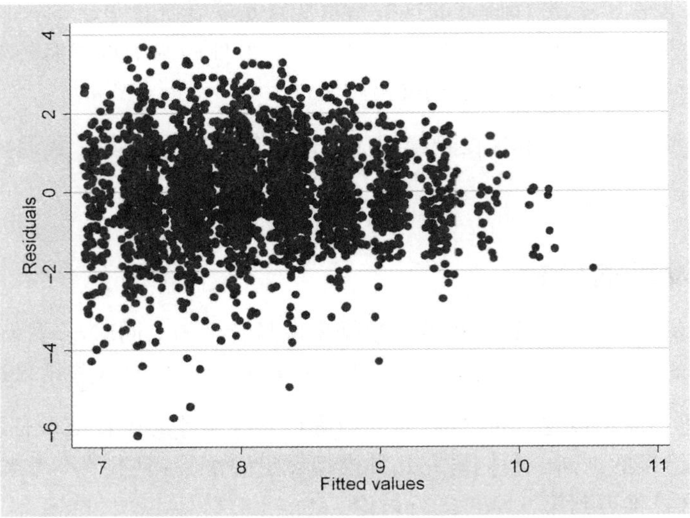

图 3.2　OLS **回归后残差与拟合值的散点图**

图 3.2 没有指出任何极端的异常值，尽管残差小于−5 的三个观测值是值得探讨的。要做到这一点，我们需要运用 predict 命令来生成 $\hat{u}$，详见 3.6 节，同时我们需要列出那些 $\hat{u}<-5$ 的观测值的一些详细信息。我们有：

```
. * Details on the outlier residuals
. predict uhat, residual
(109 missing values generated)

. predict yhat, xb

. list totexp ltotexp yhat uhat if uhat < -5, clean

       totexp    ltotexp        yhat         uhat
  1.        3   1.098612   7.2543405   -6.1557282
  2.        6   1.791759   7.5133574    -5.721598
  3.        9   2.197225   7.6312114   -5.4339868
```

三个异常的残差就是年度医疗总支出最小的三个观测值，它们分别为 \$3、\$6 和 \$9。显然，模型严重过度预测了这些观测值，因为总支出的预测的对数值(yhat)大于 ltotexp。

Stata 提供了一些其他的残差图。估计后命令 rvpplot 可以绘制残差对单个解释变量的散点图。avplot 命令提供了残差与模型中新增变量的散点图或是局部回归的散点图，它对异常值的检测是一种有效的可视化的工具。其他命令给出了“相应成分对残差”的散点图，它们有助于检测非线性效应和杠杆效应。详细信息和其他参考见[R]**regress postestimation**。

3.5.3　有影响力的观测值

一些观测值在确定参数估计值和产生模型预测值时可能有着不寻常的影响。

如果残差很大，或者杠杆测量值很大，或者两者同时很大，就可以用这几种测量方法(它们的测量值很大)中的一种来检测有影响力的观测值。第 i 个观测值的杠杆测量值

表示为 h_i，它等于所谓的"帽子矩阵"$\mathbf{H}=\mathbf{X}(\mathbf{X}'\mathbf{X})^{-1}\mathbf{X}$ 中的第 i 个对角线元素。如果 h_i 很大，那么 y_i 对它的 OLS 预测值 $\hat{y}_i$ 就有很大的影响，因为 $\hat{\mathbf{y}}=\mathbf{Hy}$。运用 predict 命令的不同选项可以获得不同的测量值，包括 h_i。

一个常用的测量值就是 dfits，可以证明它等于在 OLS 回归中包含第 i 个观测值和不包含第 i 个观测值所得到的 y_i 的预测值的(缩放后的)差(因此 dfits 意味着这两个拟合值的差)。dfits 的绝对值越大，就表明这是一个有影响力的数据点。我们可以绘制出 dfits 的散点图，同时可以进一步研究 dfits 具有异常值的那些观测值。一个经验法则就是，满足 $|\text{dfits}|>2\sqrt{k/N}$ 的观测值可能值得进一步研究，虽然对于大数据集来说这一法则表明很多观测值是有影响力的。

如果回归使用的是默认标准误，那么在执行 regress 命令之后可以使用 predict 命令的 dfits 选项，因为基本理论假设误差项是同方差的。我们有：

```
. * Compute dfits that combines outliers and leverage
. quietly regress ltotexp suppins phylim actlim totchr age female income

. predict dfits, dfits
(109 missing values generated)

. scalar threshold = 2*sqrt((e(df_m)+1)/e(N))

. display "dfits threshold = "  %6.3f threshold
dfits threshold =  0.104

. tabstat dfits, stat (min p1 p5 p95 p99 max) format(%9.3f) col(stat)

    variable |       min        p1        p5       p95       p99       max
-------------+------------------------------------------------------------
       dfits |    -0.421    -0.147    -0.083     0.085     0.127     0.221
--------------------------------------------------------------------------

. list dfits totexp ltotexp yhat uhat if abs(dfits) > 2*threshold & e(sample), cl
> ean

             dfits   totexp    ltotexp        yhat         uhat
   1.   -.23191788        3   1.098612   7.2543405   -6.1557282
   2.   -.30029944        6   1.791759   7.5133574    -5.721598
   3.   -.27652658        9   2.197225   7.6312114   -5.4339868
  10.   -.21700626       30   3.401197   8.3487243   -4.9475269
  42.   -.26123208      103   4.634729   7.5798202   -2.9450913
  44.   -.42121847      110    4.70048   8.9939037   -4.2934233
 108.   -.23262838      228   5.429346   7.9714059   -2.5420603
 114.   -.24476266      239   5.476463   7.9462395   -2.4697762
 137.   -.21773363      283   5.645447   7.9297195   -2.2842728
 211.   -.21134404      415   6.028278    8.028338   -2.0000597
2925.    .22072838    62346   11.04045   8.6601317    2.3803232
```

样本中超过 2%观测值的|dfits|大于所建议的门槛值 0.104。但是，只有 11 个观测值的|dfits|大于门槛值的两倍。它们对应的是医疗支出相对较低的观测值，或者另一种情况，其对应的是医疗支出相对较高的观测值。我们得出的结论是：不存在具有重要影响力的观测值。

3.5.4 模型设定的检验

正式的模型设定检验有两个局限。第一，相对于另一个未进行检验的假设失效而言,一个特定模型假设失效的检验可能不是稳健的。例如,拒绝同方差的原假设可能是由于条件均值函数形式的误设,例子见 3.5.5 节。第二,使用一个大样本,对于模型正确设定的原假设的偏差即使很小,也会导致检验拒绝原假设。例如,如果一个先前遗漏的解释变量系数很小,比如 0.000001,那么在样本无限大时,估计值就会很精确,这通常会导致拒绝系数为零的原假设。

遗漏变量的检验

最常见的模型设定检验是加入其他解释变量,并检验它们的系数是否统计显著,即运用 Wald 检验对这些系数为零的原假设进行检验。新增的解释变量可能是并未包含的变量,或是已包含变量的转换形式,比如年龄的二次方或者年龄与教育的二次交互项。如果检验包含了解释变量的不同组别,例如一些地区的虚拟变量,那么在执行 regress 命令之后可以运用 test 命令来执行这些变量系数的联合统计显著性检验。

在一些生物统计学的领域中,通常只包含 $p < 0.05$ 的解释变量。相反,在微观计量经济学中,通常的做法是额外地增加一些统计不显著的解释变量,如果经济理论或传统的实证研究将这些变量当作控制变量。这会降低由遗漏变量偏误引起的参数非一致估计的可能性,因而降低估计的精度。

对 Box—Cox 模型的检验

一种常见的模型设定检验方法是拟合一个把当前模型作为一种特例的复杂模型,并对这个复杂模型的参数约束进行 Wald 检验,参数的约束会导致一个更简单的模型。前面遗漏变量的检验就是这种例子。

这里我们研究对当前例子的一个特定检验。我们想要决定医疗支出对数形式的回归模型是否比水平形式的模型更好,但由于这两个模型中的被解释变量的形式不同,所以没有明显的方法来比较它们。然而,Box—Cox 转换可以得到一个更复杂的模型,它把线性和对数线性模型作为其中的一个特例。具体说来,我们拟合一个转换了被解释变量形式的模型:

$$g(y_i,\theta) = \frac{y_i^{\theta} - 1}{\theta} = \mathbf{x}'_i\beta + u_i$$

其中,在假设 $u_i \sim N(0,\sigma^2)$ 下,对 θ 和 β 进行估计。三种主要的情况是:(1)如果 $\theta = 1$, $g(y,\theta) = y - 1$;(2)如果 $\theta = 0$, $g(y,\theta) = \ln y$;(3)如果 $\theta = -1$, $g(y,\theta) = 1 - \frac{1}{y}$。如果 $\hat{\theta}$ 趋近于 0,那么就支持对数线性模型;如果 $\hat{\theta} = 1$,那么就支持线性模型。

Box—Cox 转换在模型中引入了非线性形式和一个额外的未知参数 θ 。这就把建模的操作引入到非线性模型的领域。然而,模型的拟合是相当简单的,因为 Stata 提供了 boxcox 命令来拟合模型。我们得到:

```
. * Boxcox model with lhs variable transformed
. boxcox totexp suppins phylim actlim totchr age female income if totexp>0, nolog
Fitting comparison model

Fitting full model

                                                  Number of obs   =       2955
                                                  LR chi2(7)      =     773.02
Log likelihood = -28518.267                       Prob > chi2     =      0.000

------------------------------------------------------------------------------
      totexp |      Coef.   Std. Err.      z    P>|z|     [95% Conf. Interval]
-------------+----------------------------------------------------------------
      /theta |   .0758956   .0096386     7.87   0.000     .0570042    .0947869
------------------------------------------------------------------------------

Estimates of scale-variant parameters
----------------------------
             |      Coef.
-------------+--------------
Notrans      |
     suppins |   .4459618
      phylim |    .577317
      actlim |   .6905939
      totchr |   .6754338
         age |   .0051321
      female |  -.1767976
      income |   .0044039
       _cons |   8.930566
-------------+--------------
      /sigma |   2.189679
----------------------------

---------------------------------------------------------
   Test         Restricted     LR statistic      P-value
    H0:       log likelihood       chi2       Prob > chi2
---------------------------------------------------------
theta = -1      -37454.643     17872.75           0.000
theta =  0      -28550.353        64.17           0.000
theta =  1      -31762.809      6489.08           0.000
---------------------------------------------------------
```

输出结果强烈地拒绝了 $\theta = 0$ 的原假设，因此也拒绝了对数线性模型。然而，包含了一般参数 θ 的 Box—Cox 模型很难解释，且很难使用，而且估计值 $\hat{\theta} = 0.0759$ 更多地支持了对数线性模型（$\theta = 0$），而不是线性模型（$\theta = 1$）。因此我们使用对数线性模型。

条件均值的函数形式设定的检验

线性回归模型设定被解释变量的条件均值（无论是水平形式还是对数形式）为 $\mathbf{x}'_i\beta$ 。一个关于模型正确设定的标准检验是变量的扩充检验。常见的方法是增加被解释变量的拟合值 $\hat{y}_i = \mathbf{x}_i\hat{\beta}$ 的幂来作为解释变量，并对幂的统计显著性进行检验。

估计后命令 estat ovtest 提供了一种 RESET 检验，将 y 对 x、$\hat{y}^2$、$\hat{y}^3$、$\hat{y}^4$ 进行回归，然后进行 $\hat{y}^2$、$\hat{y}^3$、$\hat{y}^4$ 的系数同时为零的联合检验。我们有：

```
. * Variable augmentation test of conditional mean using estat ovtest
. quietly regress ltotexp suppins phylim actlim totchr age female ///
>   income, vce(robust)

. estat ovtest

Ramsey RESET test using powers of the fitted values of ltotexp
       Ho:  model has no omitted variables
                F(3, 2944) =      9.04
                  Prob > F =      0.0000
```

强烈地拒绝了模型,因为 $p = 0.000$。

另一种更简单的检验是由 linktest 命令提供的,即将 y 对 $\hat{y}$ 、$\hat{y}^2$ 进行回归,其中原始模型的解释变量 x 被省略了,并检验 $\hat{y}^2$ 的系数是否为零。我们有:

```
. * Link test of functional form of conditional mean
. quietly regress ltotexp suppins phylim actlim totchr age female income, ///
> vce(robust)

. linktest

      Source |       SS       df       MS              Number of obs =    2955
-------------+------------------------------           F(  2,  2952) =  454.81
       Model |  1301.41698     2  650.708489           Prob > F      =  0.0000
    Residual |  4223.47241  2952  1.43071558           R-squared     =  0.2356
-------------+------------------------------           Adj R-squared =  0.2350
       Total |  5524.88938  2954  1.87030785           Root MSE      =  1.1961

------------------------------------------------------------------------------
     ltotexp |      Coef.   Std. Err.      t    P>|t|     [95% Conf. Interval]
-------------+----------------------------------------------------------------
        _hat |   4.429215   .6779516     6.53   0.000     3.099909    5.758521
      _hatsq |   -.208409   .0411515    -5.06   0.000    -.2890975   -.1277205
       _cons |  -14.01127   2.779936    -5.04   0.000    -19.46207   -8.560457
------------------------------------------------------------------------------
```

检验结果再一次拒绝了条件均值为正确设定的原假设。一个可能的理由是,出于教学的原因,模型中包含了较少的解释变量。

前面两个命令有着不同的格式。第一种检验用到了 estat ovtest 命令,其中 estat 生成估计之后的不同统计量,而特定的统计量随之前使用的估计命令而变化。第二种检验用到了 linktest 命令,它可以用于范围更广的模型。

异方差的检验

异方差的一个后果是 OLS 的默认标准误不正确。运用异方差-稳健标准误,通常很容易修正错误的默认标准误,并防止这类错误的出现。

然而,研究的兴趣是对是否存在异方差进行正式的检验。例如,在 3.6.3 节中用到的对数线性模型进行再转换的方法,假设误差是同方差的。在 5.3 节中,我们介绍了异方差的诊断图。相反,这里我们介绍一个正式的检验。

一种十分常见的异方差模型是:

$$\mathrm{Var}(y \mid \mathrm{X}) = h(\alpha_1 + \mathbf{z}'\boldsymbol{\alpha}_2)$$

其中,$h(\cdot)$ 是一个正的单调函数,如 $\exp(\cdot)$ 。z 向量中的变量是 x 中变量的函数。对异方差的检验就是对下面原假设的检验:

$$H_0 : \boldsymbol{\alpha}_2 = 0$$

可以证明检验与函数 $h(\cdot)$ 的选择是独立的。如果自由度等于 **z** 向量中变量的个数，且检验统计量超过了卡方分布的 α 的临界值，在 α 的显著水平上就拒绝 H_0。可以使用估计后 estat hettest 命令来执行这种检验。最简单的检验就是 Breusch-Pagan 拉格朗日乘子检验，它等于 N 乘以来自残差的平方对截距和 **z** 进行回归所得的非中心化的可解释的回归平方和。我们使用 iid 选项来获得另一种检验，它放松了误差是服从正态分布的默认假设。

z 向量中变量的选择有几种选择方法。到目前为止，最好的选择是使用那些可能是异方差的先验决定因素的变量。例如，在用收入的水平值对一些解释变量(包括学校教育年数)进行的回归中，最有可能的就是那些具有多年学校教育年数的人在收入上的变化最大。这样的候选变量很少存在。相反，标准的选择是使用 OLS 拟合值 $\hat{y}_i$，它是 estat hettest 命令的默认选择，或者使用所有的解释变量，因此 $\mathbf{z}=\mathbf{x}$。对异方差的 White 检验是类似的检验，即让 **z** 等于乘积中的每一项和 **x** 中各项的交叉乘积。

我们研究 $\mathbf{z}=\hat{y}$ 和 $\mathbf{z}=\mathbf{x}$，那么有：

```
. * Heteroskedasticity tests using estat hettest and option iid
. quietly regress ltotexp suppins phylim actlim totchr age female income

. estat hettest, iid

Breusch-Pagan / Cook-Weisberg test for heteroskedasticity
         Ho: Constant variance
         Variables: fitted values of ltotexp

         chi2(1)      =    32.87
         Prob > chi2  =   0.0000

. estat hettest suppins phylim actlim totchr age female income, iid

Breusch-Pagan / Cook-Weisberg test for heteroskedasticity
         Ho: Constant variance
         Variables: suppins phylim actlim totchr age female income

         chi2(7)      =    93.13
         Prob > chi2  =   0.0000
```

当满足 $\mathbf{z}=\hat{y}$ 且满足 $\mathbf{z}=\mathbf{x}$ 时，这两种检验都有 $p=0.0000$，并强烈拒绝了同方差的原假设。

模型误设的综合检验(omnibus test)

另一种对模型误设的单独检验是综合检验，即从多个方向对模型误设进行联合检验。一个重要的例子是信息矩阵(IM)检验(见 12.7 节)，它是对完全参数模型的正确设定进行检验，这个检验基于 IM 等式是否成立。对于误差项服从正态分布且同方差的线性模型来说，可以证明和同方差、对称及峰度系数为 3 的原假设相比，IM 检验就是一个对异方差、偏度及非正态峰度的联合检验。见 Hall(1987)。

使用估计后命令 estat imtest 可以计算联合 IM 检验，并将它分解为三个部分。我们得到：

```
. * Information matrix test
. quietly regress ltotexp suppins phylim actlim totchr age female income

. estat imtest

Cameron & Trivedi's decomposition of IM-test
```

Source	chi2	df	p
Heteroskedasticity	139.90	31	0.0000
Skewness	35.11	7	0.0000
Kurtosis	11.96	1	0.0005
Total	186.97	39	0.0000

总体联合 IM 检验拒绝 $y \sim N(\mathbf{x}'\beta, \sigma^2\mathbf{I})$ 的模型假设，因为在 Total 这一行中 $p=0.0000$。分解的三个检验表明同方差、对称及正态峰度这三个原假设都被拒绝了。然而，需要注意的是该分解检验都假定条件均值是正确设定的。相反，如果条件均值是误设的，那么根据 IM 检验拒绝模型的原因可能是误设的条件均值。

3.5.5 具有多种幂形式的模型检验

可以对具有多种幂形式的模型进行检验，因此，如果针对特定形式模型误设的检验拒绝了该模型，这种检验不是必要的原因，因为这种特定形式的模型误设是一个重要的问题。例如，对异方差的检验可能拒绝同方差，即使拒绝的根本原因是条件均值的误设，而不是因为误差存在异方差。

为了说明这个例子，我们使用以下的模拟练习，其中 DGP 生成数据的误差项服从正态分布且同方差的。

$$y_i = \exp(1 + 0.25 \times x_i + 4 \times x_i^2) + u_i$$
$$x_i \sim U(0,1) \ , u_i \sim N(0,1)$$

相反，我们拟合一个条件均值函数误设的模型：

$$y = \beta_0 + \beta_1 x + \beta_2 x^2 + \nu$$

我们运用一个样本容量为 50 的数据进行模拟，通过运用 4.2 节中详细介绍的命令来生成解释变量和被解释变量。我们得到：

```
. * Simulation to show tests have power in more than one direction
. clear all

. set obs 50
obs was 0, now 50

. set seed 10101

. generate x = runiform()                    // x ~ uniform(0,1)

. generate u = rnormal()                     // u ~ N(0,1)

. generate y = exp(1 + 0.25*x + 4*x^2) + u

. generate xsq = x^2

. regress y x xsq
```

```
      Source |       SS       df       MS              Number of obs =      50
-------------+------------------------------           F(  2,    47) =  168.27
       Model |  76293.9079     2   38146.954           Prob > F      =  0.0000
    Residual |  10654.8494    47  226.698924           R-squared     =  0.8775
-------------+------------------------------           Adj R-squared =  0.8722
       Total |  86948.7573    49  1774.46444           Root MSE      =  15.057

------------------------------------------------------------------------------
           y |      Coef.   Std. Err.      t    P>|t|     [95% Conf. Interval]
-------------+----------------------------------------------------------------
           x |  -228.8379    29.3865    -7.79   0.000    -287.9559   -169.7199
         xsq |   342.7992   28.71815    11.94   0.000     285.0258    400.5727
       _cons |   28.68793   6.605434     4.34   0.000     15.39951    41.97635
------------------------------------------------------------------------------
```

这个误设的模型似乎能很好地拟合数据，因为解释变量的系数是高度统计显著的且 R^2 为 0.88。

现在我们对异方差进行检验：

```
. * Test for heteroskedasticity
. estat hettest

Breusch-Pagan / Cook-Weisberg test for heteroskedasticity
         Ho: Constant variance
         Variables: fitted values of y

         chi2(1)      =    22.70
         Prob > chi2  =   0.0000
```

这个检验强烈地表明误差是异方差的，因为 $p = 0.0000$，即使 DGP 生成数据的误差项是同方差的。

问题在于回归函数本身是误设的。一个 RESET 检验得到：

```
. * Test for misspecified conditional mean
. estat ovtest

Ramsey RESET test using powers of the fitted values of y
       Ho:  model has no omitted variables
                F(3, 44) =   2702.16
                Prob > F =      0.0000
```

这强烈地拒绝了条件均值是正确设定的原假设，因为 $p = 0.0000$。

即使条件均值本身是正确设定的，使用其他方法，模型其他特征的误设是否会导致拒绝条件均值正确设定的原假设呢？这在计量经济学上是一个微妙的问题。一般来说，答案是肯定的。然而，对于线性回归模型，这根本不是其理由，因为 OLS 估计量的一致性仅需要条件均值是正确设定的。

3.6 预测

对于线性回归模型，给定 $\mathbf{x} = \mathbf{x}_p$ 时，y 的条件均值的估计量为 $E(y \mid \mathbf{x}_p) = \mathbf{x}'_p \beta$，它的条件预测值是 $\hat{y} = \mathbf{x}'_p \hat{\beta}$。这里我们关注对样本中每个观测值的预测。我们首先分析对医疗支出线性模型的预测，因为在转换成对数线性模型之前，这种模型形式较为简单。

在 3.7 节中将会介绍更详细的预测，其中讨论了加权形式的平均预测。在 10.5 和

10.6 节中也将介绍很多方法。

3.6.1 样本内预测

最常见的预测形式是样本内预测，其中对于每一个观测值来说，在可观测到的解释变量值处进行评估。那么当 $i=1,\cdots,N$ 时，用 $\hat{y}_i=\mathbf{x}'_i\hat{\beta}$ 来预测 $E(y_i \mid \mathbf{x}_i)$ 。

为了做到这一点，我们在 regress 命令后使用 predict 命令。predict 命令的语法是：

predict [*type*] *newar* [*if*] [*in*] [,*option*]

用户经常对新创建变量提供一个名称，即 newvar。默认的设置是预测值 $\hat{y}_i$ 。其他选项可以产生残差（通常形式、标准化形式和学生化形式）、一些杠杆值、一些有影响力观测值的测度值、被预测的值和与预测相关的标准误。我们在 3.5 节中已经使用了一些这样的选项。也可以运用 predict 命令进行样本外预测。当 predict 用来进行样本内预测时，加入 if e(sample)限定符是很好的方法，因为这保证了预测中使用的样本与估计中使用的样本相同。

我们研究基于水平形式而不是对数形式的线性回归模型的预测。首先报告以 totexp 为被解释变量的回归结果。

```
. * Change dependent variable to level of positive medical expenditures
. use mus03data.dta, clear

. keep if totexp > 0
(109 observations deleted)

. regress totexp suppins phylim actlim totchr age female income, vce(robust)

Linear regression                                      Number of obs =    2955
                                                       F(  7,  2947) =   40.58
                                                       Prob > F      =  0.0000
                                                       R-squared     =  0.1163
                                                       Root MSE      =   11285
```

totexp	Coef.	Robust Std. Err.	t	P>|t|	[95% Conf.	Interval]
suppins	724.8632	427.3045	1.70	0.090	-112.9824	1562.709
phylim	2389.019	544.3493	4.39	0.000	1321.675	3456.362
actlim	3900.491	705.2244	5.53	0.000	2517.708	5283.273
totchr	1844.377	186.8938	9.87	0.000	1477.921	2210.832
age	-85.36264	37.81868	-2.26	0.024	-159.5163	-11.20892
female	-1383.29	432.4759	-3.20	0.001	-2231.275	-535.3044
income	6.46894	8.570658	0.75	0.450	-10.33614	23.27402
_cons	8358.954	2847.802	2.94	0.003	2775.07	13942.84

然后我们预测水平形式的医疗支出：

```
. * Prediction in model linear in levels
. predict yhatlevels
(option xb assumed; fitted values)

. summarize totexp yhatlevels

    Variable |       Obs        Mean    Std. Dev.       Min        Max
-------------+--------------------------------------------------------
      totexp |      2955    7290.235    11990.84          3     125610
  yhatlevels |      2955    7290.235    4089.624  -236.3781      22559
```

概述性统计表明，从均值来看，预测值 yhatlevels 等于被解释变量。这表明预测的效果很好。但这是一个误导，因为在对有截距项的模型进行 OLS 回归后总是这种情况，这样一来残差和为零就意味着$\sum y_i = \sum \hat{y}_i$。yhatlevels 的标准差为＄4090，因此预测值有一些差异。

对于这个例子，一种更具有识别性的检验是比较中位数的预测值和实际值。我们有：

```
. * Compare median prediction and median actual value
. tabstat totexp yhatlevels, stat (count p50) col(stat)

    variable |         N       p50
-------------+--------------------
      totexp |      2955      3334
  yhatlevels |      2955  6464.692
----------------------------------
```

这两者有很大的差别，这是原始数据右偏斜的后果，而线性回归模型没有捕捉到这一点。

如果原始的估计命令使用的是默认的 VCE，那么 stdp 选项提供了预测的标准误，stdf 选项提供了每一个样本观测值预测的标准差。因此，我们不使用 vce(robust)选项重新估计，使用 predict 命令就可得到：

```
. * Compute standard errors of prediction and forecast with default VCE
. quietly regress totexp suppins phylim actlim totchr age female income

. predict yhatstdp, stdp

. predict yhatstdf, stdf

. summarize yhatstdp yhatstdf

    Variable |       Obs        Mean    Std. Dev.       Min        Max
-------------+--------------------------------------------------------
    yhatstdp |      2955       572.7    129.6575   393.5964   2813.983
    yhatstdf |      2955    11300.52    10.50947   11292.12    11630.8
```

第一个数将 $\mathbf{x}'_i\hat{\beta}$ 作为条件均值 $\mathbf{x}'_i\beta$ 的估计值，同时 $\mathbf{x}'_i\hat{\beta}$ 是很精确的估计，因为相对于平均预测值＄7290，平均的标准差为＄573。第二个数将 $\mathbf{x}'_i\hat{\beta}$ 作为真实值 y_i 的估计值，同时 $\mathbf{x}'_i\hat{\beta}$ 的估计很不精确，因为 $y_i = \mathbf{x}'_i\beta + u_i$，并且误差 u_i 的方差相对很大，由此水平形式的方程 $s = 11285$。

更一般地，对一个给定的观测个体，微观计量经济学模型的预测很差，这通常可以从横截面数据回归中获得的较低的 R^2 值得到证明。但这些相同的模型仍可能很好地预测条件均值，而对于关注平均意义上的行为的政策分析，后者的数值正是所需要的。

3.6.2 ME 和弹性

使用 Stata 11 中引入的估计后 margins 命令计算 ME 和弹性,详见 10.6 节中对非线性模型介绍。本节对 OLS 回归之后的线性模型进行了简要的概述。

margins 命令可以计算预测值(不带选项时)、边际效应(带有 dydx()选项时)和弹性(带有 eyex()选项时)。这些值可以在样本均值处评估出来然后求其均值(默认选项),或者在解释变量的样本均值处评估(带有 atmean 选项时),或者在解释变量的特定值处评估(带有 at()选项时)。margins 命令也可以产生对应的标准误和置信区间。

margins 命令的默认选项是为了预测值、ME 和弹性,这些值也是估计后 predict 命令的默认选项得到的值。对于很多估计命令,包括 regress 命令,它就是条件均值。这样 margins,dydx()命令可以计算每个解释变量的导数 $\frac{\partial E(y \mid \mathbf{x})}{\partial x}$。相反,对于直接加入回归模型并作为因子变量的二值指示变量,margins 命令可以计算有限差分 $\frac{\Delta E(y \mid \mathbf{x})}{\Delta x}$。

对于线性模型,第 j 个解释变量 ME 的估计值是 $\hat{\beta}_j$。因此,margins,dydx(income) 命令重新生成了解释变量 income 的斜率系数,及其对应的标准误和置信区间;margins,dydx(*)命令是对所有解释变量都执行此操作。因此通常没有必要使用 margins 命令来计算 ME。

一旦加入了变量之间的交互项,那么 ME 的计算将会变得更加复杂。例如,在3.4.6 节的模型中,当 income 与一些家庭规模的指示变量进行交互时,income 的变化对 ltotexp 的预测条件均值的影响将会变得很难计算。然而,margins 能自动地处理该问题,只要我们使用因子变量来定义原始回归中的关键变量。继续研究 3.4.6 节中的例子,但是现在我们使用的被解释变量是 totexp 而不是 ltotexp,同时使用全样本的数据,我们有:

```
. * Compute the average marginal effect in model with interactions
. quietly regress totexp suppins phylim actlim totchr age female c.income    ///
> i.famsze c.income#i.famsze, vce(robust) noheader allbaselevels

. margin, dydx(income)

Average marginal effects                          Number of obs   =       3064
Model VCE    : Robust

Expression   : Linear prediction, predict()
dy/dx w.r.t. : income

------------------------------------------------------------------------------
             |            Delta-method
             |      dy/dx   Std. Err.      z    P>|z|     [95% Conf. Interval]
-------------+----------------------------------------------------------------
      income |   3.893248    8.387865     0.46   0.643    -12.54667    20.33316
------------------------------------------------------------------------------
```

通过比较,对于 3.6.1 节的较简单的模型,使用 margins,dydx(income)命令得出的 ME 的值为 6.469,且其标准误为 8.571。

在这个例子中,我们得到了平均的 ME,即首先计算每一个观测值的 ME,然后取这些 ME 的平均值。另一种评估 ME 的方法在 10.6 节中将会详细介绍。

margins 命令的另外一个用途是计算弹性(和半弹性)。y 关于 x 的弹性为 $\frac{\partial y}{\partial x} \times \left(\frac{x}{y}\right)$。因为弹性可以改写成 $\frac{\left(\frac{\partial y}{y}\right)}{\left(\frac{\partial x}{x}\right)}$,所以可以解释为 y 一定比例的变化除以 x 一定比例的变化。

为了计算弹性,我们使用 margins 命令的 eyex()选项。默认的设置是计算样本的平均弹性,但通常对这个值并没有太大兴趣,因为它是 ME 的非线性转换形式。相反,评估解释变量特定值处的弹性会更有用。最简单的是,使用 atmean 选项,在解释变量的样本均值处评估弹性。例如,为了得到上述模型中 totexp 关于解释变量 totchr 的弹性,并且在 totchr 和解释变量的样本均值处进行评估,我们输入下列命令:

```
. * Compute elasticity for a specified regressor
. quietly regress totexp suppins phylim actlim totchr age female income,   ///
> vce(robust)

. margins, eyex(totchr) atmean

Conditional marginal effects                        Number of obs   =      3064
Model VCE    : Robust

Expression   : Linear prediction, predict()
ey/ex w.r.t. : totchr
at           : suppins         =    .5812663 (mean)
               phylim          =    .4255875 (mean)
               actlim          =    .2836162 (mean)
               totchr          =    1.754243 (mean)
               age             =    74.17167 (mean)
               female          =    .5796345 (mean)
               income          =    22.47472 (mean)
```

	ey/ex	Delta-method Std. Err.	z	P>|z|	[95% Conf.	Interval]
totchr	.4839725	.0433653	11.16	0.000	.3989781	.5689669

由上可知,患慢性疾病的值增加 1%会导致医疗支出的值相应增加 0.48%。eyex(*)选项可以计算所有解释变量的弹性。

3.6.3 对数形式的预测:再转换的问题

通过取自然对数来转换被解释变量会使预测更复杂。预测 $E(\ln y \mid \mathbf{x})$ 很简单,但我们的兴趣在于预测 $E(y \mid \mathbf{x})$,因为我们要预测医疗支出的水平值的变化,而不是其自然对数值的变化。首先预测 $\ln y$,然后取其指数,这一程序显然是错误的,因为 $\exp\{(\ln y)\} \neq E(y)$,正如 $\sqrt{E(y^2)} \neq E(y)$。

对数线性模型 $\ln y = \mathbf{x}'\beta + u$,意味着 $y = \exp(\mathbf{x}'\beta)\exp(u)$。于是有:

$$E(y_i \mid \mathbf{x}_i) = \exp(\mathbf{x}'_i\beta) E\{\exp(u_i)\}$$

最简单的预测是 $\exp(\mathbf{x}'_i\hat{\beta})$,但它是错误的,因为它忽略了乘数 $E\{\exp(u_i)\}$。如

果假设 $u_i \sim N(0,\sigma^2)$，则可以证明 $E\{\exp(u_i)\} = \exp(0.5\sigma^2)$，它可以用 $\exp(0.5\hat{\sigma}^2)$ 来估计，其中，$\hat{\sigma}^2$ 是对数线性回归模型中误差项的一个无偏估计量。一个更弱的假设是，假设 u_i 是独立同分布的，在这种情形下我们通过样本均值 $N^{-1}\sum_{j=1}^{N}\exp(\hat{u}_j)$ 可以一致地估计 $E\{\exp(\hat{u}_i)\}$，见 Duan(1983)。

用这些方法来分析医疗支出数据得到：

```
. * Prediction in levels from a logarithmic model
. quietly regress ltotexp suppins phylim actlim totchr age female income

. quietly predict lyhat

. generate yhatwrong = exp(lyhat)

. generate yhatnormal = exp(lyhat)*exp(0.5*e(rmse)^2)

. quietly predict uhat, residual

. generate expuhat = exp(uhat)

. quietly summarize expuhat

. generate yhatduan = r(mean)*exp(lyhat)

. summarize totexp yhatwrong yhatnormal yhatduan yhatlevels
```

Variable	Obs	Mean	Std. Dev.	Min	Max
totexp	2955	7290.235	11990.84	3	125610
yhatwrong	2955	4004.453	3303.555	959.5993	37726.23
yhatnormal	2955	8249.928	6805.945	1976.955	77723.15
yhatduan	2955	8005.522	6604.318	1918.388	75420.59
yhatlevels	2955	7290.235	4089.624	-236.3781	22559

忽略再转换的偏误会导致一个很差的预测，因为与样本均值 \$ 7290 相比，yhatwrong 变量的均值为 \$ 4004。这两种方法得到的均值更接近，分别为 \$ 8250 和 \$ 8006。其次，与水平形式回归的预测相比，对数形式回归的预测具有更理想的特征，即恒为正数且具有更大的方差。例如，yhatnrral 对数形式模型的标准差为 \$ 6806，而水平形式模型的标准差为 \$ 4090。

3.6.4 预测的练习

运用预测来模拟一个政策试验的效应，有多种方法。我们研究一个二值处理的效应，即一个人是否拥有额外保险对医疗支出的影响。这里我们的预测以额外保险的估计值为基础，并假设额外保险是外生的。相反，更全面的分析就是在现实中更多地把额外保险视为内生的变量的方法。正如 6.2.1 节中的讨论，如果一个变量和误差项相关，那么它就是内生的。这里，我们的分析假设额外保险与误差项不相关。

一个明显的比较方法是比较样本均值之间的差分，即 $(\bar{y}_1 - \bar{y}_0)$，其中下标 1 表示拥有额外保险的人，下标 0 表示没有额外保险的人。这种度量方法没有控制个体的特征。一种控制了个体特征的度量方法是比较预测均值之间的差分 $(\bar{\hat{y}}_1 - \bar{\hat{y}}_0)$，其中 $\bar{\hat{y}}_1$ 表示拥有医疗保险的人的平均预测值。

基于水平形式和对数形式的 OLS 回归，使用前两种方法来分析全样本的数据，我们得到：

```
. * Predicted effect of supplementary insurance: methods 1 and 2
. bysort suppins: summarize totexp yhatlevels yhatduan

-> suppins = 0

    Variable |       Obs        Mean    Std. Dev.       Min        Max
-------------+--------------------------------------------------------
      totexp |      1207    6824.303    11425.94          9     104823
  yhatlevels |      1207    6824.303    4077.064  -236.3781   20131.43
    yhatduan |      1207    6745.959    5365.255   1918.388   54981.74

-> suppins = 1

    Variable |       Obs        Mean    Std. Dev.       Min        Max
-------------+--------------------------------------------------------
      totexp |      1748    7611.963    12358.83          3     125610
  yhatlevels |      1748    7611.963    4068.397   502.9237      22559
    yhatduan |      1748    8875.255    7212.993   2518.538   75420.59
```

均值的差分为 $ 788(来自 7612－6824)，它使用的是样本内均值的差分或者是线性模型中得到的拟合值的差分。两者相等是运用估计样本进行 OLS 回归和预测的结果。运用基于 Duan 的方法进行预测，对数线性模型得出了一个更大的均值差分，为 $ 2129(来自 8875－6746)。

第三种度量方法是平均预测值之间的差分，其中，对于所有的观测值，对拥有额外保险的人，将其变量 suppins 设置为 1，否则将其变量设置为零。对于线性模型，该差分就简化为 suppins 的估计系数，为 $ 725。

对于对数线性模型，我们需要对 suppins 为 1 或为 0 的每个观测值分别进行预测。为简单起见，在假设误差项服从正态分布的条件下，我们从对数线性模型进行水平值的预测。为了进行这些转换，并在分析之后把 suppins 恢复到其初始的样本值，我们使用 preserve 和 restore 命令(见 2.5.2 节)，可以得到：

```
. * Predicted effect of supplementary insurance: method 3 for log-linear model
. quietly regress ltotexp suppins phylim actlim totchr age female income

. preserve

. quietly replace suppins = 1

. quietly predict lyhat1

. generate yhatnormal1 = exp(lyhat1)*exp(0.5*e(rmse)^2)

. quietly replace suppins = 0

. quietly predict lyhat0

. generate yhatnormal0 = exp(lyhat0)*exp(0.5*e(rmse)^2)

. generate treateffect = yhatnormal1 - yhatnormal0

. summarize yhatnormal1 yhatnormal0 treateffect

    Variable |       Obs        Mean    Std. Dev.       Min        Max
-------------+--------------------------------------------------------
 yhatnormal1 |      2955    9077.072    7313.963   2552.825   77723.15
 yhatnormal0 |      2955    7029.453    5664.069   1976.955   60190.25
 treateffect |      2955    2047.619    1649.894     575.87    17532.9
```

尽管平均处理效应的值 $2048 远远大于由线性模型样本均值的差分得出的值，它可以与运用 Duan 的方法得到的值相比较。

3.7 抽样权重

迄今为止的分析都假设简单随机抽样，其中样本观测值是从总体中以相等的概率进行抽样的。然而在实际中，很多微观计量经济学的研究使用的调查数据并不能代表总体。相反，在一个完全随机的样本中，政策制定者感兴趣的组群（在这些组群中观测值很少）被过度抽样，而对其他群组抽样不足。例如，少数民族的个体、低收入的个体以及生活在人烟稀少的州中的个体。

如下所示，应该把加权的方法用于总体均值的估计、回归后的预测以及 ME 的计算。然而在多数情况下，回归本身并没有在加权的条件下进行拟合，这是微观计量经济学的常态。如果加权的分析是合意的，可以使用带有加权选项的标准命令来进行分析，这是本节要研究的方法和微观计量经济学的标准方法。此外，可以运用调查数据分析的命令，详见 5.5 节。

3.7.1 权重

大多数调查数据集可以提供抽样权重。在 Stata 中，它们被称为概率权重，或表示为 pweights，尽管其他研究者也称它们为逆概率权重，因为它们与包含在样本中的概率成反比。在美国人口的调查数据集中，pweight 的值为 1400，表示观测值代表了 1400 个美国公民，且这些观测值包含在样本中的概率为 1/1400。

大多数估计命令允许得到概率加权的估计量，它们可以通过增加[pweight＝weight]来得到，其中 weight 是加权变量的名称。

为了说明抽样权重的使用方法，我们创建一个人为的加权变量（抽样权重在 MEPS 数据中是存在的，但没有包括在本章使用的精简数据集中）。我们建立权重变量，使之能增加患较多慢性病的个体的权重。在实际中，如果原始抽样框架过度抽样了患较少慢性病的个体，且对患较多慢性病的个体抽样不足，则会使用这种权重。在本节中，我们分析了医疗支出的水平值，包括了支出水平为零的观测值。具体来说：

```
. * Create artificial sampling weights
. use mus03data.dta, clear

. generate swght = totchr^2 + 0.5

. summarize swght
```

Variable	Obs	Mean	Std. Dev.	Min	Max
swght	3064	5.285574	6.029423	.5	49.5

在随后的分析中，最重要的是抽样权重的相对值，而不是绝对值。抽样权重变量 swght 的取值为 0.5 到 49.5，因此加权分析给一些观测值的权重最多是另一些观测值的权重的 99(49.5/0.5)倍。

Stata 提供了三种其他形式的权重，它们被大多数的分析者所忽略。分析权重称为

aweights，它常用于不同的补偿目的，对具有不同方差（取决于已知方差的缩放程度）的不同观测值进行补偿，见 5.3.4 节。对于重复的观测值，fweights 提供了重复观测值的个数。所谓的重要性权重 iweights，有时被用于更高级的编程中。

3.7.2 加权的均值

如果总体均值的一个估计值是合意的，那么我们需要明确地使用权重。在这个例子中，通过对患较少慢性病的个体过度抽样，我们也会对医疗支出较低的个体进行过度抽样。因此未加权的样本均值会低估医疗支出的总体均值。

令 w_i 表示个体 i 的总体权重。那么，把 $W=\sum_{i=1}^{N} w_i$ 定义为权重总和，加权的均值 $\bar{y}_W$ 为：

$$\bar{y}_W=\frac{1}{W}\sum_{i=1}^{N} w_i y_i$$

其中，方差估计量为（假设观测值之间相互独立）$\hat{V}(\bar{y}_W)=\left\{\frac{1}{W(W-1)}\right\}\sum_{i=1}^{N} w_i \cdot (y_i-\bar{y}_w)^2$。如果使用相等的权重，这些公式就简化为未加权均值的公式。

加权的均值减少了过度抽样的观测值的权重，因为它们 pweights 的值（即 w_i）比大多数观测值的权重小。我们有：

```
. * Calculate the weighted mean
. mean totexp [pweight=swght]

Mean estimation                    Number of obs    =     3064
```

	Mean	Std. Err.	[95% Conf.	Interval]
totexp	10670.83	428.5148	9830.62	11511.03

加权的均值为 \$10671，它比未加权的均值 \$7031 大很多（见 3.2.4 节），因为未加权的均值并未调整对患较少慢性病的个体的过度抽样。

3.7.3 加权的回归

给定权重 w_i，y_i 对 X_i 回归的加权最小二乘估计量为：

$$\hat{\beta}_W=(\sum_{i=1}^{N} w_i \mathbf{x}_i \mathbf{x}'_i)^{-1}\sum_{i=1}^{N} w_i \mathbf{x}_i y_i$$

OLS 估计量是上述估计量在权重相等（即对于所有的 i 和 j 来说，$w_i=w_j$）时的一个特例。上式中 VCE 的默认估计量是(3.3)式中异方差-稳健标准误的一个加权形式，它假设观测值之间相互独立。如果观测值是聚类的，那么应该使用 vce(cluster *clustvar*)选项。

虽然加权估计量很容易获得，但是因为某些合理的原因，很多微观计量经济学分析没有使用加权的回归，即使可以得到抽样的权重。我们对困难的问题从概念上提供了一种简要的解释。更完整的讨论见：Cameron & Trivedi (2005，818-821)。

如果调查数据的参数估计是合意的，那么就应该使用加权回归。例如，假设在美国的总人口中，我们想得到学校教育年数增加一年对相应的收入平均变化的影响的估计值。那么，如果处于弱势地位的少数群体被过度抽样，那么我们很可能会低估收入的增加值。因为处于弱势地位的少数群体的收入很可能低于在给定学校教育年数水平时他们的平均收入。第二个例子是：把总体州水平的数据用于一个自然试验，该试验目的是测度一个外生的政策变化的效应，这个政策的变化会影响一些州且不影响其他州。直觉上，对人口较多的州的影响应该给予更多的权重。注意：对这些估计值的解释是一种相关的解释而不是因果解释。

如果我们作出更强的假设，即数据生成过程为特定的模型 $y_i = \mathbf{x}'_i\beta + u_i$，且假设施加了充分的控制使得误差项满足 $E(u_i \mid \mathbf{x}_i) = 0$，那么就不需要使用加权回归。这种方法被称为控制-函数法或者模型法，它常用于强调回归的因果解释的微观计量经济学研究。在假设 $E(u_i \mid \mathbf{x}_i) = 0$ 时，加权最小二乘估计量在选择任何权重(包括相等权重)时，都是 β 的一致估计量。且如果 u_i 是同方差的，最有效的估计量就是使用相等权重时的 OLS 估计量。对于 $E(u_i \mid \mathbf{x}_i) = 0$ 是合理的假设，抽样框架的决定因素应该包含在控制变量 x 中，且不应该直接由被解释变量 y 来决定。

这些观点也直接使用在非线性模型中。在多数情况下，微观计量经济学分析采用模型法。在那种情况下，未加权的估计都是合适的，因为任何加权必须基于有效性的理论基础。然而，如果采用调查数据的参数方法，就需要用到权重。

对于我们的数据的例子，我们得到：

```
. * Perform weighted regression
. regress totexp suppins phylim actlim totchr age female income [pweight=swght]
(sum of wgt is   1.6195e+04)

Linear regression                                      Number of obs =    3064
                                                       F(  7,  3056) =   14.08
                                                       Prob > F      =  0.0000
                                                       R-squared     =  0.0977
                                                       Root MSE      =   13824
```

totexp	Coef.	Robust Std. Err.	t	P>|t|	[95% Conf.	Interval]
suppins	278.1578	825.6959	0.34	0.736	-1340.818	1897.133
phylim	2484.52	933.7116	2.66	0.008	653.7541	4315.286
actlim	4271.154	1024.686	4.17	0.000	2262.011	6280.296
totchr	1819.929	349.2234	5.21	0.000	1135.193	2504.666
age	-59.3125	68.01237	-0.87	0.383	-192.6671	74.04212
female	-2654.432	911.6422	-2.91	0.004	-4441.926	-866.9381
income	5.042348	16.6509	0.30	0.762	-27.60575	37.69045
_cons	7336.758	5263.377	1.39	0.163	-2983.359	17656.87

除了变量 female 以外，所有统计显著的变量的估计系数都在未加权回归(为了简单起见没有给出)所得系数的 10% 以内。加权回归和未加权回归最大的区别就是 $E(u_i \mid \mathbf{x}_i) \neq 0$，这是因为模型的误设。注意，默认报告的是稳健标准误。

3.7.4 加权的预测和 ME

在回归之后，未加权的预测可以提供被解释变量样本均值的估计值。相反，我们可能想要估计被解释变量的总体均值。那么应该使用抽样权重来得到总体均值的预测值。

这一点对于 OLS 回归特别容易。因为$\frac{1}{N}\sum_i(y_i-\hat{y}_i)=0$，如果包含了截距项，样本内的残差和为零，所以平均预测值$\frac{1}{N}\sum_i\hat{y}_i$ 等于样本均值 $\bar{y}_i$ 。但是，给定一个不具有代表性的样本，未加权的样本均值 $\bar{y}$ 可能是对总体均值很差的估计。相反，即使 $\hat{y}_i$ 可以运用未加权的回归来获得，我们也应该用加权的平均预测值$\frac{1}{N}\sum_i w_i\hat{y}_i$。

然而，因为这一点是很有帮助的，所以预测应该基于一个把控制非代表性抽样作为解释变量的模型。

对于我们的例子，我们可以输入下列命令获得加权的预测值：

```
. * Weighted prediction
. quietly predict yhatwols

. mean yhatwols [pweight=swght], noheader
```

	Mean	Std. Err.	[95% Conf.	Interval]
yhatwols	10670.83	138.0828	10400.08	10941.57

```
. mean yhatwols, noheader       // unweighted prediction
```

	Mean	Std. Err.	[95% Conf.	Interval]
yhatwols	7135.206	78.57376	6981.144	7289.269

运用加权的预测，医疗支出的总体均值可预测为＄10671，而未加权的预测值要低很多，为＄7135。

类似地，这些权重可以用于计算平均的 ME。对于线性模型，标准的 ME 为$\frac{\partial E(y_i \mid \mathbf{x}_i)}{\partial x_{ij}}$，对于所有的观测值，它等于 β_j 。因此加权对于计算边际效应没有影响。加权只对其他边际效应的平均值有影响，如弹性和非线性模型中的 ME。

3.8 运用 Mata 进行 OLS 回归

Stata 提供了运用矩阵执行计算的两种不同方法：Stata 的 matrix 命令和 Mata 函数(它们分别在附录 A 和 B 中有所讨论)。

在 Stata 9 中引入的 Mata 更为丰富。我们运用与 3.4.2 节中相同的 OLS 回归来演示 Mata 的用法。

该程序可写为：用局部宏 y 表示被解释变量，用局部宏 xlist 表示解释变量。我们首先读入数据并定义这些局部宏。

```
. * OLS with White robust standard errors using Mata
. use mus03data.dta, clear

. keep if totexp > 0    // Analysis for positive medical expenditures only
(109 observations deleted)

. generate cons = 1

. local y ltotexp

. local xlist suppins phylim actlim totchr age female income cons
```

然后我们进入 Mata 环境。使用 st_view() Mata 函数把 Stata 数据的变量转换为 Mata 矩阵 y 和 X,即通过添加 tokens("")将`xlist'转化为用逗号分隔的一个变量列表,其中 tokens("")的每一项用双引号分隔,这对 st_view()函数是必需的。

这个程序的关键部分是构造 $\hat{\beta}=(\mathbf{X}'\mathbf{X})^{-1}\mathbf{X}'\mathbf{y}$ 和 $\hat{V}(\hat{\beta})=\left(\frac{N}{N-K}\right)(\mathbf{X}'\mathbf{X})^{-1}\sum_i\hat{u}_i^2\mathbf{x}_i\mathbf{x}_i'(\mathbf{X}'\mathbf{X})^{-1}$。交叉积函数 cross(X,X)用于产生 $\mathbf{X}'\mathbf{X}$,因为它可以处理缺失值,而且比 X'X 更有效。用 cholinv()来产生矩阵的逆,因为在矩阵对称正定的特例中,这种方法是最快的。我们把 $K\times K$ 阶矩阵$\sum_i\hat{u}_i^2\mathbf{X}_i\mathbf{X}'_i$ 计算为$\sum_i(\hat{u}_i^2\mathbf{X}'_i)'(\hat{u}_i^2\mathbf{X}'_i)=\mathbf{A}'\mathbf{A}$,其中 $N\times K$ 阶矩阵 A 的第 i 行等于 $\hat{u}_i^2\mathbf{X}'_i$。现在我们令 $\hat{u}_i^2\mathbf{X}'_i$ 等于 $N\times 1$ 阶残差向量 $\hat{u}$ 第 i 行乘以 $N\times K$ 阶解释变量矩阵 $\mathbf{X}$ 的第 i 行,因此可以通过 $\hat{u}$ 和 $\mathbf{X}$ 中元素对元素的乘积(或是(e: * X),其中 e 就是 $\hat{u}$)来计算 $\mathbf{A}$。或者,$\sum_i\hat{u}_i^2\mathbf{X}_i\mathbf{X}'_i=\mathbf{X}'\mathbf{D}\mathbf{X}$,其中 $\mathbf{D}$ 是一个 $N\times N$ 阶对角阵,其对角线上的元素为 $\hat{u}_i^2$,但矩阵 $\mathbf{D}$ 会变得特别大,这对一个大的 N 来说不需要这样做。

Mata 程序使用 st_matrix()命令来结尾,并把估计的 $\hat{\beta}$ 和 $\hat{V}(\hat{\beta})$ 返回到 Stata 环境。

```
. mata
------------------------------------------------- mata (type end to exit) --------
:   // Create y vector and X matrix from Stata dataset
:   st_view(y=., ., "`y'")                  // y is nx1

:   st_view(X=., ., tokens("`xlist'")) // X is nxk

:   XXinv = cholinv(cross(X,X))          // XXinv is inverse of X'X

:   b = XXinv*cross(X,y)                // b = [(X'X)^-1]*X'y

:   e = y - X*b

:   n = rows(X)

:   k = cols(X)

:   s2 = (e'e)/(n-k)

:   vdef = s2*XXinv                  // default VCE not used here

:   vwhite = XXinv*((e:*X)'(e:*X)*n/(n-k))*XXinv  // robust VCE

:   st_matrix("b",b')               // pass results from Mata to Stata

:   st_matrix("V",vwhite)           // pass results from Mata to Stata

: end
-----------------------------------------------------------------------------------
```

一旦返回到 Stata 环境中,我们使用 ereturn 命令来显示分析的结果,其格式与内置命令结果的格式相似。首先对 b 和 V 的列和行进行命名。

```
. * Use Stata ereturn display to present nicely formatted results
. matrix colnames b = `xlist'

. matrix colnames V = `xlist'

. matrix rownames V = `xlist'

. ereturn post b V

. ereturn display
```

	Coef.	Std. Err.	z	P>|z|	[95% Conf.	Interval]
suppins	.2556428	.0465982	5.49	0.000	.1643119	.3469736
phylim	.3020598	.057705	5.23	0.000	.18896	.4151595
actlim	.3560054	.0634066	5.61	0.000	.2317308	.48028
totchr	.3758201	.0187185	20.08	0.000	.3391326	.4125077
age	.0038016	.0037028	1.03	0.305	-.0034558	.011059
female	-.0843275	.045654	-1.85	0.065	-.1738076	.0051526
income	.0025498	.0010468	2.44	0.015	.0004981	.0046015
cons	6.703737	.2825751	23.72	0.000	6.1499	7.257575

上述结果与 3.4.2 节中使用带有 vce(robust)选项的 regress 命令所给出的结果完全相同。

3.9 Stata 资源

主要的 Stata 参考资料是[U]*User's Guide*、[R]**regress**、[R]**regress postestimation**、[R]**estimates**、[R]**predict** 和[R]**test**。一个有用的用户编写的命令是 estout。本章中的内容也出现在很多计量经济学教材中,如 Greene(2008)。

3.10 习题

1. 仅运用前 100 个观测值对 3.4 节中模型进行拟合。用三种方法来计算标准误:默认标准误、异方差-稳健标准误和聚类-稳健标准误,其中以患慢性病的数量来聚类。使用 estimates 命令来生成一个包含了三种系数和标准误的表,并对标准误中的任意差别进行评价。通过使用 vce(robust)、vce(hc2)和 vce(hc3)选项,对另外三种异方差-稳健标准误创建一个相似的表,并对这三种标准误的估计值之间的任意差别进行评价。

2.拟合 3.4 节中的模型,并报告稳健标准误。在 5%水平上检验人口统计变量 age、female 和 income 的联合显著性。检验随年龄增加 10 年男性(而不是女性)对医疗支出有相同影响的假设。在 $\beta_{phylim}=\beta_{actlim}$ 的约束下,先输入 constraint 1 phylim=actlim,再使用带有 constraints(1)选项的 cnsreg 命令来拟合模型。

3.拟合 3.5 节中的模型,并手动执行 RESET 检验:首先将 y 对 x、$\hat{y}^2$、$\hat{y}^3$、$\hat{y}^4$ 进行回归,然后对 $\hat{y}^2$、$\hat{y}^3$、$\hat{y}^4$ 系数等于零的原假设进行联合检验。为了得到与 estat ovtest 相同的结果,在这个回归中你需要使用 VCE 默认的估计值还是稳健的估计值?请评论。类似地,执行 linktest 检验:首先将 y 对 $\hat{y}$ 和 $\hat{y}^2$ 进行回归,然后对 $\hat{y}^2$ 系数为零的原假设进行检验。为了得到与 linktest 命令相同的结果,在这个回归中你需要使用 VCE 默认的估计值还是稳健的估计值? 请评论。

4.拟合 3.5 节中的模型,并在 $\mathbf{z}=\mathbf{x}$ 的条件下,使用 estat hettest 命令对异方差执行标准的拉格朗日乘子检验。然后手动进行检验,即计算 0.5 乘以 y_i^* 对截距和 $\mathbf{z}_i$ 进行回归得到的可解释的回归平方和,其中 $y_i^*=\left\{\dfrac{\hat{u}_i^2}{\left(\dfrac{1}{N}\right)\sum_j \hat{u}_j^2}\right\}-1$,且 $\hat{u}_i^2$ 是初始 OLS 回归中的残差。接下来用带有 iid 选项的 estat hettest 命令,并证明检验得到的统计值等于 $N\times R^2$,其中 R^2 是通过将 $\hat{u}_i^2$ 对截距和 $\mathbf{z}_i$ 进行回归得到的。

5.用水平值对 3.6 节中的模型进行拟合,使用所有的观测值而不仅仅是支出为正的观测值,并报告稳健标准误。对医疗支出进行预测。使用 correlate 命令来获得实际值与拟合值之间的相关系数,并证明通过平方后它等于 R^2。同时证明对于线性模型带有 dydx(*)选项的 margins 命令可以得到 OLS 的系数。现在,使用带有合适选项的 margins 命令来得到医疗支出对收入的平均弹性。

6.使用前 2000 个观测值,用水平值对 3.6 节中的模型进行拟合。运用这些估计值来预测医疗支出剩余的 1064 个观测值,并比较预测值与实际值。要注意的是,模型的预测很差,部分原因在于数据按照变量 totexp 进行了排序。

4 模拟

4.1 导论

利用蒙特卡洛实验进行模拟对研究计量经济学估计量和检验是一种非常有用且有效的方法。这种方法的强大之处在于能够定义并控制统计环境,以便研究者设定数据生成过程并且在随后的实验中生成数据。

常用蒙特卡洛实验来验证正在使用的统计推断方法的有效性。一个明显的例子就是检查一种全新的计算机程序或运算法则。另一个例子是,检验已进行的估计的稳健性或者检验已进行的估计与已知参数性质相背离的检验程序。

即使使用了有效的方法,它们也依赖于渐近的结果。我们也许想要检查在研究者可得的样本容量下,这些结果是否给出了一个良好的近似。而且在有限样本中,渐近等价的程序也可能出现不同的性质。蒙特卡洛实验可以使有限样本进行比较。

本章研究蒙特卡洛实验中一些共同的基本知识:计算机生成随机数(随机数对随机变量实现的理论性质进行了模拟);重复执行一组指令的命令;以及为了获得对所研究程序的性质进行评估的概述性测度结果,而对蒙特卡洛实验中所产生的模拟结果进行保存、存储并处理的方法。我们提供一系列例子来说明蒙特卡洛分析的不同方面。

本章位于全书的前半部分。对于阐述和说明统计学概念来说,模拟是一个强有力的教学工具。在最简单的层面上,我们可以利用伪随机样本来阐述模拟数据的分布特征。本章的目标是在某些理想化的统计环境下,使用模拟的方法来研究统计数据的分布性质和矩性质。蒙特卡洛方法的另一种可能的用途是用于检查计算机程序的正确性。许多应用性的研究采用的方法过于复杂导致很容易出现错误。通常来说这些错误通过一个适当的模拟操作就可以检测出来。尽管蒙特卡洛实验在 Stata 中是相对简单的,我们仍然相信模拟的方法在很大程度上未被充分使用。

4.2 伪随机数生成器:导论

假设我们想要在具有正态性误差项的线性回归模型中使用模拟的方法来研究普通最小二乘估计量的性质。那么,我们至少需要从一个特定的正态分布中进行抽样。有关生成(伪)随机数的文献包含有许多生成这样的数据序列的方法。当我们使用工具包里的函数时,一般并不需要知道这些方法的细节。然而,对于抽样中体现出来的理论性质与样本性质之间的吻合性却依赖于这些细节。

在 2008 年年中,Stata 引入了一套快速并易于使用的随机数函数(生成器)。这些函数以字母"r"(源于"random")开头,通过对 Stata 10 的版本进行更新可以轻松安装。这套命令包括了我们将要在本章中使用的均匀分布函数、正态分布函数、二项分布函数、伽马分布函数和泊松分布函数，以及我们不会在本章使用的一些其他函数。在 help functions 所得的结果中总结了这些生成伪随机数的函数。

在很大程度上，这些新的函数可以避免以前使用用户自有的生成器或用户编写的命令而不是使用均匀分布来生成伪随机数的方法。然而，有时我们也需要从不包含在该套命令的分布中进行抽样。对于这些抽样而言，均匀分布往往是起点。新的 runiform()函数取代了原有的 uniform()函数，并且能够产生与其完全相同的均匀分布的抽样。

4.2.1 均匀分布随机数的生成

"随机数生成"这一术语是一种矛盾的说法。更加准确的是使用"伪随机数"这一术语。伪随机数生成器运用一些确定性的设置产生一长串数字，这些数字能模拟一些目标分布的实现。对于均匀分布的随机数来说，其目标分布就是从 0 到 1 的均匀分布，即选取 0 和 1 之间的任意数值都具有相同的概率。给定一个序列，存在许多方法能够把从合意的分布（如正态分布）中进行非均匀分布抽样的结果排成一个序列。

用于均匀分布抽样的一个标准的简单生成器使用的确定性法则为 $X_j = (kX_{j-1} + c)\bmod m, j = 1, \cdots, J$ ，余数算子 $a \bmod b$ 表示取 a 除以 b 所得的余数。从上述法则中可以产生取值为 0 到 $m-1$ 的 J 个整数的一个序列。则 $R_j = X_j/m$ 是取值为 0 和 1 的 J 个数字的序列。若采用 32 位整数运算，则 $m = 2^{31} - 1$，最大的周期为 $2^{31} - 1 \approx 2.1 \times 10^9$，但很容易使 k, c, X_0 选取不好的值(poor values)，因此该循环通常需要重复更多次。

使用 Stata 中的 runiform()函数来执行这个生成器，即使用 k 和 c 的好值(good valus)的 32 位 KISS 生成器。该循环的初始值(X_0)称为种子值(seed)。默认的是使用 Stata 来进行初始值的设定。每一次启动 Stata，种子值都被设置为 123456789。每一次抽取一个新的随机数，都更新这个种子值的设定。但是，对于结果的可重复性，我们最好使用 set seed 命令精确地设置初始种子值。那么，如果今后再次使用这个程序或者由不同的研究者来重新运行这个程序，也可以获得相同的结果。

为获取并显示一个均匀分布的抽样，输入：

```
. * Single draw of a uniform number
. set seed 10101

. scalar u = runiform()

. display u
.16796649
```

在内存里储存这个数值的精度远高于这八个显示出来的数字。

而以下的代码能够获得来自于均匀分布的 1000 个抽样并且随后提供了这些抽样的一些细节：

```
.
. * 1000 draws of uniform numbers
. quietly set obs 1000

. set seed 10101

. generate x = runiform()

. list x in 1/5, clean

              x
  1.   .1679665
  2.   .3197621
  3.   .7911349
  4.   .7193382
  5.   .5408687

. summarize x

    Variable |       Obs        Mean    Std. Dev.       Min        Max
-------------+--------------------------------------------------------
           x |      1000    .5150332    .2934123   .0002845   .9993234
```

这 1000 个抽样的均值为 0.515，标准差为 0.293，分别与其理论值 0.5 和$\sqrt{1/12}=0.289$很接近。未给出的直方图有十个相等宽度的柱体，其高度范围是 0.8～1.2，接近于相等高度的理论值 1.0。

尽管采用了确定性法则来生成这些抽样，但是它们应该不存在序列相关。为了证实这一点，我们设置一个等价于观测数(_n)并表示时间的变量 t，并且我们使用 tsset 命令声明该数据是带有时间识别符 t 的时间序列。然后我们使用 corrgram、ac 和 pac 命令来检验自相关系数和偏自相关系数是否为 0。我们使用更多的是 pwcorr 命令来生成前三个自相关系数，其中，L2.x 表示 x 变量的滞后两期变量，且使用 star(0.05)选项把在0.05的水平上显著异于 0 的相关系数标记一个星号。

```
. * First three autocorrelations for the uniform draws
. generate t = _n

. tsset t
        time variable:  t, 1 to 1000
                delta:  1 unit

. pwcorr x L.x L2.x L3.x, star(0.05)

             |        x      L.x     L2.x     L3.x
-------------+------------------------------------
           x |   1.0000
         L.x |  -0.0185   1.0000
        L2.x |  -0.0047  -0.0199   1.0000
        L3.x |   0.0116  -0.0059  -0.0207   1.0000
```

自相关性很低，并且在 0.05 的水平上都不显著地异于 0。在像 Stata 这样的工具包中使用的均匀分布随机数生成器当然要受到比这些更加严格的检验。

4.2.2 从正态分布中抽样

对于像 OLS、非线性最小二乘(NLS)和工具变量(IV)这些标准估计量的模拟，所需要的都是来自于均匀分布和正态分布的抽样，因为服从正态分布的误差项是一个自然的起点，并且对于生成的解释变量分布的最为常见的选择就是正态分布和均匀分布。

从标准正态分布中进行抽样的命令有以下简单的语法：

generate *varname* = rnormal ()

从 $N(m,s^2)$ 中进行抽样的相应命令是：

generate *varname* = rnormal(*m*,*s*)

注意：$s > 0$ 是标准差。参数 *m* 和 *s* 可以是数值，也可以是变量。

从均匀分布抽样的转换中也可以得到标准正态分布的抽样，即运用在 4.4.1 节中解释的逆概率转换法，也就是使用：

generate *varname* = invnormal(runiform())

其中，所使用新的函数 runiform()取代之前版本中的函数 uniform()。

下面的程序生成并概述了三个均有 1000 个观测值的伪随机变量。这三个伪随机变量分别服从(0,1)的均匀分布、标准正态分布和均值为 5 且标准差为 2 的正态分布。

```
. * normal and uniform
. clear

. quietly set obs 1000

. set seed 10101                              // set the seed

. generate uniform = runiform()               // uniform (0,1)

. generate stnormal = rnormal()               // N(0,1)

. generate norm5and2 = rnormal(5,2)

. tabstat uniform stnormal norm5and2 , stat(mean sd skew kurt min max) col(stat)
```

variable	mean	sd	skewness	kurtosis	min	max
uniform	.5150332	0.2934123	-.0899003	1.818878	.0002845	.9993234
stnormal	.0109413	1.010856	.680232	3.130058	-2.978147	3.730844
norm5and2	4.995458	1.970729	-.0282467	3.050582	-3.027987	10.80905

样本均值和其他样本统计量都是随机变量。因此，一般来说，它们的统计值将不同于真实的总体值。随着观测次数的增加，每个样本统计量将会收敛于总体参数，因为每一个样本统计量都是其总体参数的一个一致估计量。

对于变量 norm5and2，样本均值和标准差非常接近于其理论值 5 和 2。命令 tabstat 的输出结果给出的偏度统计值为−0.028，峰度统计值为 3.051，分别接近于其理论值 0 和 3。

对从截尾正态分布中所进行的抽样，见 4.4.4 节；对于从多元正态分布所进行的抽样，见 4.4.5 节。

4.2.3 从 t 分布、卡方分布、F 分布、γ 分布和 β 分布中进行抽样

Stata 的函数库包含了很多生成器，使得用户可以直接从一些常见的连续分布中进行抽样。这些函数的语法格式与 rnormal()函数相似，且参数(s)可以是一个数字，也可以是一个变量。

设 $t(n)$ 表示自由度为 n 的 t 分布，$X^2(m)$ 表示自由度为 m 的卡方分布，$F(h,n)$ 表示自由度分别为 h 和 n 的 F 分布。从 $t(n)$ 和 $X^2(h)$ 中进行的抽样可以直接通过函数rt(*df*)和 rchi2(*df*)得到。然后，通过转换我们可以生成 $F(h,n)$ 的抽样，因为没有直接从 F 分布中进行抽样的函数。

下面的例子生成了 $t(10)$ 、$X^2(10)$ 和 $F(10,5)$ 的抽样。

```
. * t, chi-squared, and F with constant degrees of freedom
. clear

. quietly set obs 2000

. set seed 10101

. generate xt = rt(10)                 // result xt ~ t(10)

. generate xc = rchi2(10)              // result xc ~ chisquared(10)

. generate xfn = rchi2(10)/10          // result numerator of F(10,5)

. generate xfd = rchi2(5)/5            // result denominator of F(10,5)

. generate xf = xfn/xfd                // result xf ~ F(10,5)

. summarize xt xc xf

    Variable |       Obs        Mean    Std. Dev.       Min        Max
-------------+--------------------------------------------------------
          xt |      2000    .0295636    1.118426  -5.390713   4.290518
          xc |      2000    9.967206    4.530771   .7512587   35.23849
          xf |      2000    1.637549    2.134448   .0511289   34.40774
```

$t(10)$分布抽样的样本均值和标准差分别接近于其理论值的 0 和$\sqrt{10/(10-2)}=1.118$；X^2 (10) 分布抽样的样本均值和标准差也分别接近于其理论值 10 和 $\sqrt{20}=4.472$；$F(10,5)$分布抽样的样本均值接近于其理论值 $5/(5-2)=1.7$，但是其样本标准差为 2.134，不同于其理论值的$\sqrt{2\times5^2\times13/(10\times3^2\times1)}=2.687$。这是由随机性所引起的，且进行更多的抽样可以消除这种差异。

使用函数 rbeta(a,b)，我们可以从有两个参数的 β 分布中进行抽样，其形状参数为 $a,b>0$，均值为 $a/(a+b)$，方差为 $ab/(a+b)^2(a+b+1)$。使用函数 rgamma(a,b)，我们可以从有两个参数的 γ 分布中进行抽样，其形状参数为 $a>0$，尺度参数为 $b>0$，均值为 ab，方差为 ab^2。

4.2.4 从二项分布、泊松分布和负二项分布中进行抽样

Stata 的函数也能够从一些重要的离散分布中进行抽样。同样，参数(s)可以是一个数字，也可以是一个变量。

设 Bin(n,p)表示二项分布，其有 n 个正整数的实验次数，且其实验成功的概率为 p，$0<p<1$；设 Poisson(m)表示泊松分布，其均值或者比率参数为 m。函数 rbinomial(n,p)生成服从二项分布的随机抽样，函数 rpoisson(m)生成服从泊松分布的抽样。

我们设置同一参数来演示不同函数，这个参数是一个变量，其在不同的抽样中是不同的。

从二项分布中进行独立(但不同分布)的抽样

作为示例，当成功概率 p 和试验次数 n 都随 i 而变化时，我们研究从二项分布中进行的抽样。

```
. * Discrete rv's: binomial
. set seed 10101

. generate p1 = runiform()                   // here p1~uniform(0,1)

. generate trials = ceil(10*runiform()) // here # trials varies btwn 0 & 10

. generate xbin = rbinomial(trials,p1)  // draws from binomial(n,p1)

. summarize p1 trials xbin

    Variable |       Obs        Mean    Std. Dev.       Min        Max
-------------+--------------------------------------------------------
          p1 |      2000    .5155468    .2874989   .0002845   .9995974
      trials |      2000       5.438    2.887616          1         10
        xbin |      2000       2.753    2.434328          0         10
```

DGP 的设置意味着试验次数 n 是一个期望为 5.5 的随机变量，而成功概率 p 是一个期望为 0.5 的随机变量。因此，我们预期 xbin 变量的均值为 $5.5\times0.5=2.75$，在这个例子中它近似于这个理论值。

从泊松分布中进行独立(但不同分布)的抽样

为了模拟一个泊松回归的 DGP，即 $y\sim\text{Poisson}(\mu)$，我们需要进行一个独立但不同分布的抽样，其均值 μ 在不同的抽样中是不同的，因为其作为解释变量。

我们采用两种方法抽样。第一种方法，我们设 μ_i 等于 $\text{xb}=4+2\times\text{x}$，且 x=runiform()。那么 $4<\mu_i<6$。第二种方法，我们设 μ_i 等于 xb 乘以 xg，其中 xg=rgamma(1,1)，这生成了一个均值为 $1\times1=1$，方差为 $1\times1^2=1$ 的 γ 分布的抽样。则 $\mu_i>0$。这两种方法中，初始设置可以使得最终抽样的均值为 5，但是对于独立同分布的泊松分布，其方差不同于 5，因为在这两种方法中，都不是从同分布中得到的抽样。我们得到：

```
. * Discrete rv's: independent poisson and negbin draws
. set seed 10101

. generate xb= 4 + 2*runiform()

. generate xg = rgamma(1,1)          // draw from gamma;E(v)=1

. generate xbh = xb*xg               // apply multiplicative heterogeneity

. generate xp = rpoisson(5)          // result xp ~ Poisson(5)

. generate xp1 = rpoisson(xb)        // result xp1 ~ Poisson(xb)

. generate xp2 = rpoisson(xbh)       // result xp2 ~ NB(xb)

. summarize xg xb xp xp1 xp2

    Variable |       Obs        Mean    Std. Dev.       Min        Max
-------------+--------------------------------------------------------
          xg |      2000    1.032808    1.044434    .000112    8.00521
          xb |      2000    5.031094    .5749978   4.000569   5.999195
          xp |      2000       5.024    2.300232          0         14
         xp1 |      2000       4.976    2.239851          0         14
         xp2 |      2000      5.1375    5.676945          0         44
```

正如预期，变量 xb 的取值在 4～6，伽马变量 xg 的均值和方差都接近于 1。作为一个比较的基准，我们从服从 Poisson(5)分布中得到变量 xp 的抽样，其样本均值接近于 5，

样本标准差接近于$\sqrt{5}=2.236$。xp1 和 xp2 的均值都接近于 5。在 xp2 的情况下，其模型具有乘法形式的不可观测的异质性 xg，本身是从伽马分布中得到的抽样，其形状参数和尺度参数都设置为 1。引入这种形式的异质性意味着 xp2 是从与 xp1 有相同均值的分布中进行的抽样，但是其分布的方差更大。更加具体地说，$\mathrm{Var}(\mathrm{xp2}|\mathrm{xb})=\mathrm{xb}\times(1+\mathrm{xb})$，我们使用 17.2.2 节的结果，使得 xp2 的标准差更大。

第二个例子是从泊松-伽马混合分布中得到的抽样，生成了一个负二项分布的抽样。函数 rnbinomial()从具有不同参数的负二项分布中进行抽样。由于这一原因，我们在本节和第 17 章中都是从泊松-伽马混合分布中进行抽样。

直方图与密度图

为了进行可视性的描述，对于所生成的随机数，绘制一个直方图或者核密度图通常十分有用。在这里，我们对从 $X^2(10)$ 得到的抽样 xc 和从 Piosson(5)得到抽样 xp 分别进行作图。其结果如图 4.1 所示。

```
. * Example of histogram and kernel density plus graph combine
. quietly twoway (histogram xc, width(1)) (kdensity xc, lwidth(thick)), ///
>    title("Draws from chisquared(10)")

. quietly graph save mus04cdistr.gph, replace

. quietly twoway (histogram xp, discrete) (kdensity xp, lwidth(thick) ///
>    w(1)),  title("Draws from Poisson(mu) for 5<mu<6")

. quietly graph save mus04poissdistr.gph, replace

. graph combine mus04cdistr.gph mus04poissdistr.gph, ///
>    title("Random-number generation examples", margin(b=2) size(vlarge))
```

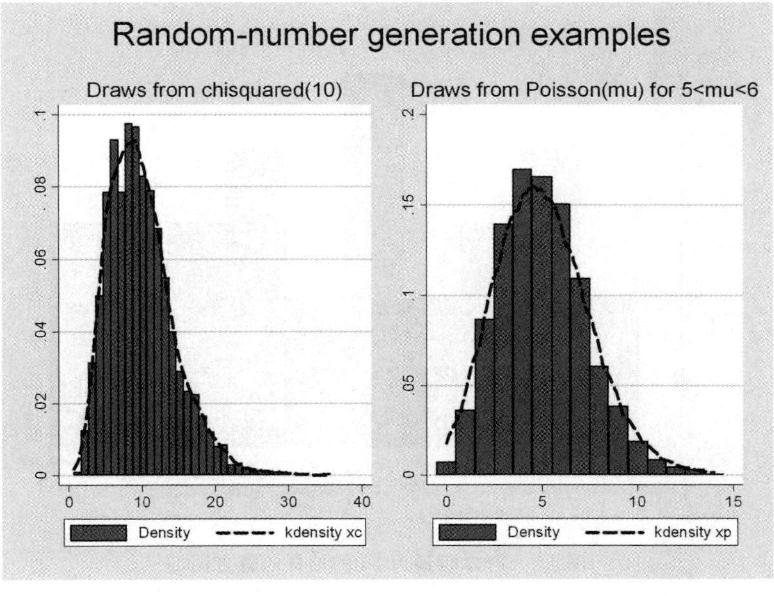

图 4.1 从 $X^2(10)$ 和 Poisson(5)中进行抽样的图形

4.3 样本均值的分布

作为模拟的一个介绍性的例子，我们演示中心极限定理的结果，$(\bar{x}_N - \mu)/(\sigma/\sqrt{N}) \to N(0,1)$，例如当 $N \to \infty$，样本均值渐近地服从正态分布。我们考虑一个服从均匀分布的随机变量，它的样本容量为 30。

首先我们使用随机数生成函数 runiform()，对随机变量 X 抽取一个容量为 30 的单一样本，该变量 X 服从(0,1)的均匀分布。为了确保在以后运行相同的程序或者在其他计算机上运行相同的程序能够得到相同的结果，我们使用 set seed 命令。我们有：

```
. * Draw 1 sample of size 30 from uniform distribution
. quietly set obs 30

. set seed 10101

. generate x = runiform()
```

我们可以使用 summarize 和 histogram 命令来查看结果。我们有：

```
. * Summarize x and produce a histogram
. summarize x

    Variable |       Obs        Mean    Std. Dev.       Min        Max
-------------+--------------------------------------------------------
           x |        30    .5459987    .2803788   .0524637   .9983786

. quietly histogram x, width(0.1) xtitle("x from one sample")
```

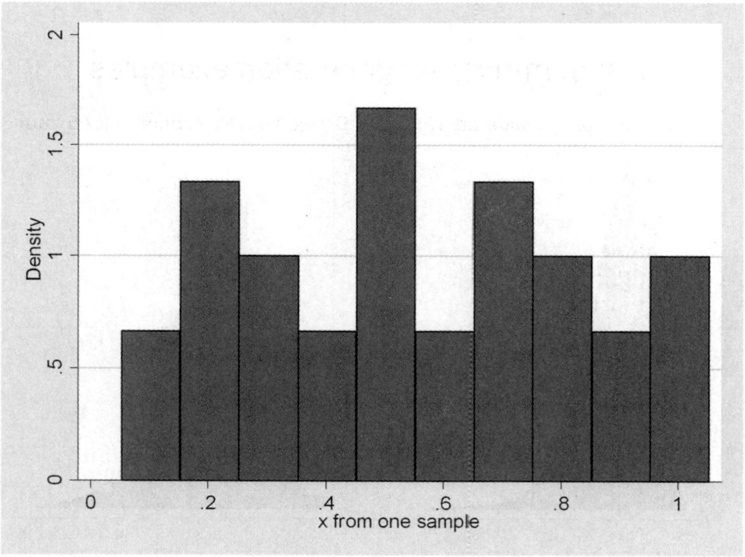

图 4.2　样本容量为 30 的抽样的直方图

概述性统计结果显示出生成了 30 个观测值，且样本均值 $\bar{x} = 0.546$。图 4.2 给出了这个样本容量为 30 的均匀分布抽样的直方图。这个直方图看起来不像正态分布的钟形曲线，因为我们的样本取自均匀分布。对于更大的抽样样本，这个直方图会趋近于密度值为 1 的水平直线。

为了通过模拟得到样本均值的分布，我们重复上述命令 10000 次，得到样本容量为 30 的 10000 个样本和 10000 个样本均值 $\bar{x}$ 。这 10000 个样本均值是从样本均值估计量的分布中进行的抽样。由中心极限定理，样本均值估计量的分布近似地服从正态分布。因为(0,1)均匀分布的均值为 0.5，样本均值估计量分布的均值也为 0.5。因为(0,1)均匀分布的标准差为$\sqrt{1/12}$，且 10000 个样本中的每一个样本的容量都为 30，所以样本均值估计量分布的标准差为$\sqrt{(1/12)/30}=0.0527$。

4.3.1 Stata 程序

重复相同统计分析过程 10000 次的方法就是编写一个程序（详见附录 A.2），该程序把这个统计分析过程执行一次之后，运用 simulate 命令可以将这个程序运行 10000 次。

我们将这个程序命名为 onesample 并将其定义为 r-类的命令，这意味着最终的结果，即一个样本的样本均值，可以在 r()项中得到返回结果。因为我们将这个结果命名为 meanforonesample，所以它将在 r(meanforonesample)中得到返回结果。这个程序没有输入选项，所以没有必要设置程序的参数。这个程序将把有关变量 x 的任何已有数据删除，设置样本容量为 30，并抽取 30 个服从均匀分布的变量，然后使用 summarize 命令来得到样本均值。summarize 命令本身是一个 r-类的命令，它将样本均值储存在 r(mean)中（见 1.6.1 节）。这个程序的最后一行将 r(mean)的值返回为 meanforonesample 的结果。

该程序为：

```
. * Program to draw 1 sample of size 30 from uniform and return sample mean
. program onesample, rclass
  1.      drop _all
  2.      quietly set obs 30
  3.      generate x = runiform()
  4.      summarize x
  5.      return scalar meanforonesample = r(mean)
  6. end
```

为了检验这个程序，我们将这个程序运行一次，且使用与先前相同的种子值。我们得到：

```
. * Run program onesample once as a check
. set seed 10101

. onesample

    Variable |       Obs        Mean    Std. Dev.       Min        Max
-------------+--------------------------------------------------------
           x |        30    .5459987    .2803788   .0524637   .9983786

. return list

scalars:
    r(meanforonesample) =  .5459987225631873
```

这个样本的结果恰好与之前给出的结果相同。

4.3.2 simulate 命令

simulate 命令将某一特定命令运行＃次，其中由用户来设定＃。该命令的基本语法是：

simulate [*exp_list*], reps(＃) [*options*]: *command*

其中 *command* 是命令的名称，它通常是一个用户编写的程序，且 # 是模拟的次数或重复的次数。从 *command* 计算并存储的数值在 *exp_list* 中给出。我们将在 4.6.1 节中给出 simulate 命令的更多细节。

运行 simulate 命令之后，Stata 当前内存中的数据集将被一个具有 # 个观测值的数据集取代，并且对于 *exp_list* 中给出的每一个数值用一个单独的变量来表示。

4.3.3 中心极限定理的模拟

可以使用 simulate 命令将 onesample 程序运行 10000 次，得到 10000 个样本容量为 30 且服从均匀分布的随机变量样本的样本均值。我们另外使用一些选项来设置种子值，且对 10000 次模拟时每次模拟输出的"点"进行压缩。我们有：

```
. * Run program onesample 10,000 times to get 10,000 sample means
. simulate xbar = r(meanforonesample), seed(10101) reps(10000) nodots: onesample

      command:  onesample
         xbar:  r(meanforonesample)
```

每个样本的结果，即 r(meanforonesample)，存储在变量 xbar 中。

simulate 命令使用一个有关 $\overline{x}$ 的 10000 个"观测值"的数据集覆盖任何已有的数据。我们使用 summarize 命令对这些值进行概述，预期它们的均值为 0.5，标准差为0.0527。我们绘制一张直方图，并且和一个正态分布的密度曲线附加在一起，其均值和标准差为 $\overline{x}$ 的 10000 个值的均值和方差。我们有：

```
. * Summarize the 10,000 sample means and draw histogram
. summarize xbar
```

Variable	Obs	Mean	Std. Dev.	Min	Max
xbar	10000	.4995835	.0533809	.3008736	.6990562

```
. quietly histogram xbar, normal xtitle("xbar from many samples")
```

图 4.3 中给出的直方图非常接近于正态分布的钟形曲线。

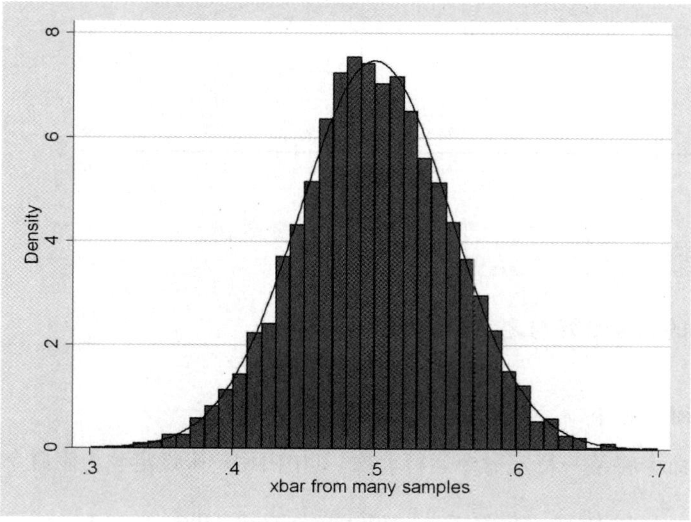

图 4.3 10000 个样本容量为 30 的样本均值的直方图

这个例子有一些可能的变化。在生成 x 的 generate 命令中使用不同的随机数函数可以得到 x 的不同分布。随着样本容量(set obs)和模拟次数(reps)的增加,其模拟结果会更加接近于正态分布。

4.3.4 postfile 命令

在本书中,我们一般使用 simulate 命令来执行模拟。另一种方法是使用循环命令,比如说 forvalues 命令,且在循环的每一个迭代中使用 post 命令将关键结果写进(或者输入)一个文件中,这种做法可以使用 postfile 命令来声明。在循环结束后,我们再分析被输入到文件中的数据。

postfile 命令的基本语法如下:

postfile *postname newvarlist* using *filename* [, every(#) replace]

其中 *postname* 是一个内部文件名,*newvarlist* 包括了将被写入数据集中的变量的名称,*filename* 是一个外部文件名。

运用 post *postname* (*expl*) (*exp*2)…命令把 *exp*1,*exp*2,…写进文件中。每一个表达式都需要用括号括起来。

postclose *postname* 命令将结束输入文件中观测值的输入。

postfile 命令比 simulate 命令更加灵活,并且与 simulate 命令不同的是,它并不会导致内存中的数据集被覆盖掉。对于本书中的一些例子,使用 simulate 命令就足够了。

4.3.5 模拟中心极限定理的另一种方法

我们利用中心极限定理的例子来说明 postfile 命令的使用方法。我们有:

```
. * Simulation using postfile
. set seed 10101

. postfile sim_mem xmean using simresults, replace
(note: file simresults.dta not found)

. forvalues i = 1/10000 {
  2.        drop _all
  3.        quietly set obs 30
  4.        tempvar x
  5.        generate `x' = runiform()
  6.        quietly  summarize `x'
  7.        post sim_mem (r(mean))
  8.        }

. postclose sim_mem
```

postfile 命令对内存中储存模拟结果的对象、结果数据集中的变量名称以及结果数据集文件的名称进行声明。在这一例子中,内存中储存模拟结果的对象命名为 sim_mem,结果数据集中唯一的变量将为 xmean,而 simresults.dta 则是结果数据集文件。(选项 replace 使得已有的任何名为 simresults.dta 的文件将被代替掉。)forvalues 循环命令(见 1.8 节)可以重复执行 10000 次模拟。在每一次重复中,样本均值,即其结果为 r (mean),都将被输入模拟结果存储的文件 simresults.dta 中,且作为新变量 xmean 的一个观测值。

为了查看这些结果,我们需要打开 simresults.dta 数据集并使用 summarize 命令。

```
. * See the results stored in simresults
. use simresults, clear

. summarize

    Variable |       Obs        Mean    Std. Dev.       Min        Max
-------------+--------------------------------------------------------
       xmean |     10000    .4995835    .0533809   .3008736   .6990562
```

这些结果与 4.3.3 节中使用 simulate 命令得到的结果相同,这是因为我们使用了相同的种子值和相同的随机数函数评估顺序。

simulate 命令可以在模拟的过程中压缩所有的输出结果。而 forvalues 循环命令则不会出现这样的情况,所以在上面的程序中使用的 quietly 前缀出现了两次。相反,在整个 forvalues 循环中对所有的命令都运用 quietly 前缀,则其更加方便。

4.4 伪随机数生成器:更详细的介绍

在本节中,我们将介绍关于随机数生成过程的更多细节,这些细节可以解释在 4.2 节中使用的方法,并且对于其他分布的抽样也是有帮助的。

生成伪随机样本的常用方法包括:逆概率转换法、直接转换法、取舍法、混合法以及马尔科夫链。在以下内容中,我们将着重强调应用,对于其他的内容,有兴趣的读者可以见 Cameron 和 Trivedi(2005,第 12 章)或者其他文献。

4.4.1 逆概率转换法

设 $F(x)=\Pr(X\leqslant x)$ 表示一个随机变量 x 的累积分布函数。给定一个均匀随机变量 r,$0\leqslant r\leqslant 1$ 的抽样,逆概率转换函数 $x=F^{-1}(r)$ 给出了 x 的唯一值,因为 $F(x)$ 在 x 上是非递减的。如果 r 很好的近似于一个服从均匀分布的随机抽样,则 $x=F^{-1}(r)$ 将会近似于服从 $F(x)$ 分布的随机抽样。

一个重要的应用是关于标准正态分布的。则累积分布函数为:

$$F(x)=\Phi(x)=\int_{-\infty}^{x}\frac{1}{\sqrt{2\pi}}\mathrm{e}^{-z^2/2}\,\mathrm{d}z$$

的逆函数没有闭式解,因而 $\Phi^{-1}(x)$ 的解析表达式也不存在。然而,执行逆转换法非常容易,因为数值分析的方法为计算 $\Phi^{-1}(x)$ 的一个很好近似值提供了函数。在 Stata 中,该函数是 invnormal()。把抽取服从均匀分布的随机变量和计算 c.d.f 的逆函数这两个步骤结合起来,我们有:

```
. * Inverse probability transformation example: standard normal
. quietly set obs 2000

. set seed 10101

. generate xstn = invnorm(runiform())
```

在 4.2.2 节中介绍过这个方法,不过在这里用 rnormal()函数来替代。

作为另一个应用,我们研究从单位指数分布中进行抽样,其 c.d.f 为 $F(x) = 1 - e^{-x}$。解 $r = 1 - e^{-x}$,得 $x = -\ln(1-r)$。如果服从均匀分布的随机变量取值为 0.640,那么 $x = -\ln(1-0.640) = 1.022$。由于连续单调递增的 c.d.f,给定 r,逆转换法可以得到 x 的唯一值。用于生成服从单位指数函数的抽样的 Stata 程序可以演示为:

```
. * Inverse probability transformation example: unit exponential
. generate xue = -ln(1-runiform())
```

对于离散型随机变量,c.d.f 是一个阶梯函数。所以其逆函数不是唯一确定的,但是可以通过传统的方法来唯一确定,即对 c.d.f 的平坦部分选择一个值,比如说,某平坦部分的左极限值。

在最简单的情形中,我们研究一个伯努利随机变量,它取 1 的概率为 p,而取 0 的概率为 $1-p$。然后我们进行一个服从均匀分布的抽样 u,并且当 $u \leqslant p$ 时,设 $y = 1$;当 $u > p$ 时,设 $y = 0$。因此,如果 $p = 0.6$,我们得到:

```
. * Inverse probability transformation example: Bernoulli (p = 0.6)
. generate xbernoulli = runiform() > 0.6   // Bernoulli[0.6]

. summarize xstn xue xbernoulli

    Variable |       Obs        Mean    Std. Dev.       Min        Max
-------------+--------------------------------------------------------
        xstn |      2000    .0481581    1.001728  -3.445941   3.350993
         xue |      2000    .9829519    1.000921   .0003338   9.096659
  xbernoulli |      2000       .4055    .4911113          0          1
```

这个程序使用了一个逻辑算子,即当条件满足时,设 $y = 1$,否则设 $y = 0$。见 2.4.7 节。

一个更为复杂的离散型随机变量的例子是泊松分布。因为此时该随机变量潜在地可以取到无穷多个值。该方法是依次计算 c.d.f 的 $\Pr(Y \leqslant y)$,其中 $k = 0,1,2,\cdots$。当第一次出现 $\Pr(Y \leqslant y) > u$ 时,则停止运算,并设 $y = k$,其中 u 为服从均匀分布的抽样。例如,研究一个均值为 2 的泊松分布和 u 等于 0.701 的均匀分布。我们首先计算 $\Pr(y \leqslant 0) = 0.135 < u$,接着计算 $\Pr(y \leqslant 1) = 0.406 < u$,然后计算 $\Pr(y \leqslant 2) = 0.667 < u$,最后计算 $\Pr(y \leqslant 3) = 0.857$。最后一次计算的结果超过 u 等于 0.701 的均匀分布抽样,所以停止计算并设 $y = 3$。通过递归式 $\Pr(Y \leqslant k) = \Pr(Y \leqslant k-1) + \Pr(Y = k)$ 可以计算 $\Pr(Y \leqslant y)$。

4.4.2 直接转换法

假设我们想要对随机变量 Y 进行抽样,并根据概率论的知识,已知 Y 是随机变量 X 的一个转换函数,比如说 $Y = g(X)$。

在这种情形中,通过先对 X 抽样然后运用转换函数 $g(\cdot)$,直接转换法能够得到 Y 的抽样。当我们容易对 X 进行抽样并且计算 $g(\cdot)$ 的时,该方法非常具有吸引力。

对于演示我们熟知的服从标准正态分布的随机变量的转换,直接转换法相当容易。通过标准正态分布抽样的平方可以得到 $X^2(1)$ 的抽样;$X^2(m)$ 的抽样是 m 个独立的 $X^2(1)$ 抽样的总和;$F(m_1,m_2)$ 的抽样是 $(v_1/m_1)/(v_2/m_2)$,其中 v_1 和 v_2 分别是服从 $X^2(m_1)$ 和 $X^2(m_2)$ 且相互独立的抽样;$t(m)$ 的抽样是 $u/\sqrt{v/m}$,其中 u 和 v 分别是服从 $N(0,1)$ 和 $X^2(m)$ 且相互独立的抽样。

4.4.3 其他方法

在某些情形中,某一分布可以通过一些分布的混合来获得。一个重要的例子是负二项分布,它可以通过泊松-伽马的混合分布来得到(见 4.2.4 节)。特定地,假设 $y\mid\lambda$ 是服从泊松分布 Poisson(λ),$\lambda\mid\mu,\alpha$ 服从均值为 μ 且方差为 $\mu\alpha$ 的伽马分布,那么 $y\mid\mu,\alpha$ 则是服从均值为 μ 且方差为 $\mu+\alpha\mu^2$ 的负二项分布。这就意味着我们可以通过两步法得到负二项分布的抽样,首先我们得到均值为 1 的伽马分布(如 v)的抽样,然后以 v 为条件,对泊松分布 Poisson ($\mu\nu$) 进行抽样。这个使用混合分布的例子将在第 17 章中再次使用。

更高级的方法包括取舍演算法和重要性抽样。Stata 中的许多伪随机数生成器可以使用取舍演算法。输入 `help random number functions` 可以了解 Stata 所用方法的更多细节信息。

4.4.4 从截尾正态分布中进行抽样

对于存在删失或选择数据的且服从正态分布的潜变量模型进行基于模拟的估计,我们通常有必要生成一个截尾正态分布的抽样。可以把逆概率转换法进行扩展来得到这种情形中的抽样。

研究对一个截尾正态分布进行抽样。那么 $X\sim TN_{(a,b)}(\mu,\sigma^2)$,其中,在非截尾的情形下,$X\sim N(\mu,\sigma^2)$。通过截尾,$X$ 的实际取值被限制在左截点 a 和右截点 b 之间。

为简便起见,我们首先研究标准正态分布的情形 $(\mu=0,\sigma=1)$,设 $Z\sim N(0,1)$。给定服从均匀分布的抽样 u,x 定义为逆概率转换方程的解。

$$u=F(x)=\frac{\Pr(a\leqslant Z\leqslant x)}{\Pr(a\leqslant Z\leqslant b)}=\frac{\Phi(x)-\Phi(a)}{\Phi(b)-\Phi(a)}$$

整理得 $\Phi(x)=\Phi(a)+\{\Phi(b)-\Phi(a)\}\mu$,从而解 x 我们可得:

$$x=\Phi^{-1}[\Phi(a)+\{\Phi(b)-\Phi(a)\}\mu]$$

把这种情形扩展到一般情形,注意:如果 $Z\sim N(\mu,\sigma^2)$,那么 $Z^*=(Z-\mu)/\sigma\sim N(0,1)$。对 Z^* 而非 Z 进行截尾,其截点为:$a^*=(a-\mu)/\sigma$,$b^*=(b-\mu)/\sigma$。那么有:

$$x=\mu+\sigma\Phi^{-1}[\Phi(a^*)+\{\Phi(b^*)-\Phi(a^*)\}\mu]$$

作为一个例子,对于一个截尾范围为[0,12]的随机变量,我们研究服从 $N(5,4^2)$ 的抽样。

```
. * Draws from truncated normal x ~ N(mu,sigma^2) in [a,b]
. quietly set obs 2000

. set seed 10101

. scalar a = 0                            // lower truncation point

. scalar b = 12                           // upper truncation point

. scalar mu = 5                           // mean

. scalar sigma = 4                        // standard deviation

. generate u = runiform()

. generate w=normal((a-mu)/sigma)+u*(normal((b-mu)/sigma)-normal((a-mu)/sigma))

. generate xtrunc = mu + sigma*invnorm(w)

. summarize xtrunc

    Variable |       Obs        Mean    Std. Dev.       Min        Max
-------------+--------------------------------------------------------
      xtrunc |      2000    5.605522    2.944887    .005319   11.98411
```

这里,以下有更多的截尾,因为 a 为距离均值 μ 有 1.25σ 的值,而 b 为距离均值 μ 有 1.75σ 的值,所以我们可以预期截尾均值将大于非截尾均值。因此,相比于非截尾均值 5,样本截尾均值为 5.606。对于大多数而非全部的分布而言,截尾降低了范围并且会减少变异性。截尾情形下的样本标准差为 2.945,小于非截尾的标准差 4。

对 $X \sim TN_{(a,b)}(\mu,\sigma^2)$ 进行抽样的另一种方法是从非截尾 $N(\mu,\sigma^2)$ 分布中进行持续抽样,直到其实际值介于 (a,b) 之间。例如如果 $(a,b) = (-0.01,0.01)$ 时,该方法将会非常的无效率。17.3.5 节中介绍了从泊松分布中进行抽样的例子。

4.4.5 从多元正态分布中进行抽样

从多元分布中进行抽样通常更加复杂。这种方法依赖于所研究的具体情形,且在一元分布的情形中使用的逆转换法和直接转换法可能不再适用。

但是,从多元正态分布中进行抽样相对简单一些,因为与大多数其他分布不同,正态分布的线性组合仍服从正态分布。

从多元正态分布中直接进行抽样

对于用户指定的向量 $\boldsymbol{\mu}$ 和矩阵 Σ,drawnorm 命令可以生成服从 $N(\boldsymbol{\mu},\Sigma)$分布的抽样。例如,研究从一个标准二元正态分布中进行的 200 次抽样,其均值分别为 10 和 20,方差分别为 4 和 9,相关系数为 0.5(因此协方差为 3)。

```
. * Bivariate normal example:
. * means 10, 20; variances 4, 9; and correlation 0.5
. clear

. quietly set obs 1000

. set seed 10101

. matrix MU = (10,20)                    // MU is 2 x 1

. scalar sig12 = 0.5*sqrt(4*9)

. matrix SIGMA = (4, sig12 \ sig12, 9)  // SIGMA is 2 x 2

. drawnorm y1 y2, means(MU) cov(SIGMA)

. summarize y1 y2

    Variable |       Obs        Mean    Std. Dev.       Min        Max
-------------+--------------------------------------------------------
          y1 |      1000    9.992469    1.926231   3.775401   18.81768
          y2 |      1000    20.07255    2.996281   9.115993   28.69422

. correlate y1 y2
(obs=1000)

             |       y1       y2
-------------+------------------
          y1 |   1.0000
          y2 |   0.4812   1.0000
```

从上述结果可知：样本均值接近于 10 和 20，样本标准差接近于 2 和 3。样本相关系数为 0.4812[①]，在某种程度上异于 0.50，尽管在更大的样本容量下这一差异将会消失。

用 Cholesky 分解法进行转换

该方法使用这一结论：若 $\mathbf{z} \sim N(\mathbf{0}, \mathbf{I})$，则 $\mathbf{x} = \boldsymbol{\mu} + \mathbf{Lz} \sim N(\boldsymbol{\mu}, \mathbf{LL}')$。对 $\mathbf{z} \sim N(\mathbf{0}, \mathbf{I})$ 进行抽样是很简单的，因为 $\mathbf{z}$ 仅仅是一元正态分布抽样的一个列向量。对于 $\mathbf{x} \sim N(\boldsymbol{\mu}, \Sigma)$ 进行的抽样，这种转换法可以估计出 $\mathbf{x} = \boldsymbol{\mu} + \mathbf{Lz}$，其中矩阵 $\mathbf{L}$ 满足 $\mathbf{LL}' = \Sigma$。满足 $\mathbf{LL}' = \Sigma$ 的矩阵 $\mathbf{L}$ 远不止一个，这些矩阵即为 Σ 的平方根。标准的方法就是使用 Cholesky 分解法将 $\mathbf{L}$ 限制为一个下三角形矩阵。具体地说，对于三元正态分布，设 $E(\mathbf{zz}') = \Sigma = \mathbf{Lzz}'\mathbf{L}'$，其中 $\mathbf{z} \sim N(\mathbf{0}, \mathrm{I}_3)$，且有：

$$\mathbf{L} = \begin{bmatrix} l_{11} & 0 & 0 \\ l_{21} & l_{22} & 0 \\ l_{31} & l_{32} & l_{33} \end{bmatrix}$$

则以下关于 $\mathbf{z}' = (z_1, z_2, z_3)$ 的转换可得到合意的多元正态分布向量 $\mathbf{x} \sim N(\boldsymbol{\mu}, \Sigma)$：

$$\begin{aligned} x_1 &= \mu_1 + l_{11} z_1 \\ x_2 &= \mu_2 + l_{21} z_1 + l_{22} z_2 \\ x_3 &= \mu_3 + l_{31} z_1 + l_{32} z_2 + l_{33} z_3 \end{aligned}$$

4.4.6 使用马尔科夫链蒙特卡洛方法进行抽样

在某些情形中，从目标联合(多元)分布中进行直接抽样往往比较困难，所以我们必须通过一种不同的方法才能达到目标。但是，在其他条件不变的情况下，如果我们能够从一个子集的分布中进行抽样，那么就可以得到一个马尔科夫链的抽样。如果我们能够通过递归的方式从条件分布中进行抽样，且能够建立一条足够长的马尔科夫链，那么在某些条件下，这些抽样的分布将会收敛于从静态联合分布中进行独立抽样的分布。目

---

① 原书这里是 0.4724，但译者计算出来是 0.4812。——译者注

前，这种所谓的马尔科夫链蒙特卡洛方法在现代贝叶斯推断中是相当标准的。

具体来说，设 $\mathbf{Y}=(Y_1, Y_2)$ 有一个二元密度函数 $f(\mathbf{Y})=f(Y_1, Y_2)$，同时假设两个条件密度函数 $f(Y_1 \mid Y_2)$ 和 $f(Y_2 \mid Y_1)$ 是已知的，并且我们能够从中进行抽样。那么，即使在一般情况下，即 $f(Y_1, Y_2) \neq f(Y_1 \mid Y_2)f(Y_2 \mid Y_1)$（回顾 $f(Y_1, Y_2)=f(Y_1 \mid Y_2)f(Y_2)$），也可以证明对 $f(Y_1 \mid Y_2)$ 和 $f(Y_2 \mid Y_1)$ 进行的序贯抽样将会在极限上收敛于来自 $f(Y_1, Y_2)$ 的抽样。从 $f(Y_1 \mid Y_2)$ 和 $f(Y_2 \mid Y_1)$ 中进行重复的递归抽样的过程称为 Gibbs 抽样器。

```
. * MCMC example: Gibbs for bivariate normal mu's=0 v's=1 corr=rho=0.9
. set seed 10101

. clear all

. set obs 1000
obs was 0, now 1000

. generate double y1 =.
(1000 missing values generated)

. generate double y2 =.
(1000 missing values generated)

. mata:
------------------------------------------------- mata (type end to exit) --------
:   s0 = 10000              // Burn-in for the Gibbs sampler (to be discarded)

:   s1 = 1000               // Actual draws used from the Gibbs sampler

:   y1 = J(s0+s1,1,0)       // Initialize y1

:   y2 = J(s0+s1,1,0)       // Initialize y2

:   rho = 0.90              // Correlation parameter

:   for(i=2; i<=s0+s1; i++) {
>       y1[i,1] = ((1-rho^2)^0.5)*(rnormal(1, 1, 0, 1)) + rho*y2[i-1,1]
>       y2[i,1] = ((1-rho^2)^0.5)*(rnormal(1, 1, 0, 1)) + rho*y1[i,1]
>   }

:   y = y1,y2

:   y = y[|(s0+1),1 \ (s0+s1),.|]   // Drop the burn-ins

:   mean(y)                         // Means of y1, y2
                  1              2
    +-------------------------------+
  1 |   .0831308345    .0647158328  |
    +-------------------------------+

:   variance(y)                     // Variance matrix of y1, y2
[symmetric]
                  1              2
    +-------------------------------+
  1 |   1.104291499                 |
  2 |   1.005053494    1.108773741  |
    +-------------------------------+

:   correlation(y)                  // Correlation matrix of y1, y2
[symmetric]
                  1              2
    +-------------------------------+
  1 |             1                 |
  2 |   .9082927488              1  |
    +-------------------------------+

: end
----------------------------------------------------------------------------------
```

我们通过从一个二元正态分布 $f(Y_1,Y_2)$ 中进行抽样来演示马尔科夫链蒙特卡洛方法。当然，使用 drawnorm 命令从二元正态分布中进行抽样是非常简单的。因此，我们所展示的应用仅仅是一个示范而不是一个操作。该方法的相对简易性来自于这样一个事实，即从一个二元正态分布中推到出来的条件分布 $f(Y_1 \mid Y_2)$ 和 $f(Y_2 \mid Y_1)$ 仍服从正态分布。

我们从服从均值为 0，方差为 1 且相关系数为 $\rho=0.9$ 的二元正态分布中进行抽样。那么 $Y_1 \mid Y_2 \sim N\{0,(1-\rho^2)\}$ 且 $Y_2 \mid Y_1 \sim N\{0,(1-\rho^2)\}$。执行这种操作需要使用循环命令，这种循环比使用矩阵编程语言的命令更加简单。以下的 Mata 程序通过使用附录 B.2 中所解释的命令来执行这一循环算法。

在马尔科夫链收敛之前可能需要进行多次抽样。这里我们假设进行 11000 抽样是足够的，并且我们去掉前 10000 次抽样，保留剩下的 1000 次抽样。在实际应用中，必须认真检查以确保马尔科夫链的确收敛于合意的二元正态分布。对于此例而言，Y_1 与 Y_2 的样本均值分别为 0.08 和 0.06，与 0 存在一些差异；类似的，样本方差分别为 1.10 和 1.11，异于 1；样本协方差为 1.01，异于 0.9，而暗含的相关系数为 0.91，正如合意的相关系数。对于相关系数 ρ 很高的样本，可能需要一条更长的或内生的马尔科夫链来生成数据合意的性质。

甚至在给定马尔科夫链收敛的情况下，任何随机变量的序贯抽样将会出现相关。对于这里的例子，下面的输出结果可以说明 y_2 的序贯抽样的一阶相关系数为 0.823。

```
. mata:
------------------------------------------------ mata (type end to exit) -------
:   y2 = y[|2,2 \ s1,2|]

:   y2lag1 = y[|1,2 \ (s1-1),2|]

:   y2andlag1 = y2,y2lag1

:   correlation(y2andlag1,1)      // Correlation between y2 and y2 lag 1
[symmetric]
                 1             2
    +-----------------------------+
  1 |            1                |
  2 |   .822692407             1  |
    +-----------------------------+

: end
--------------------------------------------------------------------------------
```

4.5 计算积分

在某些估计问题中可能会涉及定积分或者不定积分。在这样的情形中，积分可能需要进行数值计算。

4.5.1 求积法

对于形式为 $\int_b^a f(y)\mathrm{d}y$ 的一维积分，其中有可能 $a=-\infty$，或者 $b=\infty$，或者两者同时

成立,高斯求积法是一种标准的方法。通过求 m 项的加权和,可以近似地得到这个积分,其中,m 越大,近似程度越好,而通常即使 $m=20$ 就可以给出一个较好的近似。权重的公式非常复杂,但是它在标准的数值分析教材中都会给出。

一维积分通常会出现在具有随机截距或者随机效应的回归模型中。在许多非线性模型中,这种随机效应并不能通过解析法求出积分。在通常情况下,该随机效应服从正态分布,使得积分区间在 $(-\infty,\infty)$ 上,并且使用高斯-艾米特(Gauss-Hermite)求积法。一个重要的例子是使用不同的 xt 命令对非线性面板模型进行拟合所得的随机效应的估计量。例如,对 Stata 的程序,见用户编写的具有随机效应的 probit 模型工具包中的命令文件 rfprobit.do 或者广义线性加法模型中的文件 gllamm.ado。

4.5.2 蒙特卡洛积分法

设积分形式为:

$$E\{h(Y)\}=\int_b^a h(y)g(y)\mathrm{d}y$$

其中,$g(y)$ 是一个密度函数。这一积分可以直接用蒙特卡洛积分的估计来进行估计,其为:

$$\hat{E}\{h(Y)\}=S^{-1}\sum_{s=1}^{S}h(y^s)$$

其中,$y^1,\cdots,y^s$ 为从密度函数 $g(y)$ 中抽取的 S 个独立伪随机数,它们可以运用前面介绍的方法来获得。如果 $E\{h(Y)\}$ 存在并且 $S\to\infty$,那么该方法便适用。

这种方法在定积分和不定积分中都可以运用。假如我们可以从合适的多元分布中进行抽样,它就增加了快速地运用于多维积分中的一个优势。它的劣势就是即使该积分不存在的情况下,它也总会给出一个估计。例如,要得到柯西分布的 $E(Y)$,我们可以对来自柯西分布中的 S 个抽样进行平均值。但是,这可能是错误的,因为柯西分布的均值并不存在。

作为一个例子,我们研究,当 $y\sim N(0,1)$ 时,$E[\exp\{-\exp(Y)\}]$ 的计算。积分为:

$$E[\exp\{-\exp(Y)\}]=\int_{-\infty}^{\infty}\frac{1}{\sqrt{2\pi}}\exp\{-\exp(y)\}\exp(-y^2/2)\mathrm{d}y$$

该式没有闭式解,但是可以证明它的解存在。我们使用的估计为:

$$\hat{E}[\exp\{-\exp(Y)\}]=\frac{1}{S}\sum_{s=1}^{S}\exp\{-\exp(y^s)\}$$

其中,y^s 是从 $N(0,1)$ 分布中进行 S 次抽样中的第 s 个抽样。

对于 S 的一个特定值,比如 100,可以用下列程序完成这种近似计算任务:

```
. * Integral evaluation by Monte Carlo simulation with S=100
. clear all

. quietly set obs 100

. set seed 10101

. generate double y = invnormal(runiform())

. generate double gy = exp(-exp(y))

. quietly summarize gy, meanonly

. scalar Egy = r(mean)

. display "After 100 draws the MC estimate of E[exp(-exp(x))] is " Egy
After 100 draws the MC estimate of E[exp(-exp(x))] is .3524417
```

这个积分的蒙特卡洛估计为 0.352，它基于 100 次抽样。

4.5.3 使用不同 S 值的蒙特卡洛积分

事先无法知道多大的 S 值可以得到这个积分的一个很好的蒙特卡洛近似值。我们可以对一些不同的 S 值（包括 $S=100$）所得的结果进行比较，当这些估计值稳定时，近似计算的过程就会停止。

为了检验这种方法，我们用一个 Stata 程序替代之前的命令，该程序将模拟的次数 S 作为参数。然后再调用这个程序，根据 S 的不同值运行数次。

该程序命名为 mcintegration。把模拟的次数传递给这个程序，作为一个位置参数，命名为 numsims。在程序中这个变量是一个局部变量，需要使用引号才能被引用。调用该程序需要包括 numsims 的一个值。附录 A.2 给出了编写一个 Stata 程序的详细方法。该程序是 r-类的，并且把其结果返回成一个单一的标量，即 $E\{g(Y)\}$，其中 $g(y)=\exp\{-\exp(Y)\}$。

```
. * Program mcintegration to compute E{g(y)} numsims times
. program mcintegration, rclass
  1.    version 11
  2.    args numsims        // Call to program will include value for numsims
  3.    drop _all
  4.    quietly set obs `numsims'
  5.    set seed 10101
  6.    generate double y = rnormal(0)
  7.    generate double gy = exp(-exp(y))
  8.    quietly summarize gy, meanonly
  9.    scalar Egy = r(mean)
 10.    display "#simulations: " %9.0g `numsims'  ///
>       "  MC estimate of  E[exp(-exp(x))] is " Egy
 11. end
```

对于 $S=10$、100、1000、10000 和 100000，将该程序运行数次。

```
. * Run program mcintegration S = 10, 100, ...., 100000 times
. mcintegration 10
#simulations:        10  MC estimate of  E[exp(-exp(x))] is .30979214

. mcintegration 100
#simulations:       100  MC estimate of  E[exp(-exp(x))] is .3714466

. mcintegration 1000
#simulations:      1000  MC estimate of  E[exp(-exp(x))] is .38146534

. mcintegration 10000
#simulations:     10000  MC estimate of  E[exp(-exp(x))] is .38081373

. mcintegration 100000
#simulations:    100000  MC estimate of  E[exp(-exp(x))] is .38231031
```

随着 $S\rightarrow\infty$,$E\{g(Y)\}$ 的估计值趋于稳定,但即使当 $S=10^5$ 时,第三位小数位置上的估计值仍然在变动。

4.6 回归的模拟:导论

模拟法最简单的运用就是生成一个单一的数据集并估计其 DGP 参数 $\boldsymbol{\theta}$。在一些假定条件下,对于大的样本容量,如果所估计的参数$\hat{\boldsymbol{\theta}}$异于 $\boldsymbol{\theta}$,那么该估计量很可能是不一致的,我们将在 4.6.4 节中介绍这一简单模拟的例子。

更为通常的情况是,用生成的 S 个数据集的每一个数据集对 $\boldsymbol{\theta}$ 进行估计,把这些估计存储起来并进行概述性统计,以此来学习在给定 DGP 的条件下$\hat{\boldsymbol{\theta}}$所服从的分布。例如,如果想要检查某一标准误估计量的有效性或者检查某一检验的有限样本容量,那么这种方法便是有必要的。这种方法需要具备的能力是,对相同的分析执行 S 次并且对每一次模拟的结果储存下来。最简易的方法是,首先对一个模拟分析写出一个 Stata 程序,然后使用 simulate 命令将该程序运行多次。

4.6.1 模拟的例子:具有卡方分布误差的 OLS

在本节中,对于具有随机解释变量和有偏斜误差项的 OLS 估计量,我们使用模拟的方法来检验这些估计量的有限样本性质。如果误差项是独立同分布的,那么它们偏斜的事实并不会影响 OLS 估计量的大样本性质。但是,与误差项服从正态分布的情形相比,当误差项存在偏斜时,为了更好地近似 OLS 估计量的有限样本分布,我们对这个渐近分布需要一个更大的样本容量。这个例子也强调了一个重要的建模决策:当 y 存在偏斜时,我们有时需要选择模型 $E(\ln y \mid \mathbf{x})$ 而不是 $E(y \mid \mathbf{x})$,因为可以认为干扰项是以乘法的形式进入模型而以不是加法的形式进入模型。这种选择取决于误差项影响结果的乘法方式,并且独立于其分布的函数形式。正如该模拟中所演示的,当来自一个偏斜分布的误差项是独立同分布的时候,渐近理论对 OLS 估计量适用得很好。

我们研究如下的 DGP:

$$y=\beta_1+\beta_2 x+u;\quad u\sim\chi^2(1)-1;\quad x\sim\chi^2(1)$$

其中 $\beta_1=1$,$\beta_2=2$,并且样本容量 $N=150$。对于这个 DGP,误差项 u 与解释变量 x 相互独立(确保 OLS 估计量的一致性),并且其均值为 0,方差为 2,偏度为$\sqrt{8}$,峰度为 15。与之相比,一个服从正态分布的误差项的偏度为 0,峰度为 3。

我们想要执行 1000 次模拟，每一次模拟中，我们都得到估计值和标准误，在 0.05 的水平上对原假设 $H_0:\beta_2 = 2$ 进行 t 检验的 t 值，以及 H_0 双侧检验的结果。

模拟研究中，最频繁变动的两个参数是样本容量和模拟次数。由于这一原因，这两个参数几乎总是存储于容易变动的结果中。我们使用全局宏。在以下的输出结果中，我们将观测值的个数存储于全局宏 numobs 中，并将重复模拟的次数存储于全局宏 numsims 中。在本节的这些例子中，我们将使用这些全局宏。

```
. * Define global macros for sample size and number of simulations
. global numobs 150              // sample size N

. global numsims "1000"          // number of simulations
```

我们首先编写 chi2data 程序，这个程序生成 y 的数据，执行 OLS，并且返回 $\hat{\beta}_2$、$S_{\hat{\beta}_2}$、$t_2 = (\hat{\beta}_2 - 2)/S_{\hat{\beta}_2}$、当 $|t_2| > t_{0.025}(148)$ 时的拒绝指示变量 $r_2 = 1$ 以及双侧 t 检验的 p 值。chi2data 程序是一个 r 类程序，所以使用 return 命令时，这些结果将在 r() 中返回。

```
. * Program for finite-sample properties of OLS
. program chi2data, rclass
  1.      version 10.1
  2.      drop _all
  3.      set obs $numobs
  4.      generate double x = rchi2(1)
  5.      generate y = 1 + 2*x + rchi2(1)-1     // demeaned chi^2 error
  6.      regress y x
  7.      return scalar b2 = _b[x]
  8.      return scalar se2 = _se[x]
  9.      return scalar t2 = (_b[x]-2)/_se[x]
 10.      return scalar r2 = abs(return(t2))>invttail($numobs-2,.025)
 11.      return scalar p2 = 2*ttail($numobs-2,abs(return(t2)))
 12. end
```

除了手动机算 t 统计值和 p 值，我们也可以使用 test 命令，它可以计算出具有相同 p 值的 F 统计值。基于教学的目的，我们手动地执行这个计算过程。以下的输出结果表明，test 命令和手动计算都得到了相同的 p 值。

```
. set seed 10101

. quietly chi2data

. return list

scalars:
               r(p2) =  .0419507319188168
               r(r2) =  1
               r(t2) =  2.051809742705669
              r(se2) =  .0774765767688598
               r(b2) =  2.15896719504583

. quietly test x=2

. return list

scalars:
             r(drop) =  0
             r(df_r) =  148
                r(F) =  4.209923220261905
               r(df) =  1
                r(p) =  .0419507319188168
```

下面我们使用 simulate 命令调用 chi2data 程序，运行 $numsims 次并存储其结果，这里 $numsims=1000。当前的数据集将用每一次模拟的结果来替代。使用 summarize 命令可以展示这些结果，其中输出结果中的 obs 表示模拟的次数而不是每一次模拟中样本的容量。summarize 命令的输出结果表明：(1)点估计值的均值非常接近于其真实值 2；(2)点估计量的标准差接近于标准误的均值；(3)拒绝率 0.046 非常接近于检验水平 0.05。

```
. * Simulation for finite-sample properties of OLS
. simulate b2f=r(b2) se2f=r(se2) t2f=r(t2) reject2f=r(r2) p2f=r(p2),
> reps($numsims) saving(chi2datares, replace) nolegend nodots: chi2data

. summarize b2f se2f reject2f

    Variable |       Obs        Mean    Std. Dev.       Min        Max
-------------+--------------------------------------------------------
         b2f |      1000    2.000502    .0842622   1.719513    2.40565
        se2f |      1000    .0839736    .0172607   .0415919    .145264
    reject2f |      1000        .046    .2095899          0          1
```

下面我们使用 mean 命令得到模拟均值的 95%的置信区间。b2f 的结果和拒绝率表明不存在显著的偏误，并且渐近分布对这个样本容量为 150 的 DGP 的有限样本分布近似得很好。标准误的置信区间包括了 b2f 的样本标准差，这同样表明，大样本理论可以对有限样本分布提供一个很好的近似。

```
. mean b2f se2f reject2f

Mean estimation                     Number of obs    =     1000

--------------------------------------------------------------
             |       Mean   Std. Err.     [95% Conf. Interval]
-------------+------------------------------------------------
         b2f |   2.000502   .0026646      1.995273    2.005731
        se2f |   .0839736   .0005458      .0829025    .0850448
    reject2f |       .046   .0066278       .032994     .059006
--------------------------------------------------------------
```

通过使用 summarize,detail 和 kdensity 命令可以得到这些结果分布的更多信息。

4.6.2 解释模拟结果

我们以此研究 $\hat{\beta}_2$ 的无偏性、标准误公式 $S_{\hat{\beta}_2}$ 的正确性、t 统计量的分布以及检验水平。

估计量的无偏性

$\hat{\beta}_2$ 的 1000 个估计值的平均值为 $\overline{\hat{\beta}_2}=(1/1000)\sum_{s=1}^{1000}\hat{\beta}_s$，即 $E(\hat{\beta}_2)$ 的模拟估计值。这里，$\overline{\hat{\beta}_2}=2.001$(见 b2f 的均值)，非常接近于 DGP 中设定的值 $\beta_2=2.0$，这表明该估计量是无偏的。但是，这种比较应该考虑到模拟的误差。从 mean 命令中，模拟结果得到 $E(\hat{\beta}_2)$ 的 95%的置信区间为[1.995,2.006]，这一置信区间相当狭窄并且包含了 2.0，所以我们可以得出结论：$E(\hat{\beta}_2)$ 是无偏的。

许多估计量，特别是非线性的估计量在有限样本中都是有偏的。那么，运用类似的操作来估计典型样本容量中偏误的幅度。如果该估计量是一致的，那么随着样本容量 N 趋近于无穷大，任何偏误都应该消失。

标准误

$\hat{\beta}_2$ 的 1000 个估计值的方差为 $S^2_{\hat{\beta}_2}=(1/999)\sum_{s=1}^{1000}(\hat{\beta}_s-\overline{\hat{\beta}_2})^2$，即 $\hat{\beta}_2$ 的方差的模拟估计值 $\sigma^2_{\hat{\beta}_2}=\mathrm{Var}(\hat{\beta}_2)$ 。同样地，$S_{\hat{\beta}_2}=0.084$（见 b2f 的标准差），即为 $\sigma_{\hat{\beta}_2}$ 的模拟估计值。这里，$\overline{\mathrm{se}(\hat{\beta}_2)}=0.084$（见 se2f 的均值），并且 $\mathrm{se}(\hat{\beta}_2)$ 的 95%的置信区间为[0.083,0.085]。因为这个区间包含了 $S_{\hat{\beta}_2}=0.084$，所以没有证据表明 $S_{(\hat{\beta}_2)}$ 对于 $\sigma_{\hat{\beta}_2}$ 是有偏的，这意味着，渐近分布对有限样本分布近似得很好。

一般来说，$\sigma^2_{\hat{\beta}_2}$ 的无偏估计 $\{\mathrm{se}(\hat{\beta}_2)\}^2$ 并不意味着其平方根 $S_{(\hat{\beta}_2)}$ 同样是 $\sigma_{\hat{\beta}_2}$ 的无偏估计量。

***t* 统计量**

由于我们对 DGP 施加了比较宽松的约束，t 统计量并非精确地服从 t 分布，z 统计量也并非精确地服从 z 分布。但是，随着样本容量的增加，它们偏离各自推断分布的程度会逐渐消失。以下的输出结果生成了图 4.4 中的图形，比较了 t 统计量的密度分布与 $t(148)$的分布。

```
. kdensity t2f,  n(1000) gen(t2_x t2_d) nograph

. generate double t2_d2 = tden(148, t2_x)

. graph twoway (line t2_d t2_x) (line t2_d2 t2_x)
```

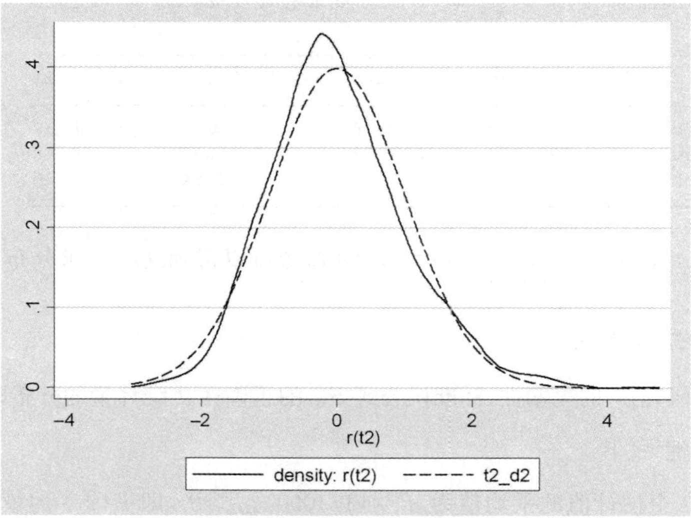

图 4.4　*t* 统计量的密度分布与其渐近分布

尽管该图展示出了有限样本分布与其渐近分布的某些差异，但两者之间并没有出现显著的偏离。与其关注 t 统计量的分布，我们不如更多地关注检验水平或者基于这些统计量的置信区间的范围。

检验水平

检验水平就是当 H_0 为真时，拒绝 H_0 的概率。因为在 DGP 中设置了 $\beta_2=2$，我们考虑原假设 $H_0:\beta_2=2$，备择假设 $H_1:\beta_2\neq 2$ 的双侧检验。这个检验的置信水平或者名义水平被设置为 0.05，且使用 t 检验。导致拒绝原假设 H_0 的模拟所占的百分比被称为拒绝率,并且这个比率就是真实检验水平的模拟估计。这里,估计的拒绝率为 0.046(见 reject2f 的均值)。其相关的 95%的置信区间(由 mean reject2f 命令可得)为[0.033, 0.059],这个区间范围比较宽,但是包括了 0.05。置信区间的宽度,一方面原因在于只执行了 1000 次重复模拟,另一方面表明,对于 150 个观测值,检验的真实水平会不同于名义水平。当我们将这个模拟过程重新运行 10000 次时,所估计的拒绝率为 0.049,置信区间为[0.044,0.052]。

模拟的结果中也包含了变量 p2f,它存储了每一个检验的 p 值。如果 $t(148)$分布对于 t 检验来说是正确的分布,那么 p2f 应该服从(0,1)上的均匀分布。一个直方图(我们并未给出)可以揭示出它这种情况。

为了更准确地衡量检验水平(和检验势),需要进行更多的模拟,而不是需要对偏误或者标准误进行计算。对于一个基于 S 次模拟的估计水平为 a 的检验,真实水平的 95%的置信区间为 $a \pm 1.96 \times \sqrt{a(1-a)/S}$ 。例如,若 $a=0.06$ 且 $S=10000$,则 95%的置信区间为[0.055,0.065]。12.6 节给出了检验水平和检验势的蒙特卡洛实验的更多细节。

模拟的次数

理想的情况下,在报告结果时,应该运行 10000 次模拟或者更多的模拟,但是,这在计算上很费时间。仅仅运行 1000 次模拟,就可能会产生相当大的模拟噪声,特别是对检验水平(和检验势)的估计。

4.6.3 模拟的差异

前面用到的程序可以很容易地运用于其他我们感兴趣的问题。

不同的样本容量与模拟次数

通过更改全局宏 numobs 可以改变样本容量。许多模拟研究关注有限样本对渐近理论的偏离问题。对于某些估计量,最出名的具有弱工具变量的 IV 估计量,即使在具有数千个观测值的样本下,这样的偏离仍然可能出现。

更改全局宏 numsims 可以增加模拟次数,从而得到更加精确的模拟结果。

检验势

检验势是指拒绝错误的原假设的概率。为了模拟某一检验势,我们估计对某一错误原假设进行检验的拒绝率。检验值与真实值之间的差异越大,那么检验势和拒绝率就会越大。

下面的例子更改了 chi2data 文件来估计对错误原假设 $\beta_2 = 2.1$ 进行检验的检验势。

```
. * Program for finite-sample properties of OLS: power
. program chi2datab, rclass
  1.     version 10.1
  2.     drop _all
  3.     set obs $numobs
  4.     generate double x = rchi2(1)
  5.     generate y = 1 + 2*x + rchi2(1)-1      // demeaned chi^2 error
  6.     regress y x
  7.     return scalar b2  =_b[x]
  8.     return scalar se2 =_se[x]
  9.     test x=2.1
 10.     return scalar r2 = (r(p)<.05)
 11. end
```

下面我们使用 simulate 命令进行 1000 次模拟，然后使用 summarize 命令对结果进行概述性统计。

```
. * Power simulation for finite-sample properties of OLS
. simulate b2f=r(b2) se2f=r(se2) reject2f=r(r2),
> reps($numsims) saving(chi2databres, replace) nolegend nodots: chi2datab

. mean b2f se2f reject2f

Mean estimation                     Number of obs    =     1000

--------------------------------------------------------------
             |       Mean   Std. Err.     [95% Conf. Interval]
-------------+------------------------------------------------
         b2f |   2.001816   .0026958      1.996526    2.007106
        se2f |   .0836454   .0005591      .0825483    .0847426
    reject2f |       .241   .0135315      .2144465    .2675535
--------------------------------------------------------------
```

变量 reject2f 的样本均值给出了检验势的估计。估计的检验势为 0.241，该值并不高。增加样本容量或者检验值与真实值的距离将会增加检验势。

对检验势进行估计的一种有效方法是，将 β_2 的假设值定义为程序 chi2datab 中的一个参数。12.6 节中更加详细的蒙特卡洛实验将说明该方法。

误差项的不同分布

通过更改 chi2data 程序中的分布形式，我们可以检验使用误差项的其他分布的效应。对于线性回归，随着误差项的分布逐渐变为独立同分布的正态分布，t 统计量将会逐渐服从 t 分布。对于非线性模型，即使误差项服从独立同分布的正态分布，估计量和检验统计量的精确的有限样本分布仍是未知的。

4.6.2 节中的例子，在每一次模拟中都使用了解释变量和误差项的不同抽样。这样做符合简单随机抽样，其中我们对 (y,x) 点对进行了联合抽样，特别是针对个体进行随机抽样的调查数据，并且我们使用数据 (y,x) 点对作为被抽样的个体。另一种方法是在重复试验中对固定解释变量进行抽样，特别是针对设计实验。接着，我们对 x 的样本只进行一次抽样，并且在每一次模拟中，使用 x 的相同样本，而只对误差项 u（且随后对 y）进行重复抽样。在这种情形下，我们创建 fixedx.dta 数据集，其中，变量 x 有 150 个观测值，它来自于 $\chi^2(1)$ 分布的抽样，同时我们输入 use fixed,clear 命令来替代 chi2data 程序中第 2～4 行的内容。

4.6.4 估计量的非一致性

建立估计量的非一致性的检验所需要的编程更少，因为我们需要生成一个 N 很大的数据且只需要得到其一次估计的估计值，然后比较估计值与 DGP 的设定值。

对于一个经典的测量误差模型中的变量误差，我们进行上述操作。在操作中，我们不仅已知 OLS 估计量具有非一致性，而且已知这种非一致性的程度，所以我们有一个比较的基准。

所研究的 DGP 为：

$$y = \beta x^* + u;\quad x^* \sim N(0,9);\quad u \sim N(0,1)$$

$$x = x^* + v;\quad v \sim N(0,1)$$

y 关于 x^* 的 OLS 回归可以对 β 进行一致估计。但是,只有 x 的数据是可得的,x^* 的数据不可得。相反,我们从 y 对 x 的 OLS 回归中得到 $\hat{\beta}$ 。显然,估计得到的结果 $\hat{\beta}$ 是非一致的估计量,它具有一个向下的偏误 $s\beta$,其中 $s=\sigma_v^2/(\sigma_v^2+\sigma_{x^*}^2)$ 被称为噪声-信号比。对于研究中的 DGP,这个比率为 1/(1+9)=0.1,所以,$\text{plim}\hat{\beta}=\beta-s\beta=1-0.1\times1=0.9$。

下面的模拟可以检验这一理论上的预测值,我们将样本容量设定为 10000。我们使用 drawnorm 命令来对 (x^*,u,v) 进行联合抽样,尽管我们可以更加简便地分别对三个服从标准正态分布的变量进行抽样。我们设定 $\beta=1$。

```
. * Inconsistency of OLS in errors-in-variables model (measurement error)
. clear

. quietly set obs 10000

. set seed 10101

. matrix mu = (0,0,0)

. matrix sigmasq = (9,0,0\0,1,0\0,0,1)

. drawnorm xstar u v, means(mu) cov(sigmasq)

. generate y = 1*xstar + u   // DGP for y depends on xstar

. generate x = xstar + v     // x is mismeasured xstar

. regress y x, noconstant

      Source |       SS       df       MS              Number of obs =   10000
-------------+------------------------------           F(  1,  9999) =41969.38
       Model |  80231.7664     1  80231.7664           Prob > F      =  0.0000
    Residual |  19114.8283  9999    1.911674           R-squared     =  0.8076
-------------+------------------------------           Adj R-squared =  0.8076
       Total |  99346.5947 10000  9.93465947           Root MSE      =  1.3826

------------------------------------------------------------------------------
           y |      Coef.   Std. Err.      t    P>|t|     [95% Conf. Interval]
-------------+----------------------------------------------------------------
           x |   .8997697    .004392   204.86   0.000     .8911604    .9083789
------------------------------------------------------------------------------
```

在给定大样本容量的情况下,OLS 得到非常精确的估计结果。估计值 0.9002 明显地异于 DGP 的设定值 1,从而 OLS 估计量是非一致的。此外,模拟的估计值在本质上等于理论值 0.9。

4.6.5 具有内生解释变量的模拟

内生性是导致估计量非一致的最常见的原因之一。生成一个内生解释变量的简单方法是,首先生成误差项 u,然后生成解释变量 x 并将其设定为若干倍的 u 与某个独立成分的和。

我们将之前的 DGP 更改为:

$$y=\beta_1+\beta_2x+u;\quad u\sim N(0,1);$$
$$x=z+0.5u;\quad z\sim N(0,1)$$

我们设定 $\beta_1=10$, $\beta_2=2$。对于这个 DGP,x 与 u 之间的相关系数为 0.5。我们设 $N=150$。

下面的程序用来生成所需的数据：

```
. * Endogenous regressor
. clear

. set seed 10101

. program endogreg, rclass
  1.      version 10.1
  2.      drop _all
  3.      set obs $numobs
  4.      generate u = rnormal(0)
  5.      generate x = 0.5*u + rnormal(0)          // endogenous regressors
  6.      generate y = 10 + 2*x + u
  7.      regress y x
  8.      return scalar b2 = _b[x]
  9.      return scalar se2 = _se[x]
 10.      return scalar t2 = (_b[x]-2)/_se[x]
 11.      return scalar r2 = abs(return(t2))>invttail($numobs-2,.025)
 12.      return scalar p2 = 2*ttail($numobs-2,abs(return(t2)))
 13. end
```

接下来我们进行模拟并用 summarize 命令对结果进行概述性统计。

```
. simulate b2r=r(b2) se2r=r(se2) t2r=r(t2) reject2r=r(r2) p2r=r(p2),  ///
>        reps($numsims) nolegend nodots: endogreg

. mean b2r se2r reject2r

Mean estimation                    Number of obs    =    1000
```

	Mean	Std. Err.	[95% Conf. Interval]	
b2r	2.399301	.0020709	2.395237	2.403365
se2r	.0658053	.0001684	.0654747	.0661358
reject2r	1	0	.	.

这个进行了 1000 次模拟的结果表明，对于 $N = 150$ 的样本，OLS 估计量大约偏离了 20%，标准差大约缩小了 32 倍，并且我们拒绝了真实的原假设 $\beta_2 = 2$。

通过设定更大的 N，我们同样可以说明在单一的重复模拟中，OLS 估计量也是非一致的。相反，作为另外一种内生性解释变量的模拟，我们使用 IV 进行估计，把 z 作为 x 的工具变量，并且验证 IV 估计量是一致的。

4.7　Stata 资源

关于随机数生成函数的主要参考见 help functions。它包含了本章中所演示的大多数生成器以及一些其他未使用的标准生成器。但是，请注意，对负二项分布进行抽样的 rnbinomial(k,p) 函数不同于本书中使用的函数的参数设置。用于模拟的主要的 Stata 命令是[R]**simulate** 和[P]**postfile**。simulate 命令首先需要在程序中使用其他命令，见[P]**program**。

介绍随机数生成器的运算法则的一本比较教材是 Press etal.(1992)。Cameron 和 Trivedi(2005)讨论了随机数生成器并且介绍了相关的蒙特卡洛研究，另见 12.7 节。

4.8 习题

1.使用正态分布生成器,分别从由 $N(1,1)$ 和 $N(1,3^2)$ 按 50-50 的规模比例所构成的混合分布中生成一个随机抽样。用 $N(3,1)$ 替代 $N(1,3^2)$ 的部分重复上面的操作。对于这两种情况,使用核密度图来展示所生成数据的特征。

2.从 $F(5,10)$ 分布中生成 1000 个观测值,使用 rchi2( ) 命令获得 $\chi^2(5)$ 和 $\chi^2(10)$ 的抽样,比较它们的样本矩与理论矩。

3.首先对 $N(0,1)$ 进行抽样,然后对其抽样做转换为 $Y=\mu+\sigma Z$,最后得到 $N(6,2^2)$ 分布的 1000 个抽样。

4.从均值为 0 且方差为 4 的 $t(6)$ 分布中生成 1000 个抽样。将所得结果与习题 3 进行比较。

5.从 $N(\mu=1,\sigma^2=1)$ 分布中生成一个大样本,并估计变异系数 σ/μ 。证明样本估计量是一致估计量。

6.使用基于 Cholesky 分解法的转换生成多元正态分布 $N(\boldsymbol{\mu},\Sigma=\mathbf{LL}')$ 的抽样,其中 $\boldsymbol{\mu}'=[0\quad 0\quad 0]$,

$$\mathbf{L}=\begin{bmatrix}1 & 0 & 0\\ 1 & \sqrt{3} & 0\\ 0 & \sqrt{3} & \sqrt{6}\end{bmatrix},\text{或者}\Sigma=\begin{bmatrix}1 & 1 & 0\\ 1 & 4 & 3\\ 0 & 3 & 9\end{bmatrix}$$

将所得结果与使用 drawnorm 命令所得结果进行比较。

7.设 s 表示 σ 的样本估计值, $\bar{x}$ 表示 μ 的样本估计值。总体变异系数(CV) σ/μ ——标准差除以均值的比率——是对离散程度的一个无量纲测度。样本变异系数(CV) $s/\bar{x}$ 的渐近分布为 $N\left[\frac{\sigma}{\mu},(N-2)^{-\frac{1}{2}}\left(\frac{\sigma}{\mu}\right)^2\left\{0.5+\left(\frac{\sigma}{\mu}\right)^2\right\}\right]$,见 Miller (1991)。对于 $N=25$ 的样本,使用 simulate 命令或者 postfile 命令,根据设定的 DGP ($x\sim N(\mu,\sigma^2)$),其中三个不同的 CV 值分别为 CV=0.1,0.33 和 0.67,比较样本 CV 的蒙特卡洛方差与渐近方差。

8.值得怀疑的是:当对正态分布的一侧极限部分进行抽样时,使用 4.4.4 节介绍的方法并不能很好地对截尾正态分布进行抽样。使用不同的截点,验证这种怀疑。

9.现在使用 postfile 命令重新操作 4.6.1 节中的例子(带有卡方误差项的 OLS)。使用 postfile 命令把估计的斜率系数、标准误、对原假设 $H_0:\beta=2$ 进行检验的 t 统计值,以及在 0.05 的水平上是否拒绝 H_0 的指示变量保存为一个 Stata 文件,并将其命名为 simresults。程序的模版如下所示:

```
. * Postfile and post example: repeat OLS with chi-squared errors example
. clear

. set seed 10101

. program simbypost
        version 10.1
        tempname simfile
        postfile `simfile' b2 se2 t2 reject2 p2 using simresults, replace
        quietly {
           forvalues i = 1/$numsims {
             drop _all
             set obs $numobs
             generate x = rchi2(1)
             generate y = 1 + 2*x + rchi2(1) - 1    // demeaned chi^2 error
             regress y x
             scalar b2 =_b[x]
             scalar se2 = _se[x]
             scalar t2 = (_b[x]-2)/_se[x]
             scalar reject2 = abs(t2) > invttail($numobs-2,.025)
             scalar p2 = 2*ttail($numobs-2,abs(t2))
             post `simfile' (b2) (se2) (t2) (reject2) (p2)
           }
        }
        postclose `simfile'
    end

. simbypost
(note: file simresults.dta not found)

. use simresults, clear

. summarize
```

5 GLS 回归

5.1 导论

本章介绍线性回归模型中的广义最小二乘(GLS)估计法。

当回归误差项的一个或多个类似于同方差和不相关的假设失效时,GLS 估计量就是合适的。在第 3 章中,我们已经介绍了普通最小二乘(OLS)估计,其统计推断分别基于异方差-稳健标准误和聚类-稳健标准误。现在我们深入地介绍 GLS 估计,它基于更多且正确设定误差项的模型。它比 OLS 估计更加有效,可以得到更小的标准误,更狭窄的置信区间和更大的 t 统计值。

在这里,我们详细介绍了用于横截面数据且具有异方差误差项的单方程回归,以及多方程似不相关回归(SUR)(它是误差项相关的一个例子)的 GLS 估计法。其他关于 GLS 的例子包括用于联立方程系统的三阶段最小二乘估计量(见 6.6 节)、用于面板数据的随机效应估计量(见 8.7 节)以及非线性方程系统的估计量(见 15.10.2 节)。

本章认为:一个完全不同的主题可以单独进行介绍,即调查估计法,它可以明确地控制复杂调查数据的三个问题,即加权抽样、聚类抽样和分层抽样。

5.2 GLS 回归和 FGLS 回归

我们对 GLS 和可行的 GLS(FGLS)的估计理论进行综述。

5.2.1 用于异方差误差项的 GLS

一个简单的例子是具有异方差独立误差项的单方程线性回归模型,其中给定了异方差的设定模型。特定地,

$$\begin{aligned} y_i &= \mathbf{x}'_i\beta + u_i, \quad i = 1,\cdots,N \\ u_i &= \sigma(\mathbf{z}_i)\varepsilon_i \end{aligned} \tag{5.1}$$

其中,当 $i \neq j$ 时,ε_i 满足 $E(\varepsilon_i \mid \mathbf{x}_i,\mathbf{z}_i) = 0$,$E(\varepsilon_i\varepsilon_j \mid \mathbf{x}_i,\mathbf{z}_i,\mathbf{x}_j,\mathbf{z}_j) = 0$ 并且 $E(\varepsilon_i^2 \mid \mathbf{x}_i,\mathbf{z}_i) = 1$。函数 $\sigma(\mathbf{z}_i)$ 称为异方差函数,它是可观测变量 $\mathbf{z}_i$ 的一个特定的标量值函数。如果 $\sigma(z_i) = \sigma$ 是一个常数,那么这就是同方差回归的特殊情形。向量 $\mathbf{z}$ 和 $\mathbf{x}$ 的元素可能重叠也可能不重叠。

在这些假设下,式(5.1)中的误差项 u_i 的均值为零并且是不相关的,但是有一个异方差 $\sigma^2(\mathbf{z}_i)$。对式(5.1)进行 OLS 回归可得到一致(但非有效)的估计,相反,如果通过一个具有同方差误差项的转换模型进行 OLS 估计,可以得到更加有效的估计。通过乘以

$w_i=1/\sigma(\mathbf{z}_i)$来转换这个模型可得到同方差回归模型

$$\left\{\frac{y_i}{\sigma(\mathbf{z}_i)}\right\}=\left\{\frac{\mathbf{x}_i}{\sigma(\mathbf{z}_i)}\right\}'\beta+\varepsilon_i \tag{5.2}$$

因为 $u_i/\sigma(\mathbf{z}_i)=\{\sigma(\mathbf{z}_i)\varepsilon_i\}/\sigma(\mathbf{z}_i)=\varepsilon_i$ 并且 ε_i 是同方差的。GLS 估计量就是这个转换模型的 OLS 估计量。这个回归也可以解释为 y_i 对 $\mathbf{x}_i$ 的加权线性回归,其第 i 次观测的权重为 $w_i=1/\sigma(\mathbf{z}_i)$。实际应用中,$\boldsymbol{\sigma}(\mathbf{z}_i)$依赖于未知的参数,这导致了可行的 GLS 估计量,它使用权重的估计值$\hat{\sigma}(\mathbf{z}_i)$,正如下面的解释。

5.2.2 GLS 与 FGLS

更一般地,我们从以矩阵符号表示的线性模型开始讨论:

$$\mathbf{y}=\mathbf{X}\beta+\mathbf{u} \tag{5.3}$$

根据高斯-马尔科夫定理,如果线性回归模型的误差项是零均值、相互独立且同方差的,那么 OLS 估计量在所有的线性无偏估计量中是有效的。

相反,我们假设 $E(\mathbf{uu}'|\mathbf{X})=\boldsymbol{\Omega}$,其中 $\boldsymbol{\Omega}\neq\sigma^2\mathbf{I}$,这种假设是有很多原因的,主要包括存在异方差或者聚类。那么通过对转换模型进行 OLS 估计,我们可以得到有效的 GLS 估计量。转换模型为:

$$\boldsymbol{\Omega}^{-1/2}\mathbf{y}=\boldsymbol{\Omega}^{-1/2}\mathbf{X}\beta+\varepsilon$$

其中 $\boldsymbol{\Omega}^{-1/2'}\boldsymbol{\Omega}\boldsymbol{\Omega}^{-1/2'}=\mathbf{I}$,所以转换后的误差项 $\varepsilon=\boldsymbol{\Omega}^{-1/2}\mathbf{u}\sim N(0,\mathbf{I})$是同方差的。在异方差的情形下,由于 $\boldsymbol{\Omega}=\mathrm{Diag}\{\sigma^2(\mathbf{z}_i)\}$,所以 $\boldsymbol{\Omega}^{-1/2}=\mathrm{Diag}\{1/\sigma(\mathbf{z}_i)\}$。

实际应用中,$\boldsymbol{\Omega}$ 是未知的。相反,我们设定一个误差方差矩阵模型为 $\boldsymbol{\Omega}=\boldsymbol{\Omega}(\gamma)$,它依赖于一个有限维度的参数向量 γ 以及可能的数据。给定一个 γ 的一致估计值 $\hat{\gamma}$,我们构造 $\hat{\boldsymbol{\Omega}}=\boldsymbol{\Omega}(\hat{\gamma})$。对于不同模型的 $\boldsymbol{\Omega}(\gamma)$,在不同情形下其估计值 $\hat{\boldsymbol{\Omega}}$ 也是不同的。FGLS 估计量是 $\hat{\boldsymbol{\Omega}}^{-1/2}\mathbf{y}$ 对 $\hat{\boldsymbol{\Omega}}^{-1/2}\mathbf{X}$ 的 OLS 回归的估计量,且有:

$$\hat{\beta}_{\mathrm{FGLS}}=(\mathbf{X}'\hat{\boldsymbol{\Omega}}^{-1}\mathbf{X})^{-1}\mathbf{X}'\hat{\boldsymbol{\Omega}}^{-1}\mathbf{y}$$

在 $\hat{\boldsymbol{\Omega}}(\gamma)$正确设定的假设下,$\hat{\beta}_{\mathrm{FGLS}}$的估计量的方差-协方差矩阵(VCE)是$(\mathbf{X}'\hat{\boldsymbol{\Omega}}^{-1}\mathbf{X})^{-1}$,因为可以证明通过 $\hat{\boldsymbol{\Omega}}$ 来估计 $\boldsymbol{\Omega}$ 是没有渐近偏误的。

5.2.3 加权最小二乘法和稳健标准误

对于误差项的方差矩阵,FGLS 估计量需要对 $\boldsymbol{\Omega}(\gamma)$模型进行设定。通常,很清楚的是:一般说来,$\boldsymbol{\Omega}(\gamma)$ 模型设定的一般复杂性可能会出现。例如,异方差的误差项可能产生于横截面数据,但是并不清楚哪种设定的模型是合适于这种复杂性的。如果 $\boldsymbol{\Omega}(\gamma)$的模型被误设,那么 FGLS 仍是一致的,尽管它不再是有效的。更重要的是,通常 $\hat{\beta}_{\mathrm{FGLS}}$ 的 VCE 是错误的。相反,应该使用 VCE 的稳健估计量。

因此,我们应该对真实的误差方差矩阵 $\boldsymbol{\Omega}=E(\mathbf{uu}'|\mathbf{X})$和误差方差设定的模型$\Sigma=\Sigma(\gamma)$进行区分。在统计学文献中,特别关于广义线性模型的文献中,$\Sigma(\gamma)$ 被称为工作方差矩阵。构造估计$\hat{\Sigma}=\Sigma(\hat{\gamma})$,其中 $\hat{\gamma}$ 是 γ 的一个估计。那么利用加权矩阵$\hat{\Sigma}^{-1}$进行 FGLS,可以得到 VCE 的一个稳健估计量。这个估计量称为加权最小二乘(WLS)估计

量,它表明我们不再维持$\sum(\gamma)=\mathbf{\Omega}$。

表 5.1 中给出了关于 WLS 估计量的估计的 VCE 的一些很长的公式,同时给出了关于 OLS 和 FGLS 的相应公式。在进行了 OLS 和 FGLS 估计之后可以得到异方差-稳健标准误,见 5.3.5 节,那里使用了 vce(robust) 选项。第 8 章将介绍用于面板数据的聚类一稳健标准误。

表 5.1 最小二乘估计量和它们的渐近方差

估计量	定 义	估计量的渐近方差
OLS	$\hat{\beta}=(\mathbf{X}'\mathbf{X})^{-1}\mathbf{X}'y$	$(\mathbf{X}'\mathbf{X})^{-1}\mathbf{X}'\hat{\mathbf{\Omega}}\mathbf{X}(\mathbf{X}'\mathbf{X})^{-1}$
FGLS	$\hat{\beta}=(\mathbf{X}'\hat{\mathbf{\Omega}}^{-1}\mathbf{X})^{-1}\mathbf{X}'\hat{\mathbf{\Omega}}^{-1}y$	$(\mathbf{X}'\hat{\mathbf{\Omega}}^{-1}\mathbf{X})^{-1}$
WLS	$\hat{\beta}=(\mathbf{X}'\hat{\Sigma}^{-1}\mathbf{X})^{-1}\mathbf{X}'\hat{\Sigma}^{-1}y$	$(\mathbf{X}'\hat{\Sigma}^{-1}\mathbf{X})^{-1}\mathbf{X}'\hat{\Sigma}^{-1}\hat{\mathbf{\Omega}}\hat{\Sigma}^{-1}\mathbf{X}(\mathbf{X}'\hat{\Sigma}^{-1}\mathbf{X})^{-1}$

注释:给出的结果是误差项具有一个条件方差矩阵 $\mathbf{\Omega}$ 的线性回归模型的所有结果。对于 FGLS,假定 $\hat{\mathbf{\Omega}}$ 是 $\mathbf{\Omega}$ 的一致估计。对于 OLS 和 WLS,$\hat{\beta}$ 和 $\hat{\mathbf{\Omega}}$ 的异方差-稳健 VCE 等于一个对角矩阵,它的对角线元素为残差的平方,也可以使用一个聚类-稳健 VCE。

5.2.4 重要的例子

GLS 的框架就是研究何时存在 $\mathbf{\Omega}\neq\sigma^2\mathbf{I}$。我们总结了一些重要的例子。

我们已经深入讨论了异方差的误差项,异方差的误差项可能以许多不同的方式出现。特别地,它们可能反映了模型中函数形式的相关设定误差。这些例子包括:忽略了随机参数的差异或者系统参数的差异、错误的条件均值的函数形式、回归中变量的错误的缩放以及关于被解释变量的错误的分布假设。因此,对异方差问题较好的处理要求对回归模型的函数形式进行分析。例如,在第 3 章中,我们发现对数线性模型比线性模型更加合适。

对于多元线性回归,比如对系统方程的估计,误差项在特定个体的不同方程之间是相关的。在这种情形中,模型由 m 个线性回归方程 $y_{ij}=\mathbf{x}'_{ij}\beta_j+u_{ij}$ 所构成,其中对于给定的 i,误差项 u_{ij} 在不同的 j 之间是相关的,但是在不同的 i 之间是不相关的。那么 GLS 估计就是所有 m 个回归的有效联合估计。三阶段最小二乘估计量就是对联立方程系统情形的一种扩展估计。

另一个常见的例子是存在聚类(或者分组)误差项的情形,其误差项在聚类内部是相关的,但在不同的聚类之间是不相关的。一个聚类由一组观测值构成,它们具有一些共同的社会、地理或经济特征,这些特征导致在同一个聚类的内部不同的观测值之间存在依赖,即使控制了可观测差异的来源。这种依赖也可能是由其他潜在因素所导致的,比如说相同的社会规则,习俗或者共同的当地环境的影响。在这种情形中,$\mathbf{\Omega}$ 可能是按聚类进行分类的。如果所有的观测值可以被分成 C 个完全互斥的组,那么 $\mathbf{\Omega}$ 可以被分成 C 个子矩阵,而且每一个子矩阵都有其自身的组内相关性。一个重要的例子是面板数据的随机效应估计量,其中聚类是按照个体进行的,而不同的个体之间是独立的。那么,存在一种算法可以简化 $N\times N$ 阶矩阵 $\mathbf{\Omega}$ 的求逆运算,当矩阵 $\mathbf{\Omega}$ 的 N 可能很大时。

5.3 对异方差数据进行建模

在微观计量经济学中,异方差的误差项普遍存在。第 3 章介绍的标准回归模型中的同方差假设的失效，导致了OLS估计量是无效的，尽管它仍是一致的估计量。给定异方差的误差项，我们有两种重要的方法。第一种方法，即在第3章中所采取的方法，是在没有关于异方差的函数形式的假设下，获得回归系数标准误的稳健估计。在这种选择下，异方差的形式对于只想报告正确的标准误、t 统计值和 p 值的研究者没有兴趣。在Stata中，这种方法很容易通过选项vce(robust)来实施。第二种方法就是对异方差进行建模来获得更加有效的FGLS估计量。这使得参数和边际效应的估计更加精确，且使得条件均值的预测更加精确。

与FGLS的某些其他标准设置不同，若给定了异方差的误差项，并没有直接的Stata命令进行FGLS估计。但是，正如我们将要演示的，手工地获得FGLS估计量也是很简单的。

5.3.1 模拟的数据集

我们使用一个模拟的数据集，其中 y 的条件均值依赖于解释变量 x_2 和 x_3，而条件方差仅仅依赖于 x_2。该特定的数据生成过程(DGP)是

$$y = 1 + 1 \times x_2 + 1 \times x_3 + u; \quad x_2, x_3 \sim N(0,25)$$
$$u = \sqrt{\exp(-1 + 0.2 \times x_2)} \times \varepsilon; \quad \varepsilon \sim N(0,25)$$

那么，误差项 u 具有异方差性，其条件方差为 $25 \times \exp(-1 + 0.2 \times x_2)$，该条件方差随 x_2 的取值不同而在观测值之间变化。

我们从这一DGP中生成一个样本量为500的样本：

```
. * Generated data for heteroskedasticity example
. set seed 10101

. quietly set obs 500

. generate double x2 = 5*rnormal(0)

. generate double x3 = 5*rnormal(0)

. generate double e  = 5*rnormal(0)

. generate double u  = sqrt(exp(-1+0.2*x2))*e

. generate double y  = 1 + 1*x2 + 1*x3 + u

. summarize
```

Variable	Obs	Mean	Std. Dev.	Min	Max
x2	500	-.0357347	4.929534	-17.05808	15.1011
x3	500	.08222	5.001709	-14.89073	15.9748
e	500	-.04497	5.130303	-12.57444	18.65422
u	500	-.1564096	3.80155	-17.38211	16.09441
y	500	.8900757	7.709741	-21.65168	28.89449

正如预期，所生成的服从正态分布的变量x2、x3和e，有近似的0均值，且标准差为5。

5.3.2 OLS估计

具有默认标准误的OLS回归可以得到：

```
. * OLS regression with default standard errors
. regress y x2 x3

      Source |       SS       df       MS              Number of obs =     500
-------------+------------------------------           F(  2,   497) =  790.51
       Model |  22566.6872     2  11283.3436           Prob > F      =  0.0000
    Residual |  7093.92492   497  14.2734908           R-squared     =  0.7608
-------------+------------------------------           Adj R-squared =  0.7599
       Total |  29660.6122   499  59.4401046           Root MSE      =   3.778

------------------------------------------------------------------------------
           y |      Coef.   Std. Err.      t    P>|t|     [95% Conf. Interval]
-------------+----------------------------------------------------------------
          x2 |   .9271964   .0343585    26.99   0.000     .8596905    .9947023
          x3 |   .9384295   .0338627    27.71   0.000     .8718977    1.004961
       _cons |   .8460511    .168987     5.01   0.000     .5140341    1.178068
------------------------------------------------------------------------------
```

系数的估计值都接近于其真实值，且估计值都位于 95%的置信区间的上限内部或外部。该估计量非常精确，因为我们有 500 个观测值，而对于这个生成的数据集，$R^2 = 0.76$ 是非常高的。

对于相同的 OLS 估计量，标准的程序是为了获得异方差一稳健标准误。我们有：

```
. * OLS regression with heteroskedasticity-robust standard errors
. regress y x2 x3, vce(robust)

Linear regression                                      Number of obs =     500
                                                       F(  2,   497) =  652.33
                                                       Prob > F      =  0.0000
                                                       R-squared     =  0.7608
                                                       Root MSE      =   3.778

------------------------------------------------------------------------------
             |               Robust
           y |      Coef.   Std. Err.      t    P>|t|     [95% Conf. Interval]
-------------+----------------------------------------------------------------
          x2 |   .9271964   .0452823    20.48   0.000     .8382281    1.016165
          x3 |   .9384295   .0398793    23.53   0.000     .8600767    1.016782
       _cons |   .8460511    .170438     4.96   0.000     .5111833    1.180919
------------------------------------------------------------------------------
```

一般来说，未能控制异方差会导致的错误的默认标准误，尽管我们事先无法得知这种错误是太大还是太小。在我们的例子中，我们预期 x2 系数的标准误将最受大的影响，因为该异方差依赖于 x2。实际上确实如此。对于 x2，稳健标准误比错误的默认标准误大 30%（0.045 比 0.034）。起初未能控制的异方差导致了错误的标准误，在这种情形下，导致了对于 x2 标准误的相当大的低估。对于 x3，其标准误的变化更小。

5.3.3 检验异方差

一个简单的非正式的诊断程序是，用拟合的回归残差的绝对值 $|\hat{u}_i|$ 对假设为异方差函数中的变量绘制图形。模型中的解释变量自然就是候选变量。

下面的程序分别绘制了 $|\hat{u}_i|$ 对 x_{2i}，和 $|\hat{u}_i|$ 对 x_{3i} 的图形，然后使用 graph combine（见 2.6 节）命令将这两个图形合并到一幅图中（见图 5.1）。我们使用了一些 twoway 命令的选项来提高图形的可识别性。

```
. * Heteroskedasticity diagnostic scatterplot
. quietly regress y x2 x3

. predict double uhat, resid

. generate double absu = abs(uhat)

. quietly twoway (scatter absu x2) (lowess absu x2, bw(0.4) lw(thick)),
>   scale(1.2) xscale(titleg(*5)) yscale(titleg(*5))
>   plotr(style(none)) name(gls1)

. quietly twoway (scatter absu x3) (lowess absu x3, bw(0.4) lw(thick)),
>   scale(1.2) xscale(titleg(*5)) yscale(titleg(*5))
>   plotr(style(none)) name(gls2)

. graph combine gls1 gls2
```

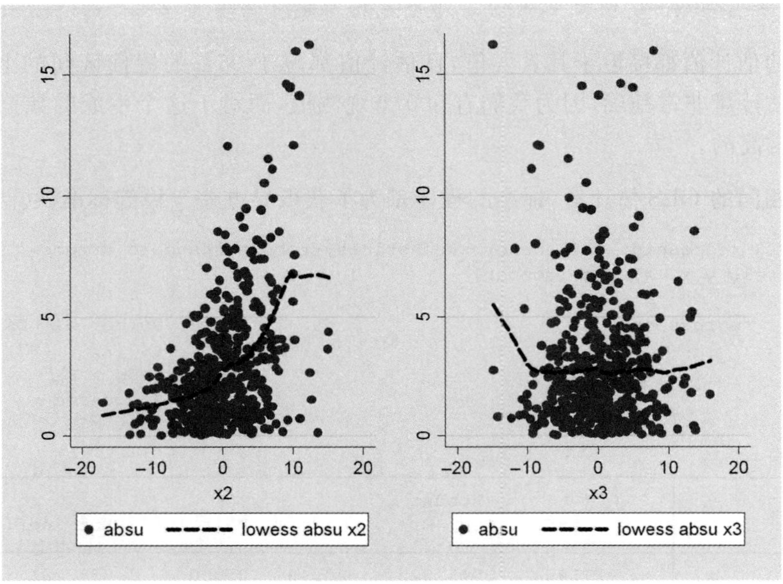

图 5.1　残差的绝对值对 x_2 和 x_3 的图形

很容易发现，散点图的范围随着 x_2 的增加而变宽，即呈现出非线性的关系，且并不随着 x_3 的增加而变化。给定 DGP，这些观测值都是可以预期的。

除了对异方差进行可视化的展示之外，我们可以对同方差的原假设进行正式检验，其备择假设是残差的方差(a)仅仅依赖于 x_2，(b)仅仅依赖于 x_3，(c)联合依赖于 x_2 和 x_3。给定上述的图形(以及已知的 DGP)，我们预期第一个检验和第三个检验将拒绝同方差，而第二个检验无法拒绝同方差。

我们通过使用 Stata 中的估计后命令 estat hettest(见 3.5.4 节)来执行上述检验。最简单的检验可以使用 mtest 选项，它可以执行多个检验，首先分别检验每一个成分，然后检验所有成分。我们有：

```
. * Test heteroskedasticity depending on x2, x3, and x2 and x3
. estat hettest x2 x3, mtest

Breusch-Pagan / Cook-Weisberg test for heteroskedasticity
         Ho: Constant variance

---------------------------------------
      Variable |      chi2   df      p
---------------+-----------------------
            x2 |    180.80    1   0.0000 #
            x3 |      2.16    1   0.1413 #
---------------+-----------------------
  simultaneous |    185.62    2   0.0000
---------------------------------------
                  # unadjusted p-values
```

x2 的 p 值为 0.000，导致我们拒绝异方差函数不依赖于 x2 的原假设。我们得出结论：异方差仅仅是由于 x2 产生的。相反，x3 的 p 值为 0.1413，所以我们无法拒绝异方差函数不依赖于 x3 的原假设。我们得出结论：没有异方差仅仅是由于 x3 而产生的。同样地，联合（联立）假设的 p 值为 0.000，导致我们得出结论：异方差函数依赖于 x2 和 x3。

如果存在许多解释变量，且因此存在许多导致异方差的候选变量，那么使用 mtest 选项特别方便。然而，如果确实要使用 hettest 命令的方法，就必须要求假设误差项服从正态分布。为了把这个假设放松为误差项是独立同分布的假设，我们需要使用 iid 选项（见 3.5.4 节），并且分别执行检验。这么做使得检验统计量（未报告的）的值小于上面未使用 iid 选项时所获得的统计量的值，但是可以得到相同的结论：异方差是由于 x2 而产生的。

5.3.4 FGLS 估计

为了提供估计潜在的有效性，我们可以使用 5.2.2 节中介绍的两阶段 FGLS 估计法来估计模型的参数。对于异方差这是很简单的。从(5.2)式可知，我们需要：(1)估计 $\hat{\sigma}_i^2$，(2) $y_i/\hat{\sigma}_i$ 对 $\mathbf{x}_i/\hat{\sigma}_i$ 进行 OLS 回归。

在第一阶段中，我们通过 OLS 方法来估计线性回归，并保存残差 $\hat{u}_i = y - \mathbf{x}'\hat{\beta}_{\text{OLS}}$；再用 $\hat{u}_i^2$ 对 $\sigma^2(\mathbf{z}_i, \gamma)$进行回归来估计异方差函数 $\sigma^2(\mathbf{z}_i, \gamma)$，最后得到预测值 $\hat{\sigma}^2(\mathbf{z}_i, \hat{\gamma})$。这里我们的检验表明，异方差函数应该只包含变量 x2。我们设定异方差函数为 $\sigma^2(\mathbf{z}) = \exp(\gamma_1 + \gamma_2 x_2)$，因为采用指数函数可以保证正的方差。这是一个非线性模型，所以需要通过非线性最小二乘法来估计。我们使用在 10.3.5 节中解释的 nl 命令。

FGLS 的第一阶段估计得到：

```
. * FGLS: First step get estimate of skedasticity function
. quietly regress y x2 x3                     // get bols

. predict double uhat, resid

. generate double uhatsq = uhat^2             // get squared residual

. generate double one = 1

. nl (uhatsq = exp({xb: x2 one})), nolog     // NLS of uhatsq on exp(z'a)
(obs = 500)

      Source |       SS          df         MS
-------------+----------------------------------        Number of obs =        500
       Model |  188726.865        2   94363.4324        R-squared     =     0.3294
    Residual |  384195.497      498   771.476902        Adj R-squared =     0.3267
-------------+----------------------------------        Root MSE      =   27.77547
       Total |  572922.362      500   1145.84472        Res. dev.     =   4741.088

------------------------------------------------------------------------------
      uhatsq |      Coef.   Std. Err.      t    P>|t|     [95% Conf. Interval]
-------------+----------------------------------------------------------------
      /xb_x2 |   .1427541   .0128147    11.14   0.000     .1175766    .1679317
     /xb_one |   2.462675   .1119496    22.00   0.000     2.242723    2.682626
------------------------------------------------------------------------------

. predict double varu, yhat                   // get sigmahat^2
```

注意，x2 很好地解释了异方差（$R^2 = 0.33$），并且在统计上很显著。对于我们的 DGP，$\sigma^2(\mathbf{z}) = 25 \times \exp(-1+0.2x_2) = \exp(\ln 25 - 1 + 0.2x_2) = \exp(2.22+0.2x_2)$，估计值 2.46 和 0.14 分别接近于这些值。

在第二阶段中，预测值 $\hat{\sigma}^2(\mathrm{z})$ 定义了可用于获得 FGLS 估计量的权重。特定地，我们用 $y_i/\hat{\sigma}_i$ 对 $\mathbf{x}_i/\hat{\sigma}_i$ 进行回归，其中 $\hat{\sigma}_i^2 = \exp(\hat{\gamma}_1 + \hat{\gamma}_2 x_{2i})$。在估计中使用 aweight 命令可以自动地进行加权。如果 aweight 选项中的变量是 w_i，那么 OLS 回归就是用 $\sqrt{w_i}\,y_i$ 对 $\sqrt{w_i}\,\mathbf{x}_i$ 的进行回归。这里我们需要设置 aweight 命令的变量为 $1/\hat{\sigma}_i^2$，或者 1/varu。那么有：

```
. * FGLS: Second step get estimate of skedasticity function
. regress y x2 x3 [aweight=1/varu]
(sum of wgt is   5.4993e+01)

      Source |       SS          df         MS          Number of obs =      500
-------------+----------------------------------        F(  2,    497) =  1890.74
       Model |  29055.2584        2   14527.6292        Prob > F      =   0.0000
    Residual |  3818.72635      497   7.68355401        R-squared     =   0.8838
-------------+----------------------------------        Adj R-squared =   0.8834
       Total |  32873.9847      499   65.8797289        Root MSE      =   2.7719

------------------------------------------------------------------------------
           y |      Coef.   Std. Err.      t    P>|t|     [95% Conf. Interval]
-------------+----------------------------------------------------------------
          x2 |   .9880644   .0246626    40.06   0.000     .9396087     1.03652
          x3 |   .9783926    .025276    38.71   0.000     .9287315    1.028054
       _cons |   .9522962   .1516564     6.28   0.000     .6543296    1.250263
------------------------------------------------------------------------------
```

与前面带有正确的稳健标准误的 OLS 回归的结果相比，可以发现，FGLS 估计的置信区间更加狭窄。例如，x2 的置信区间由[0.84，1.02]改进为[0.94，1.04]。正如理论所预测的，对异方差模型进行正确设定的 FGLS 估计比 OLS 估计更有效。

在实际应用中,异方差的形式通常是不可知的。那么可能得不到相似的有效结果,并且我们应该创建更稳健的标准误,这正是我们下面将要研究的。

5.3.5 WLS 估计

FGLS 标准误建立在对异方差模型正确设定的假设之上的。为了防止模型的错误设定,我们使用 5.2.3 节介绍的 WLS 估计量,它等同于 FGLS 估计量,但使用了稳健的标准误,这种稳健标准误并不依赖于异方差模型的设定。我们有:

```
. * WLS estimator is FGLS with robust estimate of VCE
. regress y x2 x3 [aweight=1/varu], vce(robust)
(sum of wgt is   5.4993e+01)

Linear regression                                      Number of obs =      500
                                                       F(  2,    497) = 2589.73
                                                       Prob > F      =  0.0000
                                                       R-squared     =  0.8838
                                                       Root MSE      =  2.7719

------------------------------------------------------------------------------
             |               Robust
           y |      Coef.   Std. Err.      t    P>|t|     [95% Conf. Interval]
-------------+----------------------------------------------------------------
          x2 |   .9880644   .0218783    45.16   0.000     .9450791     1.03105
          x3 |   .9783926   .0242506    40.35   0.000     .9307462    1.026039
       _cons |   .9522962   .1546593     6.16   0.000     .6484296    1.256163
------------------------------------------------------------------------------
```

正如预期,上述的标准误非常接近于 FGLS 的标准误。因为这里的 FGLS 是已知的,它使用了具有异方差的 DGP 模型。

5.4 系统线性回归

在本节中,我们把 GLS 估计扩展到一个线性方程系统,在这个系统中,对于给定的个体的误差项在不同的方程之间是相关的,但是在不同的个体之间是不相关的。我们利用误差项的跨方程相关性来提高估计量的有效性。在计量经济学中,这个多元线性回归常被称为 SUR 方程系统。它经常出现在许多经济学文献中,需求方程系统就是一个重要的例子。这里我们介绍的 GLS 方法也可以被扩展适用于联立方程系统(6.6 节介绍了三阶段最小二乘估计法)、面板数据(第 8 章)以及非线性方程系统(15.10.2 节)。

我们还将说明如何对跨方程的参数进行检验或施加约束,方程系统也会产生其他的问题,例如,消费者需求理论可能施加对称性的约束。

5.4.1 SUR 模型

该模型由 N 个个体的 m 个线性回归方程而构成。个体 i 的第 j 个方程为 $y_{ij} = \mathbf{x}'_{ij}\beta_j + u_{ij}$ 。对于把所有的观测值堆栈起来,第 j 个方程的模型可以写成 $\mathbf{Y}_j = \mathbf{X}_j\beta_j + \mathbf{u}_j$ 。接着我们把 m 个方程堆栈起来就得到 SUR 模型:

$$\begin{bmatrix} y_1 \\ y_2 \\ \vdots \\ y_m \end{bmatrix} = \begin{bmatrix} X_1 & 0 & \cdots & 0 \\ 0 & X_2 & & \vdots \\ \vdots & & \ddots & 0 \\ 0 & \cdots & 0 & X_m \end{bmatrix} \begin{bmatrix} \beta_1 \\ \beta_2 \\ \vdots \\ \beta_m \end{bmatrix} + \begin{bmatrix} u_1 \\ u_2 \\ \vdots \\ u_m \end{bmatrix} \tag{5.4}$$

其紧凑形式为：

$$\mathbf{y}=\mathbf{X}\beta+\mathbf{u} \tag{5.5}$$

假设误差项的均值为零，在各个个体之间相互独立且是同方差的。问题在于：对于一个给定的个体，不同方程中的误差项是相关的，即当 $j \neq j'$ 时，$E(u_{ij}u_{ij'} \mid \mathbf{X})=\sigma_{jj'}$ 且 $\sigma_{jj'} \neq 0$。接着，$N\times 1$ 阶的误差项向量 $\mathbf{u}_j$，$j=1,\cdots,m$，满足下列假设：(1)$E(\mathbf{u}_j \mid \mathbf{X})=0$；(2) $E(\mathbf{u}_j\mathbf{u}'_j \mid \mathbf{X})=\sigma_{jj}\mathbf{I}_N$；(3)当 $j \neq j'$ 时，$E(\mathbf{u}_j\mathbf{u}'_{j'} \mid \mathbf{X})=\sigma_{jj'}\mathbf{I}_N$。那么，对于整个系统有 $\mathbf{\Omega}=E(\mathbf{uu}')=\Sigma\otimes\mathbf{I}_N$，其中 $\Sigma=(\sigma_{jj'})$ 是一个 m×m 阶的正定矩阵，且用⊗表示两个矩阵的 Kronecker 乘积。

把 OLS 应用于每一个方程得到 β 的一致估计量，但是这个模型的最优估计量是 GLS 估计量。使用 $\mathbf{\Omega}^{-1}=\Sigma^{-1}\otimes\mathbf{I}_N$，因为 $\mathbf{\Omega}=\Sigma\otimes\mathbf{I}_N$，则 GLS 为

$$\hat{\beta}_{GLS}=\{\mathbf{X}'(\Sigma^{-1}\otimes\mathbf{I}_N)\mathbf{X}\}^{-1}\{\mathbf{X}'(\Sigma^{-1}\otimes\mathbf{I}_N)\mathbf{y}\} \tag{5.6}$$

其中 VCE 为：

$$\mathrm{Var}(\hat{\beta})=\{\mathbf{X}'(\Sigma^{-1}\otimes\mathbf{I}_N)\mathbf{X}\}^{-1}$$

FGLS 估计很简单，并且这个估计量被称为 SUR 估计量。我们只需要进行估计并且对 m×m 阶的矩阵Σ进行求逆。计算分为两步。第一步，对每一个方程进行 OLS 估计，使用从 m 个方程中得到的残差估计Σ，即使用 $\hat{\mathbf{u}}_j=\mathbf{y}_j-\mathbf{X}_j\hat{\beta}_j$ 和 $\hat{\sigma}_{jj'}=\hat{\mathbf{u}}'_j\hat{\mathbf{u}}_{j'}/N$。第二步，用$\hat{\Sigma}$替代(5.6)式中的$\Sigma$来获得 FGLS 估计量 $\hat{\beta}_{FGLS}$。另一种方法是持续地迭代这两个步骤直到估计量收敛，它称为迭代的 FGLS(IFGLS)估计量。尽管迭代没有渐近上的优势，但在有限样本中可能有。渐近理论假设当 $N\rightarrow\infty$时，m 是固定的。

存在两种情形，FGLS 会简化为一个方程对一个方程的 OLS。第一种简单情形是不同的方程之间的误差项是不相关的，因此Σ是对角阵。第二种情形虽然不那么明显，但在实际中经常出现。如果每一个方程恰好含有相同的解释变量，即对于所有的 j 和 j'，有 $\mathbf{X}_j=\mathbf{X}_{j'}$，那么即使$\Sigma$是非对角阵，也可以证明 FGLS 系统估计量将会简化为方程对方程的 OLS。

5.4.2 sureg 命令

在 Stata 中，我们使用 sureg 命令可以得到 SUR 估计量。使用这个命令需要对 m 个方程中的每一个方程的被解释变量和解释变量进行设定。sureg 命令的基本语法为：

sureg (*depvar*1 *varlist*1) ⋯ (*depvarm varlistm*) [*if*] [*in*] [*weight*] [, *options*]

其中,每一个括号里都包含对 m 个线性回归的每一个模型的设定。默认的是两阶段 SUR 估计。通过设定 isure 选项使得 sureg 命令可以产生迭代估计量。

5.4.3 在两类支出中的应用

这里所研究的 SUR 的应用涉及两个被解释变量,即处方药支出的对数(ldrugexp)和除药物以外的所有医疗服务支出的对数(ltotothr)。

这个来自于医疗支出面板数据调查(MEPS)的数据与第三章中所研究的数据非常相似,它包括了 65 岁及以上的具有医疗保险资格的人群。解释变量为社会经济变量(educyr 和 age 的二次项),健康状况变量(actlim 和 totchr),以及额外保险的指示变量(private 和 medicaid)。我们有:

```
. * Summary statistics for seemingly unrelated regressions example
. clear all

. use mus05surdata.dta

. summarize ldrugexp ltotothr age age2 educyr actlim totchr medicaid private
```

Variable	Obs	Mean	Std. Dev.	Min	Max
ldrugexp	3285	6.936533	1.300312	1.386294	10.33773
ltotothr	3350	7.537196	1.61298	1.098612	11.71892
age	3384	74.38475	6.388984	65	90
age2	3384	5573.898	961.357	4225	8100
educyr	3384	11.29108	3.7758	0	17
actlim	3384	.3454492	.4755848	0	1
totchr	3384	1.954492	1.326529	0	8
medicaid	3384	.161643	.3681774	0	1
private	3384	.5156619	.4998285	0	1

我们使用 sureg 命令来估计 SUR 模型的参数。因为如果每一个方程中的解释变量恰好相同,SUR 估计就会简化为 OLS,所以我们在 ldurgexp 的模型中省略掉变量 educyr,并且在 ltotothr 的模型中省略掉变量 medicaid。我们使用 corr 选项,因为该选项可以得到拟合残差的相关系数矩阵,该矩阵用于构造关于两个方程中误差项独立性的一个检验。我们有:

```
. * SUR estimation of a seemingly unrelated regressions model
. sureg (ldrugexp age age2 actlim totchr medicaid private) ///
>   (ltotothr age age2 educyr actlim totchr private), corr
```

Seemingly unrelated regression

Equation	Obs	Parms	RMSE	"R-sq"	chi2	P
ldrugexp	3251	6	1.133657	0.2284	962.07	0.0000
ltotothr	3251	6	1.491159	0.1491	567.91	0.0000

```
-------------------------------------------------------------------------------------
             |      Coef.   Std. Err.      z    P>|z|     [95% Conf. Interval]
-------------+-----------------------------------------------------------------------
ldrugexp     |
         age |   .2630418    .0795316     3.31   0.001     .1071627    .4189209
        age2 |  -.0017428    .0005287    -3.30   0.001     -.002779   -.0007066
      actlim |   .3546589     .046617     7.61   0.000     .2632912    .4460266
      totchr |   .4005159    .0161432    24.81   0.000     .3688757     .432156
    medicaid |   .1067772    .0592275     1.80   0.071    -.0093065    .2228608
     private |   .0810116    .0435596     1.86   0.063    -.0043636    .1663867
       _cons |  -3.891259    2.975898    -1.31   0.191    -9.723911    1.941394
-------------+-----------------------------------------------------------------------
ltotothr     |
         age |   .2927827    .1046145     2.80   0.005      .087742    .4978234
        age2 |  -.0019247    .0006955    -2.77   0.006    -.0032878   -.0005617
      educyr |   .0652702      .00732     8.92   0.000     .0509233    .0796172
      actlim |   .7386912    .0608764    12.13   0.000     .6193756    .8580068
      totchr |   .2873668    .0211713    13.57   0.000     .2458719    .3288618
     private |   .2689068     .055683     4.83   0.000     .1597701    .3780434
       _cons |  -5.198327    3.914053    -1.33   0.184    -12.86973    2.473077
-------------------------------------------------------------------------------------

Correlation matrix of residuals:

          ldrugexp  ltotothr
ldrugexp    1.0000
ltotothr    0.1741    1.0000

Breusch-Pagan test of independence: chi2(1) =    98.590, Pr = 0.0000
```

因为变量 ldrugexp 和 ltotothr 存在一些缺失值，这个回归中只有 3251 个观测值。从 sureg 命令得到的这个很长的输出结果包含三个部分。

第一部分结果概括了每个方程的拟合优度。对于被解释变量 ldrugexp，我们有 $R^2=0.23$。对于方程中所有解释变量(除截距项以外)的联合显著性检验，其检验统计值为 962.07，且其 p 值为 0.000，该检验统计量服从卡方分布 $\chi^2(6)$，因为方程中包含 6 个解释变量。在每一个方程中，解释变量都是联合显著的。

第二部分结果给出了估计的系数。在 5%的水平上，大部分解释变量都是统计显著的，并且与对药物支出的影响相比，这些解释变量对其他支出的影响普遍更大。正如你在本章末的习题 6 中将要看到的，系数的估计与 OLS 所得的估计非常相近，并且与 OLS 相比，SUR 估计的有效性相对较小，其标准误大约下降了 1%。

最后一部分结果由 corr 选项生成。两个方程中的误差项具有正的相关性，因为 $r_{12}=\hat{\sigma}_{12}/\sqrt{\hat{\sigma}_{11}\hat{\sigma}_{22}}=0.1741$。对误差项独立性的 Breush-Pagan 拉格朗日乘子检验，其被计算为 $Nr_{12}^2=3251\times 0.1741^2=98.54$，得到 p 值为 0.000，该 p 值通过卡方分布 $\chi^2(1)$ 计算出来。因为 r_{12} 并没有恰好等于 0.1741，手动计算得到 98.54，它并不恰好等于输出结果中的 98.590。这表明：两个方程中误差项之间的相关性是统计显著的，因为正如应该预期到的，这两类支出可能具有相似的潜在决定因素。同时，相关性并不是很强，所以在这个例子里，SUR 估计所提高的有效性并不明显。

5.4.4 稳健标准误

sureg 命令报告的标准误施加了同方差的约束。在这个例子中，这是一个合理的假设，因为对支出取自然对数会大幅度地削弱异方差。但在其他的应用中，比如使用支出的水平值，这将是不合理的。

sureg 命令没有选项来允许误差项具有异方差性。但是,我们可以使用将在第 13 章中介绍的 bootstrap 前缀。该命令在不同的个体之间进行抽样,并且在更弱的假设 $E(u_{ij}u_{ij'} \mid \mathbf{X}) = \sigma_{i,jj'}$ (尽管它保持了不同个体之间相互独立的假设)下给出了有效的标准误。正如你将在 13.3.4 节里学到的,更好的操作方法是更多地使用自抽样而不是默认的选项,且设置种子值。我们有:

```
. * Bootstrap to get heteroskedasticity-robust SEs for SUR estimator
. bootstrap, reps(400) seed(10101) nodots: sureg        ///
>    (ldrugexp age age2 actlim totchr medicaid private)  ///
>    (ltotothr age age2 educyr actlim totchr private)

Seemingly unrelated regression
----------------------------------------------------------------------
Equation          Obs  Parms        RMSE    "R-sq"       chi2        P
----------------------------------------------------------------------
ldrugexp         3251      6    1.133657    0.2284     962.07   0.0000
ltotothr         3251      6    1.491159    0.1491     567.91   0.0000
----------------------------------------------------------------------

------------------------------------------------------------------------------
             |  Observed   Bootstrap                         Normal-based
             |     Coef.   Std. Err.      z    P>|z|     [95% Conf. Interval]
-------------+----------------------------------------------------------------
ldrugexp     |
         age |   .2630418   .0799786     3.29   0.001     .1062866    .4197969
        age2 |  -.0017428   .0005319    -3.28   0.001    -.0027853   -.0007003
      actlim |   .3546589   .0460193     7.71   0.000     .2644627    .4448551
      totchr |   .4005159   .0160369    24.97   0.000     .3690841    .4319477
    medicaid |   .1067772   .0578864     1.84   0.065    -.0066781    .2202324
     private |   .0810116    .042024     1.93   0.054    -.0013539     .163377
       _cons |  -3.891259   2.993037    -1.30   0.194    -9.757504    1.974986
-------------+----------------------------------------------------------------
ltotothr     |
         age |   .2927827   .1040127     2.81   0.005     .0889216    .4966438
        age2 |  -.0019247   .0006946    -2.77   0.006    -.0032861   -.0005633
      educyr |   .0652702   .0082043     7.96   0.000     .0491902    .0813503
      actlim |   .7386912   .0655458    11.27   0.000     .6102238    .8671586
      totchr |   .2873668   .0212155    13.55   0.000     .2457853    .3289483
     private |   .2689068    .057441     4.68   0.000     .1563244    .3814891
       _cons |  -5.198327   3.872773    -1.34   0.180    -12.78882    2.392168
------------------------------------------------------------------------------
```

输出结果表明:自抽样标准误与默认的标准误差别很小。所以正如预期,对于这个支出对数值的例子,异方差对标准误产生的差异很小。

5.4.5 跨方程约束的检验

使用方程对方程的 OLS 估计,再对施加跨方程约束并进行检验是不可行的,但是通过 SUR 估计则是可行的。我们先进行检验。

为了检验年龄解释变量的联合显著性。我们输入:

```
. * Test of variables in both equations
. quietly sureg (ldrugexp age age2 actlim totchr medicaid private)
>     (ltotothr age age2 educyr actlim totchr private)

. test age age2

 ( 1)  [ldrugexp]age = 0
 ( 2)  [ltotothr]age = 0
 ( 3)  [ldrugexp]age2 = 0
 ( 4)  [ltotothr]age2 = 0

           chi2(  4) =    16.55
         Prob > chi2 =    0.0024
```

这个命令自动地执行了对两个方程的检验。

用于定义系数估计量的格式是[*depname*]*varname*，其中 *depname* 是我们感兴趣的方程中被解释变量的名称，而 *varname* 是我们感兴趣的解释变量的名称。

因此，仅对第一个方程中解释变量的显著性检验为：

```
. * Test of variables in just the first equaticn
. test [ldrugexp]age [ldrugexp]age2

 ( 1)  [ldrugexp]age = 0
 ( 2)  [ldrugexp]age2 = 0

           chi2(  2) =   10.98
         Prob > chi2 =    0.0041
```

在 5%的水平上，第一个方程中年龄的二次项是联合统计显著的。

现在研究对跨方程约束的检验。假设我们想要检验的原假设是，拥有私人保险对两个被解释变量具有相同的影响。我们建立的检验如下：

```
. * Test of a restriction across the two equations
. test [ldrugexp]private = [ltotothr]private

 ( 1)  [ldrugexp]private - [ltotothr]private = 0

           chi2(  1) =    8.35
         Prob > chi2 =    0.0038
```

在 5%的显著性水平上，我们拒绝原假设。两个方程中系数有差异。

在更一般的情形中，即在具有三个或三个以上的方程构成的模型中进行跨方程约束的检验，需要使用 test 命令中的 accumulate 选项。

5.4.6 施加跨方程约束

现在我们获得对跨方程的参数施加约束的估计。通常，这些约束是建立在经济学理论之上的。作为一个范例，我们施加的约束是：拥有私人保险对两个被解释变量具有相同的影响。

首先我们使用 constraint 命令来定义约束。

```
. * Specify a restriction across the two equations
. constraint 1 [ldrugexp]private = [ltotothr]private
```

施加了约束的后续命令用数字 1 来指明(可以使用 1～999 的任意整数)。

然后我们使用 constraints()选项来施加约束。我们有：

```
. * Estimate subject to the cross-equation constraint
. sureg (ldrugexp age age2 actlim totchr medicaid private)        ///
>   (ltotothr age age2 educyr actlim totchr private), constraints(1)
```

```
Seemingly unrelated regression
--------------------------------------------------------------------------
Equation          Obs   Parms        RMSE    "R-sq"       chi2        P
--------------------------------------------------------------------------
ldrugexp         3251       6    1.134035    0.2279     974.09   0.0000
ltotothr         3251       6    1.492163    0.1479     559.71   0.0000
--------------------------------------------------------------------------

 ( 1)  [ldrugexp]private - [ltotothr]private = 0
------------------------------------------------------------------------------
             |      Coef.   Std. Err.      z    P>|z|     [95% Conf. Interval]
-------------+----------------------------------------------------------------
ldrugexp     |
         age |   .2707053   .0795434     3.40   0.001     .1148031    .4266076
        age2 |  -.0017907   .0005288    -3.39   0.001    -.0028271   -.0007543
      actlim |   .3575386   .0466396     7.67   0.000     .2661268    .4489505
      totchr |   .3997819   .0161527    24.75   0.000     .3681233    .4314405
    medicaid |   .1473961   .0575962     2.56   0.010     .0345096    .2602827
     private |   .1482936   .0368364     4.03   0.000     .0760955    .2204917
       _cons |  -4.235088   2.975613    -1.42   0.155    -10.06718    1.597006
-------------+----------------------------------------------------------------
ltotothr     |
         age |   .2780287   .1045298     2.66   0.008      .073154    .4829034
        age2 |  -.0018298   .0006949    -2.63   0.008    -.0031919   -.0004677
      educyr |   .0703523   .0071112     9.89   0.000     .0564147    .0842899
      actlim |   .7276336   .0607791    11.97   0.000     .6085088    .8467584
      totchr |   .2874639   .0211794    13.57   0.000      .245953    .3289747
     private |   .1482936   .0368364     4.03   0.000     .0760955    .2204917
       _cons |   -4.62162   3.910453    -1.18   0.237    -12.28597    3.042727
------------------------------------------------------------------------------
```

正如预期，变量 private 在两个方程中具有相同的系数，即 0.148。

更一般地，输入单个 contraints 命令可以设定许多约束，那么 constraints()选项将约束个数的列表作为一个参数。

5.5　调查数据：加权、聚类和分层

现在我们转向另一个不同的主题：正如我们暗含地做出的假设：当数据不是来自于一个简单的随机样本，而是来自于一个复杂的调查数据，我们需要调整标准的估计方法。这个问题适用于所有的估计方法，包括线性模型的单方程最小二乘估计法在内的，这正是我们现在所关注的问题。

复杂的调查数据导致样本被加权、被聚类或者被分层。从 3.7 节可知，使用估计命令的修正符[pweight＝*weight*]，如果它是合意的，则可以执行加权估计。（相比于在 5.3.4节中导致使用 aweight 命令的原因，这是对进行加权的一个非常不同的原因）。使用 vec(cluster *cluster*)选项可以得到控制了聚类的有效标准误。在微观计量经济学分析中这是一个常用的方法，即标准误应该总是控制误差项的任何聚类，且加权的分析是否合适依赖于采用了调查系数法还是模型法，见 3.7.3 节。

这种方法的缺陷在于，尽管它可以得到有效的估计，但忽略了由于分层所产生的估计量精度的提高。这将导致保守的统计推断，因为它使用了被高估的标准误，尽管对于回归分析这种高估并不需要太大。在 Stata 中使用 svy 前缀执行调查命令的好处在于：

它可以同时执行三种调整,包括对分层的调整。

5.5.1 调查设计

作为一个复杂调查数据的例子,我们使用 Stata 网站中提供的 nhanes2.dta 数据集。这些数据来自于第二次全国健康与营养检查调查(NHANES II),这是在 1976—1980 年间进行的全美调查。

我们研究关于血红蛋白计数的模型,它测度了人的血液中运输氧的血红蛋白的数量。这个计数的低值意味着贫血。我们将分析限制在成年人(非老人)的范围内,估计其均值和同年龄与性别的相互关系。所问到的问题完全是一个描述性的问题,即在人群中,血红蛋白数如何随年龄和性别而变化。要回答这个问题,我们应该使用抽样权重,因为抽样设计使得不同类型的个体出现在调查中的概率是不同的。

为了分析数据,我们对调查设计给出一个简单的说明:全美被分成了 32 个地理层级。每一个层级包含许多初始抽样单元(PSU),其中每一个 PSU 代表了一个县或者几个相邻的县,其平均人口为几十万人。从 32 个层级的每一个层级中,恰好选取两个 PSU,然后从每一个 PSU 中抽取出几百个个体。PSU 的抽样和 PSU 内部个体的抽样都不是完全随机的,所以使用抽样权重来确保在国家水平上对总体均值的估计进行校正。个体的观测值在给定的 PSU 内部可能是相关的,但在不同的 PSU 之间是不相关的,存在按 PSU 进行的聚类。这种定义的层级使得 PSU 在层级内部比其在不同层级之间更加相似。这种分层提高了估计量的有效性。

我们输入以下命令,就可以查看关键调查设计变量和关键分析变量的描述性统计和概述性统计。

```
. * Survey data example: NHANES II data
. clear all

. use mus05nhanes2.dta

. quietly keep if age >= 21 & age <= 65

. describe sampl finalwgt strata psu

              storage  display     value
variable name   type   format      label      variable label
-----------------------------------------------------------------------------
sampl           long   %9.0g                  unique case identifier
finalwgt        long   %9.0g                  sampling weight (except lead)
strata          byte   %9.0g                  stratum identifier, 1-32
psu             byte   %9.0g                  primary sampling unit, 1 or 2

. summarize sampl finalwgt strata psu

    Variable |       Obs        Mean    Std. Dev.       Min        Max
-------------+--------------------------------------------------------
       sampl |      8136    33518.94    18447.04       1400      64702
    finalwgt |      8136    12654.81    7400.205       2079      79634
      strata |      8136    16.67146    9.431087          1         32
         psu |      8136    1.487955    .4998856          1          2
```

存在三个关键的调查设计变量。抽样权重由 finalvgt 给出，它的取值范围很宽，从而加权可能相当重要。层级由 strata 给出，被计为 1 到 32。变量 psu 定义了层级内部的每一个 PSU，其取值为 1 和 2，因为每一个层级中只有两个 PSU。

在使用调查命令之前，必须使用 svyset 命令来声明调查设计。对于单一阶段的调查，该命令的语法为：

svyset [*psu*] [*weight*] [, *design_options options*]

对于我们的数据，我们能够给出所有这三个量，如下所示：

```
. * Declare survey design
. svyset psu [pweight=finalwgt], strata(strata)

      pweight: finalwgt
          VCE: linearized
  Single unit: missing
     Strata 1: strata
         SU 1: psu
        FPC 1: <zero>
```

对于我们的数据集，PSU 变量命名为 psu，层级变量命名为 strata，但是也可以使用其他的名称。输出结果 VCE：linearized，意味着使用泰勒线性化来估计 VCE，这与非调查情形中的聚类-稳健方法很相似。另一种我们没有研究的方法是平衡的重复抽样，它可以对线性化进行改进，同时需要提供重复抽样权重的变量以确保调查的秘密进行，然而对于层级和 PSU 的抽样则不需要提供重复抽样权重的变量。输出结果 FPC1：<zero>意味着没有提供有限总体的校正(FPC)。FPC 校正了非重复抽样(而不是重复抽样)的问题，但是，只有当相当大比例的 PSU 实际被抽样了，才需要这种校正。一般来说，对于个体的全国性普查来说，FPC 是不需要的，除非 PSU 非常小。

给出了单一阶段调查的设计信息。实际上，NHANES II 是一个多阶段调查，即它的抽样区域(通常为城市的街区)选取自每一个 PSU 内部，且抽样的家庭选取自每一个抽样区域内部，而抽样的个体选取自每一个家庭内部。svyset 命令也可以提供这一额外给定的信息，但由于保密的原因，通常并不给出，并且到目前为止，最重要的信息是声明第一阶段的抽样单元。

svydescribe 命令给出了调查设计的详细信息：

```
. * Describe the survey design
. svydescribe

Survey: Describing stage 1 sampling units

      pweight: finalwgt
          VCE: linearized
  Single unit: missing
     Strata 1: strata
         SU 1: psu
        FPC 1: <zero>
```

			#Obs per Unit		
Stratum	#Units	#Obs	min	mean	max
1	2	286	132	143.0	154
2	2	138	57	69.0	81
3	2	255	103	127.5	152
4	2	369	179	184.5	190
5	2	215	93	107.5	122
6	2	245	112	122.5	133
7	2	349	145	174.5	204
8	2	250	114	125.0	136
9	2	203	88	101.5	115
10	2	205	97	102.5	108
11	2	226	105	113.0	121
12	2	253	123	126.5	130
13	2	276	121	138.0	155
14	2	327	163	163.5	164
15	2	295	145	147.5	150
16	2	268	128	134.0	140
17	2	321	142	160.5	179
18	2	287	117	143.5	170
20	2	221	95	110.5	126
21	2	170	84	85.0	86
22	2	242	98	121.0	144
23	2	277	136	138.5	141
24	2	339	162	169.5	177
25	2	210	94	105.0	116
26	2	210	103	105.0	107
27	2	230	110	115.0	120
28	2	229	106	114.5	123
29	2	351	165	175.5	186
30	2	291	134	145.5	157
31	2	251	115	125.5	136
32	2	347	166	173.5	181
31	62	8136	57	131.2	204

对于这一数据的摘要，只包括了 32 个层级中的 31 个层级(第 19 个层级被排除在外)，而每一个层级恰好包含两个 PSU，所以总共有 62 个不同的 PSU。

5.5.2 调查均值的估计

我们研究变量 hgb 总体均值的估计，即血红蛋白数，对于女性它的正常范围大致为 12～15，对于男性它的正常范围大致为 13.5～16.5。为了估计总体均值，我们肯定应该使用抽样权重。

另外，为了控制聚类和分层，我们在 mean 命令前面加上前缀 suy:。我们有：

```
. * Estimate the population mean using svy:
. svy: mean hgb
(running mean on estimation sample)

Survey: Mean estimation

Number of strata =      31        Number of obs      =       8136
Number of PSUs   =      62        Population size    =  102959526
                                  Design df          =         31

-----------------------------------------------------------------
             |             Linearized
             |       Mean   Std. Err.     [95% Conf. Interval]
-------------+---------------------------------------------------
         hgb |   14.29713   .0345366      14.22669    14.36757
-----------------------------------------------------------------
```

非常精确地估计出了总体均值，其 95％的置信区间为[14.23，14.37]。

如果我们完全省略调查设计将会怎么样呢？我们有：

```
. * Estimate the population mean using no weights and no cluster
. mean hgb

Mean estimation                     Number of obs    =     8136

--------------------------------------------------------------
             |       Mean   Std. Err.     [95% Conf. Interval]
-------------+------------------------------------------------
         hgb |   14.28575   .0153361      14.25569    14.31582
--------------------------------------------------------------
```

在这个例子中，总体均值的估计在本质上没有变化。但标准误出现了较大的差异。默认标准误的估计 0.015 是错误的，原因有两点：由于未控制聚类，它被低估了；由于未控制分层，它被高估了。这里 0.015<0.035，所以，与许多情形一样，未控制聚类占据主要影响，并且导致高估了估计量的精度。

5.5.3 调查数据的线性回归

在 regress 命令前面加上 svy 前缀同时控制了在先前 svyset 命令中声明的加权、聚类和分层。我们输入：

```
. * Regression using svy:
. svy: regress hgb age female
(running regress on estimation sample)

Survey: Linear regression

Number of strata   =        31            Number of obs     =       8136
Number of PSUs     =        62            Population size   =  102959526
                                          Design df         =         31
                                          F(   2,      30)  =    2071.57
                                          Prob > F          =     0.0000
                                          R-squared         =     0.3739

------------------------------------------------------------------------------
             |             Linearized
         hgb |      Coef.   Std. Err.      t    P>|t|     [95% Conf. Interval]
-------------+----------------------------------------------------------------
         age |   .0021623   .0010488     2.06   0.048     .0000232    .0043014
      female |  -1.696847   .0261232   -64.96   0.000    -1.750125   -1.643568
       _cons |    15.0851   .0651976   231.38   0.000     14.95213    15.21807
------------------------------------------------------------------------------
```

血红蛋白数随着年龄增加得很慢，而相比于 14.3 的样本均值，女性的血红蛋白数相当低。

不使用调查命令也可以获得相同的加权估计，其标准误控制了聚类但没有控制分层。为了这样做，我们首先需要定义唯一识别每一个 PSU 的单一变量，而调查命令可以使用两个单独的变量来唯一地识别每一个 PSU，在这里即为 strata 和 psu。特别地，strata 取 31 个不同的整数值，而 psu 只取 1 和 2 两个值。为了得到 62 个唯一的 PSU 识别符，我们将 strata 乘以 2 再加上 psu。那么我们有：

```
. * Regression using weights and cluster on PSU
. generate uniqpsu = 2*strata + psu  // make unique identifier for each psu

. regress hgb age female [pweight=finalwgt], vce(cluster uniqpsu)
(sum of wgt is   1.0296e+08)

Linear regression                                      Number of obs =    8136
                                                       F(  2,     61) = 1450.50
                                                       Prob > F      =  0.0000
                                                       R-squared     =  0.3739
                                                       Root MSE      =  1.0977

                              (Std. Err. adjusted for 62 clusters in uniqpsu)

------------------------------------------------------------------------------
             |               Robust
         hgb |      Coef.   Std. Err.      t    P>|t|     [95% Conf. Interval]
-------------+----------------------------------------------------------------
         age |   .0021623   .0011106     1.95   0.056    -.0000585    .0043831
      female |  -1.696847   .0317958   -53.37   0.000    -1.760426   -1.633267
       _cons |    15.0851   .0654031   230.65   0.000     14.95432    15.21588
------------------------------------------------------------------------------
```

回归系数与前面的结果相同。与使用 svy 前缀的结果相比，两个斜率系数的标准误分别约增加 5%和 20%，所以使用调查的方法可以另外控制分层，从而提高了估计量的有效性。

最后，研究没有加权或者得到聚类-稳健 VCE 的简单 OLS 回归：

```
. * Regression using no weights and no cluster
. regress hgb age female

      Source |       SS       df       MS              Number of obs =    8136
-------------+------------------------------           F(  2,  8133) = 2135.79
       Model |  5360.48245     2  2680.24123           Prob > F      =  0.0000
    Residual |  10206.2566  8133  1.25491905           R-squared     =  0.3444
-------------+------------------------------           Adj R-squared =  0.3442
       Total |  15566.7391  8135  1.91355121           Root MSE      =  1.1202

------------------------------------------------------------------------------
         hgb |      Coef.   Std. Err.      t    P>|t|     [95% Conf. Interval]
-------------+----------------------------------------------------------------
         age |   .0013372   .0008469     1.58   0.114    -.0003231    .0029974
      female |  -1.624161    .024857   -65.34   0.000    -1.672887   -1.575435
       _cons |   15.07118   .0406259   370.97   0.000     14.99154    15.15081
------------------------------------------------------------------------------
```

现在 age 的系数发生了很大的变化，且标准误错误地变得更小了，因为没有控制按 PSU 进行的聚类。

对于大部分微观计量经济学分析，如果存在聚类，我们总应该获得控制了聚类的标准误。许多从复杂的调查数据集中提取的数据并不包括关于 PSU 的数据，这是由于保密性的原因，或者是因为研究者没有提取这个变量。那么一个保守的方法是使用非调查的方法，并获得按包含了 PSU 的变量进行聚类的标准误。例如，一个地理区域，比如说一个州。

正如在 3.7 节中强调的，对于复杂的调查数据，在回归分析（而非均值估计）中是否加权是一个微妙的问题。对于许多采取控制函数法的微观计量经济学应用，它是不必要的。

5.6 Stata 资源

sureg 命令引入了多方程回归。相关的多方程回归的命令为[R]**mvreg**、[R]**nlsur** 和[R]**reg3**。多元回归命令 mvreg 本质上与 sureg 相同。nlsur 命令将 sureg 命令推广到非线性回归，见 15.10 节。reg3 命令将 SUR 模型推广到处理内生性的解释变量，见 6.6 节。

计量经济学教科书不包括调查的方法，有关调查的文献是一个独立的文献分支，计量经济学家基本不涉及这支文献。Stata 的[SVY]Survey Data Reference Manual 是非常有用的。计量经济学参考书包括 Bhattacharya(2005)、Cameron 和 Trivedi (2005)以及 Kreuter 和 Valliant(2007)的教材。

5.7 习题

1.使用 5.3 节中相同的 DGP 生成数据，并执行 FGLS 的第一阶段估计得到预测的方差 varu。现在比较几种执行第二阶段加权估计的不同方法。第一，像文中一样，使用带有修改符[aweight=1/varu]的 regress 命令。第二，手动地执行这个回归：首先生成转换的变量 try=y/sqrt(varu)，然后用 try 对采用相同方法构造的变量 trx2、trx3 和 trone 进行回归，最后使用带有 noconstant 选项的 regress 命令进行回归。第三，使用带有[pweight=1/varu]的 regress 命令，并证明：使用 pweights 所得的默认标准误与使用 aweights 所得的默认标准误是不同的，因为 pweights 默认的是计算稳健标准误。

2.研究与 5.3 节中相同的 DGP。给定模型的设定形式为：加权的方程为 $y/w = \beta_1(1/w)+\beta_2(x_2/w)+\beta_3(x_3/w)+e$，其中 $w=\sqrt{\exp(-1+0.2*x_2)}$，且误差项 e 服从正态分布并且是同方差的。将 w 视为已知的，在 Stata 中使用带有 noconstant 选项的 regress 命令估计这个加权回归。将其结果与 5.3 节中所得的结果进行比较，在 5.3 节中 w 是可以被估计的。在这里 GLS 估计量和 FGLS 估计量之间有很大的差异吗？

3.研究与 5.3 节中相同的 DGP。假设我们错误地假设了 $u\sim N(0,\sigma^2x_2^2)$。那么，使用带有[pweight=1/x2sq]的 regress 命令可以得到 FGLS 估计，其中 x2sq=x2^2。其系数 $(\beta_1,\beta_2,\beta_3)$ 的估计与由 OLS 得到的估计有何不同？你能解释使用错误的异方差函数的结果中发生了什么吗？如果计算稳健标准误的话，标准误会变化很大吗？使用 estat hettest 命令检验转换模型中的回归误差项是否是同方差的。

4.研究与 5.4 节中相同的数据集。使用被解释变量 drugexp 和 totothr 的水平值而非对数值，重复 5.4 节中的分析(因此异方差更可能成为一个问题)。第一，使用 OLS 的默认标准误和稳健标准误对两个方程进行估计，并比较两种标准误。第二，使用 sureg 命令对这两个方程进行联合估计，并比较其估计值与 OLS 的估计值。第三，使用 bootstrap 前缀从 sureg 命令得到稳健标准误，并比较其联合估计的有效性与 OLS 估计的有效性。提示：如果使用 estimates 命令，将很容易比较各种方法的估计值，见 3.4.4 节。

5.研究与 5.5 节中相同的数据集。使用所有的观测值而不是把年龄限制在 21 岁到 65 岁的样本的观测值，重复 5.5 节中的分析。第一，声明调查设计。第二，将 hgb 的未加权的均值和标准误(忽略调查设计)与其加权的均值和标准误(考虑调查设计的所有特征)进行比较。第三，对用 hgb 对 age 和 female 进行最小二乘估计进行相似的比较。第四，使用带有 pweight 选项的 regress 命令及聚类-稳健标准误对这个相同的回归进行估计，并比较它与调查设计分析所得的结果。

6.重新研究 5.4.3 节的数据集。用 OLS 估计每一个方程的参数。将这些 OLS 估计的结果与 5.4.3 节中报告的 SUR 估计的结果进行比较。

6 线性工具变量回归

6.1 导论

最小二乘估计一致性的基本假设为模型误差项与解释变量不相关，即 $E(u|\mathbf{x})=0$。

如果这个假设不成立，那么普通最小二乘 OLS 估计量将会是不一致的，并且 OLS 估计量也不再能给出符合因果关系的解释。尤其是 OLS 估计值 $\hat{\beta}_j$ 不能再解释为第 j 个解释变量 x_j 的外生性变化对被解释变量 y 估计的边际效应。这是一个根本性的问题，因为这种边际效应是经济政策的一个关键的推动要素。

工具变量(IV)估计量能够在存在有效工具变量的强假设情况下提供一个一致的估计量，其中工具变量 z 和解释变量 x 相关并且满足 $E(u|\mathbf{z})=0$。

对于具有内生性解释变量和具有测量误差解释变量的模型的参数估计，IV 法具有独创性和领先性。在计算方面，IV 法并没有比 OLS 估计更难以实现。从概念上来说，IV 法比其他回归方法更加有难度。实际上，要得到能满足 $E(u|\mathbf{z})=0$ 的有效工具变量可能会非常困难。即使这样的工具变量存在，它们也可能和内生性解释变量的相关性很弱，以至于标准的渐近理论很难在有限样本中提供指导。

6.2 IV 估计

IV 法在计量经济学的应用中比在其他应用统计领域更加广泛。本节提供 IV 法的一些直观知识点并详述其方法。

6.2.1 基本的 IV 理论

我们用最简单的回归模型来介绍 IV 法，即被解释变量 y 只对一个解释变量 x 进行回归：

$$y = \beta x + u \tag{6.1}$$

该模型设定不含截距项。如果 y 和 x 分别用各自均值离差来衡量，就不会失去一般性。

具体来说，假设 y 衡量收入，x 衡量学校教育年数，u 是误差项。该简单回归模型假设 x 和(6.1)式中的误差项不相关。那么 x 对 y 的唯一影响只有通过 βx 项的直接影响。用图示来讲，我们有以下路径图：

$$\begin{array}{ccc} \boldsymbol{x} & \rightarrow & \boldsymbol{y} \\ & \nearrow & \\ \boldsymbol{u} & & \end{array}$$

从 u 到 x 没有直接指向的箭头，则意味着它们之间不存在相关性，于是 OLS 估计量 $\hat{\beta}=\sum_i x_i y_i / \sum_i x_i^2$ 是与 β 一致的。

误差项 u 体现了除了学校教育以外所有影响收入的因素。比如个人能力就是 u 里的一个因素。然而更高的个人能力会引起 x 和 u 之间的相关性，因为平均说来更高（低）的个人能力会和更长（短）的学校教育年数相关。这样就有一个更合适的路径图：

$$\begin{array}{ccc} \boldsymbol{x} & \rightarrow & \boldsymbol{y} \\ \uparrow & \nearrow & \\ \boldsymbol{u} & & \end{array}$$

于是现在 x 和 u 之间存在着相关性。

这样 OLS 估计量 $\hat{\beta}$ 就与 β 不一致了，因为 $\hat{\beta}$ 包含了模型所需的学校教育对收入的直接影响（β），以及受过更高学校教育的人可能会具备更高的个人能力以至于得到更高的误差项 u，从而对 y 有更高的间接影响。例如，我们发现：平均说来如果学校教育增加一年会使得年收入增加 \$1000，我们也不能确定这些增加量中有多少是由学校教育本身（β）导致的、有多少是因为受过更多教育的人平均上其具有更高的能力（因此 u 值更高）所导致的。

解释变量 x 被认为是内生性的，这意味着它来自于一个对 u 有影响的系统。相反的，外生性解释变量来自于这个系统之外，并且和 u 不相关。$\hat{\beta}$ 的不一致性估计被称为内生性偏误（endogenous bias），因为这个偏误不会渐近消失。

解决内生性问题最显而易见的方法是加入一个控制个人能力的解释变量，这方法称为控制函数法（control-function approach）。但这种解释变量也许并不可得。在收入-教育数据集中很少有对个人能力测度的变量，如 IQ 测试；即使测度了个人能力，这种测度也会遭到这样的质疑，即他们能在多大的程度上对天生的能力进行测度。

IV 法提供了另外一种解决方法。我们引入一个（新的）工具变量 z，其性质为：它的变化和 x 的变化相关，但不会直接导致 y 的变化（除了通过 x 带来的间接变化以外）。这样得到了下面的路径图：

$$\begin{array}{ccccc} \boldsymbol{z} & \rightarrow & \boldsymbol{x} & \rightarrow & \boldsymbol{y} \\ & & \uparrow & \nearrow & \\ & & \boldsymbol{u} & & \end{array}$$

比如，和大学的邻近程度（z）可能会影响大学的入读（x）但不会直接影响收入（y）。

在这个简单的例子里，IV 估计量为 $\hat{\beta}_{\mathrm{IV}}=\sum_i z_i y_i / \sum_i z_i x_i$。它可以解释为 y 和 x 的相关系数和 x 与 z 的相关系数的比值，或者在经过一些代数变换后，变为 $\mathrm{d}y/\mathrm{d}z$ 与 $\mathrm{d}x/\mathrm{d}z$ 的比值。例如，如果增加一个单位的 z 会带来 0.2 年的受教育年数增加和 \$500 的收入增加，那么 $\hat{\beta}_{\mathrm{IV}}=$ \$500/0.2 = \$2500，因此增加一年学校教育年数能带来 \$2500 的收入增加。

如果工具变量 z 和误差项 u 不相关，但和解释变量 x 相关，那么工具变量估计量 $\hat{\beta}_{\mathrm{IV}}$ 与 β 是一致的。

6.2.2 模型的建立

现在我们考虑更为一般的回归模型，其中标量形式的被解释变量 y_1 依赖于表示为

$\mathbf{y}_2$ 的 m 个内生性解释变量和表示为 $\mathbf{x}_1$ 的 K_1 个外生性解释变量(包括一个截距项),这个模型称为结构方程(structural equation),即:

$$y_{1i} = \mathbf{y}'_{2i}\beta_1 + \mathbf{x}'_{1i}\beta_2 + u_i, \quad i = 1,\cdots,N \tag{6.2}$$

假设回归误差项 u_i 和 $\mathbf{x}_{1i}$ 不相关,但和 $\mathbf{y}_{2i}$ 相关。该相关性将会导致 OLS 估计量与 β 不一致。

要获得一致的估计量,我们假设存在至少 m 个对于 $\mathbf{y}_2$ 的工具变量 $\mathbf{x}_2$ 能够满足假设 $E(u_i|\mathbf{x}_{2i})=0$。工具变量 $\mathbf{x}_2$ 必须和 $\mathbf{y}_2$ 相关,这样它们能够提供被作为工具的变量的相关信息。做到这点的方法之一就是假设 $\mathbf{y}_2$ 的每一个成分 $\mathbf{y}_{2j}$ 满足下面的第一阶段方程(也称为简化式模型):

$$\mathbf{y}_{2ji} = \mathbf{x}'_{1i}\pi_{1j} + \mathbf{x}'_{2i}\pi_{2j} + v_{ji}, \quad j = 1,\cdots,m \tag{6.3}$$

这个第一阶段方程的右边只包含了外生变量。式(6.2)里的外生性解释变量 $\mathbf{x}_1$ 可以被用作是其自身的工具变量。一个难题就是要找出至少一个额外的工具变量 $\mathbf{x}_2$。通常 $\mathbf{y}_2$ 是标量形式的,即 $m = 1$,我们需要找到一个额外的工具变量 $\mathbf{x}_2$。更为一般地,如果有 m 个内生性解释变量,我们就至少需要 m 个额外的工具变量 $\mathbf{x}_2$。这可能会比较有难度,因为 $\mathbf{x}_2$ 必须是一个能从 $\mathbf{y}_1$ 的结构方程(6.2)式中被合理排除的变量。

模型式(6.2)可以更加简化地写为:

$$y_i = \mathbf{x}'_i\beta + u_i \tag{6.4}$$

其中,解释变量向量 $\mathbf{x}'_i = [\mathbf{y}'_{2i}\mathbf{x}'_{1i}]$,包括了内生变量和外生变量,并且被解释变量是用 y 而不是 y_1 来表示的。我们简单结合这些变量的工具变量。这样 IV 的向量(或者,更简单来说,即工具变量)就是 $\mathbf{z}'_i = [\mathbf{x}'_{1i} \quad \mathbf{x}'_{2i}]$,其中 $\mathbf{x}_1$ 作为它自己的(理想的)工具变量,$\mathbf{x}_2$ 是 $\mathbf{y}_2$ 的工具变量,而且工具变量 $\mathbf{z}$ 满足条件矩约束:

$$E(u_i|\mathbf{z}_i)=0 \tag{6.5}$$

综上所述,我们用工具变量 $\mathbf{z}$ 完成 y 对 $\mathbf{x}$ 的回归。

6.2.3 IV 估计量:IV、2SLS 和 GMM

式(6.5)的假设很重要(且在很多情形下极其重要),它意味着 $E(\mathbf{z}_i u_i) = \mathbf{0}$,因此矩条件,或者说总体零相关条件如下:

$$E\{\mathbf{z}'_i(y_i - \mathbf{x}'_i\beta)\} = \mathbf{0} \tag{6.6}$$

工具变量估计量就是式(6.6)的样本估计值。

我们首先分析 dim(**z**)=dim(**x**)的情况,即恰好识别(just-identified)的情况,此时工具变量的个数恰好等于解释变量的个数。这样式(6.6)的样本估计值就是 $\sum_{i=1}^{N}\mathbf{z}'_i(y_i - \mathbf{x}'_i\beta)=\mathbf{0}$。像前面一样,把向量 x'_i 堆栈成矩阵 $\mathbf{X}$,把标量 y_i 堆栈成向量 $\mathbf{y}$,把向量 $\mathbf{z}'_i$ 堆栈成矩阵 $\mathbf{Z}$。这样我们就得到了 $\mathbf{Z}'(\mathbf{y}-\mathbf{X}\beta)=\mathbf{0}$,对 β 求解后得到 IV 估计量:

$$\hat{\beta}_{\text{IV}} = (\mathbf{Z}'\mathbf{X})^{-1}\mathbf{Z}'\mathbf{y}$$

第二种情况是 dim(**z**)<dim(**x**),也叫作不可识别(not-identified)或者弱识别(underidentified)的情况,这时工具变量的个数少于解释变量的个数。这样就不存在一致的 IV 估计量。这种情况通常在实践中发生。要想得到足够的工具变量,即使在只有一个内生

性解释变量的应用中只需要一个工具变量，也可能要求具有很强的创造力或者获得不同寻常的更多数据。

第三种情况是 dim($\mathbf{z}$)<dim($\mathbf{x}$)，称之为过度识别，这时工具变量的个数大于解释变量的个数。特别可能发生的情况是：经济理论导致在感兴趣的方程中明确地排除了一些变量，如果这些被排除的工具变量与包含在感兴趣的方程中的内生性解释变量相关，则把这些排除的解释变量作为工具变量。这样 $\mathbf{Z}'(\mathbf{y}-\mathbf{X}\beta)=\mathbf{0}$ 就得不到 β 的解，因为这时一个有 dim($\mathbf{z}$)个方程却只有 dim($\mathbf{x}$)个未知量的系统。要达到恰好识别，唯一可能的方法就是去掉一些工具变量。但是存在一些更有效的估计量，其中之一就是两阶段最小二乘(2SLS)估计量：

$$\hat{\beta}_{2SLS}=\{\mathbf{X}'\mathbf{Z}(\mathbf{Z}'\mathbf{Z})^{-1}\mathbf{Z}'\mathbf{X}\}^{-1}\mathbf{X}'\mathbf{Z}(\mathbf{Z}'\mathbf{Z})^{-1}\mathbf{Z}'\mathbf{y}$$

如果误差项 u_i 是独立且同方差的，这个估计量就是最有效的估计量。它等同于恰好识别情况下的 $\hat{\beta}_{IV}$。术语 2SLS 的提出是因为它能分两步来计算。第一步，用 OLS 估计(6.3)式给出的第一阶段回归；第二步，用 OLS 估计(6.2)式的结构方程，其中用第一步的预测值替代结构方程中的内生性解释变量。

一个较为常用的估计量是广义矩方法(GMM)估计量为：

$$\hat{\beta}_{GMM}=(\mathbf{X}'\mathbf{Z}\mathbf{W}\mathbf{Z}'\mathbf{X})^{-1}\mathbf{X}'\mathbf{Z}\mathbf{W}\mathbf{Z}'\mathbf{y} \tag{6.7}$$

其中，$\mathbf{W}$ 是满秩对称加权矩阵。一般而言，$\mathbf{W}$ 的权重可能同时取决于数据和未知参数。对于恰好识别模型，$\mathbf{W}$ 的任何取值都会得到同样的估计量。这个估计量使得目标函数最小化：

$$Q(\beta)=\left\{\frac{1}{N}(\mathbf{y}-\mathbf{X}\beta)'\mathbf{Z}\right\}\mathbf{W}\left\{\frac{1}{N}\mathbf{Z}'(\mathbf{y}-\mathbf{X}\beta)\right\} \tag{6.8}$$

即 $\mathbf{Z}'(\mathbf{y}-\mathbf{X}\beta)$的矩阵加权二次形式。

对于 GMM 估计来说，$\mathbf{W}$ 的某些取值会比其他的更好。2SLS 估计量是通过加权矩阵 $\mathbf{W}=(\mathbf{Z}'\mathbf{Z})^{-1}$得到的。最优 GMM 估计量使用 $\mathbf{W}=\hat{\mathbf{S}}^{-1}$，则有：

$$\hat{\beta}_{OGMM}=(\mathbf{X}'\mathbf{Z}\hat{\mathbf{S}}^{-1}\mathbf{Z}'\mathbf{X})^{-1}\mathbf{X}'\mathbf{Z}\hat{\mathbf{S}}^{-1}\mathbf{Z}'\mathbf{y}$$

其中，$\mathbf{S}$ 是 Var($N^{-1/2}\mathbf{Z}'\mathbf{u}$)的一个估计值。如果误差项 u_i 是独立且异方差的，那么有 $\hat{\mathbf{S}}=1/N\sum_{i=1}^{N}\hat{u}_i^2\mathbf{z}_i\mathbf{z}_i'$，其中 $\hat{u}_i=y_i-\mathbf{x}_i'\hat{\beta}$，且 $\hat{\beta}$ 是一致的估计量，通常写作 $\hat{\beta}_{2SLS}$。在恰好识别的情况下，该估计量简化为 $\hat{\beta}_{IV}$。

在后面的章节中，我们会考虑其他的估计量，特别是有限信息极大似然(LIML)估计量，最近的研究发现当其渐近等价于 2SLS 的时候，它在有限的样本中胜过了 2SLS 估计量和 GMM 估计。

6.2.4 工具变量的有效性和相关性

之前所有的估计量都有同样的起点。工具变量必须满足条件(6.5)式。这个条件在恰好识别的情况下是无法检验的。而且即使在检验是可行的过度识别的情形中(见6.3.7节)，工具变量的有效性也更多取决于令人信服的论点、经济理论以及在之前相关实证研究上确立的规则。

此外，工具变量必须是相关的。对于 6.2.2 节的模型，这意味着在控制了剩下的外生

性解释变量 $\mathbf{x}_1$ 后，工具变量 $\mathbf{x}_2$ 必须能解释 $\mathbf{y}_2$ 的显著变化。直观上来说，工具变量 $\mathbf{z}$ 和 $\mathbf{x}$ 之间的联系越强，该模型的识别能力也越强。相反地，仅有少量相关性的工具变量就被称为弱工具变量。

使用弱工具变量的第一个后果是估计将会更不精确，和（不一致的）OLS 估计相比，标准误会变大数倍之多，t 统计量会变得更小。这样在 OLS 估计中预期为 5 的 t 统计量可能在 IV 估计中就会变成 1。如果这种精确度的损失很严重，那么就需要换用更好的工具变量或者更多的数据。

第二个后果是，在典型的有限样本内，即使 IV 估计量是一致的，标准渐近理论对 IV 估计量的实际抽样分布可能也只能提供一个较弱的近似值。比如标准 Wald 检验的渐近临界值会导致检验的实际水平与名义水平差别很大，因此检验就会产生误导作用。这种问题的产生是因为在有限样本里 IV 估计量并不是以 β 为中心的，即使在大样本里它对 β 是一致的。这个问题被称为 IV 的有限样本偏误，即使正式地是在估计量的均值并不存在的情况下。“需要多大的样本容量才能让这些偏误变得不明显”这一问题并没有一个简单的答案，该问题会在 6.4 节和 6.5 节中进一步讨论。

6.2.5 稳健标准误的估计值

表 6.1 总结了 IV 估计量的三个主要形式。对于恰好识别模型，我们使用 IV 估计量是因为在这种情况下其他模型都会简化为 IV 估计量。对于过度识别模型，标准的估计量是 2SLS 估计量以及最优 GMM 估计量。

这些为 VCE 的估计给出的公式都是其稳健的估计，其中 $\hat{\mathbf{S}}$ 为 $\sqrt{N}\,\mathbf{Z}'\mathbf{u}$ 的一个渐近方差估计。出现异方差的误差时，$\hat{\mathbf{S}}=N^{-1}\sum_{i=1}^{N}\hat{u}_i^2\mathbf{z}_i\mathbf{z}'_i$，我们使用 vce(robust) 选项。出现聚类的误差时，我们使用 vce(cluster clustvar) 选项。

表 6.1　IV 估计量及其渐近方差

估计量	定义和 VCE 的估计
IV（恰好识别时）	$\hat{\beta}_{\mathrm{IV}}=(\mathbf{Z}'\mathbf{X})^{-1}\mathbf{Z}'\mathbf{y}$ $\hat{V}(\hat{\beta})=(\mathbf{Z}'\mathbf{X})^{-1}\hat{\mathbf{S}}\,(\mathbf{Z}'\mathbf{X})^{-1}\mathbf{Z}$
2SLS	$\hat{\beta}_{\mathrm{2SLS}}=\{\mathbf{X}'\mathbf{Z}\,(\mathbf{Z}'\mathbf{Z})^{-1}\mathbf{Z}'\mathbf{X}\}^{-1}\mathbf{X}'\mathbf{Z}\,(\mathbf{Z}'\mathbf{Z})^{-1}\mathbf{Z}y$ $\hat{V}(\hat{\beta})=(\mathbf{X}'\mathbf{Z}\,(\mathbf{Z}'\mathbf{Z})^{-1}\mathbf{Z}'\mathbf{X})^{-1}\mathbf{X}'\mathbf{Z}\,(\mathbf{Z}'\mathbf{Z})^{-1}\hat{\mathbf{S}}\,(\mathbf{Z}'\mathbf{Z})^{-1}\mathbf{Z}'\mathbf{X}\times$ $\{\mathbf{X}'\mathbf{Z}\,(\mathbf{Z}'\mathbf{Z})^{-1}\mathbf{Z}'\mathbf{X}\}^{-1}$
最优 GMM	$\hat{\beta}_{\mathrm{OGMM}}=(\mathbf{X}'\mathbf{Z}\hat{\mathbf{S}}^{-1}\mathbf{Z}'\mathbf{X})^{-1}\mathbf{X}'\mathbf{Z}\hat{\mathbf{S}}^{-1}\mathbf{Z}'\mathbf{y}$ $\hat{V}(\hat{\beta}_{\mathrm{OGMM}})=(\mathbf{X}'\mathbf{Z}\hat{\mathbf{S}}^{-1}\mathbf{Z}'\mathbf{X})^{-1}$

6.3 IV 的例子

这个章节的所有估计量都是使用 ivregress 命令来得到。这个在 Stata 10 中引入的命令显著地改进了早期的 ivreg 命令，并且吸收了用户编写的 ivreg2 命令的一些特性。该章节的其余部分提供了一个内生性解释变量的应用范例。

6.3.1 ivregress 命令

ivregress 命令可以执行 IV 回归并给出了拟合优度统计、系数估计、标准误、t 统计量、p 值和置信区间。该命令的语法为：

ivregress *estimator depvar* [*varlist*1] (*varlist*2 = *varlist_iv*) [*if*] [*in*] [*weight*] [, *options*]

其中，*estimator* 选项可以是 2sls(2SLS)、gmm(最优 GMM)或者 liml(有限信息极大似然)中的一个；*depvar* 对应的是标量形式的被解释变量；*varlist*1 是外生性解释变量的列表；*varlist*2 是内生性解释变量的列表；*varlist_iv* 是内生性解释变量的工具变量的列表。要注意的是内生性解释变量和它们的工具变量是出现在括号中的。如果模型有多个内生变量，它们都将被列在该等式的左边。由于 estimator 里并没有 iv 选项，因此在恰好识别的情况下我们使用 2sls 选项，2SLS 估计在这种情况下等价于 IV。

该命令的一个例子就是 ivregress 2sls y x1 x2 (y2 y3 = x3 x4 x5)。它执行了一个结构方程模型的 2SLS 估计，该结构方程包含了被解释变量 y，两个外生性解释变量 x1 和 x2，两个内生性解释变量 y2 和 y3，以及三个工具变量 x3、x4 和 x5。这个模型是过度识别的，因为工具变量个数比内生性解释变量多一个。

依照 6.2.2 节的模型有，y_1 对应 depvar，x_1 对应 varlist1，y_2 对应 varlist2，x_2 对应 varlist_iv。在恰好识别的情况下，varlist2 和 varlist_iv 有着相同的变量个数，故我们使用 2sls 选项来得到其 IV 估计量。在过度识别的情况下，varlist_iv 的变量个数多于 varlist2。

first 选项从第一阶段回归中得出了详细的结果。它显示了一些关于工具变量和第一阶段回归拟合优度的有用的检验；这样，此选项就比用户进行第一阶段回归再导出检验更加方便。

vce(*vcetype*) 选项指定了 Stata 报告的标准误的格式。vcetype 的选项有：robust，即生成异方差一稳健标准误；unadjusted，即生成非稳健标准误；其他选项有 cluster *clustvar*、bootstrap、jackknife 和 hac *kernel*。如果使用了 vce (robust)选项，Stata 自动得出各种设定的检验统计，而且它们会变得更加稳健。

对于用 GMM 拟合的过度识别模型，wmatrix (*wmtype*)选项指定了在目标函数[见(6.7)式中的 W]中使用的加权矩阵的类型，以得到最优的 GMM 估计。*wmtype* 的不同选择导致了不同的估计量。对于异方差误差，设置 *wmtype* 为 robust。对于聚类中元素之间存在相关性的情况，设置 *wmtype* 为 cluster *clustvar*，其中 *clustvar* 指定为能够识别这个聚类的变量。对于带有(克服)异方差与自相关一致的(HAC)误差的时间序列数据，设置 *wmtype* 为 hac *kernel* 或者 hac *kernel* # 或者 hac *kernel* opt；其他细节见[R] **ivregress**。如果当 wmatrix()被指定的时候，vce()没被指定，那么 *vcetype* 会设置为 *wmtype*。igmm 选项是通过迭代的方法得到 GMM 估计量。

6.3.2 具有一个内生性解释变量的医疗支出模型

我们考虑带有一个内生性解释变量、多个外生性解释变量以及一个或更多被排除的外生变量来识别工具变量的模型。

数据集选取自对 65 岁以上个体的医疗支出面板数据调查(MEPS)，和 3.2.1 节中描述的数据集相似。被估计方程的被解释变量为 ldrugexp,即自费处方药总支出的自然对数。其解释变量包括该个体是否持有雇主或者工会提供的健康保险的指示变量(hi_empunion),患慢性疾病个数(totchr),以及四个社会人口统计变量:年龄 (age),是否为女性的指示变量(female)以及是否为黑人或西班牙人的指示变量(blhisp),还有以千美元计的家庭年收入的自然对数(linc)。

我们把健康保险变量 hi_empunion 看作内生性的。直观判断是,除了普及的养老医疗保险之外,拥有这样的额外保险可能是一种可选择的变量。即使样本中的大部分个体现在都不会再工作了,当他们过去工作的时候,那些预期未来会有更高医疗支出的人仍有可能选择那些能够对退休提供额外健康保险的工作。要注意的是医疗保险并不包括我们所研究时期里的药品支出。

我们使用全局宏 x2list 来储存被当作外生性解释变量的变量名称,我们有:

```
. * Read data, define global x2list, and summarize data
. use mus06data.dta

. global x2list totchr age female blhisp linc

. summarize ldrugexp hi_empunion $x2list
```

Variable	Obs	Mean	Std. Dev.	Min	Max
ldrugexp	10391	6.479668	1.363395	0	10.18017
hi_empunion	10391	.3796555	.4853245	0	1
totchr	10391	1.860745	1.290131	0	9
age	10391	75.04639	6.69368	65	91
female	10391	.5797325	.4936256	0	1
blhisp	10391	.1703397	.3759491	0	1
linc	10089	2.743275	.9131433	-6.907755	5.744476

样本中大约 38%的个体除了医疗保险以外还拥有雇主或者工会提供的健康保险。随后的分析删去了 linc 变量缺失数据的观测值。

6.3.3 可用的工具变量

我们考虑变量 hi_empunion 的四个潜在的工具变量。其中两个反映了个体的收入状态,另外两个则是基于雇主的特征。

工具变量 ssiratio 是个体的社会保险金与全部来源的收入之比,其值越高则显示出更显著的收入约束。工具变量 lowincome 是低收入状态的定性指示变量。这两个工具变量可能是相关的,因为可以预期它们与拥有额外保险是负相关的。要成为有效的工具变量,我们需要假设它们能从 ldrugexp 的方程中剔除出来,并认为能用解释变量 linc 来充分捕捉收入的直接作用。

工具变量 firmsz 度量了公司雇佣的劳动力规模,工具变量 multlc 显示了公司是否是一个拥有多个工作地点的大型运营商。这些工具变量用来捕捉个体是否能通过雇主来得到额外保险。在退休、个体经营或者私人购买保险等情况下,这两个变量是不相关的。从这种意义上而言,这两个工具变量很可能是潜在的弱工具变量。

```
. * Summarize available instruments
. summarize ssiratio lowincome multlc firmsz if linc!=.

    Variable |       Obs        Mean    Std. Dev.       Min        Max
-------------+--------------------------------------------------------
    ssiratio |     10089    .5365438    .3678175          0    9.25062
   lowincome |     10089    .1874319    .3902771          0          1
      multlc |     10089    .0620478    .2412543          0          1
      firmsz |     10089    .1405293    2.170389          0         50
```

在模型中，对一个内生性解释变量我们有 4 个可用的工具变量。最显而易见的方法是使用所有可用的工具变量，因为在理论里这样能得到最有效的估计量。但在实践中，这样可能会导致更大的小样本偏误，因为 IV 估计量的小样本偏误会随着工具变量个数的增加而增加(Hahn 和 Hausman 2002)。

至少，这有利于使用 correlate 命令来查看内生性变量和工具变量之间以及工具变量之间的总体相关性。当有多个工具变量可以使用的时候，正如过度识别模型中的情形，在控制其他可用工具变量后，正是这个偏相关发挥重要作用。这个重要步骤推迟到 6.4.2 和 6.4.3 节再讨论。

6.3.4 恰好识别模型的 IV 估计

我们首先分析 ldrugexp 对内生性解释变量 hi_empunion 和一些外生性解释变量的 IV 回归，其中内生性解释变量的工具变量为 ssiratio。

我们使用 ivregress 命令来得到回归的输出结果，在执行 ivregress 命令时使用了 2sls 估计量选项，使用 vce(robust)选项来控制异方差误差，同时使用 first 选项来另外报告第一阶段的回归结果。这个输出结果分成两个部分：

```
. * IV estimation of a just-identified model with single endog regressor
. ivregress 2sls ldrugexp (hi_empunion = ssiratio) $x2list, vce(robust) first

First-stage regressions
-----------------------

                                                Number of obs   =      10089
                                                F(   6,  10082) =     119.18
                                                Prob > F        =     0.0000
                                                R-squared       =     0.0761
                                                Adj R-squared   =     0.0755
                                                Root MSE        =     0.4672

------------------------------------------------------------------------------
             |               Robust
 hi_empunion |      Coef.   Std. Err.      t    P>|t|     [95% Conf. Interval]
-------------+----------------------------------------------------------------
      totchr |   .0127865   .0036655     3.49   0.000     .0056015    .0199716
         age |  -.0086323   .0007087   -12.18   0.000    -.0100216   -.0072431
      female |   -.07345    .0096392    -7.62   0.000    -.0923448   -.0545552
      blhisp |   -.06268    .0122742    -5.11   0.000      -.08674   -.0386201
        linc |   .0483937   .0066075     7.32   0.000     .0354417    .0613456
    ssiratio |  -.1916432   .0236326    -8.11   0.000    -.2379678   -.1453186
       _cons |   1.028981   .0581387    17.70   0.000     .9150172    1.142944
------------------------------------------------------------------------------
```

```
Instrumental variables (2SLS) regression          Number of obs =    10089
                                                  Wald chi2(6)  = 2000.86
                                                  Prob > chi2   =  0.0000
                                                  R-squared     =  0.0640
                                                  Root MSE      =  1.3177

------------------------------------------------------------------------------
             |               Robust
   ldrugexp  |      Coef.   Std. Err.      z    P>|z|     [95% Conf. Interval]
-------------+----------------------------------------------------------------
 hi_empunion |  -.8975913   .2211268    -4.06   0.000    -1.330992   -.4641908
     totchr  |   .4502655   .0101969    44.16   0.000       .43028     .470251
        age  |  -.0132176   .0029977    -4.41   0.000    -.0190931   -.0073421
     female  |   -.020406   .0326114    -0.63   0.531    -.0843232    .0435113
     blhisp  |  -.2174244   .0394944    -5.51   0.000     -.294832   -.1400167
       linc  |   .0870018   .0226356     3.84   0.000     .0426368    .1313668
      _cons  |    6.78717   .2688453    25.25   0.000     6.260243    7.314097
------------------------------------------------------------------------------
Instrumented:  hi_empunion
Instruments:   totchr age female blhisp linc ssiratio
```

因 first 选项而加入的第一部分，报告了内生变量 hi_empunion 对所有外生变量的第一阶段回归结果，在这里 ssiratio 和所有外生性解释变量都是结构方程中的变量。第一阶段回归有着合理的解释力，且 ssiratio 的系数为负，正如预期一样，并且统计上高度显著。在多个内生性解释变量的模型中，如果使用了 first 选项，那么也会报告出不止一个第一阶段的回归。

第二部分报告了我们真正感兴趣的结果，这些结果来自于 ldrugexp 对 hi_empunion 和一些外生性解释变量的 IV 回归。额外保险具有很大的效应。hi_empunion 的估计系数是−0.898，意味着有额外保险的个体在自费医药支出上比没有雇主或工会提供额外保险的那些人要低 90%。

6.3.5 过度识别模型的 IV 估计

接下来我们考虑对过度识别模型的估计，然后通过 2SLS 估计和 GMM 估计的不同形式得到不同的估计。

对于内生性解释变量 hi_empunion，我们使用了 ssiratio 和 multlc 这两个工具变量。第一个估计量是 2SLS 估计；通过使用带有 vce(robust)选项（以修正标准误的异方差性）和 2sls 选项的命令得到。第二个估计量是给定异方差误差的最优 GMM 估计，通过使用带有 wmatrix(robust) 选项的 gmm 命令得到。这是过度识别 IV 的两个主要估计量，它适用于没有聚类误差的横截面数据。第三个估计量加入了 igmm 来迭代收敛。第四个估计量是带有聚类误差的最优 GMM 估计，并对 age 进行聚类来演示这种方法。最后一个估计量与第一个相同，只不过它报告的是未修正异方差的默认标准误。

```
. * Compare 5 estimators and variance estimates for overidentified models
. global ivmodel "ldrugexp (hi_empunion = ssiratio multlc) $x2list"

. quietly ivregress 2sls $ivmodel, vce(robust)

. estimates store TwoSLS

. quietly ivregress gmm  $ivmodel, wmatrix(robust)

. estimates store GMM_het
```

```
. quietly ivregress gmm  $ivmodel, wmatrix(robust) igmm

. estimates store GMM_igmm

. quietly ivregress gmm  $ivmodel, wmatrix(cluster age)

. estimates store GMM_clu

. quietly ivregress 2sls  $ivmodel

. estimates store TwoSLS_def

. estimates table TwoSLS GMM_het GMM_igmm GMM_clu TwoSLS_def, b(%9.5f) se
```

Variable	TwoSLS	GMM_het	GMM_igmm	GMM_clu	TwoSLS_~f
hi_empunion	-0.98993	-0.99328	-0.99329	-1.03587	-0.98993
	0.20459	0.20467	0.20467	0.20438	0.19221
totchr	0.45121	0.45095	0.45095	0.44822	0.45121
	0.01031	0.01031	0.01031	0.01325	0.01051
age	-0.01414	-0.01415	-0.01415	-0.01185	-0.01414
	0.00290	0.00290	0.00290	0.00626	0.00278
female	-0.02784	-0.02817	-0.02817	-0.02451	-0.02784
	0.03217	0.03219	0.03219	0.02919	0.03117
blhisp	-0.22371	-0.22310	-0.22311	-0.20907	-0.22371
	0.03958	0.03960	0.03960	0.05018	0.03870
linc	0.09427	0.09446	0.09446	0.09573	0.09427
	0.02188	0.02190	0.02190	0.01474	0.02123
_cons	6.87519	6.87782	6.87783	6.72769	6.87519
	0.25789	0.25800	0.25800	0.50588	0.24528

legend: b/se

与 6.3.4 节的恰好识别 IV 估计值相比，参数估计值变动了不到 10%(除了统计上不显著的解释变量 female 以外)。除了 hi_empunion 以外，其他参数估计值的标准误几乎没有变化。hi_empunion 的标准误下降了 7%左右，这反映了由于额外工具变量提高的有效性。

接下来我们比较 5 个不同的过度识别估计量。2SLS、已知异方差的最优 GMM 和迭代的最优 GMM 之间的差别几乎可以忽略。带有聚类误差的最优 GMM 差别较大。而最后一列显示的 2SLS 默认标准误与第一列的稳健标准误几乎没差别，反映了使用对数变换来排除异方差性是很成功的。

6.3.6 解释变量内生性的检验

先前的估计认为保险变量 hi_empunion 是内生性的。相反，如果这个变量是外生的，那么 IV 估计量(IV,2SLS 或 GMM)依然是一致的，但它们可能就没有 OLS 估计量那么有效。

Hausman 检验方法提供了检验一个解释变量是否是内生性的方法。如果在 OLS 和 IV 估计量之间没有差别，那么我们得出结论：这个解释变量是外生性的，不需要使用工具变量。如果正好相反它们有相当大的差别，那么这个解释变量是内生性的，我们需要使用工具变量。这个检验通常仅仅是比较内生变量的系数。在只有一个潜在的内生性解释变量(其系数用 β 表示)的情况下，Hausman 检验统计量是：

$$T_H = \frac{(\hat{\beta}_{IV} - \hat{\beta}_{OLS})^2}{\hat{V}(\hat{\beta}_{IV} - \hat{\beta}_{OLS})}$$

在解释变量为外生变量的原假设下，它服从 $\chi^2(1)$ 分布。

在执行检验之前，我们首先得到 OLS 估计来将它们与之前的 IV 估计相比较。我们有：

```
. * Obtain OLS estimates to compare with preceding IV estimates
. regress ldrugexp hi_empunion $x2list, vce(robust)

Linear regression                                      Number of obs =   10089
                                                       F(  6, 10082) =  376.85
                                                       Prob > F      =  0.0000
                                                       R-squared     =  0.1770
                                                       Root MSE      =   1.236

------------------------------------------------------------------------------
             |               Robust
    ldrugexp |      Coef.   Std. Err.      t    P>|t|     [95% Conf. Interval]
-------------+----------------------------------------------------------------
 hi_empunion |   .0738788   .0259848     2.84   0.004     .0229435    .1248141
      totchr |   .4403807   .0093633    47.03   0.000     .4220268    .4587346
         age |  -.0035295    .001937    -1.82   0.068    -.0073264    .0002675
      female |   .0578055   .0253651     2.28   0.023     .0080848    .1075262
      blhisp |  -.1513068   .0341264    -4.43   0.000    -.2182013   -.0844122
        linc |   .0104815   .0137126     0.76   0.445    -.0163979     .037361
       _cons |   5.861131   .1571037    37.31   0.000     5.553176    6.169085
------------------------------------------------------------------------------
```

OLS 估计与 6.3.4 节给出的恰好识别 IV 估计存在着显著差异。hi_empunion 的系数在 OLS 估计中为 0.074，与 IV 估计的 −0.898 明显不同。这是 hi_empunion 有内生性的有力证据。有些外生变量的系数也改变了，尤其是 age 和 female 这两个变量的系数。同样要注意的是在 IV 估计中精确度的损失。尤其需要注意的是，作为工具变量的解释变量的标准误从 OLS 估计中的 0.026 增加到了 IV 估计中的 0.221，其数值增加了 8 倍，它反映了由于 IV 估计而导致的潜在的有效性损失。

在 $\hat{V}(\hat{\beta}_{IV} - \hat{\beta}_{OLS}) = \hat{V}(\hat{\beta}_{IV}) - V(\hat{\beta}_{OLS})$ 的假设(见 12.7.5 节)下，使用 hausman 命令可以用来估算 T_H 。这极大地简化了分析，因为现在所需要的就是分别来自于 IV 估计(IV、2SLS 或 GMM)和 OLS 估计的系数估计值和标准误，但这个假设太牵强了。在解释变量是外生性的原假设下，只有当 $\hat{\beta}_{OLS}$ 是完全有效估计量的时候它才是正确的；而只有在模型误差都是独立并且同方差的更强假设下，解释变量是外生性的原假设才是有效的。一个可能的办法是执行一个适当的自抽样，见 13.4.6 节。

估计后的 estat endogenous 命令进行了相关的 Durbin Wu-Hausman(DWH)检验。因为 DWH 检验使用了扩充解释变量的方法，它产生了一个稳健的检验统计量(Davidson 2000)。其基本思想如下所示。考虑在 6.2.1 节里设立的模型，添加一个额外的变量 v_1 来改写(6.2)式的结构方程，变量 v_1 为(6.3)式中对 y_2 回归的第一阶段方程的误差项。那么有：

$$y_{1i} = \beta_1 y_{2i} + \mathbf{x}'_{1i}\beta_2 + \rho v_{1i} + u_i$$

在 y_{2i} 是外生性的原假设下，有 $E(v_{1i}u_i \mid y_{2i}, \mathbf{x}_{1i}) = 0$。如果可以观测到 v_1，那么在

y_1 对 y_2、x_1 和 v_1 的 OLS 回归中，外生性检验即为 $H_0:\rho=0$ 的检验。因为 v_1 并不能直接观测到，故使用第一阶段 OLS 回归(6.3)式拟合的残差向量 $\hat{v}_1$ 来代替它。对于独立且同方差的误差，这个检验渐近等价于之前的 Hausman 检验。在存在异方差误差的更加现实的例子中，只要我们使用稳健方差估计，仍然能够对 $H_0:\rho=0$ 进行检验。通过加入多个残差向量，并分别检验它们与结构方程的误差的相关性，这个检验可以推广到多个内生性解释变量的情形中。

我们将检验应用到只有一个潜在的内生性解释变量 hi_empunion 的例子中，并使用 ssiratio 作为工具变量。于是有：

```
. * Robust Durbin-Wu-Hausman test of endogeneity implemented by estat endogenous
. ivregress 2sls ldrugexp (hi_empunion = ssiratio) $x2list, vce(robust)

Instrumental variables (2SLS) regression              Number of obs =    10089
                                                      Wald chi2(6)  = 2000.86
                                                      Prob > chi2   =  0.0000
                                                      R-squared     =  0.0640
                                                      Root MSE      =  1.3177

------------------------------------------------------------------------------
             |               Robust
    ldrugexp |      Coef.   Std. Err.      z    P>|z|     [95% Conf. Interval]
-------------+----------------------------------------------------------------
 hi_empunion |  -.8975913   .2211268    -4.06   0.000    -1.330992   -.4641908
      totchr |   .4502655   .0101969    44.16   0.000       .43028     .470251
         age |  -.0132176   .0029977    -4.41   0.000    -.0190931   -.0073421
      female |   -.020406   .0326114    -0.63   0.531    -.0843232    .0435113
      blhisp |  -.2174244   .0394944    -5.51   0.000     -.294832   -.1400167
        linc |   .0870018   .0226356     3.84   0.000     .0426368    .1313668
       _cons |    6.78717   .2688453    25.25   0.000     6.260243    7.314097
------------------------------------------------------------------------------
Instrumented:  hi_empunion
Instruments:   totchr age female blhisp linc ssiratio

. estat endogenous

  Tests of endogeneity
  Ho: variables are exogenous

  Robust score chi2(1)            =  24.935  (p = 0.0000)
  Robust regression F(1,10081)    = 26.4333  (p = 0.0000)
```

输出结果的最后一行是稳健 DWH 检验，强烈拒绝了 hi_empunion 是外生变量的原假设。故我们认为它是内生的。

当我们手动地执行稳健 DWH 检验时，仍得到同样的检验统计量。我们有：

```
. * Robust Durbin-Wu-Hausman test of endogeneity implemented manually
. quietly regress hi_empunion ssiratio $x2list

. quietly predict v1hat, resid

. quietly regress ldrugexp hi_empunion v1hat $x2list, vce(robust)

. test v1hat

 ( 1)  v1hat = 0

       F(  1, 10081) =   26.43
            Prob > F =    0.0000
```

6.3.7 过度识别约束的检验

在恰好识别模型中并不能检验工具变量的有效性。但在过度识别模型中，只要使用最优 GMM 估计模型的参数，就可以对过度识别工具变量的有效性进行检验。该检验有几个不同的名称，包括过度识别约束（OIR）检验、过度识别（OID）检验、Hansen 检验、Sargan 检验以及 Hansen-Sargan 检验。

分析的出发点是，在执行了最优 GMM 估计之后，对(6.8)式准则函数的值进行拟合，即 $Q(\hat{\beta}) = \{(1/N)(\mathbf{y}-\mathbf{X}\hat{\beta})'\mathbf{Z}\}\hat{\mathbf{S}}^{-1}\{(1/N)\mathbf{Z}'(\mathbf{y}-\mathbf{X}\hat{\beta})\}$。如果总体矩条件 $E\{\mathbf{Z}'(\mathbf{y}-\mathbf{X}\beta)\}=\mathbf{0}$ 是正确的，那么 $\mathbf{Z}'(\mathbf{y}-\mathbf{X}\hat{\beta})\simeq\mathbf{0}$，于是 $Q(\hat{\beta})$ 应该趋近于零。在所有工具变量都是有效的原假设下，可以证明 $Q(\hat{\beta})$ 渐近服从卡方分布，其自由度等于过度识别约束的个数。

大的 $Q(\hat{\beta})$ 值拒绝了 $H_0:E\{\mathbf{Z}'(\mathbf{y}-\mathbf{X}\beta)\}=\mathbf{0}$ 的原假设。这个结果可解释为：至少有一个工具变量是无效的。不管怎么样，正如 3.5.5 节所强调的，这些检验在其他方面也是有效的。拒绝原假设 H_0 的一种可能就是条件均值模型 $\mathbf{X}\beta$ 是误设的。从另一方面来说，这个检验只是判断过度识别工具变量有效性的方法之一，因此没能拒绝 H_0 也并不能保证所有的工具变量都是有效的。

这个检验是在过度识别模型的 ivregress gmm 命令之后，通过估计后的 estat overid 命令来执行的。我们对带有异方差误差以及 ssiratio 和 multc 这两个工具变量的最优 GMM 估计量做这个检验。下面的示例是在过度识别的约束下执行 estat overid 命令。

```
. * Test of overidentifying restrictions following ivregress gmm
. quietly ivregress gmm ldrugexp (hi_empunion = ssiratio multlc)
>   $x2list, wmatrix(robust)

. estat overid

  Test of overidentifying restriction:

  Hansen's J chi2(1) = 1.04754 (p = 0.3061)
```

检验统计量服从 $\chi^2(1)$ 分布，因为过度识别的约束数等于 $2-1=1$。由于 $p>0.05$，我们不能拒绝原假设，可知过度识别约束是有效的。

对所有 4 个可用工具变量进行的类似检验如下：

```
. * Test of overidentifying restrictions following ivregress gmm
. ivregress gmm ldrugexp (hi_empunion = ssiratio lowincome multlc firmsz) ///
>   $x2list, wmatrix(robust)

Instrumental variables (GMM) regression             Number of obs =    10089
                                                    Wald chi2(6)  = 2042.12
                                                    Prob > chi2   =  0.0000
                                                    R-squared     =  0.0829
GMM weight matrix: Robust                           Root MSE      =  1.3043
```

```
------------------------------------------------------------------------------
             |               Robust
   ldrugexp  |      Coef.   Std. Err.      z    P>|z|     [95% Conf. Interval]
-------------+----------------------------------------------------------------
 hi_empunion |  -.8124043   .1846433    -4.40   0.000    -1.174299    -.45051
      totchr |    .449488    .010047    44.74   0.000     .4297962    .4691799
         age |  -.0124598   .0027466    -4.54   0.000    -.0178432   -.0070765
      female |  -.0104528   .0306889    -0.34   0.733    -.0706019    .0496963
      blhisp |  -.2061018   .0382891    -5.38   0.000    -.2811471   -.1310566
        linc |   .0796532   .0203397     3.92   0.000     .0397882    .1195183
       _cons |     6.7126   .2425973    27.67   0.000     6.237118    7.188081
------------------------------------------------------------------------------
Instrumented:  hi_empunion
Instruments:   totchr age female blhisp linc ssiratio lowincome multlc
               firmsz

. estat overid

  Test of overidentifying restriction:

  Hansen's J chi2(3) = 11.5903 (p = 0.0089)
```

这样我们在 0.05 的显著性水平(甚至几乎是 0.01 的水平)下拒绝了原假设。尽管拒绝了原假设,内生性解释变量 hi_empunion 的系数是−0.812,与 ssiratio 作为唯一工具变量时的系数相比并没有很大差别。

6.3.8 二值内生性解释变量的 IV 估计

在这个例子中,内生性解释变量 hi_empunion 是一个二值变量。我们使用的 IV 方法在 $E(u_i \mid \mathbf{z}_i)=0$ 的假设下是有效的,在我们的例子里就是指:如果以外生性解释变量[即(6.2)式中的 x_1]和任何工具变量(如 ssiratio)为条件,则 ldrugexp 的结构方程的误差的条件均值为零。当内生性解释变量 hi_empunion 变成二值变量的时候,这个假设的合理性并不会随之改变。

另一种方法增加了更多的结构方程,来明确考虑内生性解释变量的二值特征,即把第一阶段模型转变成潜变量模型,这个模型类似于第 14 章介绍的 probit 模型。假设 y_1 部分取决于 y_2,y_2 是一个二值的内生性解释变量。我们引入了一个不可观测的潜变量 y_2^* 来决定 $y_2=1$ 或 0。(6.2)式和(6.3)式中的模型转变成:

$$y_{1i}=\beta_1 y_{2i}+\mathbf{x}_{1i}'\beta_2+u_i \tag{6.9}$$

$$y_{2i}^*=\mathbf{x}_{1i}'\pi_{1j}+\mathbf{x}_{2i}'\pi_{2j}+v_i$$

$$y_{2i}=\begin{cases}1 & ,\text{在 } y_{2i}^*>0 \text{ 时}\\ 0 & ,\text{在其他情况下}\end{cases}$$

假设误差项 (u_i,v_i) 服从相关的二元正态分布,其中 $\mathrm{Var}(u_i)=\sigma^2$、$\mathrm{Var}(v_i)=1$ 且 $\mathrm{Cov}(u_i,v_i)=\rho\sigma^2$。

二值的内生性解释变量 y_2 可以被看成是一个处理指示变量。如果 $y_2=1$,我们就接受处理(这里指得到雇主或工会提供的保险),而如果 $y_2=0$,我们就不接受处理。Stata 的文献把(6.9)式称作处理效应模型,不过有关处理效应的文献非常多,且包含了各种各样的模型和方法。

treatreg 命令通过最大似然(ML)估计法、默认方法或者两步法对(6.9)式进行拟合。其基本语法为：

treatreg *depvar* [indepvars], treat(*depvar_t* = *indepvars_t*) [twostep]

其中，*depvar* 是 y_1，*indepvars* 是 $\mathbf{x}_1$，*depvar_t* 是 y_2^*，*indepvars_t* 是 $\mathbf{x}_1$ 和 $\mathbf{x}_2$。

我们使用单工具变量 ssiratio 将这个估计量应用到 6.3.4 节里完全识别的情形中。我们得到：

```
. * Regression with a dummy variable regressor
. treatreg ldrugexp $x2list, treat(hi_empunion = ssiratio $x2list)
```

(输出已省略)

```
Treatment-effects model -- MLE                  Number of obs    =     10089
                                                Wald chi2(6)     =   1931.55
Log likelihood = -22721.082                     Prob > chi2      =    0.0000

------------------------------------------------------------------------------
             |      Coef.   Std. Err.      z    P>|z|     [95% Conf. Interval]
-------------+----------------------------------------------------------------
ldrugexp     |
      totchr |   .4555085   .0110291    41.30   0.000     .4338919    .4771252
         age |  -.0183563   .0022975    -7.99   0.000    -.0228594   -.0138531
      female |  -.0618901   .0295655    -2.09   0.036    -.1198374   -.0039427
      blhisp |  -.2524937   .0391998    -6.44   0.000    -.3293239   -.1756635
        linc |   .1275888   .0171264     7.45   0.000     .0940217    .1611559
 hi_empunion |  -1.412868   .0821001   -17.21   0.000    -1.573781   -1.251954
       _cons |    7.27835   .1905198    38.20   0.000     6.904938    7.651762
-------------+----------------------------------------------------------------
hi_empunion  |
    ssiratio |  -.4718775   .0344656   -13.69   0.000    -.5394288   -.4043262
      totchr |   .0385586   .0099715     3.87   0.000     .0190148    .0581023
         age |  -.0243318   .0019918   -12.22   0.000    -.0282355    -.020428
      female |  -.1942343   .0260033    -7.47   0.000    -.2451998   -.1432688
      blhisp |  -.1950778   .0359513    -5.43   0.000     -.265541   -.1246146
        linc |   .1346908   .0150101     8.97   0.000     .1052715      .16411
       _cons |   1.462713   .1597052     9.16   0.000     1.149696    1.775729
-------------+----------------------------------------------------------------
     /athrho |   .7781623    .044122    17.64   0.000     .6916848    .8646399
    /lnsigma |   .3509918   .0151708    23.14   0.000     .3212577     .380726
-------------+----------------------------------------------------------------
         rho |   .6516507   .0253856                      .5990633    .6986405
       sigma |   1.420476   .0215497                      1.378861    1.463347
      lambda |    .925654    .048921                      .8297705    1.021537
------------------------------------------------------------------------------
LR test of indep. eqns. (rho = 0):   chi2(1) =    86.80   Prob > chi2 = 0.0000
------------------------------------------------------------------------------
```

回归系数的第一部分是关键的输出结果。与 6.3.4 节中的 IV 估计相比，hi_empunion 的系数从 −0.898 变至 −1.413，其绝对值增加了；而标准误则从 0.221 大幅度减少到 0.082。外生性解释变量的系数和标准误的变化较小。

rho、sigma 和 lamda 的数值分别代表 ρ、σ 和 $\rho\sigma$。为了确保 $\hat{\sigma}>0$ 且 $|\hat{\rho}|<1$，treatreg 估计了转换后的参数 $0.5\times\ln\{(1+\rho)/(1-\rho)\}$，并报告为/athrho，而 $\ln\sigma$ 则报告为/lnsigma。如果误差项的相关性 $\rho=0$，那么误差 u 和 v 都是独立的，并且没有内生性问题。输出结果的最后一行明显拒绝了 $H_0:\rho=0$ 的假设，因此 hi_empunion 的确是内生的解释变量。

哪种估计方法更好：常规 IV 还是(6.9)式？直观来看，(6.9) 式增加了更多的结构方程约束。优点是估计的精确度会提高，正如例子中所示。缺点是很可能导致模型误设偏误。如果误差是异方差的，很可能 IV 估计量保持一致，但这里给出的处理效应估计量却会变成是不一致的。

更为一般地说，当非线性模型(比如二值数据模型和计数数据模型)中的解释变量包括了内生性解释变量时，有不止一种方法来对这种模型进行估计(另见 17.5 节)。

6.4 弱工具变量

在本节，我们假设选择的工具变量是有效的，这样 IV 估计量就是一致的。

相反，我们关心的问题是所用的工具变量是否为弱工具变量，因为这样渐近理论对于实际上的有限样本分布就不能提供足够的指导作用。

estat firststage 命令提供了在 ivregress 之后的一些诊断和检验，它并不算很详尽，其他曾被提出过的检验则现在仍然在发展之中。用户编写的 ivreg2 命令(Baum，Schaffer 和 Stillman 2007)通过单行命令提供了类似信息并在 e ()里储存了许多结果统计。我们之所以着重研究 ivregress，是因为它能被 Stata 完全支持。

6.4.1 IV 估计量的有限样本性质

即使当 IV 估计量是一致的时候，它们在有限样本里仍然是有偏的。这个结果在过度识别模型中已经被正式确认了。在恰好识别模型中，IV 估计量的一阶矩并不存在，但为了简单起见，我们在这个例子里仍然按照字面意思继续使用“偏误”这个术语。

IV 估计量的有限样本性质比较复杂。但有三种情况是有可能对有限样本偏误进行分析的，见 Davidson 和 MacKinnon (2004，第 8.4 节)。

首先，当工具变量的个数和样本大小高度相关并且在第一阶段回归拟合良好的时候，IV 估计量可能趋近于 OLS 估计量，这样同样会产生偏误。这种多工具变量的情况与横截面微观经济数据并没有太大相关性，尽管对于面板数据的 IV 估计量(比如 Arellano—Bond 估计量)来说可能有相关性。其次，当结构方程的误差 u 和第一阶段等式误差的向量 $\mathbf{v}$ 的某些部分具有较高相关性的时候，渐近理论可能不足以解释有限样本分布。第三，如果我们使用了弱工具变量，也就是说有一个或更多的第一阶段回归拟合效果并不好，那么即使这个样本有上千个观测值，渐近理论对 IV 估计量的有限样本分布也可能没多少指导意义。

在下文中，我们的重点在第三种，即弱工具变量的情况。有关弱工具变量的更多准确定义会在下一节介绍。

6.4.2 弱工具变量

研究弱工具变量问题有多种方法，它们均基于第一阶段中的简化方程特别是主要工具变量的联合显著性 F 统计的分析。

对弱工具变量的诊断

最简单的方法是利用任意内生性解释变量和工具变量之间的配对相关性。在我们

的例子里,我们有:

```
. * Correlations of endogenous regressor with instruments
. correlate hi_empunion ssiratio lowincome multlc firmsz if linc!=.
(obs=10089)

             | hi_emp~n ssiratio lowinc~e   multlc   firmsz
-------------+---------------------------------------------
 hi_empunion |   1.0000
    ssiratio |  -0.2124   1.0000
   lowincome |  -0.1164   0.2539   1.0000
      multlc |   0.1198  -0.1904  -0.0625   1.0000
      firmsz |   0.0374  -0.0446  -0.0082   0.1873   1.0000
```

内生性解释变量 hi_empunion 和工具变量之间的总体相关度较低。和 OLS 估计相比,这会导致使用 IV 估计时存在较大的效率损失。不过相关度也没低到直接暴露出弱工具变量有问题。

对于使用多个工具变量的 IV 估计,我们可以考虑内生性解释变量与不同工具变量的联合相关性。度量相关度的可能方法是 R^2(它来自内生性解释变量 y_2 对工具变量 $\mathbf{x}_2$ 的回归)以及 F 统计量(它是这个回归中的总体拟合优度的检验)。R^2 或 F 的值较小就是弱工具变量的表现。不过它忽略了结构模型中外生性解释变量 $\mathbf{x}_1$ 的存在,$\mathbf{x}_1$ 来自于(6.3)式中 y_2 对 $\mathbf{x}_2$ 和 $\mathbf{x}_1$ 的第一阶段回归。如果在控制了 $\mathbf{x}_1$ 后,工具变量 x_2 对 y_1 的解释力并没有额外增加,那么它就是弱工具变量。

因此,一个常用的诊断是工具变量 $\mathbf{x}_2$ 的联合显著性 F 统计量,它来自内生性解释变量 y_2 对 $\mathbf{x}_2$ 和 $\mathbf{x}_1$ 的第一阶段回归。这是(6.3)式里 $\boldsymbol{\pi}_2=\mathbf{0}$ 的一个检验。Staiger 和 Stock (1997)提出的一个广泛使用的经验法则认为,F 统计量小于 10 则意味着弱工具变量。这个经验法则是针对特定情况的,当存在许多过度识别约束的时候可能并不够严谨。对于 F 统计量来说并没有明确的临界值,因为它取决于所使用的判断标准、内生变量的个数以及过度识别约束(额外工具变量)的个数。Stock 和 Yoga(2005)提出了两个检验方法,在同方差误差的假设下能得到 F 统计量的临界值,并在 estat firststage 的输出结果中予以显示,具体内容接下来讨论。第一种方法适用于存在至少两个过度识别约束的情况,它表明了经验法则是合理的。第二种方法在过度识别模型中能得到远大于 10 的 F 统计量临界值。

第二个诊断是控制 $\mathbf{x}_1$ 后的 y_2 与 $\mathbf{x}_2$ 之间的偏 R^2。这个 R^2 来自"(1)y_2 对 $\mathbf{x}_1$ 进行 OLS 回归得到的残差"对"(2)$\mathbf{x}_2$ 对 $\mathbf{x}_1$ 进行 OLS 回归得到的残差"进行的 OLS 回归。但究竟多小的值才能反映弱工具变量问题还没有统一意见。对于多个内生性解释变量的结构方程以及对应的多个第一阶段回归,可以使用一个一般化的方法,该方法称之为"Shea 偏 R^2"方法。

弱工具变量的正式检验

Stock 和 Yogo (2005)提出了弱工具变量的两个检验。它们使用了相同的检验统计量,但使用了基于不同准则的不同临界值。在常见的原结构模型里只有单一内生性解释变量的特殊情况下,其检验统计量才是前面提及过的第一阶段回归中工具变量的联合显著性 F 统计量。不过在带有多个内生性解释变量的结构模型中,就会有多个第一阶段回归和多个 F 统计量。则使用的检验统计量就是 F 统计量矩阵的最小特征根,其中 F 统计量定义来自 Stock 和 Yogo (2005, 84)或者是[R] **ivregress postestimation**。这个统计量最初是由 Cragg 和 Donald (1993)提出,用来对未识别的情况进行检验。Stock 和 Yogo 用来推测识别的情况,并指出:一个较低的最小特征根(如果只有一个内生性解释变量则等价于 F 统计量)就意味着该工具变量是弱的。因此原假设是工具变量为弱的,备择假设即该工具变量为强的。通过我们接下来要详细说明的两个准则可以得到它的临界值。

第一个标准强调了因使用弱工具变量而导致 IV 估计量的估计偏误较大,有时甚至超过了 OLS 的偏误的问题。为了进行检验,我们首先选定可接受的 b,即 2SLS 估计量相对于 OLS 估计量的最大相对偏误。Stock 和 Yogo 的表格提供了检验的临界值,它随着 b、内生性解释变量的个数(m)和排除性限制的个数(K_2)而变动。例如,如果 $b=0.05$ (只有 5%的相对偏误容忍度) $m=1$ 且 $K_2=3$,那么从它们推算出的检验临界值为 13.91,这样如果 F 统计值(当 $m=1$ 的时候 F 统计值等于最小特征根)超过了 13.91,我们就拒绝了工具变量是弱工具变量的原假设。若是较大的 10%的相对偏误容忍度,则临界值就减小到 9.08。不过只有模型至少有两个过度识别约束的时候,该临界值才是可用的。因此对于只有一个内生性解释变量的情况,我们就需要至少三个工具变量。

第二个检验能够应用在恰好识别模型和过度识别模型中,它讨论了在有限样本中弱工具变量可能造成参数的 Wald 检验水平扭曲的问题。Wald 检验是在 0.05 水平上对结构模型[(6.2)式中 $\beta_1=0$ 时]的内生性解释变量的联合统计显著性检验。检验者选择对这个检验的水平扭曲的容忍程度。例如,如果我们不能接受超过 $r=0.10$ 的实际检验水平,那么在 $m=1$ 且 $K_2=3$ 时,从 Stock-Yoga 表可得 F 检验的临界值为 22.30。相反,如果 $r=0.15$,那么其临界值变为 12.83。

在 ivregress 的估计后 estat firststage 命令之后,可以得出检验统计量和临界值。临界值相比一系列解释变量的联合显著性的标准 F 检验的值要大很多。我们主要考虑 2SLS 估计量的临界值,尽管也给出了 LIML 估计量的临界值。

6.4.3 estat firststage 命令

在 ivregress 之后,estat firststage 提供了多种弱工具变量的诊断和检验。这个命令的语法为:

```
estat firststage [ , forcenonrobust all]
```

尽管之前的 ivregress 命令使用了 vce(robust)选项,也可以使用 forcenonrobust 选项来使用 estat firststage 命令。其原因是在 estat firststage 中检验的基本理论认为回归误差服从高斯分布并且是独立同分布(i.i.d.)的。我们使用 forcenonrobust 选项就意味着承认我们知道这一点,但尽管如此,我们仍愿意使用它,即便当前是存在异方差的情况。

如果存在多个内生性解释变量,除了能自动给出的内生性解释变量的关键联合统计量以外,all 选项还分别提供了每个内生性解释变量的一些估计结果。它同样也能给出"Shea 偏 R^2"。

6.4.4 恰好识别模型

我们考虑具有一个内生性解释变量的恰好识别模型,其中变量 ssiratio 作为 hi_empunion的工具变量。由于我们在 ivregress 中使用了 vce(robust),我们需要添加

forcenonrobust 选项。我们增加 all 选项可以显示"Shea 偏 R^2",由于我们只有一个内生性解释变量,此时这一步并不是必须的。

输出结果有三个部分。

```
. * Weak instrument tests - just-identified model
. quietly ivregress 2sls ldrugexp (hi_empunion = ssiratio) $x2list, vce(robust)

. estat firststage, forcenonrobust all

  First-stage regression summary statistics

  ---------------------------------------------------------------------------
               |            Adjusted      Partial       Robust
      Variable |   R-sq.       R-sq.        R-sq.    F(1,10082)   Prob > F
  -------------+-------------------------------------------------------------
   hi_empunion |  0.0761      0.0755       0.0179      65.7602     0.0000
  ---------------------------------------------------------------------------


  Shea's partial R-squared

  --------------------------------------------------
               |      Shea's             Shea's
      Variable |  Partial R-sq.   Adj. Partial R-sq.
  -------------+------------------------------------
   hi_empunion |     0.0179             0.0174
  --------------------------------------------------


  Minimum eigenvalue statistic = 183.98

  Critical Values                      # of endogenous regressors:    1
  Ho: Instruments are weak             # of excluded instruments:     1
  ---------------------------------------------------------------------
                                     |    5%      10%      20%      30%
  2SLS relative bias                 |         (not available)
  -----------------------------------+---------------------------------
                                     |   10%      15%      20%      25%
  2SLS Size of nominal 5% Wald test  |  16.38     8.96     6.66     5.53
  LIML Size of nominal 5% Wald test  |  16.38     8.96     6.66     5.53
  ---------------------------------------------------------------------
```

第一部分是关键诊断统计量的概述性统计表,它对判断弱工具变量是有用的。第一部分的两个统计量为第一阶段回归的 R^2 和调整后的 R^2。它们的值都在 0.08 左右,因为 IV 估计导致估计精度很大的损失。尽管如此,它们的值还没有低到能暴露出弱工具变量问题,正如已经提到过的那样,问题仍然存在,因为工具变量 ssiratio 可能对拟合的贡献很小。为了分解 ssiratio 对 hi_empunion 的解释力,于是给出了两个统计量。一个是 hi_empunion 与 ssiratio 之间的偏 R^2,它控制了 totchr、age、female、blhisp 和 linc。它的值低至 0.0179,表明需要警惕弱工具变量的原假设。另一个统计量是在结构模型中被排除的工具变量的联合显著性 F 统计量。这里仅对 ssiratio 进行检验,且 $F = 65.76$ 为第一阶段回归估计结果中的 t 统计量的平方($8.11^2 = 65.76$)。这个 F 统计量的值是 65.76,它比之前建议的经验法则临界值 10 要大得多,因此 ssiratio 似乎并非弱工具变量。

第二部分给出了"Shea 偏 R^2",由于只有一个内生性解释变量,它等价于之前讨论的偏 R^2。

第三部分进行了 Stock 和 Yogo 的检验。第一个检验是不可用的,因为该模型是恰好识别的,而不是带有两个或更多约束的过度识别模型。第二个检验给出了 2SLS 估计量和 LIML 估计量的临界值。我们来考虑 2SLS 估计量。如果我们愿意接受的扭曲是基于 2SLS 估计量的 Wald 检验值的 5%,那么实际的检验水平可能最高至 10%,如果检验统计值超过了 16.38,我们就拒绝原假设。因为由于异方差的存在,理论并不能被正确地应用,所以运用多大的检验统计值并不清楚。如果在第一阶段回归中使用了默认标准误,则报告的最小特征根统计值 183.98 等于 ssiratio=0 时的 F 统计值。相反,我们使用了稳健标准误(vce(robust)),那么就有 $F=65.76$。理论假设误差是同方差的,但在这里很明显是不正确的。不过两个 F 统计量都远远超过了 16.38 这一临界值,因此可以轻松拒绝是弱工具变量的原假设。

6.4.5 过度识别模型

对于带有一个内生性解释变量的过度识别模型,输出结果和上一个例子有着同样的格式。此时 F 统计量将会是多个工具变量的联合检验。如果有三个或更多工具变量,那么就有两个或更多的过度识别约束,这样就可以使用相对偏误准则。

我们考虑一个带有三个过度识别约束的例子:

```
. * Weak instrument tests - two or more overidentifying restrictions
. quietly ivregress gmm ldrugexp (hi_empunion = ssiratio lowincome multlc firmsz) $x2list, vce(robu

. estat firststage, forcenonrobust

  First-stage regression summary statistics
```

Variable	R-sq.	Adjusted R-sq.	Partial R-sq.	Robust F(4,10079)	Prob > F
hi_empunion	0.0821	0.0812	0.0243	44.823	0.0000

```
  Minimum eigenvalue statistic = 62.749

  Critical Values                          # of endogenous regressors:    1
  Ho: Instruments are weak                 # of excluded instruments:     4
```

	5%	10%	20%	30%
2SLS relative bias	16.85	10.27	6.71	5.34
	10%	**15%**	**20%**	**25%**
2SLS Size of nominal 5% Wald test	24.58	13.96	10.26	8.31
LIML Size of nominal 5% Wald test	5.44	3.87	3.30	2.98

无论是使用 $F=44.82$ 还是最小特征根 62.749,都坚定地拒绝了是弱工具变量的原假设。这里的内生性解释变量是 hi_empunion(并没有给出来自结构模型中的估计值),它的系数为-0.812 且标准误为 0.185,当只有一个工具变量 ssiratio 时,与之相比的相应系数和标准误分别为-0.898 和 0.221。

6.4.6 多个内生性解释变量

当存在多个内生性解释变量的时候,estat firststage 报告了包含"Shea 偏 R^2"和基于最小特征根的弱工具变量诊断统计量。all 选项则另外报告每一个内生性解释变量的第一阶段回归结果,以及相应的 F 统计量和偏 R^2。

6.4.7 工具变量选择的敏感性分析

在主方程中,hi_empunion 对 ldrugexp 有很强的负面影响。当 hi_empunion 被看作是外生变量的时候,与之相对的是,在 OLS 结果中,可以观测到它有一个较小的正面影响,见 6.3.6 节。如果我们的工具变量 ssiratio 是有效的,这就表明 OLS 结果中存在相当大的偏误。那么这个结果对工具变量的选择是否敏感呢?

为了解决这个问题,我们比较了四种恰好识别模型设定的结果,每一种估计结果只使用了四个可用工具变量中的一个。我们给出了一个包含 OLS 和四个 IV 估计的结构方程估计结果的表格,并带有四个 IV 估计的各自最小特征根统计值(因为我们只使用了一个内生性解释变量,最小特征根统计值等价于 F 统计值)。我们有:

```
. * Compare 4 just-identified model estimates with different instruments
. quietly regress ldrugexp hi_empunion $x2list, vce(robust)

. estimates store OLS0

. quietly ivregress 2sls ldrugexp (hi_empunion=ssiratio) $x2list, vce(robust)

. estimates store IV_INST1

. quietly estat firststage, forcenonrobust

. scalar me1 = r(mineig)

. quietly ivregress 2sls ldrugexp (hi_empunion=lowincome) $x2list, vce(robust)

. estimates store IV_INST2

. quietly estat firststage, forcenonrobust

. scalar me2 = r(mineig)

. quietly ivregress 2sls ldrugexp (hi_empunion=multlc) $x2list, vce(robust)

. estimates store IV_INST3

. quietly estat firststage, forcenonrobust

. scalar me3 = r(mineig)

. quietly ivregress 2sls ldrugexp (hi_empunion=firmsz) $x2list, vce(robust)

. estimates store IV_INST4

. quietly estat firststage, forcenonrobust

. scalar me4 = r(mineig)
```

```
. estimates table OLS0 IV_INST1 IV_INST2 IV_INST3 IV_INST4, b(%8.4f) se
```

Variable	OLS0	IV_INST1	IV_INST2	IV_INST3	IV_INST4
hi_empunion	0.0739	-0.8976	0.1170	-1.3459	-2.9323
	0.0260	0.2211	0.3594	0.4238	1.4025
totchr	0.4404	0.4503	0.4399	0.4548	0.4710
	0.0094	0.0102	0.0100	0.0116	0.0203
age	-0.0035	-0.0132	-0.0031	-0.0177	-0.0335
	0.0019	0.0030	0.0041	0.0048	0.0143
female	0.0578	-0.0204	0.0613	-0.0565	-0.1842
	0.0254	0.0326	0.0381	0.0449	0.1203
blhisp	-0.1513	-0.2174	-0.1484	-0.2479	-0.3559
	0.0341	0.0395	0.0416	0.0489	0.1098
linc	0.0105	0.0870	0.0071	0.1223	0.2473
	0.0137	0.0226	0.0311	0.0371	0.1130
_cons	5.8611	6.7872	5.8201	7.2145	8.7267
	0.1571	0.2688	0.3812	0.4419	1.3594

legend: b/se

```
. display "Minimum eigenvalues are:      " me1 _s(2) me2 _s(2) me3 _s(2) me4
Minimum eigenvalues are:     183.97973  54.328603  55.157581  9.9595082
```

不同的工具变量导致了内生性解释变量 hi_empunion 系数的 IV 估计值有相当大的差异,即使每个估计值都在其两个标准误之内(除了 lowincome 当作工具变量时除外)。所有结果都和 OLS 估计相差很大,当 lowincome 为工具变量时(IV_INST2)除外。统计上最显著的解释变量 totchr 的系数在选择不同工具变量时变化并不大。其他一些外生性解释变量的系数变化较大,尽管除了 female 之外其他变量都没有出现符号相反的情况。

因为所有模型都是只有一个内生性解释变量的恰好识别模型,其最小特征根统计值可以与 6.4.4 节中给出的临界值相比较。如果我们愿意容忍的扭曲是基于 2SLS 估计量的 Wald 检验值的 5%,那么实际的检验水平可能最高至 10%,如果检验统计值超过了 16.38,我们就拒绝原假设。以此标准来算,只有最后一个工具变量 firmsz 才是弱工具变量。

当我们在把 ssiratio 作为工具变量的原始恰好识别模型中,依次加入变量 lowincome、multlc 和 firmsz 做类似的敏感性分析时,2SLS 估计并没有变化,见本章末的习题。

对于恰好识别模型中的敏感性分析有一些解释。这个结果可能反映了预期中恰好识别模型 IV 估计量具有高度可变性,这个可变性也反映了不同工具变量的不同影响力。有一些工具变量可能并不是有效工具变量。更可能的一种情况就是:这些结果反映了模型的误设(相对于在严肃地对 ldrugexp 的经验分析中能更好拟合的模型来说),因为本例中使用的模型相当简单。尽管我们集中分析了用于探索这一问题的统计工具,但是在实践中要想令人满意地解决这一问题,还需要一个基于相关理论并结合了当前具体情况的谨慎的调查研究。

6.5 对弱工具变量的更好推断

上一节研究了弱工具变量的诊断和检验方法,如果工具变量并不是弱工具变量,我们可以使用标准的渐近理论。当存在弱工具变量时,另外一种方法就是适用另一种更合适的渐近理论,或者使用不同于 2SLS 方法的估计量进行估计。因为当存在弱工具变量时,通常的渐近理论能提供更加合理的近似值。

6.5.1 条件检验和置信区间

条件方法的重点在于对结构模型的内生性解释变量系数进行推断。假设误差是独立同分布的(i.i.d.),无论工具变量有多弱,临界值、p 值和置信区间都能在渐近正确的水平上得到。

由 Mikusheva 和 Poi (2006)开发的用户编写的 condivreg 命令,它较 condivreg 的早期版本有显著改进。Andrew、Moreira 和 Stock(2007)研究并进一步发展了这个命令的执行方法。它得到的临界值通常比实际的渐近临界值要大,从以下的示例可以看出这一点。

condivreg 命令和 ivregress 命令有相同的基本语法,除了具体使用的估计量(2sls 或 liml)变为可选项目之外。默认结果是报告一个统计显著性检验的修正过的 p 值和一个基于似然比(LR)检验统计量的修正过的 95%的置信区间。在标准渐近理论之下,Wald 检验、LR 检验和拉格朗日乘子(LM)检验在部分备择假设下是渐近等价的。而这里正好相反,LR 检验比 LM 检验有更强解释力,而 Wald 检验的解释力较差。lm 选项计算了 LM 检验并自带置信区间,不过这里没有 Wald 检验的选项。ar 选项为另外一个检验统计量(Anderson—Rubin 检验统计量)计算了修正了检验水平的 p 值。level(#)选项用来给出 95%水平以外情况下的置信区间,test(#)选项用来得到内生性解释变量系数非零检验的 p 值。

我们研究变量 hi_empunion 只带有一个工具变量 ssiratio 时的原始案例。我们有:

```
. * Conditional test and confidence intervals when weak instruments
. condivreg ldrugexp (hi_empunion = ssiratio) $x2list, lm ar 2sls test(0)

Instrumental variables (2SLS) regression

First-stage results                              Number of obs =    10089
-----------------------                          F(  6, 10082) =   319.62
F(  1, 10082) =   183.98                         Prob > F      =   0.0000
Prob > F      =   0.0000                         R-squared     =   0.0640
R-squared     =   0.0761                         Adj R-squared =   0.0634
Adj R-squared =   0.0755                         Root MSE      =    1.318

------------------------------------------------------------------------------
    ldrugexp |      Coef.   Std. Err.      t    P>|t|     [95% Conf. Interval]
-------------+----------------------------------------------------------------
 hi_empunion |  -.8975913   .2079906    -4.32   0.000    -1.305294   -.4898882
      totchr |   .4502655   .0104225    43.20   0.000     .4298354    .4706957
         age |  -.0132176   .0028759    -4.60   0.000    -.0188549   -.0075802
      female |   -.020406   .0315518    -0.65   0.518    -.0822538    .0414418
      blhisp |  -.2174244   .0386879    -5.62   0.000    -.2932603   -.1415884
        linc |   .0870018   .0220221     3.95   0.000     .0438342    .1301694
       _cons |    6.78717   .2555229    26.56   0.000     6.286294    7.288046
------------------------------------------------------------------------------
Instrumented:  hi_empunion
Instruments:   totchr age female blhisp linc ssiratio
Confidence set and p-value for hi_empunion are based on normal approximation
------------------------------------------------------------------------------
```

```
               Coverage-corrected confidence sets and p-values
                     for Ho: _b[hi_empunion] = 0
                  LIML estimate of _b[hi_empunion] = -.8975913

 Test                             Confidence Set                    p-value

 Conditional LR            [-1.331227, -.5061496]                    0.0000
 Anderson-Rubin            [-1.331227, -.5061496]                    0.0000
 Score (LM)                [-1.331227, -.5061496]                    0.0000
```

输出结果的第一部分与 ivregress 的结果一样，默认标准误假设的是独立同分布的误差。它包括了第一阶段 F 检验值，即 $F=183.98$，这强烈表明了弱工具变量并不是一个问题。输出结果的第二部分给出的所有三个修正了检验水平之后的检验都给出了同样的 95%置信区间[－1.305，－0.490]。这再次表明了没有为弱工具变量进行修正的必要。这里使用了术语“置信集合(confidence set)”而不是置信区间，因为它可能包含有两个或以上的区间不相交的集合。

先前的结果假设了模型误差是独立同分布的，但这里的误差却是异方差的。这是一个潜在的问题，尽管在 6.3.4 节里的输出结果中 hi_empunion 系数的稳健标准误为0.221，与非稳健标准误 0.208 非常相似。

回顾以上的检验可知 firmsz 是一个临界线上的弱工具变量。当我们重复之前把 firmsz 作为单工具变量的命令时，修正过的置信区间比使用传统渐近理论时更大，见本章末的习题。

6.5.2 LIML 估计量

有文献表明，另外一些与 2SLS 渐近等价的估计量可能比 2SLS 具有更好的有限样本的性质。

典型的例子就是 LIML 估计量。它基于结构方程和第一阶段方程的误差项服从联合正态分布的假设。有很多原因表明它是一个 ML 估计量，与设定这个模型中所有内生变量的结构方程(而不是第一阶段方程)的全信息方法相比时，它是一个有限信息估计量。

LIML 估计量优于 2SLS 估计量，但它并没有被广泛使用，众所周知它因为渐近等价于 2SLS 估计量。两者都是 k 级估计量的特例。不过在有限样本中这两个估计量存在着差异，因为施加在工具变量之上的权重不同。最近的研究发现，LIML 有一些令人满意的有限样本性质，尤其在工具变量并不强的时候。比如，某些研究表明 LIML 比 2SLS 或者 GMM 的偏误更小。

LIML 估计量是所谓 k 级估计量的一个特例，它定义为：

$$\hat{\beta}_{k-\text{class}}=\{\mathbf{X}'(\mathbf{I}-k\mathbf{M}_Z)^{-1}\mathbf{X}\}^{-1}\mathbf{X}'(\mathbf{I}-k\mathbf{M}_Z)^{-1}\mathbf{y}$$

其中结构方程表示为 $\mathbf{y}=\mathbf{X}\beta+\mathbf{u}$。*LIML* 估计量设 k 等于 $(\mathbf{Y}'\mathbf{M}_z\mathbf{Y})^{-1/2}\mathbf{Y}'\mathbf{M}_{X1}\mathbf{Y}(\mathbf{Y}'\mathbf{M}_Z\mathbf{Y})^{-1/2}$ 的最小特征值，其中 $\mathbf{M}_{X1}=\mathbf{I}-\mathbf{X}_1(\mathbf{X}'_1\mathbf{X}_1)^{-1}\mathbf{X}_1$，$\mathbf{M}_Z=\mathbf{I}-\mathbf{Z}(\mathbf{Z}'\mathbf{Z})^{-1}\mathbf{Z}$，第一

阶段方程为 $\mathbf{Y}=\mathbf{Z\Pi}+\mathbf{V}$。估计量的 VCE 为：

$$\hat{V}(\hat{\beta}_{k-\text{class}})=s^2\ \{\mathbf{X}'(\mathbf{I}-k\mathbf{M_Z})^{-1}\mathbf{X}\}^{-1}$$

在误差 $\mathbf{u}$ 和 $\mathbf{V}$ 都是同方差的假设下，有 $s^2=\hat{\mathbf{u}}'\hat{\mathbf{u}}/N$。当 $k=1$ 时得到的 k 级估计量就是 2SLS 估计量。

LIML 估计量是通过 ivregress liml 命令而不是 ivregress 2sls 命令来执行的。当误差项有异方差时，vce(robust)选项提供了 LIML 的 VCE 的一个稳健估计。在这种情况下，LIML 估计量仍然渐近等价于 2SLS 估计量。但在有限样本里，有研究表明 LIML 可能会更优。

6.5.3 刀切法 IV 估计量

刀切法 IV 估计量(JIVE)消除了第一阶段拟合值与结构方程误差项之间的相关性，这种相关性即为传统 2SLS 估计量的偏误来源之一。它的目的是减少估计量的偏误。

用下标 $(-i)$ 来定义“留一法(leave-one-out)”中被删去的第 i 个观测值。用 $\mathbf{y}_i=\mathbf{x}'_i\beta+\mathbf{u}_i$ 来表示结构方程，研究具有内生和外生这两个解释变量的第一阶段的回归方程，于是有 $\mathbf{x}'_i=\mathbf{z}'_i\Pi+\mathbf{v}_i$。这样，对于每个 $i=1,\cdots,N$，我们估计被删去了第 i 个观测值的第一阶段模型的参数，即用 $\mathbf{X}_{(-i)}$ 对 $\mathbf{Z}_{(-i)}$ 进行回归，并给出估计 $\hat{\Pi}_i$ 来构建观测值 i 的工具变量，即 $\tilde{\mathbf{x}}'_i=\mathbf{z}'_i\hat{\Pi}_i$。把每个 $i=1,\cdots,N$ 所得的结果结合在一起，就生成一个表示为 $\tilde{\mathbf{X}}_{(-i)}$ 的工具变量矩阵，其中第 i 行为 $\tilde{x}'_i$，就得到 JIVE

$$\tilde{\beta}_{\text{JIVE}}=\{\tilde{\mathbf{X}}'_{(-i)}\mathbf{X}\}^{-1}\tilde{\mathbf{X}}'_{(-i)}y$$

用户编写的 jive 命令(Poi 2006)与 ivregress 有相似的语法，除了指定估计量变为了可选项目以外，其他形式分别为 ujive1 和 ujive2 (Angrist，Imbens 和 Krueger 1999)以及 jive1 和 jive2 (Blomquist 和 Dahlberg 1999)。默认的形式为 ujive1。robust 选项给出了异方差一稳健标准误。

大量的证据记录了使用 JIVE 的优点，见上述引用的文献与 Davidson 和 MacKinnon (2006)。但在这个方法的使用中需要特别小心。

6.5.4 2SLS、LIML、JIVE 和 GMM 的比较

在比较不同的估计量之前，我们先介绍用户编写的 ivreg2 命令，最近对其描述最详细的内容见 Baum、Schaffer 和 Stillman(2007)。它与 ivregress 有相当一部分内容是重复的，但也提供了其他的估计量和统计量，并且很方便地在 e()中储存了很多结果。

ivreg2 的格式与 ivregress 的格式相似，除了使用指定估计量作为一个选项之外。我们使用带有 gmm 和 robust 选项的 ivreg2 命令。当应用于一个过度识别模型时，若误差是异方差的，它能提供最优 GMM 估计量。这等价于带有 wmatrix(robust)选项的 ivreg gmm 命令。

我们比较带有 hi_empunion 的四个工具变量的过度识别模型的估计量。我们有：

```
. * Variants of IV Estimators: 2SLS, LIML, JIVE, GMM_het, GMM-het using IVREG2
. global ivmodel "ldrugexp (hi_empunion = ssiratio lowincome multlc firmsz) $x2li
> st"

. quietly ivregress 2sls $ivmodel, vce(robust)

. estimates store TWOSLS

. quietly ivregress liml $ivmodel, vce(robust)

. estimates store LIML

. quietly jive $ivmodel, robust

. estimates store JIVE

. quietly ivregress gmm $ivmodel, wmatrix(robust)

. estimates store GMM_het

. quietly ivreg2 $ivmodel, gmm robust

. estimates store IVREG2

. estimates table TWOSLS LIML JIVE GMM_het IVREG2, b(%7.4f) se
```

Variable	TWOSLS	LIML	JIVE	GMM_het	IVREG2
hi_empunion	-0.8623	-0.9156	-0.9129	-0.8124	-0.8124
	0.1868	0.1989	0.1998	0.1846	0.1861
totchr	0.4499	0.4504	0.4504	0.4495	0.4495
	0.0101	0.0102	0.0102	0.0100	0.0101
age	-0.0129	-0.0134	-0.0134	-0.0125	-0.0125
	0.0028	0.0029	0.0029	0.0027	0.0028
female	-0.0176	-0.0219	-0.0216	-0.0105	-0.0105
	0.0310	0.0316	0.0317	0.0307	0.0309
blhisp	-0.2150	-0.2186	-0.2185	-0.2061	-0.2061
	0.0386	0.0391	0.0391	0.0383	0.0385
linc	0.0842	0.0884	0.0882	0.0797	0.0797
	0.0206	0.0214	0.0214	0.0203	0.0205
_cons	6.7536	6.8043	6.8018	6.7126	6.7126
	0.2446	0.2538	0.2544	0.2426	0.2441

legend: b/se

在这里各个估计量之间估计的系数和标准误变化不大。正如预期,最后两列给出了完全相同的系数估计值,虽然标准误还是有细微差别。

6.6 3SLS 系统估计

前面的估计量是非对称的,因为它们只为单独一个变量而不是所有内生变量设定了结构方程。比如,我们为 ldrugexp 设定了一个结构模型,但它并不是为 hi_empunion 而设定的。一个更加完善的模型是为所有内生变量设定结构方程。

考虑带有 $m(\geqslant 2)$ 个线性结构方程的多方程模型,各方程的形式为:

$$y_{ji}=\mathbf{y}'_{ji}\beta_j+\mathbf{x}'_{ji}\beta_{j2}+u_{ji}, \quad j=1,\cdots,m; \quad i=1,\cdots,N$$

对 m 个内生性解释变量中的每一个 y_j 来说,我们设定了一个结构方程,它包括内生性解释变量 Y_j(决定了 y_j 的一部分内生变量)以及外生性解释变量 X_j(决定了 y_j 的一部分外生变量)。要通过矩阵的秩和阶条件来确保模型可识别,正如标准的研究生教材中所要求的,它要求在每一个 y_j 的方程中排除一些内生或外生解释变量。

先前的 IV 估计量在这个系统里仍然是有效的,同时系统中所有模型的设定要有助于提供工具变量,因为该系统里没有在 X_j 中出现的其他任何外生性解释变量都可以作为 y_j 的工具变量。

在误差为独立同分布的强假设下,通过使用交叉方程的误差相关可能得到更有效的估计,正如 5.4 节中所讨论的 SUR 模型的方法。这个估计量被称为三阶段最小二乘(3SLS)估计量。

我们不会在细节上继续讨论这个问题,因为如果误差为异方差,3SLS 估计量会变成不一致的估计,而实际上误差通常是异方差的。

对于下例,除了已为 ldrugexp 设定的结构模型以外,我们还需要提供 hi_empunion 的一个结构模型。我们假设 hi_empunion 依赖于一个工具变量 ssiratio,并依赖于 ldrugexp、female 和 blhisp。这意味着我们(人为地)排除了两个解释变量 age 和 linc。这样就保证了 hi_empunion 方程是过度识别的。相反,如果它是恰好识别的,那么该系统也会是恰好识别的,因为 ldrugexp 是恰好识别的,这样 3SLS 会简化为方程对方程的 2SLS 估计。

reg3 命令的语法与 sureg 的语法相似,它用一系列单独的括号设定每个方程。系统里的内生变量的确定很简单,因为它们被指定为各组括号中的第一个变量。

```
. * 3SLS estimation requires errors to be homoskedastic
. reg3 (ldrugexp hi_empunion totchr age female blhisp linc) ///
>    (hi_empunion ldrugexp totchr female blhisp ssiratio)

Three-stage least-squares regression
----------------------------------------------------------------------
Equation          Obs  Parms        RMSE    "R-sq"       chi2        P
----------------------------------------------------------------------
ldrugexp        10089      6    1.314421    0.0686    1920.03   0.0000
hi_empunion     10089      5    1.709026  -11.3697      61.58   0.0000
----------------------------------------------------------------------

------------------------------------------------------------------------------
             |      Coef.   Std. Err.      z    P>|z|     [95% Conf. Interval]
-------------+----------------------------------------------------------------
ldrugexp     |
 hi_empunion |  -.8771793   .2057101    -4.26   0.000    -1.280364   -.4739949
      totchr |   .4501818   .0104181    43.21   0.000     .4297626     .470601
         age |  -.0138551   .0027155    -5.10   0.000    -.0191774   -.0085327
      female |  -.0190905   .0314806    -0.61   0.544    -.0807914    .0426104
      blhisp |  -.2191746   .0385875    -5.68   0.000    -.2948048   -.1435444
        linc |   .0795382   .0190397     4.18   0.000     .0422212    .1168552
       _cons |   6.847371   .2393768    28.60   0.000     6.378201    7.316541
-------------+----------------------------------------------------------------
hi_empunion  |
    ldrugexp |   1.344501   .3278678     4.10   0.000     .7018922     1.98711
      totchr |  -.5774437   .1437134    -4.02   0.000    -.8591169   -.2957706
      female |  -.1343657   .0368424    -3.65   0.000    -.2065754   -.0621559
      blhisp |   .1587661   .0711773     2.23   0.026     .0192612    .2982709
    ssiratio |  -.4167723     .05924    -7.04   0.000    -.5328805    -.300664
       _cons |  -6.982224   1.841294    -3.79   0.000    -10.59109   -3.373353
------------------------------------------------------------------------------
Endogenous variables:  ldrugexp hi_empunion
Exogenous variables:   totchr age female blhisp linc ssiratio
------------------------------------------------------------------------------
```

6.7 Stata 的资源

在 Stata 10 中引入的 ivregress 命令，它改进了早期的 ivreg 命令。用户编写的 ivreg2 命令(Baum，Schaffer 和 Stillman 2007)含有其他特征，它包括了 Ramsey 的 RESET 检验的扩展、同方差检验以及内生性的其他检验。用户编写的 condivreg 命令可以在独立同分布误差的假设下对弱工具变量进行推断。用户编写的 jive 命令执行了 JIVE 估计。对弱工具变量和多种工具变量进行估计和检验是一个活跃的研究领域。当前的官方命令和用户编写命令毫无疑问地将会被修改并改进，而且也会有新的用户编写的命令被开发出来。

ivregress 命令对理解 IV 估计的方法和其他用于对非线性模型进行 IV 估计的 Stata 命令的理解也是非常重要的，其他非线性模型的 IV 估计命令包括 ivprobit 和 ivtobit 命令。

6.8 习题

1.用 2SLS 估计与 6.3.4 节中相同的回归模型，使用工具变量 multlc 和 firmsz。比较 2SLS 估计和 OLS 估计。对 hi_empunion 的内生性进行检验，进行过度识别的检验。陈述你的结论。在这个习题中，需要用异方差稳健标准误进行推断。

2.使用最优 GMM 方法重做习题 1。

3.使用习题 1 的模型和工具变量，比较下列估计量：2SLS、LIML 和给定异方差误差项的最优 GMM 方法。对于最后一个模型，在使用 ivregress 命令以外，还使用用户编写的 ivreg2 命令来估计其参数。

4.使用习题 1 的模型，逐步添加入 ssiratio、lowincome、multlc 和 firmsz 等作为工具变量，分别比较加入这些工具变量后的 2SLS 估计值。

5.使用习题 1 的模型和工具变量，使用 2SLS 估计量进行对弱工具变量的适当诊断和检验。陈述你的结论。在这个习题中，在独立同分布误差的假设下进行推断。

6.使用习题 1 的模型和工具变量，使用用户编写的 condivreg 命令对 2SLS 估计量进行推断。把结果与使用传统渐近理论的结果进行比较。

7.使用习题 1 的模型和工具变量，使用用户编写的 jive 命令，并比较 JIVE 四个不同形式的估计和标准误以及最优 GMM 的估计和标准误。在这个习题中，需要用异方差稳健标准误进行推断。

8.估计 6.6 节的 3SLS 模型，并将 ldrugexp 方程里的 3SLS 系数估计值和标准误与 2SLS 估计(使用默认标准误)进行比较。

9.本题使用与 Cameron 和 Trivedi (2005，111)分析问题中所使用的同样的收入-教育数据集。这个数据集就是 mus06ivklingdata.dta。describe 命令提供了解释变量的描述性统计。有三个内生性解释变量——学校教育年数、工作经验年数、工作经验年数的平方，以及这三个工具变量——是否邻近大学的指示变量、年龄以及年龄的平方。研究的兴趣在于学校教育年数变量的系数。对下列模型进行弱工具变量的适当诊断和检验。

陈述你的结论。下列命令给出了 IV 估计：

```
. use mus06data.dta, clear
. global x2list black south76 smsa76 reg2-reg9 smsa66
> sinmom14 nodaded nomomed daded momed famed1-famed8
. ivregress 2sls wage76 (grade76 exp76 expsq76 = col4 age76 agesq76) $x2list
> vce(robust)
. estat firststage
```

10.使用与上题相同的数据集。只将 grade76 作为内生性变量，将 exp76 和 expsq76 作为外生性变量，并使用 col4 作为唯一的工具变量。对弱工具变量进行适当诊断和检验并陈述你的结论。然后使用用户编写的 condivreg 命令来进行推断，并将结果与使用传统渐近理论得到的结果进行比较。

11. 当一个内生变量以非线性的形式加入回归中时，显然，IV 估计量会是不一致的并且需要修正。具体来讲，假设 $y_1 = \beta y_2^2 + u$ ，y_2 的第一阶段方程为 $y_2 = \pi_2 z + v$ ，其中具有零均值的误差项 u 和 v 都是相关的。这样在结构方程中出现的内生性解释变量就是 y_2^2 而不是 y_2 。IV 估计量为 $\hat{\beta}_{\mathrm{IV}} = (\sum_i z_i y_{2i}^2)^{-1} \sum_i z_i y_{1i}$ 。执行过程就是用 y 对 y_2^2 和工具变量 z 进行常规的 IV 回归：即首先用 y_2^2 对 z 进行回归，然后用 y_1 对第一阶段回归的预测值 $\hat{y}_2^2$ 进行回归。相反，如果我们在第一阶段用 y_2 对 z 进行回归，得到 $\hat{y}_2$，然后用 y_1 对 $(\hat{y}_2)^2$ 进行回归，这样得到的将是非一致的估计。举一个模拟例子来证明这点。研究这个例子是否能够推广到其他非线性模型(非线性特征只存在于解释变量中)，这样就有 $y_1 = g(y_2)'\beta + u$ ，其中 $g(y_2)$ 是 y_2 的非线性函数。

7 分位数回归

7.1 导论

对于总结我们感兴趣的结果变量和一些解释变量之间的平均关系，主要是基于条件均值函数 $E(y \mid \mathbf{x})$ ，标准的线性回归是一个有很用的工具。它对这种关系只提供了局部的分析，一个更加全面的分析可提供有关结果变量 y 和位于 y 的条件分布中不同点处的解释变量 $\mathbf{x}$ 之间关系的更加详细的信息，分位数回归（QR）就是构建这种全面分析的一种统计分析工具。

分位数和百分位数是同义词——分位数 0.99 就是第 99 个百分位数。中位数的定义是一组排序数据的中间值，它是最为著名的一个特定的分位数。样本的中位数就是总体中位数的估计量。如果用 $F(y) = \Pr(Y \leqslant y)$ 来定义累积分布函数（c.d.f.），则等式 $F(y_{\text{med}}) = \frac{1}{2}$ 的解就定义了中位数 $y_{\text{med}} = F^{-1}\left(\frac{1}{2}\right)$。分位数 $q, q \in (0,1)$ 用来定义 y 的值，y 值将数据分为小于 q 和大于 $1-q$ 的两个部分，即 $F(y_q) = q$ 以及 $y_q = F^{-1}(q)$ 。例如，如果 $y_{0.99} = 200$，那么 $\Pr(Y \leqslant 200) = 0.99$。这些概念扩展到条件分位数回归函数，这个函数表示为 $Q_q(y \mid \mathbf{x})$ ，其中条件分位数被看作是 $\mathbf{x}$ 的线性函数。

分位数回归（QR）具有相当大的吸引力是因为多个原因。中位数回归，也称最小绝对离差回归，与均值回归相比，中位数回归对异常值更加稳健。正如将要看到的，QR 允许研究解释变量对模型位置参数和尺度参数的影响，从而使得我们对数据有更加丰富的理解。其次在某种程度上，这种方法是半参数的，它避免了对回归误差参数分布的假设。这些特性使得 QR 特别适用于异方差数据。

最近，QR 模型的计算已经变得更加容易。本章使用几个 Stata 的 QR 命令探讨了 QR 的应用。我们还使用三个例子讨论了 QR 的计算机输出结果，并进行解释，其中还包括把它扩展到离散计数数据的应用。

7.2 分位数回归

在本节中，我们简要地总结 QR 分析的理论背景。

设 e_i 为模型预测的误差，则普通最小二乘（OLS）法就是使得 $\sum_i e_i^2$ 最小化，中位数回归就是使得 $\sum_i |e_i|$ 最小化，而 QR 就是使得以下两部分的和最小化，即在求和的过程中对两部分实施了非对称的惩罚，对高估的预测值惩罚为 $(1-q)|e_i|$ ，对低估的预测值惩罚为 $q|e_i|$ 。需要用线性规划的方法来获得 QR 估计量，但它仍然服从渐近正态分布，并且很容易使用 Stata 命令来获得。

7.2.1 条件分位数

许多应用计量经济学研究模型的条件矩，特别是条件均值函数。假设建模的主要目的是在给定 $\mathbf{x}$ 时求 y 的条件预测值。设 $\hat{y}(\mathbf{x})$ 表示预测函数，且 $e(\mathbf{x}) \equiv y - \hat{y}(\mathbf{x})$ 表示预测误差。那么，

$$L\{e(\mathbf{x})\} = L\{y - \hat{y}(\mathbf{x})\}$$

上式表示与预测误差 e 相对应的损失。损失最小的最优预测值取决于函数 $L(\cdot)$ 。如果 $L(e) = e^2$，那么条件均值函数 $E(y|\mathbf{x}) = \mathbf{x}'\hat{\boldsymbol{\beta}}$是线性形式的，条件均值函数也是最优的预测值。如果损失的准则是绝对误差损失，那么最优预测值就是条件中位数，用 $\text{med}(y \mid \mathbf{x})$ 来表示。如果条件中位数函数是线性的，那么 $\text{med}(y \mid \mathbf{x}) = \mathbf{x}'\hat{\boldsymbol{\beta}}$，最优预测值就是 $\hat{y} = \mathbf{x}'\hat{\boldsymbol{\beta}}$，其中 $\hat{\boldsymbol{\beta}}$ 是使得$\sum_i |y_i - \mathbf{x}_i'\boldsymbol{\beta}|$最小化的最小绝对离差估计量。

平方形式误差的损失函数和绝对值形式误差的损失函数都是对称的，这表明无论预测误差的方向如何，对于一个给定量的预测误差所施加的惩罚是相同的。非对称参数 q 是设定的。它的取值区间为(0,1)，当 $q = 0.5$ 时，它是对称的；当 q 趋近于 0 或 1 时，它就变得不对称了。最优预测值是第 q 个条件分位数，用 $Q_q(y \mid \mathbf{x})$ 来表示，并且当 $q = 0.5$ 时，条件中位数是一个特例。QR 涉及有关条件分位数函数的推断。

标准的条件 QR 分析假设条件分位数 $Q_q(y \mid \mathbf{x})$ 是 $\mathbf{x}$ 的线性函数。这个模型可在 Stata 中进行分析。最近的理论发展包含了非参数 QR，见 Koenker(2005)。

除了研究损失函数(可能对损失函数的形式很难达成一致的意见)，QR 有几个吸引人的性质。第一，当被解释变量高度地服从非正态分布时，OLS 回归对异常值的存在很敏感，并且它的估计可能是没有效的，不同于 OLS 回归，QR 估计是更稳健的。第二，QR 还可以潜在地提供对数据更丰富特征的分析。例如，QR 允许我们研究协变量对全分布或分布中任何特定百分位数的影响，而不只是条件平均均值。第三，与 OLS 不同，QR 估计量并不要求存在一致的条件平均均值。最后，它等价于变量的单调转换。这意味着：变量 y 的转换形式($h(y)$)的分位数等于 y 的分位数的转换形式，所以 $Q_q\{h(y)\} = h\{Q_q(y)\}$ ，其中 $h(\cdot)$ 是一个单调函数。因此，如果分位数模型表示为 $h(y)$ ，如 $\ln y$ 。那么，可使用逆转换将结果转换回 y 。这对于均值来说是不可能的，因为 $E\{h(y)\} \neq h\{E(y)\}$ 。假设正确设定了条件分位数模型，将在回归中可以继续保持分位数的同变性，见 7.3.4 节。

7.2.2 QR 估计值和标准误的计算

与 OLS 和极大似然估计一样，QR 是一个极值估计量。然而，由于最优化是使用线性规划的方法，QR 的计算过程是不同的。

QR 的第 q 个估计量 $\hat{\beta}_q$ 使得关于 β_q 的目标函数最小化。

$$Q(\beta_q) = \sum_{i:y_i \geqslant x_i'\beta}^{N} q \,|y_i - \mathbf{x}_i'\boldsymbol{\beta}_q| + \sum_{i:y_i < \mathbf{x}_i'\beta}^{N} (1-q)\,|y_i - \mathbf{x}_i'\boldsymbol{\beta}| \tag{7.1}$$

其中，$0 < q < 1$，使用 $\boldsymbol{\beta}_q$ 而不是 $\boldsymbol{\beta}$ 来表示，选择 q 不同的值来估计 $\boldsymbol{\beta}$ 不同的值。例如，如果 $q = 0.9$，那么对 $y \geqslant \mathbf{x}'\boldsymbol{\beta}$ 的观测值的预测值给予的权重要比 $y < \mathbf{x}'\boldsymbol{\beta}$ 的观测值的

预测值给予的权重要小。通常在估计中设 $q=0.5$,可得到最小绝对离差估计量使得 $\sum_i|y_i-\mathbf{x}_i'\boldsymbol{\beta}_{0.5}|$ 最小化。

式(7.1)中的目标函数是不可微分的,所以不能使用通常的梯度最优法。相反,需要使用线性规划法。经典的求解方法是单纯形法,用它可保证通过有限次数的单纯形迭代可得到一个解。

这个使得 $Q(\boldsymbol{\beta}_q)$ 最小化的估计量就是一个拥有很好渐近性质的 m 估计量。QR 估计量在一般条件下是服从渐近正态分布的,见 Cameron 和 Trivedi(2005,88)。可以证明:

$$\hat{\boldsymbol{\beta}}_q \overset{a}{\sim} N(\boldsymbol{\beta}_q,\mathbf{A}^{-1}\mathbf{B}\mathbf{A}^{-1}) \tag{7.2}$$

其中,$\mathbf{A}=\sum_i q(1-q)\mathbf{x}_i\mathbf{x}_i'$,$\mathbf{B}=\sum_i f_{u_q}(0|\mathbf{x}_i)\mathbf{x}_i\mathbf{x}_i'$,且 $f_{u_q}(0|\mathbf{x})$ 是在 $u_q=0$ 处评估时的误差项 $u_q=y-\mathbf{x}'\boldsymbol{\beta}_q$ 的条件密度函数。这个解析表达式涉及很难估计的 $f_{u_q}(0|\mathbf{x}_i)$。常见的是使用配对自抽样法来求 VCE 的估计值(见第 13 章),尽管这增加了计算的强度。

7.2.3 qreg,bsqreg 和 sqreg 命令

进行 QR 估计的 Stata 命令类似于普通回归。常用的三个 QR 估计命令分别是 qreg、bsqreg 和 sqreg。当指定了 q 的值时,可用前两个命令来进行 QR 估计,它们分别使用了没有自抽样的标准误和有自抽样的标准误。当 q 同时指定为了几个不同的值时,可使用 sqreg 命令。很少使用第四个命令 iqreg,它用于分位数差的回归。

基本的 QR 命令是 qreg,其语法如下:

qreg *depvar* [*indepvars*] [*if*] [*in*] [*weight*] [, *options*]

使用 qreg 命令默认选项的一个简单例子是 qreg y x z。它将估计中位数回归,$y_{\text{med}}=\beta_1+\beta_2x+\beta_3z$,即默认 q 为 0.5。报告的标准误是通过使用式(7.2)中的解析公式而获得的。选项 quantile()允许选择 q。例如,qreg y x z,quantile(.75)设置 $q=0.75$。唯一的其他选项是 level(#),用来设置报告置信区间的显著性水平以及相应的两个优化选项的显著性水平。qreg 命令没有 vce()选项。

相反,bsqreg 命令是用来获得自抽样标准误,它假设所有的 i 之间是相互独立的,与式(7.2)不同,这里并不要求同分布。从 bsqreg 命令得到的标准误是稳健的,它与其他命令的 vce()选项所得到的结果相同。bsqreg 命令的语法与 qreg 相同,关键的选项是 reps(#),它设定了自抽样重复的次数。应该经常使用该选项,因为默认的次数只有 20。并且为了得到可重复的结果,我们应该首先使用 set seed 命令。例如,给出命令 set seed 10101 和 bsqreg y x z,reps(400) quantile(.75)。

用于分位数差回归的 iqreg 命令也有类似的语法和选项。如果数据是聚类的,那么不需要 vce(cluster *clustvar*)选项;如果是一个聚类的自抽样数据,则应该使用 vce(cluster *clustvar*)选项,见第 13 章。

当对 q 的几个值进行 QR 估计,并且我们想检验不同 q 值得到的回归系数是否不同,可使用 sqreg 命令。当 q 指定不同的值时,通过自抽样,这个命令可得到系数估计值和 $\hat{\beta}_q$ 的同时或联合 VCE 的估计值。sqreg 命令的语法仍和 bsqreg,qreg 相同,并且现在可在 quantile()选项中设定不同的分位数。例如,sqreg y x z,quantile(.2,.5,.8) reps

(400)，就可分别得到 $q=0.2$，$q=0.5$ 以及 $q=0.8$ 时的 QR 估计值，同时给出了基于 400 次重复抽样的自抽样标准误。

7.3 医疗支出数据的分位数回归

我们介绍应用于对数形式的医疗支出的基本 QR 命令。

7.3.1 数据的概述

本例中使用的数据来自医疗支出面板数据调查（MEPS），与 3.2 节中讨论的数据相同。我们再次研究老年医疗保险的医疗总支出的回归模型。被解释变量是 ltotexp，所以忽略了支出为零的观测值。解释变量是一个私人额外保险(suppins)的指示变量、一个健康状况变量(totchr)以及三个社会人口统计的变量(age，female，white)。

首先对数据进行概述：

```
. * Read in log of medical expenditures data and summarize
. use mus03data.dta, clear

. drop if ltotexp == .
(109 observations deleted)

. summarize ltotexp suppins totchr age female white, separator(0)
```

Variable	Obs	Mean	Std. Dev.	Min	Max
ltotexp	2955	8.059866	1.367592	1.098612	11.74094
suppins	2955	.5915398	.4916322	0	1
totchr	2955	1.808799	1.294613	0	7
age	2955	74.24535	6.375975	65	90
female	2955	.5840948	.4929608	0	1
white	2955	.9736041	.1603368	0	1

使用 summarize，detail 命令可以获得变量 ltotexp 的主要分位数，使用 centile 命令可以获得特定的分位数。相反，使用用户编写的 qplot 命令，用图形来演示变量 ltotexp 的分位数。我们有：

```
. * Quantile plot for ltotexp using user-written command qplot
. qplot ltotexp, recast(line) scale(1.5)
```

如图 7.1 所示，除了数轴是倒置的，该图与一个变量 ltotexp 经验 c.d.f.的图是相同

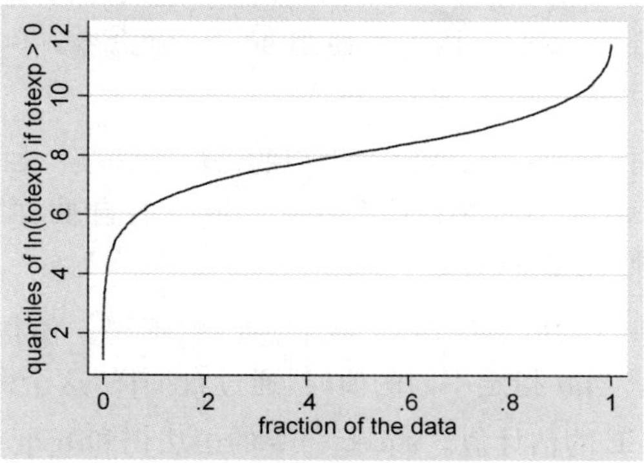

图 7.1 被解释变量的分位数图

的。我们得到非常近似的分位数值，$q_{0.1}=6$，$q_{0.25}=7$，$q_{0.5}=8$，$q_{0.75}=9$ 以及 $q_{0.9}=10$。至少当 $0.05<q<0.95$ 时，其分布看上去是相当对称的。

7.3.2 QR 估计

可用 qreg 命令演示中位数回归的基本 QR 输出结果，包括使用默认选项计算的标准误。

```
. * Basic quantile regression for q = 0.5
. qreg ltotexp suppins totchr age female white
Iteration  1:  WLS sum of weighted deviations =  2801.6338

Iteration  1: sum of abs. weighted deviations =  2801.9971
Iteration  2: sum of abs. weighted deviations =  2799.5941
Iteration  3: sum of abs. weighted deviations =  2799.5058
Iteration  4: sum of abs. weighted deviations =  2799.1722
Iteration  5: sum of abs. weighted deviations =  2797.8184
Iteration  6: sum of abs. weighted deviations =  2797.6548
note:  alternate solutions exist
Iteration  7: sum of abs. weighted deviations =  2797.0458
Iteration  8: sum of abs. weighted deviations =  2797.0439
Iteration  9: sum of abs. weighted deviations =  2797.0309
Iteration 10: sum of abs. weighted deviations =   2797.021
Iteration 11: sum of abs. weighted deviations =  2797.0134
Iteration 12: sum of abs. weighted deviations =  2796.9984
Iteration 13: sum of abs. weighted deviations =  2796.9961
Iteration 14: sum of abs. weighted deviations =  2796.9901
Iteration 15: sum of abs. weighted deviations =  2796.9889
Iteration 16: sum of abs. weighted deviations =  2796.9831

Median regression                                    Number of obs =       2955
  Raw sum of deviations 3110.961 (about 8.111928)
  Min sum of deviations 2796.983                     Pseudo R2     =     0.1009
```

ltotexp	Coef.	Std. Err.	t	P>|t|	[95% Conf.	Interval]
suppins	.2769771	.0471881	5.87	0.000	.1844521	.3695021
totchr	.3942664	.0178276	22.12	0.000	.3593106	.4292222
age	.0148666	.003655	4.07	0.000	.0077	.0220331
female	-.0880967	.0468492	-1.88	0.060	-.1799571	.0037637
white	.4987457	.1428856	3.49	0.000	.2185801	.7789112
_cons	5.648891	.3000798	18.82	0.000	5.060504	6.237278

这里的迭代是指单纯形迭代而不是通常所说的牛顿-拉夫逊（或相关的梯度法）迭代。除了 female 变量以外，其他所有的解释变量都是统计显著的，且有预期的符号。

7.3.3 条件分位数系数的解释

研究标准的二元回归模型，其条件均值函数为 $E(y_i \mid x_i)=\beta_0+\beta_1 x_i$，为了简单起见，它可写为：

$$y_i=\beta_1+\beta_2 x_i+u_i \tag{7.3}$$

其中，误差项 u_i 满足 $E(y_i \mid x_i)=0$。

给定 x，我们将 y 的第 q 个条件分位数函数表示为 $Q_q(y \mid x)$［使用符号 $Q_q(y \mid x)$ 是因为它类似于符号 $E(y \mid x)$］。通常情况下，式(7.3)表示：

$$Q_q(y_i \mid x_i) = \beta_1 + \beta_2 x_i + F_{u_i^{-1}}(q)$$

其中，F_{u_i} 是 u_i 的分布函数。以 x_i 为条件，分位数通过公式中 $F_{u_i}^{-1}(q)$ 项依赖于 u_i 的分布。如果误差是异方差的，分位数将依赖于 x_i。而且一般地，q 取不同值时的 $Q_q(y \mid x)$，不仅在截距项上不同，而且在 x 上的非线性形式也会不同。

在误差是独立同分布(i.i.d.)的特殊情形中，我们研究当 $F_{u_i}^{-1}(q) = F_{\varepsilon}^{-1}(q)$（它不随 i 的变化而变化）时出现的一种最简单的形式。那么，条件分位数为：

$$Q_q(y_i \mid x_i) = \{\beta_1 + F_u^{-1}(q)\} + \beta_2 x_i$$

这里的条件分位数函数有一个共同的斜率，只有在截距项 $\beta_0 + F_u^{-1}(q)$ 上是不同的。在这样一个简单的情况下，没有必要使用 QR 来获得不同的分位数上的边际效应(ME)，因为分位数的斜率系数 β_2 并不随分位数的变化而变化。

更一般的，误差并不是独立同分布的，如存在异方差性，且不仅仅只有截距项的变化。标准的分位数方法是把条件分位数函数设定为线性形式，尽管其截距项和斜率参数很可能随分位数的变化而变化。在一般的 K 个解释变量的情形中，标准的线性条件分位数函数为：

$$Q_q(y_i \mid \mathbf{x}_i) = \mathbf{x}_i' \boldsymbol{\beta}_q$$

在 QR 估计之后，可用通常的方法来获得 ME。对于第 j 个(连续型的)解释变量，其 ME 是：

$$\frac{\partial Q_q(y \mid \mathbf{x})}{\partial x_j} = \beta_{qj}$$

为了简化分析，正如线性最小二乘回归，ME 由斜率系数给出，且对不同个体它是不变的。然而，这种解释对于非无穷小的离散变化来说是微妙的，因为偏导数在假设条件下测度了 x_j 的一个变化的影响，其假设条件就是 x_j 的这个变化发生后，个体在分布中的分位数保持不变。对于解释变量上的一个更大变化，个体在分布中的分位数可能会转移到另一个不同的分位数。

7.3.4 再转换

在例子中，由于被解释变量 ltotexp = ln(totexp)，从 qreg 命令得到的结果给出了对 ln(totexp)的边际效应。相反，我们可能想要计算对 totexp 的边际效应，而不是对 ltotexp 的边际效应。

QR 的同变性是相关的。给定 $Q_q(\ln y \mid \mathbf{x}) = \mathbf{x}'\boldsymbol{\beta}_q$，我们有 $Q_q(y \mid \mathbf{x}) = \exp\{Q_q(\ln y \mid \mathbf{x})\} = \exp(\mathbf{x}'\boldsymbol{\beta}_q)$。给定 $\mathbf{x}'\boldsymbol{\beta}_q$ 的对数形式的 QR 模型，对 y 的水平形式的 ME 为：

$$\frac{\partial Q_q(y \mid \mathbf{x})}{\partial x_j} = \exp(\mathbf{x}'\boldsymbol{\beta}_q)\beta_{qj}$$

它依赖于解释变量 x。平均边际效应(AME)是 $\{N^{-1}\sum_{i=1}^{N} \exp(\mathbf{x}_i'\boldsymbol{\beta}_q)\}\beta_{qj}$，如果我们使用估计后 predict 命令获得了 $\exp(\mathbf{x}_i'\hat{\boldsymbol{\beta}}_q)$，然后取平均，就可估计 AME。我们得到：

```
. * Obtain multiplier to convert QR coeffs in logs to AME in levels.
. quietly predict xb

. generate expxb = exp(xb)

. quietly summarize expxb

. display "Multiplier of QR in logs coeffs to get AME in levels = " r(mean)
Multiplier of QR in logs coeffs to get AME in levels = 3746.7179
```

例如,从上面的输出结果可知,totchr 对 ln(totexp)的 AME 是 0.3943。因此,这表明 totchr 水平形式的 AME 是 3746.7×0.3943 = 1477,即变量患慢性疾病的值增加一个单位,支出的条件中位数就增加了 $1477。

只有条件分位数函数正确设定时,$Q_q(y|\mathbf{x})=\exp\{Q_q(\ln y|\mathbf{x})\}$的同变性才是正确的。因为线性模型不可避免地只能是一个近似的模型,所以这种情况不太可能出现。只有所有解释变量都是离散的且正确地设定了一个完全饱和的模型,并且该模型把指示变量作为解释变量并与离散解释变量进行了所有可能的交互时,线性模型是正确的情形才会出现。我们将在本章末的习题 2 中继续研究这个问题。

7.3.5 不同分位数上的估计值的比较

可以在不同分位数上进行 QR 估计,特别是分位数 $q=0.25$,0.50 和 0.75。这里分别进行估计,并把每一个分位数的结果与 OLS 估计的结果进行比较。QR 估计的标准误使用式(7.2)中的默认公式,除了中位数回归($q=0.50$)的标准误,另外使用 bsqreg 命令获得自抽样的标准误,运用 reps()选项设置重复抽样的次数为 400,且随机数生成器的种子设为 10101,可得到:

```
. * Compare (1) OLS; (2-4) coeffs across quantiles; (5) bootstrap SEs
. quietly regress ltotexp suppins totchr age female white

. estimates store OLS

. quietly qreg ltotexp suppins totchr age female white, quantile(.25)

. estimates store QR_25

. quietly qreg ltotexp suppins totchr age female white, quantile(.50)

. estimates store QR_50

. quietly qreg ltotexp suppins totchr age female white, quantile(.75)

. estimates store QR_75

. set seed 10101

. quietly bsqreg ltotexp suppins totchr age female white, quant(.50) reps(400)

. estimates store BSQR_50

. estimates table OLS QR_25 QR_50 QR_75 BSQR_50, b(%7.3f) se
```

Variable	OLS	QR_25	QR_50	QR_75	BSQR_50
suppins	0.257	0.386	0.277	0.149	0.277
	0.046	0.055	0.047	0.060	0.059
totchr	0.445	0.459	0.394	0.374	0.394
	0.018	0.022	0.018	0.022	0.020
age	0.013	0.016	0.015	0.018	0.015
	0.004	0.004	0.004	0.005	0.004
female	-0.077	-0.016	-0.088	-0.122	-0.088
	0.046	0.054	0.047	0.060	0.052
white	0.318	0.338	0.499	0.193	0.499
	0.141	0.166	0.143	0.182	0.233
_cons	5.898	4.748	5.649	6.600	5.649
	0.296	0.363	0.300	0.381	0.385

legend: b/se

不同分位数的系数估计值不同。最值得注意的是，统计上高度显著的解释变量 suppins（私人额外保险）对医疗支出在较低的条件分位数处才有较大影响。中位数回归（$q=0.50$）的标准误小于其上、下分位数回归（$q=0.25,0.75$）的标准误，反映了在分布中心估计的精度更高。OLS 系数显著异于 QR 系数，即使对于中位数回归也是如此。将第三列和第五列进行比较，对于中位数回归，其标准误比使用自抽样法得到的标准误（而不是默认的标准误）高出 10%～50%。在本章中，我们主要使用默认的标准误，其原因很简单：它的程序将会运行得更快。

7.3.6 异方差的检验

不同分位数估计系数存在差异的一个原因是异方差误差的存在。从输出结果（在这里没有显示）中可知，无论是使用默认标准误还是稳健标准误，得到的标准误与 OLS 标准误都是相似的，这表明存在很小的异方差，而且已经使用被解释变量的对数形式转换通常会减少异方差。

我们使用 estat hettest 来检验异方差，它依赖于与回归中相同的解释变量，那么：

```
. * Basic quantile regression for q = 0.5
. qreg ltotexp suppins totchr age female white
Iteration  1:  WLS sum of weighted deviations =  2801.6338

Iteration  1: sum of abs. weighted deviations =  2801.9971
Iteration  2: sum of abs. weighted deviations =  2799.5941
Iteration  3: sum of abs. weighted deviations =  2799.5058
Iteration  4: sum of abs. weighted deviations =  2799.1722
Iteration  5: sum of abs. weighted deviations =  2797.8184
Iteration  6: sum of abs. weighted deviations =  2797.6548
note:  alternate solutions exist
Iteration  7: sum of abs. weighted deviations =  2797.0458
Iteration  8: sum of abs. weighted deviations =  2797.0439
Iteration  9: sum of abs. weighted deviations =  2797.0309
Iteration 10: sum of abs. weighted deviations =   2797.021
Iteration 11: sum of abs. weighted deviations =  2797.0134
Iteration 12: sum of abs. weighted deviations =  2796.9984
Iteration 13: sum of abs. weighted deviations =  2796.9961
Iteration 14: sum of abs. weighted deviations =  2796.9901
Iteration 15: sum of abs. weighted deviations =  2796.9889
Iteration 16: sum of abs. weighted deviations =  2796.9831
```

```
Median regression                                  Number of obs =      2955
  Raw sum of deviations 3110.961 (about 8.111928)
  Min sum of deviations 2796.983                   Pseudo R2     =    0.1009

------------------------------------------------------------------------------
     ltotexp |      Coef.   Std. Err.      t    P>|t|     [95% Conf. Interval]
-------------+----------------------------------------------------------------
     suppins |   .2769771   .0471881     5.87   0.000     .1844521    .3695021
     totchr  |   .3942664   .0178276    22.12   0.000     .3593106    .4292222
         age |   .0148666    .003655     4.07   0.000        .0077    .0220331
      female |  -.0880967   .0468492    -1.88   0.060    -.1799571    .0037637
       white |   .4987457   .1428856     3.49   0.000     .2185801    .7789112
       _cons |   5.648891   .3000798    18.82   0.000     5.060504    6.237278
------------------------------------------------------------------------------
```

显然,拒绝了同方差的原假设。

7.3.7 假设检验

我们可对在不同条件分位数回归系数相等的假设进行检验。

当 $q=0.25$,$q=0.50$,$q=0.75$ 时,我们对从 QR 估计得到的 suppins 的系数相等的假设进行检验。首先使用 sqreg(而不是 qreg 或 sqreg)进行估计来获得系数的所有协变量系数估计值的矩阵,然后进行检验。因为使用了自抽样,我们需要设置自抽样重复抽样种子和重复抽样的次数。

```
. * Simultaneous QR regression with several values of q
. set seed 10101

. sqreg ltotexp suppins totchr age female white, q(.25 .50 .75) reps(400)
(fitting base model)
(bootstrapping ..................................................
> ..............................................................
> ..............................................................
> ..............................................................
> ...........................

Simultaneous quantile regression                   Number of obs =      2955
  bootstrap(400) SEs                               .25 Pseudo R2 =    0.1292
                                                   .50 Pseudo R2 =    0.1009
                                                   .75 Pseudo R2 =    0.0873

------------------------------------------------------------------------------
             |              Bootstrap
     ltotexp |      Coef.   Std. Err.      t    P>|t|     [95% Conf. Interval]
-------------+----------------------------------------------------------------
q25          |
     suppins |   .3856797   .0673159     5.73   0.000     .2536889    .5176706
     totchr  |    .459022   .0248337    18.48   0.000     .4103288    .5077153
         age |   .0155106    .004802     3.23   0.001      .006095    .0249261
      female |  -.0160694    .056046    -0.29   0.774    -.1259627    .0938239
       white |   .3375936   .1206193     2.80   0.005     .1010871    .5741001
       _cons |   4.747962   .3771196    12.59   0.000     4.008518    5.487407
-------------+----------------------------------------------------------------
q50          |
     suppins |   .2769771   .0591325     4.68   0.000     .1610318    .3929223
     totchr  |   .3942664   .0188336    20.93   0.000      .357338    .4311948
         age |   .0148666   .0044997     3.30   0.001     .0060437    .0236894
      female |  -.0880967   .0506826    -1.74   0.082    -.1874736    .0112802
       white |   .4987457   .2166046     2.30   0.021     .0740342    .9234571
       _cons |   5.648891   .4135655    13.66   0.000     4.837985    6.459797
-------------+----------------------------------------------------------------
q75          |
     suppins |   .1488548   .0710957     2.09   0.036     .0094526     .288257
     totchr  |   .3735364   .0222045    16.82   0.000     .3299984    .4170743
         age |   .0182506   .0054827     3.33   0.001     .0075002     .029001
      female |  -.1219365   .0554079    -2.20   0.028    -.2305785   -.0132945
       white |   .1931923   .2070566     0.93   0.351    -.2127977    .5991824
       _cons |   6.599972   .4707511    14.02   0.000     5.676938    7.523006
------------------------------------------------------------------------------
```

sqreg 估计了每个指定分位数 QR 函数的系数估计值。一些系数似乎随着分位数的不同而不同,我们使用 test 命令对下列假设执行一个 Wald 检验,即假设指定三个分位数回归中所得 suppins 系数是相同的。因为要比较来自不同方程系数的估计值,我们需要一个前缀来指明方程。例如,$q=0.25$ 的模型的前缀是[q25]。为了检验同一变量系数在不同的方程中具有相同的值,使用语法:

test [*eqname* = *eqname* ...] : *varlist*

我们得到:

```
. * Test of coefficient equality across QR with different q
. test [q25=q50=q75]: suppins

 ( 1)  [q25]suppins - [q50]suppins = 0
 ( 2)  [q25]suppins - [q75]suppins = 0

       F(  2,  2949) =    4.59
            Prob > F =    0.0102
```

(注意,这里的结果 4.59 与原书 5.32 有出入。——译者注)

在 0.05 的水平上,拒绝了系数相等的原假设。

7.3.8 不同分位数回归中系数的图形显示

另一种显示 QR 结果的方式是通过图形来显示感兴趣变量的系数及其置信区间。这种显示方式可以手动进行,首先对给定 q 取值范围的 QR 模型参数进行估计,然后把估计结果保存到一个文件中,最后分别绘制每个解释变量估计系数关于分位数的图形。

使用用户编写的 grqreg 命令可自动完成上述过程,除了估计系数之外这个命令还提供了 95%的置信区间。首先必须执行 qreg、bsqreg 或 sqreg 命令中的一个命令,要得到置信区间就必须使用相应命令所得到的标准误。grqreg 命令不具有很大的灵活性。特别是它绘制了所有解释变量系数的图形,而不只是选定解释变量的系数图形。

我们使用带有 cons 选项的 grqreg 命令可将截距项包含在图形中,使用 ci 选项可包括一个 95%的置信区间,而且使用 ols 和 olsci 选项可包括 OLS 系数和其 95%的置信区间。增加绘图选项 scale(1.1)可调整轴标题大小。该命令使用每个图中 y 轴上的变量标签,所以我们最好为解释变量中的两个解释变量提供变量标签,则有:

```
. * Plots of each regressor's coefficients as quantile q varies
. quietly bsqreg ltotexp suppins totchr age female white, quantile(.50) reps(400)

. label variable suppins "=1 if supp ins"

. label variable totchr "# of chronic condns"

. grqreg, cons ci ols olsci scale(1.1)
```

在图 7.2 中,水平线是 OLS 的点估计值和置信区间(它们不随分位数的变化而变化)。上半部分布中间的图表明,变量 suppins 的系数在 q 的大部分取值范围内都是正的,在较低的分位数上具有更大的效应。在较低的分位数上,点估计值表明额外保险增加一个单位,相应医疗支出的值会增加 20%～25%(回顾:因为被解释变量是对数形式的,系数可以解释为半弹性)。值得注意的是,在两个极端上,即上分位数和下分位数的位置上,置信区间变得更大。

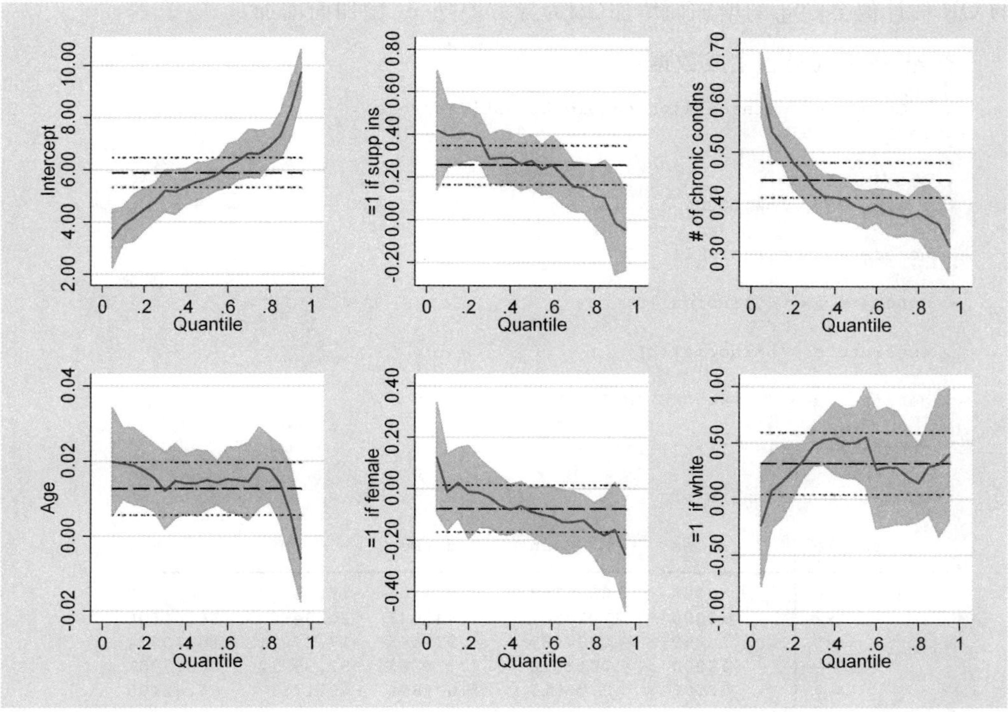

图 7.2 q 从 0 到 1 变化时每个解释变量的 QR 和 OLS 估计系数及其置信区间

7.4 生成异方差数据的 QR

为了更深入地理解 QR，我们研究一个模拟例子，其中已知分位数是线性形式的，并且设定一个特定乘法形式的异方差。

7.4.1 模拟产生的数据集

我们使用一个模拟数据集，这个数据集中 y 的条件均值依赖于解释变量 x_2 和 x_3，而条件方差只依赖于 x_2。

如果 $y=\mathbf{x}'\boldsymbol{\beta}+u$，$u=\mathbf{x}'\boldsymbol{\alpha}\times\varepsilon$，同时假设 $\mathbf{x}'\boldsymbol{\alpha}>0$，且 ε_i 是独立同分布的，那么分位数是 $\mathbf{x}$ 的线性函数，且第 q 个条件分位数为 $Q_q(y|\mathbf{x})=\mathbf{x}'\{\boldsymbol{\beta}+\boldsymbol{\alpha}\times F_{\varepsilon}^{-1}(q)\}$，见 Cameron 和 Trivedi (2005, 86)。因此，对于出现在条件均值中而没有出现在异方差函数(即 $\alpha_j=0$)中的解释变量，QR 的估计系数并不随 q 值变化而变化，而对于其他解释变量，即使条件分位数函数是 $\mathbf{x}$ 的线性函数，QR 估计系数也会发生变化。

如果设 $y=\beta_1+\beta_2x_2+\beta_3x_3+u$，其中 $u=(\alpha_1+\alpha_2x_2)\times\varepsilon$，那么 x_2 的 QR 估计系数将会随 q 值变化而变化，而 x_3 的 QR 估计系数则不会变化。这个结果要求 $\alpha_1+\alpha_2x_2>0$，因此我们从 $\chi^2(1)$ 分布中生成 x_2。

特定数据生成过程(DGP)是：

$$y=1+1\times x_2+1\times x_3+u;\quad x_2\sim\chi^2(1),x_3\sim N(0,25)$$
$$u=(0.1+0.5\times x_2)\times\varepsilon;\quad \varepsilon\sim N(0,25)$$

我们预期，x_3 的系数的 QR 估计值在 1 处并不会随分位数变化而变化，而 x_2 系数的 QR 估计值会随 q 的增加而增加(因为异方差随 x_2 增加而增加)。

首先,按下列过程生成数据:

```
. * Generated dataset with heteroskedastic errors
. set seed 10101

. set obs 10000
obs was 2955, now 10000

. generate x2 = rchi2(1)

. generate x3 = 5*rnormal(0)

. generate e = 5*rnormal(0)

. generate u = (.1+0.5*x2)*e

. generate y = 1 + 1*x2 + 1*x3 + u

. summarize e x2 x3 u y

    Variable |       Obs        Mean    Std. Dev.       Min        Max
-------------+--------------------------------------------------------
           e |     10000   -.0536158    5.039203  -17.76732    18.3252
          x2 |     10000    1.010537    1.445047   3.20e-08   14.64606
          x3 |     10000   -.0037783    4.975565  -17.89821   18.15374
           u |     10000    .0013916    4.715262  -51.39212    68.7901
           y |     10000     2.00815    7.005894  -40.17517   86.42495
```

合意地,概述性统计可以确认 x3 和 e 的均值约为 0,方差约为 25,并且 x2 的均值约为 1,方差约为 2。输出结果还证明异方差导致出现了 u 和 y 的极端值,它们与均值的偏离大于 10 倍标准差。

在分析数据之前,我们进行快速检查来比较系数的估计值与其理论值。下面的输出结果显示,估计值大致上与 DGP 的理论值相一致。

```
. * Quantile regression for q = .25, .50 and .75
. sqreg y x2 x3, quantile(.25 .50 .75)
(fitting base model)
(bootstrapping ....................)

Simultaneous quantile regression                    Number of obs =     10000
  bootstrap(20) SEs                                 .25 Pseudo R2 =    0.5186
                                                    .50 Pseudo R2 =    0.5231
                                                    .75 Pseudo R2 =    0.5520

------------------------------------------------------------------------------
             |              Bootstrap
           y |      Coef.   Std. Err.      t    P>|t|     [95% Conf. Interval]
-------------+----------------------------------------------------------------
q25          |
          x2 |  -.6961591    .074124    -9.39   0.000    -.8414571   -.5508611
          x3 |   .9991559   .0034581   288.93   0.000     .9923773    1.005934
       _cons |   .6398692   .0198395    32.25   0.000     .6009798    .6787586
-------------+----------------------------------------------------------------
q50          |
          x2 |   1.070516   .0957648    11.18   0.000     .8827978    1.258234
          x3 |   1.001247   .0026758   374.18   0.000     .9960016    1.006492
       _cons |   .9688208   .0195623    49.52   0.000     .9304747    1.007167
-------------+----------------------------------------------------------------
q75          |
          x2 |   2.821881   .0650183    43.40   0.000     2.694432     2.94933
          x3 |   1.004919    .004295   233.97   0.000     .9965002    1.013338
       _cons |   1.297878   .0196668    65.99   0.000     1.259327    1.336429
------------------------------------------------------------------------------
```

```
. * Predicted coefficient of x2 for q = .25, .50 and .75
. quietly summarize e, detail

. display "Predicted coefficient of x2 for q = .25, .50, and .75"
>  _newline 1+.5*r(p25) _newline 1+.5*r(p50) _newline 1+.5*r(p75)
Predicted coefficient of x2 for q = .25, .50, and .75
-.74040577
.97979342
2.6934063
```

例如,$q=0.75$ 时,x2 系数的估计值是 2.822,它接近于理论值 2.693。

我们使用一些图形来进一步研究 y 的分布,我们有:

```
. * Generate scatterplots and qplot
. quietly kdensity u, scale(1.25) lwidth(medthick) saving(density, replace)

. quietly qplot y, recast(line) scale(1.4) lwidth(medthick) saving(quanty, repl
> ace)

. quietly scatter y x2, scale(1.25) saving(yversusx2, replace)

. quietly scatter y x3, scale(1.25) saving(yversusx3, replace)

. graph combine density.gph quanty.gph yversusx2.gph yversusx3.gph
```

以上命令生成了图 7.3。第一幅图是 u 的核密度分布图,它显示误差 u 的分布基本上是对称的,但却有很长的尾。第二幅图显示了 y 的分位数,且表明它是对称的。第三幅图是 y 关于 x_2 的散点图,它表明存在异方差,且 x_2 以很强的非线性形式进入了 y 的条件方差函数。第四幅图显示了 y 和 x_3 之间没有这样的关系。

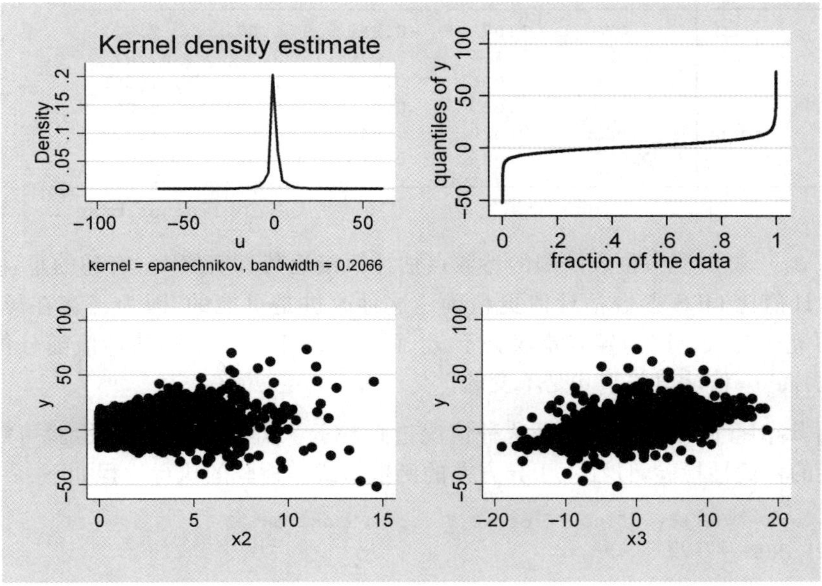

图 7.3　u 的核密度图,y 的分位数图以及(y, x_2)和(y, x_3)的散点图

这里 x_2 同时影响了 y 的条件均值和条件方差,而 x_3 只进入了 y 的条件均值函数。解释变量 x_2 影响了不同的条件分位数,而 x_3 的影响保持不变。OLS 回归只能显示 y 的均值和(x_2,x_3)之间的关系。然而,QR 可以显示解释变量和 y 的分布之间的关系。

7.4.2 QR 的估计值

接下来，我们使用 OLS(具有异方差-稳健标准误)进行估计，同时使用 QR(具有自抽样标准误)在 $q=0.25, q=0.50, q=0.75$ 时进行估计。保存结果以表格的形式来展示。相关命令和输出结果如下：

```
. * OLS and quantile regression for q = .25, .5, .75
. quietly regress y x2 x3

. estimates store OLS

. quietly regress y x2 x3, vce(robust)

. estimates store OLS_Rob

. quietly bsqreg y x2 x3, quantile(.25) reps(400)

. estimates store QR_25

. quietly bsqreg y x2 x3, quantile(.50) reps(400)

. estimates store QR_50

. quietly bsqreg y x2 x3, quantile(.75) reps(400)

. estimates store QR_75

. estimates table OLS OLS_Rob QR_25 QR_50 QR_75, b(%7.3f) se
```

Variable	OLS	OLS_Rob	QR_25	QR_50	QR_75
x2	1.079	1.079	-0.696	1.071	2.822
	0.033	0.116	0.070	0.078	0.077
x3	0.996	0.996	0.999	1.001	1.005
	0.009	0.009	0.004	0.003	0.004
_cons	0.922	0.922	0.640	0.969	1.298
	0.058	0.086	0.020	0.020	0.022

legend: b/se

系数 $\beta_{0.5,2}$ 和 $\beta_{0.5,3}$ 中位数回归的参数点估计值接近其真实值 1。有趣的是，中位数回归参数估计值比 OLS 参数估计值更精确。这种改进是可能的，因为当存在异方差时，OLS 不再完全有效。因为异方差取决于 x_2 而不取决于 x_3，β_{q2} 的估计值随分位数 q 变化而变化，而 β_{q3} 估计值关于 q 是不变的。

使用 bsqreg 命令可对是否是这种情况进行检验。$\beta_{0.25,2}=\beta_{0.75,2}$ 的检验可解释为一个异方差的稳健性检验，且独立于异方差的函数形式。检验的执行过程如下：

```
. * Test equality of coeff of x2 for q=.25 and q=.75
. set seed 10101

. quietly sqreg y x2 x3, q(.25 .75) reps(400)

. test [q25]x2 = [q75]x2

 ( 1)  [q25]x2 - [q75]x2 = 0

       F(  1,  9997) = 1556.97
            Prob > F =    0.0000
```

```
. test [q25]x3 = [q75]x3

 ( 1)  [q25]x3 - [q75]x3 = 0

       F(  1,  9997) =    1.88
            Prob > F =    0.1706
```

(注意,这里的结果 1.88 与原书 1.94 有差异。——译者注)

检验结果强烈地拒绝了 x_2 并不影响 y 位置参数和尺度参数的假设。正如预期,对 x_3 检验的 p 值为 0.17,这并不拒绝原假设。

7.5 计数数据的 QR

QR 常用于连续型被解释变量的数据,因为离散变量的分位数不是唯一的,由于离散值在两个平坦的区间出现跳跃导致累积分布函数(c.d.f)不连续的。按照惯例,区间下界定义了此种情况下的分位数。然而最近的理论研究进展已经把 QR 扩展到离散变量模型——计数回归的这种特例中。

在本节中,我们介绍 QR 对计数数据的分析应用,主要的例子是排序的离散数据。该方法由 Machado 和 Santos Silva (2005)提出,通过适当的平滑计数数据使得 QR 方法得以应用。我们假定对计数回归一无所知。

7.5.1 分位数计数回归

由 Machado 和 Santos Silva 提出的分位数计数回归(QCR)模型中,关键的一步是用连续变量 $z=h(y)$ 代替离散的计数结果变量 y,其中 $h(\cdot)$ 是一个平滑的连续转换函数。然后把标准的线性 QR 方法应用于 z。使用能够保持分位数性质的函数,再把点估计和区间估计转换成原始的 y 的度量形式。

使用的特定转换函数是:

$$z=y+u$$

其中,$u\sim U(0,1)$,它是从(0,1)均匀分布中抽出的伪随机抽样。这个步骤称为计数的"抖动"过程。

因为计数数据是非负的,第 17 章介绍的传统计数模型是基于条件均值的一个指数模型,即 $\exp(\mathbf{x}'\boldsymbol{\beta})$,而不是一个线性函数 $\mathbf{x}'\boldsymbol{\beta}$。设 $Q_q(y|\mathbf{x})$ 和 $Q_q(z|\mathbf{x})$ 分别表示 y 和 z 条件分布中的第 q 个分位数。那么,考虑条件分位数的指数形式,把 $Q_q(z|\mathbf{x})$ 设定为:

$$Q_q(z|\mathbf{x})=q+\exp(\mathbf{x}'\boldsymbol{\beta}_q) \tag{7.4}$$

附加项 q 出现在方程中,因为根据"抖动"的过程,$Q_q(z|\mathbf{x})$ 的下界是由 q 决定的。

为了能够估计分位数模型(通常是 $\mathbf{x}'\boldsymbol{\beta}$ 的线性形式)的参数,就需要使用对数转换对 $\ln(z-p)$ 进行建模,同时,如果 $z-p<0$,那么我们需要使用 $\ln(\varepsilon)$ 进行调整,其中 ε 是一个很小的正数。根据分位数的两个性质来证明这个转换是合理的,这两个性质分别是:对于单调转化,分位数是等价的(见 7.2.1 节);在删失点以上的分位数并不受删失点以下分位数的影响。估计后,把 z 的分位数转换到 y 的分位数就需要使用上限函数:

$$Q_q(y|\mathbf{x}) = \lceil Q_q(z|\mathbf{x}) - 1 \rceil \tag{7.5}$$

其中,式(7.5)右侧的符号$\lceil r \rceil$表示大于或等于 r 的最小整数。

为了减少由于抖动而产生的噪声效应,使用来自 $U(0,1)$ 分布的独立抽样对模型的参数进行多次估计,然后对多次估计系数和置信区间的端点进行平均。因此,计数变量 y 的分位数估计值基于$\hat{Q}_q(y|\mathbf{x}) = \lceil Q_q(z|\mathbf{x}) - 1 \rceil = \lceil q + \exp(\mathbf{x}'\hat{\bar{\boldsymbol{\beta}}}_q) - 1 \rceil$,其中,$\hat{\bar{\boldsymbol{\beta}}}$是"抖动"重复值的均值。

7.5.2 qcount 命令

使用用户编写的 qcount 命令(Miranda 2007)可从执行 Machado 和 Santos Silva 提出的 QCR 方法。该命令语法是:

qcount *depvar* [*indepvars*] [*if*] [*in*], quantile(*number*) [repetition(#)]

其中,quantile(*number*)设定被估计的分位数,repetition(#)设定所使用的"抖动样本"的个数,该样本用于计算模型的参数,其默认值设置为 1000。估计后命令 qcount_mfx 计算模型的 ME,在解释变量的均值处进行评估。

例如,qcount y x1 x2, q (0.5) rep (500) ,用 500 个重复"抖动"的样本估计了计数变量 y 对 x1 和 x2 中位数回归。下述命令 qcount_mfx 给出了相应的 ME。

7.5.3 看医生次数数据的概述

我们使用一个数据集来说明上述命令,这个数据集是关于 2003 年老年医疗保险中看医生的年度次数(docvis)。这些解释变量包括:是否拥有可以用作补充医疗保险的私人保险的指示变量(private)、患慢性疾病的个数(totchr)、以年度量的年龄(age),以及指示变量 female 和 white。我们有:

```
. * Read in doctor visits count data and summarize
. use mus07qrcnt.dta, clear

. summarize docvis private totchr age female white, separator(0)
```

Variable	Obs	Mean	Std. Dev.	Min	Max
docvis	3677	6.822682	7.394937	0	144
private	3677	.4966005	.5000564	0	1
totchr	3677	1.843351	1.350026	0	8
age	3677	74.24476	6.376638	65	90
female	3677	.6010335	.4897525	0	1
white	3677	.9709002	.1681092	0	1

被解释变量看医生的年度次数(docvis)是一个计数变量。看医生次数的中位数只有 5,但是它有一个很长的右尾。频数分布表明,大约 0.5%的个体看医生的次数超过了 40 次,且最大值是 144。

为了演示由于抖动过程所产生的数据平滑,我们创建变量 docvisu,它来自于每一个观测个体,即在 docvis 的基础上添加一个随机的服从均匀分布的变量。然后将平滑后的 docvisu 的分位数图与离散计数变量 docvis 的分位数图进行比较,则有:

```
. * Generate jittered values and compare quantile plots
. set seed 10101

. generate docvisu = docvis + runiform()

. quietly qplot docvis if docvis < 40, recast(line) scale(1.25) ///
>   lwidth(medthick) saving(docvisqplot, replace)

. quietly qplot docvisu if docvis < 40, recast(line) scale(1.25) ///
>   lwidth(medthick) saving(docvisuqplot, replace)

. graph combine docvisqplot.gph docvisuqplot.gph
```

为了图形的可读性，我们删去了看医生的次数超过 40 的观测值。这些图形如图7.4所示。

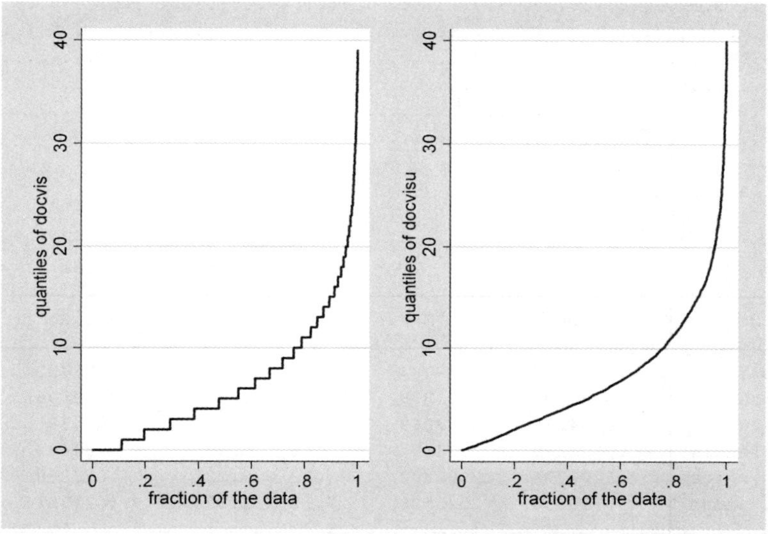

图 7.4　计数变量 docvis 的分位数图(左图)和抖动转换后变量 docvisu 的分位数图(右图)

计数回归分析的常见起点是泊松回归或负二项回归。我们使用了后者，并简单地列出每个解释变量变化所引起的条件均值变化的 ME，在解释变量的样本均值处进行评估。随后将其与用 qcount 得到的中位数的 ME 进行比较。

```
. * Marginal effects from conventional negative binomial model
. quietly nbreg docvis i.private totchr age i.female i.white, vce(robust)

. margin, dydx(*) atmean noatlegend

Conditional marginal effects                  Number of obs    =       3677
Model VCE    : Robust

Expression   : Predicted number of events, predict()
dy/dx w.r.t. : 1.private totchr age 1.female 1.white

------------------------------------------------------------------------------
             |            Delta-method
             |      dy/dx   Std. Err.      z    P>|z|     [95% Conf. Interval]
-------------+----------------------------------------------------------------
   1.private |   1.082549   .2148132     5.04   0.000     .6615231    1.503575
      totchr |   1.885011   .0771011    24.45   0.000     1.733896    2.036127
         age |   .0340016   .0176656     1.92   0.054    -.0006224    .0686255
    1.female |  -.1401461   .2179811    -0.64   0.520    -.5673812    .2870891
     1.white |   .4905679   .5711726     0.86   0.390      -.62891    1.610046
------------------------------------------------------------------------------
Note: dy/dx for factor levels is the discrete change from the base level.
```

在 nbreg 命令中，对于指示变量 private、female 和 white 可使用因子变量。这并不影响参数的估计，但却影响条件均值，随后使用有限差分法（而不是微分法）来计算这些变量的边际效应，见 10.6.5 节。

7.5.4 QCR 的估计结果

我们在中位数处估计 QCR 模型的参数，可得到：

```
. * Quantile count regression
. set seed 10101

. qcount docvis private totchr age female white, q(0.50) rep(500)
.............................................................................
> ............................................................................
> ............................................................................
> ............................................................................
> ............................................................................
> ............................................................................
> ....................................

Count Data Quantile Regression
( Quantile 0.50 )
                                        Number of obs          =      3677
                                        No. jittered samples   =       500
```

docvis	Coef.	Std. Err.	z	P>|z|	[95% Conf.	Interval]
private	.2026897	.0409784	4.95	0.000	.1223735	.283006
totchr	.3464992	.0181838	19.06	0.000	.3108596	.3821387
age	.0084273	.0033869	2.49	0.013	.0017891	.0150655
female	.0025235	.04131	0.06	0.951	-.0784427	.0834896
white	.1200776	.0980302	1.22	0.221	-.072058	.3122132
_cons	.0338338	.2525908	0.13	0.893	-.4612352	.5289027

在统计上显著的解释变量都有预期的符号。

估计的模型参数使用条件分位数的指数函数形式。为了解释这些结果，使用 ME 则更容易。在条件 QR 之后，qcount_mfx 命令给出了两组 ME。第一个是“抖动”变量 $Q_q(z|\mathbf{x})$ 的 ME，第二个是原始计数变量 $Q_q(y|\mathbf{x})$ 的 ME，则有：

```
. * Marginal effects after quantile regression for median
. set linesize 81

. qcount_mfx

 Marginal effects after qcount
        y = Qz(0.50|X)
          =  5.05849 (0.0975)
```

	ME	Std. Err.	z	P>|z|	[95% C.I	]	X
private	.92617897	.18594172	4.98	0.0000	0.5617	1.2906	0.50
totchr	1.5795119	.07861945	20.1	0.0000	1.4254	1.7336	1.84
age	.03841567	.01533432	2.51	0.0122	0.0084	0.0685	74.24
female	.01150027	.18822481	.0611	0.9513	-0.3574	0.3804	0.60
white	.51759079	.40076951	1.29	0.1965	-0.2679	1.3031	0.97

```
Marginal effects after qcount
       y = Qy(0.50|X)
         = 5
```

	ME	[95% C.	Set]	X
private	0	0	1	0.50
totchr	1	1	1	1.84
age	0	0	0	74.24
female	0	-1	0	0.60
white	0	-1	1	0.97

添加 set linesize 81 命令是为了避免输出结果回绕，因为从 qcount_mfx 命令得到的输出结果要占用 81 个字符，而 Stata 默认的行宽是 80 个字符。

式(7.4)中定义抖动变量的条件分位数 $Q_q(z|\mathbf{x})$ 的估计 ME 与从之前给出的负二项模型得到的 ME 相差约 20%，但是对于统计上不显著的解释变量 female 来说，估计的 ME 差异更大。当然，负二项估计值和 QCR 估计值之间的差异取决于分位数 q。对于其他的分位数，比较负二项估计值和 QCR 估计值，可说明这些分位数的估计值比上述中位数的估计值差异更大。

第二组输出结果给出了式(7.5)中定义的原始离散计数变量 $Q_q(y|\mathbf{x})$ 条件分位数的估计 ME。它们都是离散的，且只有 totchr 的系数为正。在这个过程中，我们注意到如果使用 qreg 而不是 qcount 来估计这个模型，那么 private 的估计系数是 1，totchr 的估计系数是 2，其他三个解释变量的估计系数是 0，截距的估计值是 0，所有的标准误是 0。

qcount 命令允许我们研究在分布中不同点上的解释变量的影响。为了探讨这一点，我们重新估计 $q=0.75$ 时的模型，则有：

```
. * Quantile count regression for q = 0.75
. set seed 10101

. quietly qcount docvis private totchr age female white, q(0.75) rep(500)

. qcount_mfx

Marginal effects after qcount
       y = Qz(0.75|X)
         =  9.06557 (0.1600)
```

	ME	Std. Err.	z	P>|z|	[95% C.I	]	X
private	1.2255773	.33167392	3.7	0.0002	0.5755	1.8757	0.50
totchr	2.3236279	.13394814	17.3	0.0000	2.0611	2.5862	1.84
age	.02647556	.02547965	1.04	0.2988	-0.0235	0.0764	74.24
female	-.00421291	.3283728	-.0128	0.9898	-0.6478	0.6394	0.60
white	1.1880327	.81448878	1.46	0.1447	-0.4084	2.7844	0.97

```
Marginal effects after qcount
       y = Qy(0.75|X)
         = 9
```

	ME	[95% C. Set]		X
private	1	0	1	0.50
totchr	2	2	2	1.84
age	0	0	0	74.24
female	0	-1	0	0.60
white	1	-1	2	0.97

对于统计上高度显著的解释变量 private 和 totchr，其估计的 ME 比条件中位数估计所得的 ME 要高出 30%～50%。

7.6 Stata 资源

与 qreg 相关的基本 Stata 命令是 bsqreg、iqreg、sqreg，见[R]**qreg** 和[R]**qreg postestimation**。目前，没有用于聚类-稳健方差估计的选项。Stata 中用户编写的 qplot 命令详见其作者的说明 Cox(2005)。用户编写的 grqreg 命令由 Azevedo(2004)创建。用户编写的 qcount 命令由 Miranda(2007)创建。

7.7 习题

1.研究 7.3 节中的医疗支出数据的例子，不同的是使用 totexp，而不是 ltotexp 作为被解释变量。使用相同的样本，同样删除 ltotexp==.的观测值。使用 qreg 估计 $q=0.5$ 时模型的参数，并评价估计的参数。使用 bsqreg 重新进行估计并比较这些结果。使用 sqreg 估计分位数分别为 0.25，0.50 和 0.75 时的模型。比较每一种模型的这些估计值(和它们的精度)，同时把它们与 OLS(具有稳健标准误)的估计值进行比较。在比较使用 bsqreg 命令和 qreg 命令所得的估计值之后，再使用 grqreg 命令来比较估计值的变化。

2.使用 7.3 节中的医疗支出数据。证明：ltotexp 的中位数等于 totexp 中位数的指数。现在添加一个解释变量，即指示变量 female。然后任何条件分位数函数都是这个解释变量的线性函数，包括 $Q_q(\ln y|\mathbf{x})=\alpha_{q1}+\alpha_{q2}$female，且 $Q_q(y|\mathbf{x})=\beta_{q1}+\beta_{q2}$female。证明：如果我们首先估计 qreg ltotexp female，然后预测，最后对预测值取幂指数，我们得到的预测值与直接由 qreg totexp female 得到的预测值相同。现在添加另一个解释变量 totchr，那么，条件分位数不再是 female 和 totchr 的线性函数。重复预测的练习，并证明在这种转换条件下，同方差不再成立。

3.使用 7.3 节中的医疗支出数据的例子，其中被解释变量为 ltotexp。检验异方差是单一变量 totchr 的函数的假设，这个变量度量患慢性疾病的次数。记录检验的结果。然后检验被解释变量医疗支出的位置参数和尺度参数会随着 totchr 的变化而变化的假设。两个部分检验之间的联系是什么呢？

4.使用 7.3 节中的医疗支出数据，并使用 qreg 估计 $q=0.5$ 时模型中 ltotexp 的参数。将自抽样重复的次数分别设置为 10，50，100 和 400，然后使用 bsqreg 估计相同的参数。在每种情况下,都使用相同的种子 10101。你会得出"较高的重复次数会产生显著不同的标准误"的结论吗?

5.研究 7.4 节中异方差回归的例子。改变方差函数的设定形式,使方差函数是 x_3 的函数而不是 x_2 的函数;即调换 x_2 和 x_3 的作用。对生成的数据,在 $q=0.25,0.50,0.75$时估计 QR。将获得的结果与 7.3.2 节给出的结果进行比较。接下来改变方差函数中 x_3 的系数,并研究它对 QR 估计值的影响。

6. 研究 7.4 节中异方差的例子。回归的误差是对称分布的。假设我们想要研究 OLS 和 QR 之间的差异对误差分布的形式是否敏感。我们适当地改变模拟的数据,并执行与 7.4 节中运用非对称误差的相似分析。例如,首先从均匀分布中抽取 u,然后使用转换函数 $-\lambda\log(u)$,其中 $\lambda>0$(这将从均值 λ、方差 λ^2 的指数分布中生成一个抽样)。

7.使用 7.5 节中的数据,不同的是,令计数被解释变量为 totchr,并把 totchr 从解释变量中删除。使用用户编写的 qcount 命令,估计 $q=0.25,0.50,0.75$ 时的 qcount 回归。使用 qcount_mfx 来计算 ME。将结果进行保存以表格的形式列出。解释在 qcount 回归的情况下如何执行 mfx 命令,以及与标准的泊松回归相比,其解释方面是否存在差异。

8.当 QR 中解释变量的个数非常大,且只需要生成所选系数的图形时,那么有必要编写自己的程序来估计并保存这些系数。然后再绘制一个合适的二维图。下面的程序使用 postfile 命令将输出保存在 bsqrcoef1.dta 中,使用 forvalues 命令对 $q=0.1(0.1)0.9$ 的值进行循环,且使用 bsqreg 来估计自抽样标准误。运行下面的程序,使用数据集 bsqrcoef1. dta,并使用 twoway 命令来绘制变量 suppins 的系数随 q 变化而变化的图形。

```
* Save coefficients and generate graph for a range of quantiles
use mus03data.dta, clear
drop if ltotexp == .
capture program drop mus07plot
program mus07plot
 postfile myfile percentile b1 upper lower using bsqrcoef1.dta, replace
 forvalues tau1=0.10(0.1)0.9 {
    set seed 10101
    quietly bsqreg ltotexp suppins age female white totchr, quant(`tau1') reps(400
  )
 matrix b = e(b)
 scalar b1=b[1,1]
 matrix V = e(V)
 scalar v1=V[1,1]
 scalar df=e(df_r)
 scalar upper = b1 + invttail(df,.025)*sqrt(v1)
 scalar lower = b1 - invttail(df,.025)*sqrt(v1)
 post myfile (`tau1') (b1) (upper) (lower)
 matrix drop V b
 scalar drop b1 v1 upper lower df
 }
 postclose myfile
end
mus07plot
program drop mus07plot
use bsqrcoef1.dta, clear
summarize
twoway connected b1 percentile || line upper percentile||line lower percentile,
   ///
    title("Slope Estimates") subtitle("Coefficient of suppins") ///
    xtitle("Quantile", size(medlarge)) ///
    ytitle("Slope and confidence bands", size(medlarge)) ///
    legend(label(1 "Quantile slope coefficient") ///
    label(2 "Upper 95% bs confidence band")  ///
    label(3 "Lower 95% bs confidence band"))
graph save bsqrcoef1.gph, replace
```

8 线性面板数据模型:基础

8.1 导论

面板数据或纵向数据[①]是对相同个体单位在不同时点上的重复测量,单位个体如个人、企业、州或国家。因此,面板数据回归能捕获个体之间的差异,与横截面数据回归类似,同时也能捕获在不同时点上的差异。

面板数据方法比横截面数据方法更为复杂。面板数据估计量的标准误需要调整,这是因为每一期数据与前一期数据不是独立的。面板数据要求用到更加丰富的模型和估计方法,同时,应用统计的不同领域对于同样的数据也会运用不同的方法。Stata 中 xt 命令包含了多种这些方法,其中,xt 是横截面时间序列的首字母缩写。

我们关注的方法主要针对于短面板,即个体单元个数很多且时期个数少的数据。这样的例子包括很多个体单位的纵向调查数据和有很多企业的面板数据集。同时,我们重点分析微观计量方法,这些微观计量方法主要用来分析关键边际效应,这些边际效应被解释为因果效应。

本章介绍了基本面板数据的分析方法,最重要的是介绍了固定效应模型和随机效应模型的区别。第 9 章介绍了其他线性模型的面板数据分析方法,包括工具变量(IV)模型的估计、滞后被解释变量作为解释变量模型的估计、长面板(而不是短面板)数据模型的估计和斜率参数随个体变化而变化的混合模型的估计。同时,第 9 章也介绍了短面板数据分析方法是如何适用于其他形式的聚类数据或分层数据模型的,如对一些村庄进行调查而得到的调查数据,在村庄水平上进行了聚类。第 18 章介绍了非线性面板数据模型。

8.2 面板数据方法综述

不同类型的面板数据,就有不同类型面板数据分析的目的,它导致了面板数据的不同模型和不同估计量。本节对此进行综述,后续章节将演示不同模型及其估计方法。

8.2.1 基本的研究

第一,正如大多数时间序列数据,面板数据通常都是在有规律的时间内观察得到的数据。一个常见的例外就是增长曲线分析,如这个分析中在几个不规律的时间内对孩子

---

① 部分学者也把它翻译成追踪数据。——译者注

进行观察，同时用诸如身高或 IQ 这些测度指标对年龄的多项式进行了回归。

第二，面板数据可能是平衡的数据（这意味着所有的个体在所有时间段内都能被观察到，即对所有的 i 来说，都有 $T_i=T$）或者是非平衡的数据（即对一些 i 来说，有 $T_i \neq T$）。大部分的 xt 命令都能用于平衡数据或非平衡数据。然而，在这两种情况下，估计量的一致性要求样本选择过程不能导致误差项与解释变量相关。简单地讲，缺失值是因为随机原因而不是系统原因。

第三，数据集可能是短面板数据集（时间个数少且观测个体多）、长面板数据集（时间个数多且观测个体少）或者是时间个数和观测个体都是很多的数据集（即时间个数多且观测个体多）。这些差别将会对估计和推断产生影响。

第四，模型误差很可能是相关的。微观计量方法重点分析给定个体在时间上的跨期相关（或聚类相关），但不同个体之间是独立的。对于部分面板数据，如国家面板数据，不同个体之间可能是相关的。不考虑已有的假设，对默认的普通最小二乘（OLS）标准误进行修正是必须的，同时，运用广义最小二乘法来提高估计效率也是可能的。

第五，对一些估计量回归系数的识别取决于回归类型。一些解释变量，如性别，可能是非时变的，即对于所有 t 来说，有 $x_{it}=x_i$。一些解释变量，如整体时间趋势可能是不随个体而变化的，即对于所有的 i，都有 $x_{it}=x_t$。还有一些变量可能是随时间和个体的变化而变化的。

第六，部分或所有模型系数可能会随个体或时间的变化而变化。

第七，微观计量文献重点分析了固定效应模型，下一节将解释这种固定效应模型。如果一些解释变量仅与误差中非时变的部分相关，则该模型允许解释变量是内生的；相反，应用统计学的大多数领域则重点分析随机效应模型，它假定解释变量是完全外生的。

最后，面板数据允许动态模型的估计，其中滞后被解释变量可作为解释变量。许多面板数据分析并没有用到这种复杂的模型。

在本章中我们重点分析了短面板模型（T 固定且 $N\rightarrow\infty$），其模型误差假设独立于观测个体。8.10 节中将单独分析长面板模型。我们将研究有固定效应或不存在固定效应的线性模型以及静态和动态的线性模型。本章中的实例使用的都是平衡面板数据。尽管我们同时也需要检验面板数据估计导致的偏误，但许多命令也能用于非平衡面板数据，见本章末一些习题的证明。

8.2.2 基本的面板数据模型

面板数据有很多种不同的线性模型。

最重要的是研究固定效应模型和随机效应模型之间的区别。“固定效应”这一术语具有误导性，因为在这两种模型中个体水平的效应都是随机的。固定效应模型有更多的复杂性，因为解释变量可能与个体水平效应相关，因此，其回归参数估计的一致性要求消除或者控制住固定效应。

个体效应模型

对于标量的被解释变量 y_{it},个体效应模型设定为:

$$y_{it}=\alpha_i+\mathbf{x}'_{it}\boldsymbol{\beta}+\varepsilon_{it} \tag{8.1}$$

其中,x_{it}为解释变量,α_i为随机个体效应,ε_{it}为随机误差项。

对于 α_i有两个截然不同设定的模型,分别就是固定效应模型和随机效应模型。

固定效应模型

在固定效应模型(FE)中,允许式(8.1)中的 α_i与解释变量 $\mathbf{x}_{it}$相关。它考虑了一定形式的内生性。我们把式(8.1)中的误差项设定为 $\mu_{it}=\alpha_i+\varepsilon_{it}$,且允许 $\mathbf{x}_{it}$与误差项非时变的部分 α_i相关,并且还假定 $\mathbf{x}_{it}$与随机误差项 ε_{it}是不相关的。例如,在收入的回归中,如果假定解释变量与不可观测的能力是相关的,则它们只能与非时变的能力这部分相关,非时变的能力用 α_i来捕捉。

一种可能的估计方法就是对 $\alpha_1,\cdots,\alpha_N$ 和 $\boldsymbol{\beta}$ 进行联合估计。但是对于一个短面板数据,渐近理论取决于 $N\to\infty$。但是这里如果 $N\to\infty$,就不能估计出固定效应的个数。这一问题被称为偶发参数问题。我们感兴趣的是参数 $\boldsymbol{\beta}$ 的估计,但是首先需要我们控制令人讨厌的偶发参数 α_i。

相反,对于时变的解释变量,通过对式(8.1)采取适当的差分变换来消除 α_i,仍可一致地估计参数 $\boldsymbol{\beta}$。这些估计量详见 8.5 节和 8.9 节。

假设 $E(\varepsilon_{it}|\alpha_i,\mathbf{x}_{it})=0$,则 FE 模型意味着 $E(y_{it}|\alpha_i,\mathbf{x}_{it})=\alpha_i+\mathbf{x}'_{it}\boldsymbol{\beta}$,因此有 $\boldsymbol{\beta}_j=\partial E(y_{it}|\alpha_i,\mathbf{x}_{it})/\partial x_{j,it}$。PE 模型吸引之处在于:如果 $x_{j,it}$是时变的,即使解释变量是内生的(即存在一定形式的内生性),仍能得到第 j 个解释变量对于 $E(y_{it}|\alpha_i,\mathbf{x}_{it})$的边际效应的一致估计。

同时,$\boldsymbol{\beta}$ 的信息并不能给出 y_{it}生成过程的全部信息。特别是在预测中,需要估计 $E(y_{it}|\mathbf{x}_{it})=E(\alpha_i|\mathbf{x}_{it})+\mathbf{x}'_{it}\boldsymbol{\beta}_i$,且在短面板数据中不能得到 $E(\alpha_i|\mathbf{x}_{it})$的一致估计。

在非线性 FE 模型中,需要对这些结果进行控制。正如 18 章所述,消除 α_i并不总是可能的;同时,即使是可以消除的,$\boldsymbol{\beta}$ 的一致性估计仍有可能得不到边际效用 $\partial E(y_{it}|\alpha_i,\mathbf{x}_{it})/\partial \mathbf{x}_{j,it}$的一致估计。

随机效应模型

在随机效应模型(RE)中假设式(8.1)中的 α_i是完全随机的,这个强假设意味着 α_i与解释变量是不相关的。

因此,可通过 8.6 节中给出的可行广义最小二乘估计量(FGLS)得到随机效应模型的估计。RE 模型的优点在于能得到所有系数和边际效应的估计,即使是非时变的解释变量也能得到 $E(y_{it}|\mathbf{x}_{it})$的估计。随机效应模型最大的缺点在于:如果 FE 模型是合适的,则随机效应模型这些估计是不一致的。

混合数据模型或总体平均模型

混合数据模型假定解释变量是外生的,并简单地将误差项写为 u_{it},而不是将其分解

为 α_i+u_{it}。故有：

$$y_{it}=\alpha+\mathbf{x}_{it}'\boldsymbol{\beta}+u_{it} \tag{8.2}$$

注意到这里的 $\mathbf{x}_{it}$ 并不包含常数项，然而在有关横截面数据的章节中，$\mathbf{x}_i$ 另外包含一个常数项。

这种模型中参数的 OLS 估计是很简单的，但是对于给定一个个体，其估计推断需要控制误差项 u_{it} 在时间上可能存在的相关性（即组内相关）；对于给定的不同个体，其估计推断需要控制误差项 u_{it} 在个体之间可能存在的相关性（即组间相关）。给定误差项 u_{it} 组内相关的一个假设模型，其 FGLS 估计将在 8.4 节中讲解。在统计学文献中，它被称为总体平均模型。与 RE 估计量一样，总体平均模型估计量的一致性估计要求解释变量与 u_{it} 不相关。

双向效应模型

个体效应模型的一个标准扩展模型就是双向效应模型，它允许模型的截距项随着个体和时间的变化而变化，即：

$$y_{it}=\alpha_i+\gamma_t+\mathbf{x}_{it}'\boldsymbol{\beta}+\varepsilon_{it} \tag{8.3}$$

对于短面板数据，一种常见的做法就是令时间效应 γ_t 为固定效应。如果式(8.1)中的解释变量包含了一系列时间虚拟变量（为了避免虚拟变量陷阱，需要删除一个时间虚拟变量），则式(8.3)可简化为式(8.1)。

混合(分层)线性模型

如果 RE 模型是合适的，更多的模型将允许斜率系数也随个体或时间的变化而变化。混合（分层）线性模型（mixed linear model）[①]是一个更为灵活的分层的线性模型，它允许随机参数的变化依赖于可观测的变量。随机系数模型是其一个特例，其可设定为：

$$y_{it}=\alpha_i+\mathbf{x}_{it}'\boldsymbol{\beta}_i+\varepsilon_{it}$$

其中，$(\alpha_i\boldsymbol{\beta}_i')'\sim(\boldsymbol{\beta},\Sigma)$。对于观测个体很少的长面板数据，可分别对每个个体进行单独的回归，从而得到参数 α_i 和 $\boldsymbol{\beta}_i$ 的估计值。

8.2.3 聚类-稳健性推断

以下章节给出了上述模型中的不同估计量。这些估计量通常取决于随机误差项 $\varepsilon_{it}\sim(0,\sigma_\varepsilon^2)$ 的假设。在面板分析应用中，这一假设通常不能得到满足。如果 ε_{it} 独立于 i，则这些面板估计量仍能得到一致性的估计，但其报告的标准误是不正确的。

对于短面板数据，在这样一种更弱的假设条件下：对于不同的个体，误差项是相互独立的，并且 $N\rightarrow\infty$，则获得聚类-稳健标准误是可能的。特别是对于 $i\neq j$，$E(\varepsilon_{it}\varepsilon_{js})=0$ 时，$E(\varepsilon_{it}\varepsilon_{js})$ 是不受约束的，且 ε_{it} 可能存在异方差。在实际应用中，我们运用聚类-稳健标准误，而不是 Stata 默认的标准误。在一些（但不是所有的）xt 命令中，可使用 vce(robust) 选项。对于一些命令，可得到估计量的方差-协方差矩阵（VCE）的聚类-稳健估计；对于另外一些命令，可得到估计量的 VCE 的稳健估计。此外，也可运用 vce(bootstrap) 或 vce

---

① 为了与 pooled model（译为"混合数据模型"）进行区分，本书把 mixed linear model 翻译为"混合（分层）线性模型"。——译者注

(jackknife)选项,因为对于 xt 命令来说,通常可按聚类进行重新抽样。

8.2.4 xtreg 命令

线性面板数据模型参数估计的关键命令是 xtreg 命令。该命令的语法为:

xtreg *depvar* [*indepvars*] [*if*] [*in*] [*weight*] [,*option*]

首先运用 xtset 命令声明个体标识符。

关键的模型选项有总体平均模型(pa)、FE 模型(fe)、RE 模型(re 和 mle)及组间效应模型(be)。个体模型的讨论详见后续章节。权重选择仅适用于 fe、mle 和 pa 选项。

除了 be 和 mle 之外的所有模型,vce(robust)选项将会提供标准误的聚类-稳健估计。Stata 10 把估计的 VCE 标注为"稳健的",因为 xtreg 命令的使用意味着我们的分析处在聚类数据的设置中。

8.2.5 Stata 线性面板数据命令

表 8.1 总结了面板数据查看以及线性面板数据模型参数估计的 xt 命令。

表 8.1 xt 命令总结

数据概述性统计	xtset; xtdescribe; xtsum; xtdata; xtline; xttab; xttrans
混合数据 OLS	regress
混合数据 FGLS	xtgee, family(gaussian); xtgls; xtpcse
随机效应	xtreg, re;xtregar, re
固定效应	xtreg, fe;xtregar, fe
随机斜率	xtmixed; xtrc
一阶差分	regress (对于差分的数据)
静态 IV	xtivreg; xthtaylor
动态 IV	xtabond; xtdpdsys; xtdpd

本章介绍了一些核心的方法,第 9 章将介绍更多的特定命令。对长面板数据感兴趣的读者,请阅读 8.10 节(xtgls、xtpcse 和 xtregar),关于数据的输入则要求首先阅读 8.11 节。

8.3 面板数据概述性统计

本节中,我们介绍了面板数据概述性统计和查看的多种方法,以及混合数据 OLS 回归的估计方法。使用的面板数据集是:观测个体有 595 个人,时间长度为 7 年,即 1976—1982,包含了对数形式的小时工资变量和其他变量。

8.3.1 数据描述和概述性统计

该数据来自于 Baltagi 和 Khanti-Akom(1990)的分析,其数据来源是收入动态的面板数据研究(PSID);它同时也是 Cornwell 和 Rupert(1988)使用的原始数据的一个的修正的版本。

mus08psidextract.dta 数据集信息如下：

```
. * Read in dataset and describe
. use mus08psidextract.dta, clear
(PSID wage data 1976-82 from Baltagi and Khanti-Akom (1990))

. describe

Contains data from mus08psidextract.dta
  obs:         4,165                          PSID wage data 1976-82 from Baltagi and
                                                Khanti-Akom (1990)
 vars:            22                          26 Nov 2008 17:15
 size:       295,715 (99.4% of memory free)   (_dta has notes)
-------------------------------------------------------------------------------------------
              storage  display     value
variable name   type   format      label      variable label
-------------------------------------------------------------------------------------------
exp             float  %9.0g                  years of full-time work experience
wks             float  %9.0g                  weeks worked
occ             float  %9.0g                  occupation; occ==1 if in a blue-collar
                                                occupation
ind             float  %9.0g                  industry; ind==1 if working in a
                                                manufacturing industry
south           float  %9.0g                  residence; south==1 if in the South area
smsa            float  %9.0g                  smsa==1 if in the Standard metropolitan
                                                statistical area
ms              float  %9.0g                  marital status
fem             float  %9.0g                  female or male
union           float  %9.0g                  if wage set be a union contract
ed              float  %9.0g                  years of education
blk             float  %9.0g                  black
lwage           float  %9.0g                  log wage
id              float  %9.0g
t               float  %9.0g
tdum1           byte   %8.0g                  t== 1.0000
tdum2           byte   %8.0g                  t== 2.0000
tdum3           byte   %8.0g                  t== 3.0000
tdum4           byte   %8.0g                  t== 4.0000
tdum5           byte   %8.0g                  t== 5.0000
tdum6           byte   %8.0g                  t== 6.0000
tdum7           byte   %8.0g                  t== 7.0000
exp2            float  %9.0g
-------------------------------------------------------------------------------------------
Sorted by:  id  t
```

这个数据集有 4165 对“个体-年”的观测值。变量标签对变量进行了清晰的说明，lwage 是用美分计量的小时工资的对数，如果观测的个体为女性时，指示变量 fem 取值为 1，id 为个体识别符，t 为年份，exp2 为 exp 的平方。

使用 summarize 命令，我们可得到数据的描述性统计：

```
. * Summary of dataset
. summarize

    Variable |        Obs        Mean    Std. Dev.       Min        Max
-------------+---------------------------------------------------------
         exp |      4165    19.85378    10.96637          1         51
         wks |      4165    46.81152    5.129098          5         52
         occ |      4165    .5111645    .4999354          0          1
         ind |      4165    .3954382    .4890033          0          1
       south |      4165    .2902761    .4539442          0          1
-------------+---------------------------------------------------------
        smsa |      4165    .6537815     .475821          0          1
          ms |      4165    .8144058    .3888256          0          1
         fem |      4165     .112605    .3161473          0          1
       union |      4165    .3639856    .4812023          0          1
          ed |      4165    12.84538    2.787995          4         17
-------------+---------------------------------------------------------
         blk |      4165    .0722689    .2589637          0          1
       lwage |      4165    6.676346    .4615122    4.60517      8.537
          id |      4165         298    171.7821          1        595
           t |      4165           4     2.00024          1          7
       tdum1 |      4165    .1428571    .3499691          0          1
-------------+---------------------------------------------------------
       tdum2 |      4165    .1428571    .3499691          0          1
       tdum3 |      4165    .1428571    .3499691          0          1
       tdum4 |      4165    .1428571    .3499691          0          1
       tdum5 |      4165    .1428571    .3499691          0          1
       tdum6 |      4165    .1428571    .3499691          0          1
-------------+---------------------------------------------------------
       tdum7 |      4165    .1428571    .3499691          0          1
        exp2 |      4165     514.405    496.9962          1       2601
```

变量的取值均在预期范围内,且没有缺失值。男性和女性都包含在内,但从 fem 的均值来看,仅 11%的个体为女性。工资数据在所有年份内都没有缺失值,且工作的周数为正,因此样本仅限于在这 7 年内工作的个体。

8.3.2 面板数据结构

xt 命令要求面板数据的结构都是所谓的长格式,即每个观测值均为一个单独的个体-时间对,这里为“个体-年”对。相反,数据的结构可能是宽格式的,即对于每一个观测值:每一个观测个体按所有年份来合并排列数据,或对于给定年份按所有个体来合并排列数据。因此,运用 8.11 节中所介绍的 reshape 命令可把数据从宽格式转换为长格式。

通过列举最前面的几个观测值可清楚地了解数据的结果。为简单起见,我们列举了几个变量的前 3 个观测值:

```
. * Organization of dataset
. list id t exp wks occ in 1/3, clean

       id   t   exp   wks   occ
  1.    1   1     3    32     0
  2.    1   2     4    43     0
  3.    1   3     5    40     0
```

第一个观测值为个体 1 在第一年的数值,第二个观测值为个体 2 在第二年的数值,等等。因此,这些数据为长格式的。从 summarize 命令的结果来看,面板数据的识别符 id 取值为 1～595,时间变量 t 取值为 1～7。总之,面板识别符要求为唯一的,且时间变量的取值为 76～82。

面板数据 xt 命令要求至少面板识别符是提前声明的。许多 xt 命令要求时间识别符也为提前声明的。这可以通过运用 xtset 命令来实现。这里我们对两个识别符都进行声明：

```
. * Declare individual identifier and time identifier
. xtset id t
       panel variable:  id (strongly balanced)
        time variable:  t, 1 to 7
                delta:  1 unit
```

上述命令首先给出了面板个体识别符，接下来给出了时间识别符。结果显示数据对于所有的个体在所有时间内都是存在的(完全平衡的)，且时间变量的增量为 1 个单位。

当保存了 Stata 的数据集，则当前数据的设置(从 xtset 命令之后的任何结果)也被保存了。在这种特定的情况下，原始 Stata 数据集设置 psidextract.dta 已经包含了这些信息，因此之前的 xtset 命令是不必要的。如果存在的话，xtset 命令毫无疑问会显示当前的设置。

8.3.3 面板数据描述

一旦面板数据通过 xtset 命令设定后，xtdescribe 命令就可以提供面板是非平衡时的相关信息。

```
. * Panel description of dataset
. xtdescribe

      id:  1, 2, ..., 595                                    n =        595
       t:  1, 2, ..., 7                                      T =          7
           Delta(t) = 1 unit
           Span(t)  = 7 periods
           (id*t uniquely identifies each observation)

Distribution of T_i:   min      5%     25%       50%       75%     95%     max
                         7       7       7         7         7       7       7

     Freq.  Percent    Cum. |  Pattern
 ---------------------------+---------
      595    100.00  100.00 |  1111111
 ---------------------------+---------
      595    100.00         |  XXXXXXX
```

在这个例子中，所有的 595 个个体都有 7 年的数据。因此数据集是平衡的，这是因为之前的描述性统计命令显示不存在缺失值。18.3 节提供了非平衡数据的 xtdescribe 命令的一个实例。

8.3.4 组内差异和组间差异

被解释变量和解释变量可潜在地随时间和个体的变化而变化。给定个体在时间上的差异称为组内差异；在不同个体之间的差异被称为组间差异。这种区分是很重要的，在使用组内差异和组间差异时，其估计量是不同的。特别是在 FE 模型中，即使存在很小的组内差异，解释变量的系数估计将会变得不准确；如果不存在组内差异，则解释变量的系数估计是不可识别的。

xtsum、xttab 和 xttrans 命令提供了一个变量的组内差异和组间差异相对重要性的信息。

我们首先介绍 xtsum 命令。总差异(即总体均值 $\bar{x}=1/NT\sum_i\sum_t x_{it}$)可被分解为每个个体在时间上的组内差异(即个体均值 $\bar{x}_i=1/T\sum_t x_{it}$)和不同个体之间的组间差异(即 $\bar{x}$ 为$\bar{x}_i$ 的均值)。这就是方差的相应分解:

组内方差:$s_W^2=\dfrac{1}{NT-1}\sum_i\sum_t(x_{it}-\bar{x}_i)^2=\dfrac{1}{NT-1}\sum_i\sum_t(x_{it}-\bar{x}_i+\bar{x})^2$

组间方差:$s_B^2=\dfrac{1}{N-1}\sum_i(\bar{x}_i-\bar{x})^2$

总体方差:$s_O^2=\dfrac{1}{NT-1}\sum_i\sum_t(x_{it}-\bar{x})^2$

s_W^2的第二个表达式与第一个是等价的,因为加上一个常数项并不改变方差,且有时会这样用,因为 $x_{it}-\bar{x}_i+\bar{x}$是以 $\bar{x}$ 为中心,它提供了度量的标准,其中 $x_{it}-\bar{x}_i$ 是以 0 为中心。对于非平衡数据,用$\sum_i T_i$ 来代替替公式中的 NT,则可证明 $s_O^2\simeq s_W^2+s_B^2$。

xtsum 命令提供了这种方差的分解。对选择的解释变量进行这样处理后,将得到:

```
. * Panel summary statistics: within and between variation
. xtsum id t lwage ed exp exp2 wks south tdum1
```

Variable		Mean	Std. Dev.	Min	Max	Observations
id	overall	298	171.7821	1	595	N = 4165
	between		171.906	1	595	n = 595
	within		0	298	298	T = 7
t	overall	4	2.00024	1	7	N = 4165
	between		0	4	4	n = 595
	within		2.00024	1	7	T = 7
lwage	overall	6.676346	.4615122	4.60517	8.537	N = 4165
	between		.3942387	5.3364	7.813596	n = 595
	within		.2404023	4.781808	8.621092	T = 7
ed	overall	12.84538	2.787995	4	17	N = 4165
	between		2.790006	4	17	n = 595
	within		0	12.84538	12.84538	T = 7
exp	overall	19.85378	10.96637	1	51	N = 4165
	between		10.79018	4	48	n = 595
	within		2.00024	16.85378	22.85378	T = 7
exp2	overall	514.405	496.9962	1	2601	N = 4165
	between		489.0495	20	2308	n = 595
	within		90.44581	231.405	807.405	T = 7
wks	overall	46.81152	5.129098	5	52	N = 4165
	between		3.284016	31.57143	51.57143	n = 595
	within		3.941881	12.2401	63.66867	T = 7
south	overall	.2902761	.4539442	0	1	N = 4165
	between		.4489462	0	1	n = 595
	within		.0693042	-.5668667	1.147419	T = 7
tdum1	overall	.1428571	.3499691	0	1	N = 4165
	between		0	.1428571	.1428571	n = 595
	within		.3499691	0	1	T = 7

非时变解释变量的组内方差为 0,因此个体识别符 id 和变量 ed 为非时变解释变量。个体不变的解释变量的组间方差为 0,因此时间识别符 t 和虚拟时间变量 tdum1 为个体不变的解释变量。除了 wks 之外的其他变量,个体间的方差(组间差异)比时间上的方差(组内差异)更大,因此,组内估计可能会导致很大的估计效率损失。从 xtsum 命令的输出结果中,唯一不清楚的是:尽管 exp 的组内差异中 exp 有非零值,但其演变是可确定的,因为对于这个样本,exp 在每增加一个时期中,其增量都为 1。min 和 max 这两列给出了 overall(总体方差)中 x_{it} 的最小值和最大值、between(组间方差)中的 $\overline{x}_i$ 的最小值和最大值和 within(组内方差)中的 $x_{it}-\overline{x}_i+\overline{x}$ 的最小值和最大值。

在 xtsum 的输出结果中,Stata 用小写的 n 来定义个体的个数,用大写的 N 来定义“个体-时间”观测对的总个数。在注释中,这些数量分别为 N 和 $\sum_{i=1}^{N} T_i$。

xttab 命令对数据进行列表,用这种方法能提供变量组内差异和组间差异的更多细节。例如,

```
. * Panel tabulation for a variable
. xttab south

                  Overall             Between            Within
    south |   Freq.  Percent      Freq.  Percent        Percent
----------+-----------------------------------------------------
        0 |   2956     70.97       428     71.93          98.66
        1 |   1209     29.03       182     30.59          94.90
----------+-----------------------------------------------------
    Total |   4165    100.00       610    102.52          97.54
                                  (n = 595)
```

总体的概述性统计结果表明,在“个体-年”观测对中,有 71%的观测对是 south=0,29%的观测对是 south=1。组间概述性统计结果表明,在这 595 个人中,72%的人中至少有一次为 south=0,31%的人中至少有一次为 south=1。在组间差异中,其人数占的总体百分数为 102.52,因为被抽样的个体中有 2.52%的人(即 15 个人)一段时间生活在南方,而另外一段时间不生活在南部,因此他们被重复计算了。在组内差异的概述性统计中,约有 95%的人曾经生活在南方,而在面板数据所包括的时间内依然生活在南方;同时约有 99%的人曾经在南方以外的地方生活,而在面板数据所包括的时间内依然生活在南方以外的地方。south 变量是一个接近于非时变的变量。

当变量只取几个值时,xttab 命令是非常有用的,因为需要制成表格并进行解释的变量值很少。

xttrans 命令提供了从一个时间段到下一个时间段变换的概率。例如:

```
. * Transition probabilities for a variable
. xttrans south, freq

residence; |
  south==1 |   residence; south==1
  if in the|  if in the South area
South area |          0          1 |     Total
-----------+-----------------------+----------
         0 |      2,527          8 |     2,535
           |      99.68       0.32 |    100.00
-----------+-----------------------+----------
         1 |          8      1,027 |     1,035
           |       0.77      99.23 |    100.00
-----------+-----------------------+----------
     Total |      2,535      1,035 |     3,570
           |      71.01      28.99 |    100.00
```

在计算变换的过程中有一个时间段将会损失,因此只有 3570 个观测值被利用。对于非时变数据,主对角线元素为 100%,非对角线元素为 0%。对于以前在南部的观测值,其中有 99.2%的观测值在下一时间段将继续在南部。对于以前不在南部的观测值,其中有 99.7%的观测值在下一时间段将继续不在南部。south 变量是一个接近于非时变的变量。

当变量只取几个值时,xttrans 命令是非常有用的。

8.3.5 单个个体的时间序列图

对一些或所有的个体提供单独的时间序列图是非常有用的。

运用 xtline 命令可得到一个或多个个体关于某一变量的单独的时间序列图。overlay选项可在同一个图形上把每个个体的图形重叠起来。例如,

```
. quietly xtline lwage if id<=20, overlay
```

上述命令对样本中前 20 个个体的 lwage 变量生成了时间序列重叠图。

我们已经生成了样本中前 20 个个体的时间序列重叠图。默认的设置还可提供一个图例用来说明出现在图形中的每个个体;如果这幅图使用了很多个体数据,则图例将会占据图形的很大部分,使用 legend(off)选项可把图例关闭。该命令可单独得到 lwage 变量和 wks 变量的时间序列图,同时再运用 graph combine 命令再把这些单独的时间序列图合并起来,则有:

```
. * Simple time-series plot for each of 20 individuals
. quietly xtline lwage if id<=20, overlay legend(off) saving(lwage, replace)

. quietly xtline wks if id<=20, overlay legend(off) saving(wks, replace)

. graph combine lwage.gph wks.gph, iscale(1)
```

图 8.1 表明,除了两个个体从第 1 年到第 2 年工资率的大幅度增加外,工资率随时间大约呈线性增加,同时也表明工作的周数随时间不存在明显的变化趋势。

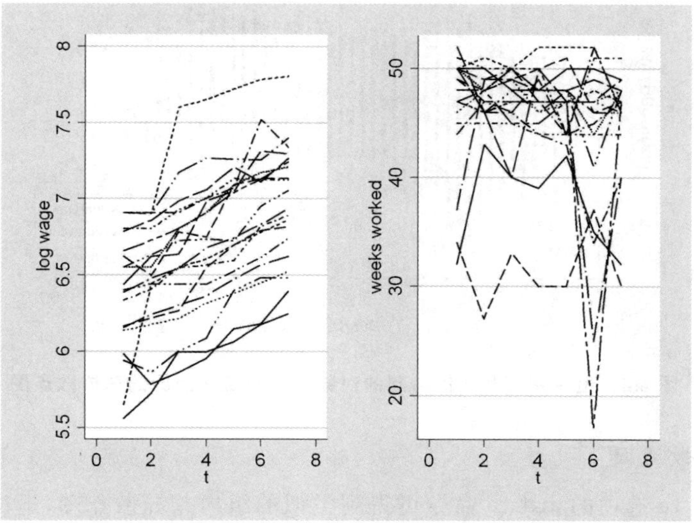

图 8.1 前 20 个观测值中每个观测值的对数工资和工作周数对于年的时间序列图

8.3.6 总体散点图

在只有一个关键解释变量的情形中，首先我们运用所有面板观测值的数据来画被解释变量对关键解释变量的散点图。

下面的命令在散点图中增加了拟合的二次回归线和局部平滑回归曲线。

```
. graph twoway (scatter lwage exp) (qfit lwage exp) (lowess lwage exp)
```

由于散点图中点很多，上述命令得到的散点图很难理解，因此难以看清回归曲线。

下面的编码可以使得 lnwage 对 exp 的散点图更加好看，并使之带有拟合的回归线。它运用了与在 2.6.6 节中解释的相同的图形选项，则有

```
. * Scatterplot, quadratic fit and nonparametric regression (lowess)
. graph twoway (scatter lwage exp, msize(small) msymbol(o))
>   (qfit lwage exp, clstyle(p3) lwidth(medthick))
>   (lowess lwage exp, bwidth(0.4) clstyle(p1) lwidth(medthick)),
>   plotregion(style(none))
>   title("Overall variation: Log wage versus experience")
>   xtitle("Years of experience", size(medlarge)) xscale(titlegap(*5))
>
>   ytitle("Log hourly wage", size(medlarge)) yscale(titlegap(*5))
>   legend(pos(4) ring(0) col(1)) legend(size(small))
>   legend(label(1 "Actual Data") label(2 "Quadratic fit") label(3 "Lowess"))
```

图 8.2 中的每一个点代表了一个“个体-年”观测对。其中，光滑的虚线为 lwage 对 exp 的二次项进行 OLS 回归所拟合的曲线(使用 qfit 命令得到)；实线为非参数回归所拟合的曲线(使用 lowess 命令得到)。对数工资持续增加到工作经历 30 年左右，此后则开始减少。

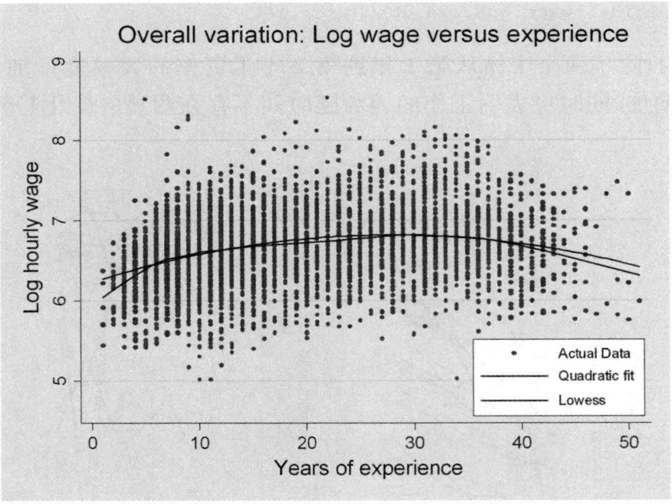

图 8.2 运用所有观测值得到的对数工资对工作经历的总体散点图

8.3.7 组内散点图

运用带有 fe 选项的 xtdata 命令可得到类似的组内差异散点图，运用带有 be 选项的 xtdata 命令可得到类似的组间差异散点图，运用带有 re 选项的 xtdata 命令可得到类似的 re 模型差异的散点图。

xtdata 命令可用特定的转换形式来代替内存中的数据，因此，首先应该使用 preserve

命令来保存数据,当你完成了这些数据转换之后,然后再运用 restore 命令来恢复数据。

例如,使用 fe 选项来得到观测值与其均值的离差,因此,用 $y_{it}-\overline{y}_i+\overline{y}$ 对($x_{it}-\overline{x}_i+\overline{x}$)作散点图,即 lwage 对 exp 作散点图,可得到:

```
. * Scatterplot for within variation
. preserve

. xtdata, fe

. graph twoway (scatter lwage exp) (qfit lwage exp) (lowess lwage exp),
> plotregion(style(none)) title("Within variation: Log wage versus experience")

. restore
```

结果如图 8.3 所示。首先,该图有些让人费解,因为 exp 变量只出现了 7 个不同的观测值。但是该面板是平衡的面板,而且对于样本中每年都工作的单个人来说,变量 exp(工作经历的年数)每一期正好增加了 1。因此,($x_{it}-\overline{x}_i$)每一期都会增加 1,同样($x_{it}-\overline{x}_i+\overline{x}$)每一期也会增加 1,且后者的数量是以 $\overline{x}=19.85$(见 8.3.1 节)为中心,期数年的中位数 $t=4$。显然,画这样的图形是非常有用的。

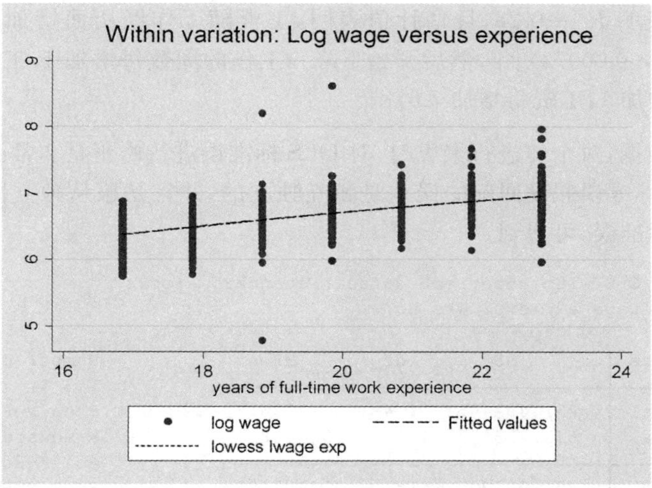

图 8.3 对数工资(与其单个个体均值的)离差对工作经历(与其单个个体均值的)离差的组内散点图

8.3.8 具有聚类-稳健标准误的混合数据 OLS 回归

运用所有个体在所有年份的对数工资数据进行混合 OLS 回归是学习的自然起点。

解释变量中包含了受教育年限、工作周数和工作经历的二次项。教育是一个非时变解释变量,对于给定的个体,它在每一年的取值都相同。工作的周数是时变解释变量的一个例子。工作经历也是一个时变的变量,即它是用这样一种可决定的方法产生的,因为样本是由那些在所有年份都工作的人组成,因此 t 增加 1,工作经历也增加 1。

如果式(8.2)中的混合数据模型的合成误差项 u_{it} 与 x_{it} 是不相关的,将 y_{it} 对 x_{it} 进行回归就可得到 $\boldsymbol{\beta}$ 的一致估计。正如 8.2 节中所解释的那样,对于给定的个体,误差项 u_{it} 可能是时间序列相关的,因此,我们使用按单个个体聚类的聚类-稳健标准误。我们得到:

```
. * Pooled OLS with cluster-robust standard errors
. use mus08psidextract.dta, clear
(PSID wage data 1976-82 from Baltagi and Khanti-Akom (1990))

. regress lwage exp exp2 wks ed, vce(cluster id)

Linear regression                                      Number of obs =    4165
                                                       F(  4,    594) =   72.58
                                                       Prob > F      =  0.0000
                                                       R-squared     =  0.2836
                                                       Root MSE      =  .39082

                                   (Std. Err. adjusted for 595 clusters in id)
------------------------------------------------------------------------------
             |               Robust
       lwage |      Coef.   Std. Err.      t    P>|t|     [95% Conf. Interval]
-------------+----------------------------------------------------------------
         exp |    .044675   .0054385     8.21   0.000     .0339941     .055356
        exp2 |  -.0007156   .0001285    -5.57   0.000    -.0009679   -.0004633
         wks |    .005827   .0019284     3.02   0.003     .0020396    .0096144
          ed |   .0760407   .0052122    14.59   0.000     .0658042    .0862772
       _cons |   4.907961   .1399887    35.06   0.000     4.633028    5.182894
------------------------------------------------------------------------------
```

输出结果表明 $R^2=0.28$，且估计值表明，工资随工作经历而增加，直到其峰值为 31[=0.0447/(2×0.00072)]年，然后开始下降。工作的周数每增加 1，工资将增加0.6%。受教育年限每增加 1，工资将增加 7.6%。

对于面板数据，对个体进行聚类时，对 OLS 标准误进行修正是非常必要的。相比之下，系统默认的标准误假设回归的误差是相互独立的，并且是服从独立同分布分布。运用系统默认的标准误，可得到：

```
. * Pooled OLS with incorrect default standard errors
. regress lwage exp exp2 wks ed,

      Source |       SS       df       MS              Number of obs =    4165
-------------+------------------------------           F(  4,  4160) =  411.62
       Model |  251.491445     4  62.8728613           Prob > F      =  0.0000
    Residual |  635.413457  4160  .152743619           R-squared     =  0.2836
-------------+------------------------------           Adj R-squared =  0.2829
       Total |  886.904902  4164  .212993492           Root MSE      =  .39082

------------------------------------------------------------------------------
       lwage |      Coef.   Std. Err.      t    P>|t|     [95% Conf. Interval]
-------------+----------------------------------------------------------------
         exp |    .044675   .0023929    18.67   0.000     .0399838    .0493663
        exp2 |  -.0007156   .0000528   -13.56   0.000    -.0008191   -.0006121
         wks |    .005827   .0011827     4.93   0.000     .0035084    .0081456
          ed |   .0760407   .0022266    34.15   0.000     .0716754     .080406
       _cons |   4.907961   .0673297    72.89   0.000     4.775959    5.039963
------------------------------------------------------------------------------
```

这些标准误是很小的，并具有一定的误导性。而其聚类-稳健标准误分别为 0.0054，0.0001，0.0019 和 0.0052。

如果对给定的某个人，在一年中的对数工资是高估的，则很有可能在其他年份其对数工资也是高估的。如果不能控制这种误差相关性将会导致标准误低估，因为直觉上对于一个给定的人，其每增加一个观测值所能实际提供的信息要比一个独立的新信息要少。

对于混合数据 OLS 回归，系统默认标准误与聚类-稳健标准误的差异可能非常大，

这种差异随着时间 T 的增加而增加,也会导致模型误差项自相关的增加,同时也会导致感兴趣解释变量的自相关增加。特别是对于标准误膨胀因子 $\tau \simeq \sqrt{1+\rho_\mu \rho_x (T-1)}$,其中 ρ_u 为后面(8.4)式所定义的误差的组内相关系数,ρ_x 为解释变量的组间相关系数。这里,$\rho_u=0.80$,如下所示:对于非时变的解释变量 ed 来说,$\rho_x=1$,因此,对于所有的 ed 来说,$\tau \simeq \sqrt{1+0.80\times 1\times 6}=\sqrt{5.8}\simeq 2.41$。同样地,对于解释变量 exp 有 $\rho_x=1$,因为样本中随着 t 增加 1,工作经历也会增加 1。

聚类-稳健标准误要求 $N\rightarrow\infty$,且对于不同的 i 来说,误差是相互独立的。如果观测单位的个数很大,且观测单位包含(内嵌)了个体,则可放松不同个体之间误差相互独立的假设。例如,PSID 是一个家庭调查数据集,来自同一家庭的个体的误差可能是相关的。如果 houseid 为家庭识别符,我们就可使用 vce(cluster houseid)选项。正如第二个例子,如果感兴趣的解释变量是在州水平上的汇总数据,例如州的政策变量,且有很多个州,则使用 vce(cluster state)选项将更好。

8.3.9 面板数据的时间序列自相关

当用 xtset 命令对面板和时间识别符都进行设定后,Stata 中的时间序列算子可用于面板数据分析。例子中,用 L.lwage 或 L1.lwage 来表示 lwage 的滞后一期;用L2.lwage 来表示 lwage 的滞后两期;用 D.lwage 来表示 lwage 的差分(等于 lwage−L.lwage);用 LD.lwage 来表示这个差分的滞后一期;用 L2D.lwage 来表示这个差分的滞后两期。

运用这些算子是产生滞后变量的最好方法,因为相关的缺失值可以自动并正确地产生。例如,用 regress lwage L2.wage 命令将会使用(7−2)×595 个观测值,因为产生 L2.wage 时,595 个个体的前两期的数据将会丢失。

计算时间序列数据的自回归系数的 corrgram 命令对于面板数据并不适用。然而,自回归系数可通过使用 correlete 命令来获得。例如,

```
. * First-order autocorrelation in a variable
. sort id t

. correlate lwage L.lwage
(obs=3570)

             |              L.
             |    lwage    lwage
-------------+------------------
       lwage |
         --. |   1.0000
         L1. |   0.9189   1.0000
```

上述命令得到的 lwage 的一阶自相关系数为 0.92。

现在我们来计算所有滞后期(这里最多计算 6 期)的自相关系数。与其这样处理 lwage,不如对 lwage 之前的混合 OLS 回归中得到的残差进行这样处理,则有:

```
. * Autocorrelations of residual
. quietly regress lwage exp exp2 wks ed, vce(cluster id)

. predict uhat, residuals

. forvalues j = 1/6 {
  2.       quietly corr uhat L`j'.uhat
  3.       display "Autocorrelation at lag `j' = " %6.3f r(rho)
  4.       }
Autocorrelation at lag 1 =  0.884
Autocorrelation at lag 2 =  0.838
Autocorrelation at lag 3 =  0.811
Autocorrelation at lag 4 =  0.786
Autocorrelation at lag 5 =  0.750
Autocorrelation at lag 6 =  0.729
```

forvalues 循环命令可单独计算每个自相关系数,这样可最大化利用观测值的个数。相反,如果我们给出一行命令来通过 L6.uhat 来估计 uhat 的自相关系数,则只使用了 595 个观测值。这里用 6×595 个观测值来估计滞后一期的自相关系数,用 5×595 个观测值来估计滞后两期的自相关系数,以此类推。如果粗略地对残差的组内自相关系数进行估计,则自相关系数的均值为 0.80。

显然,误差是序列相关的,而且进行混合数据 OLS 回归之后需要计算聚类-稳健标准误。个体效应模型解释了这种相关性。如果误差项 $u_{it}=\alpha_i+\varepsilon_{it}$,即使 ε_{it} 服从$(0,\sigma_\varepsilon^2)$的独立同分布,如果 $\alpha_i\neq 0$,对于所有的 $t\neq s$,则有 $\mathrm{Cov}(u_{it},u_{is})\neq 0$。对于给定的个体,个体效应 α_i 将会导致时间上的自相关。

上述估计的自相关系数在不同的年份均为常数。例如,通过 L.uhat 得到的 uhat 在第 1 年和第 2 年之间得到的自相关系数假设是相同的,正如第 2 年和第 3 年之间、第 3 年和第 4 年之间……第 6 年和第 7 年之间的自相关系数也是相同的。这就假设了误差项是平稳的。

在误差项非平稳的例子中,自相关系数在不同的年数对中是不同的。例如,我们研究每增加一年的自相关系数,同时允许这些自相关系数在不同的年数对中是不同的,则有:

```
. * First-order autocorrelation differs in different year pairs
. forvalues s = 2/7 {
  2.       quietly corr uhat L1.uhat if t == `s'
  3.       display "Autocorrelation at lag 1 in year `s' = " %6.3f r(rho)
  4.       }
Autocorrelation at lag 1 in year 2 =  0.915
Autocorrelation at lag 1 in year 3 =  0.799
Autocorrelation at lag 1 in year 4 =  0.855
Autocorrelation at lag 1 in year 5 =  0.867
Autocorrelation at lag 1 in year 6 =  0.894
Autocorrelation at lag 1 in year 7 =  0.893
```

对于每一个"个体-年"的观测对,其滞后一期的自相关系数的取值范围为 0.80～0.92,且它们的均值为 0.87。正如前面的输出结果,当限制所有年数对中的自相关系数是相等的,滞后一期的自相关系数为 0.88。为简单起见,我们通常假定它们是相等的。

8.3.10 RE 模型中的误差相关

对于式(8.1)中的个体效应模型,混合误差项 $u_{it}=\alpha_i+\varepsilon_{it}$。RE 模型假设:$\alpha_i$ 服从方

差为 σ_α^2 的独立同分布,u_{it}服从方差为 σ_ε^2 的独立同分布。

则 u_{it}的方差为 $\mathrm{Var}(u_{it})=\sigma_\alpha^2+\sigma_\varepsilon^2$,协方差为 $\mathrm{Cov}(u_{it},u_{is})=\sigma_\alpha^2$,其中,$s\neq t$。在 RE 模型中,它满足:

$$\rho_\mu=\mathrm{Cov}(u_{it},u_{is})=\sigma_\alpha^2/(\sigma_\alpha^2+\sigma_\varepsilon^2),\text{对于所有的 } s\neq t \tag{8.4}$$

这个不变的自相关系数被称为误差的组内相关系数。

因此,RE 模型允许模型误差中存在序列自相关。如果随机效应相对于随机误差项很大,则该相关系数可趋向于 1,因此相对于 σ_ε^2 来说 σ_α^2 是很大的。

这种序列相关在所有滞后期中被限定为相同的,误差项 u_{it}因此被称为等相关的或可交换的。从 8.3.9 节中可知,该误差相关系数分别为 0.88、0.84、0.81、0.79、0.75 和0.73,因此,一个允许误差相关系数随着滞后期期数而减少的模型可能会更好。

8.4 混合(数据)估计量或总体平均估计量

混合(数据)估计量用到数据中的组间(横截面)差异和组内差异(时间序列),并简单地用 y_{it}对截距项和 $\mathbf{x}_{it}$进行回归。对任何形式的误差相关都需要调整标准误,而且对于一个给定的误差相关模型,更有效的 FGLS 估计是可能的。如果 RE 模型是合适的,则混合(数据)估计量(在统计学文献中它也被称为总体平均估计量)是一致的;如果 FE 模型是合适的,则混合(数据)估计量是不一致的。

8.4.1 混合(数据)OLS 估计量

如果从个体效应模型中得到混合(数据)估计量,则可把式(8.1)改写为混合(数据)模型:

$$y_{it}=\alpha+\mathbf{x}_{it}'\boldsymbol{\beta}+(\alpha_i-\alpha+\varepsilon_{it}) \tag{8.5}$$

任何时间特定效应都被假定为是固定的,而且在解释变量 $\mathbf{x}_{it}$ 中把特定时间效应表示为时间虚拟变量。模型(8.5)明确地包含了一个常数项,且现在个体效应 $\alpha_i-\alpha$ 以 0 为中心。

OLS 估计量的一致性要求误差项($\alpha_i-\alpha+\varepsilon_{it}$)与 $\mathbf{x}_{it}$ 不相关。因此,在 RE 模型中混合 OLS 是一致的,但在 FE 模型中是不一致的,因为 α_i与 $\mathbf{x}_{it}$是相关的。

在我们的数据实例中,混合 OLS 估计量已经在 8.3.8 节中介绍过了。在那里我们强调过,在通常情况下的短面板且不同个体是相互独立的情形下,聚类-稳健的标准误是必需的。

8.4.2 混合 FGLS 估计量或总体平均估计量

混合 FGLS(PFGLS)估计可导出式(8.5)中混合模型的参数的估计量,这比 OLS 估计更有效。我们再一次假定任何个体水平效应与解释变量是不相关的,因此,PFGLS 估计是一致的。

关于误差项 u_{it}结构关系的不同假定将会产生不同的 PFGLS 估计量。在 8.10 节中,使用 xtgls 命令和 xtregar 命令介绍了长面板的一些估计量。

这里我们仅考虑短面板且不同个体间误差项是不相关的情形。我们需要对误差相关性的 $T\times T$ 阶矩阵进行建模。需要设定被称为工作矩阵的假定相关系数矩阵结构，这可得到合适的 PFGLS 估计量。为了防止误差相关模型的工作矩阵被误设，则需要计算聚类-稳健的标准误。误差相关模型的设定更好，则估计量的估计效率更高，但是聚类-稳健标准误的使用意味着估计量被假定为不是完全有效的。

在统计学文献中，混合数据估计方法被称为总体平均法(PA)，因为任何个体效应都被假设为是随机的且都被平均掉。因此，PFGLS 估计量被称为 PA 估计量。

8.4.3 xtreg, pa 命令

通过带有 pa 选项的 xtreg 命令(见 8.2.4 节)可得到混合(数据)估计量或 PA 估计量。其他两个关键的选项分别为：一是 corr()，用来对误差相关形式施加不同的约束条件；二是 vce(robust)，用来获得聚类-稳健标准误，如果观测值独立于 i，且 $N\to\infty$ 时，即使 corr() 没有正确设定误差相关模型，它也是有效的。

设定 $\rho_{ts}=\text{Cov}(u_{it},u_{is})$，则对于个体 i 来说，误差相关随时间而变化，而且要注意到这种约束并不意味着 ρ_{ts} 随个体 i 变化。在 corr() 选项中，把所有的与 t 的相关系数都设定为 $\rho_{tt}=1$，但当 $t\neq s$ 时，模型中 ρ_{ts} 将会不同。在时间为 T 时，相关系数矩阵为 $T\times T$ 阶，潜在地有 $T(T-1)$ 个不同的非主对角线元素，因为不用考虑 $\rho_{ts}=\rho_{st}$ 的情形。

对于所有的 $s\neq t$，corr(independent) 选项设定 $\rho_{ts}=0$，这样 PA 估计量与混合 OLS 估计量相等。

对于所有的 $s\neq t$，corr(exchangeable) 选项设定 $\rho_{ts}=\rho$，这样误差项被假定为等相关的。该假设在 RE 模型(见 8.3.10 节)中提出，带有 pa 选项的 xtreg 命令的结果与带有 re 选项的 xtreg 命令的结果是渐近等价的。

对于面板数据，常见的情况是误差项相关系数 ρ_{ts} 随着时间差距 $|t-s|$ 的增加而减少，8.3.9 节将提供一个应用实例。corr(ar k) 选项通过对 u_{it} 的 k 阶或 AR(k) 自回归过程来对这种抑制性[①](dampening)进行建模。例如，corr(ar 1) 假设 $u_{it}=\rho_1 u_{i,t-1}+\varepsilon_{it}$，这意味着 $\rho_{ts}=\rho_1^{|t-s|}$。相反，corr(stationary g) 选项使用了移动平均过程或 MA(g) 过程。如果 $|t-s|\leqslant g$，则设 $\rho_{ts}=\rho|t-s|$；如果 $|t-s|>g$，则设 $\rho_{ts}=0$。

对于不同的个体，除了假设 $\rho_{i,ts}$ 相等外，corr(unstructured) 选项对 ρ_{ts} 没有施加任何约束。因此，$\text{Cov}(u_{it},u_{is})=1/N\sum_i(\hat{u}_{it}-\bar{\hat{u}}_t)(\hat{u}_{is}-\bar{\hat{u}}_s)$。当 T 较小时，这可能是最好的模型，但当 T 较大时，由于有 $T(T-1)$ 个不同的参数 ρ_{ts} 需要估计，则这种方法没有数字解。对于 corr(nonstationary g) 选项，如果 $|t-s|\leqslant g$，则可对 ρ_{ts} 不加限制；如果 $|t-s|>g$，则设 $\rho_{ts}=0$，这样需要估计的相关参数就会很少。

在统计学文献中，PA 估计量也被称为广义估计方程估计量。带有 pa 选项的 xtreg 命令是带有 family(gaussian) 选项的 xtgee 命令(见 18.4.4 节中的介绍)的一个特例。xtgee 命令还有一些其他选项，可应用于更广泛的非线性面板数据模型中。

---

① 有的学者也把 dempening 翻译成阻尼性。——译者注

8.4.4 带有 pa 选项的 xtreg 命令的应用

作为一个例子,我们设定 AR(2)误差自回归的过程,则有:

```
. * Population-averaged or pooled FGLS estimator with AR(2) error
. xtreg lwage exp exp2 wks ed, pa corr(ar 2) vce(robust) nolog

GEE population-averaged model                   Number of obs      =      4165
Group and time vars:                   id t     Number of groups   =       595
Link:                              identity     Obs per group: min =         7
Family:                            Gaussian                    avg =       7.0
Correlation:                          AR(2)                    max =         7
                                                Wald chi2(4)       =    873.28
Scale parameter:                   .1966639     Prob > chi2        =    0.0000

                                   (Std. Err. adjusted for clustering on id)
------------------------------------------------------------------------------
             |             Semirobust
       lwage |      Coef.   Std. Err.      z    P>|z|     [95% Conf. Interval]
-------------+----------------------------------------------------------------
         exp |   .0718915    .003999    17.98   0.000     .0640535    .0797294
        exp2 |  -.0008966   .0000933    -9.61   0.000    -.0010794   -.0007137
         wks |   .0002964   .0010553     0.28   0.779     -.001772    .0023647
          ed |   .0905069   .0060161    15.04   0.000     .0787156    .1022982
       _cons |   4.526381   .1056897    42.83   0.000     4.319233    4.733529
------------------------------------------------------------------------------
```

与混合(数据)OLS 相比,系数发生了较大变化。对于除了 ed 之外的所有解释变量,其聚类-稳健标准误比混合 OLS 中的标准误要小,这表明由于更好地改进了估计的效率,因为它对误差相关进行了更好的建模。值得注意的是,与完全时间序列情形不同,它对自回归的控制并没有导致初始观测值的损失。

估计的自相关系数矩阵被存储在 e(R)中,可得到:

```
. * Estimated error correlation matrix after xtreg, pa
. matrix list e(R)

symmetric e(R)[7,7]
           c1          c2          c3          c4          c5          c6          c7
r1          1
r2  .89722058           1
r3  .84308581   .89722058           1
r4  .78392846   .84308581   .89722058           1
r5  .73064474   .78392846   .84308581   .89722058           1
r6   .6806209   .73064474   .78392846   .84308581   .89722058           1
r7  .63409777    .6806209   .73064474   .78392846   .84308581   .89722058           1
```

通过比较,在 8.3.9 节中混合 OLS 估计得到的误差自回归系数分别为 0.88、0.84、0.81、0.79、0.75 和 0.73。

在本章末的习题中,我们运用不同的误差相关结构可对得到的估计值进行比较。

8.5 组内估计量

要对式(8.1)中 FE 模型的参数 $\boldsymbol{\beta}$ 进行估计,就必须消除固定效应 α_i。下一节中将要讨论的组内转换方法就是通过均值差分法来消除固定效应。组内估计量对均值差分数据进行 OLS 估计。因为非时变变量的均值差分所以观测值均为 0,所以我们无法估计出非时变变量的系数。

由于组内估计量提供了 PE 模型的一致估计，这通常被称为 FE 估计量，虽然在 8.9 节中介绍的一阶差分估计量同样也提供了 FE 模型的一致估计。在 RE 模型下组内估计量同样也是一致的，但是在 RE 模型中其他估计量将会更有效。

8.5.1 组内估计量

通过把式(8.1)减去其个体均值相应的模型 $\bar{y}_i=\bar{\mathbf{x}}_i'\boldsymbol{\beta}+\bar{\varepsilon}_i$ 可消除个体效应 α_i，就可得到组内模型或均值差分模型：

$$(y_{it}-\bar{y}_i)=(\mathbf{x}_{it}-\bar{\mathbf{x}}_i)'\boldsymbol{\beta}+(\varepsilon_{it}-\bar{\varepsilon}_i) \tag{8.6}$$

其中，例如，$\bar{\mathbf{x}}_i=T_i^{-1}\sum_{t=1}^{T_i}\mathbf{x}_{it}$。组内估计量为该模型的 OLS 估计量。

因为 α_i 已被消除了，即使 α_i 与 $\mathbf{x}_{it}$ 相关(和 FE 模型一样)，OLS 也能得到参数 $\boldsymbol{\beta}$ 的一致估计。这种结果就是它对面板数据分析的一大优点，即只要 $\mathbf{x}_{it}$ 仅与误差项中的非时变部分 α_i 相关，且与误差项中的时变部分 ε_{it} 不相关，即使与内生解释变量 $\mathbf{x}_{it}$ 相关，也能得到它的一致性估计。

然而，FE 模型中一致性参数估计的优点被削弱了，因为它不能对非时变变量的系数进行估计；同时，对于那些随时间变化很少的时变的解释变量，组内估计量也是相对不精确的。

实际上，Stata 拟合的模型：

$$(y_{it}-\bar{y}_i+\bar{\bar{y}})=\alpha+(\mathbf{x}_{it}-\bar{\mathbf{x}}_i+\bar{\bar{\mathbf{x}}})'\boldsymbol{\beta}+(\varepsilon_{it}-\bar{\varepsilon}_i+\bar{\bar{\varepsilon}}) \tag{8.7}$$

其中，例如：$\bar{\bar{y}}=(1/N)\,\bar{y}_i$，它是 y_{it} 的总体均值。这种参数化的优点在于，它能提供截距项的估计和个体效应 α_i 的均值，而且能得到与组内模型相同的斜率系数 $\boldsymbol{\beta}$ 的估计。

8.5.2 带有 fe 选项的 xtreg 命令

使用带有 fe 选项 xtreg 命令(见 8.2.4 节)可计算出组内估计量。默认的标准误假设在控制了 α_i 后，误差项 ε_{it} 服从独立同分布。只要观测值是独立于 i 的，且 $N\to\infty$，vce(robust)选项放松了这一假设，并提供聚类-稳健标准误。

8.5.3 带有 fe 选项的 xtreg 命令的应用

根据我们的数据，得到：

```
. * Within of FE estimator with cluster-robust standard errors
. xtreg lwage exp exp2 wks ed, fe vce(cluster id)
note: ed omitted because of collinearity

Fixed-effects (within) regression               Number of obs      =      4165
Group variable: id                              Number of groups   =       595

R-sq:  within  = 0.6566                         Obs per group: min =         7
       between = 0.0276                                        avg =       7.0
       overall = 0.0476                                        max =         7

                                                F(3,594)           =   1059.72
corr(u_i, Xb)  = -0.9107                        Prob > F           =    0.0000
```

```
                              (Std. Err. adjusted for 595 clusters in id)
------------------------------------------------------------------------------
             |               Robust
       lwage |      Coef.   Std. Err.      t    P>|t|     [95% Conf. Interval]
-------------+----------------------------------------------------------------
         exp |   .1137879   .0040289    28.24   0.000     .1058753    .1217004
        exp2 |  -.0004244   .0000822    -5.16   0.000    -.0005858   -.0002629
         wks |   .0008359   .0008697     0.96   0.337    -.0008721    .0025439
          ed |  (omitted)
       _cons |   4.596396   .0600887    76.49   0.000     4.478384    4.714408
-------------+----------------------------------------------------------------
     sigma_u |  1.0362039
     sigma_e |  .15220316
         rho |  .97888036   (fraction of variance due to u_i)
------------------------------------------------------------------------------
```

与混合 OLS 方法相比,由于仅仅使用了数据的组内差异,标准误大约增加了 3 倍。8.8.1 节中将解释 sigma_u 和 sigma_e 的含义,8.8.2 节中将解释 R^2 度量的含义。

结果中最吸引人的地方在于教育的系数不能识别。这是因为对教育的数据是非时变的。事实上,如果我们已经从 8.3.4 节的 xtsum 命令的输出结果中知道这一点,即 ed 组内标准差为 0,就不应该把它包括进来作为带有 fe 选项 xtreg 命令中的一个解释变量。

这一结果并不理想,因为工资如何取决于教育是我们感兴趣的重要政策变量。它一定是内生的,因为能力高的人平均受教育水平和工资可能都较高。第 9 章将介绍另一种控制 ed 变量内生性的面板数据分析方法。在其他面板数据应用中,内生性解释变量可能是时变的,且组内估计量可以得到满足。

8.5.4 最小二乘虚拟变量回归

$\boldsymbol{\beta}$ 的组内估计量也称为 FE 估计量,因为可证明它与式(8.1)中原始个体效应模型中对 $\alpha_1,\cdots,\alpha_N$ 和 $\boldsymbol{\beta}$ 直接进行 OLS 估计得到的估计值相等,因此,固定效应的估计为 $\hat{\alpha}_i=\bar{y}_i-\bar{\mathbf{x}}_i'\hat{\boldsymbol{\beta}}$。在短面板中,$\hat{\alpha}_i$ 是不一致的估计,因为实际上它仅依赖于使用 T_i 期的观测值来得到 $\bar{y}_i$ 和 $\bar{\mathbf{x}}_i$,但 $\hat{\boldsymbol{\beta}}$ 的估计是一致的。

组内估计量的另一个名称为最小二乘虚拟变量(LSDV)估计量,因为可证明它与使用 y_{it} 对 $\mathbf{x}_{it}$ 和 N 个特定个体的指示变量 $d_{j,it}$($j=1,\cdots,N$,其中,对于第 it 个观测值来说,如果 $j=1$,$d_{j,it}=1$;否则 $d_{j,it}=0$) 进行 OLS 回归得到的估计量相同,我们可拟合模型:

$$y_{it}=(\textstyle\sum_{j=1}^{N}\alpha_i d_{j,it})+\mathbf{x}_{it}'\boldsymbol{\beta}+\varepsilon_{it} \tag{8.8}$$

LSDV 和组内估计量的相等对于非线性模型不再适用。

运用横截面 OLS 命令,这种参数化的方法提供了估计固定效应模型的另一种方法。areg 命令可对带有一系列互斥指示变量的线性回归模型式(8.8)进行拟合,但它只报告参数 $\boldsymbol{\beta}$ 的估计值。我们有:

```
. * LSDV model fitted using areg with cluster-robust standard errors
. areg lwage exp exp2 wks ed, absorb(id) vce(cluster id)
note: ed omitted because of collinearity

Linear regression, absorbing indicators              Number of obs =    4165
                                                     F(  3,    594) =  908.44
                                                     Prob > F      =  0.0000
                                                     R-squared     =  0.9068
                                                     Adj R-squared =  0.8912
                                                     Root MSE      =   .1522

                             (Std. Err. adjusted for 595 clusters in id)
```

lwage	Coef.	Robust Std. Err.	t	P>|t|	[95% Conf.	Interval]
exp	.1137879	.0043514	26.15	0.000	.1052418	.1223339
exp2	-.0004244	.0000888	-4.78	0.000	-.0005988	-.00025
wks	.0008359	.0009393	0.89	0.374	-.0010089	.0026806
ed	(omitted)					
_cons	4.596396	.0648993	70.82	0.000	4.468936	4.723856
id	absorbed					(595 categories)

上述系数估计值与使用带有 fe 选项的 xtreg 命令得到的估计值是相等的。但是聚类-稳健标准误是不同的，因为进行了不同的小样本修正并使用了来自于带有 fe 选项的 xtreg 命令结果中的聚类-稳健标准误。这些差异的产生是因为 areg 的推断是为以下情形设计的：N 是固定的，且 $T\to\infty$，然而现在考虑的是短面板的情形，其中 T 是固定的，且 $N\to\infty$。

该模型可运用 regress 命令进行拟合。包含一系列针对每个个体的指示变量的方法之一就是在分类变量之前插入 i.算子。为了能这样做，需要增加 matsize 系统默认的设置至少到 $N+K$，其中，K 为模型中解释变量的个数。从 regress 命令得到的回归结果非常长，因为它包含了所有虚拟变量的系数。相反，我们对输出结果进行了压缩，并使用 estimates table 命令仅列举感兴趣的变量的结果。

```
. * LSDV model fitted using areg with cluster-robust standard errors
. set matsize 800

. quietly xi: regress lwage exp exp2 wks ed i.id, vce(cluster id)

. estimates table, keep(exp exp2 wks ed _cons) b se b(%12.7f)
```

Variable	active
exp	0.1137879
	0.0043514
exp2	-0.0004244
	0.0000888
wks	0.0008359
	0.0009393
ed	-0.2749652
	0.0087782
_cons	7.7422877
	0.0774889

legend: b/se

（注意，此处结果与原书有差异。——译者注）

不考虑常数项,系数估计值和标准误与从 areg 命令中得到的结果非常接近。使用 areg(和带 fe 选项的 xtreg 命令)命令可拟合截距项,因此$\bar{y}-\bar{\bar{\mathbf{x}}}'\hat{\boldsymbol{\beta}}=0$,然而使用 regress 命令则不是这种情况。标准误与从 areg 命令中的结果是相同,而且正如以前所述,应该使用从带有 fe 选项的 xtreg 命令所得到的结果。

8.6 组间估计量

组间估计量仅使用了数据中组间的差异或横截面之间的差异,且它是 $\bar{y}_i$ 对$\bar{\mathbf{x}}_i$ 回归的 OLS 估计量。因为只使用了数据中横截面之间的差异,任何一个非个体变化的解释变量的系数,如时间虚拟变量,都不能被识别。因为混合数据估计量和 RE 估计量是更有效的,故我们提供了完整的估计量,即使它很少被使用。

8.6.1 组间估计量

在 FE 模型中组间估计量不是一致的,但在 RE 模型中组间估计量则是一致的。为了检验这一点,对式(8.1)中的个体效应模型进行平均来得到组间模型:

$$\bar{y}_i=\alpha+\bar{\mathbf{x}}_i'\boldsymbol{\beta}+(\alpha_i-\alpha+\bar{\varepsilon}_i)$$

在该模型中组间估计量就是 OLS 估计量。一致性要求误差项 $\alpha_i-\alpha+\bar{\varepsilon}_i$ 与 $\mathbf{x}_{it}$ 不相关。如果 α_i 是随机效应,则正好是这种情况;如果 α_i 是固定效应,则不是这种情况。

8.6.2 带 be 选项的 xtreg 命令的应用

通过设定 xtreg 命令的 be 选项就可得到组间估计量。没有明确的选项来获得异方差聚类-稳健标准误,但是它可通过使用 vce(bootstrap)选项来获得。

对于我们的数据,自抽样标准误与系统默认值仅相差 10%,因为使用了均值,其复杂性在于异方差标准误而不是聚类标准误。我们报告了在计算时快得多的系统默认标准误,则有:

```
. * Between estimator with default standard errors
. xtreg lwage exp exp2 wks ed, be

Between regression (regression on group means)  Number of obs      =      4165
Group variable: id                              Number of groups   =       595

R-sq:  within  = 0.1357                         Obs per group: min =         7
       between = 0.3264                                        avg =       7.0
       overall = 0.2723                                        max =         7

                                                F(4,590)           =     71.48
sd(u_i + avg(e_i.))=   .324656                  Prob > F           =    0.0000

------------------------------------------------------------------------------
       lwage |      Coef.   Std. Err.      t    P>|t|     [95% Conf. Interval]
-------------+----------------------------------------------------------------
         exp |    .038153   .0056967     6.70   0.000     .0269647    .0493412
        exp2 |  -.0006313   .0001257    -5.02   0.000    -.0008781   -.0003844
         wks |   .0130903   .0040659     3.22   0.001     .0051048    .0210757
          ed |   .0737838   .0048985    15.06   0.000     .0641632    .0834044
       _cons |   4.683039   .2100989    22.29   0.000     4.270407    5.095672
------------------------------------------------------------------------------
```

与从组内估计中获得的值比较，上述命令得到的估计值和标准误更接近于从混合 OLS 回归中获得的值。

8.7 RE 估计量

RE 估计量即为式(8.1)中的 RE 模型在以下假定中的 FGLS 估计量：随机效应 α_i 服从独立同分布，且渐近误差项 ε_{it} 也服从独立同分布。如果 RE 模型是合适的，则 RE 估计量就是一致的；如果 FE 模型是合适的，则它就不是一致的。

8.7.1 RE 估计量

RE 模型即为式(8.1)中的个体效应模型：

$$y_{it}=\mathbf{x}_{it}'\beta+(\alpha_i+\varepsilon_{it}) \tag{8.9}$$

其中，$\alpha_i \sim (\alpha,\sigma_\alpha^2)$，且 $\varepsilon_{it} \sim (0,\sigma_\mu^2)$。从式(8.4)可知，对于给定的 i，混合误差项 $\mu_{it}=\alpha_i+\varepsilon_{it}$ 在不同的 t 之间是相关的，即：

$$\text{Cov}(u_{it},u_{is})=\sigma_\alpha^2/(\sigma_\alpha^2+\sigma_\varepsilon^2)\text{，对于所有的 } s\neq t \tag{8.10}$$

给定误差相关的式(8.10)，RE 估计量就是式(8.9)中 $\boldsymbol{\beta}$ 的 FGLS 估计量。

在几个不同的设定中，如异方差误差项和 AR(1)误差项，则可计算 FGLS 估计量，因为转换了的模型中的 OLS 估计量有同方差不相关的误差项。这里也是可能的。很多代数运算也可证明运用转换了的模型中的 OLS 估计量，可得到 RE 估计量，转换的模型为：

$$(y_{it}-\hat{\theta}_i\bar{y}_i)=(1-\hat{\theta}_i)\alpha+(\mathbf{x}_{it}-\hat{\theta}_i\bar{\mathbf{x}}_i)'\boldsymbol{\beta}+\{(1-\hat{\theta}_i)\alpha_i+(\varepsilon_{it}-\hat{\theta}_i\bar{\varepsilon}_i)\} \tag{8.11}$$

其中，$\hat{\theta}_i$ 就是 $\theta_i=1-\sqrt{\sigma_\varepsilon^2/(T_i\sigma_\alpha^2+\sigma_\varepsilon^2)}$ 的一致估计。

如果 RE 模型是合适的，则 RE 估计量是一致的且完全有效的。如果 FE 模型是合适的，则它的估计是不一致的，因为 $\mathbf{x}_{it}$ 和 α_i 的相关性意味着解释变量和式(8.11)中的误差项也是相关的，而且如果没有固定效应，但是误差项有组内的面板相关，则 RE 估计量为一致但不是有效的，且应该获得聚类-稳健标准误。

RE 估计量同时可使用数据中的组内差异和组间差异，而且使得混合数据 OLS 回归(即 $\hat{\theta}_i=0$)和组内估计(即 $\hat{\theta}_i=1$)成为特例。当 T 变大且 σ_α^2 相对于 σ_ε^2 变得更大，则 RE 估计量接近于组内估计量，因为在这种情况下 $\hat{\theta}_i\rightarrow 1$。

8.7.2 带 re 选项的 xtreg 命令

通过使用带有 re、mle 或 pa 选项的 xtreg 命令(见 8.2.4 节)可得到三个高度相关且渐近等价的 RE 估计量。这些估计量运用了方差成分中 σ_ε^2 和 σ_α^2 的不同估计，因此，可得到 RE 回归中 $\hat{\theta}_i$ 的不同估计值；其公式见[XT] **xtreg**。

RE 估计量用到了方差中的无偏估计，且它是通过 re 选项获得的。另外，在 α_i 和 ε_{it} 服从正态分布的假设下，可使用 mle 选项来计算最大似然估计量。RE 模型暗含地假设误差项是等相关的或可交换的(见 8.3.10 节)，因此使用带 pa 和 corr(exchangeable)选项的 xtreg 命令可得到渐近等价的结果。

对于面板数据,等相关误差的 RE 估计量假设是非常强的。至少我们需要用 vce(cluster id)选项来得到聚类-稳健标准误。通过使用带有 pa 选项和更好误差设定结构的 xtreg 命令获得的估计值比通过使用带有 corr(exchangeable)选项的 xtreg 命令得到的估计值更为有效。

8.7.3 带有 re 选项的 xtreg 命令的应用

对于我们的数据,运用带有 re 选项的 xtreg 命令得到:

```
. * Random-effects estimator with cluster-robust standard errors
. xtreg lwage exp exp2 wks ed, re vce(cluster id) theta

Random-effects GLS regression                   Number of obs      =      4165
Group variable: id                              Number of groups   =       595

R-sq:  within  = 0.6340                         Obs per group: min =         7
       between = 0.1716                                        avg =       7.0
       overall = 0.1830                                        max =         7

Random effects u_i ~ Gaussian                   Wald chi2(4)       =   1598.50
corr(u_i, X)       = 0 (assumed)                Prob > chi2        =    0.0000
theta              = .82280511

                                 (Std. Err. adjusted for 595 clusters in id)
------------------------------------------------------------------------------
             |               Robust
       lwage |      Coef.   Std. Err.      z    P>|z|     [95% Conf. Interval]
-------------+----------------------------------------------------------------
         exp |   .0888609   .0039992    22.22   0.000     .0810227    .0966992
        exp2 |  -.0007726   .0000896    -8.62   0.000    -.0009481    -.000597
         wks |   .0009658   .0009259     1.04   0.297     -.000849    .0027806
          ed |   .1117099   .0083954    13.31   0.000     .0952552    .1281647
       _cons |   3.829366   .1333931    28.71   0.000     3.567921    4.090812
-------------+----------------------------------------------------------------
     sigma_u |  .31951859
     sigma_e |  .15220316
         rho |  .81505521   (fraction of variance due to u_i)
------------------------------------------------------------------------------
```

与组内估计量不同,非时变解释变量 ed 的系数现在被估计出来了。标准误比组内估计量中的要小,因为运用了部分组间差异。下一节将介绍 sigma_u,sigma_e,rho 和各种 R^2 测度值。

运用带有 re、mle 和 pa corr(exchangeable)选项的 xtreg 命令可得到渐近等价的估计量,但它们随样本的容量而不同。这些数据的比较将作为习题。

8.8 估计量的比较

xtreg 命令的输出结果包括了误差成分标准差的估计值和对组内、组间和总体拟合优度进行度量的 R^2 的测度值。运用估计后 predict 命令可得到预测值。在对 OLS 估计量、组间估计量、RE 估计量和组内估计量进行比较前,我们先介绍这些估计值。

8.8.1 方差成分的估计值

使用带有 fe、re 和 mle 选项的 xtreg 命令得到的输出结果包括了误差成分标准差的估计值。在个体效应模型中,我们标记为 $\alpha_i + \varepsilon_{it}$ 的混合误差项就是 Stata 文件和结果中

的 u_i+e_{it}。因此 Stata 输出结果中 sigma_u 给出了个体效应 α_i 的标准差，而 sigma_e 给出了渐近误差项 ε_{it} 的标准差。

对于上一节中给定的 RE 模型的估计值，估计的 α_i 的标准差是 ε_{it} 的估计标准差的 2 倍。因此，误差项中特定个体的成分（即随机效应）比渐近的误差项更为重要。

输出结果中标记为 rho 等于式(8.4)定义的误差 ρ_u 的组内相关系数。例如，对于 RE 模型，0.815 的估计值是很高的。这是预期之内的，因为从 8.3.9 节中我们已知计算的 OLS 残差项的自回归系数的均值约为 0.80。

在平衡面板数据中，re 选项下的 theta 选项报告的估计值 $\hat{\theta}_i=\hat{\theta}$。由于 $\hat{\theta}=0.823$，这里 RE 估计值与组内估计值的接近程度比它与 OLS 估计值的接近程度更近。更一般地，在非平衡面板数据的情况下，矩阵 e(theta) 保存了 $\hat{\theta}_1,\cdots,\hat{\theta}_N$ 的最小值、5%分位数、中位数、95%分位数和最大值。

8.8.2 组内 R^2 和组间 R^2

xtreg 命令输出结果的表头部分提供了三个 R^2 测度值，把计算出来的 R^2 解释为被解释变量的真实值和拟合值之间的相关系数的平方，其中拟合值忽略了 $\hat{\alpha}_i$ 的贡献。

设 $\hat{\alpha}$ 和 $\hat{\boldsymbol{\beta}}$ 是使用 xtreg 命令选项（be，fe 或 re）中的一个得到的估计值。设 $\rho^2(x,y)$ 表为 x 和 y 之间的相关系数的平方，则有：

组内 R^2：$\rho^2\{(y_{it}-\bar{y}_i),(\mathbf{x}_{it}'\hat{\boldsymbol{\beta}}-\bar{\mathbf{x}}_i'\hat{\boldsymbol{\beta}})\}$

组间 R^2：$\rho^2(\bar{y}_i,\bar{\mathbf{x}}_i'\hat{\boldsymbol{\beta}})$

总体 R^2：$\rho^2(y_{it},\mathbf{x}_{it}'\hat{\boldsymbol{\beta}})$

对于组内估计量来说，这三个 R^2 测度值分别为 0.66，0.03 和 0.05；对于组间估计量来说，这三个 R^2 测度值分别为 0.14，0.33 和 0.27；对于 RE 模型来说，这三个 R^2 测度值分别为 0.63，0.17 和 0.18。因此，组内估计量最好地解释了组内差异（$R_{\mathrm{W}}^2=0.66$），而组间估计量最好地解释了组间差异（$R_{\mathrm{b}}^2=0.33$）。组内估计量有一个较低的 $R_{\mathrm{O}}^2=0.05$，而在 8.5.4 节中则有一个较高 $R^2=0.91$，因为 R_{O}^2 忽略了 $\hat{\alpha}_i$。

8.8.3 估计量的比较

我们对这些面板估计量进行比较，且这些比较与标准误、方差成分估计值和 R^2 相关。混合数据 OLS 与带有 corr(independent) 和 pa 选项的 xtreg 命令的估计结果是相同的，则有：

```
. * Compare OLS, BE, FE, RE estimators, and methods to compute standard errors
. global xlist exp exp2 wks ed

. quietly regress lwage $xlist, vce(cluster id)

. estimates store OLS_rob

. quietly xtreg lwage $xlist, be

. estimates store BE

. quietly xtreg lwage $xlist, fe
```

```
. estimates store FE

. quietly xtreg lwage $xlist, fe vce(robust)

. estimates store FE_rob

. quietly xtreg lwage $xlist, re

. estimates store RE

. quietly xtreg lwage $xlist, re vce(robust)

. estimates store RE_rob

. estimates table OLS_rob BE FE FE_rob RE RE_rob,  ///
>   b se stats(N r2 r2_o r2_b r2_w sigma_u sigma_e rho) b(%7.4f)
```

Variable	OLS_rob	BE	FE	FE_rob	RE	RE_rob
exp	0.0447	0.0382	0.1138	0.1138	0.0889	0.0889
	0.0054	0.0057	0.0025	0.0040	0.0028	0.0040
exp2	-0.0007	-0.0006	-0.0004	-0.0004	-0.0008	-0.0008
	0.0001	0.0001	0.0001	0.0001	0.0001	0.0001
wks	0.0058	0.0131	0.0008	0.0008	0.0010	0.0010
	0.0019	0.0041	0.0006	0.0009	0.0007	0.0009
ed	0.0760	0.0738	(omitted)	(omitted)	0.1117	0.1117
	0.0052	0.0049			0.0061	0.0084
_cons	4.9080	4.6830	4.5964	4.5964	3.8294	3.8294
	0.1400	0.2101	0.0389	0.0601	0.0936	0.1334
N	4165	4165	4165	4165	4165	4165
r2	0.2836	0.3264	0.6566	0.6566		
r2_o		0.2723	0.0476	0.0476	0.1830	0.1830
r2_b		0.3264	0.0276	0.0276	0.1716	0.1716
r2_w		0.1357	0.6566	0.6566	0.6340	0.6340
sigma_u			1.0362	1.0362	0.3195	0.3195
sigma_e			0.1522	0.1522	0.1522	0.1522
rho			0.9789	0.9789	0.8151	0.8151

legend: b/se

从结果中可发现几个特征。不同估计量之间轨迹的系数差别很大,特别是对时变解释变量的估计系数。根据是否使用了组内差异还是组间差异,这些结果表现出很大的差异。组内估计量不提供非时变解释变量 ed(其报告的估计系数为 0.00)的系数估计。FE 模型和 RE 模型的聚类-稳健标准误超过了系统默认标准误三分之一到一半。不同的 R^2 测度值和方差成分的估计值在模型间也表现出巨大差异。

8.8.4 固定效应模型与随机效应模型的比较

在面板数据的微观计量经济分析中最本质的区别在于 FE 模型和 RE 模型。如果为固定效应,则混合 OLS 估计量和 RE 估计量就是不一致的,这时应该使用组内(或 FE)估计量。然而组内估计量不是令人非常满意的,因为仅利用组内差异将会使得估计不是很有效且不能估计出非时变解释变量的系数。

为了理解这种区别,考虑 y_{it} 对 x_{it} 的标量回归。混合 OLS 估计量的一致性要求在模型 $y_{it}=\alpha+\beta x_{it}+u_{it}$ 中 $E(u_{it} \mid x_{it})=0$。如果这一假设不能满足,则 x_{it} 为内生的,使用 IV 估计就可得到一致的估计。为 x_{it} 找到一个满足 $E(u_{it} \mid z_{it})=0$ 的工具变量 z_{it} 非常困难。

面板数据为获得一致性估计提供了另一种方法。引入个体效应模型 $y_{it}=\alpha_i+\beta x_{it}+\varepsilon_{it}$，该模型中估计的一致性要求使用一个较弱的假设，即 $E(\varepsilon_{it}\mid\alpha_i,x_{it})=0$。实际上，误差项包含两个成分：一个是非时变的成分 α_i，它是与解释变量相关的且可通过差分来消除；另一个是时变成分，对于给定的 α_i 来说，它与解释变量是不相关的。

RE 模型对个体效应施加了额外的假设：α_i 的分布是独立于 x_{it} 的。这是一个更强的假设，因为它意味着 $E(\varepsilon_{it}\mid\alpha_i,x_{it})=E(\varepsilon_{it}\mid x_{it})$，因此一致性要求 $E(\varepsilon_{it}\mid x_{it})=0$，正如混合 OLS 模型中所假设的那样。

对于个体效应模型，最基本的问题就是个体效应是否与解释变量相关。

8.8.5 固定效应的 Hausman 检验

在原假设为个体效应是随机效应的条件下，这些估计量应该是相似的，因为它们都是一致的估计。在对立假设条件下，这些估计量是不同的。在比较 FE 估计量和 RE 估计量的过程中，这种并列的假设是 Hausman 检验（见 12.7 节）的一个自然设定。该检验比较了时变解释变量可估计的系数或用于检验一部分关键时变解释变量的系数（通常为一个关键的解释变量）。

Hausman 命令

hausman 命令执行了 Hausman 检验的标准形式。我们已经把组内估计储存为 FE，RE 估计储存为 RE，因此我们能立即执行这种检验。

对于这些数据，hausman FE RE 命令的默认形式可得到负定的方差估计 $\{\hat{\mathbf{V}}(\hat{\boldsymbol{\beta}}_{\mathrm{FE}})-\hat{\mathbf{V}}(\hat{\boldsymbol{\beta}}_{\mathrm{RE}})\}$，因此 $(\hat{\beta}_{j,\mathrm{FE}}-\hat{\beta}_{j,\mathrm{RE}})$ 的估计标准误不能得到。这一问题的产生是因为在产生 $\hat{V}(\hat{\boldsymbol{\beta}}_{\mathrm{FE}})$ 和 $\hat{\mathbf{V}}(\hat{\boldsymbol{\beta}}_{\mathrm{RE}})$ 时使用了误差方差的不同估计。同样的问题在比较 OLS 和两步最小二乘估计的 Hausman 检验时也会出现。

最好使用 sigmamore 选项，它设定了这两个协方差矩阵，它们都是基于有效估计量所得到的相同的估计扰动项的方差，则有：

```
. * Hausman test assuming RE estimator is fully efficient under null hypothesis
. hausman FE RE, sigmamore

                 ---- Coefficients ----
             |      (b)          (B)            (b-B)     sqrt(diag(V_b-V_B))
             |      FE           RE          Difference          S.E.
-------------+----------------------------------------------------------------
         exp |   .1137879     .0888609        .0249269        .0012778
        exp2 |  -.0004244    -.0007726        .0003482        .0000285
         wks |   .0008359     .0009658       -.0001299        .0001108
------------------------------------------------------------------------------
                           b = consistent under Ho and Ha; obtained from xtreg
            B = inconsistent under Ha, efficient under Ho; obtained from xtreg

    Test:  Ho:  difference in coefficients not systematic

                  chi2(3) = (b-B)'[(V_b-V_B)^(-1)](b-B)
                          =     1513.02
                Prob>chi2 =      0.0000
```

hausman 的输出结果提供了一个很好的并行比较方式。对于解释变量 exp 的系数，RE 相对于 FE 的检验可得到 $t=0.0249/0.00128=19.5$，具有高度的统计显著差异。同时总体检验统计值,这里为 $\chi^2(3)$,其伴随概率 $p=0.000$。这就会强烈地拒绝 RE 提供会一致性估计的原假设。

稳健的 Hausman 检验

标准 Hausman 检验的最大缺陷在于它要求 RE 估计量为有效的。进而这就会要求 α_i 和 ε_{it} 服从独立同分布,如果从 RE 估计量中得到的聚类-稳健标准误明显地不同于系统默认标准误,这种假设就是一个无效的假设。在我们的样本数据例子中以及在许多其他应用中,Hausman 检验需要更稳健的形式。对此,Stata 中没有这样的命令。但是,可执行面板自抽样 Hausman 检验,采用自抽样 Hausman 检验的例子见 13.4.6 节。

在辅助 OLS 回归中,比较简单的就是检验 $H_0:\gamma=0$,即:

$$(y_{it}-\hat{\theta}\bar{y}_i)=(1-\hat{\theta})\alpha+(\mathbf{X}_{it}-\hat{\theta}\bar{\mathbf{x}}_i)'\boldsymbol{\beta}_1+(\mathbf{x}_{1it}-\bar{\mathbf{x}}_{1i})'\gamma+\nu_{it}$$

其中,$\mathbf{x}_1$ 仅定义为时变的解释变量。可以证明 $\gamma=0$ 的 wald 检验与在 H_0 成立的条件下且 RE 估计量完全有效时所得到的标准检验是渐近等价的;同时,它也与带 sigmaless 类似选项的结果在数值上等价。对于固定效应和随机效应检验的相关总结见 Baltagi(2008)。

然而在更可能的情况下,RE 估计量不是完全有效的,Wooldridge(2002)提出运用聚类-稳健标准误来进行 Wald 检验。为了在 Stata 中执行该检验,我们需要产生 RE 模型的差分形式 $y_{it}-\hat{\theta}\bar{y}_i$ 和 $\mathbf{x}_{it}-\hat{\theta}\bar{\mathbf{x}}_i$,以及均值的差分形式 $\mathbf{x}_{1it}-\bar{\mathbf{x}}_{1i}$。

```
. * Robust Hausman test using method of Wooldridge (2002)
. quietly xtreg lwage $xlist, re

. scalar theta = e(theta)

. global yandxforhausman lwage exp exp2 wks ed

. sort id

. foreach x of varlist $yandxforhausman {
  2.   by id: egen mean`x' = mean(`x')
  3.   generate md`x' = `x' - mean`x'
  4.   generate red`x' = `x' - theta*mean`x'
  5.   }

. quietly regress redlwage redexp redexp2 redwks mdexp mdexp2 mdwks,vce(cluster id)

. test mdexp mdexp2 mdwks

 ( 1)  mdexp = 0
 ( 2)  mdexp2 = 0
 ( 3)  mdwks = 0

       F(  3,   594) =  630.59
            Prob > F =   0.0000
```

(注意,此处 F 统计量结果与原书略有差异。——译者注)

该检验强烈拒绝原假设,我们得出的结论为 RE 模型是不合适的。在非平衡面板中这些程序将会变得更为复杂,因为我们需要计算每个观测值的 $\hat{\theta}_i$。在执行了带有 revce(cluster id)选项的 xtreg 命令之后可使用用户编写的 xtoverid 命令来执行上述针对平衡面板和非平衡面板的这种检验。

8.8.6 预测

在使用 xtreg 命令对个体效应模型 $y_{it}=\alpha_i+\mathbf{x}_{it}'\boldsymbol{\beta}+\varepsilon_{it}$ 进行估计之后，执行估计后命令 predict 可得到估计的残差和拟合值。

运用 u 选项可得到估计的特定个体误差项(个体效应)$\hat{\alpha}_i=\bar{y}_i-\bar{\mathbf{x}}_{it}'\hat{\boldsymbol{\beta}}$；运用 e 选项可得到估计的模型的误差项 $\hat{\varepsilon}_{it}=y_{it}-\hat{\alpha}_i-\mathbf{x}_{it}'\hat{\boldsymbol{\beta}}$，运用 ue 选项可得到估计的混合误差项 $\hat{\alpha}_i+\hat{\varepsilon}_{it}$。

根据是否使用估计的特定个体误差项，被解释变量的拟合值相差很大。使用 xb 选项可得到拟合值 $y_{it}=\hat{\alpha}+\mathbf{x}_{it}'\hat{\boldsymbol{\beta}}$，其中，$\hat{\alpha}=N^{-1}\sum_i\hat{\alpha}_i$；使用 xbu 选项可得到拟合值 $y_{it}=\hat{\alpha}_i+\mathbf{x}_{it}'\hat{\boldsymbol{\beta}}$。

作为一个例子，我们可比较 OLS 和 RE 模型的样本内拟合值。

```
. * Prediction after OLS and RE estimation
. quietly reg lwage exp exp2 wks ed, vce(cluster id)

. predict xbols, xb

. quietly xtreg lwage exp exp2 wks ed, re

. predict xbre, xb

. predict xbure, xbu

. summarize lwage xbols xbre xbure
```

Variable	Obs	Mean	Std. Dev.	Min	Max
lwage	4165	6.676346	.4615122	4.60517	8.537
xbols	4165	6.676346	.2457572	5.850037	7.200861
xbre	4165	6.676346	.6205324	5.028067	8.22958
xbure	4165	6.676346	.4082951	5.29993	7.968179

```
. correlate lwage xbols xbre xbure
(obs=4165)
```

	lwage	xbols	xbre	xbure
lwage	1.0000			
xbols	0.5325	1.0000		
xbre	0.4278	0.8034	1.0000	
xbure	0.9375	0.6019	0.4836	1.0000

RE 模型的预测值 $\hat{\alpha}_i+\mathbf{x}_{it}'\hat{\boldsymbol{\beta}}$ 与变量 lwage 的相关系数并没有 OLS 预测与它的相关系数那样高(0.43 和 0.53)，这是可以预测的，因为 OLS 估计量高估了这种相关系数。

相反，当运用 $\hat{\alpha}_i+\mathbf{x}_{it}'\hat{\boldsymbol{\beta}}$(它包括了拟合的个体效应)，这个预测值与变量 lwage 的相关系数显著地增加到 0.94。然而在短面板中，这种预测值是不一致的，因为每个个体的预测值 $\hat{\alpha}_i=\bar{y}_i-\bar{\mathbf{x}}_{it}'\hat{\boldsymbol{\beta}}$ 仅取决于 $T\nrightarrow\infty$ 的 T 期观测值。

8.9 一阶差分估计量

FE 模型中 $\boldsymbol{\beta}$ 的一致估计值要求消除 α_i。这样做的一种方法就是进行均值-差分法，就可得到组内估计量；另一种方法就是进行一阶差分，可得到一阶差分估计量。这种方法的优点在于它依赖于更弱的外生性假设，正如后续解释，这种更弱的外生性假设在下一章将要介绍的动态模型中变得非常重要。在本章中,这种组内估计量在传统上更受欢迎,因为如果 ε_{it} 服从独立同分布,则它的估计更加有效。

8.9.1 一阶差分估计量

对进行了一阶差分的变量进行 OLS 回归就可得到一阶差分(PD)估计量:

$$(y_{it}-y_{i,t-1})=(\mathbf{x}_{it}-\mathbf{x}_{i,t-1})'\boldsymbol{\beta}+(\varepsilon_{it}-\varepsilon_{i,t-1}) \tag{8.12}$$

一阶差分消除了 α_i,因此这种模型的 OLS 回归可得到 FE 模型中 $\boldsymbol{\beta}$ 的一致估计。但是,非时变解释变量的系数不能被识别,因为如组内估计量那样,$x_{it}-x_{i,t-1}=0$。

xtreg 命令没有为 FD 估计量提供选项。相反,运用 regress 命令和 Stata 中时间序列算子来计算一阶差分就可以得到这种估计量,则有:

```
. sort id t

. * First-differences estimator with cluster-robust standard errors
. regress D.(lwage exp exp2 wks ed), vce(cluster id) noconstant
note: _delete omitted because of collinearity

Linear regression                                      Number of obs =    3570
                                                       F(  3,    594) = 1035.19
                                                       Prob > F      =  0.0000
                                                       R-squared     =  0.2209
                                                       Root MSE      =  .18156

                                     (Std. Err. adjusted for 595 clusters in id)
```

D.lwage	Coef.	Robust Std. Err.	t	P>|t|	[95% Conf.	Interval]
exp D1.	.1170654	.0040974	28.57	0.000	.1090182	.1251126
exp2 D1.	-.0005321	.0000808	-6.58	0.000	-.0006908	-.0003734
wks D1.	-.0002683	.0011783	-0.23	0.820	-.0025824	.0020459
ed D1.	(omitted)					

值得注意的是,我们使用了 noconstant 选项。相反如果在式(8.12)中包含了一个截距项,即 δ,这将意味着原始模型中存在时间趋势,因为 $\delta t-\delta(t-1)=\delta$。

如预期的那样,受教育年数的系数是没有能被识别,因为变量 ed 是非时变的变量。与其他的估计量相比,变量 wks 的系数的符号发生了改变,虽然它在统计上是高度不显著的。

当个体效应是固定的,如组内估计量那样,FD 估计量也能提供一致的估计量。对于 $T=2$ 的面板数据,FD 估计量和组内估计量是等价的;然而,两者是不同的。对于静态模型,要使用 FE 模型,因为如果误差项 ε_{it} 为独立同分布,它就是有效估计量。

与组内估计量相比,FE 估计量用到的数据似乎少了一年,因为 FD 的结果中列出了 3570 个观测值,而不是 4165 个观测值,然而这是一种误导。使用组内估计量的 LSDV 的解释,组内估计量实际上通过估计 T 个时期的固定效应 $\alpha_1,\cdots,\alpha_T$ 而损失了 595 个观测值。

8.9.2 严格外生性和弱外生性假设

从式(8.6)中可知，组内估计量要求 $\varepsilon_{it}-\bar{\varepsilon}_i$ 与 $\mathbf{x}_{it}-\bar{\mathbf{x}}_i$ 不相关。只有在严格或强外生性假设成立条件下，上述要求才会成立。这种严格或强外生性假设为：

$$E(\varepsilon_{it}\mid\alpha_i,\mathbf{x}_{i1},\cdots,\mathbf{x}_{it},\cdots,\mathbf{x}_{iT})=0$$

从式(8.12)可知，FD 估计量要求 $\varepsilon_{it}-\varepsilon_{it-1}$ 与 $\mathbf{x}_{it}-\mathbf{x}_{it-1}$ 不相关。只有在弱外生性假设成立条件下，上述要求才会成立。这种弱外生性假设为：

$$E(\varepsilon_{it}\mid\alpha_i,\mathbf{x}_{i1},\cdots,\mathbf{x}_{it})=0$$

这是一个相当弱的假设，因为它允许解释变量的下一期的取值可与当期误差项相关，如果解释变量是一个滞后解释变量，则刚好是这种情况。

只要下一期的协变量对当期的异质性冲击没有做出反馈，在估计静态模型时这种差别是不必要的。对于动态模型(见 9.4 节)来说这就变得非常重要，因为更加严格的外生性假设不再成立，从而我们可以使用 FD 估计量。

8.10 长面板数据分析

到目前为止，这些方法主要集中于短面板数据分析，现在我们研究期数很多但个体较少(N 较小且 $T\to\infty$)的长面板数据。这样的例子主要是关于少数几个地区、企业或行业但有很多期的数据。

如果个体固定效应是合适的，个体效应的处理是很容易的，即对每个个体形成虚拟变量包含在解释变量中。相反，当长面板数据的误差产生过程模型的设定比短面板数据更多时，关注的焦点就是更有效的 GLS 估计。这里我们仅研究平稳误差过程的分析方法，而且我们只简单地介绍日益被关注的面板数据的单位根和协整分析这一领域。

8.10.1 长面板数据集

所用到的数据集为 U.S.的“周-年”面板数据，它来自 Baltagi、Griffin 和 Xiong(2000)关于烟的年消费量和 U.S.州烟价格的研究，其时间跨度为 30 年。其最终的目标是测量烟的人均消费量与烟价格之间的关系。价格在各州之间是变动的，这主要是因为不同的税率水平，且税率水平也是随时间变化的。

在原始数据中有 $N=46$ 个州，$T=30$，但有一点不太清楚：我们是否应该把它当作 $N\to\infty$，正如对时间的处理，或者是 $T\to\infty$，还是两者都趋向于无穷大。对于一个使用了随时间在地区层面对数据进行加总的面板来说，这种情况是不常见的。为简单起见，我们认为 $T\to\infty$，且仅用 $N=10$ 个州的数据，与许多国家类似，这里可能约有 10 个主要的地区(州或省份)。

mus08cigar.dta 数据集中的数据如下：

```
. * Description of cigarette dataset
. use mus08cigar.dta, clear

. describe

Contains data from mus08cigar.dta
  obs:           300
 vars:             6                          26 Nov 2008 17:14
 size:         8,400 (99.9% of memory free)
------------------------------------------------------------------------------
              storage  display     value
variable name   type   format      label      variable label
------------------------------------------------------------------------------
state           float  %9.0g                  U.S. state
year            float  %9.0g                  Year 1963 to 1992
lnp             float  %9.0g                  Log state real price of pack of cigarettes
lnpmin          float  %9.0g                  Log of min real price in adjoining states
lnc             float  %9.0g                  Log state cigarette sales in packs per
                                                capita
lny             float  %9.0g                  Log state per capita disposable income
------------------------------------------------------------------------------
```

这里有 300 个观测值,因此每个“州-年”对都是一个独立的观测值,因为 10×30=300。烟的需求量(lnc)将会依赖于价格(lnp)、替代品的价格(lnpmin)和收入(lny)。

运用 summarize 命令可得到数据的描述性统计:

```
. * Summary of cigarette dataset
. summarize, separator(6)

    Variable |       Obs        Mean    Std. Dev.       Min        Max
-------------+--------------------------------------------------------
       state |       300         5.5     2.87708          1         10
        year |       300        77.5    8.669903         63         92
         lnp |       300    4.518424    .1406979   4.176332    4.96916
      lnpmin |       300      4.4308    .1379243     4.0428   4.831303
         lnc |       300    4.792591    .2071792   4.212128   5.690022
         lny |       300    8.731014    .6942426   7.300023    10.0385
```

州和年变量的取值范围与预期的一致。烟的人均销售额(lnc)的差异比价格(lnp)的差异要大,其标准差分别为 0.21 和 0.14。对于 300 个观测值来说,所有的变量都能被观测了,因此该面板确实是平衡的面板。

8.10.2 混合 OLS 和 PFGLS

自然的学习起点就是研究双向效应模型 $y_{it}=\alpha_i+\gamma_t+\bar{\mathbf{x}}'_i\boldsymbol{\beta}+\varepsilon_{it}$。当面板数据中当个体数目相对于期数较小时,个体效应 α_i(这里为州效应)可被合并到 $\mathbf{x}_{it}$ 中作为虚拟解释变量。这样就有很多个时间效应 γ_t(这里为年效应)。与在短面板中使用 xtreg 命令来控制这些效应不同,通常可充分使用时间的自然顺序(与个体相反),同时简单地包含时间的线性趋势或二次趋势就够了。

因此,我们关注于混合数据模型:

$$y_{it}=\mathbf{x}'_{it}\boldsymbol{\beta}+u_{it},\quad i=1,\cdots,N,\quad t=1,\cdots,T \tag{8.13}$$

其中,解释变量中包含了一个截距项,通常还包含一个时间项、可能的时间二次项和可能的一系列个体指示变量。我们假设 N 相对于 T 来说很小。

在关于误差项 ε_{it} 的不同假设下,我们研究该模型的混合 OLS 和 PFGLS 估计。在短面板的情况下，获得控制了误差项中序列相关之后的标准误且不需要清楚地说明序列相关的模型是可能的。相反，在给定了一个较小的 T 且 $N \rightarrow \infty$ 时，可使用聚类-稳健标准误。然而，当 T 相对于 N 来说很大时，就有必要对误差序列相关的模型进行设定；如果 N 很小，放松 u_{it} 在不同的 i 之间相互独立的假设是可能的。

8.10.3 xtpcse 命令和 xtgls 命令

当数据是一个长面板数据时，xtpcse 命令和 xtgls 命令比 xtgee 命令更适合于混合 OLS 和 GLS 估计。它们允许模型中的误差项 u_{it} 在 i 之间是相关的，也允许对不同的 t 之间的 u_{it} 使用 AR(1)模型，此外还允许 u_{it} 为异方差的。最为普遍的情况是：

$$u_{it} = \rho_i u_{i,t-1} + \varepsilon_{it} \tag{8.14}$$

其中，ε_{it} 为序列不相关的，但对不同的 i 是相关的，且 $\mathrm{Cov}(\varepsilon_{it},\varepsilon_{is}) = \sigma_{ts}$。

xtpcse 命令可得到(长)面板数据中混合数据 OLS 估计量的修正标准误，而且也可得到 u_{it} 具有 AR(1)过程的模型的混合数据估计量的修正标准误。其语法为：

xtpcse *depvar* [*indepvars*] [*if*] [*in*] [*weight*] [, *options*]

correlation()选项决定了混合数据估计量的类型。使用 correlation(independent)可得到混合数据 OLS 估计量。使用 correlation(psar1)可获得具有一般 ρ_i 的混合 AR(1)估计量。对于平衡面板数据，当 $t>1$ 时，将 $y_{it} - \hat{\rho}_i y_{it,t-1}$ 对 $\mathbf{x}_{it}^* = \mathbf{x}_{it} - \hat{\rho}\mathbf{x}_{it,t-1}$ 进行回归；当 $t=1$ 时，将 $\sqrt{(1-\hat{\rho}_i)^2}\, y_{i1}$ 对 $\sqrt{(1-\hat{\rho}_i)^2}\ \mathbf{x}_{i1}$ 进行回归。使用 correlation(ar1)可得到误差项具有 AR(1)过程的且 $\rho_i = \rho$ 的混合估计量。因此，可使用 $\hat{\rho}$，它为 $\hat{\rho}_i$ 的均值。

在所有情形中均报告了面板修正的标准误，它都考虑了异方差和误差项在不同 i 之间的相关性，除非使用了 hetonly 选项，因为在这种情况下，它假定误差项在不同的 i 之间是独立的；或者使用了 independent 选项，在这种情况下 ε_{it} 服从独立同分布。

xtgls 命令得到了进一步拓展，当假定该误差模型是正确设定的时，可得到 PFGLS 估计量和与之相关相关的标准误。该估计量比来自于 xtpcse 命令中的估计量更有效。该命令的基本语法为：

xtgls *depvar* [*indepvars*] [*if*] [*in*] [*weight*] [,*options*]

panels()选项设定了不同个体间的误差相关形式，在我们的数据中个体为州。panels(iid)选项设定了 u_{it} 服从独立同分布，且在这种情况下可获得混合数据 OLS 估计量。panels(heteroskedastic)选项设定了 u_{it} 为独立的，其方差为 $E(u_{it}^2) = \sigma_i^2$，但它对于不同个体是不同的。由于对每个个体都有很多观测值，σ_i^2 可得到一致的估计。此外，panels(correlated)选项允许在不同个体间存在相关，且对于给定的个体允许在不同的时间之间是相互独立的，因此，$E(u_{it},u_{jt}) = \sigma_{ij}$。但这个选项要求 $T>N$。

corr()选项设定了每个州的误差的序列相关形式。corr(independent)选项把 u_{it} 设定成序列不相关。corr(ar1)选项把误差的 AR(1)自相关形式设定为 $u_{it} = \rho u_{i,t-1} + \varepsilon_{it}$，其中，$\varepsilon_{it}$ 服从独立同分布。corr(psar1)选项放松了一般的 AR(1)参数形式的假定，把它设定为 $u_{it} = \rho\, u_{i,t-1} + \varepsilon_{it}$。rhotype()选项提供了多种方法来计算 AR(1)参数。默认的估计量为两阶段 FGLS，其中 igls 选项用到了迭代的 FGLS。即使观测值在时间上不是均匀分布的，也能使用 force 选项进行估计。

此外,我们还演示了用户编写的 xtscc 命令(Hoechle 2007)。通过运用 Driscoll 和 Kraay(1988)的方法来获得 Newey-West-type 标准误就可推广 xtpcse 命令,Newey-West-type 标准误考虑了一般形式的误差自相关,而不是把误差形式限定为 AR(1)形式。Newey-West-type 标准误也假设不同面板间存在误差相关,它通常被称为空间相关。这个标准误允许滞后 m 期。默认由程序来确定 m 。另外,也可使用 lags(m)选项来确定 m。

8.10.4 xtgls,xtpcse 和 xtscc 命令的应用

作为一个例子,我们首先研究 PFELS 估计量,它使用了关于误差项 u_{it} 的最有弹性的模型:不同的州之间存在相关且每个州的误差项均具有不同的 AR(1)过程。原则上,这是可运用的最好的估计量,但在实践中当 T 并不比 N 大很多时,在估计量和标准误中可能会存在有限样本偏误问题,见 Beck 和 Katz(1995)。但至少使用限制更多的 corr(ar1)选项(而不是 corr(psar1)选项),才是最好的。

我们得到:

```
. * Pooled GLS with error correlated across states and state-specific AR(1)
. xtset state year
       panel variable:  state (strongly balanced)
        time variable:  year, 63 to 92
                delta:  1 unit

. xtgls lnc lnp lny lnpmin year, panels(correlated) corr(psar1)

Cross-sectional time-series FGLS regression

Coefficients:  generalized least squares
Panels:        heteroskedastic with cross-sectional correlation
Correlation:   panel-specific AR(1)

Estimated covariances      =        55          Number of obs      =       300
Estimated autocorrelations =        10          Number of groups   =        10
Estimated coefficients     =         5          Time periods       =        30
                                                Wald chi2(4)       =    342.15
                                                Prob > chi2        =    0.0000
```

lnc	Coef.	Std. Err.	z	P>|z|	[95% Conf. Interval]	
lnp	-.3260683	.0218214	-14.94	0.000	-.3688375	-.2832991
lny	.4646236	.0645149	7.20	0.000	.3381768	.5910704
lnpmin	.0174759	.0274963	0.64	0.525	-.0364159	.0713677
year	-.0397666	.0052431	-7.58	0.000	-.0500429	-.0294902
_cons	5.157994	.2753002	18.74	0.000	4.618416	5.697573

所有解释变量都有预期的效应。估计的烟的需求价格弹性为−0.326,收入弹性为0.465,需求每年下降 4%(变量 year 的系数为半弹性,因为被解释变量是对数形式),且邻近州的最低价格上涨会增加当前州的需求。州的个数为 10,因此在 10×10 阶误差协方差矩阵中有 10×11/2=55 个不同的元素,且可估计 10 个自回归参数 ρ_i 。

现在我们使用 xtpcse、xtgls 和用户编写的 xtscc 来得到下面的混合估计量和相关的标准误:1)误差服从独立同分布的混合数据 OLS;2)假设在各州之间具有相关性的标

准误的混合数据 OLS;3)假设误差项具有一般序列相关形式(到滞后 4 期之后)且各州之间相关的标准误的混合数据 OLS 回归;4)混合 OLS 首先假设误差项具有 AR(1)形式,然后再得到允许误差项在各州之间存在相关性的标准误;5)PFGLS 假设误差项具有 AR(1)形式;6)PFGLS 假设误差项具有 AR(1)形式且误差项在各州之间存在相关性。在所有的误差项具有 AR(1)形式的情形下,我们专门研究 $\rho_i = \rho$ 的情形。

```
. * Comparison of various pooled OLS and GLS estimators
. quietly xtpcse lnc lnp lny lnpmin year, corr(ind) independent nmk

. estimates store OLS_iid

. quietly xtpcse lnc lnp lny lnpmin year, corr(ind)

. estimates store OLS_cor

. quietly xtscc lnc lnp lny lnpmin year, lag(4)

. estimates store OLS_DK

. quietly xtpcse lnc lnp lny lnpmin year, corr(ar1)

. estimates store AR1_cor

. quietly xtgls lnc lnp lny lnpmin year, corr(ar1) panels(iid)

. estimates store FGLSAR1

. quietly xtgls lnc lnp lny lnpmin year, corr(ar1) panels(correlated)

. estimates store FGLSCAR

. estimates table OLS_iid OLS_cor OLS_DK AR1_cor FGLSAR1 FGLSCAR, b(%7.3f) se
```

Variable	OLS_iid	OLS_cor	OLS_DK	AR1_cor	FGLSAR1	FGLSCAR
lnp	-0.583	-0.583	-0.583	-0.266	-0.264	-0.330
	0.129	0.169	0.273	0.049	0.049	0.026
lny	0.365	0.365	0.365	0.398	0.397	0.407
	0.049	0.080	0.163	0.125	0.094	0.080
lnpmin	-0.027	-0.027	-0.027	0.069	0.070	0.036
	0.128	0.166	0.252	0.064	0.059	0.034
year	-0.033	-0.033	-0.033	-0.038	-0.038	-0.037
	0.004	0.006	0.012	0.010	0.007	0.006
_cons	6.930	6.930	6.930	5.115	5.100	5.393
	0.353	0.330	0.515	0.544	0.414	0.361

legend: b/se

对于误差项服从独立同分布的混合 OLS,nmk 选项通过 $N-k$ 而不是 N 来对 VCE 正态化,因此,其输出结果与使用默认标准误的 regress 命令所得到的结果完全相同。使用带有 corr(ind)panel(iid)nmk 选项的 xtgls 命令也能得到相同的结果。考虑各州之间的相关性就会使 OLS 标准误增加 30%～50%。此外,考虑序列自相关(OLS-DK)就会导致标准误增加 50%～100%。第四个和第五个估计量至少控制了误差项的AR(1)过程,而且它们得到的系数和标准误大约相似。最后一列的结果与本节开始给出的结果相似,其中我们使用了更有弹性的 corr(psar1)选项,而不是 corr(ar1)选项。

8.10.5 单独的回归

混合数据回归对所有的个体在所有的年份内设定了相同的回归模型。

相反,我们将对每个单独的个体都设定一个回归模型:

$$y_{it}=\mathbf{x}_{it}'\boldsymbol{\beta}+u_{it}$$

该模型有 NK 个参数,因此对于 N 较小的长面板来说,其统计推断是最容易的。

例如,假设在烟的例子中,我们想对每一个州单独进行回归。使用前缀为 statsby 的 by(state)选项可得到每个州的 OLS 估计,则得到:

```
. * Run separate regressions for each state
. statsby, by(state) clear: regress lnc lnp lny lnpmin year
(running regress on estimation sample)

      command:  regress lnc lnp lny lnpmin year
           by:  state

Statsby groups
───┼─── 1 ───┼─── 2 ───┼─── 3 ───┼─── 4 ───┼─── 5
..........
```

这就产生了一个数据集,变量州有 10 个观测值且有 5 个回归系数,可得到:

```
. * Report regression coefficients for each state
. format _b* %9.2f

. list, clean

       state    _b_lnp    _b_lny    _b_lnp~n    _b_year    _b_cons
  1.       1     -0.36      1.10        0.24      -0.08       2.10
  2.       2      0.12      0.60       -0.45      -0.05       5.14
  3.       3     -0.20      0.76        0.12      -0.05       2.72
  4.       4     -0.52     -0.14       -0.21      -0.00       9.56
  5.       5     -0.55      0.71        0.30      -0.07       4.76
  6.       6     -0.11      0.21       -0.14      -0.02       6.20
  7.       7     -0.43     -0.07        0.18      -0.03       9.14
  8.       8     -0.26      0.89        0.08      -0.07       3.67
  9.       9     -0.03      0.55       -0.36      -0.04       4.69
 10.      10     -1.41      1.12        1.14      -0.08       2.70
```

除了一个州外,其他所有州的销售量随价格的上升而下降,且在大多数州,销售量随收入的上升而增加。

我们也可对其混合性进行检验,即检验各州的系数是否相同。在这个例子中,不受约束的模型中有 $5\times10=50$ 个参数,而在受约束的模型中有 5 个参数,因此有 45 个参数需要检验。

8.10.6 FE 模型和 RE 模型

如前所述,如果个体数目较少而时期个数较多,可用包含一系列虚拟变量的 LSDV 方法来拟合个体特定的 FE 模型,这里的特定个体为各时期(而不是在短面板情形中的各个体)。

此外,可使用 xtregar 命令。该这模型为个体特定模型 $y_{it}=\alpha_i+\mathbf{x}_{it}'\boldsymbol{\beta}+u_{it}$,其误差

项的 AR(1)形式为 $u_{it}=\rho u_{i,t-1}+\varepsilon_{it}$。与 xtreg 中假设的独立同分布误差模型 $u_{it}=\varepsilon_{it}$ 相比,这是一种更好的误差模型,因此,xtregar 命令潜在地得到了更有效的参数估计。

xtregar 命令的语法与 xtreg 命令的语法是类似的。两个关键的选项为 fe 和 re。fe 选项把 α_i 视为固定效应。给定一个 $\hat{\rho}_i$ 的估计,我们首先通过转换来消除误差 AR(1)的效应,正如后面的 8.14 节所述,同时再进行均值差分转换(mean-difference)来消除个体效应。Re 选项把 α_i 视为随机效应。

使用 xtreg 和 xtregar 命令来比较混合 OLS 估计与 RE 估计,然后再使用 xtreg, xtregar 和 xtscc 命令来比较组内估计。通过回顾可知,xtscc 命令既可计算 OLS 估计量,也可计算常规的组内估计量,但在估计 VCE 时假设一般的误差项在跨期之间和不同州之间存在着相关性,则有:

```
. * Comparison of various RE and FE estimators
. use mus08cigar.dta, clear

. quietly xtscc lnc lnp lny lnpmin, lag(4)

. estimates store OLS_DK

. quietly xtreg lnc lnp lny lnpmin, fe

. estimates store FE_REG

. quietly xtreg lnc lnp lny lnpmin, re

. estimates store RE_REG

. quietly xtregar lnc lnp lny lnpmin, fe

. estimates store FE_REGAR

. quietly xtregar lnc lnp lny lnpmin, re

. estimates store RE_REGAR

. quietly xtscc lnc lnp lny lnpmin, fe lag(4)

. estimates store FE_DK

. estimates table OLS_DK FE_REG RE_REG FE_REGAR RE_REGAR FE_DK, b(%7.3f) se
```

Variable	OLS_DK	FE_REG	RE_REG	FE_RE~R	RE_RE~R	FE_DK
lnp	-0.611	-1.136	-1.110	-0.260	-0.282	-1.136
	0.428	0.101	0.102	0.049	0.052	0.158
lny	-0.027	-0.046	-0.045	-0.066	-0.074	-0.046
	0.026	0.011	0.011	0.064	0.026	0.020
lnpmin	-0.129	0.421	0.394	-0.010	-0.004	0.421
	0.338	0.101	0.102	0.057	0.060	0.168
_cons	8.357	8.462	8.459	6.537	6.708	8.462
	0.633	0.241	0.247	0.036	0.289	0.464

legend: b/se

有三组截然不同的系数估计值:使用混合 OLS 得到的估计值、使用 xtreg 命令求 FE 和 RE 估计量所得到的估计值以及使用 xtregar 命令求 FE 和 RE 估计量所得到的估计值。最后一组估计值是使用了用户编写的带有 fe 选项的 xtscc 命令所得到的。它得到了标准的组内估计量,但是却需要再计算标准误,该标准误必须同时对误差的空间(跨截面)自相关和序列自相关都是稳健的。

8.10.7 单位根和协整

单位根和协整的面板方法是基于单个时间序列单位根和协整的方法发展而来,且假设 $T \to \infty$。现在研究把它们应用于面板数据,这也是当前研究中最活跃的领域之一。

如果 N 很小,如 $N < 10$,则可使用似不相关方程的方法。当 N 很大,面板的因素就变得更重要。其复杂性包括:当 N 很大时,需要控制横截面水平上的不可观测的异质性;当 N 和 T 同时趋向于无穷大时,需要控制渐近理论是如何随它们的变化而变化的,以及需要控制在横截面水平上相互依赖性的可能性。同时,要对单个时间序列变量来说,不服从正态分布的统计量在横截面水平上按时间进行平均,然后得到其服从正态分布的统计量。

单位根检验势较低。面板数据可增加它的检验势,因为现在不同的横截面都有时间序列。实际上单位根检验正是研究的兴趣所在,如检验购买力平价理论;而且单位根检验与后续的协整研究是相关的。具有横截面异质性的动态模型为:

$$y_{it} = \rho_i y_{i,t-1} + \phi_{i1}\Delta y_{i,t-1} + \cdots + \phi_{ip}\Delta y_{i,t-pi} + \mathbf{z}'_{it}\gamma_i + u_{it}$$

其中,在模型中引入了被解释变量滞后项的变化,且 u_{it} 服从独立同分布。在这个例子中,$\mathbf{z}_{it}$ 包含了个体效应[$\mathbf{z}_{it}=(1)$]、个体效应的时间趋势和单个时间趋势[$\mathbf{z}_{it}=(1t)'$],且在同质性的情况下 $\gamma_i = \gamma$。单位根检验就是对 $H_0:\rho_1 = \cdots = \rho_N = 1$ 进行检验。Levin、C.-F.Lin 和 C.-S.J.Chu(2002)提出了一种针对同质性的检验,其备择假设为 $H_a:\rho_1 = \cdots = \rho_N = \rho < 1$,这种检验是基于运用特定的第一阶段混合估计残差所进行的混合 OLS 估计,其中在这两个阶段中都施加同质性的约束($\rho_i = \rho$ 且 $\phi_{ik} = \phi_k$)。用户编写的 levinlin 命令(Bornhorst 和 Baum,2006)可执行这一检验。相反,Im、Pesaran 和 Shin(2003)提出了一种针对异质性的检验,其备择假设为 $H_a:\rho_1 < 1,\cdots,\rho_{N_0} < 1$,即对于 ρ_i 的 N_0/N 部分,通过对每个横截面水平的增广 Dickey-Fuller 检验进行平均,用户编写的 ipshin 命令(Bornhorst and Baum,2007)可以执行这一检验。这两种检验统计量均服从渐近正态分布,而且两者都假设 $N/T \to 0$,则相对于横截面的维度,时间序列的维度起支配作用。

正如在单个时间序列中的情形,使用协整检验可以确保趋势变量之间的统计关系不是虚假的。一种常用的协整面板模型为:

$$\begin{aligned} y_{it} &= \mathbf{x}'_{it}\boldsymbol{\beta}_i + \mathbf{z}'_{it}\gamma_i + u_{it} \\ \mathbf{x}_{it} &= \mathbf{x}_{i,t-1} + \varepsilon_{it} \end{aligned}$$

其中,$\mathbf{z}_{it}$ 是可决的,且能包括个体效应和时间趋势,同时 $\mathbf{x}_{it}$ 也是共变①的解释变量。

① 有的学者把(co)integrated 翻译成共整。——译者注

许多的协整检验都是基于 OLS 估计的残差 $\hat{u}_{it}$。但是如果 $\mathrm{Cov}(u_{it},\varepsilon_{it})\neq 0$，则不能直接使用单位根检验，这种情况很常见。已经提出来了单方程估计量因充分地修正 OLS 和动态 OLS 估计方法而被推广到面板数据分析，而且 Johanssen 的系统分析方法也被推广到面板分析。用户编写的 xtpmg 命令(Blackburne and Frank 2007)可执行 N 和 T 都很大时的非平稳的异质性的面板估计量，这一估计量是由 Pesaran 和 Smith(1995)，Pesaran、Shin 和 Smith(1999)提出来的。其相关的参考文献见 Baltagi(2008)和 Breitung 和 Pesaran(2005)。

8.11 面板数据的管理

Stata xt 命令要求数据为长格式的，这意味着每一个"个体-时间"对都是一个单独的观测值。相反，有的数据集是以宽格式存储的，其优点是可减少存储空间。有时观测单位为个体，且该个体在所有时间段上均有观测值。有时候观测单位为时间变量，且每个观测单位在所有时间段内涵盖了所有的个体。

我们将说明如何用 reshape 命令将宽格式的数据转换为长格式的数据，或者进行相反的转换。我们的例子为面板数据，但也可在其他分组数据的情形中使用 reshape 命令，如按村庄进行分组的聚类数据，而不是按时间分组的面板数据。

8.11.1 宽格式的数据

我们研究了原始为宽格式的数据集，即每个观测值都包含了每个个体的在所有年份的数据。该数据集为上一节中使用数据集的一个子集。每个观测值是一个州，且包含了这个州在所有年份的数据，则得到：

```
. * Wide form data (observation is a state)
. use mus08cigarwide.dta, clear

. list, clean

       state   lnp63   lnc63   lnp64   lnc64   lnp65   lnc65
  1.       1     4.5     4.5     4.6     4.6     4.5     4.6
  2.       2     4.4     4.8     4.3     4.8     4.3     4.8
  3.       3     4.5     4.6     4.5     4.6     4.5     4.6
  4.       4     4.4     5.0     4.4     4.9     4.4     4.9
  5.       5     4.5     5.1     4.5     5.0     4.5     5.0
  6.       6     4.5     5.1     4.5     5.1     4.5     5.1
  7.       7     4.3     5.5     4.3     5.5     4.3     5.5
  8.       8     4.5     4.9     4.6     4.8     4.5     4.9
  9.       9     4.5     4.7     4.5     4.7     4.6     4.6
 10.      10     4.5     4.6     4.6     4.5     4.5     4.6
```

该数据包含一个州识别符，即变量 state；价格对数的三年数据，即 lnp63-lnp65；销售额对数的三年数据，即 lnc63-lnc65。该数据集包含 10 个州。

8.11.2 将宽格式数据转换为长格式数据

使用 reshape long 命令可将宽格式的数据转换为长格式的数据。想要的数据集就是把"州-年"数据对作为一个观测值。变量中必须有一个州识别符，年识别符和关于 lnp 和 lnc 的当前"州-年"对的观测值。

实际上简单的 reshape long 就可以自动地进行这种转换,因为它把后缀 63—65 解释为分组的条件,这个条件是数据扩张成长格式所需要的。我们使用这个命令更详细的设定可正确地实现我们想要做的,且得到的结果与没有使用任何设定参数的 reshape long 命令所得到的结果完全相同。我们得到:

```
. * Convert from wide form to long form (observation is a state-year pair)
. reshape long lnp lnc, i(state) j(year)
(note: j = 63 64 65)

Data                                   wide   ->   long
-----------------------------------------------------------------------------
Number of obs.                           10   ->     30
Number of variables                       7   ->      4
j variable (3 values)                         ->   year
xij variables:
                         lnp63 lnp64 lnp65    ->   lnp
                         lnc63 lnc64 lnc65    ->   lnc
-----------------------------------------------------------------------------
```

上述输出结果表明我们已把具有 10 个观测值(10 个州)数据集扩展为具有 30 个观测值数据集(30 个"州-年"对),并产生了一个年识别符变量,year。宽格式数据中的 lnp63—lnp65 被分解成长格式中的 lnp,同时 lnc63—lnc65 被分解成 lnc。

现在我们列出新的长格式数据的前 6 个观测值。

```
. * Long-form data (observation is a state)
. list in 1/6, sepby(state)
```

	state	year	lnp	lnc
1.	1	63	4.5	4.5
2.	1	64	4.6	4.6
3.	1	65	4.5	4.6
4.	2	63	4.4	4.8
5.	2	64	4.3	4.8
6.	2	65	4.3	4.8

任何年都不变的变量也会被包含到长格式的数据集中。这里州识别符变量 state,就是唯一的这种变量。

8.11.3 将长格式数据转换为宽格式数据

另外一种方法,可使用 reshape wide 命令把数据可从长格式转换为宽格式。想要的数据集就是把一个观测值作为一个州。这个被构造的变量就应该是一个州的识别符,其观测值分别是变量 lnp 和 lnc 在 63—65 这三年中每年的取值。

实际上不带任何参数的 reshape wide 命令可自动地进行这种转换,因为它将年解释为相关的时间识别符,且对随变量 year 而变化的 lnp 和 lnc 变量增加了后缀 63—65。使用这个命令更详细的设定可正确地实现我们想要做的,且得到的结果与没有使用任何设定参数的 reshape wide 命令所得到的结果完全相同。我们得到:

```
. * Reconvert from long form to wide form (observation is a state)
. reshape wide lnp lnc, i(state) j(year)
(note: j = 63 64 65)

Data                                 long   ->   wide
-----------------------------------------------------------------------------
Number of obs.                         30   ->      10
Number of variables                     4   ->       7
j variable (3 values)                year   ->   (dropped)
xij variables:
                                      lnp   ->   lnp63 lnp64 lnp65
                                      lnc   ->   lnc63 lnc64 lnc65
-----------------------------------------------------------------------------
```

上述输出结果表明，我们已把具有 30 个观测值（30 个州-年对）的数据集分解成具有 10 个观测值（10 个州）。变量 year 被去掉了。长格式数据的变量 lnp 已经被扩展成宽格式的变量 lnp63—lnp65，且 lnc 也被扩展成 lnc63—lnc65。

宽格式数据集的完整列表为：

```
. list, clean

       state   lnp63   lnc63   lnp64   lnc64   lnp65   lnc65
  1.       1     4.5     4.5     4.6     4.6     4.5     4.6
  2.       2     4.4     4.8     4.3     4.8     4.3     4.8
  3.       3     4.5     4.6     4.5     4.6     4.5     4.6
  4.       4     4.4     5.0     4.4     4.9     4.4     4.9
  5.       5     4.5     5.1     4.5     5.0     4.5     5.0
  6.       6     4.5     5.1     4.5     5.1     4.5     5.1
  7.       7     4.3     5.5     4.3     5.5     4.3     5.5
  8.       8     4.5     4.9     4.6     4.8     4.5     4.9
  9.       9     4.5     4.7     4.5     4.7     4.6     4.6
 10.      10     4.5     4.6     4.6     4.5     4.5     4.6
```

这与在 8.11.1 节中给出的原始数据集 mus08cigarwide.dta 是完全相同的。

8.11.4 另一种宽格式数据

我们研究的宽格式数据是把每个州都作为一个观测单位，另一种宽格式是把每一年作为一个观测单位，则前面的命令可以反用。因此，我们有 i(year)j(state)而不是 i(state)j(year)。

为了演示这种情形，首先需要产生一个以年作为观测单位的宽格式数据。通过对现有的数据进行转换，我们可以做到这一点，即把 state 变量作为观测单位的宽格式数据转换成与前面所介绍的具有 30 个观测单位的长格式数据，再使用 reshape wide 命令可产生以 year 作为观测单位的宽格式数据。

```
. * Create alternative wide-form data (observation is a year)
. quietly reshape long lnp lnc, i(state) j(year)

. reshape wide lnp lnc, i(year) j(state)
(note: j = 1 2 3 4 5 6 7 8 9 10)
```

```
Data                               long   ->   wide
-----------------------------------------------------------------------------
Number of obs.                       30   ->      3
Number of variables                   4   ->     21
j variable (10 values)            state   ->   (dropped)
xij variables:
                                    lnp   ->   lnp1 lnp2 ... lnp10
                                    lnc   ->   lnc1 lnc2 ... lnc10
-----------------------------------------------------------------------------

. list year lnp1 lnp2 lnc1 lnc2, clean

       year   lnp1   lnp2   lnc1   lnc2
  1.     63    4.5    4.4    4.5    4.8
  2.     64    4.6    4.3    4.6    4.8
  3.     65    4.5    4.3    4.6    4.8
```

宽格式数据有三个观测值(每年一个),且有 21 个变量(10 个州每个州的 lnp 和 lnc 乘以变量 year)。

现在得到了以 year 作为观测单位的宽格式数据。为了使用 xt 命令,我们用 reshape long命令把它转换成用每个"州-年"对作为观测单位的长格式数据,则有:

```
. * Convert from wide form (observation is year) to long form (year-state)
. reshape long lnp lnc, i(year) j(state)
(note: j = 1 2 3 4 5 6 7 8 9 10)

Data                               wide   ->   long
-----------------------------------------------------------------------------
Number of obs.                        3   ->     30
Number of variables                  21   ->      4
j variable (10 values)                    ->   state
xij variables:
                    lnp1 lnp2 ... lnp10   ->   lnp
                    lnc1 lnc2 ... lnc10   ->   lnc
-----------------------------------------------------------------------------

. list in 1/6, clean

       year   state   lnp   lnc
  1.     63       1   4.5   4.5
  2.     63       2   4.4   4.8
  3.     63       3   4.5   4.6
  4.     63       4   4.4   5.0
  5.     63       5   4.5   5.1
  6.     63       6   4.5   5.1
```

现在的数据为长格式数据,如 8.11.2 节所述。

8.12 Stata 资源

FE 和 RE 估计量出现在很多计量经济学教材中。Baltagi(2008)和 Hsiao(2003)的教材包含了面板分析的全部基本知识。Stata 关键的参考资料见[XT]*Longitudinal/Panel-Data Reference Manual*,特别是[XT] **xt** 和[XT] **xtreg**。有用的在线 help 目录包含了 xt 和 xtreg。对于长面板的估计,一个有用的 Stata 用户编写命令为 xtscc,另外几个命令已经在 8.10 节中提到。

8.13 习题

1.对于 8.3 节中的数据，使用 xtsum 命令来描述变量 occ、smsa、ind、ms、union、fem 和 blk 的差异。这些变量中哪些是非时变的？使用 xttab 和 xttrans 命令来解释每个个体的变量 occ 在 7 年中是如何变化的。画出变量 exp 前 10 个观测值时间序列图并进行解释。画出变量 lwage 对 ed 的散点图。这个图显示的是组内差异、组间差异，还是同时显示了这两种差异？

2.对于 8.3 节中的数据，通过 xtsum 命令手动得到变量 lwage 的三种标准差。对于总体标准差，可使用 summarize 命令来得到。对于组间标准差，首先使用 by id: egen meanwage=mean(lwage)命令，再使用 summarize 命令对 t==1 时的(meanwage -*grandmean*)进行概述性统计来得到，其中 *grandmean* 是所有观测值的总体均值。对于组内标准差，使用 summarize 对(lwage-meanwage)进行概述性统计来得到。比较已计算的标准误与使用 xtsum 命令得到的标准误。是否有 $s_O^2 \simeq s_W^2 + s_B^2$？

3.对于 8.4 节中的模型和数据，在下列有关误差过程的假定下来比较 PFGLS 估计量，误差过程包括独立的、可交换的(等方差)、AR(2)和 AR(6)。同时，比较使用默认的标准误估计和使用聚类-稳健的标准误所得到的相应标准误估计值。如果用 estimates table 命令将结果合并起来，你将会发现这种比较是最简单的。如果对误差相关形式没有施加任何结构约束的模型来拟合，则将会得到什么结果？

4.对于 8.5 节中的模型和数据，把 regress 命令运用到式(8.7)可得到组内估计量。提示：如对于变量 x，首先只有 summarize 命令对 x 进行概述性统计，然后输入下列命令：by id:egen avex=mean(x)，再输入命令：generate mdx= x −avex+r(mean)。确认你得到的估计系数与使用带有 fe 选项的 xtreg 命令所得到的估计系数是相同的。

5.对于 8.6 节中的模型和数据，比较使用带有 re、mle 和 pa 选项的 xtreg 命令获得的 RE 估计量与使用带有 corr(exchangeable)选项的 xtgee 命令得到的 RE 估计量。同样地，比较使用系统默认的标准误得到标准误估计与使用聚类-稳健标准误得到的标准误估计值。如果用 estimates table 命令将估计结果合并起来，你将会发现这种比较是最简单的。

6.考虑 8.7 节中 RE 模型的输出结果。请确认：给定 e_sigma 和 u_sigma 的估计值，使用该节中的公式来计算 rho 和 theta 的估计值。

7.使用 8.4 节中的数据产生一个非均衡的面板数据集，再先后输入如下命令：set seed 10101 和 drop if runiform()<0.2。这将随机地删掉“个体-年”观测值中 20%的数据。输入 xtdescribe 命令。你能得到了缺失数据的预期形式吗？用 xtsum 命令来得到变量 id、wage、ed 和 south 中的数值差异，如何把这个结果与从全面板数据中得到的结果进行比较？使用 xttab 和 xttrans 命令所得到的结果来解释每个个体的变量 south 是如何随时间变化的。比较这个组内估计量与 8.5 节中使用平衡面板所得到的组内估计量。

9 线性面板数据模型:扩展

9.1 导论

显然,对于线性模型的基本的面板分析方法,最重要的是固定效应模型(FE)和随机效应模型(RE)模型的区别,这在第 8 章中已经介绍过了。

本章中,我们介绍线性模型的其他面板分析方法。这些方法包括工具变量(IV)估计、当滞后的被解释变量作为解释变量时的估计以及斜率参数随个体而变化的混合模型的估计。同时,还研究聚类数据或分层数据的估计方法,如对一些村庄进行调查所获得的横截面个体数据,这些数据在村庄水平上进行了聚类,它还包括了对这些数据的短面板分析方法。18 章介绍了非线性面板数据模型。

9.2 面板 IV 估计

IV 方法已经从横截面数据(见第 6 章中的解释)扩展到面板数据。如果 FE 模型是合适的,则其估计仍需要消除 α_i,且统计推断时需要控制面板数据中内在的聚类因素。

在本节,我们将详细介绍 xtivreg 命令,它是横截面命令 ivregress 的面板扩展形式。随后两节介绍了更专业的 IV 估计量和应用于如下情况的命令:作为工具的解释变量来自于其他各期而不是当期。

9.2.1 面板 IV

如果混合数据模型 $y_{it}=\alpha+\mathbf{x}'_{it}\boldsymbol{\beta}+\mu_{it}$ 是合适的,且满足 $E(\mu_{it}|\mathbf{z}_{it})=0$ 时工具变量 $\mathbf{z}_{it}$ 存在,则通过 y_{it} 对 x_{it} 和工具 $\mathbf{z}_{it}$ 的两阶段最小二乘(2SLS)回归就可得到一致的估计。可使用 ivregress 命令,其后续的统计推断是基于聚类-稳健标准误。

更为通常的是,使用个体效应模型:

$$y_{it}=\mathbf{x}'_{it}\boldsymbol{\beta}+\alpha_i+\varepsilon_{it} \tag{9.1}$$

其中,这个模型有两个误差成分 α_i 和 ε_{it} 。FE 估计量和一阶差分(FD)估计量提供了时变解释变量在一定条件(解释变量 $\mathbf{x}_{it}$ 的内生性形式受到一定的约束,即它可能与固定效应 α_i 相关,但与 ε_{it} 不相关)下系数的一致估计。

现在来研究更多的内生性形式,如 $\mathbf{x}_{it}$ 与 ε_{it} 相关。我们需要假设存在一个工具变量 $\mathbf{z}_{it}$,它与 $\mathbf{x}_{it}$ 相关,且与 ε_{it} 不相关。面板 IV 的步骤是对个体效应模型进行适当的转换来控制 α_i ,再把 IV 估计应用于转换后的模型。

9.2.2 xtivreg 命令

xtivreg 命令通过使用与 xtreg 命令中相应的选项来执行 2SLS 回归。其语法与适用于横截面的 ivregress 命令类似：

xtivreg *depvar* [*varlist1*] (*varlist2* = *varlist_iv*) [*if*] [*in*] [, *option*]

该命令的四个主要选项分别为 fe、fd、re 和 be。使用 fe 选项来执行 $y_{it}-\bar{y}_i$ 对截距项、$\mathbf{x}_{it}-\bar{\mathbf{x}}_i$ 和工具 $\mathbf{z}_{it}-\bar{\mathbf{z}}_i$ 的组内模型的 2SLS 回归。使用 fd 选项(在 xtreg 中没有该选项)来执行 $y_{it}-y_{i,t-1}$ 对截距项、$\mathbf{x}_{it}-\mathbf{x}_{i,t-1}$ 和工具变量 $\mathbf{z}_{it}-\mathbf{z}_{i,t-1}$ 的 FD 模型的 2SLS 回归。使用 re 选项来执行 $y_{it}-\hat{\theta}_i\bar{y}_i$ 对截距项、$\mathbf{x}_{it}-\hat{\theta}_i\bar{\mathbf{x}}_i$ 和工具变量 $\mathbf{z}_{it}-\hat{\theta}_i\bar{\mathbf{z}}_i$ 的 RE 模型的 2LSL 回归，而且另外的选项 ec2sls 和 nosa 提供了这个估计量的方差估计。使用 be 选项可执行 $\bar{y}_i$ 对 $\bar{\mathbf{x}}_i$ 和工具变量 $\bar{\mathbf{z}}_i$ 的组间模型的 2SLS 回归。其他选项包括：first 选项只报告第一阶段回归的结果，regress 选项忽略了工具变量，相反只报告用普通最小二乘法(OLS)对转换模型参数的估计结果。

xtivreg 命令没有 vce(robust)选项来提供聚类-稳健标准误。聚类-稳健标准误可使用 vce(bootstrap)选项来计算。此外，还可使用用户编写的 xtivreg2 命令(Schaffer 2007)。这个命令适用于 2SLS、GMM 或 LIML 估计并提供了聚类-稳健标准误、弱工具的检验和过度识别约束检验。

通常，外生解释变量可作为自身的工具变量。对于内生解释变量，可像在横截面分析中那样处理：增加一个(或一些)额外的变量，它不直接决定 y_{it}，但却与内生变量(即被建立有工具变量的解释变量)相关。在最简单的情形中，工具变量为外生变量，该变量不直接出现在模型中作为解释变量。这与在横截面数据中使用的 IV 识别策略是相同的。

9.2.3 xtivreg 命令的应用

研究第 8 章中 lwage 对 exp、exp2、wks 和 ed 进行回归的例子。我们假设工作经历变量 exp 和 exp2 都是外生的，且 ed 与误差中非时变成分是相关的，但与误差中时变部分是不相关的。只给定这些假设，需要控制固定效应。从 8.6 节可知，组内估计量可得到变量 exp、exp2 和 wks 系数的一致估计值，然而变量 ed 的系数不能被识别，因为它是非时变的解释变量。

现在假设解释变量 wks 与误差中的时变部分是相关的，则组内估计量就是不一致的，我们需要为变量 wks 寻找一个工具变量。假设 ms(婚姻状况)是一个合适的工具变量。这要求假设婚姻状况不直接决定工资率，但与工作周数相关。因为这里的效应是固定的，就需要使用 xtivreg 命令的 fe 或 fd 选项。

正式地，我们假设这里变量为 exp、exp2 和 ms 的工具变量都满足强外生性假设，即：

$$E(\varepsilon_{it}\mid\alpha_i,\mathbf{z}_{i1},\cdots,\mathbf{z}_{it},\cdots,\mathbf{z}_{iT})=0$$

因此，工具变量和误差项在所有时期内都是不相关的。这种强假设所导致的结果之一就是即使 ε_{it} 是序列相关的，面板 IV 估计量也是一致的，因此需要使用聚类-稳健标准误。但是，xtivreg 命令并没有提供直接的选项来得到聚类-稳健标准误，因此我们只报告了系统默认标准误。

使用带有 fe 选项的 xtivreg 命令来消除固定效应。我们去掉不可识别的非时变解释变量 ed——如果把它被包含在模型中，其结果也是一样的，则可得：

```
. * Panel IV example: FE with wks instrumented by external instrument ms
. use mus08psidextract.dta, clear
(PSID wage data 1976-82 from Baltagi and Khanti-Akom (1990))

. xtivreg lwage exp exp2 (wks = ms), fe

Fixed-effects (within) IV regression         Number of obs      =      4165
Group variable: id                           Number of groups   =       595

R-sq:  within  =      .                      Obs per group: min =         7
       between = 0.0172                                     avg =       7.0
       overall = 0.0284                                     max =         7

                                             Wald chi2(3)       =  700142.43
corr(u_i, Xb)  = -0.8499                     Prob > chi2        =     0.0000

------------------------------------------------------------------------------
       lwage |      Coef.   Std. Err.      z    P>|z|     [95% Conf. Interval]
-------------+----------------------------------------------------------------
         wks |  -.1149742   .2316926    -0.50   0.620    -.5690832    .3391349
         exp |   .1408101   .0547014     2.57   0.010     .0335974    .2480228
        exp2 |  -.0011207   .0014052    -0.80   0.425    -.0038748    .0016334
       _cons |    9.83932   10.48955     0.94   0.348    -10.71983    30.39847
-------------+----------------------------------------------------------------
     sigma_u |  1.0980369
     sigma_e |  .51515503
         rho |  .81959748   (fraction of variance due to u_i)
------------------------------------------------------------------------------
F  test that all u_i=0:     F(594,3567) =     4.62         Prob > F    = 0.0000
------------------------------------------------------------------------------
Instrumented:   wks
Instruments:    exp exp2 ms
------------------------------------------------------------------------------
```

令人惊讶的是,根据估计结果,每增加一周的工作,工资的半弹性[①]减少 11.5%,尽管其系数在统计上是不显著的。工资的半弹性随工资经历而增加直到第 64 年的峰值[=0.1408/(2×0.0011)]。

比较 IV 的估计结果与 8.3 节中用带有 fe 选项的 xtreg 命令得到的结果,可发现内生解释变量 wks 系数的符号已经发生了改变,且其绝对值增加了几倍,然而外生性解释变量工作经历的系数所受影响很小。对于这个数据,IV 估计的标准误则增加了十倍多。因为工具变量 ms 与变量 wks 不是高度相关的,IV 估计导致了估计效率的巨大损失。

9.2.4 面板 IV 的扩展

我们用外部工具 ms 作为变量 wks 的工具变量。

另一种方法就是用变量 wks 的除当期之外的一期作为工具变量。这种做法的吸引力在于它与被建立有工具变量的变量高度相关,但它未必是一个有效的工具变量。在最简单的面板数据模型 $y_{it}=\mathbf{x}_{it}'\boldsymbol{\beta}+\varepsilon_{it}$ 中,如果误差项 ε_{it} 是独立的,则不在 $\mathbf{x}_{it}$ 中的任何一期的任何变量都是有效工具。一旦引入了如式(9.1)中的个体效应并对模型进行了转换,我们就要更加小心。

随后两节将分别介绍 Hausman-Taylor 估计量和 Arellano-Bond 估计量,且它们都是使用解释变量不是当期的其他期作为工具变量。

---

① 原文中是工资,实际上应该是半弹性(原作者解释有误)。——译者注

9.3 Hausman-Taylor 估计量

我们研究 FE 模型。FE 和 FD 估计量提供了一致的估计，但对于非时变解释变量系数的估计来说则不然，因为这些非时变解释变量是不能被识别的。Hausman-Taylor 估计量是一个 IV 估计量，但另外能够使非时变解释变量的系数可被估计。它之所以能这样做是因为它作出了一些特定解释变量与固定效应是不相关的强假设。然后把不是当期的而是把其他期的解释变量的值作为工具变量。

9.3.1 Hausman-Taylor 估计量

关键的步骤是要区别与固定效应不相关的解释变量和与固定效应潜在相关的一些解释变量。此外，这种方法还要区分时变解释变量和非时变解释变量。

因此个体效应模型可被改写为：

$$y_{it} = \mathbf{x}'_{1it}\boldsymbol{\beta}_1 + \mathbf{x}'_{2it}\boldsymbol{\beta}_2 + \mathbf{w}'_{1i}\boldsymbol{\gamma}_1 + \mathbf{w}'_{2i}\boldsymbol{\gamma}_2 + \alpha_i + \varepsilon_{it} \tag{9.2}$$

其中，下角标为 1 的解释变量被设定为与 α_i 是不相关的，下角标为 2 的解释变量被设定为与 α_i 是相关的，变量 **w** 定义了非时变解释变量，同时 **x** 则定义了时变解释变量。所有的解释变量都假设与 ε_{it} 不相关，而且 xtivreg 命令可明确地处理这种相关。

Hausman-Taylor 估计方法是基于随机效应模型的转换形式，这种转换使模型变为：

$$\tilde{y}_{it} = \tilde{\mathbf{x}}'_{1it}\boldsymbol{\beta}_1 + \tilde{\mathbf{x}}'_{2it}\boldsymbol{\beta}_2 + \tilde{\mathbf{w}}'_{1i}\boldsymbol{\gamma}_1 + \tilde{\mathbf{w}}'_{2i}\boldsymbol{\gamma}_2 + \tilde{\alpha}_i + \tilde{\varepsilon}_{it}$$

其中，例如，$\bar{\mathbf{x}}_{1it} = \mathbf{x}_{1it} - \hat{\theta}_i\, \bar{\mathbf{x}}_{1i}$，且 $\hat{\theta}_i$ 的公式在[XT]**xthtaylor** 中给出。

之所以使用 RE 的转换形式，是因为它不像组内转换，这里 $\tilde{\mathbf{w}}_{1i} \neq 0$ 且 $\tilde{\mathbf{w}}_{2i} \neq 0$，因此可估计 γ_1 和 γ_2。但是 $\tilde{\alpha}_i = \alpha_i(1-\hat{\theta}_i) \neq 0$，因此固定效应不能被消除，且 $\tilde{\alpha}_i$ 与 $\tilde{\mathbf{x}}_{2it}$ 和 $\tilde{\mathbf{w}}_{2i}$ 是相关的。但是，这种相关可使用 IV 估计来处理。对于 $\tilde{\mathbf{x}}_{2it}$，使用的工具变量为 $\ddot{\mathbf{x}}_{2it} = \mathbf{x}_{2it} - \bar{\mathbf{x}}_{2i}$，可证明它与 α_i 是不相关的。对于 $\tilde{\mathbf{w}}_{2i}$，它的工具为 $\bar{\mathbf{x}}_{1i}$，因此这种方法要求时变外生解释变量的个数至少与非时变内生解释变量的个数一样大。这种方法使用 $\ddot{\mathbf{x}}_{1it}$ 作为 $\tilde{\mathbf{x}}_{1i}$ 的工具，把 $\mathbf{w}_{1i}$ 作为 $\tilde{\mathbf{w}}_{1i}$ 的工具。实际上，$\mathbf{x}_1$ 作为工具使用了两次，即作为 $\bar{\mathbf{x}}_{1it}$ 和 $\bar{\mathbf{x}}_{1i}$ 的工具。通过对 $\bar{\mathbf{x}}_{1i}$ 进行平均来得到工具变量，我们使用了其他期的数据来构建工具。

9.3.2 xthtaylor 命令

xthtaylor 命令通过使用工具 $\ddot{\mathbf{x}}_{1it}$、$\ddot{\mathbf{x}}_{2it}$、$\mathbf{w}_{1i}$ 和 $\bar{\mathbf{x}}_{1i}$ 可对式(9.2)中的参数进行 IV 估计。这个命令的语法为：

xthtaylor *depvar indepvars* [*if*] [*in*][*weight*], endog (*varlist*) [*options*]

这里所有的解释变量都出现在 *indepvars* 中，且一些潜在的与 α_i 相关的解释变量出现在 endog(*varlist*)中。xthtaylor 命令不提供选项来计算聚类-稳健标准误。

这些选项包含了 amacurdy 选项，它使用了更多的工具变量。特别地，Hausman-Taylor 方法要求 $\bar{\mathbf{x}}_{1i}$ 与 α_i 不相关。如果每个 $\mathbf{x}_{1it}\,(t=1,\cdots,T)$ 与 α_i 不相关，则会有更多的工具变量，都可把 $\bar{\mathbf{x}}_{1it}$、$\bar{\mathbf{x}}_{2it}$、$\mathbf{w}_{1i}$ 和 $\mathbf{x}_{1i1},\cdots,\mathbf{x}_{1iT}$ 作为工具变量。

9.3.3 xthtaylor 命令的应用

第 8 章和本章中使用的数据最初都应用于 Hausman-Taylor 估计量,这要归因于 Baltagi 和 Khanti-Akom(1990)和 Cornwell 和 Rupert(1988)。这里我们再次介绍它们的应用。对此它用到了更多的解释变量,比我们过去使用的要多。

我们的目的就是要得到变量 ed 系数的一致估计,因为主要的兴趣在于教育对工资的影响。显然教育是一个内生变量。可假定教育只与误差项 α_i 中的特定个体的成分相关。实际上,组内估计可得出一致的估计量,但在实践中并不能得到这种估计量,因为 ed 为非时变的,故它的系数不能被估计。

相反要使用 Hausman-Taylor 估计量,它假设只有一部分解释变量与 α_i 相关。识别要求至少有一个时变解释变量与固定效应不相关。Cornwell 和 Ruppert 假设对于时变解释变量,exp、exp2、wks、ms 和 union 都是内生的,而且 occ、south,smsa 和 ind 都是外生的。对于非时变解释变量,假设 ed 是内生的,同时 fem 和 blk 是外生的。xthtaylor 命令要求只区别内生解释变量和外生解释变量,因为它能决定哪些解释变量是时变的解释变量,哪些解释变量不是时变的解释变量。

我们得到:

```
. * Hausman-Taylor example of Baltagi and Khanti-Akom (1990)
. use mus08psidextract.dta, clear
(PSID wage data 1976-82 from Baltagi and Khanti-Akom (1990))

. xthtaylor lwage occ south smsa ind exp exp2 wks ms union fem blk ed,  ///
>   endog(exp exp2 wks ms union ed)

Hausman-Taylor estimation                      Number of obs      =      4165
Group variable: id                             Number of groups   =       595

                                               Obs per group: min =         7
                                                              avg =         7
                                                              max =         7

Random effects u_i ~ i.i.d.                    Wald chi2(12)      =   6891.87
                                               Prob > chi2        =    0.0000

------------------------------------------------------------------------------
       lwage |      Coef.   Std. Err.      z    P>|z|     [95% Conf. Interval]
-------------+----------------------------------------------------------------
TVexogenous  |
         occ |  -.0207047   .0137809    -1.50   0.133    -.0477149    .0063055
       south |   .0074398    .031955     0.23   0.816    -.0551908    .0700705
        smsa |  -.0418334   .0189581    -2.21   0.027    -.0789906   -.0046761
         ind |   .0136039   .0152374     0.89   0.372    -.0162608    .0434686
TVendogenous |
         exp |   .1131328    .002471    45.79   0.000     .1082898    .1179758
        exp2 |  -.0004189   .0000546    -7.67   0.000    -.0005259   -.0003119
         wks |   .0008374   .0005997     1.40   0.163    -.0003381    .0020129
          ms |  -.0298508     .01898    -1.57   0.116    -.0670508    .0073493
       union |   .0327714   .0149084     2.20   0.028     .0035514    .0619914
TIexogenous  |
         fem |  -.1309236    .126659    -1.03   0.301    -.3791707    .1173234
         blk |  -.2857479   .1557019    -1.84   0.066    -.5909179    .0194221
TIendogenous |
          ed |    .137944   .0212485     6.49   0.000     .0962977    .1795902
             |
       _cons |   2.912726   .2836522    10.27   0.000     2.356778    3.468674
-------------+----------------------------------------------------------------
     sigma_u |  .94180304
     sigma_e |  .15180273
         rho |  .97467788   (fraction of variance due to u_i)
------------------------------------------------------------------------------
Note:  TV refers to time varying; TI refers to time invariant.
```

把这种估计结果与 8.7 节中得到的 RE 估计结果进行比较，ed 的系数从 0.112 增加到 0.138，同时其标准误从 0.0084 增加到了 0.0212。

要使常规的 IV 估计量是一个一致的估计量，就有必要假设任何工具与误差项不相关。类似地，要使 Hausman-Taylor 估计量是一致的，有必要假设所有的解释变量与模型的异质误差项 ε_{it} 是不相关，且部分解释变量与固定效应 α_i 不相关。执行了 xthtaylor 命令之后，使用用户编写命令 xtoverid 可以检验这种强假设。

9.4 Arellano-Bond 估计量

对于面板数据，如果观测到被解释变量随时间而改变，则开启了动态面板对参数估计的可能性，动态面板模型设定了一个个体的被解释变量部分地取决于前一期的值。然而正如在非面板中的情形下，我们需要谨慎对待，因为对滞后被解释变量进行 OLS 回归和序列相关的误差项会导致参数估计的不一致。

当被解释变量的一期或更多滞后期都包含在解释变量中，我们需要研究对这种短面板的固定效应模型的估计。需要通过一阶差分而不是均值差分来消除这种固定效应，其原因在 9.4.1 节的末尾中已给出。通过解释变量的适当滞后期作为工具变量对一阶差分模型中的参数进行 IV 估计可得到一致的估计量。这一估计量被称为 Arellano-Bond 估计量，使用 ivregress 或 xtivreg 命令通过大量的运算可得到这种估计量。但是，使用特定的命令 xtabond、xtdpdsys 和 xtdpd 则更加容易。这些命令还使估计更加有效，同时为模型的识别提供了合适的检验。

9.4.1 动态模型

我们研究的常规模型就是一个在 y_{it} 中有 p 阶自回归的模型(即一个 AR(p)模型)，这个模型出来有解释变量 $\mathbf{x}_{it}$ 外还把 $y_{i,t-1},\cdots,y_{i,t-p}$ 作为解释变量。这个模型为：

$$y_{it}=\gamma_1 y_{i,t-1}+\cdots+\gamma_p y_{i,t-p}+\mathbf{x}_{it}'\boldsymbol{\beta}+\alpha_i+\varepsilon_{it}, \quad t=p+1,\cdots,T \tag{9.3}$$

其中，α_i 为固定效应。解释变量 $\mathbf{x}_{it}$ 最初假设与误差项 ε_{it} 不相关，这一假设在 9.4.8 节中被放松。我们的目的就是要在 α_i 为固定效应时，对 $\gamma_1,\cdots,\gamma_p$ 和 $\boldsymbol{\beta}$ 进行一致地估计。如果 α_i 为随机效应时，这个估计量也是一致的。

式(9.3)中的动态模型对变量 y 在不同时期之间相关提出了几个十分不同的原因：(1)直接通过前几期的 y 相关，其被称为真实的状态依赖；(2)直接通过观测值 $\mathbf{x}$ 相关，其被称为可观测的异质性；(3)间接地通过时变个体效应 α_i 相关，其被称为不可观测的异质性。

这些原因对政策应用有不同的影响。为了说明这一点，我们研究一个完全的AR(1)过程的时间序列模型，即 $y_{it}=\gamma_1 y_{i,t-1}+\alpha_i+\varepsilon_{it}$ ，其中对于所有的 $t>1$ 来说，$\varepsilon_{it}\simeq 0$。假设在第 1 期有一个很大的正冲击 ε_{i1} ，它对 y_{i1} 产生了一个很大的值，说明它促使获得较低报酬的个体去从事较高报酬的工作。这样如果 $\gamma_1\simeq 1$，收入在未来几年将会维持在很高的水平(因为 $y_{i,t+1}\simeq y_{it}+\alpha_i$)；相反，如果 $\gamma_1\simeq 0$，收入在未来几年中将回落到 α_i (因为 $y_{i,t+1}\simeq\alpha_i$)。

最为重要的是，要注意到一旦引入了滞后的解释变量，组内估计量就是不一致的。这是因为组内估计模型的第一个解释变量 $y_{i,t-1}-\overline{y}_i$ 与误差项 $\varepsilon_{it}-\overline{\varepsilon}_i$ 是相关的，因为

$y_{i,t-1}$ 与 $\varepsilon_{i,t-1}$ 是相关的,进而与 $\bar{\varepsilon}_i$ 也是相关的。此外,使用滞后期的 IV 估计是不可行的,因为任何滞后的 $y_{i,s}$ 与 $\bar{\varepsilon}_i$ 相关,进而也与 $\varepsilon_{i,t}-\bar{\varepsilon}_i$ 相关。相反,尽管 FD 估计量也是不一致的,但是使用了 y_{it} 的合适滞后期作为工具变量的 FD 模型的 IV 估计量也会得到一致的参数估计。

9.4.2 FD 模型中 IV 估计

FD 模型为:

$$\Delta y_{it}=\gamma_1\Delta y_{i,t-1}+\cdots+\gamma_p\Delta y_{i,t-p}+\Delta\mathbf{x}_{it}'\boldsymbol{\beta}+\Delta\varepsilon_{it},\quad t=p+1,\cdots,T \tag{9.4}$$

对此我们所作的基本假设是:ε_{it} 不是序列相关的,这是它与许多分析的重要区别,其他分析对于给定的个体允许 ε_{it} 在不同的时间上是相关的。这种假设是可检验的,如果 p 足够大,这个假设可能得到满足,而且使用 9.4.8 节中所介绍的 xtdpd 命令可以放松这一假设。

与静态模型相比,一阶差分数据的 OLS 回归得到不一致的参数估计,因为即使 ε_{it} 不存在序列相关,但是解释变量 $\Delta y_{i,t-1}$ 与误差项 $\Delta\varepsilon_{it}$ 是相关的。对于存在序列不相关的ε_{it},*FE* 模型的误差项 $\Delta\varepsilon_{it}=\varepsilon_{it}-\varepsilon_{i,t-1}$ 与 $\Delta y_{i,t-1}=y_{i,t-1}-y_{i,t-2}$ 是相关的,因为 $y_{i,t-1}$ 取决于 $\varepsilon_{i,t-1}$ 。同时,当 $k\geqslant 2$,$\Delta\varepsilon_{it}$ 与 $\Delta y_{i,t-k}$ 是不相关的,使用滞后期变量作为工具变量就开启了 IV 估计的可能性。

Anderson 和 Hsiao(1981)提出了 IV 估计的方法,即使用 $y_{i,t-2}$(它与 $\Delta\varepsilon_{it}$ 是不相关的)作为 $\Delta y_{i,t-1}$ 的工具变量。其他滞后被解释变量可作为自身的工具变量。如果解释变量 $\mathbf{x}_{it}$ 是严格外生的,则它们可作为自身的工具变量;然而如果它们不是严格外生的,它们也可以有工具变量,详见以下所述。

使用被解释变量额外的滞后期作为工具变量也可得到更有效的 IV 估计量,见 Holtz-Eakin、Newey 和 Rosen(1988)。Arellano 和 Bond(1991)详细介绍了执行这个估计的方法,同时对 ε_{it} 不存在序列自相关这个基本假设提供了检验,此后这个估计量被称为 Arellano-Bond 估计量。因为这个工具的设定是非平衡的且相当复杂,所以 Stata 提供了独特的 xtabond 命令。

9.4.3 xtabond 命令

xtabond 命令的语法为:

xtabond *depvar* [*indepvars*] [*if*] [*in*] [, *option*]

被解释变量的滞后期数,即式(9.4)中的 p 可使用 lags(#)选项来定义,其默认值为 $p=1$。解释变量的声明有不同的方式,它取决于这个解释变量的类型。

第一,严格外生的解释变量与 ε_{it} 不相关,它并没有特殊的处理,即把自己作为自己的工具变量,它被指定在 indepvars 选项中。

第二,先决解释变量①或弱外生的解释变量与前期的误差项相关,但与下期的误差

① 部分学者把它译为前定解释变量。——译者注

项不相关,即对于 $s < t, E(x_{it}\varepsilon_{is}) \neq 0$;且对于 $s \geqslant t, E(x_{it}\varepsilon_{is}) = 0$。这些解释变量也可用同样的方式来建立其工具变量,就如同把 $y_{i,t-1}$ 后续的滞后项作为其工具。特别地,用 $x_{i,t-1}, x_{i,t-2}, \cdots$ 作为 x_{it} 的工具变量。使用 pre(*varlist*)选项可把这些解释变量设定在 varlist 中。

第三,一个解释变量可能是一个同期的内生性解释变量:当对于 $s \leqslant t, E(x_{it}\varepsilon_{is}) \neq 0$;且对于 $s > t, E(x_{it}\varepsilon_{is}) = 0$,现在则有 $E(x_{it}\varepsilon_{is}) \neq 0$。因此在 FD 模型中,$x_{i,t-1}$ 不再是一个有效的工具变量。x_{it} 的工具现在变为 $x_{i,t-2}, x_{i,t-3}, \cdots$ 。使用 endogenous(*varlist*)选项可把这些解释变量设定在 varlist 中。

最后,使用 inst(*varlist*)选项可把其他的工具设定在 varlist 中。

特别是在 T 很大的情况下,许多工具是可利用的。如果使用了过多的工具,渐近理论对估计量的分布提供了较差的有限样本近似。maxldep(#)选项设定了被作为工具的解释变量的最大滞后期数。maxlags(#)sub 选项设定了被作为先决变量和内生变量的最大滞后数量。此外,lagstruct(lags,endlags)选项可以单独应用于包含在 pre(*varlist*)和 endogenous(*varlist*)中的各个变量。

可以得到两个不同的 IV 估计量,见 6.2 节。2SLS 估计量也被称为一阶估计量,它是默认的。由于该模型是过度识别的,使用最佳广义矩方法(GMM)也可获得更有效的估计,也称为两阶段估计量,因为第一阶段估计是为了获得最优的加权矩阵,再将其用于第二阶段的估计。使用 twostep 选项可获得 GMM 估计量。

vce(robust)选项提供了估计量(VCE)的协方差矩阵的异方差一致估计。如果 ε_{it} 是序列相关的,这个估计量就不再是一致的,因此对于这种情况不存在聚类-稳健 VCE。

对于 xtabond 的估计后命令包括 estate abond,它主要用来检验没有误差自关性的假设,另外的估计后 estat sargan 命令主要用来执行过度识别约束检验,见 9.4.6 节。

9.4.4 Arellano-Bond 估计量:完全的时间序列

具体而言,我们来研究没有其他解释变量的关于 lnwage 的 AR(2)模型,它包含了 7 年的数据。我们有足够的数据来得到模型中的 IV 估计,该模型为:

$$\Delta y_{it} = \alpha + \gamma_1 \Delta y_{i,t-1} + \gamma_2 \Delta y_{i,t-2} + \Delta\varepsilon_{it}, \quad t = 4,5,6,7 \tag{9.5}$$

当 $t=4$ 时,有两个工具变量,y_{i1} 和 y_{i2} ,因为它们都与 $\Delta\varepsilon_{i4}$ 是不相关的。当 $t=5$ 时,则有 3 个工具变量,y_{i1}, y_{i2} 和 y_{i3} ,它们都与 $\Delta\varepsilon_{i5}$ 是不相关的。以此类推,当 $t=6$ 时,有 4 个工具变量,$y_{i1}, \cdots, y_{i4}$;当 $t=7$ 时,有 5 个工具,$y_{i1}, \cdots, y_{i5}$ 。总之,对于这个被解释变量滞后两期的解释变量来说,有 2+3+4+5=14 个工具变量。此外,截距项是自身的一个工具变量。使用 2SLS 或更有效的最优 GMM 可得到它的估计,因为模型是过度识别的。因为工具变量的设置是非平衡的,使用 xtabond 命令比人工设置工具变量后再使用 ivregress 命令容易得多。

我们将这个估计量用来估计工资数据的 AR(2)模型,最初其并没有其他解释变量。

```
. * 2SLS or one-step GMM for a pure time-series AR(2) panel model
. use mus08psidextract.dta, clear
(PSID wage data 1976-82 from Baltagi and Khanti-Akom (1990))

. xtabond lwage, lags(2) vce(robust)

Arellano-Bond dynamic panel-data estimation  Number of obs        =      2380
Group variable: id                           Number of groups     =       595
Time variable: t
                                             Obs per group:    min =         4
                                                               avg =         4
                                                               max =         4

Number of instruments =     15               Wald chi2(2)         =    1253.03
                                             Prob > chi2          =     0.0000
One-step results
                                   (Std. Err. adjusted for clustering on id)

                         Robust
       lwage      Coef.   Std. Err.      z    P>|z|     [95% Conf. Interval]

       lwage
         L1.   .5707517   .0333941    17.09   0.000     .5053005    .6362029
         L2.   .2675649   .0242641    11.03   0.000     .2200082    .3151216

       _cons   1.203588    .164496     7.32   0.000     .8811814    1.525994

Instruments for differenced equation
        GMM-type: L(2/.).lwage
Instruments for level equation
        Standard: _cons
```

总共有 4×595＝2380 个观测值,因为为了构建 $\Delta y_{i,t-2}$,损失了前三年的数据。这个结果报告了原始水平模型的估计结果,包括被解释变量 y_{it} ,解释变量是滞后被解释变量 $y_{i,t-1}$ 和 $y_{i,t-2}$,尽管可以自动地拟合 FD 模型。正如已经做出的解释,共有 15 个工具变量,输出结果中 L(2/.)表示 $y_{i,t-2}, y_{i,t-3}, \cdots, y_{i,1}$ 都是 t 期的工具变量。工资主要取决于过去期的工资,滞后期权重的和为 0.57＋0.27＝0.84。

上述给出的结果主要是 2SLS 或第一阶段估计量的估计结果。报告的标准误都是稳健的标准误,它允许基本的误差项 ε_{it} 是异质性的,但不允许在 ε_{it} 中存在任何序列相关,不然估计量就是不一致的。

使用最优或两阶段 GMM 估计可得到最有效的估计,因为该模型是过度识别的。报告的标准误使用了标准计量经济学教材中的公式,但是在有限样本中两阶段 GMM 估计量的标准误是下偏的。一个更好的标准误估计是由 Windmeijer(2005)提出来的,使用 vce(robust)选项就可得到这个更好的标准误。至于一阶段估计量,它的标准误都允许在 ε_{it} 中存在异方差。

对于我们数据的两阶段 GMM 估计为:

```
. * Optimal or two-step GMM for a pure time-series AR(2) panel model
. xtabond lwage, lags(2) twostep vce(robust)

Arellano-Bond dynamic panel-data estimation  Number of obs         =      2380
Group variable: id                           Number of groups      =       595
Time variable: t
                                             Obs per group:    min =         4
                                                               avg =         4
                                                               max =         4

Number of instruments =     15               Wald chi2(2)          =   1974.40
                                             Prob > chi2           =    0.0000
Two-step results
                                  (Std. Err. adjusted for clustering on id)

------------------------------------------------------------------------------
             |              WC-Robust
       lwage |      Coef.   Std. Err.      z    P>|z|     [95% Conf. Interval]
-------------+----------------------------------------------------------------
       lwage |
         L1. |   .6095931   .0330542    18.44   0.000      .544808    .6743782
         L2. |   .2708335   .0279226     9.70   0.000     .2161061    .3255608
             |
       _cons |   .9182262   .1339978     6.85   0.000     .6555952    1.180857
------------------------------------------------------------------------------
Instruments for differenced equation
        GMM-type: L(2/.).lwage
Instruments for level equation
        Standard: _cons
```

这里一阶段估计量和两阶段估计量有类似的估计系数，且标准误也是类似的，因此，在两阶段估计中并没有提高效率。

当 T 很大时，Arellano-Bond 方法会产生很多工具变量，会导致很差的渐近估计效果。使用 maxldep()选项可以限制工具变量的数目。例如，我们仅使用第一阶滞后变量的工具变量，则只有 $y_{i,t-2}$ 是 t 期的工具变量。

```
. * Reduce the number of instruments for a pure time-series AR(2) panel model
. xtabond lwage, lags(2) vce(robust) maxldep(1)

Arellano-Bond dynamic panel-data estimation  Number of obs         =      2380
Group variable: id                           Number of groups      =       595
Time variable: t
                                             Obs per group:    min =         4
                                                               avg =         4
                                                               max =         4

Number of instruments =      5               Wald chi2(2)          =   1372.33
                                             Prob > chi2           =    0.0000
One-step results
                                  (Std. Err. adjusted for clustering on id)

------------------------------------------------------------------------------
             |               Robust
       lwage |      Coef.   Std. Err.      z    P>|z|     [95% Conf. Interval]
-------------+----------------------------------------------------------------
       lwage |
         L1. |   .4863642   .1919353     2.53   0.011      .110178    .8625505
         L2. |   .3647456   .1661008     2.20   0.028      .039194    .6902973
             |
       _cons |   1.127609   .2429357     4.64   0.000     .6514633    1.603754
------------------------------------------------------------------------------
Instruments for differenced equation
        GMM-type: L(2/2).lwage
Instruments for level equation
        Standard: _cons
```

这里共有 5 个工具变量:当 $t=4$ 时,为 y_{i2};当 $t=5$ 时,为 y_{i3};当 $t=6$ 时,为 y_{i4};当 $t=7$ 时,为 y_{i5},且截距项为自身的工具变量。

在这个例子中,估计效率损失很大,因为现在的标准误增大了 6 倍。相反,如果我们使用 maxldep(2)选项,就会得到 8 个工具变量而不是原来的 15 个,这种无效的估计就会消失。

9.4.5 Arellano-Bond 估计量:附加其他解释变量

现在我们介绍不是被解释变量滞后期的解释变量。

我们拟合关于 lwage 模型,它与 9.3 节中所设定的模型相似。非时变的解释变量 fem、blk 和 ed 都被删除了,因为在第一阶差分后它们被消掉了。解释变量 occ、south、smsa 和 ind 被当作严格外生的解释变量。解释变量 wks 同时具有当期和滞后一期的形式,且它被当作先决变量。解释变量 ms 和 union 被当作内生的解释变量。被解释变量 lwage 的前两个滞后期也被当作解释变量。

该模型省略了一个重要解释变量,工作经历的年数(exp)。对于这个数据,分解前几期工资和工作经历的单独效应是非常困难的。因此当把两者都包括在解释变量中,估计就变得很不准确。因为这里希望重点强调滞后期工资的作用,我们在模型中排除了工作经历这个变量。

使用最优的 GMM 或两阶段 GMM 来拟合模型,并报告稳健标准误。这些严格外生的变量作为常规的解释变量。而相反,先决和内生变量就被用于指定选项中,同时要对现有且被实际当作工具变量使用的变量的个数进行限制。被解释变量有两个滞后期,同时设定 maxldep(3)选项则最多有滞后三期被用作工具变量。例如,当 $t=7$ 时,工具变量为 y_{i5}、y_{i4} 和 y_{i3}。设定 pre(wks,lag(1,2))选项则变量 wks 和 L1.wks 都是解释变量,且只有另外两个滞后期被用作工具变量。设定 endogenous(ms,lag(0,2))选项表示变量 ms 仅作为当期的解释变量,且最多有两个另外的滞后期作为工具变量。设定的 artests(3)选项并不影响估计,但会影响估计后的命令 estat abond,这将在下一节中解释,则有:

```
. * Optimal or two-step GMM for a dynamic panel model
. xtabond lwage occ south smsa ind, lags(2) maxldep(3)pre(wks,lag(1,2))
>   endogenous(ms,lag(0,2))endogenous(union,lag(0,2)) twostep vce(robust)
>   artests(3)

Arellano-Bond dynamic panel-data estimation  Number of obs       =      2380
Group variable: id                           Number of groups    =       595
Time variable: t
                                             Obs per group:  min =         4
                                                             avg =         4
                                                             max =         4

Number of instruments =     40               Wald chi2(10)       =   1287.77
                                             Prob > chi2         =    0.0000
Two-step results
                                       (Std. Err. adjusted for clustering on id)
```

lwage	Coef.	WC-Robust Std. Err.	z	P>|z|	[95% Conf.	Interval]
lwage						
L1.	.611753	.0373491	16.38	0.000	.5385501	.6849559
L2.	.2409058	.0319939	7.53	0.000	.1781989	.3036127
wks						
--.	-.0159751	.0082523	-1.94	0.053	-.0321493	.000199
L1.	.0039944	.0027425	1.46	0.145	-.0013807	.0093695
ms	.1859324	.144458	1.29	0.198	-.0972	.4690649
union	-.1531329	.1677842	-0.91	0.361	-.4819839	.1757181
occ	-.0357509	.0347705	-1.03	0.304	-.1038999	.032398
south	-.0250368	.2150806	-0.12	0.907	-.446587	.3965134
smsa	-.0848223	.0525243	-1.61	0.106	-.187768	.0181235
ind	.0227008	.0424207	0.54	0.593	-.0604422	.1058437
_cons	1.639999	.4981019	3.29	0.001	.6637377	2.616261

```
Instruments for differenced equation
        GMM-type: L(2/4).lwage L(1/2).L.wks L(2/3).ms L(2/3).union
        Standard: D.occ D.south D.smsa D.ind
Instruments for level equation
        Standard: _cons
```

由于包括了附加的解释变量，被解释变量滞后期的系数变化很小，但且标准误增加了 10%～15%。附加解释变量的系数在 5%的显著性水平上都是统计不显著的。相反，对于并没有包含被解释变量滞后项的静态模型，使用组内估计量所得到的一些解释变量的系数是统计显著的。

上述结果解释了使用的工具变量。例如，L(2/4).lwage 意味着在 $\text{lwage}_{i,t-2}$，$\text{lwage}_{i,t-3}$ 和 $\text{lwage}_{i,t-4}$ 是可得的情况下它们都被用作工具变量。在初始期 $t=4$ 时，这些变量只有前两期存在，然而在 $t=5,6,7$ 时，这些变量所有三期都存在，则总共有 2+3+3+3=11 个工具变量。通过类似的分析，L(1/2).L.wks，L(2/3).ms 和 L(2/3).union 每个都有 8 个工具变量，且还有 5 个标准的工具变量。总之，有 11+8+8+8+5=40 个工具变量，正如输出结果的顶部所示。

9.4.6 模型设定检验

为了估计的一致性，xtabond 命令要求误差项 ε_{it} 为序列不相关。我们可对该假设进行检验。

特别地，如果 ε_{it} 为序列不相关，则 $\Delta\varepsilon_{it}$ 与 $\Delta\varepsilon_{it-1}$ 是相关的，因为 $\text{Cov}(\Delta\varepsilon_{it},\Delta\varepsilon_{i,t-1})=\text{Cov}(\varepsilon_{it}-\varepsilon_{i,t-1},\varepsilon_{i,t-1}-\varepsilon_{i,t-2})=-\text{Cov}(\varepsilon_{i,t-1},\varepsilon_{i,t-1})\neq 0$，但当 $k\geqslant 2$ 时，$\Delta\varepsilon_{it}$ 与 $\Delta\varepsilon_{it-k}$ 是不相关的。当 $k\geqslant 2$ 时，检验 $\Delta\varepsilon_{it}$ 与 $\Delta\varepsilon_{it-k}$ 相关的检验的计算是基于拟合的残差 $\Delta\hat{\varepsilon}_{it}$ 自相关。使用 estat abond 命令可以执行这种检验。

该命令默认的设置是检验滞后两期，但这里也可检验滞后第三期。可以使用两种方法来实现这种检验：一种方法就是使用带有 artests(3)选项的 estat abond 命令，它可对先前使用的 xtabond 命令中的估计量的进行重复计算；另一种方法就是把 artests(3)选项放在 xtabond 命令中，在这种情况下仅用到 estat abond 命令，而不需要重复计算。

在例子中，把 artests(3)选项包含在先前使用的 xtabond 命令中，可得到：

```
. * Test whether error is serially correlated
. estat abond

Arellano-Bond test for zero autocorrelation in first-differenced errors

  +-----------------------+
  |Order |  z      Prob > z|
  |------+----------------|
  |   1  |-4.5244  0.0000 |
  |   2  |-1.6041  0.1087 |
  |   3  | .35729  0.7209 |
  +-----------------------+
   H0: no autocorrelation
```

原假设为:对于 $k=1,2,3$ 时有 $\mathrm{Cov}(\Delta\varepsilon_{it},\Delta\varepsilon_{i,t-k})=0$。如果 $p<0.05$,则意味着在0.05的显著性水平上拒绝原假设。正如以上的解释,如果 ε_{it} 不存在序列相关,我们预期:在滞后一期水平上可以拒绝原假设,但在更高滞后期水平上并不拒绝原假设。实际上,上述结果就是这种情况。我们在滞后一期水平上拒绝原假设,因为 $p=0.000$。在滞后二期水平上,$\Delta\varepsilon_{it}$ 与 $\Delta\varepsilon_{it-2}$ 不存在序列相关,因为 $p=0.109>0.05$。类似的,在滞后三期的水平上,并没有序列相关的证据,因为 $p=0.721>0.05$。在原始的误差项 ε_{it} 中不存在序列相关,正如我们所预期的那样。

第二种模型设定是对过度识别约束检验,见6.3.7节。这里为了估计11个参数共用到了40个工具变量,因此有29个过度识别约束。使用 estat sargan 命令可执行这一检验。如果在 xtabond 命令之后使用了 vce(robust)选项,该命令是不能执行的,因为这个检验不再有效。这是因为它要求误差项 ε_{it} 为独立同分布的(i.i.d.)。因此,我们需要首先运行不带这一选项的 xtabond 命令,则有:

```
. * Test of overidentifying restrictions (first estimate with no vce(robust))
. quietly xtabond lwage occ south smsa ind, lags(2) maxldep(3) ///
>   pre(wks,lag(1,2)) endogenous(ms,lag(0,2))            ///
>   endogenous(union,lag(0,2)) twostep artests(3)

. estat sargan
Sargan test of overidentifying restrictions
        H0: overidentifying restrictions are valid

        chi2(29)      =  39.87571
        Prob > chi2   =    0.0860
```

原假设为总体矩条件是正确的,由于 $p=0.086>0.05$,没有拒绝原假设。

9.4.7　xtdpdsys 命令

Arellano-Bond 估计量使用的 IV 估计量是基于以下假设:在式(9.3)中,当 $s\leqslant t-2$ 时,则有 $E(y_{is}\Delta\varepsilon_{it})=0$,因此被解释变量的滞后变量 $y_{i,t-2},y_{i,t-3},\cdots$ 都可用作式(9.4)中在一阶差分式模型的工具变量。一些文献认为应该使用其他矩条件来获得估计精度更高和有限样本性质更好的估计量。特别地,Arellano 和 Bover(1995)与 Blundell 和 Bond(1998)认为,应该使用其他条件 $E(\Delta y_{i,t-1}\varepsilon_{it})=0$,因此我们也在式(9.3)中的水平形式的方程中使用了这一条件,且把差分 $\Delta y_{i,t-1}$ 当作工具变量。对于内生性和先决变量也增加了其他类似矩条件,且它们的一阶差分被当作工具变量。

使用在 Stata 10 中引入的 xtdpdsys 命令可得到这个估计量。使用用户编写的 xtabond2 命令也可得到这个估计量。其语法与 xtabond 命令的语法完全相同，使用 xtdpdsys 命令而不是 xtabond 命令，对 9.4.5 节中的模型重新拟合。

```
. * Arellano/Bover or Blundell/Bond for a dynamic panel model
. xtdpdsys lwage occ south smsa ind, lags(2) maxldep(3)pre(wks,lag(1,2))
>   endogenous(ms,lag(0,2))endogenous(union,lag(0,2)) twostep vce(robust)
>   artests(3)

System dynamic panel-data estimation         Number of obs      =      2975
Group variable: id                           Number of groups   =       595
Time variable: t
                                             Obs per group:   min =         5
                                                              avg =         5
                                                              max =         5

Number of instruments =     60               Wald chi2(10)      =   2270.88
                                             Prob > chi2        =    0.0000
Two-step results
------------------------------------------------------------------------------
             |              WC-Robust
       lwage |      Coef.   Std. Err.      z    P>|z|     [95% Conf. Interval]
-------------+----------------------------------------------------------------
       lwage |
         L1. |   .6017533   .0291502    20.64   0.000     .5446199    .6588866
         L2. |   .2880537   .0285319    10.10   0.000     .2321322    .3439752
             |
         wks |
         --. |  -.0014979   .0056143    -0.27   0.790    -.0125017     .009506
         L1. |   .0006786   .0015694     0.43   0.665    -.0023973    .0037545
             |
          ms |   .0395337   .0558543     0.71   0.479    -.0699386    .1490061
       union |  -.0422409   .0719919    -0.59   0.557    -.1833423    .0988606
         occ |  -.0508803   .0331149    -1.54   0.124    -.1157843    .0140237
       south |  -.1062817    .083753    -1.27   0.204    -.2704346    .0578713
        smsa |  -.0483567   .0479016    -1.01   0.313    -.1422422    .0455288
         ind |   .0144749    .031448     0.46   0.645    -.0471621    .0761118
       _cons |   .9584113   .3632287     2.64   0.008     .2464961    1.670327
------------------------------------------------------------------------------
Instruments for differenced equation
        GMM-type: L(2/4).lwage L(1/2).L.wks L(2/3).ms L(2/3).union
        Standard: D.occ D.south D.smsa D.ind
Instruments for level equation
        GMM-type: LD.lwage LD.wks LD.ms LD.union
        Standard: _cons
```

上述结果中有 60 个工具变量而不是 40 个工具变量，因为当 $t=3,\cdots,7$ 时，这 5 个期的每一期，变量 lwage、wks、ms 和 union 一阶差分的滞后期都存在。上述结果中，估计系数有一些改变。更值得注意的是，标准误减少了 10%～60%，它反映了更高的精度，因为使用了另外的矩条件。

这个程序假设误差项 ε_{it} 不存在序列相关。使用估计后 estat abond 命令可对该假设进行检验，但上述输出结果并没有给出，该检验确认了误差项不存在序列相关。如果 xtdpdsys 命令运行时使用了默认标准误，那么可使用 estat sargan 命令来检验过度识别条件。

9.4.8 xtdpd 命令

上述估计量和命令要求模型的误差项 ε_{it} 不存在序列相关。如果该假设被拒绝了(可用 estat abond 命令检验)，则一种可能的方法就是把更多被解释变量的滞后期作为解释变量,以此希望用这种方法消除误差项中的任何序列相关。

另一种方法就是使用 xtdpd 命令,它是动态面板数据的首字母缩写,它允许 ε_{it} 遵循低阶的移动平均(MA)过程。该命令也允许先决变量有更复杂的结构。

对于 xtdpd 命令,使用了完全不同的语法,它把所有的变量和工具变量引入模型中,见[XT]**xtdpd**。实际上,可设定一个变量串,它包含模型所有的解释变量(滞后被解释变量、外生变量、先决变量和内生变量),然后再使用选项来设定工具变量。对于外生解释变量使用 div()选项,对于其他内生解释变量使用 dgmmiv()选项,并清晰地说明每个解释变量的滞后期被用作工具变量。水平形式方程的工具变量可用作在 xtdpdsys 命令中,同时可用 lgmmiv()选项来设定。

作为一个例子,我们并不对 xtdpd 命令进行解释,该命令可完全再现上节中 xtdpdsys 命令所得到的结果,则有:

```
. * Use of xtdpd to exactly reproduce the previous xtdpdsys command
. xtdpd L(0/2).lwage L(0/1).wks occ south smsa ind ms union,
>   div(occ south smsa ind) dgmmiv(lwage, lagrange(2 4))
>   dgmmiv(ms union, lagrange(2 3)) dgmmiv(L.wks, lagrange(1 2))
>   lgmmiv(lwage wks ms union) twostep vce(robust) artests(3)

Dynamic panel-data estimation                 Number of obs        =      2975
Group variable: id                            Number of groups     =       595
Time variable: t
                                              Obs per group:    min =        5
                                                                avg =        5
                                                                max =        5

Number of instruments =     60                Wald chi2(10)        =   2270.88
                                              Prob > chi2          =    0.0000
Two-step results
                                    (Std. Err. adjusted for clustering on id)

------------------------------------------------------------------------------
             |              WC-Robust
       lwage |      Coef.   Std. Err.      z    P>|z|     [95% Conf. Interval]
-------------+----------------------------------------------------------------
       lwage |
         L1. |   .6017533   .0291502    20.64   0.000     .5446199    .6588866
         L2. |   .2880537   .0285319    10.10   0.000     .2321322    .3439752
             |
         wks |
         --. |  -.0014979   .0056143    -0.27   0.790    -.0125017     .009506
         L1. |   .0006786   .0015694     0.43   0.665    -.0023973    .0037545
             |
         occ |  -.0508803   .0331149    -1.54   0.124    -.1157843    .0140237
       south |  -.1062817    .083753    -1.27   0.204    -.2704346    .0578713
        smsa |  -.0483567   .0479016    -1.01   0.313    -.1422422    .0455288
         ind |   .0144749    .031448     0.46   0.645    -.0471621    .0761118
          ms |   .0395337   .0558543     0.71   0.479    -.0699386    .1490061
       union |  -.0422409   .0719919    -0.59   0.557    -.1833423    .0988606
       _cons |   .9584113   .3632287     2.64   0.008     .2464961    1.670327
------------------------------------------------------------------------------
Instruments for differenced equation
        GMM-type: L(2/4).lwage L(2/3).ms L(2/3).union L(1/2).L.wks
        Standard: D.occ D.south D.smsa D.ind
Instruments for level equation
        GMM-type: LD.lwage LD.wks LD.ms LD.union
        Standard: _cons
```

现在我们假设式(9.3)中的误差项 ε_{it} 为 MA(1)形式，因此 $\varepsilon_{it}=\eta_{it}+\delta\eta_{i,t-1}$ ，其中 η_{it} 服从独立同分布。这样 $y_{i,t-2}$ 不再是有效的工具变量，但 $y_{i,t-3}$ 和其他更大滞后期则是有效的工具变量，而且对于水平形式的方程来说，$\Delta y_{i,t-1}$ 不再是有效的工具变量，但 $\Delta y_{i,t-2}$ 是有效的工具变量。我们只需要改变变量 lwage 的 dgmmiv()和 lgmmiv()选项的设定，这个命令则变为：

```
. * Previous command if model error is MA(1)
. xtdpd L(0/2).lwage L(0/1).wks occ south smsa ind ms union,
>   div(occ south smsa ind) dgmmiv(lwage, lagrange(3 4))
>   dgmmiv(ms union, lagrange(2 3)) dgmmiv(L.wks, lagrange(1 2))
>   lgmmiv(L.lwage wks ms union) twostep vce(robust) artests(3)
```

输出结果与 xtdpdsys 命令的输出结果相同。

9.5 混合(分层)线性模型

在 RE 模型中假设特定个体的截距项与解释变量不相关。更多的模型则另外允许斜率参数随个体或时间而发生改变。我们介绍了两种这类模型，即混合(分层)线性模型[①]和缺乏弹性的随机系数模型。

这些模型都是更为精致的 RE 模型。它们在微观计量面板数据模型不经常使用，是因为人们更关注于 FE 模型。即使 RE 模型是更合适的，使用带 pa 选项的 xtreg 命令(即对这个误差项的时间序列系自相关设定一个合适的工作矩阵)这是更简单和更有效的。混合(分层)线性模型在聚类数据的条件下比在面板数据的条件下更有用，见 9.6 节。

9.5.1 混合(分层)线性模型

混合(分层)线性模型就是对依赖于可观测变量的被解释变量 y_{it} 的条件方差和协方差进行设定的模型。极大似然(ML)估计或可行的广义最小二乘(FGLS)估计适用于这种模型的分析，只要该模型的条件方差和协方差是正确设定的，模型参数的条件均值的估计就更加有效。

y_{it} 的条件均值被设定为 $\mathbf{x}_{it}'\boldsymbol{\beta}$，其中，解释变量 $\mathbf{x}_{it}$ 中包含一个截距项。y_{it} 的观测值等于条件均值 $\mathbf{x}_{it}$ 加上误差项 $\mathbf{z}_{it}'\mathbf{u}_i+\varepsilon_{it}$，其中，$\mathbf{z}_{it}$ 为可观测变量，$\mathbf{u}_i$ 和 ε_{it} 服从独立同分布，并且都是服从均值为 0 的正态分布的随机变量，则有：

$$y_{it}=\mathbf{x}_{it}'\boldsymbol{\beta}+\mathbf{z}_{it}'\mathbf{u}_i+\varepsilon_{it} \tag{9.6}$$

其中，$\mathbf{u}_i\sim N(0,\Sigma_{\mathbf{u}})$且 $\varepsilon_{it}\sim N(0,\sigma_\varepsilon^2)$ 。$\Sigma_{\mathbf{u}}$中的方差和协方差被称为 RE 参数。

混合(分层)线性模型的文献把条件均值参数 $\boldsymbol{\beta}$ 作为固定效应，它与被称为随机效应的误差项 $\mathbf{u}_i$ 正好相反。我们尽量不使用这一术语，因为它与使用“固定效应”这一术语的差异很大。实际上，如果 8.2.2 节中所定义的固定效应是存在的，则本节的估计量是不一致的。

---

① 为了与 pooled 模型进行区分，本书将 mixed 模型都译为混合(分层)模型(也被称为多水平模型)，而把前者都译为混合数据模型。——译者注

$\mathbf{z}_{it}$的具体选择导致了一些标准模型。当$\mathbf{z}_{it}=0$时就可以得到混合数据 OLS 模型。当$z_{it}=1$时,就可得到 8.7 节中的 RE 模型,是因为只有截距项是随机的。当$\mathbf{z}_{it}=\mathbf{x}_{it}$时,这个模型通常被称为随机系数模型,因此在解释变量$\mathbf{x}_{it}$中,截距项和斜率系数都是随机的。分层线性模型的框架(见 9.6.4 节)会导致$\mathbf{z}_{it}$有更多的选择。

通过 ML 或 ML 的渐近等价变换形式(被称为受限的极大似然估计(REML))可得到混合(分层)线性模型的估计,在平衡的样本中它所得到的方差估计值是无偏的。假设误差项服从正态分布,$\boldsymbol{\beta}$的一致性是不必要的,因为实际上一致性要求$E(y_{it}|\mathbf{x}_{it},\mathbf{z}_{it})=\mathbf{x}_{it}'\boldsymbol{\beta}$。然而,要报告正确的标准误要求独立同分布的误差满足$\mathbf{u}_i\sim[\mathbf{0},\Sigma_u]$和$\varepsilon_{it}\sim[0,\sigma_\varepsilon^2]$这两个条件。

9.5.2 xtmixed 命令

使用 xtmixed 命令可以拟合多水平的混合效应模型。在这个命令中先定义式(9.6)中的被解释变量和解释变量,其后使用两条垂直线||,再定义模型的一部分随机效应$\mathbf{u}_i$。

例如,如果我们想将y_{it}对截距项和x_{it}进行回归,则使用命令 xtmixed y x || id:z, mle。变量 id 用来识别个体 i,随机效应随着截距项和变量z_{it}而变化,使用 ML 来进行估计。

该命令的一般语法为:

xtmixed *depvar* [*fe_equation*] [|| *re_equation* …] [|| *re_equation* …] [, *options*]

被解释变量y_{it}被设定在 *depvar* 中。解释变量被设定在 *fe_equation* 中,其语法为:

indepvars [*if*] [*in*] [, *fe_options*]

其中,*indepvars* 命令定义了解释变量$\mathbf{x}_{it}$,如果解释变量中没有包含截距项,就要另外使用 *fe_option* noconstant 选项。RE 模型被设定在 *re_equation* 中,其语法为:

levelvar: [*varlist*] [, *re_options*]

其中,*levelvar* 为个体单位识别符,变量$\mathbf{z}_{it}$设定在 *varlist* 中,如果没有随机截距项,则另外使用 *re_option* noconstant 选项。选项 *re_option* covariance(vartype)对Σ_u的结构进行了约束,其中 *vartype* 包括了 independent(它是默认的,它对Σ_u对角线进行了约束)选项和 unstructured(它对Σ_u的结构没有约束)选项。

如果利用了 mle 选项,则可使用 ML 估计。如果利用了 reml 选项,则可使用渐近估计等价的 REML(默认的)进行估计。对于多水平模型,可使用一系列的 *re_equations* 选项来设定不同的水平,每一个水平用||分开。其讲解见 9.6.4 节。对于 VCE 的其他估计并没有选项。

9.5.3 随机截距项模型

当限定$\mathbf{u}_i=1$时就得到随机截距项模型,它与 8.7 节中的 RE 模型是完全相同的。

使用 xtmixed 命令可对这个模型进行拟合,且这个模型中的 RE 部分可简单定义为 id:。变量 id 用来识别个体单元,且该模型的默认设置包括了个体单元的一个随机截距项。使用 mle 选项可得到:

```
. use mus08psidextract.dta, clear
(PSID wage data 1976-82 from Baltagi and Khanti-Akom (1990))

. xtmixed lwage exp exp2 wks ed || id:, mle

Performing EM optimization:

Performing gradient-based optimization:

Iteration 0:   log likelihood =  293.69563
Iteration 1:   log likelihood =  293.69563

Computing standard errors:

Mixed-effects ML regression                     Number of obs      =      4165
Group variable: id                              Number of groups   =       595

                                                Obs per group: min =         7
                                                               avg =       7.0
                                                               max =         7


                                                Wald chi2(4)       =   6160.60
Log likelihood =  293.69563                     Prob > chi2        =    0.0000

------------------------------------------------------------------------------
       lwage |      Coef.   Std. Err.      z    P>|z|     [95% Conf. Interval]
-------------+----------------------------------------------------------------
         exp |   .1079955   .0024527    44.03   0.000     .1031883    .1128027
        exp2 |  -.0005202   .0000543    -9.59   0.000    -.0006266   -.0004139
         wks |   .0008365   .0006042     1.38   0.166    -.0003477    .0020208
          ed |   .1378558   .0125814    10.96   0.000     .1131968    .1625149
       _cons |   2.989858     .17118    17.47   0.000     2.654352    3.325365
------------------------------------------------------------------------------

------------------------------------------------------------------------------
  Random-effects Parameters  |   Estimate   Std. Err.     [95% Conf. Interval]
-----------------------------+------------------------------------------------
id: Identity                 |
                   sd(_cons) |   .8509013   .0278621       .798008    .9073005
-----------------------------+------------------------------------------------
                sd(Residual) |   .1536109   .0018574      .1500132    .1572949
------------------------------------------------------------------------------
LR test vs. linear regression: chibar2(01) =  4576.13 Prob >= chibar2 = 0.0000
```

估计的系数与使用带有 mle 选项的 xtreg 命令所得到的结果(这里并没有给出)完全相同的。除了解释变量 $\mathbf{x}_{it}$ 的系数有微小的差异以外,标准误也是相同的。如果使用了带有 reml 选项的 xtmixed 命令,其得到的系数估计变化很小(小于 0.1%)。RE 误差项 $\mathbf{u}_i$ 的估计的标准差是模型的误差项的 5～6 倍。

9.5.4 聚类-稳健标准误

一个更大的问题就是报告的标准误要求式(9.6)中的误差项 $\mathbf{u}_i$ 和 ε_{it} 服从独立同分布。目前从 8.8.3 节可知,聚类-稳健标准误比 RE 模型(使用带 re 选项的 xtreg 命令进行拟合)中的结果高 30%～40%。

一种改进的方法就是使用聚类自抽样。由于对 xtmixed 命令没有 vce()选项,需要使用 bootstrap 前缀(在 13 章中进行了详细的介绍)。这样做要求先消除时间识别符,否则 Stata 就不能执行自抽样,因为“组内面板出现了重复时间值”,则有:

```
. * Cluster robust standard errors after xtmixed using bootstrap
. xtset id
       panel variable:  id (balanced)

. bootstrap, reps(400) seed(10101) cluster(id) nodots:
> xtmixed lwage exp exp2 wks ed || id:, mle

Mixed-effects ML regression                     Number of obs      =      4165
Group variable: id                              Number of groups   =       595

                                                Obs per group: min =         7
                                                               avg =       7.0
                                                               max =         7


                                                Wald chi2(4)       =   2092.79
Log likelihood =  293.69563                     Prob > chi2        =    0.0000

                                      (Replications based on 595 clusters in id)
```

lwage	Observed Coef.	Bootstrap Std. Err.	z	P>|z|	Normal-based [95% Conf.	Interval]
exp	.1079955	.0041447	26.06	0.000	.0998721	.1161189
exp2	-.0005202	.0000831	-6.26	0.000	-.0006831	-.0003573
wks	.0008365	.0008458	0.99	0.323	-.0008212	.0024943
ed	.1378558	.0099856	13.81	0.000	.1182844	.1574273
_cons	2.989858	.1510383	19.80	0.000	2.693829	3.285888

Random-effects Parameters	Observed Estimate	Bootstrap Std. Err.	Normal-based [95% Conf.	Interval]
id: Identity				
sd(_cons)	.8509013	.0259641	.8015044	.9033426
sd(Residual)	.1536109	.00824	.1382808	.1706406

```
LR test vs. linear regression: chibar2(01) =  4576.13 Prob >= chibar2 = 0.0000
```

聚类自抽样的结果使得时变解释变量的斜率系数的标准误增加了 20%～40%，然而非时变解释变量 ed 的斜率系数的标准误却减少了。

即使在模型误差项 ε_{it} 是序列自相关的情况下，式(9.6)中的回归参数 $\boldsymbol{\beta}$ 的估计是一致的，但是$\Sigma_{\mathbf{u}}$和 σ_u（这里报告为 sd(_cons)和 sd(Residual)）的方差参数的估计是不一致的。这就产生了使用随机斜率模型的动机。

9.5.5 随机斜率模型

另一种方法就是对模型 RE 部分设置更多的模型。如果这个模型是正确设定的，则式(9.6)中的误差 $\mathbf{u}_i$ 和 ε_{it}服从独立同分布，这将导致 $\boldsymbol{\beta}$ 更有效的估计、且对 $\hat{\boldsymbol{\beta}}$ 标准误进行了修正并能得到Σ_u和 σ_u 的一致估计。

在应用中，我们设随机效应取决于变量 exp 和 wks，同时设Σ_u是没有结构约束的，则有：

```
. * Random-slopes model estimated using xtmixed
. xtmixed lwage exp exp2 wks ed || id: exp wks, covar(unstructured) mle

Performing EM optimization:

Performing gradient-based optimization:

Iteration 0:   log likelihood =  397.61127  (not concave)
Iteration 1:   log likelihood =   482.6225
Iteration 2:   log likelihood =  487.41804
Iteration 3:   log likelihood =  505.61464
Iteration 4:   log likelihood =  508.95847
Iteration 5:   log likelihood =  509.00189
Iteration 6:   log likelihood =  509.00191

Computing standard errors:

Mixed-effects ML regression                     Number of obs      =      4165
Group variable: id                              Number of groups   =       595

                                                Obs per group: min =         7
                                                               avg =       7.0
                                                               max =         7


                                                Wald chi2(4)       =   2097.06
Log likelihood =  509.00191                     Prob > chi2        =    0.0000

------------------------------------------------------------------------------
       lwage |      Coef.   Std. Err.      z    P>|z|     [95% Conf. Interval]
-------------+----------------------------------------------------------------
         exp |   .0527159   .0032966    15.99   0.000     .0462546    .0591772
        exp2 |   .0009476   .0000713    13.28   0.000     .0008078    .0010874
         wks |   .0006887   .0008267     0.83   0.405    -.0009316    .0023091
          ed |   .0868604   .0098652     8.80   0.000      .067525    .1061958
       _cons |   4.317674   .1420957    30.39   0.000     4.039172    4.596177
------------------------------------------------------------------------------

------------------------------------------------------------------------------
  Random-effects Parameters  |   Estimate   Std. Err.     [95% Conf. Interval]
-----------------------------+------------------------------------------------
id: Unstructured             |
                     sd(exp) |    .043679   .0022801      .0394311    .0483846
                     sd(wks) |   .0081818   .0008403        .00669    .0100061
                   sd(_cons) |   .6042977   .0511419      .5119335    .7133265
               corr(exp,wks) |  -.2976598   .1000253     -.4792842   -.0915879
             corr(exp,_cons) |   .0036854   .0859701     -.1633388    .1705042
             corr(wks,_cons) |  -.4890483   .0835946     -.6352414   -.3090207
-----------------------------+------------------------------------------------
                sd(Residual) |   .1319489   .0017964      .1284745    .1355172
------------------------------------------------------------------------------
LR test vs. linear regression:       chi2(6) =  5006.75   Prob > chi2 = 0.0000

Note: LR test is conservative and provided only for reference.
```

从上述输出结果的第一部分可知，与随机截距项模型的结果相比，本模型解释变量的系数变化很大。但是现在报告的标准误与使用聚类自抽样之后得到的随机截距项模型中的结果相似。

从上述输出结果的第二部分可知，除了一个 RE 参数(corr(exp,_cons))以外，其他所有参数在 5%的水平上都是统计显著异于 0 的。联合检验的结果强烈地拒绝了它们全部为 0 的原假设。因为有 6 个约束条件，所有使用了 $\chi^2(6)$ 分布来计算 p 值。然而，并没有 6 个独立的约束条件,这是因为如果一个方差为 0,则相应的协方差也为 0。联合检验统计量服从一个非标准的复杂分布。使用 $\chi^2(6)$ 分布是相当保守的,因为它会高估 p 值。

9.5.6 随机系数模型

在式(9.6)中令 $\mathbf{z}_{it}=\mathbf{x}_{it}$ 时,这就是被微观计量经济学家称之为的随机系数模型。使用与前面随机斜率模型估计的相同命令,也可对这个模型进行拟合,即把模型的 RE 部分改变为||id:exp exp2 wks ed。

使用 xtrc 命令也可对类似的模型进行拟合。当 $\mathbf{z}_{it}=\mathbf{x}_{it}$ 且对 Σ_u 没有结构约束时,它正好与式(9.6)中的设定相同。其区别在于允许模型的误差项 ε_{it} 在不同的 i 之间存在异方差,因此 ε_{it} 是服从独立同分布的,即 $(0,\sigma_i^2)$。相反,混合(分层)线性模型实施了同方差约束,即 $\sigma_i^2=\sigma^2$。可以使用 FGLS 而不是 ML 来进行估计。

在实践中,这些模型可能会遇到数值问题,特别是有很多解释变量,且对 Σ_u 没有实行结构约束时。命令 xtmixed 和 xtrc 都不能对数据进行数字处理,因此,我们把命令 xtrc 使用到一个简化的模型中,即只把变量 exp 和 wks 作为解释变量。为了运行 xtrc 命令,我们必须设置 matsize 大于数据中组的个数,这里为个体单位的个数。我们得到:

```
. * Random-coefficients model estimated using xtrc
. quietly set matsize 600

. xtrc lwage exp wks, i(id)

Random-coefficients regression                  Number of obs      =      4165
Group variable: id                              Number of groups   =       595

                                                Obs per group: min =         7
                                                               avg =       7.0
                                                               max =         7

                                                Wald chi2(2)       =   1692.37
                                                Prob > chi2        =    0.0000

------------------------------------------------------------------------------
       lwage |      Coef.   Std. Err.      z    P>|z|     [95% Conf. Interval]
-------------+----------------------------------------------------------------
         exp |   .0926579   .0022586    41.02   0.000     .0882312    .0970847
         wks |   .0006559   .0027445     0.24   0.811    -.0047232    .0060349
       _cons |   4.915057   .1444991    34.01   0.000     4.631844     5.19827
------------------------------------------------------------------------------
Test of parameter constancy:    chi2(1782) =  5.2e+05     Prob > chi2 = 0.0000
```

上述估计结果与使用 xtmixed 命令对解释变量 wks 和 exp 回归得到的估计结果(这里没有给出)明显不同。

矩阵 Σ_u 不在输出结果中,但是它被存储在 e(Sigma)中,则有:

```
. * List the estimated variance matrix
. matrix list e(Sigma)

symmetric e(Sigma)[3,3]
              exp         wks       _cons
  exp   .00263517
  wks  -.00031391   .00355505
_cons  -.01246813  -.17387686   9.9705349
```

xtmixed 命令是一个更为常用的命令。它有更多的弹性，因为这个命令并不要求 $\mathbf{z}_{it}$ 与 $\mathbf{x}_{it}$ 相等，只需要对Σ施加约束，且它给出了方差成分的精确估计。它对 ε_{it} 施加了同方差约束，但它并没有约束性，因为混合误差项 $\mathbf{z}_{it}\mathbf{u}_i+\varepsilon_{it}$ 显然是同方差的，且它依赖于实际的应用，误差项 ε_{it} 中的差异可能比 $\mathbf{z}_{it}\mathbf{u}_i$ 中的差异小得多。

9.5.7 双向随机效应模型

xtmixed 命令主要是用于多水平模型，其中模型中的水平是嵌套的。双向随机效应模型（见 8.2.2 节）的误差项为 $\alpha_i+\gamma_t+\varepsilon_{it}$，则 3 个误差均服从独立同分布。协方差结构是非嵌套的，因为 i 不是嵌套在 t 中，且 t 不是嵌套在 i 中。

然而 Rabe-Hesketh 和 Skrondal(2008,476)解释了怎样使用 xtmixed 命令来估计双向随机效应模型的参数，根据 Goldstein(1987)的结果可以证明，如何把具有非嵌套结构的协方差结构改成嵌套的结构。随机效应的两个水平可设定为||_all: R.t || id:。我们将依次介绍每一个水平。在第一个水平中，RE 方程描述了受 γ_t 影响的协方差结构。显然，不能使用 t:，因为它并不嵌套在 id 中。

相反，我们使用_all:，因为它把每个观测值 (i,t) 定义为一个独立的组（这里嵌套为 id）。再加上 R.t，通过在 t 中定义一个因子结构（它是一个具有相同方差的因子）来确保受 γ_t 影响的相关结构是合适的，见[XT]**xtmixed**。在第二个水平中，我们简单地使用 id:，RE 方程就能定义 α_i 的协方差结构。对于 $N<T$ 的数据，如果 i 和 t 的作用是相关的，则计算是很快的。随机效应被设定为|| _all: R. id || t:。

应用该命令可得：

```
. * Two-way random-effects model estimated using xtmixed
. xtmixed lwage exp exp2 wks ed || _all: R.t || id: , mle

Performing EM optimization:

Performing gradient-based optimization:

Iteration 0:   log likelihood =  891.09366
Iteration 1:   log likelihood =  891.09366

Computing standard errors:

Mixed-effects ML regression                     Number of obs      =      4165
```

Group Variable	No. of Groups	Observations per Group Minimum	Average	Maximum
_all	1	4165	4165.0	4165
id	595	7	7.0	7

```
                                                Wald chi2(4)       =    329.99
Log likelihood =  891.09366                     Prob > chi2        =    0.0000
```

```
------------------------------------------------------------------------------
       lwage |      Coef.   Std. Err.      z    P>|z|     [95% Conf. Interval]
-------------+----------------------------------------------------------------
         exp |   .0297249   .0025537    11.64   0.000     .0247198    .0347301
        exp2 |  -.0004425   .0000501    -8.83   0.000    -.0005407   -.0003443
         wks |   .0009207   .0005924     1.55   0.120    -.0002404    .0020818
          ed |   .0736737   .0049275    14.95   0.000      .064016    .0833314
       _cons |   5.324364   .1036266    51.38   0.000     5.121259    5.527468
------------------------------------------------------------------------------

------------------------------------------------------------------------------
  Random-effects Parameters  |   Estimate   Std. Err.     [95% Conf. Interval]
-----------------------------+------------------------------------------------
_all: Identity               |
                     sd(R.t) |    .170487   .0457032      .1008106    .2883211
-----------------------------+------------------------------------------------
id: Identity                 |
                   sd(_cons) |   .3216482   .0096375      .3033029    .3411031
-----------------------------+------------------------------------------------
                sd(Residual) |   .1515621   .0017955      .1480836    .1551224
------------------------------------------------------------------------------
LR test vs. linear regression:       chi2(2) =  5770.93   Prob > chi2 = 0.0000

Note: LR test is conservative and provided only for reference.
```

上述结果中,随机时间效应在统计上是显著的,因为在 0.05 的显著性水平上 sd(R.t) 是显著异于 0 的。

9.6 聚类数据

短面板数据可视为聚类数据的一个特例,其中存在组内个体的聚类,因此对于给定的个体,误差存在着跨期相关。因此,应用于短面板数据的 xt 命令也可用于聚类数据的分析。特别是,经常使用到 xtreg 和 xtmixed 命令。

9.6.1 聚类数据集

我们现在研究个体使用医疗服务的数据,其中个体都是在家庭内进行聚类的,而且家庭还在村庄内部或社区内部另外进行聚类的。这个来源于越南的数据与 Cameron 和 Trivedi (2005,852)中使用的数据是一样的。

被解释变量就是直接去药房的次数(pharvis)。解释变量为家庭医药支出的对数(lnhhexp)和疾病的个数(illness)。该数据包含了 12 个月,则有:

```
. * Read in Vietnam clustered data and summarize
. use mus09vietnam_ex2.dta, clear

. summarize pharvis lnhhexp illness commune

    Variable |       Obs        Mean    Std. Dev.       Min        Max
-------------+--------------------------------------------------------
     pharvis |     27765    .5117594    1.313427          0         30
     lnhhexp |     27765     2.60261    .6244145   .0467014   5.405502
     illness |     27765    .6219701    .8995068          0          9
     commune |     27765    101.5266    56.28334          1        194
```

commune 变量识别了 194 个单独的村庄。对于这些数据,lnhhexp 变量对每个家庭取不同的值,且可看成是家庭的识别符。

pharvis 变量为一个计数数据,对其最好的建模就是使用计数回归命令,如 poisson

和 xtpoisson 命令。为了演示的目的，这里我们用线性回归模型。

9.6.2 使用非面板命令对聚类数据进行分析

聚类数据的复杂性之一在于误差项与组内聚类是相关的。如果这是唯一的复杂性，则有效统计推断只需要使用具有聚类-稳健标准误的标准横截面估计量。

相反，这里我们并没有对聚类进行修正，即首先是按家庭进行聚类，然后家庭按村庄进行聚类，则有：

```
. * OLS estimation with cluster-robust standard errors
. quietly regress pharvis lnhhexp illness

. estimates store OLS_iid

. quietly regress pharvis lnhhexp illness, vce(robust)

. estimates store OLS_het

. quietly regress pharvis lnhhexp illness, vce(cluster lnhhexp)

. estimates store OLS_hh

. quietly regress pharvis lnhhexp illness, vce(cluster commune)

. estimates store OLS_vill

. estimates table OLS_iid OLS_het OLS_hh OLS_vill, b(%10.4f) se stats(r2 N)
```

Variable	OLS_iid	OLS_het	OLS_hh	OLS_vill
lnhhexp	0.0248	0.0248	0.0248	0.0248
	0.0115	0.0109	0.0140	0.0211
illness	0.6242	0.6242	0.6242	0.6242
	0.0080	0.0141	0.0183	0.0342
_cons	0.0591	0.0591	0.0591	0.0591
	0.0316	0.0292	0.0367	0.0556
r2	0.1818	0.1818	0.1818	0.1818
N	27765	27765	27765	27765

legend: b/se

对异方差修正的效果在事前是未知的。这里它对截距项和变量 lnhhexp 的标准误的影响很小，尽管它对 illness 的标准误的影响增加了。

更为重要的是，可以预期对聚类的控制可增加报告的标准误，特别是对在组内聚类具有高度相关的解释变量的标准误。这里当按家庭进行聚类时标准误大约增加了 30%，当按村庄进行聚类时，标准误大约再增加了 50%。总之，与假设没有异方差的结果相比，按村庄进行聚类使得标准误增加了 2 倍。

在实践中，对聚类的控制有更大的影响，见 3.3.5 节。这里每个村庄平均有 140 个人，但在一个村庄内部解释变量与模型的误差项的相关性是相当低的。

9.6.3 使用面板命令对聚类数据进行分析

Stata 中 xt 命令可以进行其他的分析，特别是对数据的概述性统计更加详细，它所进行的估计比 OLS 更有效,而且可对聚类的特定固定效应进行估计。

在本例中,在家庭中或第 j 个村庄中的第 i 个人,其聚类效应模型为:

$$y_{ij}=\mathbf{x}_{ij}'\boldsymbol{\beta}+\alpha_j+\varepsilon_{ij}$$

最为重要的是,应注意重要的概念已从面板数据的情况下发生了改变。对于面板数据,每个个体单位都有多个观测值,因此聚类是按个体单位(i)进行的。相反,这里每个家庭或村庄都有多个观测值,因此,聚类是按照家庭或村庄(j)进行的。

当我们使用 xtset 命令时,它也遵守这个规则,即"个体单位识别符"实际上就是聚类识别符,因此,个体单位识别符就是家庭或社区。对于按照家庭进行聚类的情形,最少的命令为 xtset hh。我们也可使用类似于对时间识别符进行声明的方式来声明一个聚类观测值的个数,这里就是一个家庭或村庄内部的个体。在这样做的过程中,应注意不能像处理时间那样,在一个村庄内个体没有自然次序。

我们研究按照家庭进行聚类。首先把家庭识别符 lnhhexp 转换成每一个家庭有一个唯一的识别符,即 hh 变量,其取值为整数 1,2,…,可通过 egen 的 group()函数得到。然后使用命令 by hh:generate person = _n 可随机地把家庭内的 person(变量)分配为整数 1,2,…。

```
. * Generate integer-valued household and person identifiers and xtset
. quietly egen hh = group(lnhhexp)

. sort hh

. by hh: generate person = _n

. xtset hh person
       panel variable:  hh (unbalanced)
        time variable:  person, 1 to 19
                delta:  1 unit
```

现在来对数据进行设置,我们可使用 xt 命令来检查数据。例如,

```
. xtdescribe

      hh:  1, 2, ..., 5740                                  n =       5740
  person:  1, 2, ..., 19                                    T =         19
           Delta(person) = 1 unit
           Span(person)  = 19 periods
           (hh*person uniquely identifies each observation)

Distribution of T_i:   min      5%     25%       50%       75%     95%     max
                         1       2       4         5         6       8      19

     Freq.  Percent    Cum. |  Pattern
 ---------------------------+---------------------
      1376    23.97   23.97 |  1111...............
      1285    22.39   46.36 |  11111..............
       853    14.86   61.22 |  111111.............
       706    12.30   73.52 |  111................
       471     8.21   81.72 |  1111111............
       441     7.68   89.41 |  11.................
       249     4.34   93.75 |  11111111...........
       126     2.20   95.94 |  1..................
       125     2.18   98.12 |  111111111..........
       108     1.88  100.00 | (other patterns)
 ---------------------------+---------------------
      5740   100.00         |  XXXXXXXXXXXXXXXXXXX
```

从上述输出结果可知，共有由 1～19 个成员组成的 5740 个家庭，家庭中成员个数的中位数为 5，且大多数普通家庭有 4 个成员。

通过获得一个家庭中成员之间的相关系数，可估计一个变量的组内-聚类相关系数。这样做最好的方法就是拟合只有截距项的 RE 模型，因为从 8.7.1 节中可知，其输出结果包含了 rho，它就是组内相关参数的估计值。这样做的另一种方法就是使用 xt 命令中的时间序列成分，即把家庭中的每个人看作一个时期，并用滞后一期找到相邻家庭成员之间的相关性，则有[①]：

```
. * Within-cluster correlation of pharvis
. quietly xtreg pharvis, mle

. display "Intra-class correlation for household: " e(rho)
Intra-class correlation for household: .22283723

. quietly correlate pharvis L1.pharvis

. display "Correlation for adjoining household:   " r(rho)
Correlation for adjoining household:   .22194322
```

可以使用通常的 xtreg 命令。特别地，这里的 RE 模型对组内聚类所做的等相关误差的假设是非常合理的，因为一个家庭的成员不存在自然的排序。首先比较按家庭聚类的 OLS、FE 和 RE 估计，然后比较按村庄聚类的 OLS、FE 和 RE 估计。我们预期 RE 和组内估计量比 OLS 估计量更有效，则有：

```
. * OLS, RE and FE estimation with clustering on household and on village
. quietly regress pharvis lnhhexp illness, vce(cluster hh)

. estimates store OLS_hh

. quietly xtreg pharvis lnhhexp illness, re

. estimates store RE_hh

. quietly xtreg pharvis lnhhexp illness, fe

. estimates store FE_hh

. quietly xtset commune

. quietly regress pharvis lnhhexp illness, vce(cluster commune)

. estimates store OLS_vill

. quietly xtreg pharvis lnhhexp illness, re

. estimates store RE_vill

. quietly xtreg pharvis lnhhexp illness, fe

. estimates store FE_vill

. estimates table OLS_hh RE_hh FE_hh OLS_vill RE_vill FE_vill, b(%7.4f) se
```

Variable	OLS_hh	RE_hh	FE_hh	OLS_vill	RE_vill	FE_vill
lnhhexp	0.0248	0.0184	(omitted)	0.0248	-0.0449	-0.0657
	0.0140	0.0168		0.0211	0.0149	0.0158
illness	0.6242	0.6171	0.6097	0.6242	0.6155	0.6141
	0.0183	0.0083	0.0096	0.0342	0.0081	0.0082
_cons	0.0591	0.0855	0.1325	0.0591	0.2431	0.3008
	0.0367	0.0448	0.0087	0.0556	0.0441	0.0426

legend: b/se

① 此处相关系数 0.22194322 与原书中 0.1834621 有差异。——译者注

变量 illness 的系数在各模型间基本没有变化,且在 RE 和组内估计量中拟合得更加精确。lnhhexp 的系数变动很大,包括符号的改变,且当按村庄进行聚类时, RE 和 FE 估计更加有效。因为变量 lnhhexp 在家庭内是不变的,当按家庭进行聚类时,它的系数不存在组内估计值;但是,当按村庄聚类时,则存在组内估计值。

9.6.4 分层线性模型

分层模型或混合(分层)模型主要是用于聚类数据分析,特别是在多个水平上进行聚类的数据。

一个简单的例子就是假设个人 i 在家庭 j 中,而家庭 j 在村庄 k 中,且设这个模型的方差-成分结构为:

$$y_{ijk}=\mathbf{x}_{ijk}'\boldsymbol{\beta}+u_j+v_k+\varepsilon_{ijk}$$

其中,u_j,v_k 和 ε_{ijk} 为服从独立同分布的误差项。

使用 xtmixed 命令可以最模型进行估计,这在 9.5 节已详细介绍过。因为家庭嵌套在村庄中,故第一个水平为变量 commune,第二个水平为变量 hh。增加 difficult 选项可确保迭代过程的收敛,可得到:

```
. * Hierarchical linear model with household and village variance components
. xtmixed pharvis lnhhexp illness || commune: || hh:, mle difficult

Performing EM optimization:

Performing gradient-based optimization:

Iteration 0:   log likelihood = -43224.836
Iteration 1:   log likelihood = -43224.635
Iteration 2:   log likelihood = -43224.635

Computing standard errors:

Mixed-effects ML regression                     Number of obs      =     27765

-----------------------------------------------------------
                |   No. of       Observations per Group
 Group Variable |   Groups    Minimum    Average    Maximum
----------------+------------------------------------------
        commune |      194         51      143.1        206
             hh |     5741          1        4.8         19
-----------------------------------------------------------

                                                Wald chi2(2)       =   5570.25
Log likelihood = -43224.635                     Prob > chi2        =    0.0000

------------------------------------------------------------------------------
     pharvis |      Coef.   Std. Err.      z    P>|z|     [95% Conf. Interval]
-------------+----------------------------------------------------------------
     lnhhexp |  -.0408948   .0184302    -2.22   0.026    -.0770173   -.0047722
     illness |   .6141189   .0082837    74.14   0.000     .5978831    .6303546
       _cons |    .235717   .0523176     4.51   0.000     .1331763    .3382576
------------------------------------------------------------------------------
```

Random-effects Parameters	Estimate	Std. Err.	[95% Conf. Interval]	
commune: Identity				
sd(_cons)	.2575279	.0162584	.2275546	.2914493
hh: Identity				
sd(_cons)	.4532979	.0103451	.4334687	.4740342
sd(Residual)	1.071804	.0051435	1.06177	1.081932

```
LR test vs. linear regression:       chi2(2) =  1910.44   Prob > chi2 = 0.0000

Note: LR test is conservative and provided only for reference.
```

上述估计与之前使用带有 re 选项的 xtreg 命令得到的 RE 估计(见 9.6.3 节表的 RE_vill列)相似。两个方差成分都是统计显著的。另外,xtmixed 命令允许方差成分取决于解释变量,见 9.5 节的示例。

9.7 Stata 资源

关键的 Stata 参考资料见[XT] *Longitudinal/Panel-Data Reference Manual*,特别是[XT] **xtvreg**,[XT] **xthtayor**,[XT] **xtabond** 和[XT] **xtmixed**。

本章的许多主题均出现在更多的有面板数据的专业的书上,著名的有 Arellano(2003)、Baltagi(2008)、Hsiao(2003)和 Lee(2002)的专著。Cameron & Trivedi(2005)在本章中介绍了许多方法,包括分层模型,它并不经常出现在计量经济学教材中。

9.8 习题

1.对于 9.2 节中的模型和数据,把 ivregress 命令运用到具有均值-差分工具变量的均值-差分模型,可得到面板 IV 估计量。提示:例如,对于变量 x ,首先使用 summarize 命令对 x 进行描述性统计;然后输入 id:egen avex=mean(x);再输入 generate mdx= x −avex+r(mean)。请确认你得到的结果与使用带有 fe 选项的 xtivreg 命令所得到的结果是相同的。

2.对于 9.4 节的模型和数据,首先使用 9.4.6 节中给出的 xtdpdsys 命令,然后再使用 estat abond 和 estat sargan 命令来执行模型设定检验。再使用 9.4.8 节的末尾给出的 xtdpd 命令,并把该结果与使用 xtdpdsys 命令所得到的结果进行比较。给定从前一个模型设定检验中得到的结果,这是你预期得到的吗?

3.除了分析只有一个被解释变量的滞后期的情形外,我们来研究 9.4 节中的模型和数据。自始至终请你使用 noconstant 选项对模型的参数进行估计。当 $T=7$ 时,请估计动态模型 $y_{it}=\alpha_i+\gamma y_{it-1}+\varepsilon_{it}$,其中,ε_{it} 不是序列相关的。请解释为什么对转换了的模型 $\Delta y_{it}=\gamma_1\Delta y_{it-1}+\Delta\varepsilon_{it}, t=2,\cdots,7,T$ 的 OLS 估计导致了 γ_1 的估计不是一致的。建议对前面的模型进行 IV 估计,其中只有一个工具变量。使用有关 lwage 数据和 ivregress 命令来执行这个恰好识别的 IV 估计,并求聚类-稳健标准误,并将其结果与不同模型的 OLS 估计进行比较。

4.继续研究上一问题中的模型。考虑使用 Arellano-Bond 估计量。对于每个时期，请说明通过 estat abond 命令用到什么工具变量。使用关于 lwage 的数据执行 Arellano-Bond 估计。求具有稳健标准误的一阶估计,再求带有聚类-稳健标准误的两阶估计。最后比较估计的系数和标准误。与上一问题的答案相比估计的效率增加了吗?使用 estat abond 命令来检验误差项 ε_{it} 是否存在序列不相关。使用 estat sargan 命令来检验模型是否是正确设定的。

5.对于 9.5 节的模型和数据,请确认带有 mle 选项的 xtmixed 命令所得到的结果与使用带有 mle 选项的 xtreg 命令得到的结果是相同的。同时,把该结果与使用带有 reml 选项的 xtmixed 命令所得到的结果进行比较。假设存在随机个体效应和时间效应,请拟合双向 RE 模型,并把该结果与把时间效应视为固定效应(在这种情况下解释变量包含了时间虚拟变量)时得到的结果进行比较。

10 非线性回归方法

10.1 导论

现在我们来学习非线性回归的方法。在这一章中，我们研究使用带有所有外生性解释变量的横截面数据对单方程模型进行拟合。

与线性回归相比，非线性回归有两个难点。对估计量没有明确的解法，所以估计量的计算要求使用数值迭代法。并且，不同于线性模型，在解释变量中边际效应(ME)的某一变化不再只是相应的斜率参数。对于标准的非线性回归模型而言，第一个难点容易解决。例如，只要命令从 regress y x 改变为 poisson y x，就能产生非线性估计和回归输出，它们在实际上与 regress 的输出是相同的。虽然其他的方法可能会更好，但是我们通常运用 margins 命令获得 ME 来解决第二个难点。

本章提出一个关于 Stata 的非线性估计命令，随后的预测以及计算 ME 的总述。这个讨论适用于任何 Stata 估计命令之后的分析，包括表 10.1 中列出的命令。

表 10.1 适用于各种分析的估计命令

数据类型	估计命令
线性	regress，cnreg，areg，treatreg，ivregress，qreg，boxcox，frontier，mvreg，sureg，reg3，xtreg，xtgls，xtrc，xtpcse，xtregar，xtmixed，xtivreg，xthtaylor，xtabond，xtfrontier
非线性 LS	nl
二值	logit，logistic，probit，cloglog，glogit，slogit，hetprob，scobit，ivprobit，heckprob，xtlogit，xtprobit，xtcloglog
多项选择	mlogit，clogit，asclogit，nlogit，ologit，rologit，asroprobit，mprobit，asmprobit，oprobit，biprobit
删失正态分布	tobit，intreg，cnsreg，truncreg，ivtobit，xttobit，xttintreg
选择正态分布	treatreg，heckman
时段	stcox，stcrreg，streg
计数	poisson，nbreg，gnbreg，zip，zinb，ztp，ztnb，xtpoisson，xtnbreg

当没有适合某种模型的 Stata 命令时，第 11 章将给出适用于这种非线性模型的方法。模型设定问题的讨论——尤其是设定检验(是建模的估计过程中不可缺少的一部

分)、设定测试和再估计——将在第 12 章和关于模型设定的第 14～18 章中详细讲述。

10.2 非线性的例子:看医生的次数

作为一个非线性估计的例子,我们研究对看医生次数的计数数据进行建模的泊松回归。不需要先去阅读第 16 章关于计数数据的分析,因为我们这里提供所有必要的背景知识。虽然结果是离散的,所造成的唯一区别在于对数密度的选择。poisson 命令实际上不受计数的约束,并且适用于任何 $y \geqslant 0$ 的变量。所有计数数据例子中的关键点都同样能够使用其他方式得到,比如用指数分布和其他模型来建模的完全连续时间段上的时段数据。

10.2.1 数据的描述

我们使用来自 2002 年医疗支出面板数据调查(MEPS)的数据,对美国 25 到 64 岁的病人到内科医生办公室看病的次数 (docvis)的数据建模。这个样本和 Deb、Munkin 和 Trivedi(2009)所使用的样本是一样的。它排除了那些接受公共保险(医疗保险和医疗补助)的人群,并且限定为那些在私营部门工作但不是个体经营者的人群。

这里用到的解释变量限定为健康保险状况(private)、健康状况(chronic)和社会经济特征(female 和 income),从而保持 Stata 输出结果的简洁性。我们有:

```
. * Read in dataset, select one year of data, and describe key variables
. use mus10data.dta, clear

. keep if year02==1
(25712 observations deleted)

. describe docvis private chronic female income

              storage  display     value
variable name   type   format      label      variable label
-----------------------------------------------------------------------------
docvis          int    %8.0g                  number of doctor visits
private         byte   %8.0g                  = 1 if private insurance
chronic         byte   %8.0g                  = 1 if a chronic condition
female          byte   %8.0g                  = 1 if female
income          float  %9.0g                  Income in $ / 1000
```

接下来我们对这些数据使用 summarize 命令:

```
. * Summary of key variables
. summarize docvis private chronic female income

    Variable |       Obs        Mean    Std. Dev.       Min        Max
-------------+--------------------------------------------------------
      docvis |      4412    3.957389    7.947601          0        134
     private |      4412    .7853581    .4106202          0          1
     chronic |      4412    .3263826    .4689423          0          1
      female |      4412    .4718948    .4992661          0          1
      income |      4412    34.34018    29.03987    -49.999    280.777
```

被解释变量是非负整数,并且在 0 到 134 的范围内变化。样本中 33%的人患有慢性疾病,并且在这些人中有 47%是女性。我们使用整体样本,这个样本包含了三个收入值为负的人(通过使用 tabulate income 命令来获得)。

通过使用 tabulate docvis 命令获得 docvis.的相关频率为 36%、16%、10%、7%和 5%，分别对应于 0、1、2、3 和 4 次看病的次数。样本中 26%的人具有 5 次及 5 次以上的看病次数。

10.2.2 泊松模型的描述

泊松回归模型设定计数变量 y 的指数形式的条件均值为：

$$E(y|\mathbf{x})=\exp(\mathbf{x}'\boldsymbol{\beta}) \tag{10.1}$$

这样确保条件均值为正，这是任意随机变量必须限定为非负的情况。然而，关键的 ME：$\frac{\partial E(y|\mathbf{x})}{\partial x_j}=\beta_j\exp(\mathbf{x}'\boldsymbol{\beta})$ 现在同时取决于参数估计量 β_j 和评估 ME 时 $\mathbf{x}$ 的特定值；见第10.6节。

计数分析的出发点是泊松分布，其中概率质量函数为 $f(y\mid\mathbf{x})=\frac{e^{-\mu}\mu^y}{y!}$。带入(10.1)式的 $\mu_i=\exp(\mathbf{x}_i'\boldsymbol{\beta})$ 中，会给出第 i 个观测值的条件密度函数。进而得到对数似然函数 $Q(\boldsymbol{\beta})=\sum_{i=1}^{N}\{-\exp(\mathbf{x}_i'\boldsymbol{\beta})+y_i\mathbf{x}_i'\boldsymbol{\beta}-\ln y_i!\}$，通过极大似然估计量(MLE)来最大化。泊松 MLE 是解相应的一阶条件而得到的，可表示为：

$$\sum_{i=1}^{N}\{y_i-\exp(\mathbf{x}_i'\boldsymbol{\beta})\}\mathbf{x}_i=\mathbf{0} \tag{10.2}$$

方程(10.2)式没有 $\boldsymbol{\beta}$ 的显性解。而是使用第 11 章中所解释的方法获得数值 $\hat{\beta}$。

如果对看医生的次数进行建模的正确分布不是泊松分布呢？实际上，如果密度函数是误设的，MLE 将是不一致的。然而，泊松 MLE 只要求较弱的条件，即在(10.1)式中给出的条件均值函数是正确设定的，因为这样使得(10.2)式左边的期望值为 0。在这种较弱的条件下，应该使用稳健标准误，而不是用默认的极大似然(ML)标准误，见第 10.4.5 节。

10.3 非线性回归的方法

我们研究三类估计量：ML、非线性最小二乘(NLS)和广义线性模型(GLM)。这三类估计量都是使得目标函数最大化的 m 估计量的例子，目标函数的形式为：

$$Q(\boldsymbol{\theta})=\sum_{i=1}^{N}q_i(y_i,\mathbf{x}_i,\boldsymbol{\theta}) \tag{10.3}$$

其中，y 表示独立的被解释变量，x 表示解释变量(假定为外生的)，θ 表示参数向量，并且 $q(\cdot)$ 是设定的标量函数，它随模型和估计量的不同而不同。在泊松的情形中，$\beta=\theta$；一般来说，β 是 θ 的一个组成部分。

10.3.1 MLE

MLE 可对对数似然函数最大化。对于 N 个独立的观测值而言，MLE 可对下式最大化来求 $\hat{\theta}$ 的值。

$$Q(\boldsymbol{\theta})=\sum_{i=1}^{N}\ln f(y_i|\mathbf{x}_i,\boldsymbol{\theta})$$

其中，$f(y\mid\mathbf{x},\theta)$ 是连续变量 y 的条件密度函数，或者是离散变量 y 的条件概率质量函数。

如果密度函数 $f(y \mid \mathbf{x},\theta)$ 是正确设定的,那么 MLE 就是可用的最正确的估计量。MLE 是 θ 的一致估计量,它服从渐近正态分布,且是有效的,意味着没有其他 θ 的估计量比 MLE 的渐近方差-协方差(VCE)矩阵更小。

当然,真实的密度函数是未知的。如果 $f(y \mid \mathbf{x},\theta)$ 不是正确设定的,那么实际上 MLE 是不一致的。尽管不如 MLE 那样有效率,接下来使用其他的方法可能会好一些,与 MLE 中必须一致的要求相比,这些方法在更弱的假设下是一致的。

然而,即使密度函数是误设的,只要满足以下两个条件,MLE 仍是一致的:①设定的密度函数在线性指数族(LEF)中;②条件均值 $E(y \mid \mathbf{x})$ 的函数形式是正确设定的。那么 MLE 的 VCE 的默认估计就不再正确,所以我们将在 VCE 的稳健估计的基础上进行推断。LEF 的例子是计数数据的泊松和负二项分布(带有一个已知的离散参数)、二值数据的伯努利分布(包括 logit 和 probit)、时段数据的单参数 gamma 分布(包含指数)、连续数据的正态分布(包含一个已知的方差参数)和逆高斯分布。

当使用 ML 来进行估计时,可采用准 MLE 或者伪 MLE 方法来估计,但随后的推断并不需要正确设定密度函数的假设。

ml 命令使得 ML 估计可以使用用户设定的似然函数,见第 11.4—11.6 节。然而,对于普遍使用的模型则没有必要,因为特定的 Stata 命令已经为特定的模型研发出来了。

10.3.2 poisson 命令

对于泊松模型而言,ML 估计量是通过使用 poisson 命令获得的。命令的语法是:

poisson *depvar* [*indepvars*] [*if*] [*in*] [*weight*] [,*options*]

这种语法和 regress 的语法是一样的。这里与我们的分析有关的唯一选项是针对不同类型的 VCE 估计的 vce()选项。

带有 vce(robust)选项的 poisson 命令产生下列关于看医生次数的数据估计结果。正如已经提过的一样,为了限制 Stata 的输出结果,我们使用比本应该使用的少得多的解释变量来对看医生的次数进行建模。

```
. * Poisson regression (command poisson)
. poisson docvis private chronic female income, vce(robust)

Iteration 0:   log pseudolikelihood = -18504.413
Iteration 1:   log pseudolikelihood = -18503.549
Iteration 2:   log pseudolikelihood = -18503.549

Poisson regression                                Number of obs   =       4412
                                                  Wald chi2(4)    =     594.72
                                                  Prob > chi2     =     0.0000
Log pseudolikelihood = -18503.549                 Pseudo R2       =     0.1930

------------------------------------------------------------------------------
             |               Robust
      docvis |      Coef.   Std. Err.      z    P>|z|     [95% Conf. Interval]
-------------+----------------------------------------------------------------
     private |   .7986652   .1090014     7.33   0.000     .5850263    1.012304
     chronic |   1.091865   .0559951    19.50   0.000     .9821167    1.201614
      female |   .4925481   .0585365     8.41   0.000     .3778187    .6072774
      income |    .003557   .0010825     3.29   0.001     .0014354    .0056787
       _cons |  -.2297262   .1108732    -2.07   0.038    -.4470338   -.0124186
------------------------------------------------------------------------------
```

输出结果首先给出了迭代的对数似然值，是使用第 11.2 节和第 11.3 节中介绍的迭代过程来得到数值的估计量。在这样的情况下，只需要进行两次迭代。每次迭代都如所希望的那样，增加了对数似然函数，当对数似然函数发生微小变化时，迭代停止。我们使用伪似然的形式，而不是对数似然，因为使用 vce(robust)就意味着不再要求数据服从严格的泊松分布。从 poisson 中得出余下的输出结果与 regress 的输出结果是极其相似的。

在 5％的显著性水平下这四个解释变量是联合统计的，因为 Wald chi2(4)检验统计量的 $p = 0.00 < 0.05$。伪 R^2 将在第 10.7.1 节中讨论。这里没有 ANOVA 表，因为只有用于具有球面误差的线性最小二乘时，这个表才是准确的。

余下的输出结果表明，所有的解释变量在 0.05 的水平下，都是统计显著性，因为所有的 p 都小于 0.05。对于每个解释变量而言，输出依次表示为：

系数	$\hat{\beta}_j$
标准误	$s_{\hat{\beta}j}$
z 统计量	$z_j = \dfrac{\hat{\beta}_j}{s_{\hat{\beta}j}}$
p 值	$p_j = \Pr\{\mid z_j \mid > 0 \mid z_j \sim N(0,1)\}$
95％的执行区间	$\hat{\beta}_j \pm 1.96 \times s_{\hat{\beta}j}$

使用标准正态分布计算 z 统计量和 p 值，而不是用带有自由度为 $N-k$ 的 t 分布来计算。p 是关于 $\beta_j = 0$ 是否成立的双侧检验。对于与 $\beta_j > 0$ 对立的 $H_0:\beta_j \leqslant 0$ 的单侧检验而言，假定 $z_j > 0$，那么 p 值是表格中所报告值的一半。对于与 $\beta_j < 0$ 对立的 H_0：$\beta_j \geqslant 0$ 的单侧检验而言，假定 $z_j < 0$，p 值是表格中所报告的值的一半。

非线性模型会出现对斜率系数 β_j 解释的新问题。例如，对于 income 而言，系数值 0.0036是什么意义？给定(10.1)式中条件均值的指数函数形式，就意味着收入每增加 ＄1000(income 增加一个单位)导致看医生的次数以 0.0036 的比例增长，或者增长 0.36％。我们将在第 10.6 节详细地讨论这个重要问题。

注意，对于在例如 poisson 的非线性估计命令之后的检验统计量，它建立在标准正态分布和卡方分布的基础上，而那些在例如 regress、ivregress 和 xtreg 的线性估计命令之后的检验统计量使用 t 和 F 分布。对于较大的样本而言，例如 $N > 100$，这只有很微小的区别。

10.3.3 估计后命令

ereturn list 命令使存储在 e()中的估计结果更详细，见第 1.6.2 节。它包含了e(b)中的回归系数和 e(v)中估计的 VCE。

对于大多数估计量，标准的估计后命令在下列情况之后可用：用于预测和 ME 的 predict、predictnl 和 margins(本章)；用于 Wlad 检验和置信区间的 test、testnl、lincom 和 nlcom；用于模型设定检验的 linktest (第 12 章)；用于存储结果的 estimates(第 3 章)。

estat vce 命令给出了 VCE 的估计，并且选项 correlation 给出了这个矩阵的相关性。etat summarize 命令给出了当前的估计样本的概述。estat ic 命令得出信息准则(第10.7.2 节)。更多模型设定的命令，通常以 estat 为开头，并且可用于模型设定检验。

在一个命令之后，例如 poisson，想要找到可用的估计后命令，详见[R]**poisson postes-**

timation 或者输入 help poisson postestimation。

10.3.4 NLS

NLS 估计量使得残差的平方和最小化，所以对于独立的观测值来说，NLS 的估计量 $\hat{\beta}$ 使得下式最小化：

$$Q(\beta)=\sum_{i=1}^{N}\{y_i-m(\mathbf{x}_i,\beta)\}^2$$

其中，$m(\mathbf{x},\beta)$ 是 $E(y|\mathbf{x})$ 的特定的函数形式，即给定 $\mathbf{x}$ 的 y 的条件均值。

如果条件均值函数形式是正确设定的，那么 NLS 估计是一致的，并且服从渐近正态分布。如果数据生成过程(DGP)是 $y_i=m(\mathbf{x}_i,\beta)+\mu_i$，其中 $\mu_i\sim N(0,\sigma^2)$，那么 NLS 是完全有效的。如果 $\mu_i\sim N(0,\sigma^2)$，那么 VCE 的 NLS 默认估计是正确的；否则，应该使用一个稳健的估计。

10.3.5 nl 命令

nl 命令执行 NLS 回归。这个命令最简单的形式直接定义条件均值，而不是调用一个程序或者函数来得到。语法是：

nl (*depvar* = < *sexp* >) [*if*] [*in*] [*weight*] [,*options*]

其中，< *sexp* > 是一个替代表达式。与我们的分析唯一相关的选项是 VCE 估计的不同种类的 vce()选项。

难点就在于定义条件均值 exp(x′β) 的表达式，见[R]**nl**。对于我们的例子，一个明确的定义是以下命令：

```
. nl (docvis = exp({private}*private + {chronic}*chronic + {female}*female +
> {income}*income + {intercept}))
(obs = 4412)

Iteration 0:  residual SS =  251743.9
Iteration 1:  residual SS =  242727.6
Iteration 2:  residual SS =  241818.1
Iteration 3:  residual SS =  241815.4
Iteration 4:  residual SS =  241815.4
Iteration 5:  residual SS =  241815.4
Iteration 6:  residual SS =  241815.4
Iteration 7:  residual SS =  241815.4
Iteration 8:  residual SS =  241815.4

      Source |       SS       df       MS
-------------+------------------------------         Number of obs =      4412
       Model |  105898.644     5  21179.7289         R-squared     =    0.3046
    Residual |  241815.356  4407   54.870741         Adj R-squared =    0.3038
-------------+------------------------------         Root MSE      =  7.407479
       Total |      347714  4412  78.8109701         Res. dev.     =  30185.68

------------------------------------------------------------------------------
      docvis |      Coef.   Std. Err.      t    P>|t|     [95% Conf. Interval]
-------------+----------------------------------------------------------------
    /private |   .7105104   .1170407     6.07   0.000     .4810517     .939969
    /chronic |   1.057318   .0610386    17.32   0.000     .9376517    1.176984
     /female |   .4320225   .0523199     8.26   0.000     .3294491    .5345958
     /income |    .002558   .0006941     3.69   0.000     .0011972    .0039189
  /intercept |   -.040563   .1272218    -0.32   0.750    -.2899816    .2088557
------------------------------------------------------------------------------
```

这里在括弧{}中给定参数的名字。

nl 系数估计值和 poisson(除了 income 之外的所有解释变量的差异在 15%之内)的结果相似,并且对 female 和 income 来说,nl 的稳健标准误高出 15%,并且余下的解释变量较为相似。

给定的模型诊断统计量包括:R^2,由模型(或已解释过的)的平方和除以总的平方和计算出来;均方误差的平方根(MSE),它是模型误差的标准差 σ 的估计值 s;残差的偏差,是在 GLM 著作中使用最多的拟合优度测量。

而我们使用条件均值函数的一个更简短的等价表达式。vce(robust)选项用于允许异方差误差出现,并且使用 nolog 选项来禁止迭代对数。我们有:

```
. * Nonlinear least-squares regression (command nl)
. generate one = 1

. nl (docvis = exp({xb: private chronic female income one})), vce(robust) nolog
(obs = 4412)

Nonlinear regression                                Number of obs =       4412
                                                    R-squared     =     0.3046
                                                    Adj R-squared =     0.3038
                                                    Root MSE      =   7.407479
                                                    Res. dev.     =   30185.68
```

docvis	Coef.	Robust Std. Err.	t	P>|t|	[95% Conf.	Interval]
/xb_private	.7105104	.1086194	6.54	0.000	.4975618	.9234589
/xb_chronic	1.057318	.0558352	18.94	0.000	.947853	1.166783
/xb_female	.4320225	.0694662	6.22	0.000	.2958338	.5682112
/xb_income	.002558	.0012544	2.04	0.041	.0000988	.0050173
/xb_one	-.040563	.1126215	-0.36	0.719	-.2613578	.1802319

除了标准误之外的输出结果都是相同的,这对于异方差而言是稳健的。

10.3.6 GLM

GLM 框架在应用统计学的很多领域中是标准的非线性模型框架,尤其是生物统计学。为了叙述的完整性,我们在这里介绍它,但是我们不强调它的使用,因为它在经济学中使用得很少。

GLM 估计量是以第 10.3.1 节中介绍的 LEF 的密度为基础的 ML 估计量的一个子集。他们实际上是 NLS 的一般化形式,对于具有同方差加法形式的误差项的非线性回归模型是最优的,并且适用于其他类型的数据,即不仅适用于具有内生性异方差的数据,而且适合于在内生性异方差建模过程中有自然起点的数据。例如,在泊松分布中方差等于均值,在二值变量中方差等于均值乘以个体数减去均值。

GLM 的估计量 $\hat{\boldsymbol{\theta}}$ 使得 LEF 的对数似然函数最大化:

$$Q(\boldsymbol{\theta})=\sum_{i=1}^{N}[a\{m(\mathbf{x}_i,\beta)\}+b(y_i)+c\{m(\mathbf{x}_i,\beta)\}y_i]$$

其中,$m(\mathbf{x},\beta)=E(y\mid\mathbf{x})$ 是 y 的条件均值,函数 $a(\cdot)$ 和 $c(\cdot)$ 的不同设定形式对

应于 LEF 中不同的部分,并且 $b(\cdot)$ 是正态分布的常数。对于泊松分布而言,$a(\mu)=-\mu$ 并且 $c(\mu)=\ln\mu$ 。

给定 $a(\mu)$ 和 $c(\mu)$ 的定义,均值和方差必须满足 $E(y)=\mu=\dfrac{-a'(\mu)}{c'(\mu)}$ 并且 $\mathrm{Var}(y)=\dfrac{1}{c'(\mu)}$ 。在泊松中,$a'(\mu)=-1$ 并且 $c'(\mu)=\dfrac{1}{\mu}$,所以 $E(y)=\dfrac{1}{\frac{1}{\mu}}=\mu$ 并且 $\mathrm{Var}(y)=\dfrac{1}{c'(\mu)}=\dfrac{1}{\frac{1}{\mu}}=\mu$ 。这是泊松分布中方差—均值相等的性质。

GLM 估计量有一个很重要的性质,就是只有当条件均值函数是正确设定的时候,它们才是一致的。出现这样结果的原因是一阶条件 $\dfrac{\partial Q(\boldsymbol{\theta})}{\partial\theta}=\mathbf{0}$ 可以写成 $N^{-1}\sum_i c'(\mu_i)(y_i-\mu_i)\left(\dfrac{\partial\mu_i}{\partial\beta}\right)=\mathbf{0}$,其中 $\mu_i=m(\mathbf{x}_i,\beta)$。这样一来,只有当 $E(y_i-\mu_i)=0$,或者 $E(y_i\mid\mathbf{x}_i)=m(\mathbf{x}_i,\beta)$ 时估计量才是一致的。然而,只有方差是正确设定的[比如:$\mathrm{Var}(y)=\dfrac{1}{c'(\mu)}$],我们才可以得到 VCE 的一个稳健的估计。

10.3.7 glm 命令

我们可以用 glm 命令来计算 GLM 估计,其语法是:

glm *depvar* [*indepvars*] [*if*] [*in*] [*weight*] [,*options*]

family()是重要的选项,用来定义需要考虑的 LEF 特定部分,link()是与条件均值函数互为反函数的连结函数。family()选项包括:gaussian(正态分布)、igaussian(逆高斯分布)、binomial(伯努利分布和二项分布)、poisson(泊松分布)、nbinomial(负二项分布)和 gamma(gamma 分布)。

我们可以使用 family(poisson)和 link(log)选项来得到泊松估计量。连结函数是自然对数,因为这是条件均值的指数函数的反函数。我们再次使用 vce(robust)选项。我们预计会得到与带有 vce(robust)选项的 poisson 相同的结果。

```
. * Generalized linear models regression for poisson (command glm)
. glm docvis private chronic female income, family(poisson) link(log)
> vce(robust) nolog

Generalized linear models                        No. of obs      =       4412
Optimization     : ML                            Residual df     =       4407
                                                 Scale parameter =          1
Deviance         =  28131.11439                  (1/df) Deviance =    6.38328
Pearson          =  57126.23793                  (1/df) Pearson  =   12.96261

Variance function: V(u) = u                      [Poisson]
Link function    : g(u) = ln(u)                  [Log]

                                                 AIC             =   8.390095
Log pseudolikelihood = -18503.54883              BIC             =  -8852.797
```

docvis	Coef.	Robust Std. Err.	z	P>|z|	[95% Conf.	Interval]
private	.7986653	.1090014	7.33	0.000	.5850264	1.012304
chronic	1.091865	.0559951	19.50	0.000	.9821167	1.201614
female	.4925481	.0585365	8.41	0.000	.3778187	.6072774
income	.003557	.0010825	3.29	0.001	.0014354	.0056787
_cons	-.2297263	.1108733	-2.07	0.038	-.4470339	-.0124187

结果与第 10.3.2 节中所给出的那些结果是完全一样的，除了在 GLM 著作中所使用的额外的诊断统计量(偏差，Pearson 统计量)。使用稳健标准误，因为它们没有使用方差—均值相等的泊松密度约束条件。

标准的统计参考文献见 Mc Cullagh 和 Nelder(1989)、Hardin 和 Hilbe(2007)提供了 GLM 的 Stata 程序，包含了 GLM 的详细细节的计量经济学参考文献见 Cameron 和 Trivedi(1998)。

10.3.8 gmm 估计

广义矩法(GMM)的估计量使得一个目标函数最小化，这个目标函数在总体上是二次形式的，其定义见第 11.8 节。最优化过程比(10.3)式中给出的 m 估计量的单一总和要更加复杂。对于一些线性模型而言，有一些内置的 Stata 命令，最著名的有横截面数据的 ivregress gmm 命令和动态面板数据的 xtabond 命令。而对于特定的非线性模型，没有一些内置命令。相反，我们使用 Stata11 中介绍的 gmm 命令。

gmm 命令的最简单的形式直接定义了条件均值，并且语法为：

gmm([*eqname*1:]<*mexp*_1>)([*eqname*2:]<*mexp*_2>)…[*if*][*in*][*weight*][,*options*]

其中，<*mexp_j*>是第 j 个矩等式的可替换的表达式。选项包括：instruments()，用于定义工具变量；分别对应为一阶段、两阶段和可迭代的 GMM 估计的 onestep、twostep(默认的)和 igmm 选项中的一个；如果是两阶段估计或者是过度识别模型的可迭代的 GMM 估计，可以用 wmatrix()选项用来定义加权矩阵。对于恰好识别模型，这些不同的估计方法会得到相同的估计。而对于识别得特别复杂的模型，我们使用 gmm 命令的变形来定义矩条件，gmm 命令的变形都是特定用户编写的程序。

我们将 gmm 命令应用于在第 11.8.2 节和第 11.8.3 中详细解释的模型和数据。GMM 估计是基于单一的矩条件，其为：

$$E[\mathbf{z}_i\{y_i-\exp(\mathbf{x}'_i\beta)\}]=\mathbf{0}$$

其中，$\mathbf{x}_i$ 是可能包含内生性变量的解释变量，$\mathbf{z}_i$ 是工具变量。GMM 估计量使得二次形式的目标函数最小化

$$Q(\beta)=\left[\frac{1}{N}\sum_{i=1}^{N}\mathbf{z}_i\left\{y_i-\exp(\mathbf{x}_i'\beta)\right\}\right]'\mathbf{W}\left[\frac{1}{N}\sum_{i=1}^{N}\mathbf{z}_i\left\{y_i-\exp(\mathbf{x}_i'\beta)\right\}\right]$$

如果模型是过度识别的(这里 $\mathbf{z}_i$ 有比 $\mathbf{x}_i$ 更多的条目)，不同的估计方法和加权矩阵 $\mathbf{W}$ 的选择会产生不同的估计。

我们使用被解释变量和解释变量定义可替换的表达式 $\{y_i - \exp(\mathbf{x}'_i\beta)\}$，使用与 nl 命令相似的语法。我们使用 instruments()定义在工具变量 $\mathbf{z}_i$ 中使用的变量。我们继续分析看医生次数的回归例子，在这里我们把解释变量 private 当成内生性的，这个解释变量有一个单一的工具变量 firmsize(这是在好几百名员工中进行测量的)。我们有：

```
. * Command gmm for GMM estimation (nonlinear IV) for Poisson model
. gmm (docvis - exp({xb:private chronic female income}+{b0})),
> instruments(firmsi ze chronic female income) onestep nolog

Final GMM criterion Q(b) =  1.29e-17

GMM estimation

Number of parameters =   5
Number of moments    =   5
Initial weight matrix: Unadjusted                    Number of obs  =    4412
```

	Coef.	Robust Std. Err.	z	P>|z|	[95% Conf.	Interval]
/xb_private	1.340292	1.559015	0.86	0.390	-1.715322	4.395905
/xb_chronic	1.072908	.0762684	14.07	0.000	.9234242	1.222391
/xb_female	.4778178	.0690393	6.92	0.000	.3425032	.6131323
/xb_income	.0027833	.002192	1.27	0.204	-.0015129	.0070795
/b0	-.6832462	1.349606	-0.51	0.613	-3.328424	1.961932

```
Instruments for equation 1: firmsize chronic female income _cons
```

默认的选项是计算稳健标准误。与第 10.3.2 节中给出的泊松回归输出相比，最大的变化在于内生性解释变量 private，现在这个解释变量的估计一点儿都不精确，尽管它在统计上是显著的。与泊松回归输出中的标准误 0.109 相比，这里的标准误为 1.559，实际上，系数已经从 0.798 增大到 1.340。在运用横截面数据集对线性 IV 估计的过程中，内生性解释变量估计也会发生相似的效率损失，见第 6.3.6 节中的例子。

前面的例子是工具变量个数与解释变量个数相同的恰好识别模型。因此，目标函数最小化的值是 0(这里为 1.29×10^{-17}，它反映了一个数值的化整误差)。关于 gmm 命令在过度识别模型中的运用，见第 17.5.2 节。此外，[R]**gmm** 也提供了更多的例子。

10.3.9 其他估计量

本章的前一部分涉及了大多数在使用横截面数据分析的微观计量经济学中的估计量。我们现在研究一些没有涉及的非线性估计量。

一种方法是设定一个线性函数为 $E\{h(y)\mid\mathbf{x}\}$，所以 $E\{h(y)\mid\mathbf{x}\}=\mathbf{x}'\beta$，其中 $h(\cdot)$ 是一个非线性函数。一个例子是第 3.5 节中 Box—Cox 转换。这种转换方法的缺点是如果我们想预测 y 或者 $E(y\mid\mathbf{x})$，会产生转换的偏误。

非参数和半参数的估计量不会完全地设定关键的模型组成部分的函数形式，例如 $E(y\mid\mathbf{x})$。包括 lowess 命令，y 关于一个标量 x 的非参数回归的几种方法在第 2.6.6 节中已经介绍过。

10.4 不同的 VCE 估计

给定一个估计量，对标准误、随后的检验统计量和置信区间的计算有几种不同的标准方法。最常用的方法产生默认的标准误、稳健的标准误和聚类-稳健的标准误。这一节把第 3.3 节中 OLS 估计量拓展到非线性估计量。

10.4.1　一般框架

我们研究一个 $q\times 1$ 阶参数向量 $\boldsymbol{\theta}$ 的估计值$\hat{\boldsymbol{\theta}}$的推断，解出 q 个等式：

$$\sum_{i=1}^{N}\mathbf{g}_i(\hat{\boldsymbol{\theta}})=0 \tag{10.4}$$

其中，$\mathbf{g}_i(\cdot)$是一个 $q\times 1$ 阶的向量。对于定义在第 10.3 节的 m 估计量而言，目标函数(10.3)式的差分会得到带有 $\mathbf{g}_i(\boldsymbol{\theta})=\dfrac{\partial q_i(y_i,\mathbf{x}_i,\boldsymbol{\theta})}{\partial\boldsymbol{\theta}}$的一阶条件。假设：

$$E\{\mathbf{g}_i(\boldsymbol{\theta})\}=0$$

对于标准估计量来说，该条件对于 $\hat{\boldsymbol{\theta}}$ 的一致性是充分且必要的。这一设置涉及了大多数的模型和估计量，重要的例外就是第 6 章中的过度识别的两阶段最小二乘法估计量和 GMM 估计量。

在适当的假设下，可以证明：

$$\hat{\boldsymbol{\theta}}\overset{a}{\sim}N\{\boldsymbol{\theta},\mathrm{Var}(\hat{\boldsymbol{\theta}})\}$$

其中，$\mathrm{Var}(\hat{\boldsymbol{\theta}})$表示(渐近的)VCE。此外，

$$\mathrm{Var}(\hat{\boldsymbol{\theta}})=[E\{\textstyle\sum_i\mathbf{H}_i(\boldsymbol{\theta})\}]^{-1}E\{\sum_i\sum_j\mathbf{g}_i(\boldsymbol{\theta})\mathbf{g}_j(\boldsymbol{\theta})'\}[E\{\sum_i\mathbf{H}_i(\boldsymbol{\theta})'\}]^{-1} \tag{10.5}$$

其中，$\mathbf{H}_i(\boldsymbol{\theta})=\dfrac{\partial\mathbf{g}_i}{\partial\boldsymbol{\theta}'}$。$\mathrm{Var}(\hat{\boldsymbol{\theta}})$的一般表达式被称为“夹层形式(sandwich form)”，因为它能写成 $\mathbf{A}^{-1}\mathbf{B}\mathbf{A}'^{-1}$，B 被夹在 $\mathbf{A}^{-1}$和 $\mathbf{A}'^{-1}$之间。OLS 是具有 $\mathbf{g}_i(\hat{\beta})=\mathbf{x}_i'\hat{\mu}_i=\mathbf{x}_i'(y_i-\mathbf{x}_i'\hat{\beta})$和 $\mathbf{H}_i(\beta)=\mathbf{x}_i\mathbf{x}_i'$的特殊情况。

我们希望得到被估计的渐近方差矩阵 $\hat{V}(\hat{\boldsymbol{\theta}})$ 和相关的标准误，它是 $\hat{V}(\hat{\boldsymbol{\theta}})$ 的对角线元素的平方根。这明显需要用$\hat{\boldsymbol{\theta}}$来替换掉 $\boldsymbol{\theta}$。在(10.5)式中的第一个和第三个矩阵可以用$\hat{\mathbf{A}}=\sum_i\mathbf{H}_i(\hat{\boldsymbol{\theta}})$来估计。但是 $E\{\sum_i\sum_j\mathbf{g}_i(\boldsymbol{\theta})\mathbf{g}_j(\boldsymbol{\theta})'\}$的估计额外要求有分布假设，例如关于 i 的独立和可能为 $E\{\mathbf{g}_i(\boldsymbol{\theta})\mathbf{g}_i(\boldsymbol{\theta})'\}$ 的函数形式。[因为(10.4)中$\sum_i\mathbf{g}_i(\hat{\boldsymbol{\theta}})=0$，显然$\sum_i\sum_j\mathbf{g}_i(\hat{\boldsymbol{\theta}})\mathbf{g}_j(\hat{\boldsymbol{\theta}})'=0$。]

10.4.2　vce()选项

不同的假设产生不同的 VCE 估计。对于可以使用的估计命令而言，我们可以使用 vce(vcetype)选项来得到它们。具体的 vcetype(s)形式随估计命令的不同而不同。它们的公式在随后的章节有详细讲解。

对于 poisson 命令，有许多可支持的 vcetypes 选项。

vce(oim)和 vce(opg)选项使用 DGP 假设来评估在(10.5)式中的期望，见第 10.4.4 节。vce(oim)选项是一个默认选项。

vce(robust)和 vce(cluster clustvar)选项使用“夹层”估计量来清晰地评估在(10.5)式中的期望，而夹层估计量并不需要使用 DGP 假设。vce(robust)选项假设关于 i 独立。

vce(cluster clustvar)选项允许一个聚类内部的 i 之间是有限相关的，在聚类内部，它们都是独立的，而且存在许多的聚类，见第 10.4.6 节。对于已经控制了聚类的命令，如 xtreg，那么 vce(robust)选项能提供 VCE 的聚类-稳健估计，而不是由 vce(cluster clustvar)选项来提供。

vce(bootstrap)和 vce(jackknife)选项使用再抽样方案，DGP 受约束的假设类似于 vce (robust) 或者 vce(cluster *clustvar*)选项的那些假设，见第 10.4.8 节。

各种 vce()选项需要相当谨慎地使用。当 DGP 的某些部分可能被误设时，应该使用 VCE 估计而不是默认的估计。但这样的话估计量本身可能是不一致的。

10.4.3 vce()选项的应用

对于计数数据，自然的起点是 MLE，假设它服从泊松分布。可以说明的是：ML 默认的标准误是基于泊松分布的方差—均值不相等的限制。但在实践中，计数数据往往是"过度离散的"且带有 $\mathrm{Var}(y \mid \mathbf{x}) > \exp(\mathbf{x}'\beta)$，在这种情况下可以知道 ML 默认的标准误是向下偏误的。同时，只有当 $E(y \mid \mathbf{x}) = \exp(\mathbf{x}'\beta)$ 是条件均值正确设定时，泊松 MLE 才是一致的。

这些考虑使得使用 vce (robust)成为泊松 MLE 估计的首要选项，而不是默认选项。vce(cluster clustvar)选项假设聚类之间是独立的，不是 i 之间独立，然而聚类是事先定义的。vce (bootstrap)估计渐近等于 vce (robust)估计。

对于泊松 MLE，可以知道 VCE 的默认估计、稳健估计、聚类-稳健的估计由下式给出，分别为：

$$\hat{V}_{\mathrm{oim}}(\hat{\beta}) = (\textstyle\sum_i \mathrm{e}^{\mathbf{x}_i'\hat{\beta}} \mathbf{x}_i \mathbf{x}_i')^{-1}$$

$$\hat{V}_{\mathrm{rob}}(\hat{\beta}) = (\textstyle\sum_i \mathrm{e}^{\mathbf{x}_i'\hat{\beta}} \mathbf{x}_i \mathbf{x}_i')^{-1} (\sum_i (y_i - \mathrm{e}^{\mathbf{x}_i'\hat{\beta}})^2 \mathbf{x}_i \mathbf{x}_i') (\sum_i \mathrm{e}^{\mathbf{x}_i'\hat{\beta}} \mathbf{x}_i \mathbf{x}_i')^{-1}$$

$$\hat{V}_{\mathrm{clu}}(\hat{\beta}) = (\textstyle\sum_i \mathrm{e}^{\mathbf{x}_i'\hat{\beta}} \mathbf{x}_i \mathbf{x}_i')^{-1} \left(\sum_c \dfrac{C}{C-1} \sum_c \hat{\mathbf{g}}_c \hat{\mathbf{g}}_c'\right) (\sum_i \mathrm{e}^{\mathbf{x}_i'\hat{\beta}} \mathbf{x}_i \mathbf{x}_i')^{-1}$$

其中，$\hat{\mathbf{g}}_c = \sum_{i:i\in c} (y_i - \mathrm{e}^{\mathbf{x}_i'\hat{\beta}}) \mathbf{x}_i$，并且 $c = 1, \cdots, C$ 表示聚类。

它的执行是很直接的，除了在这个例子中没有聚类的自然原因。为了更好地解释这个问题，我们用 age 进行聚类，在这种情况下，我们假设相同年龄的个体间存在着相关性，不同年龄的个体相互独立。在自抽样法中，我们首先设置种子，并设置次数为 400 的重复抽样，这个次数要远大于 Stata 的默认次数。我们得到：

```
. * Different VCE estimates after Poisson regression
. quietly poisson docvis private chronic female income

. estimates store VCE_oim

. quietly poisson docvis private chronic female income, vce(opg)

. estimates store VCE_opg

. quietly poisson docvis private chronic female income, vce(robust)

. estimates store VCE_rob

. quietly poisson docvis private chronic female income, vce(cluster age)
```

```
. estimates store VCE_clu

. set seed 10101

. quietly poisson docvis private chronic female income, vce(boot,reps(400))

. estimates store VCE_boot

. estimates table VCE_oim VCE_opg VCE_rob VCE_clu VCE_boot, b(%8.4f) se
```

Variable	VCE_oim	VCE_opg	VCE_rob	VCE_clu	VCE_boot
private	0.7987	0.7987	0.7987	0.7987	0.7987
	0.0277	0.0072	0.1090	0.1496	0.1100
chronic	1.0919	1.0919	1.0919	1.0919	1.0919
	0.0158	0.0046	0.0560	0.0603	0.0555
female	0.4925	0.4925	0.4925	0.4925	0.4925
	0.0160	0.0046	0.0585	0.0686	0.0588
income	0.0036	0.0036	0.0036	0.0036	0.0036
	0.0002	0.0001	0.0011	0.0012	0.0011
_cons	-0.2297	-0.2297	-0.2297	-0.2297	-0.2297
	0.0287	0.0075	0.1109	0.1454	0.1120

legend: b/se

正如第 10.4.4 节中所解释的一样,前两个极大似然的标准误是非常不同的。这说明泊松密度的假设有问题。第三列稳健标准误大约是第一列默认标准误的 4 倍。在泊松模型拟合的时候经常发生这种非常大的差异。对于其他的估计量,差异通常不是很大。特别是对于 OLS 而言,稳健的标准误往往在默认标准误的 20%以内(高一些或低一些)。第四列聚类-稳健标准误比稳健标准误要高 8%~37%。在其他的应用中,差异会更大。第五列的自抽样标准误在第三列稳健标准误的 1%以内,证明它们在本质上是等价的。

在这个例子中,它会误导我们去使用默认的标准误。我们至少应该使用稳健标准误。这就需要放松泊松分布的假设,这样一来,不应该用模型来预测条件概率。但是,至少对泊松 MLE 而言,只要条件均值确实设定为 $\exp(\mathbf{x}'\beta)$,$\hat{\beta}$ 就是一个一致的估计量。

10.4.4 VCE 的默认估计

如果不使用选项,我们可以得到“默认”标准误。这样做意味着做出最严格的假设,即本质上 DGP 所有相关部分都被设定并且能被正确设定。这种极大的简化(这里不再推导),可以把夹层形式 $\mathbf{A}^{-1}\mathbf{B}\mathbf{A}'^{-1}$ 矩阵简化为矩阵 $\mathbf{A}^{-1}$。

对于 MLE(其数据对 i 是独立的),假设密度函数是正确设定的。那么信息矩阵也同样可以简化,所以有:

$$\hat{V}_{\text{def}}(\hat{\boldsymbol{\theta}}) = -\left[\sum_i E\{\mathbf{H}_i(\boldsymbol{\theta})\}|_{\hat{\boldsymbol{\theta}}}\right]^{-1}$$

默认的 vce (oim)选项,其中 oim 是所观察到的信息矩阵的一个缩写,这个选项给出了关于 Stata 的 ML 命令的 VCE 估计。虽然命名为 vce(ols),但这个估计量也是 regress的默认值,满足$\hat{V}_{\text{II}}(\hat{\beta}) = s^2(\sum_i \mathrm{x}_i \mathrm{x}_i')^{-1}$和 $s^2 = \sum_i \frac{\hat{u}_i}{(N-K)}$。

vce(opg)选项给出了另外一种估计量,这个估计量称为梯度估计的外积:

$$\hat{V}_{\text{opg}}(\hat{\boldsymbol{\theta}})=\{\sum_i \mathbf{g}_i(\hat{\boldsymbol{\theta}})\mathbf{g}_i(\hat{\boldsymbol{\theta}})'\}^{-1}$$

如果密度函数是正确设定的，那么这个估计量渐近等价于默认估计量。

10.4.5 VCE 的稳健估计

Stata 的横截面估计命令的 vce(robust)选项可以计算出在独立假设下“夹层形式”矩阵的估计。那么 $E\{\sum_i\sum_j \mathbf{g}_i(\boldsymbol{\theta})\mathbf{g}_j(\boldsymbol{\theta})'\}=E\{\sum_i \mathbf{g}_i(\boldsymbol{\theta})\mathbf{g}_i(\boldsymbol{\theta})'\}$，得到 VCE 的稳健估计为：

$$\hat{V}_{\text{rob}}(\hat{\boldsymbol{\theta}})=(\sum_i \hat{\mathbf{H}}_i)^{-1}\left(\frac{N}{N-q}\sum_i \hat{\mathbf{g}}_i\hat{\mathbf{g}}_i'\right)(\sum_i \hat{\mathbf{H}}_i')^{-1}$$

其中，$\hat{\mathbf{H}}_i=\mathbf{H}_i(\hat{\boldsymbol{\theta}})$，并且 $\hat{\mathbf{g}}_i=\mathbf{g}_i(\hat{\boldsymbol{\theta}})$。在一些特殊情况下，例如 NLS，$\hat{\mathbf{H}}_i$ 会被在 $\hat{\boldsymbol{\theta}}$ 处估计海塞矩阵的期望 $E(\mathbf{H}_i)$ 替代。中间项中的因子 $\dfrac{N}{N-q}$ 是一个特定(ad hoc)的自由度[①]，它与残差项服从于独立相同正态分布的线性回归模型相似。这个估计量是 MLE 的 Huber(1965)简单形式的推广，也是 OLS 估计量的 White(1980)的异方差一致估计量。它通常被称为异方差-稳健估计量，而不是稳健估计量。

我们应该谨慎地使用 vce(robust)选项。不同于默认的标准误，它没有对 $E\{\mathbf{g}_i(\boldsymbol{\theta})\mathbf{g}_i(\boldsymbol{\theta})'\}$ 的函数形式进行假设，在这个意义上它是稳健的。但是如果 $E\{\mathbf{g}_i(\boldsymbol{\theta})\mathbf{g}_i(\boldsymbol{\theta})'\}$ 是误设的，确定使用稳健标准误，那么它也可能是这种情况 $E\{\mathbf{g}_i(\boldsymbol{\theta})\}\neq 0$。这样我们就有更严重的问题，即 $\hat{\boldsymbol{\theta}}$ 和 $\boldsymbol{\theta}$ 不一致。例如，只要放松分布的任何假设，tobit MLE 和带有选择或截断的任何其他参数模型的 MLE 就变得不一致。使用稳健的 VCE 估计的唯一好处是，它确实给出了 VCE 的一致估计。然而，它是一个不一致 VCE 估计量。

然而，在相对较弱的假设下，也有一些常用的估计量保持一致性。ML 和基于 LEF(见第 10.3.1 节)的 GLM 估计量只要求条件均值函数是正确设定的。只要使用了有效的工具变量来使得模型误差 μ_i 和工具变量 $\mathbf{z}_i$ 满足 $E\{\mu_i|\mathbf{z}_i\}=0$，IV 估计量就是一致的。

前面的讨论适用于横截面估计命令。对于面板数据或聚类数据，例如带有 vce(robust)选项的 xtreg 的 xt 命令，可产生一个 VCE 的聚类-稳健估计。

10.4.6 VCE 的聚类-稳健估计

一个独立观察值的常见替代是观察值落入聚类中，其中在不同的聚类内的观测值是独立的，但是同一聚类的观测值不再是独立的。例如，个人可能会按村庄进行分组，但只在村庄范围内有相关性，不同的村庄之间没有相关性。这种区域性组别的划分是需要特别重点控制的，因为如果感兴趣的解释变量，比如一个政策变量，在该区域之内是不变的。那么，对于横截面估计，VCE 的稳健估计是不正确的，而且会大幅向下偏误。

而我们使用 VCE 的一个聚类-稳健估计。一阶条件可以在聚类内进行求和并重新表示为：

$$\sum_{c=1}^{C}\mathbf{g}_c(\hat{\boldsymbol{\theta}})=0$$

其中，c 表示第 c 个聚类，这里有 C 个聚类，而且 $\mathbf{g}_c(\boldsymbol{\theta})=\sum_{i:i\in c}\mathbf{g}_i(\boldsymbol{\theta})$。如果 i 和 j 在不同的聚类中，那么最重要的假设是 $E\{\mathbf{g}_i(\boldsymbol{\theta})\mathbf{g}_j(\boldsymbol{\theta})'\}=0$。只需要轻微调整之前的代

① 也称为现式估计法——译者注。

数式，我们得到：

$$\hat{V}_{clus}(\hat{\boldsymbol{\theta}})=(\textstyle\sum_c \hat{\mathbf{H}}_c)^{-1}\left(\dfrac{C}{C-1}\textstyle\sum_c \hat{\mathbf{g}}_c\hat{\mathbf{g}}_c'\right)(\textstyle\sum_c \hat{\mathbf{H}}_c')^{-1}$$

其中，$\mathbf{H}_c(\boldsymbol{\theta})=\dfrac{\partial \mathbf{g}_c(\boldsymbol{\theta})}{\partial \boldsymbol{\theta}'}$。Liang 和 Zeger (1986)中提出这个估计量，而且缩放因子 $\dfrac{C}{C-1}$ 是这个特定的自由度的一个更新的纠正。这个估计量假设聚类 C 的数量趋近于 ∞，当每个聚类只有一个观测值时，$\hat{V}_{\text{clus}}(\hat{\boldsymbol{\theta}})=\left(\dfrac{N-k}{N-1}\right)\hat{V}_{\text{rob}}(\hat{\boldsymbol{\theta}})$，那么聚类-稳健标准误和稳健标准误只有在用较小的自由度纠正时才有所不同。

我们使用 vce(cluster *clustvar*)的选项得到这个估计量，其中 *clustvar* 是定义聚类变量的名称，如一个村庄标识符。对于面板数据或聚类数据，xt 命令，例如 xtreg，已经明确允许聚类估计，而且 VCE 的聚类-稳健估计是通过使用 vce(robust)选项而非 vce(cluster *clustvar*)选项得到的。

在稳健的情况下，同样的注意事项也适用。$E\{\mathbf{g}_c(\boldsymbol{\theta})\}=0$ 确保估计量的一致性仍然是必要的。本质上，在同一聚类中 $\mathbf{g}_i(\boldsymbol{\theta})$ 的联合分布可能被误设，因为假设存在独立性时，实际上它并不是独立的，但 $\mathbf{g}_i(\boldsymbol{\theta})$ 的边际分布必须在聚类的每个组成部分都存在 $\mathrm{E}\{\mathbf{g}_i(\boldsymbol{\theta})\}=0$ 的情况下才能被正确设定。

10.4.7 异方差和自相关 VCE 一致估计

异方差和自相关 VCE 的一致(HAC)估计，例如 Newey-West(1987)估计量，是时间序列数据的稳健估计的一个一般形式。这允许相邻观测值，比如 m 个时间段，有一定的相关性。

在 Stata 中，一些线性时间序列估计量执行 HAC 估计，如 newey 和 ivregress。对于非线性估计，HAC 估计可用于设定 vce(hac *kernel*)选项的 glm，在这种情况下，你必须对你的数据使用 tsset 命令。

在微观计量经济学分析中，时间序列是面板数据的组成部分。对于涉及少量时间段的短面板，就没有必要使用 HAC 估计。对于跨越许多个时间段的长面板，有更多的理由来使用 VCE 的 HAC 估计。8.10.6 节中给出了使用用户编写的 xtscc 命令的例子。

10.4.8 自抽样标准误

带有 vce(bootstrap)选项的 Stata 估计命令使用自抽样得到标准误，特别是已配对的自抽样。默认的自抽样假设观测值是独立的，并且在假设自抽样的数量很大的情况下，相当于计算稳健标准误。同样的，假设聚类之间是独立的，但在聚类内是不独立的，这样的聚类自抽样并不等价于计算聚类-稳健标准误。

一个相关的选项是 vce(jackknife)。这在计算中有要求，因为它涉及重新对估计量进行 N 次计算，其中 N 是样本容量。

这些方法详见第 13 章。在这一章中，我们也可应用更精练的渐近理论来研究自抽样的不同用法，以便在有限的样本中得到具有更好的水平性质和更高覆盖率的置信区间的 t 统计量。

10.4.9 统计推断

给定用来估计 VCE 的一个方法，我们可以计算标准误、t 统计量、置信区间和 Wald 假设检验。这些都可以通过类似于 poisson 的估计命令来得到。一旦允许放松 DGP 的假设，比如 VCE 的稳健估计，那么一些检验，尤其是似然比检验，就不再合适。

运用 test、testnl、lincom 和 nlcom 命令可以演示更复杂的统计推断，这将在第 12 章中详细讲述。

10.5 预测

在本节中，我们研究预测。在大多数情况下，预测是条件均值 $E(y \mid \mathbf{x})$ 的一种。这种预测可以比给定 $\mathbf{x}$ 时的 y 的实际值更加精确。

10.5.1 predict 和 predictnl 命令

我们可以使用估计后的 predict 命令得到一个新的变量，这个新变量包含对每个观测值的预测值。在单方程估计命令之后使用，这一命令的语法为：

predict [*type*] *newvar* [*if*] [*in*] [,*options*]

预测值可作为变量 *newvar* 被存储，而且数据类型设定为 *type*，默认为单精度。可以用 option 来定义合意的类型，并且有几种不同类型的预测可供选择，选择的可能性随前面的估计命令的不同而不同。

在 poisson 以后，predict 命令的关键选项是默认的 n 选项。这计算了 $\exp(\mathbf{x}'_i\hat{\beta})$，即项目的预测期望数。xb 选项计算了线性预测 $\mathbf{x}'_i\hat{\beta}$，stdp 计算了 $\{\mathbf{x}'_i\hat{V}(\hat{\beta})\mathbf{x}_i\}^{\frac{1}{2}}$ 以及 $\mathbf{x}'_i\hat{\beta}$ 的标准误。score 选项计算了关于线性预测的对数似然的导数。对于泊松 MLE，这是 $y_i - \exp(\mathbf{x}'_i\hat{\beta})$，并且可以看作泊松估计的残差。

predictnl 命令使用户能提供预测的公式。语法是：

predictnl [*type*] *newvar*=*pnl_exp* [*if*] [*in*] [,*options*]

其中，*pnl_exp* 是一个表达式，将在下一节中予以说明。选项可以提供 predict 命令不能提供的数量，这样就可以把 Wald 统计推断用于预测值中。特别是，se(*newvar*2) 选项创建了一个新的变量，它包含了每个观测值的预测值 *newvar* 的标准误。可以使用第 12.3.8 节中详细的 delta 方法计算这些标准误。其他选项包括 variance()、wald()、p()和 ci()。

predict 与 predictnl 命令作用于目前定义的样本，如果想要对一个子样本进行预测，则需要使用带有 if 和 in 的限定符。如果使用与估计样本不同的样本来估计，这可能导致错误的预测。ife(sample)限定符可以确保在预测中使用估计样本。在其他情况下，如果确实想要使用不同的样本来进行预测，那么使用这个样本来进行预测是非常合适的。使用一个样本来估计可以这样做，即将一个新样本读入内存，然后使用这个新的样本来预测。

10.5.2 predict 和 predictnl 的应用

样品中每个个体看医生的次数的预测均值，可以通过使用带有默认选项的 predict

命令进行计算。我们使用 ife(sample)限定符来确保预测是对与估计样本相同的样本来进行的。这种预防措施在这里是没有必要的,但是却能有效地避免无意中的错误。我们可以得到与使用带有 se()选项的 predictnl 得到的预测标准误相同的预测结果。我们得到:

```
. * Predicted mean number of doctor visits using predict and predictnl
. quietly poisson docvis private chronic female income, vce(robust)

. predict muhat if e(sample), n

. predictnl muhat2 = exp(_b[private]*private + _b[chronic]*chronic
> + _b[female]*female + _b[income]*income + _b[_cons]), se(semuhat2)

. summarize docvis muhat muhat2 semuhat2
```

Variable	Obs	Mean	Std. Dev.	Min	Max
docvis	4412	3.957389	7.947601	0	134
muhat	4412	3.957389	2.985057	.7947512	15.48004
muhat2	4412	3.957389	2.985057	.7947512	15.48004
semuhat2	4412	.2431483	.1980062	.0881166	3.944615

这里的 $E(y \mid \mathbf{x})$ 的预测均值为 3.957,等于 y 值的均值。这种特性仅对某些估计量成立——OLS、恰好识别的线性 IV、泊松、logit 和指数(带有指数条件均值)——假定这些模型包含一个截距项。预测值的标准差是 2.985,小于 y 的标准差。与范围为 0～134 的简单样本相比,预测值在 0.8～15.5 的范围内。

这个模型十分精确地估计了 $E(y \mid \mathbf{x})$,因为从最后一行来看,作为 $\exp(\mathbf{x}_i'\beta)$ 的估计值的 $\exp(\mathbf{x}_i'\hat{\beta})$ 的标准误是相当小的。这并不奇怪,因为渐近地 $\hat{\beta} \xrightarrow{p} \beta$,所以 $\exp(\mathbf{x}_i'\hat{\beta}) \xrightarrow{p} \exp(\mathbf{x}_i'\beta)$。用 $\exp(\mathbf{x}_i'\hat{\beta})$ 去预测 $y_i \mid \mathbf{x}_i$ 比用它去预测 $E(y_i \mid \mathbf{x}_i)$ 要难得多,因为在 y_i 中总有本质的不可测性。在我们的例子中,不做任何回归的 y_i,它的标准差是 7.95。即使泊松回归能很好地拟合数据并把 $y_i \mid \mathbf{x}_i$ 的标准差降低到 4,那么 $y_i \mid \mathbf{x}_i$ 的任何预测值的标准误至少为 4。

一般来说,通过微观计量数据和一个大样本,我们能够很好地预测 $E(y_i \mid \mathbf{x}_i)$,却不能很好地预测 $y_i \mid \mathbf{x}_i$。例如,我们可能预测一个有 12 年学校教育的白人女性的平均收入,但是却很难预测一个随机选择的有 12 年学校教育的白人女性的平均收入。

当预测目标是获得一个样本平均预测值时,样本平均预测值应该是一个加权平均数。为了获得加权平均数,运用 summarize 或 mean 来设定权重,见第 3.7 节。如果抽样不是随机抽样,且要对总体进行推断,那么这一点特别重要。对于平均预测值,更简单的方法是使用 margins 命令,见第 10.5.7 节。

10.5.3 样本外预测

样本外预测是可能的。例如,我们想要运用 2002 年的样本的参数估计对 2001 年的样本做出预测。

当前的估计值是来自 2002 年的样本,所以我们只需要将 2001 年的样本读入内存并且使用 predict 命令。我们得到:

```
. * Out-of-sample prediction for year01 data using year02 estimates
. use mus10data.dta, clear

. quietly poisson docvis private chronic female income if year02==1, vce(robust)

. keep if year01 == 1
(23940 observations deleted)

. predict muhatyear01, n

. summarize docvis muhatyear01

    Variable |       Obs        Mean    Std. Dev.       Min        Max
-------------+--------------------------------------------------------
      docvis |      6184    3.896345    7.873603          0        152
 muhatyear01 |      6184    4.086984    2.963843   .7947512   15.02366
```

注意，$E(y \mid \mathbf{x})$ 的预测均值 4.09，不再等于 y 值的均值。

10.5.4 在一个解释变量的特定值处的预测

如果所有个体都有私人保险，而所有其他的解释变量都不变，假设我们想要计算看医生次数的样本平均数。

设定 private=1 并使用 predict 可以做到。这样做了之后，为了恢复到以前的原始数据，我们用命令 preserve 保存当前的数据集，并用 restore 来恢复到保存过的数据集。我们有：

```
. * Prediction at a particular value of one of the regressors
. use mus10data.dta, clear

. keep if year02 == 1
(25712 observations deleted)

. quietly poisson docvis private chronic female income, vce(robust)

. preserve

. replace private = 1
(947 real changes made)

. predict muhatpeq1, n

. summarize muhatpeq1

    Variable |       Obs        Mean    Std. Dev.       Min        Max
-------------+--------------------------------------------------------
   muhatpeq1 |      4412    4.371656    2.927381   1.766392   15.48004

. restore
```

当所有人都有私人保险时，条件均值预测为 4.37 次看医生，而当只有 78%的人有私人保险时，样本中的预测条件均值为 3.96。

前面的编码计算并储存了每个个体的预测值，通常来说，当需要这些预测值的平均值时，使用 margins 命令就变得更加简单了，它同时给出了平均预测值的 95%的置信区间，见第 10.5.7 节。

10.5.5 在所有解释变量的特定值处的预测

我们也可能想要估计在所有解释变量的一个特定值处的条件均值。例如，研究未患慢性疾病并且收入为 $ 10000 的有私人保险的女性看医生的次数。

要做到这一点，我们可以使用 lincom 和 nlcom 命令。这些命令计算线性组合的点估计和相关的标准误、z 统计量、p 值以及置信区间。他们首先想要产生例如 $\beta_3-\beta_4$ 这种参数组合的置信区间，这将在第 12 章中详细讲述。也可以用它们来预测，因为这个预测值是参数的一个线性组合。

我们需要预测当 private=1、chronic=0、female=1 且 income=10 时的看医生次数的期望值。nlcom 命令的形式为：

```
. nlcom exp(_b[_cons]+_b[private]*1+_b[chronic]*0+_b[female]*1+_b[income]*10)

       _nl_1:  exp(_b[_cons]+_b[private]*1+_b[chronic]*0+_b[female]*1+
     > _b[income]*10)
```

docvis	Coef.	Std. Err.	z	P>|z|	[95% Conf.	Interval]
_nl_1	2.995338	.1837054	16.31	0.000	2.635282	3.355394

对于我们的例子，更简单的命令是用带有 eform 选项的命令 lincom 来显示这个指数。这样引用的系数更多的是指 private 而不是_[private]。举一个例子，我们有：

```
. * Predict at a specified value of all the regressors
. lincom _cons + private*1 + chronic*0 + female*1 + income*10, eform

 ( 1)  [docvis]private + [docvis]female + 10*[docvis]income + [docvis]_cons = 0
```

docvis	exp(b)	Std. Err.	z	P>|z|	[95% Conf.	Interval]
(1)	2.995338	.1837054	17.89	0.000	2.656081	3.377929

看医生次数的预测条件均值为 3.00。预测的标准误为 0.18，并且 95% 的置信区间为 [2.66,3.38]。这个标准误是用 delta 法计算的，并且置信区间的界限取决于标准误，见第 12.3.8 节。针对 0 值的检验在这里没有意义，但是当 lincom 被用来检验参数的线性组合时是有意义的。

作为 $E(y\mid\mathbf{x})=\exp(\mathbf{x}'\beta)$ 的估计，$\exp(\mathbf{x}'\beta)$ 的置信区间相对紧密。相反，如果我们想要预测给定 $\mathbf{x}$ 之后的 y 的实际值，那么置信区间将会广阔得多，因为我们也需要围绕它的条件均值增加变量到 y 当中去。比起估计条件均值中的噪声，实际值的预测中的噪声要多得多。

使用 margins 命令的一个更加简单的例子会在第 10.5.7 节中进行介绍。

10.5.6 其他数值的预测

我们已经关注了条件均值的预测。predict 命令的选项能够提供其他感兴趣的数值的预测，其中这些数值随估计命令的不同而不同。通常，可以利用一个或多个残差。在

poisson 命令之后，可以用 predict 命令的选项 score 来计算残差 $y_i - \exp(\mathbf{x}_i'\hat{\beta})$ 。关于更多特定命令预测的一个例子就是以下生存数据命令 streg 所产生的预测，这个预测不仅能够产生平均生存时间，也可能产生生存时间的中位数、风险值和相对风险值。

对于一个离散的被解释变量而言，让人感兴趣的是得到每个离散值的预测概率，例如，$\Pr(y_i = 0)$ ，$\Pr(y_i = 1)$ ，$\Pr(y_i = 2)$ ，…。对于二值 logit 和 probit，predict 的默认选项是计算 $\Pr(y_i = 1)$ 。关于多项(选择)模型中 predict 的使用，见第 15 章。对于计数模型，predict 没有计算预测概率的选项，但是用户编写的 prcounts 命令则有计算预测概率的选项，见第 17 章。

10.5.7 用于预测的 margins 命令

在 Stata 11 中介绍的 margins 命令可以简化在解释变量特定值处的预测。

命令的语法是：

margins[*marginlist*][*if*][*in*][*weight*][,*response_options options*]

其中 *marginlist* 是变量名称的列表或者出现在当前估计结果中的因子变量的列表。*response_options* 用来设定所要计算的特定数值，*options* 包含了在计算过程中解释变量的特定值。

不带有任何选项的 margins 命令计算默认数值的样本均值，这里的默认数值是用 predict 命令计算出来的。因此，在 poisson 命令之后，可以用 margins 命令得到事件预测值的样本均值。我们有：

```
. * Sample average of predicted number of events
. quietly poisson docvis private chronic female income, vce(robust)

. margins

Predictive margins                              Number of obs   =       4412
Model VCE     : Robust

Expression    : Predicted number of events, predict()

------------------------------------------------------------------------------
             |            Delta-method
             |     Margin   Std. Err.      z    P>|z|     [95% Conf. Interval]
-------------+----------------------------------------------------------------
       _cons |   3.957389   .1115373    35.48   0.000      3.73878    4.175998
------------------------------------------------------------------------------
```

看医生次数样本平均预测值 95%的置信区间是[3.74,4.18]。

为了在解释变量特定值处进行预测，我们使用 at()选项。例如，如果所有个体都有私人保险，其他解释变量等于样本值，那么能使用下列命令可计算出看医生次数的平均值。

```
. * Sample average prediction at a particular value of one of the regressors
. margins, at(private=1)

Predictive margins                              Number of obs   =       4412
Model VCE     : Robust

Expression    : Predicted number of events, predict()
at            : private         =           1
```

	Margin	Delta-method Std. Err.	z	P>|z|	[95% Conf.	Interval]
_cons	4.371656	.1273427	34.33	0.000	4.122069	4.621243

均值等于第 10.5.4 节中给出的值，95%的置信区间为[4.12,4.62]。

at()选项能用来计算在所有解释变量特定值处的看医生次数的预测值。例如，

```
. * Prediction at a specified value of all regressors
. margins, at(private=1 chronic=0 female=1 income=10)

Adjusted predictions                              Number of obs   =       4412
Model VCE    : Robust

Expression   : Predicted number of events, predict()
at           : private         =           1
               chronic         =           0
               female          =           1
               income          =          10
```

	Margin	Delta-method Std. Err.	z	P>|z|	[95% Conf.	Interval]
_cons	2.995338	.1837054	16.31	0.000	2.635282	3.355394

结果与第 10.5.5 节中给出的结果一致。

当在样本均值处评估解释变量时，可以用 atmean 选项计算出看医生次数的预测值。在未给出的输出中，margins,tmean 命令产生 $\exp(\bar{\mathbf{x}}'\hat{\beta})$ 等于 3.02968。这与在前面的输出中等于 3.957389 的看医生次数的预测值的均值 $\frac{1}{N}\sum_i \exp(\mathbf{x}_i'\hat{\beta})$ 不同。非线性函数的均值不等于在均值处评估的非线性函数的均值。

当估计命令变量列表包含一个因子变量时，我们可以轻易地得到因子变量的每个值的平均预测值。例如，关于私人保险，我们得到：

```
. * Sample average prediction at different values of indictor variable private
. quietly poisson docvis i.private chronic female income, vce(robust)

. margins private

Predictive margins                                Number of obs   =       4412
Model VCE    : Robust

Expression   : Predicted number of events, predict()
```

	Margin	Delta-method Std. Err.	z	P>|z|	[95% Conf.	Interval]
private						
0	1.966935	.2054776	9.57	0.000	1.564207	2.369664
1	4.371656	.1273427	34.33	0.000	4.122069	4.621243

在估计命令中把变量 private 表示为一个分类变量用的是 i.算子。相反,如果分类变量取四个值时,那么估计将包含三个指示变量(省略了一个基础类别),并且可以用 margins 命令来计算分类变量四个值各自的平均预测值。

10.6 边际效应

ME,或者局部效应,最常用于度量某一解释变量 x_j 的单位变化对 y 的条件均值的影响。在线性回归模型中,ME 等于相应的斜率系数,这极大地简化了分析。对于非线性模型,则不再是这样的情况,这导致了在计算 ME 时有很多不同的方法。同时,其他的 ME 可能也是合意的,例如弹性和基于条件概率而非条件均值的效应。

10.6.1 微积分法和有限差分法

微积分法可以应用到连续的解释变量中,那么第 j 个解释变量的 ME 就是:

$$\mathrm{ME}_j = \frac{\partial E(y \mid \mathbf{x} = \mathbf{x}^*)}{\partial x_j}$$

对于带有 $E(y \mid \mathbf{x}) = \exp(\mathbf{x}'\beta)$ 的泊松模型,我们得到 $\mathrm{ME}_j = \exp(\mathbf{x}^{*\prime}\beta)\beta_j$。这个 ME 不单单只是相应的参数 β_j,它还随着评估 $\mathbf{x}^*$ 的点变化而变化。

微积分法并非总是合适的。特别是对于某个指示变量 d,当 d 从 0 变化到 1 时,相关的 ME 就是条件均值的变化。假设 $\mathbf{x} = (\mathbf{z}d)$,其中 $\mathbf{z}$ 表示所有的解释变量,而不是第 j 个解释变量,它是一个指示变量 d。那么有限差分法产生 ME,即:

$$\mathrm{ME}_j = E(y \mid \mathbf{z} = \mathbf{z}^*, d = 1) - E(y \mid \mathbf{z} = \mathbf{z}^*, d = 0)$$

对于线性回归模型,微积分法和有限差分法得到的是一样的结果。对于非线性模型,就不再是这样的情况。在非线性模型中的系数解释明显不像线性模型中那么简单直观。

甚至对于连续的解释变量,我们可能想要去研究离散变化,例如年龄从 40 岁增加到 60 岁的影响。假设 $\mathbf{x} = (\mathbf{z}w)$,有限差分法使用:

$$\mathrm{ME}_j = E(y \mid \mathbf{z} = \mathbf{z}^*, w = 60) - E(y \mid \mathbf{z} = \mathbf{z}^*, w = 40)$$

研究的一个常见变化是在感兴趣的解释变量的样本均值中一个标准差的增长。

最后,对于线性模型而言,解释变量中的相互作用会使计算更加复杂。

10.6.2 ME 的估计值:AME、MEM 和 MER

对于非线性模型而言,ME 随评估的点变化而变化。估计的三个常见选择是:(1)先在样本值处进行评估,然后取均值;(2)在解释变量的样本均值处进行评估;(3)在解释变量的代表值处进行评估。我们使用下列缩写,其中前两个遵循了 Bartus(2005):

AME	平均边际效应	每一个 $\mathbf{x}=\mathbf{x}_i$ 处的 ME 的平均值
MEM	均值处的边际效应	$\mathbf{x}=\bar{\mathbf{x}}$处的 ME
MER	代表值处的边际效应	$\mathbf{x}=\mathbf{x}^*$ 处的 ME

这三个数量可以使用带有 dydx()选项的估计后命令 margins 来计算。

10.6.3 弹性和半弹性

某一解释变量的变化对于被解释变量的影响也能通过使用弹性和半弹性来度量。

为了简单起见，我们研究一个标量解释变量 x 和 x 的变化对 $E(y \mid x)$ 的影响，这里我们简单地把它写成 y 。那么使用有限差分法给出的 ME 为：

$$\text{ME} = \frac{\boldsymbol{\Delta} y}{\boldsymbol{\Delta} x}$$

它将度量 x 的单位变化所引起的 y 的相应变化。我们介绍基于有限差分法的弹性。相反，如果使用微积分法，我们用导数 $\frac{\partial y}{\partial x}$ 来替换下面的等式中的 $\frac{\boldsymbol{\Delta} y}{\boldsymbol{\Delta} x}$ 。

相反，弹性度量的是在给定 x 一定比例的变化时所导致的 y 的一定比例的变化。更正式地，弹性 ε 为：

$$\varepsilon = \frac{\frac{\boldsymbol{\Delta} y}{y}}{\frac{\boldsymbol{\Delta} x}{x}} = \frac{\boldsymbol{\Delta} y}{\boldsymbol{\Delta} x} \times \frac{x}{y} = \text{ME} \times \frac{x}{y} \tag{10.6}$$

例如，如果 $y = 1 + 2x$ ，那么 $\frac{\boldsymbol{\Delta} y}{\boldsymbol{\Delta} x} = 2$，并且在 $x = 3$ 这点的弹性等于 $2 \times \frac{3}{7} = \frac{6}{7} = 0.86$。这可以理解为：$x$ 每增长 1%，会引起 y 增长 0.86%。

弹性比 ME 更加有用，因为它们是无量纲的度量。例如，假设我们估计年收入每增长 \$1000 就会引起看医生次数增加 0.1。这种影响是小还是大取决于收入和看医生次数的变化是小还是大。已知收入和看医生次数的样本均值分别为 \$34000 和 4，弹性就是 $\varepsilon = 0.1 \times \frac{34}{4} = 0.85$。这是很大的影响。例如，收入每增长 10%，会引起看医生次数增加 8.5%。

半弹性是 ME 和弹性的混合，它用来度量 x 的单位变化引起的 y 的成比例变化。半弹性为：

$$\frac{\frac{\boldsymbol{\Delta} y}{y}}{\boldsymbol{\Delta} x} = \frac{\boldsymbol{\Delta} y}{\boldsymbol{\Delta} x} \times \frac{1}{y} = \text{ME} \times \frac{1}{y} \tag{10.7}$$

对于前面的例子，半弹性为 $\frac{0.1}{4} = 0.025$，所以收入每增加 \$1000(收入的每单位变化以 1000 美元度量)，会引起看医生次数的 0.025 的成比例增长，或者说是 2.5%的增长。

x 的成比例变化引起的 y 的单位变化，使用得极少，它表示为：

$$\frac{\boldsymbol{\Delta} y}{\frac{\boldsymbol{\Delta} x}{x}} = \frac{\boldsymbol{\Delta} y}{\boldsymbol{\Delta} x} \times x = \text{ME} \times x \tag{10.8}$$

使用第 10.6.5 节中给出的 `margins` 命令的不同选项可以计算这四个数值。第10.6.9 节中将给出示例。

10.6.4 单指数模型中系数的简单解释

在非线性模型中,系数的解释更难,因为现在有 $\beta_j \neq \dfrac{\partial E(y \mid \mathbf{x})}{\partial x_j}$ 。尽管如此,如果条件均值是单指数形式,那么可能有一些直接的解释。

$$E(y \mid \mathbf{x}) = m(\mathbf{x}'\beta)$$

单指数形式意味着 ME 为

$$\mathrm{ME}_j = m'(\mathbf{x}'\beta) \times \beta_j \tag{10.9}$$

其中, $m'(\mathbf{x}'\beta)$ 表示 $m(\mathbf{x}'\beta)$ 关于 $\mathbf{x}'\beta$ 的导数。

两个重要的性质如下:第一,如果 $m(\mathbf{x}'\beta)$ 是单调递增的,那么 $m'(\mathbf{x}'\beta) > 0$ 恒成立,于是 $\hat{\beta}_j$ 的符号给出了 ME 的符号(并且如果 $m(\mathbf{x}'\beta)$ 是单调递减的,那么 $\hat{\beta}_j$ 的符号与 ME 的符号相反)。第二,对于任何函数 $m(\cdot)$ 以及在 $\mathbf{x}$ 的任意值处,我们有:

$$\frac{\mathrm{ME}_j}{\mathrm{ME}_k} = \frac{\beta_j}{\beta_k}$$

因此,如果一个系数是另一个系数的两倍,那么 ME 也是如此。这两条性质适用于大多数常用的非线性回归模型,除了多项(选择)模型。

例如,在第 10.3.2 节中,解释变量 private 的系数为 0.80,并且解释变量 chronic 的系数为 1.09。它表明与有私人保险的情况相比,患慢性疾病的情况会对看医生的次数引起更大的变化,因为 1.09 > 0.80。这两个解释变量的效应都为正,因为系数为正,并且条件均值 $\exp(\mathbf{x}'\beta)$ 是单调递增函数。

对于特定的单指数模型的系数也可以进行其他解释。尤其是对于指数条件均值 $\exp(\mathbf{x}'\beta)$, $\mathrm{ME}_j = E(y \mid \mathbf{x}) \times \beta_j$,所以 $\beta_j = \dfrac{\mathrm{ME}_j}{E(y \mid \mathbf{x})}$,并且在(10.7)式中,回归系数可以理解为半弹性。从第 10.3.2 节中可知,解释变量 income 的系数为 0.0036。它表明收入每增加 \$1000(重新调整的解释变量 income 的一单位增加),会引起看医生次数的 0.0036的成比例增长,或者是 0.36%的增长。

相反使用有限差分法, x_j 一单位变化意味着 $\mathbf{x}'\beta$ 变成了 $\mathbf{x}'\beta + \beta_j$,那么 $\mathrm{ME}_j = \exp(\mathbf{x}'\beta + \beta_j) - \exp(\mathbf{x}'\beta) = (e^{\beta_j} - 1)\exp(\mathbf{x}'\beta)$ 。这是 $(e^{\beta_j} - 1)$ 的成比例增长,或者说是 $100 \times (e^{\beta_j} - 1)$ 的百分比变化。

10.6.5 关于边际效应的 margins 命令

在 Stata 11 中引入的估计后 margins 命令的 dydx()选项计算边际效应。dydx(*)选项计算出所有解释变量的边际效应,或者在圆括号内准确地列出解释变量的子集。

margins 命令默认的设置是计算 AME。或者,使用 atmean 选项可以计算 MEM,使用 at()选项可以计算 MER。默认的设置取代了用户编写的 margins 命令,并且 atmean ()和 at()选项取代了 Stata 的 mfx 命令。

所有的这些 ME 都默认使用微积分法来进行计算。而为了使用二值解释变量的有限差分法，有必要使用在前面的估计命令中用于将解释变量表示为二值变量的 i.算子。这个额外的步骤是有强烈的倾向性的，因为感兴趣的变化是从二值变量的一个值到另一个值的，而微积分法则是研究一个极其微小的变化，这个变化的效应被大量地应用到大的变化中。这两个估计在非线性模型中是不相同的。

predict 命令默认的是计算预测的 ME。对于许多非线性模型而言，例如泊松计数模型，因此就默认地计算出 $E(y \mid \mathbf{x})$ 的 ME。对于多项（选择）模型，例如多项（选择）logit 模型，默认的是计算概率 $\Pr(y=j \mid \mathbf{x})$ 的 ME，其中 $j=1,\cdots,m$，等等，这个概率就是每一种结果 m 的概率。对于删失模型或者选择模型，例如 tobit 或者 heckman 命令，默认的是计算指数 $x'\beta$ 的 ME，因此默认的 ME 简单来说就是估计的回归系数。使用 margins 命令的 predict(predict_option) 选项可以计算出一些其他数值的边际效应，其中，具体的 *predict_option* 随着前面估计命令的不同而不同。

对于一些估计命令而言，例如 asmprobit，不能使用 margins 命令。在那些情况下，我们通常使用估计后的 estat mfx 命令。

10.6.6 MEM：在均值处的边际效应

对于 predict 命令的默认选项而言，带有 dydx() 和 atmean 选项的 margins 命令产生在均值处进行评估的 ME。在 poisson 命令之后，默认的预测是 $E(y \mid \mathbf{x})$ 的 ME，所以当解释变量变化的时候，ME 给出了在 $\mathbf{x}=\bar{\mathbf{x}}$ 处评估的看医生次数的期望数的变化。

默认的是使用微积分法计算 ME。相反，对于三个二值解释变量，我们使用 poisson 估计命令的 i.算子来采用有限差分法进行计算。我们有：

```
. * Marginal effects at mean (MEM) using margins command and finite differences
. quietly poisson docvis i.private i.chronic i.female income, vce(robust)

. margins, dydx(*) atmean

Conditional marginal effects                      Number of obs   =       4412
Model VCE    : Robust

Expression   : Predicted number of events, predict()
dy/dx w.r.t. : 1.private 1.chronic 1.female income
at           : 0.private       =    .2146419 (mean)
               1.private       =    .7853581 (mean)
               0.chronic       =    .6736174 (mean)
               1.chronic       =    .3263826 (mean)
               0.female        =    .5281052 (mean)
               1.female        =    .4718948 (mean)
               income          =    34.34018 (mean)
```

	dy/dx	Delta-method Std. Err.	z	P>|z|	[95% Conf.	Interval]
1.private	1.978178	.204407	9.68	0.000	1.577547	2.378808
1.chronic	4.200068	.2794096	15.03	0.000	3.652435	4.7477
1.female	1.528406	.1775762	8.61	0.000	1.180363	1.876449
income	.0107766	.0033149	3.25	0.001	.0042796	.0172737

```
Note: dy/dx for factor levels is the discrete change from the base level.
```

上述输出结果表明，解释变量的评估值分别为 0.785，0.326，0.472 和 34.340。在随后的例子中，我们使用 noatlegend 选项压缩这一部分的输出结果。

在解释变量的样本均值处进行评估，那些有私人保险的人看医生的次数增加了 1.98，那些年收入每增加 $1000 的人看医生的次数增加了 0.01。在这个例子中，边际效应大约是所估计的泊松系数的三倍。

微积分法和有限差分法的对比

为了证明微积分法和有限差分法之间存在较大的差异，我们不使用表示某个解释变量是二值变量的 i.算子，重复在 poisson 命令之后执行的命令。然后对所有的变量使用微积分法。我们得到：

```
. * Marginal effects at mean (MEM) using margins command and only calculus method
. quietly poisson docvis private chronic female income, vce(robust)

. margins, dydx(*) atmean

Conditional marginal effects                      Number of obs   =       4412
Model VCE    : Robust

Expression   : Predicted number of events, predict()
dy/dx w.r.t. : private chronic female income
at           : private         =    .7853581 (mean)
               chronic         =    .3263826 (mean)
               female          =    .4718948 (mean)
               income          =    34.34018 (mean)

------------------------------------------------------------------------------
             |            Delta-method
             |      dy/dx   Std. Err.      z    P>|z|     [95% Conf. Interval]
-------------+----------------------------------------------------------------
     private |     2.4197   .3057397     7.91   0.000     1.820462    3.018939
     chronic |   3.308002   .1794551    18.43   0.000     2.956277    3.659728
      female |   1.492263   .1675949     8.90   0.000     1.163783    1.820743
      income |   .0107766   .0033149     3.25   0.001     .0042796    .0172737
------------------------------------------------------------------------------
```

关于二值解释变量的 ME 的变化分别为，从 1.98 到 2.42，从 4.20 到 3.31 以及从1.53 到 1.49。对于二值解释变量而言，第一种方法，即使用有限差分法，从概念上来说会更好。

10.6.7 MER：在代表值处的边际效应

带有 dydx()和 at()选项的 margins 命令会产生在解释变量的特殊值处进行评估的 ME。

举例来说，我们研究对没有慢性疾病且收入为 $10000 的有私人保险的女性的 ME 的计算。在估计中我们使用 i.算子，因此使用有限差分法来计算二值解释变量的 ME。我们有：

```
. * Marginal effects at representative value (MER) using margins command
. quietly poisson docvis i.private i.chronic i.female income, vce(robust)

. margins, dydx(*) at(private=1 chronic=0 female=1 income=10) noatlegend

Conditional marginal effects                    Number of obs     =       4412
Model VCE    : Robust

Expression   : Predicted number of events, predict()
dy/dx w.r.t. : 1.private 1.chronic 1.female income

------------------------------------------------------------------------------
             |            Delta-method
             |      dy/dx   Std. Err.      z    P>|z|     [95% Conf. Interval]
-------------+----------------------------------------------------------------
   1.private |   1.647648   .2072813     7.95   0.000     1.241385    2.053912
   1.chronic |   5.930251   .4017655    14.76   0.000     5.142805    6.717697
    1.female |   1.164985   .1546063     7.54   0.000     .8619621    1.468008
      income |   .0106545   .0028688     3.71   0.000     .0050317    .0162772
------------------------------------------------------------------------------
Note: dy/dx for factor levels is the discrete change from the base level.
```

例如，具有私人保险会使得看医生的次数增加 1.65，其 95%的置信区间是[1.24，2.05]。注意，置信区间是看医生的期望次数 $E(y \mid \mathbf{x})$ 变化的范围。看医生的实际次数 $(y \mid \mathbf{x})$ 的变化的置信区间更宽，见第 10.5.2 节中关于预测的类似讨论。

相关的 at()选项允许在用户提供的值和解释变量的样本均值处进行评估。

10.6.8 AME：平均边际效应

带有 dydx()选项的 margins 命令可以得到 AMEs。它代替了能够为一些被选择的模型提供 AMEs 的用户编写的 margeff 命令(Bartus 2005 命令)。

对于看医生次数的数据，在估计中使用 i.算子，所以使用有限差分法来计算二值解释变量的 AMEs。我们得出下列结果：

```
. * Average marginal effect (AME) using margins command and finite differences
. quietly poisson docvis i.private i.chronic i.female income, vce(robust)

. margins, dydx(*)

Average marginal effects                        Number of obs     =       4412
Model VCE    : Robust

Expression   : Predicted number of events, predict()
dy/dx w.r.t. : 1.private 1.chronic 1.female income

------------------------------------------------------------------------------
             |            Delta-method
             |      dy/dx   Std. Err.      z    P>|z|     [95% Conf. Interval]
-------------+----------------------------------------------------------------
   1.private |   2.404721   .2438573     9.86   0.000     1.926769    2.882672
   1.chronic |   4.599174   .2886176    15.94   0.000     4.033494    5.164854
    1.female |   1.900212   .2156694     8.81   0.000     1.477508    2.322917
      income |   .0140765   .0043457     3.24   0.001     .0055591    .0225939
------------------------------------------------------------------------------
Note: dy/dx for factor levels is the discrete change from the base level.
```

例如，在控制了收入、性别和慢性疾病之后，那些有私人保险的人比那些没有私人保险的人在看医生的次数上要平均高出 2.40。这个值比使用 atmean 选项计算 MEM 所获得的 1.98 要高得多；见 10.6.6 节。相似地，其他的 MEs 分别从 4.20 增加到 4.60，从1.53 增加到1.90，从 0.011 增加到 0.014。

在实践中单指数模型的 AMEs 与 y 对 $\mathbf{x}$ 的 OLS 回归得到的系数十分相似。这种情况是因为 OLS 回归(在这里没有给出)产生了 1.92、4.82、1.89 和 0.016 的系数。

对于非线性回归而言，个体的平均行为不同于平均个体的行为。这种差异的趋势通常是模糊的，但是对于具有指数条件均值的模型而言，可以证明，atmean 选项(给出 MEM)会产生比默认选项(给出 AME)更小的 MEs，这是指数函数在全局范围内为凸函数的结果。

这三个 ME，即 MEM、MER 和 AME，在非线性模型中能明显区别开来。应该使用哪个 ME 呢？常见的是使用 MEM，即使用 margins 命令的 atmean 选项。然而，对于政策分析，我们应该使用关于解释变量的目标值的 MER，即使用 margins 命令的 at() 选项，或者使用默认的选项计算 AME。

微观计量经济学研究经常使用对外生解释变量分层的调查数据，在这种情况下，估计量是连续的，但是解释变量 $\mathbf{x}$ 可能对总体不具有代表性。例如，收入(y)对学校教育年数(x)的非线性回归可能使用学校教育年数低的个体被过度抽样的数据集，以至于样本均值 $\bar{x}$ 小于总体均值。那么不用修改 MER，就能使用 MER。但是我们应该使用第 3.7节中介绍的抽样权重来评估 MEM 和 AME。特别是 AME 应该作为每个个体的 ME 的样本加权均值来计算。在估计过程中，margins 中的计算应该自动地对任何所使用的权重作出调整。使用 noweights 选项可以改变这种情况。

10.6.9 弹性和半弹性

我们能够使用 margins 的选项 eyex()、eydx() 和 dyex() 来计算在第 10.6.3 节中定义的弹性和半弹性。

我们继续使用具有四个解释变量的相同的泊松回归例子，但是我们仅仅关注解释变量 income 的影响。为了举例说明这个问题，我们使用 atmean 选项来估计在解释变量的均值处的弹性和半弹性。

首先我们使用 dxyx 选项来得出 ME：

```
. * Usual ME evaluated at mean of regressors
. quietly poisson docvis private chronic female income, vce(robust)

. margins, dydx(income) atmean noatlegend

Conditional marginal effects                    Number of obs   =       4412
Model VCE     : Robust

Expression    : Predicted number of events, predict()
dy/dx w.r.t.  : income

------------------------------------------------------------------------------
             |            Delta-method
             |      dy/dx   Std. Err.      z    P>|z|     [95% Conf. Interval]
-------------+----------------------------------------------------------------
      income |   .0107766   .0033149     3.25   0.001     .0042796    .0172737
------------------------------------------------------------------------------
```

年收入每增加＄1000，看医生的次数就增加了0.0108。这重复了在第10.6.6节中给出的结果。

接下来我们计算弹性。eyex选项得到：

```
. * Elasticity evaluated at mean of regressors
. margins, eyex(income) atmean noatlegend

Conditional marginal effects                      Number of obs   =       4412
Model VCE    : Robust

Expression   : Predicted number of events, predict()
ey/ex w.r.t. : income

------------------------------------------------------------------------------
             |            Delta-method
             |      ey/ex   Std. Err.      z    P>|z|     [95% Conf. Interval]
-------------+----------------------------------------------------------------
      income |   .1221484   .0371729     3.29   0.001     .0492909    .1950059
------------------------------------------------------------------------------
```

弹性是0.122，所以收入上升1%，会引起看医生的次数上升0.122%，或者说收入上升10%，会引起看医生的次数上升1.22%。弹性等于(10.6)式中的$\mathrm{ME}\times\frac{x}{y}$，这里的评估是在$x=34.34$(income的样本均值)和$y=3.03$(在$\mathbf{x}=\overline{\mathbf{x}}$处使用margins，atmean命令计算出的看医生的预测值)处进行的。与上面的输出所给出的一样，得到了$0.0108\times\frac{34.34}{3.03}=0.122$。

通过eydx()选项来得到半弹性，即：

```
. * Semielasticity evaluated at mean of regressors
. margins, eydx(income) atmean noatlegend

Conditional marginal effects                      Number of obs   =       4412
Model VCE    : Robust

Expression   : Predicted number of events, predict()
ey/dx w.r.t. : income

------------------------------------------------------------------------------
             |            Delta-method
             |      ey/dx   Std. Err.      z    P>|z|     [95% Conf. Interval]
-------------+----------------------------------------------------------------
      income |    .003557   .0010825     3.29   0.001     .0014354    .0056787
------------------------------------------------------------------------------
```

年收入每增加＄1000(income的一个单位的变化)会引起看医生次数的0.003557的成比例增长，或者是0.3557%的增长。这完全等于原先的泊松回归(见第10.3.2节)中的income的系数，证明了如果条件均值是指数的形式，那么系数$\hat{\beta}_j$就是半弹性，正如第10.6.4节中所解释的一样。

最后，用dyex()选项可以得到：

```
. * Other semielasticity evaluated at mean of regressors
. margins, dyex(income) atmean noatlegend

Conditional marginal effects                    Number of obs   =       4412
Model VCE    : Robust

Expression   : Predicted number of events, predict()
dy/ex w.r.t. : income
```

	dy/ex	Delta-method Std. Err.	z	P>|z|	[95% Conf.	Interval]
income	.3700708	.1138338	3.25	0.001	.1469607	.5931809

收入中单个成比例的增长(收入的一倍)会引起高于 0.37 的看医生次数的增加。相当于收入每增长 1%,会引起高于 0.0037 的看医生的次数的增长。

10.6.10 手动计算 AME

使用下列方法通常能手动地计算 AME。在所有观测值的当前样本值处进行预测,对一个解释变量进行小的改变,在新的值处进行预测,减去两个预测值,并且除以变化量。AME 就是这个数值的平均值。通过选择一个很小的变化,我们重复微积分法。通过研究一个大的变化,例如一单位的变化(变化的大小取决于解释变量的规模),我们可以得出有限差分估计。不论哪种情况,在计算 AME 之后,我们可以使用 preserve 和 restore命令来恢复到原始数据。

我们研究收入发生微小变化之后对看医生次数的影响。这会得到导数的一个粗略的近似值。关于导数的更多精确的数值估计;见 Press et al.(1992)的第 5.7 节。我们有:

```
. * AME computed manually for a single regressor
. use mus10data.dta, clear

. keep if year02 == 1
(25712 observations deleted)

. quietly poisson docvis private chronic female income, vce(robust)

. preserve

. predict mu0, n

. quietly replace income = income + 0.01

. predict mu1, n

. generate memanual = (mu1-mu0)/0.01

. summarize memanual
```

Variable	Obs	Mean	Std. Dev.	Min	Max
memanual	4412	.0140761	.0106173	.0028253	.0550274

```
. restore
```

AME 估计值为 0.0140761,与通过使用第 10.6.8 节中 margins 所得到的 0.0140765 在本质上是一样的。这种方法没有给出 AME 估计值的标准误。而它计算出了关于

4412 个观测值的 AME 的标准差。

更好的步骤是选择一个随着每个解释变量的规模而变化的变化。我们使用等于解释变量的标准差除以 1000 之后的变化。我们也使用循环命令 foreach 来得出每个变量的 AME。下面我们有：

```
. * AME computed manually for all regressors
. global xlist private chronic female income

. preserve

. predict mu0, n

. foreach var of varlist $xlist {
  2.     quietly summarize `var'
  3.     generate delta = r(sd)/1000
  4.     quietly generate orig = `var'
  5.     quietly replace `var' = `var' + delta
  6.     predict mu1, n
  7.     quietly generate me_`var' = (mu1 - mu0)/delta
  8.     quietly replace `var' = orig
  9.     drop mu1 delta orig
 10.   }

. summarize me_*
```

Variable	Obs	Mean	Std. Dev.	Min	Max
me_private	4412	3.16154	2.384796	.6348442	12.36708
me_chronic	4412	4.322197	3.260346	.8679833	16.90742
me_female	4412	1.949401	1.470414	.3915013	7.625333
me_income	4412	.0140772	.0106184	.0028271	.055061

```
. restore
```

income 的 AME 估计平均为 0.0140772；本质上与用 margins,dydx()命令算出的 0.0140765相同。其他的 AME 与第 10.6.8 节中给出的值并不相同，因为在这里我们使用了微积分法，而在第 10.6.8 节中，二值解释变量的 AME 是用有限差分法来计算的。

在那些情况下，显然可以调整这些编码来使用有限差分法。在非标准模型中，例如那些使用 ml 命令进行拟合的模型，也很有必要用编码来替代 predict 命令。

10.6.11 多项式解释变量

解释变量可能以多项式的形式出现。那么 ME 的计算就会变得相当地复杂。

首先，研究包含解释变量 z 的三次方函数的线性模型。那么，

$$E(y \mid \mathbf{x}, z) = \mathbf{x}'\beta + \alpha_1 z + \alpha_2 z^2 + \alpha_3 z^3$$

$$\Rightarrow \quad \mathrm{ME}_z = \alpha_1 + 2\alpha_2 z + 3\alpha_3 z^2$$

通过对每个观测值计算 $\hat{\alpha}_1 + 2\hat{\alpha}_1 z + 3\hat{\alpha}_1 z^2$ 并取平均值，可以计算出 AME。

我们用一个稍微复杂一些的例子，比如泊松模型来进行演示。那么，

$$E(y \mid \mathbf{x}, z) = \exp(\mathbf{x}'\beta + \alpha_1 z + \alpha_2 z^2 + \alpha_3 z^3)$$

$$\Rightarrow \quad \mathrm{ME}_z = \exp(\mathbf{x}'\beta + \alpha_1 z + \alpha_2 z^2 + \alpha_3 z^3) \times (\alpha_1 + 2\alpha_2 z + 3\alpha_3 z^2)$$

收入的三次方函数是看医生次数模型的一部分。下面我们通过 ML 来估计模型的参数。

```
. * AME for a polynomial regressor: mamual computation
. generate inc2 = income^2

. generate inc3 = income^3

. quietly poisson docvis private chronic female income inc2 inc3, vce(robust)

. predict muhat, n

. generate me_income = muhat*(_b[income]+2*_b[inc2]*income+3*_b[inc3]*inc2)

. summarize me_income

    Variable |        Obs        Mean    Std. Dev.       Min        Max
-------------+---------------------------------------------------------
   me_income |       4412    .0178233    .0137618  -.0534614   .0483436
```

编码使用了简化形式，即 $\mathrm{ME}_z = E(y \mid \mathbf{x}, z) \times (\alpha_1 + 2\alpha_2 z + 3\alpha_3 z^2)$ 。在三次方多项式模型中，收入变化的 AME 是 0.0178，与之相比，收入以线性形式进入模型时的 AME 是 0.0141。

使用因子变量能更简单地计算出 AME。从第 1.3.4 节中可知，可以使用 c.算子（对于连续变量）和用于交互的 # 算子来设定变量 income 的多项式。那么通常能使用 margins命令计算 income 的边际效应。我们有：

```
. * AME for a polynomial regressor: computation using factor variables
. quietly poisson docvis private chronic female c.income c.income#c.income
> c.inco me#c.income#c.income, vce(robust)

. margins, dydx(income)

Average marginal effects                          Number of obs   =       4412
Model VCE    : Robust

Expression   : Predicted number of events, predict()
dy/dx w.r.t. : income

------------------------------------------------------------------------------
             |            Delta-method
             |      dy/dx   Std. Err.      z    P>|z|     [95% Conf. Interval]
-------------+----------------------------------------------------------------
      income |   .0178233   .0062332     2.86   0.004     .0056064    .0300402
------------------------------------------------------------------------------
```

这里的 AME 等于手动计算的 AME，但是，我们另外得到了 95% 的置信区间 [0.0056，0.0300]。也可以使用 atmean 命令和 at()选项来计算 MEM 和 MER。

10.6.12 交互作用的解释变量

解释变量与指示变量进行交互，会产生一些相似的问题。例如，

$$E(y \mid \mathbf{x}, z, d) = \exp(\mathbf{x}'\beta + \alpha_1 z + \alpha_2 d + \alpha_3 d \times z)$$

$$\Rightarrow \quad \mathrm{ME}_z = \exp(\mathbf{x}'\beta + \alpha_1 z + \alpha_2 d + \alpha_3 d \times z) \times (\alpha_1 + \alpha_3 d)$$

Long & Freese(2006)对交互作用的解释变量的 ME 进行了大量的讨论，通过使用

用户编写的 prvalue 命令来执行。这些是对 MEM 或者 MER 进行的计算，而不是 AME 的计算。

在 Stata 11 中介绍的因子变量自动地计算出具有交互作用的模型中的边际效应。例如，我们将看医生次数的模型修改为包含了二值解释变量 female 和连续解释变量 income之间的交互作用的模型。

我们首先需要使用相关的 c.,1.和 # 算子来设定用因子变量进行拟合的模型。我们有：

```
. * Specify model with interacted regressors using factor variables
. poisson docvis private chronic i.female c.income i.female#c.income,
> vce(robust)nolog

Poisson regression                        Number of obs   =       4412
                                          Wald chi2(5)    =     606.43
                                          Prob > chi2     =     0.0000
Log pseudolikelihood = -18475.536         Pseudo R2       =     0.1943

------------------------------------------------------------------------------
             |               Robust
      docvis |      Coef.   Std. Err.      z    P>|z|     [95% Conf. Interval]
-------------+----------------------------------------------------------------
     private |    .802035   .1084187     7.40   0.000     .5895383    1.014532
     chronic |   1.094331   .0563504    19.42   0.000     .9838865    1.204776
    1.female |   .6328542   .0927712     6.82   0.000      .451026    .8146823
      income |   .0051734   .0015708     3.29   0.001     .0020946    .0082522
             |
     female#|
    c.income |
           1 |  -.0035176   .0019089    -1.84   0.065    -.0072589    .0002237
             |
       _cons |  -.3082426   .1242329    -2.48   0.013    -.5517346   -.0647506
------------------------------------------------------------------------------
```

female 的系数被标记为 1.female，并且 female×income 的系数被标记为 female # c.income1。

接着我们计算出变量 female 和 income 的 AME。我们有：

```
. * AME with interacted regressors given model specified using factor variables
. margins, dydx(female income)

Average marginal effects                  Number of obs   =       4412
Model VCE    : Robust

Expression   : Predicted number of events, predict()
dy/dx w.r.t. : 1.female income

------------------------------------------------------------------------------
             |            Delta-method
             |      dy/dx   Std. Err.      z    P>|z|     [95% Conf. Interval]
-------------+----------------------------------------------------------------
    1.female |   1.884021   .2159008     8.73   0.000     1.460864    2.307179
      income |   .0116832   .0037989     3.08   0.002     .0042375     .019129
------------------------------------------------------------------------------
Note: dy/dx for factor levels is the discrete change from the base level.
```

收入变化的 AME 是 0.0117，与之相比的是三次方模型中的 0.00178 以及收入只以线性形式进入模型时的 0.0141。与第 10.6.8 节中没有交互项的 1.900 相比，从男性

(female=0)变为女性(female=1)的 AME 是 1.884 次看医生的次数。输出结果包含了 AME 的 95%的置信区间。或者,使用 margins 命令的 atmean 和 at()选项能计算出 MEM 和 MER。

10.6.13 复杂的交互项和非线性形式

具有交互作用的模型中的 ME 是很难解释和计算的。

对于复杂的交互项,计算 ME 的简单步骤是:手动地改变相关的变量和交互项,重复计算预测的条件均值,再相减,最后对一个单变量实施一个数量为 Δ 的变化,因为交互项和/或者多项式,作为解释变量单变量会出现多次。假设 $\mathbf{x}_i$ 的初始值表示为 $\mathbf{x}_{i0}$,并且得出预测值 $\hat{\mu}_{i0} = \exp(\mathbf{x}'_{i0}\hat{\beta})$ 。然后将变量改变 Δ 来得到 $\mathbf{x}_i$ 的新值,表示为 $\mathbf{x}_{i1}$,并且得出预测值 $\hat{\mu}_{i1} = \exp(\mathbf{x}'_{i1}\hat{\beta})$ 。那么变量数量变化之后的 ME 就是 $\dfrac{\hat{\mu}_{i1} - \hat{\mu}_{i0}}{\Delta}$ 。

我们以收入的三次多项式来举例。

```
. * AME computed manually for a complex model
. preserve

. predict mu0, n

. quietly summarize income

. generate delta = r(sd)/100

. quietly replace income = income + delta

. quietly replace inc2 = income^2

. quietly replace inc3 = income^3

. predict mu1, n

. generate me_inc = (mu1 - mu0)/delta

. summarize me_inc

    Variable |       Obs        Mean    Std. Dev.       Min        Max
-------------+--------------------------------------------------------
      me_inc |      4412    .0178288    .0137678  -.0534497   .0483434

. restore
```

这得到了与微积分法相同的结果,因为它研究收入的微小变化,这里的变化是收入的标准差的百分之一。相反,如果我们使用 delta=1,那么这个程序就会给出通过使用有限差分法计算出来的解释变量 income 的一个单位变化(此处为 $1000 的变化)的 ME。

对于复杂的交互项,我们可以使用在第 10.6.12 节中的因子变量;然而对于复杂的交互项,需要谨慎的是在初始的模型估计命令中要正确设定因子变量和它们的交互项。

10.7 模型诊断

与线性模型相同,建模过程是估计、诊断检查和模型的再设定的循环过程。在这里我们简要总结一下诊断检查,模型特定的检查将推迟到其相应的章节讲述。

10.7.1 拟合优度的度量

线性模型中的 R^2 不能简单地扩展到非线性模型中。当使用 NLS 拟合带有加法形式误差的非线性模型时,$y=m(\mathbf{x}'\beta)+\mu$,残差平方和(RSS)加上模型平方和(MSS)并不等于总平方和(TSS)。所以这三个度量值 MSS/TSS、1—RSS/TSS 和 $\hat{\rho}^2_{y,\hat{y}}$[y 和 $m(\mathbf{x}'\beta)$ 之间相关系数的平方]是不同的。相比之下,它们都符合带有截距项的线性模型的 OLS 估计。此外,很多非线性模型是基于 y 的分布的,而作为带加法形式误差的模型,它们都没有一个自然的解释。

在非线性模型中相当普遍的度量是 $\hat{\rho}^2_{y,\hat{y}}$,即 y 和 $\hat{y}$ 之间相关系数的平方。只要模型得到了拟合值 $\hat{y}$,那么它就有一个很切实有用的解释。这种情况适用于除了多项(选择)模型之外的大多数常用模型。

对于 ML 估计量,Stata 报告伪 R^2,它定义为:

$$\widetilde{R}^2=1-\frac{\ln L_{\text{fit}}}{\ln L_0} \tag{10.10}$$

其中,$\ln L_0$ 是单截距模型的对数似然值,并且 $\ln L_{\text{fit}}$ 是拟合模型的似然值。

对于看医生的次数,我们有:

```
. * Compute pseudo-R-squared after Poisson regression
. quietly poisson docvis private chronic female income, vce(robust)

. display "Pseudo-R^2 = " 1 - e(ll)/e(ll_0)
Pseudo-R^2 = .19303857
```

这与 poisson 命令输出的一部分给出的统计量 Pseudo R2 相等,见 10.3.2 节。

对于离散的被解释变量,只要在模型中包含截距项,并且对于用 ML 拟合的模型,$\widetilde{R}^2$ 随模型中加入解释变量而增大,那么 $\widetilde{R}^2$ 有合意的性质,即 $\widetilde{R}^2\geqslant 0$。对于二值模型和多项(选择)模型,$\widetilde{R}^2$ 的上界是 1,然而对于其他离散数据模型而言,例如泊松模型,$\widetilde{R}^2$ 的上界小于 1。对于连续数据,这些合意的性质不存在,并且 $\widetilde{R}^2>1$ 或者 $\widetilde{R}^2<0$ 都是可能的,并且当加入解释变量时,$\widetilde{R}^2$ 并不增加。

为了理解 $\widetilde{R}^2$ 的性质,假设 $\ln L_{\max}$ 表示 $\ln L(\theta)$ 的最大可能值。那么我们能够将因为解释变量的加入而产生的目标函数的实际增量与可能的最大增量相比较,给出相关增量的度量为:

$$R^2_{\text{RG}}=\frac{\ln L_{\text{fit}}-\ln L_0}{\ln L_{\max}-\ln L_0}=1-\frac{\ln L_{\max}-\ln L_{\text{fit}}}{\ln L_{\max}-\ln L_0}$$

然而,一般来说,$\ln L_{\max}$ 是未知的,这使得执行这项度量变得很困难(见 Cameron 和 Windmeijer[1997])。对于二值模型和多项(选择)模型,可以证明 $\ln L_{\max}=0$,因对多项选择结果的强大建模能力,可以当值为 1 时的概率质量函数和值为零时的自然时数,则给定(10,10)式,就可以把 R^2_{RG} 简化为 $\widetilde{R}^2$。对于其他离散模型,例如泊松模型,有 $\ln L_{\max}<$

0,因为概率质量函数的最大值是小于 1 的,所以最大值 $\widetilde{R}^2 < 1$。对于连续的密度,对数密度可以大于 0,所以 $\ln L_{\text{fit}} > \ln L_0 > 0$ 和 $\widetilde{R}^2 < 0$ 是可能的。例子见章末习题。

10.7.2 用于模型比较的信息准则

对于相互嵌套的 ML 模型,我们能够基于约束下的似然比(LR)检验将模型区别开来,这个约束条件即为将一个模型简化为另一个模型,见第 12.4 节。

对于不相互嵌套的 ML 模型,标准的步骤是使用信息准则。两个标准的度量是赤池信息准则(AIC)和 Schwarz 的贝叶斯信息准则(BIC)。不同的参考文献使用这些度量的不同缩放因子。Stata 使用:

$$\text{AIC} = -2\ln L + 2k$$

$$\text{BIC} = -2\ln L + k\ln N$$

小一些的 AIC 和 BIC 会比较好,因为大一些的对数似然值会比较好。数值 $2k$ 和 $k\ln N$ 是模型规模的惩罚因子。

如果模型实际上是嵌套的,那么就能使用 LR 检验统计量[等于 $\boldsymbol{\Delta}(2\ln L)$]。如果 $\boldsymbol{\Delta}(2\ln L)$ 增加了 $\chi^2_{0.05}(\boldsymbol{\Delta}k)$,那么在 0.05 的水平上,较大的模型会更好。相比之下,如果 $\boldsymbol{\Delta}(2\ln L)$ 增加了 $2\boldsymbol{\Delta}k$,$2\boldsymbol{\Delta}k$ 在这里是一个更小一些的量[例如,如果 $\boldsymbol{\Delta}k = 1$,那么 $2 < \chi^2_{0.05}(1) = 3.84$],AIC 支持更大一些的模型。AIC 的惩罚因子太小了,BIC 给出了更大的模型规模的惩罚因子,并且通常更好,特别是在较小的模型更合意时。

这些数值储存在 e()中,并且使用估计后 estat ic 命令能简单地显示出来。对于带有五个解释变量的泊松回归,包括截距项,我们有:

```
. * Report information criteria
. estat ic
```

Model	Obs	ll(null)	ll(model)	df	AIC	BIC
.	4412	-22929.9	-18503.55	5	37017.1	37049.06

```
Note:  N=Obs used in calculating BIC; see [R] BIC note
```

信息准则和 LR 检验要求正确设定密度,所以它们反而应该在关于负二项估计的 nbreg 命令之后使用,因为泊松密度并不适合于这些数据。

使用 Vuong(1989)的 LR 检验,来检验一个非嵌套的基于似然的模型不同于另外一个模型是可能的。对于计数模型命令 zip 和 zinb 的 vuong 选项来说,检验是可用的。在 Greene(2003,751)和 Trivedi (2005,280-283)中给出了关于 Vuong 检验的一般性讨论。

10.7.3 残差

残差的分析是一个很有用的诊断工具,在第 3.5 节和关于线性模型的第 5.3 节中已说明过。

在非线性模型中,几个不同的残差都被计算出来了。残差的使用和计算残差的方法是随着模型和估计量的不同而不同的。自然出发点是原始残差 $y_i - \hat{y}_i$。在非线性模型中，这可能是异方差的，并且常用的残差是 Pearson 残差 $\frac{y_i - \hat{y}_i}{\hat{\sigma}_i}$，其中 $\hat{\sigma}_i^2$ 是 $\mathrm{Var}(y_i \mid \mathbf{x}_i)$ 的估计值。

对于 GLM，残差分析很好地发展起来了，其中额外残差包含 Anscombe 和 deviance 残差。这些残差没有出现在微观计量经济学的教材中，却出现在关于 GLM 的教材中。对于用 glm 命令拟合的泊松模型，估计后 predict 命令的不同选项得到不同的残差，并且 mu 选项给出了所预测的条件均值。我们有：

```
. * Various residuals after command glm
. quietly glm docvis private chronic female income, family(poisson)

. predict mu, mu

. generate uraw = docvis - mu

. predict upearson, pearson

. predict udeviance, deviance

. predict uanscombe, anscombe

. summarize uraw upearson udeviance uanscombe
```

Variable	Obs	Mean	Std. Dev.	Min	Max
uraw	4412	-3.34e-08	7.408631	-13.31805	125.3078
upearson	4412	-.0102445	3.598716	-3.519644	91.16232
udeviance	4412	-.5619514	2.462038	-4.742847	24.78259
uanscombe	4412	-.5995917	2.545318	-5.030549	28.39791

Pearson 残差有一个比期望值 1 大得多的标准差，因为它使用 $\hat{\sigma}_i{}^2 = \hat{\mu}_i$，这时残差实际上是过度离散的，并且 $\hat{\sigma}_i{}^2$ 是它的几倍。deviance 和 Anscombe 残差十分相似。不同的残差主要是它们的缩放因子不同。对于这些数据，残差之间的两两相关性超过了 0.92。

glm 之后的 predict 的其他选项允许 deviance 残差的调整、不同的残差的标准化和学生化①。cooksd 和 hat 选项帮助我们找到无关的和有影响力的观测值，对于线性模型也是如此。对于所有这些数值的定义，见[R]**glm postestimation** 或者关于 GLM 的参考书。

将残差作为一种诊断工具使用的另一类模型是生存数据模型。在使用了 streg 和 stcox 命令之后，predict 的选项 csnell 和 mgale 会分别得到 Cox-Snell 和 martingale 似的残差。在使用了 stcox 或 stcrreg 命令之后，predict 的选项 schoenfeld 可以得到 Schoenfeld 残差。关于定义，见[ST]**streg postestimation**、[ST]**stcox postestimation** 和[ST]**stcrreg postestimation**。

10.7.4 模型设定检验

大多数估计命令会在估计系数表上面的顶部输出结果中包含总体显著性检验。这是对所有解释变量的联合显著性的检验。一些估计命令能够在输出结果中提供更深入的检验。例如，xtmixed 命令包含了除了线性模型之外的 LR 检验，见第 9.5 和 9.6 节。

更多的检验可能被要求作为估计后命令。一些检验模型设定的命令，例如 link-

① 即标准正态分布和 t 分布——译者注。

test,在大多数命令之后是可用的。更多特定模型的命令是以 estat 开头的。例如,poisson 的估计后命令 estat gof 提供拟合优度的检验。

模型设定检验的讨论将在第 12 章和特定模型的章节详细讲述。

10.8 Stata 资源

输入 help estimation 命令可以得到估计命令的完整目录。例如,对于 poisson 命令,见栏目[R]**poisson**、[R]**poisson postestimation** 和相应的在线帮助。有用的 Stata 命令包括 predict、margins、lincom 和 nlincom。

研究生的微观计量经济学教材给出了有关估计的相当多的详细信息和关于预测和 ME 计算的少量信息。

10.9 习题

1.使用 poisson、nl 和 glm 命令拟合第 10.3 节中的泊松回归模型。在每种情况下,都报告默认标准误和稳健标准误。使用 estimates store 和 estimates table 命令来生成带有六组输出结果的表格,并进行讨论。

2.在这一题中,我们使用第 3.4 节中的医疗支出数据,其中被解释变量为 y=totexp/1000,解释变量和第 3.4 节中一样。我们假设 $E(y \mid \mathbf{x}) = \exp(\mathbf{x}'\beta)$,确保了 $E(y \mid \mathbf{x}) > 0$ 。显而易见的估计量是 NLS,但是如果 $E(y \mid \mathbf{x}) = \exp(\mathbf{x}'\beta)$ 并且不要求 y 是整数值,泊松 MLS 也是一致的。运用这些数据重复习题 1 的分析。

3.使用和习题 2 中相同的医疗支出数据。比较通过 poisson 的 vce()选项来得到的不同的标准误,其中 vcetypes 分别为 oim、opg、robust、cluster clustvar 和 bootstrap。对于聚类标准误,按年龄进行聚类。对所得结果进行评价。

4. 研究 docvis 对一个截距项、docvis、private、chronic 以及 income 的泊松回归。除了 female 被排除以外,即为第 10.5 节中的模型。找出下列数值:docvis 的样本平均预测值;如果我们使用泊松估计只对男性的 docvis 进行预测而得到的平均预测值;那些有私人保险、患慢性疾病以及收入为 $ 20000(即 income=20)的人的预测值;残差的样本平均值。

5.继续使用习题 4 中同样的数据和回归模型。给出关于估计的泊松系数的直接解释。用下列方法找出解释变量的变化对条件均值的 ME:对连续解释变量使用微积分法来计算 MEM,并对离散解释变量使用有限差分方法来计算 MEM;对所有变量使用微积分法计算 MEM;对连续解释变量使用微积分法来计算 AME,对离散解释变量使用有限差分法来计算 AME;对所有变量使用微积分法计算 AME;并且对那些有私人保险、患慢性疾病和收入为 $ 20000(即 income=20)的人计算 MER。

6.研究下列模拟的数据例子。生成 $y \sim N(0, 0.001^2)$ 的 100 个观测值,首先设定种子为 10101。假设 $x = \sqrt{y}$ 。用 y 对截距项和 x 进行回归。计算(10.10)式中定义的伪 R^2。当数据是连续的,这一定是一个好的度量值吗?

7. 研究 docvis 对一个截距项、private、chronic、female 和 income 的负二项回归,使用 nbreg 命令(用 nbreg 替换 poisson)。将这个模型与排除了 income 的模型进行比较。根据(1)AIC;(2)BIC;(3)使用 lrtest 命令的 LR 检验,你偏向于哪个模型?

11 非线性最优化方法

11.1 导论

上一章用 Stata 内置的 poisson 命令研究了非线性回归的估计。本章对没有 Stata 命令的非线性回归提供估计方法,同时也需要提供这些估计的编码。这种估计比在线性情况下的估计要难一些,因为没有关于这些估计量的确切公式。相反,这些估计量都是一个优化问题的数值解。

在本章中,我们回顾最优化方法。当要使用内置命令时,甚至还进行了相关命令的讨论。我们介绍并举例说明 ml 命令,如果至少能提供对数密度公式,这种命令就能够进行极大似然估计。这一命令更普遍地运用于其他 m 估计量,例如非线性最小二乘估计量。

当运用矩阵编程语言命令来定义目标函数时,我们将介绍使用 Mata optimize()函数进行优化的方法。

11.2 牛顿-拉夫逊法

通过计算一系列的估计值 $\hat{\boldsymbol{\theta}}_1,\hat{\boldsymbol{\theta}}_2,\cdots$,直到其值的顶端,来得到可以使目标函数(如对数似然函数)最大化的估计量。梯度法也是按照一定的数量移动来进行这种估计,用当前的估计量乘以合理梯度来确定移动的数量。标准的方法是牛顿—拉夫逊(NR)法,当目标函数为全局凹函数时,这种方法特别有效。

11.2.1 NR 方法

我们研究估计量 $\hat{\boldsymbol{\theta}}$,估计量 $\hat{\boldsymbol{\theta}}$ 是目标函数 $Q(\boldsymbol{\theta})$的局部最大值,所以 $\hat{\boldsymbol{\theta}}$ 能解出下式:

$$\mathbf{g}(\hat{\boldsymbol{\theta}}) = 0$$

其中,$\mathbf{g}(\boldsymbol{\theta})=\partial Q(\boldsymbol{\theta})/\partial\boldsymbol{\theta}$ 是梯度向量。当这些一阶条件不能产生 $\hat{\boldsymbol{\theta}}$ 的显性解时,需要使用数值解方法。

假设 $\hat{\boldsymbol{\theta}}_s$ 表示 $\boldsymbol{\theta}$ 的第 s 次循环的估计。那么关于 $\hat{\boldsymbol{\theta}}_s$ 的二阶泰勒展开式近似于目标函数 $Q(\boldsymbol{\theta})$:

$$Q^*(\boldsymbol{\theta}) = Q(\hat{\boldsymbol{\theta}}_s) + \mathbf{g}(\hat{\boldsymbol{\theta}}_s)'(\boldsymbol{\theta}-\hat{\boldsymbol{\theta}}_s) + \frac{1}{2}(\boldsymbol{\theta}-\hat{\boldsymbol{\theta}}_s)'\mathbf{H}(\hat{\boldsymbol{\theta}}_s)(\boldsymbol{\theta}-\hat{\boldsymbol{\theta}}_s)$$

其中,$\mathbf{H}=\partial \boldsymbol{g}(\boldsymbol{\theta})/\partial\boldsymbol{\theta}'=\partial^2 Q(\boldsymbol{\theta})/\partial\boldsymbol{\theta}\,\partial\boldsymbol{\theta}'$是海塞矩阵。使关于 $\boldsymbol{\theta}$ 的近似函数最大化,会得出:

$$\partial Q^*(\boldsymbol{\theta})/\partial\boldsymbol{\theta} = \mathbf{g}(\hat{\boldsymbol{\theta}}_s) + \mathbf{H}(\hat{\boldsymbol{\theta}}_s)(\boldsymbol{\theta}-\hat{\boldsymbol{\theta}}_s) = 0$$

解出 θ 会产生 NR 算法:

$$\hat{\boldsymbol{\theta}}_{s+1} = \hat{\boldsymbol{\theta}}_s - \mathbf{H}(\hat{\boldsymbol{\theta}}_s)^{-1}\mathbf{g}(\hat{\boldsymbol{\theta}}_s) \tag{11.1}$$

参数估计是通过梯度向量的矩阵乘数来改变的，其中这个乘数就是一个负的海塞矩阵的逆。

在推导(11.1)式的过程中，最后一步假设海塞矩阵的逆存在。相反，如果海塞矩阵是奇异的，则 $\hat{\boldsymbol{\theta}}_{s+1}$ 不是唯一确定的。对某些迭代，海塞矩阵也许是奇异的，而且这些优化方法中仍然有一些办法继续进行迭代。然而，在最优点上海塞矩阵必须是非奇异的。如果 $Q(\boldsymbol{\theta})$ 是一个全局的凹函数，则并不会出现更加复杂的问题，因为海塞矩阵在所有的评估点上都是负定的。在那种情况下，如果只需要几步迭代就能够获得最大值，说明 NR 方法是有效的。

11.2.2 泊松模型的 NR 方法

10.2.2 节对泊松模型进行了简单的概述。正如第 10.2 节的开头所述，我们对离散随机变量进行了建模，并没有对例子的一般性进行任何约束。通过一个完整的时段数据的示例也可以得到相同的观点，这个例子就是运用具有服从正态分布的误差项的指数、甚至一个非线性模型对时段数据进行建模。

对于泊松模型而言，目标函数、梯度和海塞矩阵分别为：

$$\begin{aligned} Q(\beta) &= \sum_{i=1}^{N}\{-\exp(\mathbf{x}_i'\beta)+y_i\mathbf{x}_i'\beta-\ln y_i!\} \\ g(\beta) &= \sum_{i=1}^{N}\{y_i-\exp(\mathbf{x}_i'\beta)\}\mathbf{x}_i \\ H(\beta) &= \sum_{i=1}^{N}-\exp(\mathbf{x}_i'\beta)\mathbf{x}_i\mathbf{x}_i' \end{aligned} \tag{11.2}$$

值得注意是：$H(\beta)=-\mathbf{X}'\mathbf{D}\mathbf{X}$，其中，解释变量 $\mathbf{X}$ 是一个 $N\times K$ 阶矩阵，并且 $\mathbf{D}=\text{Diag}\{\exp(\mathbf{x}_i'\beta)\}$ 是一个元素为正的 $N\times N$ 阶的对角矩阵。如果 $\mathbf{X}$ 是满秩的，那么对所有的 β 来说，$H(\beta)$ 都是负定的矩阵，并且目标函数是一个全局的凹函数。结合(11.1)式和(11.2)式，泊松极大似然估计量(MLE)的 NR 迭代是：

$$\hat{\beta}_{s+1}=\hat{\beta}_s+\{\sum_{i=1}^{N}\exp(\mathbf{x}_i'\hat{\beta}_s)\mathbf{x}_i\mathbf{x}_i'\}^{-1}\times\sum_{i=1}^{N}\{y_i-\exp(\mathbf{x}_i'\hat{\beta}_s)\}\mathbf{x}_i \tag{11.3}$$

11.2.3 使用 Mata 命令的泊松 NR 的例子

为了更详细地介绍迭代法，我们使用了在附录 B 中进行了解释的 Mata 函数对泊松模型的 NR 算法进行了人工编码。后面的章节会使用同样的例子来说明 Stata `ml` 命令和 Mata `optimize()` 函数的使用方法。

对泊松模型进行 NR 迭代的主要 Mata 编码

为了更好地解释这个问题，我们首先使用 Mata 编码的主要命令来执行对泊松模型 NR 迭代的方法。

假设解释变量 X 的矩阵、被解释变量 y 和初始值的向量 b 已经构建好了。当 $\{(\hat{\beta}_{s+1}-\hat{\beta}_s)'(\hat{\beta}_{s+1}-\hat{\beta}_s)\}/(\hat{\beta}_s'\hat{\beta}_s)<10^{-16}$ 时，迭代停止。

```
* Core Mata code for Poisson MLE NR iterations
mata
  cha=1                                  // initialize stopping criterion
  do {
     mu = exp(x*b)
     grad = x' (y-mu)                     // kx1 gradient vector
     hes = cross(x, mu, x)                // negative of the kxk hessian matrix
     bold = b
     b = bold + cholinv(hes)*grad
     cha = (bold-b)' (bold-b)/(bold' bold)
     iter = iter + 1
  } while (cha > 1e-16)                  // end of iteration loops
end
```

$N\times1$ 阶的向量 mu 有第 i 个元素 $\mu_i=\exp(\mathbf{x}_i'\beta)$。$K\times1$ 阶的向量 grad 等于 $\sum_{i=1}^{N}(y_i-\mu_i)\mathbf{x}_i$，同时 hes＝cross(X, mu, X)，且等于 $\sum_i\mu_i\mathbf{x}_i\mathbf{x}_i'$。对于正定矩阵，命令选项 cholinv()是取矩阵的逆最快的函数。因此，我们设定 hes 为 $-H(\hat{\beta})$，它是正定的，但是随后的 NR 迭代更新要有一个加号，而不是(11.1)式中的减号。在一些情况中，变量 hes 可能不对称，因为它有一个化整误差。我们在调用 cholinv()之前要先加上 hes＝makesymmetric(hes)命令。

泊松模型 NR 迭代的完整 Stata 编码和 Mata 编码

完整的程序有下列顺序：(1)在 Stata 中，获取数据，并且定义随后使用的任何宏指令；(2)在 Mata 中，计算参数估计值以及估计量(VCE)的方差—协方差估计矩阵，并把这些结果返回给 Stata；(3)在 Stata 中，输出编排好格式之后的结果。

我们首先读入数据，定义关于被解释变量的局部宏 y 和关于解释变量的局部宏 xlist。

```
. * Set up data and local macros for dependent variable and regressors
. use mus10data.dta

. keep if year02 == 1
(25712 observations deleted)

. generate cons = 1

. local y docvis

. local xlist private chronic female income cons
```

随后的 Mata 程序读入有关数据，同时获得参数估计值以及 VCE 估计值。程序首先使用 st_view()函数命令选项把向量 y 和矩阵 X 与其他的 Stata 相关变量联系起来。使用 tokens("")函数命令选项把`xlist`转换成一个以逗号进行分隔的变量列表，它把每个变量放在双引号之中，这是 st_view()命令选项所必需的格式。斜率参数的初始值通常为 0，截距项的初始值通常为 1。可以获得 VCE 的稳健估计值，并且使用 st_matrix()函数命令选项能将 VCE 的稳健估计值和参数估计值返回到 Stata。我们有：

```
. * Complete Mata code for Poisson MLE NR iterations
. mata:
                                                  mata (type end to exit)
:   st_view(y=., ., "`y'")             // read in stata data to y and X

:   st_view(X=., ., tokens("`xlist'"))

:   b = J(cols(X),1,0)                 // compute starting values

:   n = rows(X)

:   iter = 1                           // initialize number of iterations

:   cha = 1                            // initialize stopping criterion
```

```
:   do {
>      mu = exp(X*b)
>      grad = X'(y-mu)                  // k x 1 gradient vector
>      hes = cross(X, mu, X)            // negative of the k x k Hessian matrix
>      bold = b
>      b = bold + cholinv(hes)*grad
>      cha = (bold-b)'(bold-b)/(bold'bold)
>      iter = iter + 1
>   } while (cha > 1e-16)               // end of iteration loops

:   mu = exp(X*b)

:   hes = cross(X, mu, X)

:   vgrad = cross(X, (y-mu):^2, X)


:   vb = cholinv(hes)*vgrad*cholinv(hes)*n/(n-cols(X))

:   iter                                // num iterations
  13

:   cha                                 // stopping criterion
  1.11475e-24

:   st_matrix("b",b')                   // pass results from Mata to Stata

:   st_matrix("V",vb)                   // pass results from Mata to Stata

: end
```

一旦返回到 Stata，我们使用 ereturn 命令来显示结果，首先对 b 和 V 的列和行设定名称。我们有：

```
. * Present results, nicely formatted using Stata command ereturn
. matrix colnames b = `xlist'

. matrix colnames V = `xlist'

. matrix rownames V = `xlist'

. ereturn post b V

. ereturn display
```

	Coef.	Std. Err.	z	P>|z|	[95% Conf.	Interval]
private	.7986654	.1090509	7.32	0.000	.5849295	1.012401
chronic	1.091865	.0560205	19.49	0.000	.9820669	1.201663
female	.4925481	.058563	8.41	0.000	.3777666	.6073295
income	.003557	.001083	3.28	0.001	.0014344	.0056796
cons	-.2297263	.1109236	-2.07	0.038	-.4471325	-.0123202

这里的系数与泊松命令（见第 10.3.2 节）的系数是一样的，并且标准误中至少前三位有效数字是一样的。因为初始值不好，并且收敛标准比 poisson 更严格，所以要求十三次迭代。

前面的 NR 算法适用于使用 Stata 的 matrix 命令，但是使用 Mata 函数会更好，因为这样会更简单一些。此外，Mata 函数能读取更多类似于代数矩阵的表达式，并且 Mata 对矩阵的规模并没有限制，而 Stata 则有限制。

11.3 梯度法

在本节中,我们研究各种各样的梯度法、停止准则、多重最优解和数值导数。讨论内置的估计命令和用户编写命令。

11.3.1 最大化选项

Stata 的 ML 估计命令有很多不同的最大化选项,详见[R]**maximize**。例如 poisson 命令以及下一节中提到的通用的 ml 命令。

默认选项提供一个迭代对数,它给出了每一步中的目标函数值和使用的迭代法的信息。也可以使用 molog 命令来压缩输出结果。通过使用 trace(当前参数值)、gradient(当前梯度向量)、hessian(当前海塞矩阵)和 showstep(每次迭代中报告步数)命令选项可以获得每个迭代过程中的附加信息。

Technique()命令选项提供除了 NR 之外的其他几种最大化的方法。在第 10.3.2 节中将讨论 nr、bhhh、dfp、bfgs 和 nm 选项。

在章节 11.3.4 中将讨论四种迭代停止的准则:tolerance(#)、ltolerance(#)、gtolerance(#)和 nrtolerance(#)选项。默认的选项是 nrtolerance(1e-5)。

当目标函数是非凹函数时,并且估计值处在其范围内时,difficult 选项可以使用另外一种方法来确定迭代的步数。

form(init_specs)选项可以用来设定初始值。

运用 iterate(#)选项或者独立的命令 set maxiter #来设定迭代的最大次数。默认的次数是 16000,但这是可以改变的。

11.3.2 梯度法

Stata 最大化的命令使用以下迭代的算法:

$$\hat{\boldsymbol{\theta}}_{s+1} = \hat{\boldsymbol{\theta}}_s + a_s \mathbf{W}_s \mathbf{g}_s, \quad s = 1, \cdots, S \tag{11.4}$$

其中,a_s 是一个标量的步长调整项,并且 $\mathbf{W}_s$ 是一个 $q \times q$ 阶的加权矩阵。一个特例就是在(11.1)式中给出的 NR 方法,它使用$-\mathbf{H}_s^{-1}$ 来代替 $a_s \mathbf{W}_s$。

如果矩阵乘子 $\mathbf{W}_s$ 太小,我们将花费很长的时间得出最大值;如果乘数太大,我们可以很快得出最大值。运用步长调整项 a_s 来评估当给出 a_s 值的范围(例如 0.5、1 和 2)时在 $\hat{\boldsymbol{\theta}}_{s+1} = \hat{\boldsymbol{\theta}}_s + a_s \mathbf{W}_s \mathbf{g}_s$ 处的 $Q(\hat{\boldsymbol{\theta}}_{s+1})$的值,同时也能够确定使得 $Q(\hat{\boldsymbol{\theta}}_{s+1})$最大化的 a_s 的值。这会加速计算的过程,因为 $\mathbf{W}_s \mathbf{g}_s$ 计算使用的时间比几个 $Q(\hat{\boldsymbol{\theta}}_{s+1})$的后续评估所使用的时间要多几倍。Stata 使用复杂的方法来选定 a_s,因此即使对于困难的问题,收敛的速度也很快。

不同的梯度法有不同的加权矩阵 $\mathbf{W}_s$。最理想的是,可以使用 NR 方法,即 $\mathbf{W}_s = -\mathbf{H}_s^{-1}$。如果 $\mathbf{H}_s$ 是非负定的,或者是不可逆的,又或者同时是非负定的和不可逆的,则需要调整 $\mathbf{H}_s$ 使得 $\mathbf{H}_s$ 是可逆的。Stata 也使用 $\mathbf{W}_s = -\{\mathbf{H}_s + c\mathrm{Diag}(\mathbf{H}_s)\}^{-1}$。如果不能做到这一点,对于 $\mathbf{H}_s$ 的没有问题的特征根,Stata 会使用 NR 来计算正交子空间;对于 $\mathbf{H}_s$

的有问题特征根(即负的或者小的正的特征根),Stata 使用单位矩阵($\mathbf{W}_s=\mathbf{I}_s$)来计算正交子空间。

也可以使用其他的最优化方法。这些方法计算 $\mathbf{H}_s^{-1}$ 的替代形式,这样计算 $\mathbf{H}_s^{-1}$ 的速度更快,即使 $\mathbf{H}_s$ 是非负定的,或者不可逆的,或者同时是非负定的和不可逆时,也是可行的。对于 ml 命令而言,这些替代方法分别为 Berndt-Hall-Hall-Hausman(BHHH)、Davidon-Fletcher-Powell(DFP)、Boyden-Fletcher-Goldfarb-Shannon(BFGS)和 Nelder-Mead 算法。运用 technique()选项可以选择这些方法,其参数分别为 nr、bhhh、dfp、bfgs 和 nm。这些方法的解释见 Greene(2008)和 Gould、Pitblado 和 Sribney(2006)。

即使 $\mathbf{H}_s$ 依然是非负定的,这些算法也是能够收敛的。尽管可以得出参数估计值,但是不能得出标准误,因为后者的计算需要海塞矩阵的逆。标准误的缺乏是问题出现的一个清晰信号。

11.3.3 迭代中的信息

迭代的记录包含了对每一步迭代的评论。

当(11.4)式中的原始步长 a_s 导致了更低水平的 $Q(\hat{\boldsymbol{\theta}}_{s+1})$时,会给出信息(backed up)。信息(not concave)意味着$-\mathbf{H}_s$ 是不可逆的。在这两种情况下,只有在最后一次的迭代中没有给出这些信息,最终的结果才是好的。

11.3.4 迭代停止准则

一直到 $\mathbf{g}(\hat{\boldsymbol{\theta}})\simeq 0$ 并且 $Q(\hat{\boldsymbol{\theta}})$接近最大值时,迭代过程才会停止。

Stata 有四个停止准则:系数向量的微小变化(tolerance()),目标函数的微小变化(ltolerance()),与海塞矩阵有关的微小梯度(nrtolerance()),与系数有关的微小梯度(gtolerance())。这些准则的 Stata 默认值是可以被改变的;见 help maximize。

默认的和人们倾向于使用的停止准则是 nrtolerance(),这是基于 $\mathbf{g}(\hat{\boldsymbol{\theta}})'\mathbf{H}(\hat{\boldsymbol{\theta}})^{-1}\mathbf{g}(\hat{\boldsymbol{\theta}})$。默认的准则是,当 nrtolerance()$<10^{-5}$时停止迭代。

另外,用户应该知道,即使迭代法没有收敛,在 maxiter 迭代之后估计仍会停止。如果所得的最大值没有收敛,依然会得出包含参数和标准误的回归结果,还有没有达到收敛的警告信息。

11.3.5 多重最大值

复杂的目标函数会有多重最优解。下面就有一个例子:

```
. * Objective function with multiple optima
. graph twoway function                                                  ///
>   y=100-0.0000001*(x-10)*(x-30)*(x-50)*(x-50)*(x-70)*(x-80),  ///
>   range (5 90) plotregion(style(none))                                  ///
>   title("Objective function Q(theta) as theta varies")                 ///
>   xtitle("Theta", size(medlarge)) xscale(titlegap(*5))                 ///
>   ytitle("Q(theta)", size(medlarge)) yscale(titlegap(*5))
```

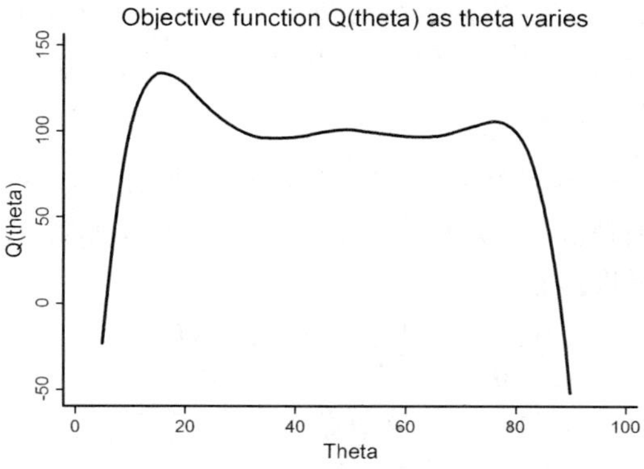

图 11.1 **带有多重最优值的目标函数**

从图 11.1 可知，在 $\boldsymbol{\theta}\simeq15$、$\boldsymbol{\theta}\simeq50$ 和 $\boldsymbol{\theta}\simeq75$ 处，有三个局部最大值，并且在 $\boldsymbol{\theta}\simeq35$ 和 $\boldsymbol{\theta}\simeq65$处有两个局部最小值。大多数计量经济学估计量被定义为一个局部最大值，因为渐近理论适用于设定梯度为 0 的估计量。渐近理论通常适用于那些局部最大值中数值最大的一个，也就是 $\boldsymbol{\theta}\simeq15$。

梯度法可能会遇到哪些问题呢？如果我们从 $\boldsymbol{\theta}<30$ 处开始，最后将移动到位于 $\boldsymbol{\theta}\simeq15$ 处的合意的最优解。相反，如果我们从 $\boldsymbol{\theta}>30$ 处开始，那么我们将移动到位于 $\boldsymbol{\theta}=50$ 或者 $\boldsymbol{\theta}\simeq75$ 处的更小的局部最大值。此外，对于 $30<\boldsymbol{\theta}<80$ 而言，目标函数是相对平坦的，所以可能要耗费相当长的时间去移动到一个局部最大值。

即使得出了参数估计值，他们不需要算出最大的局部最大值。检查多重最优解的一个方法就是使用一系列初始值。在用户编写的估计量中更可能出现这种问题，因为大多数内置的 Stata 命令使用在不出现多重最优解的模型中。

11.3.6 数值导数

所有的梯度法都要求目标函数的一阶导数，并且大多数的梯度法要求二阶导数。对于 $q\times1$ 阶向量 $\boldsymbol{\theta}$ 而言，在迭代过程的每次循环中需要计算出每个观测值的一阶导数 q 和唯一的二阶导数 $q(q+1)/2$，所以关键部分是快速计算导数。

解析计算或者数值计算能得出导数。数值导数吸引人的地方是它的简易性，但是与解析导数相比，它会增加计算的时间。对于第 10.2.2 节中的泊松例子，计算和得出解析导数很容易。我们现在研究数值导数。

标量导数 $df(x)/dx=\lim\limits_{h\to0}[\{f(x+h)-f(x-h)\}/2h]$，所以对 h 的值选取合适的小的变化值，即通过$\{f(x+h)-f(x-h)\}/2h$ 来得出导数的近似值。将这应用于 $Q(\boldsymbol{\theta})$的最优化，这时的微分与一个向量有关，对于与 θ 向量的第 j 个分量有关的 $Q(\hat{\boldsymbol{\theta}}_s)$ 的一阶导数而言，数值导数是：

$$\left.\frac{\Delta Q(\boldsymbol{\theta})}{\Delta\theta_j}\right|_{\hat{\boldsymbol{\theta}}_s}=\frac{Q(\hat{\boldsymbol{\theta}}_s+h\mathrm{e}_j)-Q(\hat{\boldsymbol{\theta}}_s-h\mathrm{e}_j)}{2h},j=1,\cdots,q$$

其中，h 较小，并且 $\mathbf{e}_j=(\mathbf{0\cdots010\cdots0})'$是一个第 j 行元素为 1 并且其他行的元素都为 0 的列向量。数值二阶导数的计算是对数值或解析的一阶导数计算其一阶数值导数。理论上，h 应该是很小的，因为通常当 $h\to0$ 时，$\partial Q(\boldsymbol{\theta})/\partial\theta_j$ 等于 $\Delta Q(\boldsymbol{\theta})/\Delta\theta_j$ 的极限。但是在实践中，若 h 的值太小，会导致计算不精确，这是因为存在化整误差。Stata 选择

$2h$，所以 $f(x+h)$ 和 $f(x-h)$ 这两者的数值中大约有一半不相同，或者在 16 个数值里面大概有 8 个不同，因为计算是双精度的。因为增加了相当长的计算时间，故每次计算 h 会使得导数的计算更加精确。

如果目标函数是一个带有很少指数的指数模型，那么导数的数量会大量减少。在单指数模型这种最简单的情况下，$Q(\boldsymbol{\theta})=N^{-1}\sum_i q(y_i\mathbf{x}_i'\boldsymbol{\theta})$，所以 $\boldsymbol{\theta}$ 只以 $\mathbf{x}_i'\boldsymbol{\theta}$ 的形式出现。那么，通过链式法则，梯度向量为：

$$\frac{\partial Q(\boldsymbol{\theta})}{\partial\boldsymbol{\theta}}=\frac{1}{N}\sum_{i=1}^{N}\frac{\partial q(y_i,\mathbf{x}_i'\boldsymbol{\theta})}{\partial\mathbf{x}_i'\boldsymbol{\theta}}\times\mathbf{x}_i$$

q 的标量导数是$\partial q(y_i,\mathbf{x}_i'\boldsymbol{\theta})/\partial\theta_j$，这只是相同的标量导数$\partial q(y_i,\mathbf{x}_i'\boldsymbol{\theta})/\partial\mathbf{x}_i'\boldsymbol{\theta}$ 乘以 $\mathbf{x}_i$。同样的，唯一的二阶导数 $q(q+1)/2$ 是一个标量二阶导数的简单乘数。

对于带有 J 个指数(通常 $J\leqslant 2$)的一个多指数模型，能计算出 J 的一阶导数。因为需要计算很少的导数，如果 J 较小，使用数值导数，而不使用解析导数，计算速度会稍微变慢一点。

11.4 ml 命令:lf 方法

Stata 最优化命令 ml 是特地为多指数模型准备的，目的是提高计算导数的速度。名称 ml 有些令人误解，因为这个命令能应用于任何 m 估计量(见第 11.4.5 节中 NLS 例子)，但是在非 ML 情况下，我们应该总是使用 VCE 的稳健估计值。

lf 方法是最简单的方法。它要求由单一观测值组成的目标函数的公式。对于 ML 估计而言，这就是对数密度。更多先进的方法 d0-d2 和 lf0-lf2 将在第 11.6 节中进行讨论。

11.4.1 ml 命令

ml 方法的关键命令是 ml model 命令和 ml maximize 命令，ml model 命令用来定义需要拟合的模型，ml maximize 命令用于执行最大化。

ml model 的语法是：

ml model *method progname eq*1 [*eq*2…] [*if*] [*in*] [*weight*] [,*options*]

例如，ml model lf lfpois(y=x1 x2)将使用 lfpois 程序去估计单指数模型的参数，这个单指数模型包括被解释变量 y、解释变量 x1 和 x2 以及截距项。

lf、d0 和 lf0 方法只使用数值导数，d1 和 lf1 方法使用一阶解析导数和二阶数值导数，并且 d2 和 lf2 方法只使用了解析导数。用户必须提供所有解析导数的公式。lf0、lf1 和 lf2 方法是 lf 方法的扩展，这些方法允许用户设定解析导数；见第 11.6.4 节。最后，对于能提供二阶导数的表达式的 d2 和 lf2 方法，在 Stata 11 中需要使用到 negh 选项来设定负的海塞矩阵，而不是海塞矩阵，正如 Stata 的早期版本那样。

ml maximize 的语法是：

ml maximize [,*options*]

其中，在选项中有许多是第 11.3.1 节中讨论到的最大化选项。

这里有几个其他 ml 命令。他们包括 ml check，用来检查目标函数是有效的；ml

search,用来找到更好的初始值;ml trace,用来追踪最大化执行的过程;ml init,用来提供初始值。

11.4.2 lf 方法

最简单的方法是 lf 方法。lf 方法专门针对特殊情况,也就是目标函数是一个 m 估计量,仅仅是子函数 $q_i(\boldsymbol{\theta})$ 的 N 个观测值的总和或者平均值,这个子函数中的参数有单指数或者多指数形式。那么,

$$Q(\boldsymbol{\theta})=\sum_{i=1}^{N}q(y_i,\mathbf{x}_{i1}'\boldsymbol{\theta}_1,\cdots,\mathbf{x}_{iJ}'\boldsymbol{\theta}_J) \tag{11.5}$$

在 $q_i(\boldsymbol{\theta})=q(y_i,\mathbf{x}_{i1}'\boldsymbol{\theta}_1)$ 的情况下,通常 $J=1$,或者 $J=2$。大多数横截面似然函数和 Stata 内置命令属于这一类型,Stata 文件偏向于服从线性形式的约束。

lf 方法要求,所编写的程序要给出子函数 $q_i(\boldsymbol{\theta})$ 的公式。用 ml model lf 命令来执行这个程序。

Stata 文件偏向于将 theta1 当作第一指数 $\mathbf{x}_{i1}'\boldsymbol{\theta}_1$,将 theta2 当作第二指数 $\mathbf{x}_{i2}'\boldsymbol{\theta}_2$,等等。这有可能会引起标准统计术语的混淆,其中 $\boldsymbol{\theta}$ 是参数向量的通用符号。

11.4.3 泊松分布的例子:单指数模型

对于泊松 MLE 而言,$Q(\beta)=\sum_i q_i(\beta)$,其中对数密度函数:

$$q_i(\beta)=-\exp(\mathbf{x}_i'\beta)+y_i\mathbf{x}_i'\beta-\ln y_i! \tag{11.6}$$

它是单指数形式。

我们首先编写评估 $q_i(\beta)$ 的程序,可参考 ml model。这个程序有两个参数:lnf,也就是所评估的对数密度;theta1,也就是单指数 $\mathbf{x}_i'\beta$。被解释变量 y_i 被 Stata 分配到全局宏 $ML_y1 中。

为了增强程序的可读性,我们使用局部宏 y 替代 $ML_y1,我们定义临时变量 mu 等于 exp(theta1),并且我们定义临时变量 lnyfact 等于 ln y!。程序参数 lnf 储存结果 $q_i(\beta)$:

```
. * Poisson ML program lfpois to be called by command ml method lf
. program lfpois
  1.   version 11
  2.   args lnf theta1                    // theta1=x'b, lnf=lnf(y)
  3.   tempvar lnyfact mu
  4.   local y "$ML_y1"                   // Define y so program more readable
  5.   generate double `lnyfact' = lnfactorial(`y')
  6.   generate double `mu'      = exp(`theta1')
  7.   quietly replace `lnf'     = -`mu' + `y'*`theta1' - `lnyfact'
  8. end
```

我们可以将 lnf 更简单地定义为:

```
`lnf'= -exp (`theta1') +$ML_y1*exp (`theta1') -lnfactorial ($ML_y1)
```

相反,前面的编码将这个定义分解成几部分,当 lnf 较复杂时,这种方法是有利的。Stata 使用双精度计算 lnf,所以中间变量也应该使用双精度来计算。使用 Lnfactorial() 函数,而不是首先计算 y!,然后再采用自然对数,因为如果 y 在全局范围内不是较大的话,后一种方法是不可行的。

基本的命令是 ml model 和 ml maximize。在 ml maximize 之前,另外使用 ml check 和

ml search 命令会是很好的做法。

对于具有 VCE 的稳健估计的变量 docvis 对几个解释变量的泊松回归而言，我们有：

```
. * Command ml model including defining y and x, plus ml check
. ml model lf lfpois (docvis = private chronic female income), vce(robust)

. ml check

Test 1:  Calling lfpois to check if it computes log pseudolikelihood and
         does not alter coefficient vector...
         Passed.

Test 2:  Calling lfpois again to check if the same log pseudolikelihood value
         is returned...
         Passed.
```

（输出已省略）

然后我们输入 ml search 选项来获取更好的初始值。

```
. * Search for better starting values
. ml search
initial:       log pseudolikelihood = -27074.995
rescale:       log pseudolikelihood = -24037.652
```

（注意，此处计算结果与原书有差异。——译者注）

接下来，ML 估计通过输入以下命令来得到：

```
. * Compute the estimator
. ml maximize

initial:       log pseudolikelihood = -24037.652
rescale:       log pseudolikelihood = -24037.652
Iteration 0:   log pseudolikelihood = -24037.652
Iteration 1:   log pseudolikelihood = -18842.731
Iteration 2:   log pseudolikelihood = -18510.153
Iteration 3:   log pseudolikelihood = -18503.551
Iteration 4:   log pseudolikelihood = -18503.549
Iteration 5:   log pseudolikelihood = -18503.549

                                                  Number of obs   =       4412
                                                  Wald chi2(4)    =     594.72
Log pseudolikelihood = -18503.549                 Prob > chi2     =     0.0000

------------------------------------------------------------------------------
             |               Robust
      docvis |      Coef.   Std. Err.      z    P>|z|     [95% Conf. Interval]
-------------+----------------------------------------------------------------
     private |   .7986654   .1090015     7.33   0.000     .5850265    1.012304
     chronic |   1.091865   .0559951    19.50   0.000     .9821167    1.201614
      female |   .4925481   .0585365     8.41   0.000     .3778187    .6072775
      income |    .003557   .0010825     3.29   0.001     .0014354    .0056787
       _cons |  -.2297263   .1108733    -2.07   0.038    -.4470339   -.0124188
------------------------------------------------------------------------------
```

（注意，此处结果与原书差异较大。——译者注）

值得注意是：自动添加了截距项。这里的结果与在第 10.3.2 节中使用 poisson 所得到的结果以及在第 11.2.3 节中使用 Mata 得到的结果是一样的。

11.4.4　负二项例子：双指数模型

负二项模型是更多计数模型中的一个模型。在第 17 章中对对数密度函数进行了详细解释，它就是：

$$q_i(\beta,\alpha) = \ln\Gamma(y_i+\alpha^{-1}) - \ln\Gamma(y_i+\alpha^{-1}) - \ln y_i! - (y_i+\alpha^{-1})\ln\{1+\alpha^{-1}\exp(\mathbf{x}_i'\beta)\} + y_i\ln\alpha + y_i\mathbf{x}_i'\beta$$

它引入了一个额外参数 α，所以这个模型现在是带有指数 $\mathbf{x}_i'\beta$ 和 α 的双指数模型。

下列的程序计算了负二项的 $q_i(\beta,\alpha)$，其中，两个指数被称为 theta1（它等于 $\mathbf{x}_i'\beta$）和 a（它等于 α）。

```
.
. * Negbin ML program lfnb to be called by command ml method lf
. program lfnb
  1.   version 11
  2.   args lnf theta1 a                    // theta1=x'b, a=alpha, lnf=lnf(y)
  3.   tempvar mu
  4.   local y $ML_y1                       // Define y so program more readable
  5.   generate double `mu'  = exp(`theta1')
  6.   quietly replace `lnf' = lngamma(`y'+(1/`a')) - lngamma((1/`a'))  ///
>            - lnfactorial(`y') - (`y'+(1/`a'))*ln(1+`a'*`mu')  ///
>            + `y'*ln(`a') + `y'*ln(`mu')
  7. end
```

这个程序有一个额外参数 a，所以运用 ml maximize 命令来调用这个程序，ml maximize 命令包含一个额外参数()，它表明 a 是一个不依赖于解释变量的常数，它不同于 theta1。我们有：

```
. * Command lf implemented for negative binomial MLE
. ml model lf lfnb (docvis = private chronic female income) ()

. ml maximize, nolog
initial:       log likelihood =     -<inf>  (could not be evaluated)
feasible:      log likelihood = -14722.779
rescale:       log likelihood = -10743.548
rescale eq:    log likelihood = -10570.445

                                                  Number of obs   =       4412
                                                  Wald chi2(4)    =    1159.02
Log likelihood = -9855.1389                       Prob > chi2     =     0.0000
```

docvis	Coef.	Std. Err.	z	P>|z|	[95% Conf.	Interval]
eq1						
private	.8876559	.0594232	14.94	0.000	.7711886	1.004123
chronic	1.143545	.0456778	25.04	0.000	1.054018	1.233071
female	.5613027	.0448022	12.53	0.000	.473492	.6491135
income	.0045785	.000805	5.69	0.000	.0030007	.0061563
_cons	-.4062135	.0611377	-6.64	0.000	-.5260411	-.2863858
eq2						
_cons	1.726868	.05003	34.52	0.000	1.628811	1.824925

（注意，此处结果与原书差异很大。——译者注）

标准误是建立在 VCE 的默认估计值的基础之上的，因为在 ml maximize 命令中没有使用到 vce(robust)。得到的估计值和标准误与使用 nbreg 命令获得的估计值和标准误是完全一样的，见第 12.4.1 节。

11.4.5 NLS 的例子：非似然函数模型

前面的例子是以似然函数为基础的，但是也可以研究其他的 m 估计量。

尤其是研究带有指数条件均值的 NLS 估计。那么有 $Q_N(\beta)=1/N\sum_{i=1}^{N}\{y_i-\exp(\mathbf{x}_i'\beta)\}^2$。输入以下命令可以很简单地估计它：

```
. * NLS program lfnls to be called by command ml method lf
. program lfnls
  1.    version 11
  2.    args lnf theta1                    // theta1=x'b, lnf=squared residual
  3.    local y "$ML_y1"                   // Define y so program more readable
  4.    quietly replace `lnf' = -(`y'-exp(`theta1'))^2
  5. end
```

注意 lnf 的定义中的减号，因为这个程序是为最大化目标函数而设计的，而不是为最小化目标函数而设计的。

运行这个程序，我们得到：

```
. * Command lf implemented for NLS estimator
. ml model lf lfnls (docvis = private chronic female income), vce(robust)

. ml maximize
```

（输出已省略）

这些结果的系数估计（在此省略）与在第 10.3.5 节中通过 nl 命令获得的系数估计相同。然而，相对应的稳健标准误是不同的，它们相差大约 5%。原因是在获取 VCE 稳健估计值的过程中（见 10.4.5 节），nl 使用了预期的海塞矩阵，从而利用有关 NLS 估计量的附加信息。相反 ml 方法使用了经验的海塞矩阵。对于 NLS 而言，这两种方法是不同的，然而对于泊松 MLE，它们则是相同的。

对于这个例子，VCE 默认的估计值（即负的海塞矩阵的逆）总是错误的。为了弄明白这一点，研究线性模型中的普通最小二乘法（OLS）。那么 $Q_N(\beta)=(\mathbf{y}-\mathbf{X}\beta)'(\mathbf{y}-\mathbf{X}\beta)$ 有 $-2\times\mathbf{X}'\mathbf{X}$ 这个海塞矩阵。即使误差是同方差的，ml 命令将算出 $(1/2)(\mathbf{X}'\mathbf{X})^{-1}$ 的估计值，而不是算出 $s^2(\mathbf{X}'\mathbf{X})^{-1}$ 的估计值。无论在什么时候，只要 ml 被用于不是以似然为基础的最优化模型，就必须使用 VCE 的稳健估计值。

11.5 检查程序

第一个挑战是调试程序并使得它能成功运行，这意味着迭代收敛并能得到似乎合理的回归输出结果。检查程序是一种伟大的艺术，并且经验是不可替代的。有许多种途径会产生误差，特别是给定了程序语法的复杂度。

第二个挑战是确保计算是正确运行的，并证实似乎合理的输出结果确实是正确的输出结果。如果可以产生满足模型假设的模拟数据，那这就是可行的。

我们关注用户编写的 ml 程序，但是下列的许多要点都可以用来评估所有估计量。

11.5.1 使用 ml check 和 ml trace 调试程序

用 ml check 命令来检查编码以确保可以评估 lnf,尽管这不能确保评估是正确的。这项命令对于检查程序语法是最有用的,因为如果我们直接进行到 ml maximize,我们不会获得比使用 ml check 命令所提供的更多详细的信息。

例如,假设在 lfpois 程序中我们输入这一行:

```
. generate double `mu' = exp(`hetal')
```

这里的错误是输入了`hetal',而不是输入`thetal'。ml maximize 命令导致了失败,并且有下列错误信息:

```
invalid syntax
r(198);
```

这个信息不是特别有用。相反,如果我们输入:

```
. ml search
```

在 ml maximize 之前,这个程序又失败了,但是现在的输出包括:

```
 - generate double `mu' = exp(`hetal')
 = generate double __000006 = exp(
 invalid syntax
```

这表明错误是由带有`hetal'的问题造成的。

通过 ml trace 命令给出更多的完整信息。如果我们输入:

```
. ml trace on
```

在 ml maximize 之前,这个程序失败,并且我们最终得到的输出与使用 ml search 时所得的输出相同。一旦这个程序被纠正并且成功运行起来,ml trace 会提供关于程序执行的大量细节。在这个例子中,给出了 980 行细节。

追踪功能也能用于除了 ml 之外的命令,输入:

```
. set trace on
```

使用 trace 的缺点是它会产生很多输出结果。

确定程序中问题出在何处的一个更为常用的人工定位方法是在程序中加入包含的信息。例如,假设我们在 lfpois 程序中放入这一行:

```
display "I made it to here"
```

如果在显示了这一行后,程序失败了,那么我们知道问题出现在 display 显示内容的这一行之前。

11.5.2 运行程序

实际上,ml check 命令检查程序语法。这不能避免其他编码错误,例如对数密度的错设。假设在 lfpois 程序中我们输入

```
quietly replace `lnf' = `mu' + `y'*ln(`mu') - `lnyfact'
```

这里的错误是我们写的是`mu′,而不是一`mu'。那么我们得到：

```
. ml maximize
initioal:         log pseudolikelihood = -25075.609
alternative:      log pseudolikelihood = -13483.451
(4412 missing values generated)
rescale:          log pseudolikelihood = 1.01e+226
Iteration 0:      log pseudolikelihood = 1.01e+226 (not concave)
(1 missing value generated)
Iteration 1:      log pseudolikelihood = 1.76e+226 (not concave)
(762 missing values generated)
Hessian has become unstable or asymmetric (NC)
r(504);
```

这里的错误出现得十分靠前。一种可能性是给定了不好的初始值。但是在这个例子中使用 ml search 会导致更加错误的初始值。在这种情况下,最可能的解释是目标函数中存在错误。

如果目标函数不是全局凹函数的话,不好的初始值会导致错误。对于指数模型来说,有一个好办法,即把除常数以外的所有参数设置为 0,这就是把这个模型的参数设定成近似于只有截距项模型的那种值。例如,对于带有参数 α 的只有截距项的泊松模型而言,我们有 $\hat{\alpha}=\ln\bar{y}$,因为那么就有 $\exp(\hat{\alpha})=\bar{y}$。因此,初始值是$(0,\cdots,\ln\bar{y})$。尝试带有很少解释变量的模型会很有用,例如带有截距项和单一解释变量的模型。

在第 11.6 节中介绍 ml 方法 d1、d2、lf1 和 lf2,要求一阶和二阶导数的解析表达式。ml model didebug 和 ml model d2debug 命令通过比较一阶和二阶的数值导数的这些表达式来检查这些编码。所有实质差异表明了错误出现在导数的编码中,或者可能出现在初始的目标函数中。与这些相似的方法有 lf1debug 和 lf2debug。

11.5.3 检查数据

导致程序失败的常见原因是,程序很好但传递到程序中的数据是不正确的。

例如,lfpois 程序包含 lnfactorial(`y')函数,这要求`y'是一个非负整数。研究下列的影响：

```
. replace docvis = 0.5 if docvis ==1
. ml model if lfpois (docvis) = private chronic female income), vce (robust)
. ml maximize
```

在 maximize 之后的结果输出中包含的很多行都带有：

```
(700 missing values generated)
```

随后有

```
could not find feasible values
r(491);
```

在估计之前,我们总应该使用 summarize 去得到被解释变量和解释变量的概述性统计来进行数据检查。显示出来的问题包括不可预期的范围、为零的标准差和缺失值。在这个特殊的例子中,summarize 不会检测出上述问题,但是 tabulate docvis 则会检测出数据问题。

11.5.4 多重共线性和近似共线性

如果变量是完全共线的，那么包括 ml 的 Stata 估计命令会根据需要，检测出多重共线性并删除解释变量。

如果变量接近于完全共线，那么数值不稳定性可能会引发问题。我们通过加入额外解释变量 extra 来举例说明这一点，解释变量 extra 等于 income 加上 au，这里的 u 是来自于均匀分布的抽样，并且 $a=0.001$ 或 0.01。

首先，加入解释变量 extra，解释变量 extra 等于 income 加上 0.001u。我们有：

```
. * Example with high collinearity interpreted as perfect collinearity
. generate extra = income + 0.001*runiform()

. ml model lf lfpois (docvis = private chronic female income extra), vce(robust)
note: extra omitted because of collinearity
```

在最大化之前，这里的 ml maximize 将其作为完全共线性来解释，并删除 income。

其次，加入解释变量 extra2，解释变量 extra2 等于 income 加上较大数量 0.01u。我们有：

```
. * Example with high collinearity not interpreted as perfect collinearity
. generate extra2 = income + 0.01*runiform()

. ml model lf lfpois (docvis = private chronic female income extra2), vce(robust)

. ml maximize, nolog

                                                  Number of obs   =       4412
                                                  Wald chi2(5)    =     579.47
Log pseudolikelihood = -18500.199                 Prob > chi2     =     0.0000
```

docvis	Coef.	Robust Std. Err.	z	P>|z|	[95% Conf.	Interval]
private	.7972387	.1089978	7.31	0.000	.5836068	1.01087
chronic	1.092719	.0560899	19.48	0.000	.9827849	1.202653
female	.491431	.0585632	8.39	0.000	.3766491	.6062128
income	6.785122	9.159509	0.74	0.459	-11.16719	24.73743
extra2	-6.78155	9.159583	-0.74	0.459	-24.734	11.1709
_cons	-.1951133	.1211982	-1.61	0.107	-.4326574	.0424308

（注意，此处计算结果与原书有差异。——译者注）

现在这不再理解为完全共线性，所以估计继续进行。对 income 和 extra2 系数的估计是非常不精确的，但是其余的系数和标准误是近似于第 10.3.2 节中所给出的系数和标准误。

我们能通过使用 correlate 命令来检测探测成对出现的共线性，并且能用_rmcoll 命令来探测多重共线性。例如，

```
. * Detect multicollinearity using _rmcoll
. _rmcoll income extra
note: extra omitted because of collinearity

. _rmcoll income extra2
```

另一种简单的数据检查是，观察是否能通过使用密切相关的 Stata 估计命令估计出模型的参数。对于 lfpois 程序而言，效果明显的检验是使用 poisson 命令进行回归。如

果计算泊松回归的命令不可得，我们至少可以使用 regress 命令去尝试 OLS 回归。

11.5.5 多重最优值

即使在可以得到迭代收敛和回归输出结果时，仍有可能得到了一个局部最大值，而不是一个全局最大值。

缺乏全局凹性的一个清晰标志是在一些中间迭代中出现的非凹面的警告信息。这可能是一个严重的问题，也可能不是，但是在这种情况下，我们至少应该尝试一系列的不同的初始值。

如果迭代没有收敛，我们不应该使用参数估计。如果最后的迭代有一个警告，声称目标函数是非凹函数或者海塞矩阵不是负定的，那么我们不应该使用参数估计，因为这表明模型是不可识别的。标准误的缺失也说明了这个问题。

11.5.6 检查参数估计

一旦程序运行，我们就需要检查它是否是正确的。下列的方法可应用于任何估计方法，不仅仅只限于带 ml 命令的估计。

为了检查参数估计，对于一个大样本数据 N，我们从相同的数据生成过程（DGP）中产生数据，以此来判定估计量。因为当 $N \to \infty$，合意的估计量是一致的估计量，我们预期估计的参数非常接近 DGP 的实际值。在第 4 章中有一个相似的练习。

为了检查泊松模型估计程序，我们从下列 DGP 中生成数据：

$y_i = \text{Poisson}(\beta_1 + \beta_2 x)$； $(\beta_1, \beta_2) = (2,1)$； $x_i \sim N(0,0.5)$； $i = 1, \cdots, 10000$

下列编码从这个 DGP 中生成数据：

```
. * Generate dataset from Poisson DGP for large N
. clear

. set obs 10000
obs was 0, now 10000

. set seed 10101

. generate x = rnormal(0,0.5)

. generate mu = exp(2 + x)

. generate y = rpoisson(mu)

. summarize mu x y

    Variable |       Obs        Mean    Std. Dev.       Min        Max
-------------+--------------------------------------------------------
          mu |     10000    8.329182    4.405485   1.231172   66.98182
           x |     10000   -.0033331    .4974251  -1.792034   2.204421
           y |     10000      8.3402    5.297176          0         65
```

服从正态分布的解释变量有合意的均值和方差，并且计数结果输出的均值为 8.36，范围为 0 到 52。

接下来我们运行之前已经定义的 lfpois 程序。

```
. * Consistency check: Run program lfpois and compare beta to DGP value
. ml model lf lfpois (y = x)

. ml maximize, nolog

                                                  Number of obs   =      10000
                                                  Wald chi2(1)    =   20625.56
Log likelihood = -24090.135                       Prob > chi2     =     0.0000
```

y	Coef.	Std. Err.	z	P>|z|	[95% Conf.	Interval]
x	1.003532	.0069876	143.62	0.000	.9898369	1.017228
_cons	2.000464	.0038578	518.55	0.000	1.992903	2.008025

（注意，此处计算结果与原书有差异。——译者注）

估计值分别是 $\hat{\beta}_2=0.983$ 和 $\hat{\beta}_1=2.001$，十分接近于 1 和 2 的 DGP 设置值。斜率系数的标准误分别是 0.007 和 0.004，所以在 95%这样的模拟中，我们希望 $\hat{\beta}_2$ 是位于[0.970，0.997]之间的。DGP 设置值只落在这个区间之外，绝大部分是因为随机性。截距项的 DGP 值落在相似的区间[1.994，2.009]里。

例如，如果 $N=1000000$，估计会更加精确，并且我们希望估计值能十分接近 DGP 值。

这个 DGP 是很简单的。更多具有挑战性的检验将研究其他分布中带有额外解释变量的 DGP。

11.5.7 检查标准误的估计

为了检查估计量 $\hat{\beta}$ 的标准误是否计算正确，我们可以进行这样的演示。例如，$S=2000$次模拟，这些模拟产生 S 个估计值 $\hat{\beta}$，以及 S 个估计值的标准误 $S_{\hat{\beta}}$。如果这个标准误是正确的估计值，则 S 个估计值的标准误的均值（$\overline{S_{\hat{\beta}}}=S^{-1}\sum_{s=1}^{S}S_{\hat{\beta}}$）应该等于 S 个估计值 $\hat{\beta}$ 的标准差 $(S-1)^{-1}\sum_{s=1}^{S}(\hat{\beta}-\bar{\hat{\beta}})^2$，其中 $\bar{\hat{\beta}}=S^{-1}\sum_{s=1}^{S}\hat{\beta}$。样本容量需要有足够大，这样我们才相信渐近理论为计算标准误提供了很好的指导。我们假设 $N=500$。

首先我们编写 secheck 程序，这是从与前面章节中所用的相同的 DGP 中抽取的一个样本。

```
. * Program to generate dataset, obtain estimate, and return beta and SEs
. program secheck, rclass
      version 11
      drop _all
      set obs 500
      generate x = rnormal(0,0.5)
      generate mu = exp(2 + x)
      generate y = rpoisson(mu)
      ml model lf lfpois (y = x)
      ml maximize
      return scalar b1 =_b[_cons]
      return scalar se1 = _se[_cons]
      return scalar b2 =_b[x]
      return scalar se2 = _se[x]
  end
```

然后，我们使用 simulate 命令，将这个程序运行 2000 次。(或者，也可以使用 postfile 命令)我们有

```
. * Standard errors check: run program secheck
. set seed 10101

. simulate "secheck" bcons=r(b1) se_bcons=r(se1) bx=r(b2) se_bx=r(se2), reps(2000)

command:       secheck
statistics:    bcons       = r(b1)
               se_bcons    = r(se1)
               bx          = r(b2)
               se_bx       = r(se2)

. summarize

    Variable |       Obs        Mean    Std. Dev.       Min        Max
-------------+--------------------------------------------------------
       bcons |      2000    1.999649    .0173978   1.944746    2.07103
    se_bcons |      2000    .0172925    .0002185   .0164586   .0181821
          bx |      2000    1.000492    .0308205   .8811092   1.084845
       se_bx |      2000    .0311313    .0014977   .0262835   .0362388
```

这里的概述性统计中的 Obs 这一列是模拟的次数($S=2000$)。设定在 secheck 程序中的实际的样本容量是 $N=500$。

对于截距项而言，与 $\hat{\beta}_1$(bcons)的 2000 个估计值的标准差 0.0174 相比，我们有 $\overline{s_{\hat{\beta}1}}=0.0173$。对于斜率系数而言，与 $\hat{\beta}_2$(bx)的 2000 个估计值的标准差 0.0308 相比，我们有 $\overline{s_{\hat{\beta}1}}=0.0311$。标准误的估计是正确的。

11.6 ml 命令：d0、d1、d2、lf0、lf1 和 lf2 方法

当目标函数的形式是 $Q(\boldsymbol{\theta})=\sum_i q(\mathrm{y}_i,\mathrm{x}_i,\boldsymbol{\theta})$(这种形式在 Stata 手册中通常被视为线性形式)且观测值 i 之间相互独立时；或当参数以单指数或者仅仅以几个指数形式出现时；或者当你并不想设定导数时，lf 方法是快速而简单的。

d0、d1 和 d2 方法比 lf 方法更通用。它们能满足以下情形：在样本中的每个个体有多重观测值或者等式。它通常随以下情况而产生：在面板数据的不同时间段内可以获得个体的数据；在条件 logit 模型中解释变量的值随着每个潜在结果的变化而变化，潜在结果可能在系统方程和 Cox 比例风险模型中(在每次失败时，可以得到风险的集合)。

d1 方法允许用户提供梯度的解析表达式，并且 d2 方法还额外允许海塞矩阵的解析表达式。与依赖数值导数的 d0 方法相比，这样一来便提高了计算的速度。

当目标函数符合线性形式的约束条件时，lf0、lf1 和 lf2 方法在使用上与 lf 方法相似。这些方法要求编写比 lf 方法的程序更复杂的评估程序，以此获得运用 lf1 和 lf2 方法来识别一阶和二阶导数的能力。在对导数编程之前，运用 lf0 方法来检验已经正确地编写的似然函数程序。如果不打算提供导数，那么使用 lf0 方法一点意义也没有，因为 lf 方法提供了相同的功能，并且使用起来更加简单。

11.6.1 评估函数

给定一个观测值，目标函数是一个带有多重指数(例如 J)和多重被解释变量(G)的函数。所以：

$$Q(\boldsymbol{\theta})=\sum_{i=1}^{N}Q(\mathbf{x}_{1i}'\boldsymbol{\theta}_1,\mathbf{x}_{2i}'\boldsymbol{\theta}_2,\cdots,\mathbf{x}_{Ji}'\boldsymbol{\theta}_J;y_{1i},\cdots,y_{Gi})$$

其中,尽管 i 之间是相互独立的,给定一个 i,y_{1i},…,y_{Gi}相互之间是正相关的。

关于 d0－d2 方法和 lf0－lf2 方法,语法是:

ml model *method progname eq*1 [*eq*2…] [*if*] [*in*] [*weight*] [,*options*]

其中,*method* 是 d0、d1、d2、lf0、lf1 或者 lf2;*progname* 是一个评估程序的名字;*eq*1 定义出现在第一个指数里的被解释变量和解释变量;*eq*2 定义出现在第二个指数里的解释变量,以此类推。

关于 d0、d1 和 d2 的估计量,评估程序(progname)有五个参数:todo、b、lnf、g 和 H。ml 命令使用 todo 参数来设定没有导数、梯度,或者梯度和海塞矩阵等。b 参数是参数 $\boldsymbol{\theta}$ 的行向量。lnf 参数是标量目标函数 $Q(\boldsymbol{\theta})$。g 参数是梯度$\partial Q(\boldsymbol{\theta})/\partial\boldsymbol{\theta}'$的行向量,这只在 d1 和 d2 方法中需要提供。H 参数是海塞矩阵$\partial^2 Q(\boldsymbol{\theta})/\partial\boldsymbol{\theta}\partial\boldsymbol{\theta}'$,这在 d2 方法中需要提供。

d1－d2 方法的评估函数首先需要将参数 θ 与指数 $\mathbf{x}_{1i}'\theta_1$,…联系起来。这能用 mleval 命令做到,语法是:

mleval *newvar*＝*vecname* [,eq(＃)]

例如,mleval \`theta1′=\`b′,eq(1)把第一个指数贴标签为 $\mathbf{x}_{1i}'\theta_1$,名为 theta1。$\mathbf{x}_{1i}$ 中的变量将在 ml model 的 eq1 中列出。

接下来评估程序需要去计算目标函数 $Q(\boldsymbol{\theta})$,这不同于 lf 方法,这里计算出目标函数的第 i 项 $q_i(\boldsymbol{\theta})$。mlsum 命令对 $q_i(\boldsymbol{\theta})$进行加总来算出 $Q(\boldsymbol{\theta})$。语法为:

mlsum *scalarname_lnf* = *exp* [*if*]

例如,mlsum \`lnf′=(\`y′－\`theta1′)^2 计算出残差平方和$\sum_i(y_i-\mathbf{x}_{1i}'\boldsymbol{\theta}_1)^2$。

d1 和 d2 方法要求设定全体对数似然 $Q(\boldsymbol{\theta})$的梯度。对于线性形式的模型而言,能使用 mlvecsum 命令来简化计算,语法是:

mlvecsum *scalarname_lnf rowvecname* = *exp* [*if*] [,eq(＃)]

例如,mlvecsum \`lnf′\`d1′=\`y′－\`theta1′计算以行向量$\sum_i(y_i-\mathbf{x}_{1i}'\boldsymbol{\theta}_1)\mathbf{x}_{1i}$出现在第一个指数中参数子集的梯度。值得注意的是:mlvecsum 选项自动将指数 theta1 中的解释变量 $\mathbf{x}_{1i}$乘以\`y′－\`theta1′,因为当 eq()没有设定时,方程 1 是默认的。

与 d0－d2 方法相似,lf0－lf2 方法要求首先使用 mleval 去得出指数 $\mathbf{x}_{1i}\theta_1$,…。lf0 方法的评估函数会得到三个参数:todo、b 和 lnfj。变量 lnfj 是运用观测值的水平似然函数 $q_i(\theta)$得到的。这个变量被命名为 lnfj,而不是 lnfi,是因为关于 ml 命令的 Stata 文件使用 j 去表示所输入的观测值,而不是 i。lf 方法和 lf0 方法之间差别的关键是,前者把以 theta1、theta2 等形式的指数传递到程序(progname),然而后者把参数向量 b 传递到你的程序中,这个向量 b 是来自于你自己获取的指数。

lf1 和 lf2 方法要求设定观测值的水平得分值,它与对数似然函数相关。这就是关于指数 $\mathbf{x}_{1i}\theta_1$,$\mathbf{x}_{2i}\theta_2$,…的对数似然函数的导数。lf1 和 lf2 方法要求填入的变量必须包含$\partial q_i(\theta)/\partial x_{ji}\theta_j$,然而 d1 和 d2 方法要求设定导数$\partial Q(\theta)/\partial\theta_j$。这些方法的决定性优势是速度:评估解析导数比数值计算导数要快得多。而且,因为有观测值水平的一阶导数,ml 能计算出 VCE 的稳健估计,d0－d2 方法则不能计算出。

在 lf1 方法中，progname 收到 3＋J 个参数，其中 J 是指数的数量。对于单指数模型而言，progname 将得到四个参数：todo、b、lnfj 和 g1。当 todo＝＝1，另外用观测值水平对数似然函数填入变量 lnfj，需要用 $\partial q_i(\theta)/\partial \mathbf{x}_{ji}\theta_j$ 去填入变量 g1 中。lf2 方法收到 4＋J 个参数；当 todo＝＝2 时，最后一个参数 H 是一个由全体对数似然函数的海塞矩阵填入的矩阵。

d2 和 lf2 方法要求设定海塞矩阵（它是默认的）或负的海塞矩阵。在这种情况下，可以把 negh 选项添加到 ml nodel 命令中。negh 选项是为了与 Stata 的旧版本兼容才包含进来的。Stata 11 的用户应该设定海塞矩阵并忽略这个选项。对于线性形式模型，可使用 mlmatsum 命令来简化计算，语法是：

mlmatsum *scalarname_lnf matrixname* = *exp* [*if*] [,eq(#[,#])]

例如，mlmatsum \`lnf'\`d1'=\`theta1'计算出以 $\sum_i \mathbf{x}'_{1i}\theta_1$ 的形式出现在第一个指数中的参数子集的负的海塞矩阵。mlmatsum 命令自动将\`theat1'乘以 $\mathbf{x}_{1i}\mathbf{x}'_{1i}$，也就得出指数 theta1 中的解释变量 $\mathbf{x}_{1i}$ 的外积。

11.6.2 d0 方法

我们研究横截面数据的泊松模型，它是一个单指数模型。对于多重指数模型（例如 Weibull）、面板数据、Cox 比例风险和条件 logit 模型，见[R] **ml** 和 Gould、Pitblado 和 Sribney(2006)中的 Weibull 例子。Gould、Pitblado 和 Sribney(2006)也研究复杂问题，例如怎样生成 ado 文件和怎样包含样本权重。

泊松 MLE 的一个 d0 方法评估程序如下：

```
. * Method d0: Program d0pois to be called by command ml method d0
. program d0pois
  1.    version 11
  2.    args todo b lnf                    // todo is not used, b=b, lnf=lnL
  3.    tempvar theta1                     // theta1=x'b given in eq(1)
  4.    mleval `theta1' = `b', eq(1)
  5.    local y $ML_y1                     // Define y so program more readable
  6.    mlsum `lnf' = -exp(`theta1') + `y'*`theta1' - lnfactorial(`y')
  7. end
```

编码与先前在 lf 方法中所给出的编码是相似的。mleval 命令形成单指数 $\mathbf{x}'_i\beta$。mlsum 命令形成作为每个观测值的对数密度的总和的目标函数。

这里被解释变量是 docvis，解释变量 private、chronic、female 和 income 都有一个单指数，再加上一个截距项。

```
. * Method d0: implement Poisson MLE
. ml model d0 d0pois (docvis = private chronic female income)

. ml maximize

initial:       log likelihood = -33899.609
alternative:   log likelihood = -28031.767
rescale:       log likelihood = -24020.669
Iteration 0:   log likelihood = -24020.669
Iteration 1:   log likelihood = -18845.464
Iteration 2:   log likelihood = -18510.287
Iteration 3:   log likelihood = -18503.552
Iteration 4:   log likelihood = -18503.549
Iteration 5:   log likelihood = -18503.549

                                                  Number of obs   =       4412
                                                  Wald chi2(4)    =    8052.34
Log likelihood = -18503.549                       Prob > chi2     =     0.0000
```

docvis	Coef.	Std. Err.	z	P>|z|	[95% Conf.	Interval]
private	.7986653	.027719	28.81	0.000	.7443371	.8529936
chronic	1.091865	.0157985	69.11	0.000	1.060901	1.12283
female	.4925481	.0160073	30.77	0.000	.4611744	.5239218
income	.003557	.0002412	14.75	0.000	.0030844	.0040297
_cons	-.2297263	.0287022	-8.00	0.000	-.2859815	-.173471

结果的系数估计与 poisson 命令中的结果以及使用第 11.4.3 节中给出的 lf 方法的结果是相同的。作为练习，请检查非稳健标准误。

11.6.3 d1 方法

d1 方法评估程序也必须提供梯度的解析表达式。

```
. * Method d1: Program d1pois to be called by command ml method d1
. program d1pois
    version 11
    args todo b lnf g               // gradient g added to the arguments list
    tempvar theta1                  // theta1 = x'b given in eq(1)
    mleval `theta1' = `b', eq(1)
    local y $ML_y1                  // Define y so program more readable
    mlsum `lnf' = -exp(`theta1') + `y'*`theta1' - lnfactorial(`y')
    if (`todo'==0 | `lnf'>=.) exit  // Extra code from here on
    tempname d1
    mlvecsum `lnf' `d1' = `y' - exp(`theta1')
    matrix `g' = (`d1')
  end
```

mlvecsum 命令形成梯度行向量 $\sum_i\{y_i-\exp(\mathbf{x}_i'\hat{\beta})\}\mathbf{x}_i'$，其中 $\mathbf{x}_i$ 是第一个方程的解释变量。

以相同的方式运算该模型，同时用 d1 替换 d0，在评估函数中用 d1pois 替换 d0pois。ml model d1 命令有的被解释变量是 docvis，解释变量分别是 private、chronic、female 和 income，这个变量得出的系数估计和（非稳健）标准误与第 11.6.2 节中得到的是完全相同的。这些结果并没有展示出来，作为练习，请确认这一点。

11.6.4 对 VCE 进行稳健估计的 lf1 方法

不同于 lf 方法，计算稳健标准误要求在评估程序中的一些其他编码。这些编码提供了一些变量，它们包含了每个个体观测值对梯度的贡献，然而方法 d1－d2 只提供这些（梯度）的总和。在 Stata 11 之前的版本中，一旦提供其他编码，使用 d1 或 d2 方法就可以进行估计。在 Stata 11 中，相反必须使用新的 lf1 或者 lf2 方法。

泊松模型是一个单指数模型，所以我们的评估程序将得到四个参数。我们有：

```
. * Method lf1: Program lf1poisrob is variation of program d1pois for robust se's
. program lf1poisrob
    version 11
    args todo b lnfj g1
    tempvar theta1                    // theta1 = x'b where x given in eq(1)
    mleval `theta1' = `b', eq(1)
    local y $ML_y1                    // define y so program more readable
    quietly replace `lnfj' = - exp(`theta1') + `y'*`theta1' - lnfactorial(`y')
    if (`todo'==0) exit
    quietly replace `g1' = `y' - exp(`theta1')  // extra code for robust
  end
```

VCE 的稳健估计值就是在第 10.4.5 节中给出的值,使用数值导数计算出 $\hat{\mathbf{H}}_i$。

我们得到:

```
. * Method lf1: implement Poisson MLE with robust standard errors
. ml model lf1 lf1poisrob (docvis = private chronic female income), vce(robust)

. ml maximize, nolog

                                              Number of obs    =        4412
                                              Wald chi2(4)     =      594.72
Log pseudolikelihood = -18503.549             Prob > chi2      =      0.0000
```

docvis	Coef.	Robust Std. Err.	z	P>|z|	[95% Conf. Interval]	
private	.7986654	.1090015	7.33	0.000	.5850265	1.012304
chronic	1.091865	.0559951	19.50	0.000	.9821167	1.201614
female	.4925481	.0585365	8.41	0.000	.3778187	.6072775
income	.003557	.0010825	3.29	0.001	.0014354	.0056787
_cons	-.2297263	.1108733	-2.07	0.038	-.4470339	-.0124187

我们得到的系数估计和稳健标准误与带有稳健标准误的 poisson 命令得到的结果(见第 11.4.3 节)相同。

11.6.5 d2 和 lf2 方法

基于程序 d1pois 的 d2 方法评估程序也必须提供海塞矩阵的解析表达式。

```
. * Method d2: Program d2pois to be called by command ml method d2
. program d2pois
  1.    version 11
  2.    args todo b lnf g     H              // Add g and     H to the arguments list
  3.    tempvar theta1                       // theta1 = x'b where x given in eq(1)
  4.    mleval `theta1' = `b', eq(1)
  5.    local y $ML_y1                       // Define y so program more readable
  6.    mlsum `lnf' = -exp(`theta1') + `y'*`theta1' - lnfactorial(`y')
  7.    if (`todo'==0 | `lnf'>=.) exit   // d1 extra code from here
  8.    tempname d1
  9.    mlvecsum `lnf' `d1' = `y' - exp(`theta1')
 10.    matrix `g' = (`d1')
 11.    if (`todo'==0 | `lnf'>=.) exit   // d2 extra code from here
 12.    tempname d11
 13.    mlmatsum `lnf' `d11' = exp(`theta1')
 14.    matrix    `H' = `d11'
 15. end
```

mlmatsum 命令形成负的海塞矩阵 $\sum_i \exp(\mathbf{x}_i'\hat{\beta}) \mathbf{x}_i \mathbf{x}_i'$,其中 \mathbf{x}_i 是第一个方程的解释变量。

```
. * Method d2: Poisson MLE with first and second derivatives provided
. ml model d2 d2pois (docvist = private chronic female income)
. ml maximize
```

(输出已省略)

我们得到的系数估计和(非稳健)标准误与第 11.6.2 节中所给出的相同。

因为指数多于一个,必须计算交叉导数,例如 d12 方法。mlmatbysum 是一个扩展命令,当第 i 个观测值的对数似然函数涉及分组的和(例如面板数据)时,就应该使用这个命令。见双指数例子中的[R]**ml**,即 Weibull MLE。

为了得到 VCE 的稳健估计值,要求使用 `ml` 的 `lf2` 方法。我们首先用评估程序 `lf-pois1`,用 `mlmatsum` 这个命令来定义海塞矩阵,其加入的编码与评估程序 `d2pois` 中的编码相似。

11.7 Mata optimize()函数

对于复杂模型来说,使用矩阵编程函数去表达目标函数是更为方便的,甚至是更有必要的。尽管使用的语法不同,但是在 Stata 10 中引入的 Mata `optimize()`函数所使用的最优化程序和 Stata `ml` 命令中的程序是相同的。

在 Stata 11 中引入的 Mata `moptimize()`函数是一个中介的优化函数,我们并不讨论这一点。

11.7.1 d 类和 gf 类评估函数

因为 y 和 x 是用于界定被解释变量和解释变量的,Mata 文件使用通用符,我们想要计算出使得标量函数 $f(\mathbf{p})$ 最大化的真实行向量 $\mathbf{p}$。注意,$\mathbf{p}$ 是一个行向量,然而在这本书中,我们通常定义向量(例如 β)为列向量。

一个评估函数可以计算在参数向量不同值处的目标函数的值。它可以选择性地计算出梯度和海塞矩阵。

有两种可以使用 Mata 语言的不同类型的评估函数。

d 类评估函数返回一个目标函数的值为标量 $\boldsymbol{v}=\boldsymbol{f}(\mathbf{p})$。最短的语法为:

void evaluator (*todo*, *p*, *v*, *g*, *H*)

其中 todo 是标量,p 是参数的行向量,v 是标量函数值,g 是梯度行向量$\partial f(\mathbf{p})/\partial\mathbf{p}$,并且 H 是海塞矩阵$\partial f(\mathbf{p})/\partial\mathbf{p}\partial\mathbf{p}'$。如果 todo 等于 0,那么要使用数值导数(方法 d0),并且不需要提供 g 和 H。如果 todo 等于 1,那么需要提供 g(方法 d1),并且如果 todo 等于 2,那么必须提供 g 和 H(方法 d2)。

gf 类评估函数更适合于 m 估计量的问题,其中,我们使 $Q(\boldsymbol{\theta})=\sum_{i=1}^{N}q_i(\boldsymbol{\theta})$ 最大化。那么提供 $N\times 1$ 阶向量可能会更加方便,这个向量的第 i 元素是 $q_i(\boldsymbol{\theta})$,而不是标量 $Q(\boldsymbol{\theta})$。gf 类评估函数可以返回列向量 v,并且 $f(\mathbf{p})$ 等于 v 中的元素之和。gf 类评估函数的最短语法为:

void evaluator (*todo*, *p*, *v*, *g*, *H*)

其中,*todo* 是一个标量,p 是参数的行向量,v 是一个列向量,g 现在是梯度矩阵 ∂v/∂p,并且 H 是海塞矩阵。如果 *todo* 等于 0,那么要使用到数值导数(方法 v0),并且不需要提供 g 和 H。如果 *todo* 等于 1,那么必须提供 g(方法 v1),并且如果 *todo* 等于 2,那么必须提供 g 和 H(方法 v2)。

在这些估计量中最多能提供九个额外的参数,这九个参数出现在 p 之后和 v 之前。

在这种情况下，需要使用 optimize_init_arguments()函数来表明这些参数和它们的相关位置，这将在下面举例说明。对于带有 **y** 和 **X** 的数据的回归，参数会包含 y 和 X。

11.7.2 最优化函数

最优化函数分为四大类。第一类为能够定义最优化问题的函数，例如评估函数的名称和需要使用的迭代技术，这类函数以 optimize_init 开头。第二类，导致最优化的函数是 optimize()或者 optimize_evaluate()。第三类是返回结果的函数，以 optimize_result 开头。第四类，optimize_query()函数列出最优化的设置和结果。

这些函数的完整列表和它们的语法见[M－5]**optimize**()。下面的例子实际上使用 optimize()函数的最小设置，来求 y 对 **x** 的(非线性)回归，并且得出系数估计值和相应的 VCE 的估计值。

11.7.3 泊松例子

我们使用 Mata optimize()函数方法 gf2 来执行泊松 MLE。

泊松 MLE 的评估程序

评估程序的核心是 poissonmle 函数。因为要用到 gf2 方法，评估程序需要对对数密度向量进行评估，即为 lndensity 选项，其相关的梯度矩阵称之为 g，其相关的海塞矩阵称之为 H。我们将参数向量称之为 b，被解释变量和解释变量矩阵分别命名为 y 和 X，它们都是两个额外的程序参数，需要使用 optimize_init_argument()函数选项来表明。

对于第 11.2.2 节中的泊松 MLE，对数密度的列向量的第 i 个元素是 $\ln f(y_i|\mathbf{x}_i)=-\exp(\mathbf{x}_i'\beta)+\mathbf{x}_i'\beta_{y_i}-\ln y_i!$；其相关的梯度矩阵的第 i 行是 $\{y_i-\exp(\mathbf{x}_i'\beta)\}x_i$；并且海塞矩阵是矩阵 $\sum_i -\exp(\mathbf{x}_i'\beta)\mathbf{x}_i\mathbf{x}_i'$。评估程序如下：

```
. * Evaluator function for Poisson MLE using optimize gf2 evaluator
. mata
------------------------------------------------- mata (type end to exit) -------
:   void poissonmle(todo, b, y, X, lndensity, g, H)
>   {
>     Xb = X*b'
>     mu = exp(Xb)
>     lndensity = -mu + y:*Xb - lnfactorial(y)
>     if (todo == 0) return
>     g = (y-mu):*X
>     if (todo == 1) return
>     H = - cross(X, mu, X)
>   }

: end
---------------------------------------------------------------------------------
```

在附录 B.3.1 中给出了评估函数更好的函数形式，这个函数形式说明了所有的程序参数和在程序中所使用到的其他变量的类型。

泊松 MLE 的 optimize()函数

完整的 Mata 编码有四个组成部分。第一，定义评估函数，即重复前面所列出的编码。第二，使用 st_view()函数命令把矩阵 **y** 和 **X** 与 Stata 的变量联系起来。在下面的编码中，被解释变量和解释变量的名称在第 11.2.3 节中定义的局部宏 y 和 xlist 中。第三，优化，它至少要求下面给出的七个 optimize()函数。第四，构建并列出关键结果。

```
. * Mata code to obtain Poisson MLE using command optimize
. mata
------------------------------------------------- mata (type end to exit) ----------
:   void poissonmle(todo, b, y, X, lndensity, g, H)
>   {
>     Xb = X*b'
>     mu = exp(Xb)
>     lndensity = -mu + y:*Xb - lnfactorial(y)
>     if (todo == 0) return
>     g = (y-mu):*X
>     if (todo == 1) return
>     H = - cross(X, mu, X)
>   }

:   st_view(y=., ., "`y'")

:   st_view(X=., ., tokens("`xlist'"))

:   S = optimize_init()

:   optimize_init_evaluator(S, &poissonmle())

:   optimize_init_evaluatortype(S, "gf2")

:   optimize_init_argument(S, 1, y)

:   optimize_init_argument(S, 2, X)

:   optimize_init_params(S, J(1,cols(X),0))

:   b = optimize(S)

:   Vbrob = optimize_result_V_robust(S)

 :   b = optimize(S)
 Iteration 0: f(p) = -33899.609
 Iteration 1: f(p) = -19668.697
 Iteration 2: f(p) = -18585.609
 Iteration 3: f(p) = -18503.799
 Iteration 4: f(p) = -18503.549
 Iteration 5: f(p) = -18503.549

 :   Vbrob = optimize_result_V_robust(S)

 :   serob = (sqrt(diagonal(Vbrob)))'

 :   b \ serob

                1               2              3              4              5
     +----------------------------------------------------------------------------+
   1 | .7986653788   1.0918651080  .4925480693  .0035570127   -.2297263376 |
   2 | .1090014507    .0559951312  .0585364746  .0010824894    .1108732568 |
     +----------------------------------------------------------------------------+

: end
--------------------------------------------------------------------------------------
```

S=optimize_init()函数启动了最优化过程，同时因为用到了 S，所以其余函数的第一个参数为 S。接下来的两个 optimize()函数表明，评估函数被命名为 poissonmle，同时使用到 optimize()的 gf2 方法。随后的两个 optimize()函数表明在程序 poissonmle 中的 b 之后的第一个额外参数是 y，并且第二个是 X。接下来的函数提供初始值并且这是有必要的。b=optimize(S)函数表明最优化。余下的函数计算稳健标准误和列印结果。

参数估计值和标准误与带有 vce(robust)选项的 Stata poisson 命令所得到的结果(见第 11.4.3 节)是相同的。使用 st_matrix()函数选项可以得到很好的显示结果,运用 Stata 中的 ereturn display 命令可以把 Mata 中的 b′和 Vbrob 返回到 Stata 中,这与第 11.2.3节的例子中的结果完全一样。

11.8 广义矩方法

作为 GMM 估计的一个例子,我们研究带有内生解释变量的泊松模型的估计。使用 gmm 命令(在 Stata 11 中引入的)的估计已经在第 10.3.8 节中提到过。在这里,我们使用 Mata optimize()函数选项进一步解释 GMM 方法并获得 GMM 估计值。

我们并没有把线性工具变量(IV)两阶段最小二乘法的解释拓展到非线性模型,因此并不能简单地用第一阶段解释变量的拟合值替代内生性解释变量来对泊松模型进行回归。并且目标函数的形式并不能很好地应用 Stata ml 命令,因为它是和的二次形式,而不是一个简单的和。相反我们使用 Mata 来对 GMM 目标函数进行编程,然后再使用 Mata optimize()函数。

11.8.1 定义

我们首先来讨论 GMM 的总体矩条件:

$$E\{\mathbf{h}(\mathbf{w}_i,\boldsymbol{\theta})\}=0 \tag{11.7}$$

其中,$\boldsymbol{\theta}$ 是一个 $q\times1$ 阶的向量,$\mathbf{h}(\cdot)$是一个 $r\times1$ 阶的向量函数,且 $r\geqslant q$。向量 w_i 代表所有观测值,它们包含了被解释变量、解释变量和那些相关的 IV。线性 IV 就是一个典型的例子(见第 6.2 节),其中 $\mathbf{h}(\mathbf{w}_i,\boldsymbol{\theta})=\mathbf{z}_i(y_i-\mathbf{x}_i'\beta)$。

如果 $r=q$,那么矩方法(MM)估计量 $\hat{\boldsymbol{\theta}}_{\mathrm{MM}}$ 解决了对应样本矩条件 $N^{-1}\sum_i\mathbf{h}(\mathbf{w}_i,\boldsymbol{\theta})=0$。如果 $r>q$,这就不可行了,因为对于一个过度识别的线性 IV 模型而言,就会有比参数还要多的等式。

GMM 估计量 $\hat{\boldsymbol{\theta}}_{\mathrm{GMM}}$ 使得 $\sum_i\mathbf{h}(\mathbf{w}_i,\boldsymbol{\theta})$ 的二次项最小化,其目标函数是:

$$Q(\boldsymbol{\theta})=\{\textstyle\sum_{i=1}^{N}\mathbf{h}(\mathbf{w}_i,\boldsymbol{\theta})\}'W\{\textstyle\sum_{i=1}^{N}\mathbf{h}(\mathbf{w}_i,\boldsymbol{\theta})\} \tag{11.8}$$

其中,r×r 阶的加权矩阵 $\mathbf{W}$ 是正定的对称矩阵,它是随机的,其概率是有限制的,且不依赖于 $\boldsymbol{\theta}$。一个特例就是 $r=q$,其 MM 估计量通常令 $\mathbf{W}=\mathbf{I}$ 或任何其他的值来获得,并且接下来在其最优点处,$Q(\boldsymbol{\theta})=0$。

只要(11.7)式的条件成立,GMM 估计量是关于 θ 的一致估计量,并且它服从渐近正态分布,同时具有 VCE 稳健估计值:

$$\hat{V}(\hat{\boldsymbol{\theta}}_{\mathrm{GMM}})=(\hat{\mathbf{G}}'\mathbf{W}\hat{\mathbf{G}})^{-1}\hat{\mathbf{G}}'\mathbf{W}\hat{\mathbf{S}}\mathbf{W}\hat{\mathbf{G}}(\hat{\mathbf{G}}'\mathbf{W}\hat{\mathbf{G}})^{-1}$$

其中,假设观测值 i 之间是独立的,

$$\hat{\mathbf{G}}=\sum_{i=1}^{N}\left.\frac{\partial\mathbf{h}_i}{\partial\boldsymbol{\theta}'}\right|_{\hat{\theta}}$$

$$\hat{\mathbf{S}}=\sum_{i=1}^{N}\mathbf{h}_i(\hat{\boldsymbol{\theta}})\mathbf{h}_i(\hat{\boldsymbol{\theta}})' \tag{11.9}$$

对于 MM 而言,不管 $\mathbf{W}$ 的选择是什么,方差简化为 $(\hat{\mathbf{G}}'\hat{\mathbf{S}}^{-1}\hat{\mathbf{G}})^{-1}$。对于 **GMM** 而言,$\mathbf{W}$ 的选择不同会导致估计量也不同。$\mathbf{W}$ 的最佳选择是 $\mathbf{W}=\hat{\mathbf{S}}^{-1}$,在这种情况下方差又简化为

$(1/N)(\hat{\mathbf{G}}'\hat{\mathbf{S}}^{-1}\hat{\mathbf{G}})^{-1}$。对于线性 IV 而言,可以得到估计量的一个确切公式,见第 6.2 节。

11.8.2 非线性 IV 的例子

我们研究带有内生解释变量的泊松模型。有几种可以控制内生性的方法,见第 17 章。我们研究非线性工具(NLIV)估计量的使用方法。

泊松回归模型设定了 $E\{y-\exp(\mathbf{x}'\beta)|\mathbf{x}\}=0$,因为 $E(y|\mathbf{x})=\exp(\mathbf{x}'\beta)$。相反,假设 $E\{y-\exp(\mathbf{x}'\beta)|\mathbf{x}\}\neq 0$,因为有一个或多个内生性解释变量,但是工具变量 z 为:

$$E[\mathbf{z}_i\{y_i-\exp(\mathbf{x}'\beta)\}]=0$$

然后,GMM 估计量使得下式最小化

$$Q(\beta)=\mathbf{h}(\beta)'\mathbf{W}\mathbf{h}(\beta) \tag{11.10}$$

其中,$r\times 1$ 阶向量 $\mathbf{h}(\beta)=\sum_i \mathbf{Z}_i\{y_i-\exp(\mathbf{x}_i'\beta)\}$。这是(11.8)式的特例,即$\mathbf{h}(\mathbf{w}_i,\theta)=\mathbf{z}_i\{y_i-\exp(\mathbf{x}_i'\beta)\}$。

定义 $r\times K$ 阶矩阵 $\mathbf{G}(\beta)=-\sum_i\exp(\mathbf{x}_i'\beta)\mathbf{z}_i\mathbf{x}_i'$。那么 $K\times 1$ 阶梯度向量为:

$$\mathbf{g}(\beta)=\mathbf{G}(\beta)'\mathbf{W}\mathbf{h}(\beta) \tag{11.11}$$

并且可预期的 $K\times K$ 阶海塞矩阵是:

$$\mathbf{H}(\beta)=\mathbf{G}(\beta)'\mathbf{W}\mathbf{G}(\beta)'$$

其中,当 $\boldsymbol{E}\{\mathbf{h}(\beta)\}=0$ 时,就可以简化海塞矩阵。

VCE 估计就是(11.9)式的估计值,其中 $\hat{\mathbf{G}}=\hat{\mathbf{G}}(\hat{\beta})$ 和 $\hat{\mathbf{S}}=\sum_i\{y_i-\exp(\mathbf{x}_i'\hat{\beta})\}^2\mathbf{z}_i\mathbf{z}_i'$。

11.8.3 使用 Mata optimize()函数进行 GMM 估计

如果一阶条件 $\mathbf{g}(\beta)=0$,其中 $\mathbf{g}(\beta)$ 如(11.11)式所示,则 β 无解,因此我们需要使用迭代法。因为如(11.10)所示的 $Q(\beta)$ 是一个二次形式,因此 ml 命令并不适合于最优化。相反,我们使用 Mata optimize()函数。

对于线性两阶段最小二乘,我们假设 $\mathbf{W}=(\sum_i\mathbf{z}_i\mathbf{z}_i')^{-1}$。下面的 Mata 表达式可以得到合意的向量,其中我们把参数向量 b 和梯度向量 g 表示为行向量,因为 optimize()函数要求其为行向量。我们有:

```
:      Xb = X*b'                        // b for optimize is 1 x k row vector

:      mu = exp(Xb)

:      h = (Z'(y-mu)                    // h is r x 1 column row vector
>      W = cholinv(Z'Z)                 // W is r x r wmatrix
>      G = -(mu:*Z)'X                   // G is r x k matrix
>      S = ((y-mu):*Z)'((y-mu):*Z)      // S is r x r matrix
>      Qb = h'W*h                       // Q(b) is scalar
>      g = G'W*h                        // gradient for optimize is 1 x k row vector
>      H = G'W*G                        // hessian for optimize is k x k matrix
>      V = luinv(G'W*G)*G'W*S*W*G*luinv(G'W*G)
```

我们拟合 docvis 的模型,其中 private 是内生的,并且把 firmsize 作为一个工具变量,所以模型是恰好识别的。我们使用 optimize()的 d2 方法,其中把目标函数作为一个标量,并且提供梯度向量和海塞矩阵。optimize_result_V_robust(S)命令不应用于评估函数 d,所以我们计算在最优化之后的 VCE 的稳健估计值。

Mata 编码程序的结构与在第 11.7.3 节中所示泊松例子的程序结构是相似的。我们有:

```
. * Mata code to obtain GMM estimator for Poisson using command optimize
. mata
------------------------------------------------- mata (type end to exit) ----------
:   void pgmm(todo, b, y, X, Z, Qb, g, H)
>   {
>     Xb = X*b'
>     mu = exp(Xb)
>     h = Z'(y-mu)
>     W = cholinv(cross(Z,Z))
>     Qb = h'W*h
>     if (todo == 0) return
>     G = -(mu:*Z)'X
>     g = (G'W*h)'
>     if (todo == 1) return
>     H = G'W*G
>     _makesymmetric(H)
>    }

:   st_view(y=., ., "`y'")

:   st_view(X=., ., tokens("`xlist'"))

:   st_view(Z=., ., tokens("`zlist'"))

:   S = optimize_init()

:   optimize_init_which(S,"min")

:   optimize_init_evaluator(S, &pgmm())

:   optimize_init_evaluatortype(S, "d2")

:   optimize_init_argument(S, 1, y)

:   optimize_init_argument(S, 2, X)

:   optimize_init_argument(S, 3, Z)

:   optimize_init_params(S, J(1,cols(X),0))

:   optimize_init_technique(S,"nr")

:   b = optimize(S)

 Iteration 0: f(p) = 71995.212
 Iteration 1: f(p) = 9259.0408
 Iteration 2: f(p) = 1186.8103
 Iteration 3: f(p) = 3.4395408
 Iteration 4: f(p) = .00006905
 Iteration 5: f(p) = 5.672e-14
 Iteration 5: f(p) = 1.861e-27

:   // Compute robust estimate of VCE and SEs
:   Xb = X*b'

:   mu = exp(Xb)

:   h = Z'(y-mu)

:   W = cholinv(cross(Z,Z))

:   G = -(mu:*Z)'X

:   Shat = ((y-mu):*Z)'((y-mu):*Z)*rows(X)/(rows(X)-cols(X))

:   Vb = luinv(G'W*G)*G'W*Shat*W*G*luinv(G'W*G)

:   seb = (sqrt(diagonal(Vb)))'

:   b \ seb

            1             2             3             4             5
    +-----------------------------------------------------------------------+
  1 |  1.340291853   1.072907529   .477817773  .0027832801  -.6832461817  |
  2 |  1.559899278   .0763116698  .0690784466  .0021932119   1.350370916  |
    +-----------------------------------------------------------------------+
: end
-------------------------------------------------------------------------------------
```

它与在第 10.3.8 节中的 gmm 命令所得出的结果是一样的。

更为一般的情况，我们可以包含更多的工具变量，这只要求改变关于`zlist'的局部宏。模型变成过度识别的，并且 GMM 估计值随着加权矩阵 W 的选择的不同而不同。第一阶段的 GMM 估计量是 $\hat{\beta}$，如上所示。使用加权矩阵 $\mathbf{W}=\hat{\mathbf{S}}^{-1}$ 来重新计算两阶段（最优）GMM 估计量 $\hat{\beta}$。这就是第 17.5.2 节中使用 gmm 命令的示例。

很容易把 Mata 程序运用到其他情况，其中对于特定函数 $m(\cdot)$，如果 $\boldsymbol{E}\{y-m(\mathbf{x}'\beta)|\mathbf{z}\}=0$，就可以把它应用到如 logit 模型和 probit 模型中。

11.9 Stata 资源

重要的参考资料是[R]**ml** 和[R]**maximize**。Gould、Pitblado 和 Sribney(2006)对 ml 方法提供了一个简洁而全面的回顾。

非线性最优化见 Cameron 和 Trivedi（2005，第 10 章）、Greene(2003，附录 E.6)和 Wooldridge(2002，第 12.7 节)。GMM 见 Cameron 和 Trivedi（2005，第 5 章）、Greene(2003，第 18 章)和 Wooldridge(2002，第 14 章)。

11.10 习题

1.研究第 14 章中涉及的 logit 模型的估计。那么 $Q(\beta)=\sum_i\{y_i\ln\Lambda_i+(1-y_i)\Lambda_i\}$，其中 $\Lambda_i=\Lambda(\mathbf{x}'\beta)=\exp(\mathbf{x}_i'\beta)/\{1+(\mathbf{x}_i'\beta)\}$。表明 $g(\beta)=\sum_i(y_i-\Lambda_i)\mathbf{x}_i$ 和 $H(\beta)=\sum_i-\Lambda_i(1-\Lambda_i)\mathbf{x}_i\mathbf{x}_i'$。提示：$\partial\Lambda(z)/\partial z=\Lambda(z)\{1-\Lambda(z)\}$。使用关于 docvis 的数据去生成关于是否会去看医生的二值变量 d_dv。使用恰当的 2002 数据，如本章中一样，运用 logit 命令求二值变量 d_dv 对解释变量 private、chronic、female、income 和截距项的 logit 回归。获得标准误的稳健估计值。例如，将会发现 private 的系数等于 1.27266，其标准误的稳健估计值为 0.0896928。

2.改编第 11.2.3 节中的编码程序，同时运用 Mata 编写的 NR 迭代程序来拟合习题 1 中的 logit 模型。提示：用元素 Λ_i 来定义一个 $n\times1$ 阶的列向量，实际上使用 J(n,1,1)创建一个 $n\times1$ 阶单位向量的这种方法可能是有帮助的。

3.改编第 11.4.3 节中的编码程序，同时运用 ml 命令的 lf 方法来拟合习题 1 中的 logit 模型。

4.从下列 logit 模型的 DGP 中生成 100000 个观测值：

如果 $\beta_1+\beta_2x_i+u_i>0$，则 $y_i=1$；否则 $y_i=0$。其中，$(\beta_1,\beta_2)=(0,1)$，$x_i\sim N(0,1)$。u_i 是服从 logistic 分布的。使用逆转换方法，从服从 logistic 分布中抽样得到 u，它可以计算为 $u=-\ln\{(1-r)/r\}$，其中从均匀分布中抽样得到 r。使用这个 DGP 中的数据检查习题 3 中的估计方法的一致性，或者更简单来说，就是 logit 命令的一致性。

5.研究第 11.4.5 节中的带有一个指数条件均值的 NLS 例子。使用 ml 命令和 lfnls 程序来拟合模型。也使用在第 10.3.5 节中给出的 nl 命令来拟合模型。证明这两种方法给出的参数估计值是相同的，但是如书中所述，它们的稳健标准误不同。

6.继续上一个习题，运用 ml 命令和带有默认标准误选项的 lfnls 程序来拟合模型。这些暗含地假设了 NLS 模型的误差方差为 $\sigma^2=1$。获得的估计值为 $s^2=(1/N-K)\sum_i$

$\{y_i-\exp(\mathbf{x}_i'\hat{\beta})\}^2$，使用估计后 predictnl 命令得出 $\exp(\mathbf{x}_i'\hat{\beta})$。那么通过将储存的结果 e(V)乘以 s^2 来获得 VCE 估计值，获得 $\hat{\beta}_{\text{private}}$ 的标准误，并将这个标准误与使用带有 VCE 默认估计的 nl 命令来拟合 NLS 模型时所获得的标准差进行比较。

7.研究变量 docvis 对解释变量 private、chronic、female 和 income 的泊松回归，其结果如第 11.6 节所示。运行 ml model d0 d0pois 命令，同时确认你得到的输出结果与第 11.6.2 节中的程序所得到的输出结果是否相同。证明非稳健标准误与使用带有默认标准误的 poisson 所得的是否一样。运行 ml model d1 d1pois，同时证明你得到的输出结果与第 11.6.2 节中给出的结果是否一样。运行 ml model d2 d2pois，同时证明你得到的结果与第 11.6.2 节中给出的输出结果是否一样。

8.改编第 10.6.2 节的编码程序，同时使用 ml 命令的 d0 方法来拟合习题 1 中的 logit 模型。

9.改编第 11.6.4 节的编码程序，同时使用 ml 命令的 lf1 方法来拟合习题 1 中的 logit 模型，并报告稳健标准误。

10.改编第 11.6.5 节中的编码程序，同时使用 ml 命令的 d2 方法来拟合习题 1 中的 logit 模型。

11.研究第 11.4.4 节中给出的负二项例子。使用 ml 命令的 d0 方法来拟合相同的模型。提示：见[R]**ml** 中的 Weibull 例子。

12 检验方法

12.1 导 论

计量经济学的建模是由一系列的初始模型设定、估计、诊断检查和模型的再设定所组成的。诊断检查常常是建立在关键变量的统计显著性的假设检验和模型设定检验的基础之上。本章详细介绍了假设检验、与之相关的置信区间以及在本书中广泛使用的模型设定检验。

本章的重点是 Wald 假设检验和置信区间。这些检验能够得到标准的回归输出结果，并且也可以使用 test、testnl、lincom 和 nlcom 命令来得到这些检验。我们也介绍了另外的两种经典的检验方法，即似然比检验和拉格朗日乘子检验，同时还介绍了能得出检验水平、检验势的蒙特卡洛(Monte Carlo)方法。最后，我们讨论了模型设定检验，它包括了信息矩阵检验、拟合优度检验、Hausman 检验和应用于各章的过度识别的约束的检验。尽管在讲解线性模型的第 3 章中所给出的方法中有一些能被扩展到非线性模型，但是本章没有涉及用于非嵌套的非线性模型的模型选择检验。另外，第 10.7.2 节简单讨论了以似然函数为基础的非线性模型。

12.2 临界值和 p 值

在讨论 Stata 的估计过程、检验命令和相关输出结果之前，我们讨论如何计算出临界值和 p 值。

计量经济学的基础课程经常强调运用于假设检验的 $t(n)$ 和 $F(h,n)$ 分布的使用，其中，n 是自由度，h 是约束条件的数量。在横截面分析中，通常 $n=N-K$，N 是样本容量，并且 K 是解释变量的数量。对于聚类数据而言，Stata 设定 $n=C-1$，C 是聚类的数量。

在带有相互独立、服从正态分布且同方差的误差项的线性回归模型中，在对普通最小二乘(OLS)估计的线性约束条件进行检验的这种非常特殊的情况下，这些分布完全保持不变。相反，实际上微观计量经济学中的所有推断是建立在渐近理论的基础上的。不仅对于非线性估计量是这样，对于线性估计量也是这样，如具有稳健标准误的 OLS 和工具变量(IV)。那么检验统计量应该渐近地服从标准正态(Z)分布和卡方[$\chi^2(h)$]分布，而不是服从 $t(n)$ 分布和 $F(h,n)$ 分布。

12.2.1 标准正态分布与学生的 t 分布的比较

除非 n 很小，例如小于 30，那么从 $t(n)$ 分布到标准正态分布的变化是相对较小的。当 $n\to\infty$ 时，这两个分布是完全相同的。t 分布有更大的厚尾，这一点使得它的 p 值和临界值比在常见的显著性水平(例如 0.05)上的标准正态分布的 p 值和临界值更大。在本书中，我们依靠渐近近似理论，它要求样本容量远大于 30，对于这种情况，这两种分布之间的差异是可忽略不计的。

12.2.2 卡方分布与 F 分布的比较

许多联合假设检验使用了 χ^2 分布。$\chi^2(h)$ 随机变量的均值为 h，方差为 $2h$，并且当 $h>7$ 时，5％的临界值位于 h 与 $2h$ 之间。

$\chi^2(h)$ 分布与 F 分布的缩放比例是非常不同的。因为随着 F 分布的分母自由度趋近于无穷，我们有：

$$\text{当 } n \to \infty \text{，则 } F(h,n) \to \frac{\chi^2(h)}{h} \tag{12.1}$$

如果渐近理论产生服从 $\chi^2(h)$ 分布的检验统计量，那么如果 n 很大，将这个统计量除以 h，会产生渐近地服从于 $F(h,n)$ 分布的统计量。在有限样本中，$F(h,n)$ 分布有着比 $\chi^2(h)/h$ 分布更大的厚尾，这导致 F 分布的 p 值和临界值比 χ^2 分布更大。

12.2.3 绘制密度图

我们对服从 $\chi^2(5)$ 分布的随机变量的密度和五倍于服从 $F(5,30)$ 分布的随机变量的密度进行了比较。从(12.1)式中可知，当 n 较大时，这两个随机变量是一样的，但是当 $n=30$ 时，它们是不同的。实际上，对于渐近理论而言，要对有限分布进行很好的近似，$n=30$ 是不够大的。

进行对比的一种方法是评估在一系列点处的各自的密度公式，例如 0.1，0.2，…，20.0，并绘制估计点处的密度值的图。graph twoway function 命令自动执行这种方法。这将留下来当作习题。

如果密度函数是服从于混合分布的，那么这种方法要求提供十分复杂且甚至可能不为用户所知的密度公式。例如，一个更简单的方法是使用第 4.2 节中的方法，从各自的分布中进行许多次抽样，并且接着使用 kdensity 命令进行计算并对核密度估计进行绘图。

我们采用后一种方法。我们首先从每个分布中进行 10000 次抽样。我们使用在 Stata 10 的更新中引入的 rchi2() 函数，见第 4.2 节。

```
. * Create many draws from chi(5) and 5*F(5,30) distributions
. set seed 10101

. quietly set obs 10000

. generate chi5 = rchi2(5)          // result xc ~ chisquared(10)

. generate xfn = rchi2(5)/5         // result numerator of F(5,30)

. generate xfd = rchi2(30)/30       // result denominator of F(5,30)

. generate f5_30 = xfn/xfd          // result xf ~ F(5,30)

. generate five_x_f5_30 = 5*f5_30

. summarize chi5 five_x_f5_30
```

Variable	Obs	Mean	Std. Dev.	Min	Max
chi5	10000	5.057557	3.203747	.0449371	26.48803
five_x_f5_30	10000	5.314399	3.777524	.1302123	30.91342

对于 chi5 而言,样本均值 5.06 接近于理论均值 5,并且样本方差 $3.204^2=10.27$ 接近于理论方差 10。对于 five_x_f5_30 而言，样本方差 $3.778^2=14.27$ 比 chi5 的样本方差要大得多,这说明了前面提到的 $F(h,n)$ 分布有更大的厚尾。

我们接下来绘制基于这些抽样的核密度估计值的图。为了提高图形的可读性,使用在第 3.2.7 节中已经解释过的方法,只对少于 25 次的抽样绘制核密度估计值的图。为了产生更平滑的图表,我们将默认的带宽提高到 1.0,另一种做法是增加抽样的数量。我们有:

```
. * Plot the densities for these two distributions using kdensity
. label var chi5 "chi(5)"

. label var five_x_f5_30 "5*F(5,30)"

. kdensity chi5, bw(1.0) generate (kx1 kd1) n(500)

. kdensity five_x_f5_30, bw(1.0) generate (kx2 kd2) n(500)

. quietly drop if (chi5 > 25  |  five_x_f5_30 > 25)

. graph twoway (line kd1 kx1) if kx1 < 25, name(chi)

. graph twoway (line kd2 kx2) if kx2 < 25, name(F)

. graph twoway (line kd1 kx1) (line kd2 kx2, clstyle(p3)) if kx1 < 25,  ///
>   scale(1.2) plotregion(style(none))     ///
>   title("Chisquared(5) and 5*F(5,30) Densities")                ///
>   xtitle("y", size(medlarge)) xscale(titlegap(*5))              ///
>   ytitle("Density f(y)", size(medlarge)) yscale(titlegap(*5))   ///
>   legend(pos(1) ring(0) col(1)) legend(size(small))             ///
>   legend( label(1 "Chi(5)") label(2 "5*F(5,30)"))
```

在图 12.1 中,尽管 $5\times F(5,30)$ 分布的密度比 $\chi^2(5)$ 分布的密度有更长的厚尾,并且它应用在 0.05 的显著性水平以及 95%的置信区间上的检验,这两种密度还是很相似的。当分母自由度(这里为 30)趋向于无穷时,差异消失了。

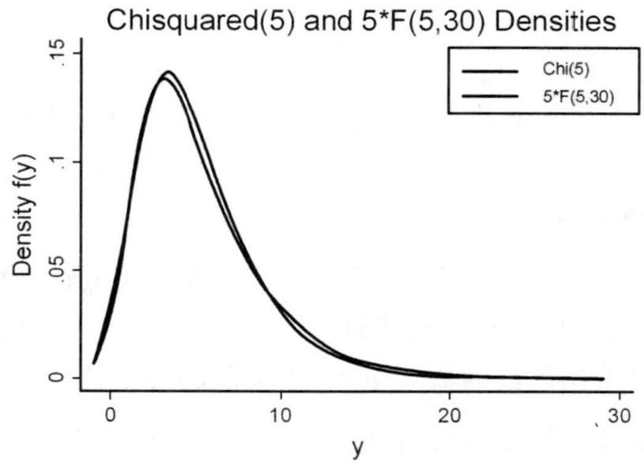

图 12.1 $\chi^2(5)$ 分布密度与五倍于 $F(5,30)$ 分布密度的比较

12.2.4 计算 p 值和临界值

Stata 的输出结果自动提供 p 值,但不提供临界值。p 值能从相关的累积分布函数(c.d.f.)中手动地获取,而临界值能使用逆 c.d.f(累积分布函数的逆函数)来获取。精确的

Stata 函数随分布的不同而不同。详见[D]**function** 或者输入 help density function。

我们计算用于单一约束检验($h=1$)的 p 值。我们假设:运用 $t(30)$ 分布或者 Z 分布可得到检验统计量等于 2。在那种情况下,使用 $F(1,30)$ 分布或者 $\chi^2(1)$ 分布,它等价于 $2^2=4$。我们有:

```
. * p-values for t(30),F(1,30), z, and chi(1) at y = 2
. scalar y = 2

. scalar p_t30 = 2*ttail(30,y)

. scalar p_fland30 = Ftail(1,30,y^2)

. scalar p_z = 2*(1-normal(y))

. scaolar p_chi1 = chi2tail(1,y^2)

. display  "p-values" " t(30) =" %7.4f p_t30" F(1,30)=" %7.4f
>        p_fland30 " z =" %7.4f p_z " chi(1)=" %.4f p_chil
p-values t(30) = 0.0546 F(1,30)= 0.0546 z = 0.0455 chi(1)= 0.0455
```

在这个例子中 $Z^2=\chi^2(1)$ 以及 $t(n)^2=F(1,n)$ 的一般属性得到证明。当 $n\to\infty$ 时,$t(n)\to Z$ 并且 $F(1,n)/1\to\chi^2(1)$,但是对于 $n=30$ 时依然存在差异,p 值为 0.0455,另一个的则为 0.0546。

在 0.05 的显著性水平上,我们接下来计算关于这些分布的单一约束条件的双侧检验的临界值。我们有:

```
. * Critical values for t(30), F(1,30), Z, and chi(1) at level 0.05
. scalar alpha = 0.05

. scalar c_t30 = invttail(30,alpha/2)

. scalar c_fland30 = invFtail(1,30,alpha)

. scalar c_z = -invnormal(alpha/2)

. scalar c_chi1 = invchi2(1,-alpha)

. display  "critical values" " t(30) =" %7.3f c_t30" F(1,30)=" %7.3f
>        c_fland30 "  z =" %7.3f c_z "  chi(1)=" %7.3f c_chil
critical values  t(30) =  2.042  F(1,30)=  4.171  z =  1.960  chi(1)=  3.841
```

又有 $t(30)^2=F(1,30)$ 和 $Z^2=\chi^2(1)$,而 $t(30)\simeq Z$ 并且 $F(1,30)\simeq\chi^2(1)$。

12.2.5 Stata 使用哪种分布?

在实践中,只有当支持 Z 分布和 χ^2 分布的渐近结果存在时,才会持续地使用 t 分布和 F 分布,并特定地把它们用于一个有限样本的校正。这会导致更保守的推断,原因在于:更大的 p 值使得拒绝原假设的概率更小;更大的临界值使得置信区间更大。

对于最小二乘法的扩展,如稳健标准误、非线性最小二乘、线性 IV 和分位数回归,Stata 可以使用 t 分布和 F 分布。在大多数其他的情况下,尤其是极大似然(ML)估计和准 ML 非线性估计(如 logit、tobit 和 Poisson),Stata 使用 Z 分布和 χ^2 分布。

12.3 Wald 检验和置信区间

能进行假设检验并得出置信区间的一个十分普遍的方法是 Wald 方法,这种方法是基于第 3.3 节和第 10.4 节中介绍的估计量方差-协方差矩阵的估计。这个方法可以得到检验统计值和 p 值，它们用来检验个体系数的显著性、个体系数的置信区间以及总体的显著性，它们均出现在 Stata 回归输出的结果中。

我们在这里介绍了 Wald 检验的背景知识，并把它用于更复杂的假设检验，这种检验要求使用 test 和 testnl 命令，同时也使用 lincom 和 nlcom 命令把它运用到参数组合的置信区间的检验。

12.3.1 线性假设的 Wald 检验

线性假设，即它可以表示为参数的线性组合。单一假设的例子包括 $H_0: \beta_2 = 0$ 和 $H_0: \beta_2 - \beta_3 - 5 = 0$。联合假设的例子就是同时检验前面的两个假设。

Wald 检验方法有直观的吸引力。该检验是基于相关参数的估计值如何更好地满足原假设。例如，为了检验 $H_0: \beta_2 - \beta_3 - 5 = 0$，我们提出 $\hat{\beta}_2 - \hat{\beta}_3 - 5 \simeq 0$ 是否成立。为了执行这项检验，我们需要知道 $\hat{\beta}_2 - \hat{\beta}_3 - 5$ 的分布。这很简单，因为本书中使用的估计量是渐近服从正态分布的，所以正态分布的一个线性组合也是服从正态分布的。

我们需要找出这个正态分布的方差。在这个例子中，$\mathrm{Var}(\hat{\beta}_2 - \hat{\beta}_3 - 5) = \mathrm{Var}(\hat{\beta}_2) - \mathrm{Var}(\hat{\beta}_3) - 2\mathrm{Cov}(\hat{\beta}_2, \hat{\beta}_3)$，因为对于随机变量 X 和 Y 而言，$\mathrm{Var}(X-Y) = \mathrm{Var}(X) - \mathrm{Var}(Y) - 2\mathrm{Cov}(X, Y)$。一般来说，使用我们现在介绍的矩阵符号是有用的。

假设 β 是 $K \times 1$ 阶的参数向量，相反，如果我们使用更普遍的符号 θ（它包含了 β 和所有辅助参数），这里的结果也适用。例如，那么 $H_0: \beta_2 = 0$ 和 $\beta_2 - \beta_3 - 5 = 0$ 可以写成：

$$\begin{bmatrix} \beta_2 \\ \beta_2 - \beta_3 - 5 \end{bmatrix} = \begin{bmatrix} 0 & 1 & 0 & 0 & \cdots & 0 \\ 0 & 1 & -1 & 0 & \cdots & 0 \end{bmatrix} \begin{bmatrix} \beta_1 \\ \beta_2 \\ \beta_3 \\ \vdots \\ \beta_k \end{bmatrix} - \begin{bmatrix} 0 \\ 5 \end{bmatrix} = \begin{bmatrix} 0 \\ 0 \end{bmatrix}$$

这个线性组合可以写成 $\mathbf{R}\beta - \mathbf{r} = 0$。

在 H_0 假设成立的条件下，对于 h 线性假设的双侧检验，我们检验以下假设：

$$H_0: \mathbf{R}\beta - \mathbf{r} = 0$$
$$\mathrm{H}_0: \mathbf{R}\beta - \mathbf{r} \neq 0$$

其中，$\mathbf{R}$ 是一个 $h \times K$ 阶的矩阵，并且 $\mathbf{r}$ 是一个 $h \times 1$ 阶的向量，$h \leqslant K$。标准例子包含了对单个排除性约束（$\beta_j = 0$）的检验和联合统计显著性的检验［$\beta_2 = 0, \cdots, \beta_q = 0$（且把 β_1 作为截距项）］。

如果 $\mathbf{R}\hat{\beta} - \mathbf{r}$ 显著地异于零，我们可以使用拒绝 $H_0: \mathbf{R}\beta - \mathbf{r} = 0$ 这种相当直观的方法，即 Wald 检验。现在：

$$\hat{\beta} \overset{a}{\sim} N\{\beta, \mathrm{Var}(\hat{\beta})\}$$
$$\Rightarrow \mathbf{R}\hat{\beta} - \mathbf{r} \overset{a}{\sim} N\{\mathbf{R}\hat{\beta} - \mathbf{r}, \mathbf{R}V(\hat{\beta})\mathbf{R}'\}$$
$$\Rightarrow \text{在 } \mathbf{H}_0 \text{ 成立的条件下}, \mathbf{R}\hat{\beta} - \mathbf{r} \overset{a}{\sim} N\{0, \mathbf{R}\mathrm{Var}(\hat{\beta})\mathbf{R}'\} \qquad (12.2)$$

对于单个假设，$\mathbf{R}\hat{\beta} - \mathbf{r}$ 是服从于单变量的正态分布的标量，所以我们能将其转化为一个服从于标准正态分布的变量并使用标准正态分布表。

通常情况是存在多重假设。为了避免使用多元正态分布，我们将其转化为卡方分布。如果 $h\times1$ 阶的向量 $y\sim N(\mu,\Sigma)$，那么 $(\mathrm{y}-\mu)'\Sigma^{-1}(\mathrm{y}-\mu)\sim\chi^2(h)$。将这个结果应用到(12.2)式，我们获得用于检验 H_0：$\mathbf{R}\beta-\mathbf{r}=0$ 的 Wald 统计量：

$$\text{在 } H_0 \text{ 成立的条件下}, W=(\mathbf{R}\hat{\beta}-\boldsymbol{r})'\{\mathbf{R}\hat{V}(\hat{\beta})\mathbf{R}'\}^{-1}(\mathbf{R}\hat{\beta}-\mathbf{r})\overset{a}{\sim}\chi^2(h) \tag{12.3}$$

较大的 W 值导致拒绝 H_0 假设。例如，在 0.05 的显著性水平上，如果 p 值，即 $p=\Pr\{\chi^2(h)>W\}<0.05$，这拒绝 H_0 假设，或者如果 W 大于临界值 $c=\chi^2_{0.05}(h)$，其中，$\chi^2_{0.05}(h)$ 意味着临界值右尾部区域的概率是 0.05。

从式(12.2)到式(12.3)，我们也用一个估计量 $\hat{V}(\hat{\beta})$ 代替 $\mathrm{Var}(\hat{\beta})$。为了使检验有效，估计量 $\hat{V}(\hat{\beta})$ 必须与 $\mathrm{Var}(\hat{\beta})$ 一致，也就是说，我们需要使用 VCE 的正确估计量。

另一种检验统计量是 F 统计量，就是将 Wald 统计量除以约束条件的数量。那么：

$$\text{在 } H_0 \text{ 成立的条件下}, F=\frac{W}{h}\overset{a}{\sim}F(h,N-K) \tag{12.4}$$

其中，K 表示在回归模型中的参数的数量。较大的 F 值导致拒绝 H_0 假设。例如，在 0.05 的显著性水平上，如果 p 值，即 $p=\Pr\{F(h,N-k)>F\}<0.05$，或者如果 F 大于临界值 $c=F_{0.05}(h,N-K)$，我们拒绝原假设 H_0。

12.3.2 test 命令

使用 test 命令可以执行 Wald 检验。通常，使用(12.3)式中的 W 统计量，尽管(12.4)式中的 F 统计量是在线性模型拟合之后频繁地使用。正如等式所述，W 统计量是服从一个大样本的卡方分布，并且 F 统计量是服从一个大样本的 F 分布。

test 命令有几种不同的语法。最简单的两个是：

test *coeflist* [,*options*]

test *exp* = *exp*[=…] [,*options*]

对语法的最好解释就是使用例子。更为复杂的语法可以在联立方程组模型中进行跨方程检验。联立方程组模型的例子出现在第 5.4 节中给出的 sureg 命令之后。把出现 nbreg 命令之后的例子作为本章末的习题。在很多情况下，很难知道 Stata 对系数命名的方法；estat vce 命令的输出结果可能列出几乎所有的系数名称。

这里通常不需要选项。这些选项包括 mtest，如果给出几个假设，可以用 mtest 分别检验每个假设；同时运用 accumulate 选项可以检验与以前检验的假设进行联合的假设。

运用第 10 章中相同的模型和数据来演示 Wald 检验。我们有：

```
. * Estimate Poisson model of chapter 10
. use mus10data.dta, clear

. quietly keep if year02==1

. poisson docvis private chronic female income, vce(robust) nolog

Poisson regression                                Number of obs   =       4412
                                                  Wald chi2(4)    =     594.72
                                                  Prob > chi2     =     0.0000
Log pseudolikelihood = -18503.549                 Pseudo R2       =     0.1930

------------------------------------------------------------------------------
             |               Robust
      docvis |      Coef.   Std. Err.      z    P>|z|     [95% Conf. Interval]
-------------+----------------------------------------------------------------
     private |   .7986652   .1090014     7.33   0.000     .5850263    1.012304
     chronic |   1.091865   .0559951    19.50   0.000     .9821167    1.201614
      female |   .4925481   .0585365     8.41   0.000     .3778187    .6072774
      income |    .003557   .0010825     3.29   0.001     .0014354    .0056787
       _cons |  -.2297262   .1108732    -2.07   0.038    -.4470338   -.0124186
------------------------------------------------------------------------------
```

检验单个系数

为了检验一个单个系数是否等于 0，我们只需要设定解释变量的名称。例如，检验 $H_0: \beta_{\text{female}} = 0$，我们有：

```
. * Test a single coefficient equal 0
. test female

 ( 1)  [docvis]female = 0

           chi2(  1) =   70.80
         Prob > chi2 =    0.0000
```

因为 $p<0.05$，我们拒绝 H_0 假设，并推断在 0.05 的水平上 female 是统计显著的。检验统计量是 z 统计量的平方，如回归输出结果($8.414^2=70.80$)所示，且 p 值是相同的。

检验几个假设

作为检验多个假设的例子，我们假设 $H_0: \beta_{\text{female}} = 0$ 并且 $\beta_{\text{private}} + \beta_{\text{chronic}} = 1$。那么：

```
. * Test two hypotheses jointly using test
. test (female) (private + chronic = 1)

 ( 1)  [docvis]female = 0
 ( 2)  [docvis]private + [docvis]chronic = 1

           chi2(  2) =  122.29
         Prob > chi2 =    0.0000
```

我们拒绝 H_0 假设，因为 $p<0.05$。

mtest 选项提供了其他检验，它可以对每个假设单独进行检验。我们有：

```
. * Test each hypothesis in isolation as well as jointly
. test (female) (private + chronic = 1), mtest

 ( 1)  [docvis]female = 0
 ( 2)  [docvis]private + [docvis]chronic = 1

           |     chi2     df       p
-----------+-------------------------------
       (1) |    70.80      1    0.0000 #
       (2) |    56.53      1    0.0000 #
-----------+-------------------------------
       all |   122.29      2    0.0000
-------------------------------------------
                     # unadjusted p-values
```

与预期的一样，female 的假设检验值 70.80 等于之前单独检验假设时给出的值。

先前的检验没有对用于多重检验的 p 值做出调整。mtest 命令的选项包括了几种检验，它们可以执行 Bonferroni 检验法及其变形。

总体显著性检验

test 命令能用于总体显著性检验。我们有：

```
. * Wald test of overall significance
. test private chronic female income

 ( 1)  [docvis]private = 0
 ( 2)  [docvis]chronic = 0
 ( 3)  [docvis]female = 0
 ( 4)  [docvis]income = 0

           chi2(  4) =  594.72
         Prob > chi2 =    0.0000
```

Wald 检验统计值是 594.72，它与 poisson 输出结果所给出的值是相同的。

用可恢复的系数和 VCE 来计算总体显著性检验

尽管我们在实践中使用 test 命令，但是为了教学目的，我们还是手动地进行总体显著性检验。这种计算要求恢复 $\hat{\beta}$ 和 $\hat{V}(\hat{\beta})$，它们定义了适当的矩阵 **R** 和 **r**，并且计算在(12.3)式中定义的 W 统计量。在此过程中，我们应该注意：Stata 将回归系数储存为行向量，因此为了得到 $K\times 1$ 阶的列向量 $\hat{\beta}$，我们需要对行向量进行转置。因为在定义 **R** 和 **r** 过程中，我们需要使用 $\hat{\beta}$ 和 $\hat{V}(\hat{\beta})$ 的 Stata 估计值，所以我们需要遵守 Stata 的惯例把截距系数作为最后一个系数。我们有：

```
. * Manually compute overall test of significance using the formula for W
. quietly poisson docvis private chronic female income, vce(robust)

. matrix b = e(b)'

. matrix V = e(V)

. matrix R = (1,0,0,0,0 \ 0,1,0,0,0 \ 0,0,1,0,0 \ 0,0,0,1,0 )

. matrix r = (0 \ 0 \ 0 \ 0)

. matrix W = (R*b-r)'*invsym(R*V*R')*(R*b-r)
```

```
. scalar Wald = W[1,1]

. scalar h = rowsof(R)

. display "Wald test statistic: " Wald "  with p-value: " chi2tail(h,Wald)
Wald test statistic: 594.72457  with p-value: 2.35e-131
```

所得的 Wald 统计量的值是 594.72,它与从 test 命令中所得到的值相同。

12.3.3 单侧 Wald 检验

前面的检验是双侧检验,检验原假设 $\beta_j=0$(备择假设:$\beta_j\neq0$)是否成立。现在的检验是单一假设的单侧检验,例如检验原假设 $\beta_j>0$ 是否成立。

执行单侧检验的第一步是要决定哪一侧是原假设 H_0 和哪一侧是备择假设 H_a。通常的做法就是把所提出的假设设置为备择假设。例如,如果所提出的假设是第 j 个解释变量有正的边际效应,即 $\beta_j>0$,则我们检验原假设 $H_0:\beta_j\leqslant0$(备择假设:$H_a:\beta_j>0$)是否成立。

第二步是获得检验统计量。对于单个解释变量的检验,我们使用 z 统计量:

$$\text{在 } \boldsymbol{H}_0 \text{ 成立的条件下,} z=\frac{\hat{\beta}_j}{s_{\hat{\beta}_j}}\overset{a}{\sim}N(0,1)$$

其中,$z^2=W$,正如(12.3)式中所定义的。在一些情况下,使用 $t(n-K)$ 分布,并且在这种情况中,z 统计量被称为 t 统计量。回归输出结果给出了这个统计值,并给出其双侧检验的 p 值。对于单侧检验,p 值是双侧检验的这些 p 值的二分之一,并且它要满足重要的条件,即必须检查 $\hat{\beta}_j$ 有正确的符号。例如,检验原假设 $H_0:\beta_j\leqslant0$(备择假设:$H_a:\beta_j>0$)是否成立,如果 $\hat{\beta}_j>0$ 并且所报告的双侧检验的 p 值小于 0.10,那么我们在 0.05 的显著性水平上拒绝 H_0。相反,如果 $\hat{\beta}_j<0$,单侧检验的 p 值必须至少为 0.50,因为我们位于 0 值的另一侧,这会导致在通常的统计显著水平上必然拒绝原假设。

作为例子,我们研究一项假设检验,即在控制了慢性疾病、性别和收入的情况下,看医生的次数随收入的增加而增加。恰当的假设检验是:原假设 $H_0:\beta_{\text{income}}\leqslant0$(备择假设:$H_a:\beta_{\text{income}}>0$)是否成立。poisson 命令的输出结果包括了 $\hat{\beta}_{\text{income}}=0.0036$,其双侧检验的 $p=0.001$。因为 $\hat{\beta}_{\text{income}}>0$,所以我们就将双侧检验的 p 值除以 2,我们就得到 $p=0.001/2=0.000\,5<0.05$。因此,我们在 0.05 的显著性水平上拒绝原假设 $H_0:\beta_{\text{income}}\leqslant0$。

通常,假设我们检验单个假设 $H_0:\mathbf{R}\beta-r\leqslant0$(备择假设:$H_a:\mathbf{R}\beta-r>0$),其中,$\mathbf{R}\beta-r$是一个标量。那么我们使用:

$$\text{在 } H_0 \text{ 成立的条件下,} z=\frac{\mathbf{R}\hat{\beta}-\mathbf{r}}{s_{\mathbf{R}\hat{\beta}-r}}\overset{a}{\sim}N(0,1)$$

当计算这个统计量的平方时,这个统计量的平方又等于相应的 Wald 检验统计量,即 $z^2=W$。test 命令算出 W 统计量,但是 z 可能是$\sqrt{W}$或者$-\sqrt{W}$,并且执行单侧检验需要确定 z 的符号。为了得到 z 的符号,我们也能使用 lincom 命令计算 $\mathbf{R}\hat{\beta}-r$,见第12.3.7节。如果在 H_0 假设下,$\mathbf{R}\hat{\beta}-r$ 的符号与 $\mathbf{R}\beta-r$ 的符号不相同,那么 p 值是 test

命令(或者 lincom 命令)所给出的双侧检验的 p 值的二分之一;如果调整过的 p 值比 α 小,那么我们在 α 的显著性水平上拒绝 H_0,否则,则不拒绝 H_0。相反,如果在 H_0 假设下,$\mathbf{R}\hat{\beta}-r$ 的符号与 $\mathbf{R}\beta-r$ 的符号相同,那么我们总不拒绝 H_0。

12.3.4 非线性假设的 Wald 检验(delta 方法)

不是所有的假设都是参数的线性组合。一个非线性假设的例子就是检验原假设 H_0 : $\beta_2/\beta_3=1$(备择假设:H_a : $\beta_2/\beta_3\neq 1$) 是否成立。这能表示为检验 $\mathbf{g}(\beta)=0$ 是否成立,其中,$\mathbf{g}(\beta)=\beta_2/\beta_3-1$。更为通常地,$h$ 个假设合并成 $h\times 1$ 阶向量 $\mathbf{g}(\beta)=0$,这 h 个假设中的每一个单独的假设就是 $\mathbf{g}(\beta)$ 中的一个单独的行。线性假设是 $\mathbf{g}(\beta)=\mathbf{R}\beta-\mathbf{r}$ 的一个特例。

现在的 Wald 检验方法是基于 $\mathbf{g}(\hat{\beta})$ 的极值 0。因为 $\hat{\beta}$ 服从渐近正态分布,所以 $\mathbf{g}(\hat{\beta})$ 也是服从渐近正态分布的。运用泰勒级数展开式把 $\mathbf{g}(\hat{\beta})$ 进行线性化所进行的一些代数运算可以得到非线性假设 H_0 : $\mathbf{g}(\beta)=0$ 的 Wald 检验统计值:

$$\text{在 } H_0 \text{ 成立的条件下}, W=\mathbf{g}(\beta)'\{\hat{\mathbf{R}}\hat{V}(\hat{\beta})\hat{\mathbf{R}}\}^{-1}\mathbf{g}(\hat{\beta})\overset{a}{\sim}\chi^2(h)\text{,其中 } \hat{\mathbf{R}}=\left.\frac{\partial\mathbf{g}(\beta)'}{\partial\beta}\right|_{\hat{\beta}} \tag{12.5}$$

如果用 $\mathbf{R}\hat{\beta}-r$ 代替 $\mathbf{g}(\hat{\beta})$、用 $\mathbf{R}$ 代替 $\hat{\mathbf{R}}$,这是与(12.3)式中的 W 统计量相同的检验统计量。大的 W 统计量值又会导致拒绝 H_0 假设,同时 $p=\Pr\{\chi^2(h)>W\}$。

因为使用导数来形成 $\hat{\mathbf{R}}$,所以这种检验统计量经常被称为基于 delta 方法的一种检验统计量。

12.3.5 testnl 命令

使用 testnl 命令来对非线性假设进行 Wald 检验。基本的语法是:

testnl *exp* =*exp*[=…] [,*options*]

主要的选项是 mtest,用它来分别检验联合检验中的每个假设。

例如,我们检验原假设 H_0 : $\beta_{\text{female}}/\beta_{\text{private}}-1=0$(备择假设: H_a : $\beta_{\text{female}}/\beta_{\text{private}}-1\neq 0$) 是否成立。那么:

```
. * Test a nonlinear hypothesis using testnl
. testnl _b[female]/_b[private] = 1

  (1)   _b[female]/_b[private] = 1

               chi2(1) =        13.51
           Prob > chi2 =         0.0002
```

在 0.05 的显著性水平上,我们拒绝 H_0 假设,因为 $p<0.05$。

前面例子中的假设能同等地表示为 $\beta_{\text{female}}=\beta_{\text{private}}$。所以一个更简洁的检验是:

```
. * Wald test is not invariant
. test female = private

 ( 1)  - [docvis]private + [docvis]female = 0

           chi2(  1) =    6.85
         Prob > chi2 =    0.0088
```

令人惊讶的是,即使这两个方法都是有效的并且渐近相等,我们还是得到了不同的检验统计量和 p 值。这说明了 Wald 检验的弱点:在有限样本中,它们关于原假设非线性转换是变化的。根据原假设的一种表现形式,我们可能在 α 的显著性水平上拒绝 H_0,然而根据原假设另一种不同的表现形式,我们也可能不拒绝 H_0。似然比检验和拉格朗日乘子检验则没有这个弱点。

12.3.6 Wald 置信区间

Stata 输出结果提供了形式为 $\hat{\beta}_j \pm z_{\alpha/2} \times s_{\hat{\beta}_j}$ 的单个回归参数 $\hat{\beta}_j$ 的 Wald 置信区间,其中,$z_{\alpha/2}$ 是一个标准正态分布的临界值。对于一些线性模型命令,临界值是服从 t 分布的,而不是服从标准正态分布的。如果使用标准正态分布的临界值($\alpha=0.05$),默认的区间则是 95%的置信区间,即 $\hat{\beta}_j \pm 1.96 \times s_{\hat{\beta}_j}$。可以使用 `level()` 选项在 Stata 估计命令中改变这个默认区间,或者使用 `set level` 命令来进行全局的更改。

现在研究任意一个标量,例如 γ,它是 β 的函数 $g(\beta)$。这些例子有 $\gamma=\beta_2$、$\gamma=\beta_2+\beta_3$ 和 $\gamma=\beta_2/\beta_3$。γ 的 $100(1-\alpha)\%$ 的 Wald 置信区间是:

$$\hat{\gamma} \pm z_{\alpha/2} \times s_{\hat{\gamma}} \tag{12.6}$$

其中,$\hat{\gamma}=g(\hat{\beta})$,并且 $s_{\hat{\gamma}}$ 是 $\hat{\gamma}$ 的标准误。对于非线性估计量 $\hat{\beta}$,通常使用临界值 $z_{\alpha/2}$,并且对于线性估计量,通常使用临界值 $t_{\alpha/2}$。执行的时候要求使用下面给出的(12.7)式和(12.8)式来计算出 $\hat{\gamma}$ 和 $s_{\hat{\gamma}}$。

12.3.7 lincom 命令

`lincom` 命令计算参数 $\mathbf{R}\beta-r$ 的标量线性组合的置信区间。语法是:

`lincom` exp [,options]

`eform` 选项报告了指数系数、标准误和置信区间。在第 12.3.9 节中将对此进行解释。

使用(12.6)式来计算置信区间,其中 $\hat{\gamma}=\mathbf{R}\hat{\beta}-r$,那么标准误的平方为:

$$s_{\hat{\gamma}}^2 = \mathbf{R}\hat{V}(\hat{\beta})\mathbf{R}' \tag{12.7}$$

我们研究 $\beta_{\text{private}}+\beta_{\text{chronic}}-1$ 的置信区间。我们有:

```
. * Confidence interval for linear combinations using lincom
. use mus10data.dta, clear

. quietly keep if year02==1

. quietly poisson docvis private chronic female income if year02==1, vce(robust)

. lincom private + chronic - 1

 ( 1)  [docvis]private + [docvis]chronic = 1
```

docvis	Coef.	Std. Err.	z	P>|z|	[95% Conf. Interval]	
(1)	.8905303	.1184395	7.52	0.000	.6583932	1.122668

95%的置信区间是[0.66,1.12],并且这是基于标准正态分布临界值的,因为在 poisson 命令之后我们使用了 lincom 命令。相反,如果后面使用的是 regress 命令,那么将会使用 $t(N-K)$ 分布的临界值。

lincom 命令也提供了原假设 $H_0: \beta_{\text{private}} + \beta_{\text{chronic}} - 1 = 0$ 的双侧检验的检验统计值和 p 值。那么 $z^2 = 7.52^2 \approx (0.8905303/0.1184395)^2 = 56.53$,这个值等于第 12.3.2 节的例子中使用 test、mtest 命令所得到的 W 值。lincom 命令能进行单侧检验,因为与使用 W 值不同,我们知道 z 的符号。

12.3.8 nlcom 命令(delta 方法)

nlcom 命令计算(12.6)式中的参数的标量非线性函数 $g(\beta)$ 的置信区间。语法是:

nlcom [name:] exp [,options]

使用(12.6)式来计算置信区间,其中 $\hat{\gamma} = g(\hat{\beta})$,那么标准误的平方为:

$$s_{\hat{\gamma}}^2 = \partial \gamma / \partial \boldsymbol{\theta} |_{\hat{\theta}} \hat{V}(\hat{\boldsymbol{\theta}}) \partial \gamma / \partial \boldsymbol{\theta}' |_{\hat{\theta}} \tag{12.8}$$

标准误 $s_{\hat{\gamma}}$ 和所得出的置信区间被认为是用 delta 方法来计算的,因为导数$\partial \gamma / \partial \theta$。

例如,研究 $\gamma = \beta_{\text{female}} / \beta_{\text{private}} - 1$ 的置信区间。我们有:

```
. * Confidence interval for nonlinear function of parameters using nlcom
. nlcom _b[female] / _b[private] - 1

       _nl_1:  _b[female] / _b[private] - 1
```

docvis	Coef.	Std. Err.	z	P>|z|	[95% Conf.	Interval]
_nl_1	-.383286	.1042734	-3.68	0.000	-.587658	-.1789139

值得注意的是,$z^2 = (-3.68)^2 \approx (-0.383286/0.1042734)^2 = 13.51$。这与第12.3.5节中使用 testnl 命令检验原假设 $H_0: \beta_{\text{female}} / \beta_{\text{private}}{}^{-1}$ 是否成立时所得到的 W 值相同。

12.3.9 非对称置信区间

对于几种非线性模型,例如二值结果数据模型和时段数据模型,我们的兴趣通常在于指数化的系数,通常命令为风险比或比值比,它们取决于具体的应用。在这些情况下,我们需要计算出 $e^{\hat{\beta}}$ 的置信区间,而不是 $\hat{\beta}$ 的置信区间。我们运用带具有 eform 选项的 lincom 命令或者 nlcom 命令可以算出 $e^{\hat{\beta}}$ 的置信区间。这些方法会产生不同的置信区间,而人们偏好于使用前一个命令。

我们使用 lincom、eform 命令能直接得到 $\exp(\beta_{\text{private}})$ 的 95%的置信区间。我们有:

```
. * CI for exp(b) using lincom option eform
. lincom private, eform

 ( 1)  [docvis]private = 0
```

docvis	exp(b)	Std. Err.	z	P>|z|	[95% Conf.	Interval]
(1)	2.222572	.2422636	7.33	0.000	1.795038	2.751935

在计算这个置信区间时,首先得到β_{private}的常见的95%的置信区间,然后将区间的上下界指数化。我们有:

```
. * CI for exp(b) using lincom followed by exponentiate
. lincom private

 ( 1)  [docvis]private = 0
```

docvis	Coef.	Std. Err.	z	P>|z|	[95% Conf. Interval]	
(1)	.7986652	.1090014	7.33	0.000	.5850263	1.012304

因为$\beta_{\text{private}} \in [0.5850, 1.0123]$,那么得到$\exp(\beta_{\text{private}}) \in [e^{0.5850}, e^{1.0123}]$,因此$\exp(\beta_{\text{private}}) \in [1.795, 2.752]$,这是 lincom,eform 命令所给出的置信区间。

相反,如果我们使用 nlcom 命令,我们得到:

```
. * CI for exp(b) using nlcom
. nlcom exp(_b[private])

       _nl_1:  exp(_b[private])
```

docvis	Coef.	Std. Err.	z	P>|z|	[95% Conf. Interval]	
_nl_1	2.222572	.2422636	9.17	0.000	1.747744	2.6974

相反,置信区间是$\exp(\beta_{\text{private}}) \in [1.748, 2.697]$。这个区间与使用 lincom 命令得到的置信区间[1.795,2.752]不相同,并且在其他的应用中,这两种方法之间的差异会更大。

我们应该使用哪一个区间呢?这两个区间是渐近相等的,但是在小样本中,它们又相当地不同。使用 nlcom 命令得到的区间是关于$\exp(\hat{\beta}_{\text{private}})$对称的,并且这个区间可以包含负值(相对$s_{\hat{\beta}}$而言,$\hat{\beta}$是很小的)。使用 lincom,eform 命令得到的置信区间是非对称的,并且因为对一个值取幂,所以它必然总是为正的。人们偏好于这种做法。

12.4 似然比检验

可代替 Wald 检验的另一种检验是似然比(LR)检验。在正确设定密度的假设下,这种检验只能应用于 ML 估计。

12.4.1 似然比检验

设$L(\boldsymbol{\theta}) = f(\mathbf{y}|\mathbf{X}, \boldsymbol{\theta})$表示似然函数,并且检验$h$个假设$H_0: \mathbf{g}(\boldsymbol{\theta}) = 0$是否成立。通常不受约束的极大似然估计量(MLE)$\hat{\boldsymbol{\theta}}_u$和受约束的 MLE$\tilde{\boldsymbol{\theta}}_r$之间的区别就是:在$\mathbf{g}(\boldsymbol{\theta}) = 0$的约束条件下使对数似然函数最大化。

似然比检验的原理是;如果H_0是有效的,则所利用的参数估计中的约束条件对似然函数的最大值几乎不产生任何影响。LR 检验统计量是:

$$\text{在 } H_0 \text{ 成立的条件下}, \text{LR} = -2\{\ln L(\tilde{\boldsymbol{\theta}}) - \ln L(\hat{\boldsymbol{\theta}}) \overset{a}{\sim} \chi^2(h)\}$$

例如,在0.05的显著性水平上,如果$p = \Pr\{\chi^2(h) > \text{LR}\} < 0.05$,或者如果$\text{LR} > \chi^2_{0.05}(h)$,那么我们拒绝原假设。通常不使用该检验的$F$分布形式。

在设定了选项 vce(oim)的条件下，LR 检验和 Wald 检验在原假设 H_0 和其相关备择假设的条件下是渐近等价的，所以没有先验的理由去偏好其中的哪一种检验。

尽管如此，在完全参数设置的模型中，人们偏好使用 LR 检验，在某种程度上是因为 LR 检验在非线性转换下具有恒等性，而 Wald 检验却不具有恒等性，正如第 12.3.5 节中所证明的那样。

微观计量经济学家常使用的是 Wald 检验，而不是 LR 检验，因为在很多情况下，并不使用完全参数化的模型。例如，研究适用于横截面数据的线性回归。假设正态同方差误差允许使用 LR 检验。但是人们偏好于放松这一假设，得到 VCE 的稳健估计量，并把这个估计量作为 Wald 检验的基础。

LR 检验要求拟合两个模型，然而 Wald 检验只要求拟合不受约束的模型。并且受约束的 ML 估计并不总是可行的。Stata 的 ML 命令通常能与 constraint()选项一起使用，但是这只支持参数的线性约束条件。

ML 估计命令的 Stata 输出结果在两种情况下使用 LR 检验：第一，对关键辅助参数执行检验；第二，在解释变量的联合显著性检验中，如果使用默认的 vce(oim)选项，LR 检验将作为 Stata 输出结果的一部分被自动提供出来。

为了演示这一点，我们运用默认的 ML 标准误对看医生的次数进行负二项回归。我们有：

```
. * LR tests output if estimate by ML with default estimate of VCE
. nbreg docvis private chronic female income,  nolog

Negative binomial regression                      Number of obs   =       4412
                                                  LR chi2(4)      =    1067.55
Dispersion     = mean                             Prob > chi2     =     0.0000
Log likelihood = -9855.1389                       Pseudo R2       =     0.0514

------------------------------------------------------------------------------
      docvis |      Coef.   Std. Err.      z    P>|z|     [95% Conf. Interval]
-------------+----------------------------------------------------------------
     private |   .8876559   .0594232    14.94   0.000     .7711886    1.004123
     chronic |   1.143545   .0456778    25.04   0.000     1.054018    1.233071
      female |   .5613027   .0448022    12.53   0.000      .473492    .6491135
      income |   .0045785    .000805     5.69   0.000     .0030007    .0061563
       _cons |  -.4062135   .0611377    -6.64   0.000    -.5260411   -.2863858
-------------+----------------------------------------------------------------
    /lnalpha |   .5463093   .0289716                      .4895261    .6030925
-------------+----------------------------------------------------------------
       alpha |   1.726868     .05003                      1.631543    1.827762
------------------------------------------------------------------------------
Likelihood-ratio test of alpha=0:  chibar2(01) = 1.7e+04 Prob>=chibar2 = 0.000
```

这里四个系数的联合显著性的总体检验是一个 LR 检验，即 LR chi2(4)=1067.55。

输出结果的最后一行提供了原假设 H_0：$\alpha=0$（备择假设：H_a：$\alpha>0$）是否成立的 LR 检验。拒绝了 H_0 假设，则有助于选用更为通用的负二项模型，因为泊松是 $\alpha=0$ 的一个特例。这个 LR 检验是不标准的，因为原假设位于参数区间的边界上（负二项模型约束了 $\alpha\geqslant 0$）。在这种情况下，LR 统计量服从的分布的特征是：在 0 处，概率为 1/2，在 0 值以上的部分是 $\chi^2(1)$ 分布的一半。这个分布被称为 chibar—0—1 分布，并且被用来计算 0.000 的所报告的 p 值，这样一来强烈反对使用泊松模型，并支持使用负二项模型。

12.4.2 lrtest 命令

当运用相同的 ML 命令来拟合两个模型时，用 lrtest 命令来计算嵌入在另一个模型中的模型的 LR 检验统计量。语法是：

lrtest *modelspect* [*modelspec2*] [,*options*]

其中，运用 estimates store 命令可以把先前的两个模型中得到的 ML 结果保存为 modelspec1 和 modelspec2。这两个模型的顺序并不重要。lrtest modelspec1 命令要求：estimate store 命令仅仅适用于非限制模型的拟合结果，而不是刚刚拟合模型的结果。

首先拟合了包括所有解释变量的不受约束的模型，再拟合了排除解释变量 private 和 chronic 的受约束的模型，对原假设 $H_0: \beta_{\text{private}} = 0, \beta_{\text{chronic}} = 0$ 执行 LR 检验。我们拟合负二项模型，因为对于这些过度离散的计数数据而言，是一个合理的参数模型，然而在以前的章节中，对原假设 $H_0: \alpha = 0$ 的检验，强烈拒绝了使用泊松模型。我们有：

```
. * LR test using command lrtest
. quietly nbreg docvis private chronic female income

. estimates store unrestrict

. quietly nbreg docvis female income

. estimates store restrict

. lrtest unrestrict restrict

Likelihood-ratio test                                 LR chi2(2)  =    808.74
(Assumption: restrict nested in unrestrict)           Prob > chi2 =    0.0000
```

因为 $p=0.000$，所以强烈拒绝原假设。我们得出结论：在这个模型中应该包含解释变量 private 和 chronic。

执行与 Wald 检验相同的检验。那么，

```
. * Wald test of the same hypothesis
. quietly nbreg docvis private chronic female income

. test chronic private

 ( 1)  [docvis]chronic = 0
 ( 2)  [docvis]private = 0

           chi2(  2) =  852.26
         Prob > chi2 =    0.0000
```

在某种程度上，结果是有所不同的，因为检验统计量分别为 809 和 852。在其他的应用中，特别是在那些带有很少的观测值的情况下，差异会更大。

12.4.3 LR 检验的直接计算

只在明确地知道 LR 检验是正确的情况下，才能使用 lrtest 命令的默认选项计算 LR 检验统计量。例如，当使用 vce(robust)选项，或者使用不同的估计命令时，这个命令将会产生一个误差。force 选项可以使 LR 检验统计量在这种设置下进行计算，用户必须确认检验是否依然恰当。

正如第 12.4.1 节中所述,我们再次比较泊松模型与负二项模型的 LR 检验。负二项模型的 LR 检验是在 nbreg 命令之后自动给出的,运用 lrtest 命令来执行这项检验,需要使用 force 选项,因为使用了两种不同的估计命令,即 poisson 命令和 nbreg 命令。我们有:

```
. * LR test using option force
. quietly nbreg docvis private chronic female income

. estimates store nb

. quietly poisson docvis private chronic female income


. estimates store poiss

. lrtest nb poiss, force

Likelihood-ratio test                                 LR chi2(1)  =  17296.82
(Assumption: poiss nested in nb)                      Prob > chi2 =    0.0000

. display "Corrected p-value for LR-test = " r(p)/2
Corrected p-value for LR-test = 0
```

正如所预期的一样,LR 统计值与 chibar2(01)=1.7e+04 是相等的,见第 12.4.1 节的 nbreg 命令的输出结果的最后一行。lrtest 命令使用 $\chi^2(h)$ 自动计算了 p 值,其中,h 是两个拟合模型中的参数的个数,它们是不同的,在这里为 $\chi^2(1)$。然而,正如第 12.4.1 节中所解释的那样,在这个特定的例子中,使用了 $\chi^2(1)$ 的一半,对 force 选项的使用要特别小心。

12.5 拉格朗日乘子检验(得分检验)

第三种重要的假设检验方法就是通常被统计学家称为得分检验的方法,同时也被计量经济学家称为拉格朗日乘子(LM)检验。除了在一些主要的模型设定中,这种检验很少使用(在模型设定检验中,原假设的模型很容易拟合,备择假设的模型不容易拟合)。

12.5.1 LM 检验

不受约束的 MLE $\hat{\theta}_u$ 设定 $\mathbf{s}(\hat{\boldsymbol{\theta}}_u)=0$,其中,$\mathbf{s}(\boldsymbol{\theta})=\partial\ln L(\boldsymbol{\theta})/\partial\boldsymbol{\theta}$,它被称为得分函数。一个 LM 检验或得分检验是以 $\mathbf{s}(\hat{\boldsymbol{\theta}}_r)$ 的极值 0 为基础,其中在 $\hat{\boldsymbol{\theta}}_r$ 处进行评估,备择假设即为受约束的 MLE,它在 h 个约束 $\mathbf{g}(\boldsymbol{\theta})=0$ 的条件下使 $\ln L(\boldsymbol{\theta})$ 的值最大。它的基本原理就是:如果这些约束得到数据的支持,则 $\widetilde{\boldsymbol{\theta}}_r\simeq\widetilde{\boldsymbol{\theta}}_u$,因此 $\mathbf{s}(\widetilde{\boldsymbol{\theta}}_r)\simeq\mathbf{s}(\widetilde{\boldsymbol{\theta}}_u)=0$。

因为 $\mathbf{s}(\widetilde{\boldsymbol{\theta}}_r)\overset{a}{\sim}N\{0,\mathrm{Var}(\widetilde{\boldsymbol{\theta}}_r)\}$,我们可以得到二次方形式,它是一个卡方统计量,与第 12.3.1 节中的方法类似。对于 $H_0:\mathbf{g}(\boldsymbol{\theta})=0$,它可以得出 LM 检验统计值或者得分检验统计值:

$$\text{在 } H_0 \text{ 成立的条件下,LM}=\mathbf{s}(\widetilde{\boldsymbol{\theta}}_r)'[\hat{V}\{\mathbf{s}(\widetilde{\boldsymbol{\theta}}_r)\}]^{-1}\mathbf{s}(\widetilde{\boldsymbol{\theta}}_r)\overset{a}{\sim}\chi^2(h)$$

例如,在 0.05 的显著性水平上,如果 $p=\Pr\{\chi^2(h)>\mathrm{LM}\}<0.05$,或者等价地,如果 $\mathrm{LM}>\chi^2_{0.05}(h)$,那么我们拒绝原假设。对于这种检验的 F 分布的形式,我们很少使用。

以前的原理可以解释"得分检验"这个术语。因为下列原因,这种检验也被称之为 LM

检验:设定 $\ln L(\boldsymbol{\theta})$ 为不受约束模型的对数似然函数。当约束 $\mathbf{g}(\boldsymbol{\theta})=0$ 时,MLE $\tilde{\boldsymbol{\theta}}_r$ 使得受约束的 $\ln L(\boldsymbol{\theta})$ 最大化,所以 $\tilde{\boldsymbol{\theta}}_r$ 使得 $\ln L(\boldsymbol{\theta})-\boldsymbol{\lambda}'\mathbf{g}(\boldsymbol{\theta})$ 最大化。LM 检验是以这个受约束最优化过程的拉格朗日乘子 $\tilde{\boldsymbol{\lambda}}_r$ 接近于 0 值为基础的,因为如果约束条件是有效的,那么 $\boldsymbol{\lambda}=0$。我们可以证明 $\tilde{\boldsymbol{\lambda}}_r$ 是 $\mathbf{s}(\tilde{\boldsymbol{\theta}}_r)$ 的满秩矩阵的乘子,所以 LM 检验和计分检验是等价的。

在设定 vce(oim)的条件下,LM 检验、LR 检验和 Wald 检验对于原假设 H_0 和其相关备择假设的条件下是渐近等价的,所以没有先验的理由去更偏好于其中的哪一种检验。与 Wald 检验和 LR 检验不同,LM 检验吸引人的地方是,它只要求拟合受约束的模型。如果拟合受约束的模型更容易(例如同方差模型,而不是异方差模型),这就是 LM 检验的一个优点。其次,LM 检验的一个渐近等价的方法就是使用辅助回归。另一方面,与 Wald 和 LR 检验不同,执行 LM 检验并没有通用的方法。如果 LM 检验拒绝模型约束,那么我们仍需要拟合不受约束的模型。

12.5.2 estat 命令

因为 LM 检验是针对特定估计量和特定模型的,所以没有 lmtest 命令。相反,LM 检验经常与估计后 estat 命令一起来检验模型的误设。

重要的例子就是,在 regress 命令之后使用 estat hettest 命令检验异方差,即用辅助回归来执行 LM 检验,详见第 3.5.4 节。这种检验默认的方法就是要求:在原假设成立的条件下,独立同分布的误差项必须服从正态分布,然而 iid 选项对于独立同分布的误差项可以放松服从正态分布的假设。

另一个例子就是,在 xtreg 命令之后使用 xttest0 命令对随机效应执行 LM 检验。然而,对于泊松模型中过度离散的 LM 检验的另一个例子,见本章末习题。

12.5.3 用辅助回归进行 LM 检验

对正确设定密度函数的 ML 估计,使用下列辅助程序,通常可以得到与 LM 渐近等价的统计量。首先,得到受约束的 MLE$\tilde{\boldsymbol{\theta}}_r$。其次,得到不受约束模型的每个观测值的得分,即 $\mathbf{s}_i(\boldsymbol{\theta})=\partial\ln f(y_i|\mathbf{x}_i,\boldsymbol{\theta})/\partial\boldsymbol{\theta}$,并在 $\tilde{\boldsymbol{\theta}}_r$ 处对它们进行评估来得到 $\mathbf{s}_i(\tilde{\boldsymbol{\theta}}_r)$。第三,计算用 N 与用 1 对 $\mathbf{s}_i(\tilde{\boldsymbol{\theta}}_r)$ 进行辅助回归所得到的非中心化的 R^2 值相乘(等价于模型回归平方和)。

我们很容易得到受约束模型在受约束的 MLE 处的得分,或者不受约束模型在不受约束的 MLE 处的得分。然而,这个辅助回归要求计算在受约束的 MLE 处的不受约束模型的得分。如果参数的约束是线性的,则在估计不受约束的模型之前,使用 constraint 命令来定义这些约束,就可以得到这些计分。

为了演示这种方法,在对变量 docvis 的负二项模型(这个模型是不受约束的,并且它包括了截距项和解释变量 female、income、private 和 chronic)中,对原假设 $H_0:\beta_{\text{private}}=0$, $\beta_{\text{chronic}}=0$ 是否成立进行 LM 检验。在约束条件 $\beta_{\text{private}}=0$ 和 $\beta_{\text{chronic}}=0$ 下,通过变量 docvis 对所有解释变量进行负二项回归,可以得到受约束的 MLE $\tilde{\beta}$。使用 constraint 命令来定义这两个约束条件,并使用带有 constraints()选项的 nbreg 命令,可以得到不受约束模型的约束估计值。使用带有 scores 选项的 predict 命令，可以得到得分。然而，这些得分就是对数密度对模型指数（如 $\mathbf{x}_i'\beta$）的导数，而不是对每个参数的导数。因此下面的 nbreg 命令只给出了两个“得分”，即 $\partial\ln f(y_i)/\partial\mathbf{x}_i'\beta$ 和 $\partial\ln f(y_i)/\partial\alpha$。那么这两个得分就扩展为 $K+1$ 个得分，即 $\partial\ln f(y_i)/\partial\beta_j=\{\partial\ln f(y_i)/\partial\mathbf{x}_i'\beta\}\times x_{ij}, j=1,\cdots,K$（其中，$K$ 是不受约束的模型中的解释变量的个数）和 $\partial\ln f(y_i)/\partial\alpha$（其中，$\alpha$ 是标量形式的过度离散参数）。则 1 对这些 $K+1$ 个得分进行回归。

我们有：

```
. * Perform LM test that b_private=0, b_chronic=0 using auxiliary regression
. use mus10data.dta, clear

. quietly keep if year02==1

. generate one = 1

. constraint define 1 private = 0

. constraint define 2 chronic = 0

. quietly nbreg docvis female income private chronic, constraints(1 2)

. predict eqscore ascore, scores

. generate s1restb = eqscore*one

. generate s2restb = eqscore*female

. generate s3restb = eqscore*income

. generate s4restb = eqscore*private

. generate s5restb = eqscore*chronic

. generate salpha = ascore*one

. quietly regress one s1restb s2restb s3restb s4restb s5restb salpha, noconstant

. scalar lm = e(N)*e(r2)

. display "LM = N x uncentered Rsq = " lm " and p = " chi2tail(2,lm)
LM = N x uncentered Rsq = 424.17616 and p = 7.786e-93
```

因为 LM=424，强烈拒绝了原假设。与第 12.4.2 节进行比较，对这同一假设进行的渐近等价的检验所得的 LR 统计值和 Wald 统计值分别是 809 和 852。

对于给定了样本容量为 4412 个观测值的大样本而言，这些有意进行渐近等价检验所产生的差异令人惊讶。一种解释就是：即使有可能使用真实数据，但是这些数据的数据生成过程（DGP）是不知道的，因此它不能用于拟合负二项模型，因为只有在原假设 H_0 成立且模型正确设定的条件下，渐近等价的检验才能成立。另一种解释是：即使在大规模的样本中，LM 检验的检验水平仍然很差。改编第 12.6 节中的模拟练习，对产生于负二项模型中的数据进行 LM 检验，可以继续讨论这种解释。

更为常见的方法就是用多个的辅助回归来执行特定的 LM 检验。执行 LM 检验的最简单的方法就是找一本参考手册，对当前的例子定义辅助回归，然后执行回归。例如，为了对依赖于变量 $\mathbf{z}_i$ 的线性回归的异方差进行检验，我们用 N 乘以非中心化可解释的回归的平方和，这个平方和来自于 OLS 残差的平方 $\hat{\mu}_i$ 对截距项和 $\mathbf{z}_i$ 的回归；所有这些

计算都需要计算 $\hat{\mu}_i$。在这种情况下,estat hettest 命令总会执行这一项计算。

我们已经知道,LM 检验的辅助回归的检验水平方法很差,然而使用带有渐近精练的自抽样在原则上能克服这些缺点。

12.6 检验水平和检验势

我们用蒙特卡洛(Monte Carlo)模拟来计算 Wald 检验的检验水平和检验势。目标就是,决定在 0.05 的显著性水平上更倾向于拒绝原假设的检验是否真的在 0.05 的水平上拒绝原假设,同时决定在备择假设的条件下有意义的参数值的检验势。这些内容对第 4.6 节的分析进行了扩展,第 4.6 节的分析强调使用模拟来检验参数估计量和标准误估计量的性质。相反,本节强调参数估计量和标准误估计量的推断。

12.6.1 模拟 DGP:误差项服从卡方分布的 OLS

DGP 与第 4.6 节中的相同,特别是,具有从带偏斜误差的线性模型中生成的数据,

$$y = \beta_1 + \beta_2 x + \mu; \quad \mu \sim \chi^2(1) - 1; \quad x \sim \chi^2(1)$$

其中,$\beta_1 = 1$,$\beta_2 = 2$,并且样本容量 $N = 150$。误差项的分布 $[\chi^2(1) - 1]$ 的均值为 0,方差为 2,并且这个分布是偏斜的。

在每次模拟中,y 和 x 都是重复抽样的,这与个体的随机抽样相对应。我们运用在 OLS 回归之后的 DGP 值来研究对原假设 $H_0: \beta_2 = 2$ 进行 t 检验的检验水平和检验势。

12.6.2 检验水平

在检验原假设 H_0 时,当原假设 H_0 是正确时,我们却拒绝了原假设 H_0。这种错误被称之为第一类错误。检验水平就是犯这种错误的概率。那么:

$$\text{检验水平} = \Pr(\text{拒绝 } H_0 \mid H_0 \text{ 为真})$$

检验报告的 p 值是检验的估计水平。更为通常的是,当检验水平小于 0.05 时,我们拒绝原假设 H_0。

最严重的错误是一个不正确的检验水平(即使是渐近的),例如,如果使用了 Wald 检验,这就是因为使用了标准误的非一致估计。如果所报告的 p 值是真实水平的一个不好的估计值,即使超过了这个门限值,就说这个检验具有很差的有限样本检验水平的性质,或者更简单来说,就说这个检验具有很差的有限样本检验性质。通常的问题就是:报告的 p 值远低于真实水平的值,所以与我们应该拒绝的水平相比,我们更强烈地拒绝原假设 H_0。

在我们的例子中,对于 $\beta_2 = 2$ 的 DGP 值,我们想使用模拟来估计在 α 的显著性水平上对原假设 $H_0: \beta_2 = 2$(备择假设:$H_a: \beta_2 \neq 2$)进行检验的检验水平。在第 4.6.2 节中,当 $\alpha = 0.05$ 时,通过计算那些在 $\alpha = 0.05$ 的显著性水平上拒绝原假设 H_0 所做的模拟的比例,我们进行了上述模拟。检验的估计水平是 0.046,因为在 1000 次模拟中,有 46 次模拟导致拒绝原假设 H_0。

更有效率的计算程序是,在 1000 次模拟的每一次模拟中,计算出检验原假设 $H_0: \beta_2 = 2$(备择假设:$H_a: \beta_2 \neq 2$)的 p 值,如下所示,因为使用 1000 个 p 值来估计 α 在一个范围

内取值的检验水平。使用在第 4.6.1 节中定义的 chi2data 程序可以计算出这些 p 值，同时可以得到标量 p2，但是在任何检验水平的后续分析中都不能使用这些 p 值。现在我们在这里进行这样的操作。

使用 simulate 命令来执行第 4.6 节中的模拟。相反，我们在这里使用 postfile 命令和 forvalues 循环命令，执行这 1000 次模拟的程序如下：

```
. * Do 1000 simulations where each gets p-value of test of b2=2
. set seed 10101

. postfile sim pvalues using pvalues, replace
(note: file pvalues.dta not found)

. forvalues i = 1/1000 {
  2.    drop _all
  3.    quietly set obs 150
  4.    quietly generate double x = rchi2(1)

  5.    quietly generate y = 1 + 2*x + rchi2(1)-1
  6.    quietly regress y x
  7.    quietly test x = 2
  8.    scalar p = r(p)          // p-value for test this simulation
  9.    post sim (p)
 10. }

. postclose sim
```

模拟产生 1000 个 p 值，这 1000 个 p 值的范围是从 0 到 1 的。

```
. * Summarize the p-value from each of the 1000 tests
. use pvalues, clear

. summarize pvalues

    Variable |       Obs        Mean    Std. Dev.       Min        Max
-------------+--------------------------------------------------------
     pvalues |      1000    .5175819    .2890326   .0000108   .9997773
```

实际上，这些 p 值应该服从均匀分布，并且 histogram 命令显示的也是这样的情况。

给定 pvalues 的 1000 个值，我们能找出 α 的任何选择的实际检验水平。在 $\alpha=0.05$ 的显著性水平上进行检验，我们得到：

```
. * Determine size of test at level 0.05
. count if pvalues < .05
  46

. display "Test size from 1000 simulations = " r(N)/1000
Test size from 1000 simulations = .046
```

实际检验水平 0.046 相当接近于名义水平 0.05。而且，这与第 4.6.1 节中得出的值是完全相同的，因为这里使用了相同的种子和命令的序列。

正如第 4.6.2 节中所提到的那样，水平的估计并不精确，因为存在模拟误差。如果实际水平等于名义水平 α，那么当 $S=1000$ 和 $\alpha=0.05$ 时，在 S 次模拟中拒绝原假设 H_0 的次数的比例是一个随机变量，这个随机变量的均值为 α，标准差为 $\sqrt{\alpha(1-\alpha)/S}\simeq0.007$。使用正态分布近似值，这个模拟的 95% 的模拟区间是[0.036,0.064]，并且 0.046 是在这个区间内的。更准确地来说,cii 命令产生了一个准确的二项置信区间。

```
. * 95% simulation interval using exact binomial at level 0.05 with S=1000
. cii 1000 50
```

Variable	Obs	Mean	Std. Err.	— Binomial Exact — [95% Conf.	Interval]
	1000	.05	.006892	.0373354	.0653905

因为 $S=1000$,95%的模拟区间是[0.037,0.065]。因为 $S=10000$ 次模拟,这个区间缩小为[0.046,0.054]。

一般来说,检验依赖于渐近理论,并且我们不希望真实水平准确地等于名义水平,除非样本容量 N 是非常大的,并且模拟 S 的次数也是非常多的。在这个例子中,因为存在150 个观测值和只有一个解释变量,即使模型误差是偏斜的,渐近理论也十分有效。

12.6.3 检验势

当我们应该拒绝原假设 H_0 却没有拒绝原假设,在检验中这个错误称之为第二类错误。检验势就是 1 减去犯这种错误的概率。那么,

$$\text{检验势} = \Pr(\text{拒绝 } H_0 \mid H_0 \text{ 为假})$$

理想地,检验水平应该是最小的,同时检验势应该是最大的。但是,用更小的检验水平的权衡会导致更低的检验势。标准程序就是把这个检验势设定在一个水平上(例如 0.05),然后再运用来自于理论或模拟的检验程序来得到最大的检验势。

没有报告检验势,是因为需要在特定的 H_a 值处进行评估,并且备择假设 H_a 定义了 β 的取值范围,而不是一个单一的值。

我们计算出 $\beta_2=\beta_2^{Ha}$(备择假设:$H_a: \beta_2 = \beta_2^{Ha}$)的检验势,其中,$\beta_2^{Ha}$ 是一个取值范围。我们的做法是:首先编写一个程序,决定给定 β_2^{Ha} 的一个给定值的检验势,然后重复调用这个程序对 β_2^{Ha} 的多个值进行评估。

实际上这个程序与用于决定检验水平的程序是相同的,除了把生成 y 的命令变成了 generate y=1+b2Ha*x+rchi(1)-1。我们考虑了更多的灵活性,即允许用户把模拟的次数、样本容量、β_2 的原假设 H_0 值、β_2 的备择假设 H_a 值和名义检验水平(α)分别设置为参数 numsims、numobs、b2H0、b2Ha 和 nominalsize。r 级程序将计算出来的检验势设置为标量 p。我们有:

```
* Program to compute power of test given specified H0 and Ha values of b2
program power, rclass
   version 11
   args numsims numobs b2H0 b2Ha nominalsize
                                           // Setup before iteration logps
   drop _all
   set seed 10101
   postfile sim pvalues using power, replace
                                           // Simulation loop
```

```
    forvalues i = 1/`numsims' {
      drop _all
      quietly set obs `numobs'
      quietly generate double x = rchi2(1)
      quietly generate y = 1 + `b2Ha'*x + rchi2(1)-1
      quietly regress y x
      quietly test x = `b2H0'
      scalar p = r(p)
      post sim (p)
    }
    postclose sim
    use power, clear
                                        // Determine the size or power
    quietly count if pvalues < `nominalsize'
    return scalar power=r(N)/`nominalsize'
end
```

通过设定 $\beta_2^{Ha}=2$,也可以使用这个程序来得出原假设 $H_0:\beta_2=2$ 的检验水平。对于名义的检验水平 0.05,下面的命令使用 1000 次模拟和 150 的样本容量得到检验水平。

```
. * Size = power of test of b2H0=2 when b2Ha=2, S=1000, N=150, alpha=0.05
. power 1000 150 2.00 2.00 0.05


. display r(power) " is the test power"
.046 is the test power
```

程序 power 使用的编码与先前给出的计算检验水平的编码完全相同,我们有相同的模拟次数和相同的样本容量,并且我们得到了相同的检验水平结果,即 0.046。

为了得到检验势,我们设定 $\beta_2=\beta_2^{Ha}$,其中,$\beta_2=\beta_2^{Ha}$ 不同于原假设的值。这里,我们设定 $\beta_2=\beta_2^{Ha}=2.2$,这是与原假设 H_0 的值 2.0 相差很远的标准误,它近似为 2.4,因为在第 4.6.1 节中,斜率系数的标准误是 0.084。我们得到:

```
. * Power of test of b2H0=2 when b2Ha=2.2, S=1000, N=150, alpha=0.05
. power 1000 150 2.00 2.20 0.05

. display r(power) " is the test power"
.657 is the test power
```

理想地,当 $\beta_a=2.2$ 时,拒绝原假设 $H_0:\beta_2=2.0$ 的概率为 1。实际上,它只是 0.657。

我们接下来评估 β_2^{Ha} 的给定值的检验势,β_2^{Ha} 的给定值为 1.60 到 2.40 以 0.025 的增量变动。我们使用在第 4 章中介绍的 postfile 命令:

```
. * Power of test of H0:b2=2 against Ha:b2=1.6,1.625, ..., 2.4
. postfile simofsims b2Ha power using simresults, replace

. forvalues i = 0/33 {
  2.    drop _all
  3.    scalar b2Ha = 1.6 + 0.025*`i'
  4.    power 1000 150 2.00 b2Ha 0.05
  5.    post simofsims (b2Ha) (r(power))
  6. }
```

```
. postclose simofsims

. use simresults, clear

. summarize
```

Variable	Obs	Mean	Std. Dev.	Min	Max
b2Ha	34	2.0125	.2489562	1.6	2.425
power	34	.6103235	.3531139	.046	.997

研究检验势和 β_2^{Ha} 之间的关系最简单的方法是绘制检验势的曲线图。

```
. * Plot the power curve
. twoway (connected power b2Ha), scale(1.2) plotregion(style(none))
```

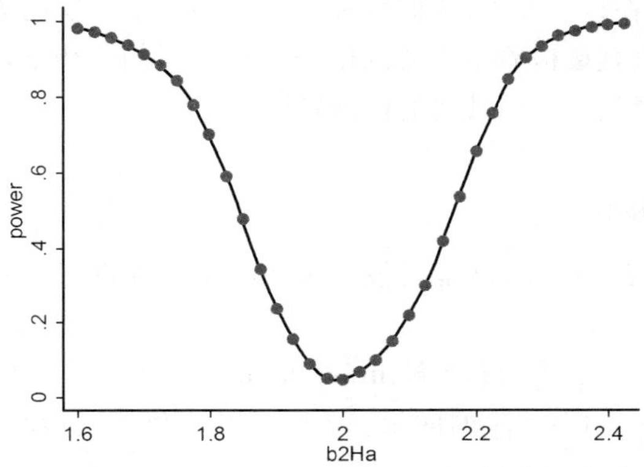

图 12.2　**在备择假设** H_a、$N=150$、$S=1000$ **的条件下，当** β_2 **在** $\beta_2^{Ha}=1.6,\cdots,2.4$ **时取值，对原假设** $H_0:\beta_2=2$（**备择假设：**$H_a:\beta\neq 2$）**进行检验的检验势的曲线图**

正如在图 12.2 中看到的那样，在 $\beta_2^{Ha}=\beta_2^{H0}=2$ 处，检验势最小，并且检验势的水平等于 0.05，这与我们所预期的一样。因为随着 $|\beta_2^{Ha}-\beta_2^{H0}|$ 增加，检验势趋向于 1，但是检验势并不会超过 0.9，除非 $|\beta_2^{Ha}-\beta_2^{H0}|>0.3$。

增加模拟的次数可以使检验势的曲线更为平滑，或者如例所示，使用程序 power 对变量 b2Ha 的四次方进行回归之后，再进行预测进而使得这个检验势的曲线更为平滑。

12.6.4 渐近检验势

在不依靠模拟的情况下，也能得到 Wald 检验的渐近检验势。我们现在对 t 检验的平方进行这样的操作。

我们研究 $W=\{(\hat{\beta}_2-2)/s_{\hat{\beta}2}\}^2$。那么在原假设 $H_0:\beta_2=2$ 的条件下，$W\overset{a}{\sim}\chi^2(1)$。这表明，在 $H_a:\beta_2=\beta_2^{Ha}$ 条件下，检验统计量 $W\overset{a}{\sim}$非中心分布的 $\chi^2(h;\lambda)$，其中，非中心分布的参数 $\lambda=(\beta^{Ha}-2)^2/\sigma_{\hat{\beta}2}^2$。[如果 $\mathbf{y}\sim N(\boldsymbol{\delta},\mathbf{I})$，那么 $(\mathbf{y}-\boldsymbol{\delta})(\mathbf{y}-\boldsymbol{\delta})\sim\chi^2(1)$，并且 $\mathbf{y}'\mathbf{y}\sim$非中心分布的 $\chi^2(\mathrm{h};\boldsymbol{\delta}'\boldsymbol{\delta})$。]

我们再研究 $\beta_2=2$（备择假设：$\beta_2^{Ha}=2.2$）的检验势。那么 $\lambda=(\beta_2^{Ha}-\beta_2^{H0})^2/\sigma_{\hat{\beta}2}^2=(0.2/0.084)^2=5.67$，这里我们回顾先前的讨论，即 DGP 的结果就是 $\sigma_{\hat{\beta}2}=0.084$。如果 $W>1.96^2=3.84$，卡方 $\chi^2(1)$ 检验在 $\alpha=0.05$ 的显著性水平上拒绝原假设。那么渐近检

验势等于 $\Pr\{W>3.84|W\overset{a}{\sim}$非中心分布的$\chi^2(1;5.67)\}$。nchi2()函数给出了相关的 c.d.f.,并且我们使用 1-nchi2()函数得出其右尾。我们有:

```
. * Power of chi(1) test when noncentrality parameter lambda = 5.67
. display 1-nchi2(1,5.67,3.84)
.6633429
```

渐近检验势 0.663 与第 345 页中蒙特卡洛(Monte Carle)案例中所估计的检验势 0.657是相似的。这两种检验势这么接近,是因为解释变量的样本容量很大。

12.7 模型设定检验

经常用前面的 Wald、LR 和 LM 检验模型来设定检验,特别是包含或者排除解释变量的模型设定检验。在这一节中,我们研究其他模型设定检验的方法,这些方法的差异就在于,它们不是通过直接检验参数的约束条件来进行的。相反,它检验模型是否有暗含的矩约束条件,或者是否满足其他的模型属性。

12.7.1 基于矩的检验

基于矩的检验或者 m 检验就是对模型施加的矩条件进行检验,但这个矩条件并不用于估计。具体是:

$$H_0: E\{\mathbf{m}(y_i,\mathbf{x}_i,\boldsymbol{\theta})\}=0 \tag{12.9}$$

其中,$\mathbf{m}(\cdot)$是一个 h×1 阶的向量。下面有几个例子。检验统计量是基于这个矩条件的样本估计值是否得到满足,即 $\hat{\mathbf{m}}(\hat{\boldsymbol{\theta}})=\sum_{i=1}^{N}\mathbf{m}(y_i,\mathbf{x}_i,\hat{\boldsymbol{\theta}})=0$ 是否成立。这个统计量是服从渐近正态分布的,因为当 $\hat{\theta}$ 采用二次形式时,我们就可以得到卡方分布的统计量。那么 m 检验统计量是:

$$\text{在 } H_0 \text{ 成立的条件下},M=\hat{\mathbf{m}}(\hat{\boldsymbol{\theta}})'[\hat{V}\{\hat{\mathbf{m}}(\hat{\boldsymbol{\theta}})\}]^{-1}\hat{\mathbf{m}}(\hat{\boldsymbol{\theta}})\overset{a}{\sim}\chi^2(h)$$

通常,如果 $p=\Pr\{\chi^2(h)>W\}<\alpha$,我们在 α 的显著性水平上拒绝原假设。

得到 $\hat{V}\{\hat{\mathbf{m}}(\hat{\boldsymbol{\theta}})\}$是很困难的。通常在 ML 估计之后可以使用这项检验,因为基于模型的似然比施加了许多条件,这些条件作为 m 检验的基础。那么我们就可以得到 LM 检验的辅助回归(见第 12.5.3 节)。我们要计算 M,就需要用 N 乘以来自于用 1 对 $\mathbf{m}(y_i,\mathbf{x}_i,\hat{\boldsymbol{\theta}})$和 $\mathbf{s}_i(\hat{\boldsymbol{\theta}})$进行辅助回归所得到的非中心化的 R^2,其中,$\mathbf{s}_i(\hat{\boldsymbol{\theta}})=\partial\ln f(y_i|\mathbf{x}_i,\boldsymbol{\theta})/\partial\boldsymbol{\theta}$。在有限样本中,检验统计量的检验水平明显不同于名义检验水平,但是能使用带有渐近精炼的自抽样对这一点进行调整。

在第 16.4 节中给出了辅助回归的例子,这个辅助回归是用来检验 tobit 模型中暗含的矩条件。

12.7.2 信息矩阵检验

对于一个完全参数化模型而言,$\ln L(\boldsymbol{\theta})$的一阶导数的外积的期望值等于二阶导数的负期望值。这条属性被称为信息矩阵(IM)等式,它能将 MLE 的方差矩阵从一般夹层形式(sandwich form)$\mathbf{A}^{-1}\mathbf{B}\mathbf{A}^{-1}$简化到更简洁的形式$-\mathbf{A}^{-1}$,见第 10.4.4 节。

IM 检验是检验 IM 等式是否成立。这是(12.9)式的一个特例,即 $\mathbf{m}(y_i,\mathbf{x}_i,\boldsymbol{\theta})$ 等于 $\mathbf{s}_i(\boldsymbol{\theta})\mathbf{s}_i(\boldsymbol{\theta})'+\partial\mathbf{s}_i(\boldsymbol{\theta})/\partial\theta$ 的特定值。对于服从正态分布的线性模型,在 regress 命令之后,使用 estat imtest 命令可以执行 IM 检验,见第 3.5.4 节。

12.7.3 拟合优度的卡方检验

简单的拟合优度检验如下。离散变量 y 取值为 1、2、3、4 和 5,并且我们来比较 y 取每个值时样本值的概率与回归模型中相应的拟合参数的预测概率。这种方法除了适用于离散的解释变量 y,也适用于基于离散的解释变量的模型,同时也可以扩展到适用于连续的被解释变量 y,即用值的取值范围来代替离散的值。

Stata 在 logit、logistic、probit 和 poisson 命令之后,使用 estat gof 命令来执行拟合优度检验。在第 14.6 节中给出了在 logit 回归之后的使用 estat gof 命令的例子。这个命令的弱点是:它将估计系数当作已知的,忽略了估计误差。相反,可以把拟合优度检验设置成一个 m 检验,它对估计误差提供了额外的控制,见 Andrews(1998)以及 Cameron 和 Trivedi(2005,266-271)。

12.7.4 过度识别约束的检验

在第 11.8 节的广义矩方法(GMM)的估计框架中,矩条件 $E\{\mathbf{h}(y_i,\mathbf{x}_i,\hat{\boldsymbol{\theta}})\}=0$ 是估计的基础。在恰好识别的模型中,GMM 估计量得到了样本估计值 $\sum_{i=1}^{N}\mathbf{h}(y_i,\mathbf{x}_i,\hat{\boldsymbol{\theta}})=0$。在过度识别的模型中,这些条件不再成立,并且一个过度识别约束(OIR)检验是以 $\sum_{i=1}^{N}\mathbf{h}(y_i,\mathbf{x}_i,\hat{\boldsymbol{\theta}})$ 的极值 0 为基础,其中,$\hat{\boldsymbol{\theta}}$ 是最优的 GMM 估计量。检验服从卡方分布,并且它的自由度等于过度识别约束条件的个数。

这项检验经常用于过度识别的 IV 模型,尽管它能应用于任何过度识别的模型。在 ivregress gmm 命令之后,在 Stata 中使用 estat overid 命令来执行过度识别约束的检验,见第 6.3.7 节。

12.7.5 Hausman 检验

Hausman 检验比较了两个估计量,其中,一个估计量在原假设 H_0 和备择假设 H_a 下是一致的估计量,而另一个估计量只在原假设 H_0 下是一致的估计量。如果这两个估计量是不同的,那么拒绝原假设 H_0。一个例子就是:通过对比两阶段最小二乘估计和 OLS 估计,检验单一解释变量是否存在内生性。

我们想检验原假设 $H_0:\text{p}\lim(\hat{\boldsymbol{\theta}}-\tilde{\boldsymbol{\theta}})=0$。在标准的假设条件下,每个估计量都服从渐近正态分布,并且它们的差也服从渐近正态分布。采用常见的二次形式,

$$\text{在 } H_0 \text{ 成立的条件下,} H=(\hat{\boldsymbol{\theta}}-\tilde{\boldsymbol{\theta}})'\{\hat{V}(\hat{\boldsymbol{\theta}}-\tilde{\boldsymbol{\theta}})\}^{-1}(\hat{\boldsymbol{\theta}}-\tilde{\boldsymbol{\theta}})\overset{a}{\sim}\chi^2(h)$$

在许多估计命令之后,hausman 命令可以执行强假设条件下的这种检验,这种强假设条件就是 $\hat{\theta}$ 是充分有效的估计量。这可以证明 $\hat{V}(\hat{\boldsymbol{\theta}}-\tilde{\boldsymbol{\theta}})=\hat{V}(\tilde{\boldsymbol{\theta}})-\hat{V}(\hat{\boldsymbol{\theta}})$。在一些常见的设定中,更容易执行 Hausman 检验,来检验一个辅助回归中一些变量的显著性。在第 8.8.5 节中也介绍了这两种检验的其他形式。

使用 VCE 的稳健估计的标准微观计量经济学方法都假设估计量是无效的。那么前

面的检验是不正确的。一种解决办法是使用 Hausman 检验的自抽样方法，见第 13.4.6 节。第二种方法是使用稳健标准误去检验辅助回归统计显著性，见第 6.3.6 节和第8.8.5 节中的例子。

12.7.6 其他检验

前面的讨论只介绍了模型设定检验的一些基本问题。在模型设定的参考书中给出了许多模型设定的检验，例如 Baltagi(2008)对面板数据的分析、Hosmer 和 Lemeshow(2000)对二值数据的分析，以及 Trivedi(1998)对计数数据的分析。这些检验中的一些检验可以在估计命令输出结果中得到，或者通过估计后命令(通常作为一个 estat 命令)得到，但是许多检验并不能得到。

12.8 Stata 资源

Stata 文件[D]**function**，help function 或者 help density functions 介绍了计算各种分布的 p 值和临界值的函数。关于检验，见这章中讨论的命令的相关条目：[R]**test**、[R]**testnl**、[R]**lincom**、[R]**nlcom**、[R]**lrtest**、[R]**hausman**、[R]**regress postestimate**(关于 estat imtest)和[R]**estat**。

在 Cameron 和 Trivedi(2005，ch.7 和 8)以及 Greene(2008)和 Wooldridge(2002)中的许多章节中都有涉及本章的许多资料。

12.9 习题

1.一个服从 $\chi(h)$ 分布的随机变量的密度函数是 $f(y)=\{y^{(h/2)-1}\exp(-y/2)\}/\{2^{h/2}\Gamma(h/2)\}$，其中，$\Gamma(\cdot)$ 是 gamma 函数，并且 $\Gamma(h/2)$ 在 Stata 中可以使用 exp(lngamma(h/2))来得到。绘制 $h=5$ 且 $y\leqslant 25$ 的密度图。

2.使用 Stata 命令得出在 $y=2.5$ 处服从 $t(100)$分布、$F(1,100)$分布、Z 分布和$\chi^2(1)$分布的恰当的 p 值。对于相同的分布，得出在 0.01 的显著性水平上检验的临界值。

3.研究第 12.3 节中带有 VCE 的稳健估计的泊松例子。使用 test 命令或者 testnl 命令检验下列假设：(1)$H_0:\beta_{\text{female}}-100\times\beta_{\text{income}}=0.5$；(2)$H_0:\beta_{\text{female}}=0.3$；(3)使用带有 mtest 选项的命令检验前面两个假设的联合假设；(4)$H_0:\beta_{\text{female}}^2=0$；(5)$H_0:\beta_{\text{female}}^{\beta_{\text{income}}}=1$。第二个检验和第四个检验会导致不同的 Wald 检验统计量，你是否对此感到惊讶?

4.研究在第 12.3.5 节中原假设 $H_0:\beta_{\text{female}}/\beta_{\text{income}}-1=0$ 的检验。在给定 β 的值为 β_{private}、β_{chronic}、β_{female}、β_{income} 和 $\beta_{\text{\_cons}}$ 时，则在(12.5)式中定义的 $\hat{\mathbf{R}}$ 为：

$$\hat{\mathbf{R}}=\begin{bmatrix}-\dfrac{\hat{\beta}_{\text{female}}}{(\hat{\beta}_{\text{private}})^2} & 0 & \dfrac{1}{\hat{\beta}_{\text{private}}} & 0 & 0\end{bmatrix}$$

改编第 12.3.2 节的末尾的程序来手动地计算(12.5)式定义的 Wald 检验统计量。

5.所做出来的假设是：私人保险对看医生次数的影响小于患慢性疾病对看医生次数的影响，即 $\beta_{\text{private}}-\beta_{\text{chronic}}<0$。在 0.05 的显著性水平上，检验这种假设。分别计算$\beta_{\text{female}}-\beta_{\text{chronic}}$的 95%和 99%的置信区间。

6.研究第 12.4.1 节中的负二项模型的例子，其中，我们检验原假设 $H_0: \alpha = 0$。使用从 nbreg 命令中得到的输出结果计算 Wald 检验统计量，并且将这个检验统计量与输出结果中的 LR 检验统计量进行比较。接下来使用 testnl 命令计算 Wald 检验统计量：使用 nbreg 命令来拟合模型，然后输入 estat vce 命令。你将会看到：估计值 lnalpha 保存在以_cons 命名的 lnalpha 等式中。在 $\exp(\ln \alpha)=0$ 的情况下，我们想检验 $\alpha=0$ 是否成立。给出命令 testnl exp([lnalpha]_cons)=0。将其结果与先前的结果进行比较。

7.研究第 12.3.2 节中泊松模型的例子。参数化的泊松模型施加了约束条件，即 $\mathrm{Var}(y|\mathbf{x})=\exp(\mathbf{x}'\beta)$。另一个模型施加的约束条件是 $\mathrm{Var}(y|\mathbf{x})=\exp(\mathbf{x}'\beta)+\alpha\times\exp(\mathbf{x}'\beta)^2$。过度离散的检验是对原假设 $H_0: \alpha \leqslant 0$（备择假设：$H_a: \alpha > 0$）的检验。可以把 LM 检验统计量作为对在 $\{(y_i-\hat{\mu}_i)^2-\hat{\mu}_i\}/\hat{\mu}_i$ 对 $\hat{\mu}_i$（没有截距项）的辅助 OLS 回归中 $\alpha=0$ 的 t 检验，其中，$\hat{\mu}_i=\exp(\mathbf{x}'\hat{\beta})$。执行这项检验。

8.研究这种 DGP，即 $y=0+\beta_2 x+\varepsilon, x\sim N(0,1), N=36$。对于这种 DGP，你期望 $\mathrm{Var}(\hat{\beta}_2)$ 等于什么呢？在 0.05 的显著性水平上，检验原假设 $H_0: \beta_2=0$ 是否成立。通过模拟，找出当 $\beta_2=0.25$ 时的检验水平和检验势。

9.研究与上一问题中相同的 DGP，但是通过定义 $y^*=0+\beta_2 x+\varepsilon$，将它改变为一个 probit 模型，并且如果 $y^*>0$，定义 $y=1$；否则，则定义 $y=0$。在 0.05 的显著性水平上，检验原假设 $H_0: \beta_2=0$ 是否成立。通过模拟，找出当 $\beta_2=0.25$ 时的检验水平和检验势。

13 自抽样法

13.1 导论

本章研究自抽样法。自抽样最常见的使用是，当解析表达式十分复杂时，自抽样能提供标准误估计。然后可以使用这些标准误来产生置信区间和检验统计量。

另外，与前面章节中介绍的标准的推断方法相比，具有渐近精炼更复杂的自抽样所提供的实际检验水平更接近名义检验水平，这些检验置信区间的实际覆盖率更接近名义覆盖率。

13.2 自抽样法

自抽样通过从样本中再抽样的方式，提供一种执行统计推断的方法。研究的统计量通常就是标准误、置信区间或者检验统计量。

13.2.1 标准误的自抽样估计

一个经典的例子是，当使用传统方法计算很复杂时，就考虑计算估计量 $\hat{\theta}$ 的标准误。假设从现有总体中随机抽取 400 个样本。那么我们将得到 $\hat{\theta}$ 的 400 个不同的估计值，同时把 $\hat{\theta}$ 的标准误设为这 400 个估计值的标准差。

然而在实践中，来自于现有总体中的样本只有一个。自抽样就是通过从现有样本中重复抽样来生成多个样本。实际上，它是把这个可观测的样本视为总体，并且自抽样就是从这个总体中得到多个样本的一种方法。通过自抽样给定 400 个再抽样的样本，我们得到 400 个估计值，然后通过这 400 个估计值的标准差来估计 $\hat{\theta}$ 的标准误。

设 $\hat{\theta}_1^*, \cdots, \hat{\theta}_B^*$ 为这些估计值，其中这里 B=400。那么 $\hat{\theta}$ 的方差的自抽样估计值是：

$$\hat{\mathrm{V}}\mathrm{ar}_{\mathrm{Boot}}(\hat{\theta}) = \frac{1}{B-1}\sum_{b=1}^{B}(\hat{\theta}_b^* - \overline{\hat{\theta}^*})^2 \tag{13.1}$$

其中，$\overline{\hat{\theta}^*} = 1/B\sum_{b=1}^{B}\hat{\theta}_b^*$ 是 B 个自抽样估计值的均值。

$\hat{\mathrm{V}}\mathrm{ar}_{\mathrm{Boot}}(\hat{\theta})$ 的平方根表示为 $\mathrm{se}_{\mathrm{Boot}}(\hat{\theta})$，它被称为 $\hat{\theta}$ 的标准误的自抽样估计值。一些作者更准确地称它为 $\hat{\theta}$ 的自抽样标准误，或者 $\hat{\theta}$ 的标准差的自抽样估计值，因为“标准误”这个术语就是估计的标准差。

13.2.2 自抽样法

之所以使用自抽样法的复数形式（boot strap methods），是因为不存在单一的自抽样。正如已经提到过的,使用自抽样可以得到许多不同统计量的分布。要得到自抽样的再抽样样本有几种不同的方法,甚至对于给定的统计量和自抽样的再抽样方法而言,也有不同的执行方法。

最简单的自抽样就是执行标准的渐近精炼的方法。在微观计量经济学中,自抽样最常使用的是标准误的估计,更为复杂的自抽样就是执行更加精炼的渐近方法。

13.2.3 渐近精炼

研究一个统计量,例如一个单一约束条件的 Wald 检验统计量。使用渐近方法来得到这个统计量的累积分布函数的近似值。对于具有基于传统一阶根 N 次精炼的有限正态分布的一个统计量,近似的误差本身就是一个极限,它是 $N^{-1/2}$ 的倍数(所以当 $N\to\infty$ 时,误差消失)。例如,名义检验水平为 0.05 的单侧检验的真实检验水平是 $0.05+O(N^{-1/2})$,其中,$O(N^{-1/2})$就是一个常数除以$\sqrt{N}$。

带有精炼的渐近方法有近似误差,这个误差会以更快的速度消失。特别是,具有渐近精炼的自抽样能执行二阶渐近,这会产生渐近误差,这个误差表现为 N^{-1} 的倍数。所以名义检验水平为 0.05 的单侧检验的真实检验水平是 $0.05+O(N^{-1})$。这种改进只是渐近的,并且不能保证它在小样本中也存在。但是模拟研究通常发现:这种改进也存在于小样本中。

我们第 13.3.6—13.3.8 节中介绍了具有渐近精炼的置信区间以及在第 13.5 节中的假设检验和具有渐近精炼的置信区间。

13.2.4 谨慎使用自抽样

在应用自抽样的过程中需要谨慎,因为很容易误用。例如,一种可能常用的方法就是使用(13.1)式中的公式来计算 $se(\hat{\theta})$。例如,如果观测值实际上相关时,而自抽样的再抽样方法假设观测值是相互独立的,则这种估计值是不一致的估计值。并且在某些情况下,$\mathrm{Var}(\hat{\theta})$并不存在,即使使用渐近精炼。则 $se(\hat{\theta})$就是估计一个不存在的标准差。

本章介绍的自抽样假设观测值之间或者观测值的聚类之间是相互独立的。如果观测值被合并成不同的聚类,这些聚类之间是相互独立的,且在这些聚类之间进行自抽样,则这种抽样可以允许通过聚类所导致的相互依赖。那么本章给出的自抽样命令应该包括 cluster(varlist)选项,其中,varlist 定义聚类变量。另外可能需要 idcluster(newvar)选项,见第 13.3.5 节。

自抽样也假设估计量是一个平滑的估计量,这个估计量是 N 的根的一致估计量,并且它服从渐近的正态分布。在比这更复杂的情况中能应用到自抽样的一些变形,但是我们应该首先阅读相关的期刊文章。特别是,对于非平滑估计量和非独立数据而言,需要小心带有非参数组成部分的估计量。

Stata 默认地将自抽样的重复抽样的次数设置得很低,以此来减少计算的时间。这些值可能适合于探索性数据分析,但是对于要发表的结果而言,应该对这些值进行大幅度地提高,见第 13.3.4 节。并且对于要发表的结果,应该使用 set seed 命令设置种子来启动重复抽样,而不是由计算机时钟来决定重复抽样次数。

13.3 使用 vce(bootstrap)选项的自抽样配对法

自抽样最常见的使用是得到一个估计量标准误的一致估计,这个估计量不具有渐近精炼。因为所使用的是标准的 Stata 估计命令,所以使用 vce(bootstrap)选项能简单地做到这一点。

13.3.1 使用自抽样配对法估计 VCE

用 $\mathbf{w}_i$ 来定义第 i 个观测值的所有数据。更为通常的是,$\mathbf{w}_i=(y_i,\mathbf{x}_i)$,其中,y 是一个标量形式的被解释变量,并且 x 是一个向量形式的解释变量。更为常见的是,$\mathbf{w}_i=(\mathbf{y}_i,\mathbf{x}_i,\mathbf{z}_i)$,其中,这里可能有几个被解释变量,并且 **z** 是工具变量。我们假设 $\mathbf{w}_i$ 在不同的 i 之间是相互独立的。

Stata 使用下列自抽样配对法的算法:

(1)将步骤(a)和(b) 独立地重复 B 次:

(a)从原始数据 $\mathbf{w}_1,\cdots,\mathbf{w}_N$ 中通过重复抽样得到一个样本容量为 N 的自抽样样本。用 $\mathbf{w}_1^*,\cdots,\mathbf{w}_N^*$ 来表示自抽样样本。

(b)计算以 $\mathbf{w}_1^*,\cdots,\mathbf{w}_N^*$ 为基础 $\boldsymbol{\theta}$ 的估计值 $\hat{\boldsymbol{\theta}}^*$。

(2)给定 B 个自抽样估计值,将其表示为 $\hat{\boldsymbol{\theta}}_1^*,\cdots,\hat{\boldsymbol{\theta}}_B^*$,估计量的方差—协方差(VCE)矩阵的自抽样估计值是:

$$\hat{V}_{\text{Boot}}(\hat{\boldsymbol{\theta}})=\frac{1}{B-1}\sum_{b=1}^{B}(\hat{\boldsymbol{\theta}}_b^*-\overline{\hat{\boldsymbol{\theta}}}^*)(\hat{\boldsymbol{\theta}}^*-\overline{\hat{\boldsymbol{\theta}}}^*)'$$

其中,$\overline{\hat{\boldsymbol{\theta}}}^*=B^{-1}\sum_{b=1}^{B}\hat{\boldsymbol{\theta}}_b^*$。

那么,$\hat{\theta}$ 的第 j 个估计值相应的标准误的估计值就是:

$$\text{se}_{\text{Boot}}(\hat{\boldsymbol{\theta}}_j)=\{\hat{V}_{\text{Boot},jj}(\hat{\boldsymbol{\theta}})\}^{1/2}$$

自抽样方法使用的再抽样的区别就在于每个观测值的发生的次数不同。例如,第一个观测值在第一个自抽样样本中可能出现两次,在第二个自抽样样本中出现零次,在第三个自抽样样本中出现一次,在第四个自抽样样本中出现一次,以此类推。

这种方法被称为自抽样配对法或者配对的自抽样法,因为在最简单的个体 $\mathbf{w}_i=(y_i,\mathbf{x}_i)$ 中,再抽样的配对是$(y_i,\mathbf{x}_i)$。所以,它被称为个体自抽样法,因为第 i 个个体的所有数据都是再抽样得到的。它也被称为非参数自抽样法,因为并没有使用给定 $\mathbf{x}_i$ 时 y_i 的条件分布的信息。对于横截面估计的命令,这个自抽样所给出的标准误与当 $B\rightarrow\infty$ 时使用 vce(robust)选项得到的标准误是相同的,除了由于因样本容量 N 很大时而对自由度校正所可能产生的差异。

这种自抽样法容易适用于聚类自抽样。那么 $\mathbf{w}_i$ 变成 $\mathbf{w}_c$,其中,$C=1,\cdots,C$ 是 C 个聚类中的每一个聚类,数据在 C 之间是相互独立的,在聚类之间进行再抽样,并且自抽样方法的再抽样样本容量为 C 个聚类。

13.3.2 vce(bootstrap)选项

对于大多数 Stata 横截面估计命令,使用下列估计量命令选项执行自抽样配对法,可以得到 VCE 的估计值。

vce(bootstrap [, bootstrap_options])

我们在第 13.4.1 节中列出了许多选项,并对下列例子中的一些选项进行举例说明。

一些面板数据估计命令也可以使用 vce(bootstrap)选项。自抽样实际上是个体 i 之间的聚类自抽样,而不是个体观测值(i,t)之间的自抽样。

13.3.3 自抽样标准误的例子

我们使用与第 10 章中看医生次数(变量 docvis)相同的数据来演示自抽样法,不同的是我们只使用一个解释变量(变量 chronic),而且只使用了前 50 个观测值。这可以使输出结果更加简短,减少了计算时间,把注意力集中在一个小样本中,从渐近精炼中所获得的好处可能会更大。

```
. * Sample is only the first 50 observations of chapter 10 data
. use mus10data.dta

. quietly keep if year02 == 1

. quietly drop if _n > 50

. quietly keep docvis chronic age

. quietly save bootdata.dta, replace
```

分析的样本保存为 bootdate.dta,在本章中会多次使用这个样本。

对于标准误的计算,我们设定自抽样重复抽样的次数为 400。我们有:

```
. * Option vce(bootstrap) to compute bootstrap standard errors
. poisson docvis chronic, vce(boot, reps(400) seed(10101) nodots)

Poisson regression                              Number of obs      =        50
                                                Replications       =       400
                                                Wald chi2(1)       =      3.50
                                                Prob > chi2        =    0.0612
Log likelihood = -238.75384                     Pseudo R2          =    0.0917
```

docvis	Observed Coef.	Bootstrap Std. Err.	z	P>|z|	Normal-based [95% Conf.	Interval]
chronic	.9833014	.5253149	1.87	0.061	-.0462968	2.0129
_cons	1.031602	.3497212	2.95	0.003	.3461607	1.717042

实际上,这里的输出结果与使用标准误估计的其他方法所得到的输出结果是相同的。然而,标准误在数量上发生了变化,这导致产生了不同的检验统计量、z 值和 p 值。对于变量 chronic 而言,标准误 0.525 与下节的 estimates table 命令的结果的最后一行中所给出的稳健估计 0.515 是相似的。这两种标准误都控制了泊松模型中数据的过度离散,并且比 poisson 命令默认的标准误要大。

13.3.4 有多少次自抽样?

为了使计算时间最小化,Stata 默认执行 50 次自抽样重复抽样。在模型循环的时候，这个值可能是有用的，但是对于要在论文中给出的最后结果而言，这个值太低了。

Efron 和 Tibshirani(1993,52)认为，对于标准误估计而言，“通常 $B=50$ 是足够的，它就能给出一个好的估计结果”，同时还认为“比 $B=200$ 还要大的重复抽样很少使用”。一些其他的研究认为进行比这个次数更多的自抽样。Andrews 和 Buchinsky(2000)证明：$B=384$时 $\hat{\theta}$ 的标准误的自抽样估计值在 $B=\infty$时所得的 $\hat{\theta}$ 的标准误的自抽样估计值的 10%之内的概率是 0.95，在这个特例中，$\hat{\theta}$ 没有过高的峰度。当使用自抽样来估计标准误时，我们选择使用 $B=400$。要执行 Andrew 和 Buchinsky(2000)的这种方法，就需要使用用户编写的 bssize 命令(Poi 2004)来执行这种计算。

通常需要使 B 的值更大，这是因为要使用自抽样，而不是为了标准误的估计。为了在 α 水平或者 $100(1-\alpha)\%$水平上对置信区间进行检验，选择 B 使 $\alpha(B+1)$ 等于一个整数的理由有很多。在后续的分析中，当 $\alpha=0.05$ 时，我们使用 $B=999$ 对置信区间和原假设进行检验。

为了研究自抽样的次数对标准误估计的影响，下面对使用两种不同种子的结果进行对比，其中一种是只有很少次自抽样，即 $B=50$；另一种是很多次的自抽样，即 $B=2000$。我们也介绍使用 vce(robust)选项来得到稳健标准误。我们有：

```
. * Bootstrap standard errors for different reps and seeds
. quietly poisson docvis chronic, vce(boot, reps(50) seed(10101))

. estimates store boot50

. quietly poisson docvis chronic, vce(boot, reps(50) seed(20202))

. estimates store boot50diff

. quietly poisson docvis chronic, vce(boot, reps(2000) seed(10101))

. estimates store boot2000

. quietly poisson docvis chronic, vce(robust)

. estimates store robust

. estimates table boot50 boot50diff boot2000 robust, b(%8.5f) se(%8.5f)
```

Variable	boot50	boot50~f	boot2000	robust
chronic	0.98330	0.98330	0.98330	0.98330
	0.47010	0.50673	0.53479	0.51549
_cons	1.03160	1.03160	1.03160	1.03160
	0.39545	0.32575	0.34885	0.34467

legend: b/se

对比两次 $B=50$，但是种子不同的重复抽样，变量 chronic 的标准差有 5%的差别(0.470 比 0.507)。对于 $B=2000$，自抽样标准误依然不同于稳健标准误(0.535 比0.515)，部分原因在于在计算稳健标准误的过程中，使用了 $N/(N-K)$，其中 $N=50$。

13.3.5 聚类的自抽样

对于横截面估计命令,vce(bootstrap)选项可以执行一个配对的自抽样,它假设 i 之间是相互独立的。通过对个体观测值的重复抽样,可以得到自抽样的样本。

相反,数据可能是聚类数据,它的观测值在聚类内部是相关的,在聚类之间是相互独立的。vce(bootstrap,cluster(*varlist*))选项执行聚类的自抽样,它从聚类中进行重复抽样。如果有 C 个聚类,那么自抽样的再抽样样本就有 C 个聚类。这可能意味着,观测值 $N=\sum_{c=1}^{C} N_c$ 的数量可能在自抽样样本中发生变化,但这并不是个问题。

例如,

```
. * Option vce(boot, cluster) to compute cluster-bootstrap standard errors
. poisson docvis chronic, vce(boot, cluster(age) reps(400) seed(10101) nodots)

Poisson regression                              Number of obs      =        50
                                                Replications       =       400
                                                Wald chi2(1)       =      4.12
                                                Prob > chi2        =    0.0423
Log likelihood = -238.75384                     Pseudo R2          =    0.0917

                                   (Replications based on 26 clusters in age)
```

docvis	Observed Coef.	Bootstrap Std. Err.	z	P>|z|	Normal-based [95% Conf.	Interval]
chronic	.9833014	.484145	2.03	0.042	.0343947	1.932208
_cons	1.031602	.303356	3.40	0.001	.4370348	1.626168

β_{chronic}的标准误的聚类配对自抽样估计值是 0.484,它与使用没有聚类的自抽样所得到的 0.525 近似。相反,如果使用 vce(cluster age)选项,我们得到常见的(非自抽样)聚类—稳健标准误,标准误的聚类估计值是 0.449。在实践中,与这个例子不同,聚类—稳健标准误比没有控制聚类的标准误要大得多。

在计算估计量的过程中,一些应用使用了聚类的识别符。例如,假设把特定的聚类指示变量包含在解释变量中。例如,通过使用 xi 前缀和解释变量 i.*id* 就能够这么做,其中,*id* 是聚类的识别符。如果原始样本中的第一个聚类在聚类—自抽样的样本中出现两次,则在这个样本中,聚类的虚拟变量不为 0,就会出现两次,而不是一次,同时,聚类虚拟变量对这个样本中的每个观测值不是唯一的。相反,对于自抽样获得的样本,我们应该定义一套新的 C 个不同聚类的虚拟变量,其中每个非零的虚拟变量正好出现一次。idcluster(*newvar*)选项可以实现这种操作,它创建了一个新的变量,它为自抽样聚类中的每个观测值分配了唯一的识别符。这对有固定效应估计量(包括有固定效应面板数据的估计量)的估计具有特别重要的作用。

对于一些 xt 命令,vce(bootstrap)选项可以切实执行聚类的自抽样,因为在面板设置中假设存在这个聚类,并且 xt 命令要求设定聚类识别符。

13.3.6 自抽样的置信区间

在执行了带有 vce(bootstrap)选项的命令之后,其输出结果包括了 θ"基于正态分布"的 95%的置信区间,它等于:

$$[\hat{\theta}-1.96\times \mathrm{se}_{\mathrm{Boot}}(\hat{\theta}),\hat{\theta}+1.96\times \mathrm{se}_{\mathrm{Boot}}(\hat{\theta})]$$

并且它是一个标准的 Wald 渐近置信区间,除非使用自抽样来计算标准误。

使用下节定义的估计后的 estat bootstrap 命令,可以另外得到置信区间。

百分位数方法使用 B 次自抽样估计值 $\hat{\theta}_1^*,\cdots,\hat{\theta}_B^*$ 的经验分布的相关百分位数。尤其是,θ 的 95%的百分位数置信区间为:

$$[\hat{\theta}_{0.025}^*,\hat{\theta}_{0.975}^*]$$

θ 的估计值是在 $\hat{\theta}_1^*,\cdots,\hat{\theta}_B^*$ 的第 2.5 个百分位数到第 97.5 个百分位数的范围内变化。这个置信区间的优点是,它在 $\hat{\theta}$ 周围是渐近的,并且当 θ 单调变化时,这个置信区间是不变的。与以正态分布为基础的置信区间相似,它不提供渐近精炼,但是在理论上仍然有理由证实它提供了一个比基于正态分布的置信区间更渐近的置信区间。

偏误校正(BC)方法是百分位数法的一个修正,它把有限样本偏误的自抽样估计值包含在 $\hat{\theta}$ 中。例如,如果估计量是向上偏误的(可以用估计中位数的偏误来度量),则置信区间向左移动。因此,如果估计值 $\hat{\theta}_1^*,\cdots,\hat{\theta}_B^*$ 的 40%(而不是 50%)比 $\hat{\theta}$ 少,则 BC 的 95%的置信区间可能使用 $[\hat{\theta}_{0.007}^*,\hat{\theta}_{0.927}^*]$,而不是 $[\hat{\theta}_{0.025}^*,\hat{\theta}_{0.975}^*]$。

加速的偏误校正(BCa)的置信区间是对 BC 方法的一个调整,它增加了一个“加速”的成分,允许 $\hat{\theta}$ 的渐近方差随着 θ 的变化而变化。这要求使用刀切法,这样会增加大量的计算时间,并且对于所有的估计量而言这是不可能的。BC 和加速的偏误校正(BCa)的置信区间的公式见[R]**bootstrap** 以及一些专著,如 Efron 和 Tibshirani(1993,185),Davison 和 Hinkley(1997,2004)。

加速的偏误校正(BCa)的置信区间比其他的置信区间更具有理论上的优势,它提供一个渐近精炼。所以与其他方法的置信区间覆盖率 $0.95+O(N^{-1/2})$ 相比,加速的偏误校正(BCa)的 95%的置信区间的覆盖率为 $0.95+O(N^{-1})$。

百分位数-t 方法也提供相同的渐近精炼。estat bootstrap 命令不提供百分位数-t 的置信区间,但是使用 bootstrap 命令能得到这些置信区间,正如我们在第 13.5.3 节中证明的那样。因为它是基于百分位数的,所以加速的偏误校正(BCa)的置信区间对于 B 的单调转换是不变的,然而百分位数-t 的置信区间则是变化的。否则,就没有强烈的理论依据使得人们偏好于使用这一种方法,而不是其他的方法。

13.3.7 估计后的 estat bootstrap 命令

在执行带有 vce(bootstrap)选项的估计命令之后,或者在执行 bootstrap 命令之后,可使用 estat bootstrap 命令。estat bootstrap 的语法是:

estat bootstrap [,*options*]

其中,选项包括:normal 选项用于计算基于正态分布的置信区间,percentile 选项用于计算基于百分位数的置信区间,bc 选项用于计算 BC 置信区间和 bca 选项用于计算加速的偏误校正(BCa)的置信区间。为了使用 bca 选项,前面的自抽样必须选择 bca 选项,这样来执行必要的额外刀切法计算。all 选项提供一切可用的置信区间。

13.3.8 自抽样置信区间的例子

我们得到泊松例子的这些不同的置信区间。为了得到加速的偏误校正(BCa)的置信区间,原始的自抽样需要包含 bca 选项。为了提高自抽样的速度,在数据设置中,我们应该只包含必要的变量。为了保证自抽样的精确度,我们设置 $B=999$。我们有:

```
. * Bootstrap confidence intervals: normal-based, percentile, BC, and BCa
. quietly poisson docvis chronic, vce(boot, reps(999) seed(10101) bca)

. estat bootstrap, all

Poisson regression                              Number of obs      =        50
                                                Replications       =       999

------------------------------------------------------------------------------------------
             |    Observed               Bootstrap
      docvis |       Coef.       Bias    Std. Err.  [95% Conf. Interval]
-------------+----------------------------------------------------------------------------
     chronic |   .98330144  -.0244473   .54040762    -.075878    2.042481   (N)
             |                                      -.1316499    2.076792   (P)
             |                                      -.0820317    2.100361  (BC)
             |                                      -.0215526    2.181476 (BCa)
       _cons |   1.0316016  -.0503223   .35257252    .3405721    1.722631   (N)
             |                                       .2177235    1.598568   (P)
             |                                       .2578293    1.649789  (BC)
             |                                       .3794897    1.781907 (BCa)
------------------------------------------------------------------------------------------
(N)    normal confidence interval
(P)    percentile confidence interval
(BC)   bias-corrected confidence interval
(BCa)  bias-corrected and accelerated confidence interval
```

β_{chronic} 的置信区间分别是[−0.08,2.04]、[−0.13,2.08]、[−0.08,2.10]和[−0.02,2.18]。这些区间的差别并不大。只有基于正态分布的置信区间是关于 $\hat{\beta}_{\text{chronic}}$ 对称的。

13.3.9 有偏估计的自抽样

假设估计量 $\hat{\theta}$ 是 θ 的有偏估计量。设 $\overline{\hat{\theta}}^*$ 是 B 个自抽样估计值的均值,并且 $\hat{\theta}$ 是来自于原始模型中的估计量。值得注意的是,$\overline{\hat{\theta}}^*$ 不是 θ 的一个非有偏估计值。相反,差 $\overline{\hat{\theta}}^*-\hat{\theta}$ 提供了估计量 $\hat{\theta}$ 的有偏的自抽样估计值。自抽样将数据生成过程(DGP)的值视为 $\hat{\theta}$,并且 $\overline{\hat{\theta}}^*$ 被看作是给出 DGP 值时的估计量的均值。

我们在下面列出 e(b_bs),这包含自抽样估计值的均值。

```
. * List the average of the bootstraps
. matrix list e(b_bs)

e(b_bs)[1,2]
        docvis:     docvis:
       chronic       _cons
y1   .95885413    .9812793
```

上面的输出结果表明 $\overline{\hat{\theta}}^*=0.95885413$,并且 estat bootstrap,all 命令的输出结果表明 $\hat{\theta}=0.98330144$。那么有偏的自抽样估计值是 −0.02444731,这是在 estat bootstrap, all 命令的输出结果中报告出来的。因为 $\hat{\theta}=0.98330144$，向下偏误了0.02444731，所以我们必须反过来加上这个偏误，得到 θ 的 BC 估计值，即 $0.98330144+0.02444731=1.0077$。然而，我们没有使用这种 BC 估计值，因为平均偏误的自抽样估计值是一个有噪音的估计值，见 Efron 和 Tibshirani(1993,138)。

13.4 使用 bootstrap 命令的自抽样配对法

我们能将 bootstrap 命令广泛地应用到 Stata 命令中，例如非估计命令、用户编写命令、两阶段估计量和不带有 vce(bootstrap)选项的 Stata 估计量。在这么做之前，用户应该证实估计量是否适合应用于自抽样，见第 13.2.4 节。

13.4.1 bootstrap 命令

bootstrap 的语法是：

bootstrap *explist* [,*options eform_option*]: *command*

能进行自抽样的命令可能是估计命令、其他命令(例如 summarize)，或者用户编写的命令。参数 *explist* 提供需要进行自抽样的数量和次数。可以使用一个或者多个表达式，也可以使用给定的名称 [因此 *newvarname*=(*exp*)]。

对于估计的命令，不将 *explist* 或者设定 *explist* 设定为_b 会导致参数估计值的自抽样。相反，设定 *explis* 为_se 会导致参数估计值的标准误的自抽样。因此 bootstrap: poisson y x 命令是对参数估计值进行自抽样，bootstrap _b:poisson y x 命令也是这样的。相反，bootstrap _se:poisson y x 命令是对标准误进行自抽样。bootstrap _b[x]: poisson y x 命令只对 x 的系数进行自抽样，且不对截距项的系数进行自抽样。bootstrap _bx=_b[x]:poisson y x 命令也同样这么做，每次自抽样的结果都储存在变量 bx 中，而不是储存在默认名为_bs_1 的变量中。

选项包括：rep(#)选项设定了自抽样重复抽样的次数；seed(#)选项设定了随机数生成器种子值来实现重复抽样；nodots 选项压缩了从每次自抽样重复抽样中产生的点；如果在聚类之间进行自抽样，就需要使用 cluster(*varlist*)选项；如果是一些聚类的自抽样，就需要使用 idcluster(*newvar*)选项(见第 13.3.5 节)；对于 group(*varname*)选项，它可能需要和 idcluster()选项一起使用；如果在分层之间进行自抽样，就需要使用 strata(*varlist*)选项；size(#)选项设定了抽样样本的容量为#；bca 选项计算了加速偏误校正(BCa)置信区间的加速范围；saving()选项将每次自抽样迭代的结果保存在一个文件中。eform_option 选项执行了对 e^{θ} 的自抽样，而不是对 θ 的自抽样。

如果把 bootstrap 应用到除了 Stata 的估计命令之外的一些命令中，它就会产生一个警告信息。例如，下面用户编写的 poissrobust 命令会产生一个警告信息：

```
Warning:   Since poissrobust is not an estimation command or does not set
           e(sample), bootstrap has no way to determine which observations are
           used in calculating the statistics and so assumes that all
           observations are used.  This means no observations will be excluded
           from the resampling because of missing values or other reasons.

           If the assumption is not true, press Break, save the data, and drop
           the observations that are to be excluded.   Be sure that the dataset
           in memory contains only the relevant data.
```

我们知道，在下面例子中这并不是个问题，并且我们想要使输出结果最小化，所以我们使用 nowarm 选项来压缩这个提醒。

bootstrap 命令的输出结果包括我们所感兴趣统计量的标准误自抽样估计值和相关的基于正态分布的 95%的置信区间。在执行 bootstrap 命令之后，使用 estat bootstrap 命令，可以计算出其他的更好的置信区间。为了使得结果更加简单明确，我们并不在下面例子中得出其他更好的置信区间。

13.4.2 使用 Stata 估计命令计算参数的自抽样估计值

很容易地将 bootstrap 命令应用到一个已有的 Stata 估计命令中。它给出的结果与直接使用带有 vce(bootstrap)选项的 Stata 估计命令给出的结果完全相同，如果这个选项是可用的，就要使用相同的 B 值和种子。

我们用看医生的次数来举例说明这一点。因为我们对来自估计命令中的参数估计值进行自抽样，所以不必提供 *explist*。

```
. * Bootstrap command applied to Stata estimation command
. bootstrap, reps(400) seed(10101) nodots noheader: poisson docvis chronic
```

docvis	Observed Coef.	Bootstrap Std. Err.	z	P>|z|	Normal-based [95% Conf.	Interval]
chronic	.9833014	.5253149	1.87	0.061	-.0462968	2.0129
_cons	1.031602	.3497212	2.95	0.003	.3461607	1.717042

这些结果与第 13.3.3 节中使用带有 vce(bootstrap)选项的 poisson 命令所得到的结果是完全相同的。

13.4.3 用 Stata 估计命令计算自抽样标准误

$\hat{\theta}$ 不是 θ 的准确估计值，$\mathrm{se}(\hat{\theta})$ 也不是估计量 $\hat{\theta}$ 的标准差的准确估计值。我们研究标准误 $\mathrm{se}(\hat{\theta})$ 的自抽样，以此来得出 $\mathrm{se}(\hat{\theta})$ 的标准误的估计值。

我们对系数和它们的标准误进行自抽样。我们有：

```
. * Bootstrap standard-error estimate of the standard error of a coeff estimate
. bootstrap _b _se, reps(400) seed(10101) nodots: poisson docvis chronic

Bootstrap results                               Number of obs      =        50
                                                Replications       =       400
```

	Observed Coef.	Bootstrap Std. Err.	z	P>|z|	Normal-based [95% Conf.	Interval]
docvis						
chronic	.9833014	.5253149	1.87	0.061	-.0462968	2.0129
_cons	1.031602	.3497212	2.95	0.003	.3461607	1.717042
docvis_se						
chronic	.1393729	.0231223	6.03	0.000	.094054	.1846917
_cons	.0995037	.0201451	4.94	0.000	.06002	.1389875

自抽样表明，在 $\mathrm{se}(\hat{\beta}_{\mathrm{chronic}})$ 中存在相当大的噪声，并且它所估计的标准误为 0.023，95%的置信区间为[0.09,0.18]。

理论上，$\hat{\beta}$ 的自抽样标准误在这里为 0.525，这个值本应该接近于 se($\hat{\beta}$) 的自抽样均值 0.139。但是实际上它们是非常不同的，它清晰地表明获得 se($\hat{\beta}_{\text{chronic}}$) 的方法中存在着问题。这个问题就是，在上面的 poisson 命令中使用了默认的泊松标准误，同时如果数据是过度离散的，则这些标准误是非常不好的。如果使用 oisson 命令和 vce(robust) 选项重复上述操作，这个差异就会消失。

13.4.4 使用用户编写估计命令计算自抽样标准误

继续前面的例子，在泊松回归之后，我们想要得出稳健标准误的估计值。使用带有 vce(robust) 选项的 poisson 命令能得到这个估计值。相反，我们可以使用另一种方法，这种方法能应用于广泛的模型设定中。

我们编写一个名为 poissrobust 的程序，它把泊松极大似然估计量(MLE)的估计值返回到 b 中，并把泊松 MLE 的 VCE 稳健估计值返回到 v 中。然后再把 bootstrap 命令应用到 poissrobust 命令中，而不是将这个命令应用到 poisson, vce(robust) 命令中。

因为我们想把估计结果返回到 e 和 V 中，所以程序必须是 e 级的。该程序是：

```
* Program to return b and robust estimate V of the VCE
program poissrobust, eclass
  version 11
  tempname b V
  poisson docvis chronic, vce(robust)
  matrix `b' = e(b)
  matrix `V' = e(V)
  ereturn post `b' `V'
end
```

接下来最好是检查程序，输入命令：

```
. * Check preceding program by running once
. poissrobust
. ereturn display
```

被省略的输出结果和 poisson, vce(robust) 命令的输出结果是相同的。

我们接下来进行 400 次自抽样。se($\hat{\theta}$) 标准误自抽样估计值是 se($\hat{\theta}$) B 值的标准差。我们有：

```
. * Bootstrap standard error estimate of robust standard errors
. bootstrap _b _se, reps(400) seed(10101) nodots nowarn: poissrobust

Bootstrap results                               Number of obs      =        50
                                                Replications       =       400
```

	Observed Coef.	Bootstrap Std. Err.	z	P>|z|	Normal-based [95% Conf.	Interval]
docvis						
chronic	.9833014	.5253149	1.87	0.061	-.0462968	2.0129
_cons	1.031602	.3497212	2.95	0.003	.3461607	1.717042
docvis_se						
chronic	.5154894	.0784361	6.57	0.000	.3617575	.6692213
_cons	.3446734	.0613856	5.61	0.000	.2243598	.464987

在稳健标准误中存在相当大的噪声，se($\hat{\beta}_{\text{chronic}}$)的标准误为 0.078，95%的置信区间为[0.36，0.67]。这个置信区间的上界大约是其下界的两倍，默认的标准误也是这种情况。在其他的例子中，稳健标准误比默认标准误要更不精确。

13.4.5 自抽样两阶段估计量

前面的方法将 bootstrap 命令应用到一个用户编写的估计命令中，这种方法也能应用到一个两阶段估计量中。

例如，$\hat{\beta}$ 连续的两阶段估计量部分依赖于一致的一阶段估计量 $\hat{\alpha}$。在一些例子中，尤其是可行的广义最小二乘法(FGLS)，其中，$\hat{\alpha}$ 是误差方差参数，在 $\hat{\alpha}$ 中，我们能忽略任何估计误差来进行常规的推断。然而通常 $\hat{\beta}$ 的渐近分布将依赖于 $\hat{\alpha}$ 的渐近分布。渐近结果存在，这证明了两阶段估计量的经典例子的渐近正态性，并且提供了 Var($\hat{\beta}$)的常用公式。但是这个公式通常是复杂的，它在理论上和在执行中都是复杂的。一个更简单的方法是使用自抽样，如果两阶段估计量确实是已知的，且它服从渐近正态分布，这个方法就是有效的。

一个经典的例子就是在选择模型中的 Heckman 的两阶段估计量，见第 16.6.4 节。在这里使用的例子与第 16 章相同。我们首先读入数据，并产生被解释变量 dy，用 xlist 命令给出解释变量。

```
. * Set up the selection model two-step estimator data of chapter 16
. use mus16data.dta, clear

. generate y = ambexp

. generate dy = y > 0

. generate lny = ln(y)
(526 missing values generated)

. global xlist age female educ blhisp totchr ins
```

下列的程序得到 Heckman 的两阶段估计量：

```
* Program to return b for Heckman 2-step estimator of selection model
program hecktwostep, eclass
  version 11
  tempname b V
  tempvar xb
  capture drop invmills
  probit dy $xlist
  predict `xb', xb
  generate invmills = normalden(`xb')/normprob(`xb')
  regress lny $xlist invmills
  matrix `b' = e(b)
  ereturn post `b'
end
```

单独输入 hecktwostep 命令能检查这个程序。这产生了与第 16.6.4 节中相同的参数估计值。这个 β 定义了解释变量的第二阶段回归的系数和逆 Mill 比率。逆 Mill 比率取决于第一阶段 probit 参数的估计值 $\hat{\alpha}$。因为上面的程序不能控制 $\hat{\alpha}$ 的随机性，在执行 hecktwostep 命令之后得到的标准误与第 16.6.4 节中给出的正确标准误并不相同。

为了得到控制了两阶段估计量的正确标准误，我们进行自抽样。

```
. * Bootstrap for Heckman two-step estimator using chapter 16 example
. bootstrap _b, reps(400) seed(10101) nodots nowarn: hecktwostep

Bootstrap results                          Number of obs      =       3328
                                           Replications       =        400

------------------------------------------------------------------------------
             |   Observed   Bootstrap                         Normal-based
             |      Coef.   Std. Err.      z    P>|z|     [95% Conf. Interval]
-------------+----------------------------------------------------------------
         age |    .202124   .0233969     8.64   0.000     .1562671     .247981
      female |   .2891575   .0704133     4.11   0.000     .1511501    .4271649
        educ |   .0119928   .0114104     1.05   0.293    -.0103711    .0343567
      blhisp |  -.1810582   .0654464    -2.77   0.006    -.3093308   -.0527856
     totchr  |   .4983315   .0432639    11.52   0.000     .4135358    .5831272
         ins |  -.0474019    .050382    -0.94   0.347    -.1461488     .051345
    invmills |  -.4801696    .291585    -1.65   0.100    -1.051666    .0913265
       _cons |   5.302572   .2890579    18.34   0.000     4.736029    5.869115
------------------------------------------------------------------------------
```

上述的标准误在第 16 章中给出的标准误(它是以解析解为基础的)5%的范围之内。

13.4.6 自抽样的 Hausman 检验

在第 12.7.5 节中介绍的 Hausman 检验统计量是：

$$\text{在 } H_0 \text{ 成立的条件下}, H = (\hat{\boldsymbol{\theta}} - \tilde{\boldsymbol{\theta}})' \{\hat{V}(\hat{\boldsymbol{\theta}} - \tilde{\boldsymbol{\theta}})\}^{-1} (\hat{\boldsymbol{\theta}} - \tilde{\boldsymbol{\theta}}) \overset{a}{\sim} \chi^2(h)$$

其中，$\hat{\boldsymbol{\theta}}$ 和 $\tilde{\boldsymbol{\theta}}$ 是 $\boldsymbol{\theta}$ 的不同的估计量。

要标准地执行 Hausman 检验就必须包含在第 12.7.5 节中介绍的 hausman 命令，这要求在 H_0 假设下，在两个估计量中有一个必须是充分有效的。这样一来进行了大量的简化，因为如果 $\hat{\boldsymbol{\theta}}$ 在 H_0 下是充分有效的，那么 $\text{Var}(\hat{\boldsymbol{\theta}}-\tilde{\boldsymbol{\theta}})=\text{Var}(\tilde{\boldsymbol{\theta}})-\text{Var}(\hat{\boldsymbol{\theta}})$。对于一些以似然为基础的估计量，为了得到一致性的估计，有必要进行正确的模型设定，并且在那种情况下，估计量也是充分有效的。但是通常，标准的可行的做法是不要求估计量是有效的。尤其是，如果使用稳健标准误是合理的，那么估计量不是充分有效的。

可以使用自抽样来估计 $\text{Var}(\hat{\boldsymbol{\theta}}-\tilde{\boldsymbol{\theta}})$，不需要假设估计量中的有一个在 H_0 假设下是充分有效的。B 次重复抽样产生了 $\hat{\boldsymbol{\theta}}$ 和 $\tilde{\boldsymbol{\theta}}$ 的估计量，以及 $\hat{\boldsymbol{\theta}}-\tilde{\boldsymbol{\theta}}$ 的估计量。我们估计具有 $(1/B-1)\sum_b (\hat{\theta}_b-\tilde{\theta}_b-\bar{\theta}_{\text{diff}}{}^*)(\hat{\theta}_b-\tilde{\theta}_b-\bar{\theta}_{\text{diff}}{}^*)'$ 的 $\text{Var}(\hat{\theta}-\tilde{\theta})$，其中，$\bar{\theta}^*_{\text{diff}} = 1/B \sum_b(\hat{\theta}_b-\tilde{\theta}_b)$。

例如，我们对一个解释变量的内生性进行 Hausman 检验，这个检验是以比较工具变量和普通最小二乘(OLS)估计为基础的。H 的大值会导致拒绝所有解释变量是内生的这一原假设。

下列程序是为在第 6.3.6 节中介绍的两阶段最小二乘的例子而编写的。

```
* Program to return (b1-b2) for hausman test of endogeneity
program hausmantest, eclass
  version 11
  tempname b bols biv
  regress ldrugexp hi_empunion totchr age female blhisp linc, vce(robust)
  matrix `bols' = e(b)
  ivregress 2sls ldrugexp (hi_empunion = ssiration) totchr age female blhisp linc, vce(rob
> ust)
  matrix `biv' = e(b)
  matrix `b' = `bols' -`biv'
  ereturn post `b'
end
```

能通过单独输入 hausmantest 命令来检查这个程序。

接下来我们运行自抽样。

```
. * Bootstrap estimates for Hausman test using chapter 6 example
. use mus06data.dta, clear

. bootstrap _b, reps(400) seed(10101) nodots nowarn: hausmantest

Bootstrap results                              Number of obs      =     10391
                                               Replications       =       400
```

	Observed Coef.	Bootstrap Std. Err.	z	P>|z|	Normal-based [95% Conf.	Interval]
hi_empunion	.9714701	.2396239	4.05	0.000	.5018158	1.441124
totchr	-.0098848	.00463	-2.13	0.033	-.0189594	-.0008102
age	.0096881	.002437	3.98	0.000	.0049117	.0144645
female	.0782115	.0221073	3.54	0.000	.0348819	.1215411
blhisp	.0661176	.0208438	3.17	0.002	.0252646	.1069706
linc	-.0765202	.0201043	-3.81	0.000	-.1159239	-.0371165
_cons	-.9260396	.2320957	-3.99	0.000	-1.380939	-.4711404

对于单一的潜在内生性解释变量,我们能使用上面给出的 t 统计量,或者我们能使用 test 命令。后面一种做法得到:

```
. * Perform Hausman test on the potentially endogenous regressor
. test hi_empunion

 ( 1)  hi_empunion = 0

           chi2(  1) =   16.44
         Prob > chi2 =    0.0001
```

强烈拒绝解释变量是内生的原假设。可以使用 test 命令所有解释变量的 Hausman 检验。

前面的例子已经广泛地应用于稳健的 Hausman 检验中。

13.4.7 变异系数的自抽样标准误

不需要将自抽样约束在回归模型中。一个简单的例子是,得到 docvis 样本均值的标准误的自抽样估计值。使用 bootsyrap _se:mean docvis 命令能得到这个自抽样估计值。

一个稍微难一些的例子就是,得到看医生的次数的变异系数($=s_x/\overline{x}$)的标准误的自抽样估计值。在执行 summarize 命令之后,将结果储存在 r()中,这样一来允许将变异系数当作 r(sd)/r(mean)来进行计算,所以我们对这个数量进行自抽样。

为了做到这一点，我们使用带有表达式 coeffvar= (r(sd)/r(mean))的 bootstrap 命令。这对数量 r(sd)/r(mean)进行了自抽样，并且将它命名为 coeffvar。我们有：

```
. * Bootstrap estimate of the standard error of the coefficient of variation
. use bootdata.dta, clear

. bootstrap coeffvar=(r(sd)/r(mean)), reps(400) seed(10101) nodots   ///
>    nowarn saving(coeffofvar, replace): summarize docvis
(note: file coeffofvar.dta not found)

Bootstrap results                               Number of obs      =        50
                                                Replications       =       400

      command:  summarize docvis
     coeffvar:  r(sd)/r(mean)

------------------------------------------------------------------------------
             |   Observed   Bootstrap                         Normal-based
             |      Coef.   Std. Err.      z    P>|z|     [95% Conf. Interval]
-------------+----------------------------------------------------------------
    coeffvar |   1.898316   .2718811     6.98   0.000     1.365438    2.431193
------------------------------------------------------------------------------
```

以正态分布为基础的变异系数自抽样的 95%置信区间为[1.37,2.43]。

13.5 具有渐近精炼的自抽样

在第 13.2.3 节中定义的一些自抽样能产生渐近精炼。估计后的 estat bootstrap 命令自动地提供了加速的偏误校正(BCa)的置信区间，见第 13.3.6—13.3.8 节。在这一节中，我们关注提供渐近精炼的另一种方法，即百分位数-t 方法。百分位数-t 方法普遍应用于假设检验和置信区间中。

13.5.1 百分位数-t 方法

获得渐近精炼的常见方法是对渐近枢轴量进行自抽样，这意味着，它的渐近分布不依赖于未知的参数。估计量 $\hat{\theta}$ 不是渐近枢轴的，因为它的方差依赖于未知的参数。因此百分位数法并不提供渐近精炼，除非对它进行了一定的调整，尤其是使用 BCa 百分位数法对它进行调整。然而，t 统计量是渐近枢轴的，并且百分位数-t 方法或者自抽样-t 方法对 t 统计量进行了自抽样。

因此我们对 t 统计量进行自抽样：

$$t = (\hat{\theta} - \theta) / \text{se}(\hat{\theta}) \tag{13.2}$$

自抽样把原始样本作为 DGP，所以自抽样把 θ 的 DGP 值设为 $\hat{\theta}$。所以在每次自抽样的再抽样样本中，我们计算以 $\hat{\theta}$ 为中心的 t 统计量：

$$t_b^* = (\hat{\theta}_b^* - \hat{\theta}) / \text{se}(\hat{\theta}_b^*) \tag{13.3}$$

其中，$\hat{\theta}_b^*$ 是第 b 次自抽样中的参数估计值，并且 $\text{se}(\hat{\theta}_b^*)$ 是 $\hat{\theta}_b^*$ 标准误的一致估计值，它通常为一个稳健或者聚类—稳健标准误。

B 次自抽样产生 t 值，即 $t_1^*, \cdots, t_B^*$，把它们的经验分布当成 t 统计量的分布的估计来使用。对原假设 $H_0: \theta = 0$ 的双侧检验，原始检验统计量 $t = \hat{\theta}/\text{se}(\hat{\theta})$ 的 p 值是：

$$\frac{1}{B}\sum_{b=1}^{B}\mathbf{1}(|t|<|t_b^*|)$$

这是在 B 次重复抽样中满足 $|t|<|t_b^*|$ 的重复抽样的次数的分数。在 0.05 的显著性水平上,非对称的双侧检验的百分位数-t 的临界值是 $t_{0.025}^*$ 和 $t_{0.975}^*$。并且一个百分位数-t 的 95%的置信区间是:

$$[\hat{\theta}+t_{0.025}^*\times \mathrm{se}(\hat{\theta}),\hat{\theta}+t_{0.975}^*\times \mathrm{se}(\hat{\theta})] \tag{13.4}$$

下界的公式有一个加号,这是因为 $t_{0.025}^*<0$。

13.5.2 百分位数-t 的 Wald 检验

Stata 不会自动产生百分位数-t 方法。相反,使用 bootstrap 命令能对 t 统计量进行自抽样,将 B 次自抽样的值 $t_1^*,\cdots,t_B^*$ 保存在文件中。通过这个文件,能得到百分位数-t 的 p 值和临界值。

我们继续进行 docvis 对 chronic 的计数回归。复杂的地方就在于,在(13.2)式或(13.3)式中给出的标准误需要是估计量的标准差的一致估计值。所以我们使用 bootstrap 命令来执行 poisson 命令的自抽样,其中,用 vce(robust)选项来估计 VCE,而不是用默认的严重向下偏误的泊松标准误估计 VCE。

在对(13.3)式中给出的 t 统计量进行自抽样之前,我们将样本参数估计值和标准误储存为局部宏。

```
. * Percentile-t for a single coefficient: Bootstrap the t statistic
. use bootdata.dta, clear

. quietly poisson docvis chronic, vce(robust)

. local theta = _b[chronic]

. local setheta = _se[chronic]

. bootstrap tstar=((_b[chronic]-`theta')/_se[chronic]), seed(10101)        ///
>   reps(999) nodots saving(percentilet, replace): poisson docvis chronic, ///
>   vce(robust)

Bootstrap results                               Number of obs      =        50
                                                Replications       =       999

      command:  poisson docvis chronic, vce(robust)
        tstar:  (_b[chronic]-.9833014421442415)/_se[chronic]
```

	Observed Coef.	Bootstrap Std. Err.	z	P>|z|	Normal-based [95% Conf. Interval]	
tstar	0	1.3004	0.00	1.000	-2.548736	2.548736

输出结果表明 t^* 的分布比标准正态分布要离散得多,t^* 的分布的标准差为 1.30,而标准正态分布的标准差为 1.0。

为了检验 p 值,我们需要得到储存在 percentilet.dta 文件中的 999 个值。

```
. * Percentile-t p-value for symmetric two-sided Wald test of H0: theta = 0
. use percentilet, clear
(bootstrap: poisson)
. quietly count if abs(`theta'/`setheta') < abs(tstar)
. display "p-value = " r(N)/_N
p-value =  .14514515
```

在 0.05 的显著性水平上,我们不拒绝原假设 $H_0:\beta_{\text{chronic}}=0$(备择假设:$H_0:\beta_{\text{chronic}}\neq 0$),因为 $p=0.145>0.05$。通过对比,如果我们使用标准正态分布的临界值,这个临界值更小,即 $p=0.056$。

改编上面的程序,并应用到几个或者所有的参数的估计中,可以通过 bootstrap 命令得到_b 和_se,并将这些结果保存在文件中,使用这个文件,可以计算感兴趣的每个参数在给定 $\hat{\theta}^*$、$\hat{\theta}$ 和 $\text{se}(\hat{\theta}^*)$ 条件下的 t^* 值。

13.5.3 基于百分位数-*t* 方法的 Wald 置信区间

使用(13.4)式可以得到变量 chronic 系数基于百分位数-t 方法的 95%的置信区间,其中,在前面的章节中已经得到 $t_1^*,\cdots,t_B^*$。我们有:

```
. * Percentile-t critical values and confidence interval
. _pctile tstar, p(2.5,97.5)
. scalar lb = `theta' + r(r1)*`setheta'
. scalar ub = `theta' + r(r2)*`setheta'
. display "2.5 and 97.5 percentiles of t* distn: " r(r1) ", " r(r2) _n
> "95 percent percentile-t confidence interval is: ("  lb    "," ub ")"
2.5 and 97.5 percentiles of t* distn: -2.7561963, 2.5686913
95 percent percentile-t confidence interval is: (-4.3748872,2.3074345)
```

基于百分位数-t 方法的 Wald 置信区间是[−0.44,2.31],在执行 poisson 命令之后,使用 VCE 的稳健估计所得到的置信区间是[−0.03,1.99]。前者的置信区间变得更大,是因为自抽样-t 的临界值为−2.76 和 2.57,(其绝对值)比标准正态分布的临界值−1.96 和 1.96(的绝对值)[①]要大得多。这个置信区间也比在第 13.3.8 节中给出的其他自抽样的置信区间要大一些。

百分位数-t 的 95%的置信区间与加速的偏误校正(BCa)的置信区间相似,它的优势是:它的覆盖率是 $0.95+O(N^{-1})$,而不是 $0.95+O(N^{-1/2})$。Efron 和 Tibshirani(1993,184,188,326)赞成使用加速的偏误校正(BCa)的方法来计算置信区间。但是他们同时认为:"一般来说,自抽样-t 方法对计算区位参数的置信区间更好",并且回归系数都是区位参数。

13.6 使用 bsample 和 simulate 命令来计算自抽样配对

如果能够对需要自抽样的数量提供单一表达式,就可以使用 bootstrap 命令。如果不能提供表达式,也可以使用 bsample 命令来得到一个自抽样样本,并计算出这个样本的感兴趣的统计量,然后使用 simulate 命令或者 postfile 命令来重复执行这个命令。

13.6.1 bsample 命令

bsample 命令从内存的当前数据中重复抽样。命令的语法是:

---

① 括号中的内容是译者补充的。——译者注

bsample [*exp*] [*if*] [*in*] [,*options*]

其中,*exp* 设定了自抽样的样本容量,这必须是所选择样本的最大容量。Strata(*varlist*)选项、cluster(*varlist*)选项、idcluster(*newvar*)选项和 weight(*varname*)选项可以允许对数据进行分层、聚类和加权。在第 13.3.5 节中讨论到 idcluster()选项。

13.6.2 与 simulate 命令同时使用的 bsample 命令

bootstrap 命令无效的例子就是对原假设 $H_0: h(\beta)=0$ 进行检验,其中,$h(\cdot)$是 β 的一个标量式非线性函数,运用百分位数-t 方法可以得到其渐近精炼。自抽样将包含了 $\text{se}\{h(\hat{\theta}_b^*)\}$ 的计算,并且自抽样并没有关于 $\text{se}\{h(\hat{\theta}_b^*)\}$ 的简单表达式。

在这种情况下,我们可以按照下面的步骤操作。首先,编写程序,使用 bsample 命令通过重复抽样得到一个样本容量为 N 的自抽样样本,并计算这个样本的感兴趣的统计量。第二,使用 simulate 命令或者 postfile 命令将程序执行 B 次,并保存得到的 B 个自抽样统计量的结果。

我们使用与第 13.5.2 节中相同的例子,用 docvis 对 chronic 的泊松回归来说明这种方法。我们首先编写一个重复自抽样的程序。然后使用没有参数的 bsample 命令,通过重复抽样,从样本容量为 N 的原始样本中产生样本容量为 N 的所有变量的一个自抽样样本。

程序返回的一个标量为 tstar,它等于在(13.3)式中的 t^* 值。因为我们不想返回参数的估计值,我们使用一个 r 级的程序。我们有:

```
* Program to do one bootstrap replication
program onebootrep, rclass
  version 11
  drop _all
  use bootdata. dta
  bsample
  poisson docvis chronic, vce(robust)
  return scalar tstar = (_b[chronic])-$theta)/_se[chronic]
end
```

值得关注的是,这里得到了稳健标准误。正如下面构造的,可供参照的全局宏 theta 是原始样本中变量 chronic 的估计系数。或者,我们把它作为一个程序参数,而不是用作为一个全局宏。这个程序返回 tstar。

我们接下来得到原始样本的参数估计值,并使用 simulate 命令将 onebootrep 程序运行 B 次。我们有:

```
. * Now do 999 bootstrap replications
. use bootdata.dta, clear

. quietly poisson docvis chronic, vce(robust)

. global theta = _b[chronic]

. global setheta = _se[chronic]
```

```
. simulate tstar=r(tstar), seed(10101) reps(999) nodots  ///
>   saving(percentilet2, replace): onebootrep

      command:  onebootrep
        tstar:  r(tstar)
```

在 percentilet2 文件中有 999 个自抽样估计值，即 $t_1^*, \cdots, t_{999}^*$，那么就可以用它们来计算自抽样的 p 值。

```
. * Analyze the results to get the p-value
. use percentilet2, clear
(simulate: onebootrep)

. quietly count if abs($theta/$setheta) < abs(tstar)

. display "p-value = " r(N)/_N
p-value = .14514515
```

p 值是 0.145，这导致在 0.05 的显著性水平上不拒绝原假设 $H_0: \beta_{\text{chronic}} = 0$。这个结果与第 13.5.2 节中的结果完全相同。

13.6.3 自抽样的蒙特卡洛(Monte Carlo)

在有限样本中，证实自抽样能提供渐近精炼或者改进的方法就是执行一个模拟操作。实际上，它是一个内嵌的模拟，即在内循环中它是一个自抽样模拟，在外循环中它是一个蒙特卡洛(Monte Carlo)模拟。

我们首先定义一个程序，执行 B 次完整的自抽样，即通过调用 onebootrep 程序 B 次。

```
* Program to do one bootstrap of B replications
program mybootstrap, rclass
  use bootdata, dta, clear
  quietly poisson docvis chronic, vce(robust)
  globol theta = _b[chronic]
  global setheta = _se[chronic]
  simulate tstar=r(tstar), reps(999) nodots  ///
    saving(percentilet2, replace): onebootrep
  use percentilet2, clear
  quietly count if abs($theta/$setheta) < abs(tstar)
  return scalar pvalue = r(N)/_N
end
```

接下来我们通过运行一次这个程序来检查这个程序：

```
. set seed 10101

. mybootstrap

      command:  onebootrep
        tstar:  r(tstar)

(simulate: onebootrep)

. display r(pvalue)
.14514515
```

其 p 值与上节中所得的 p 值是相等的。

为了模拟操作而运行 mybootstrap 程序，我们使用的数据来自已知的 DGP 数据，把这个程序运行 S 次。我们从变量 chronic 中抽取一个样本保存在 tempx 文件中，抽取的样本在整个模拟操作过程中保持不变。然后，执行 mybootstrap 命令 S 次，每一次得到一个样本容量为 N 的计数变量 docvis 服从泊松分布（或者，更好的是服从负二项分布）的自抽样样本，并且得到其返回的 p 值。这样就得到 S 个 p 值，其分析的过程与第 12.6.2节中的计算检验水平的例子相似。这样的模拟要花费很长的时间，因为回归运行了 $S\times B$ 次。

13.7 另一种再抽样的方法

除了使用 Stata 的 bootstrap 命令进行非参数配对和聚类-配对自抽样之外，还有很多再抽样的其他方法。这些自抽样的方法可以使用与第 13.6.2 节中相似的方法来执行，这个方法要求编写一个程序来获得一个自抽样的样本，并计算其感兴趣的统计量，同时把这个程序执行 B 次。对于其他几种方法，我们也可以这样做，对回归模型的参数估计值进行自抽样。

很容易改编这个程序，对其他统计量的数量进行自抽样，例如对 t 统计量进行自抽样，获得其渐近精炼。对于渐近精炼，使用这种方法的一个特定的优势就是：与使用自抽样配对法相比，它更能更多地利用与 DGP 相关的信息。这些额外的信息包括：通过自抽样使 X 保持不变，称之为基于设计或基于模型的自抽样；在自抽样过程中，施加约束条件如 $E(u|x)=0$；同时为了假设检验，对基于自抽样样本的原假设施加约束。例子见 Horowitz(2001)、MacKinnon(2002)；应用见 Cameron、Gelbach 和 Miller(2008)。

13.7.1 自抽样配对法

我们首先进行自抽样配对，重复与第 13.6.2 节中的程序相似的程序。下列程序通过从原始数据中重复抽样来得到一个自抽样样本。

```
* Program to resample using bootstrap pairs
program bootpairs
  version 11
  drop _all
  use bootdata. dta
  bsample
  poisson docvis chronic
end
```

为了检查这个程序，我们将它运行一次。

```
. * Check the program by running once
. bootpairs
```

接着我们将这个程序运行 400 次。我们有：

```
. * Bootstrap pairs for the parameters
. simulate _b, seed(10101) reps(400) nodots: bootpairs

      command:  bootpairs

. summarize
```

Variable	Obs	Mean	Std. Dev.	Min	Max
docvis_b_c~c	400	.9741139	.5253149	-.6184664	2.69578
docvis_b_c~s	400	.9855123	.3497212	-.3053816	1.781907

β_{chronic}标准误的自抽样估计值等于 0.525，正如第 13.3.3 节中的一样。

13.7.2 参数自抽样

参数自抽样实际上是一个蒙特卡洛(Monte Carlo)模拟。一个经典的例子是：我们保持 $\mathbf{x}_i$ 在样本值处不变；用服从于密度函数 $f(y_i|\mathbf{x}_i,\boldsymbol{\theta})$ 的一个随机抽样 y_i^* 来代替 y_i，在密度函数中用原始样本的估计值 $\hat{\boldsymbol{\theta}}$ 来度量 $\boldsymbol{\theta}$；然后用 y_i^* 对 $\mathbf{x}_i$ 进行回归。与配对的或者非参数自抽样相比，参数自抽样要求更多的强假设和给定 x 条件下对 y 的条件密度函数的正确设定。

为了执行参数自抽样，改编上述的 bootpairs 程序来替换 bsample 命令，要求程序密度函数从服从 $f(y|\mathbf{x},\hat{\boldsymbol{\theta}})$ 的分布中随机抽取 y。

对于看医生的次数，它是过度离散的计数数据，我们使用负二项分布，而不是泊松分布。我们首先使用原始样本，得到负二项参数估计值 $\hat{\boldsymbol{\theta}}$。在这种情况下，可以简单有效地得到拟合均值 $\hat{\mu}_i=\exp(\mathbf{x}_i'\hat{\beta})$ 和离散参数 $\hat{\alpha}$。我们有：

```
* Estimate the model with original actual data and save estimates
use bootdata.dta
quietly nbreg docvis chronic
predict muhat
global alpha = e(alpha)
```

我们使用这些估计值，在给定 $\hat{\alpha}$ 和 $\hat{\mu}$ 的条件下，使用 Poisson-gamma 混合分布(正如第 17.2.2 节中所解释的)，从负二项分布中得到 y 的随机抽样。rgamma(1/a,a)函数对一个 gamma 变量 v 进行抽样，把它命名为 nu，其均值为 1，方差为 a；同时 rpoisson(nu＊mu)函数再生成一个服从负二项分布的抽样，其均值为 μ，方差为 $\mu+a\mu^2$。我们有：

```
* Program for parametric bootstrap generating from negative binomial
program boctparametric, eclass
  version 11
  capture drop nu dvhat
  generate nu = rgamma(1/$alpha,$alpha)
  generate dvhat = rpoisson(muhat*nu)
  nbreg dvhat chronic
end
```

我们使用 bootparametric 命令来检查这个程序，然后进行 400 次自抽样。

```
. * Parametric bootstrap for the parameters
. simulate _b, seed(10101) reps(400) nodots: bootparametric

      command:  bootparametric


. summarize
```

Variable	Obs	Mean	Std. Dev.	Min	Max
dvhat_b_ch~c	400	.9643141	.4639161	-.4608808	2.293015
dvhat_b_cons	400	.9758856	.2604589	.1053605	1.679171
lnalpha_b_~s	400	.486886	.2769207	-.4448161	1.292826

因为我们从负二项模型中生成数据，并且我们拟合了负二项模型，400 个自抽样系数估计值的均值应该接近于 DGP 的值。这里正是这种情况。同时上述自抽样标准误在使用原始数据进行负二项估计所得标准误的 10%之内，这里虽然没有给出来，但却表明负二项模型可能是拟合这些数据最合理的一个模型。

13.7.3 残差的自抽样

对于线性 OLS 回归，在误差是独立同分布的强假设下，自抽样配对的另一种方法是残差的自抽样。它保持 $\mathbf{x}_i$ 在样本值处不变，并用 $y_i^* = \mathbf{x}_i'\hat{\beta} + \hat{\mu}_i^*$ 来替代 y_i，其中，$\hat{\mu}_i^*$ 是来自于原始样本残差$\hat{\mu}_1, \cdots, \hat{\mu}_N$ 中的自抽样。这种自抽样，有时被称为设计自抽样，在保持解释变量不变的情况下，它能更好地执行自抽样。

改编 bootpairs 程序来替换 bsample 命令，要求程序能够从$\hat{\mu}_1, \cdots, \hat{\mu}_N$ 中随机抽取 $\hat{\mu}_i^*$，然后形成 $y_i^* = \mathbf{x}_i'\hat{\beta} + \hat{\mu}_i^*$。这并不简单的，因为 bsample 命令的目的在于对内存中的全部数据进行自抽样，然而这里我们希望只对残差进行自抽样，而不是对解释变量进行自抽样。

例如，我们继续使用 docvis 变量的例子，即使泊松回归比 OLS 回归更合适。下列编码执行了残差的自抽样：

```
* Residual bootstrap for OLS with iid errors
use bootdata. dta, clear
quietly regress docvis chronic
predict uhat, resid
keep uhat
save residuals, replace
program bootresidual
  version 11
  drop _all
  use residuals
  bsample
  merge using bootdata.dta
  regress docvis chronic
  predict xb
  generate ystar =  xb + uhat
  regress ystar chronic
end
```

我们使用 bootresidual 命令来检查程序，并进行 400 次自抽样。

```
. * Residual bootstrap for the parameters
. simulate _b, seed(10101) reps(400) nodots: bootresidual

      command:  bootresidual

. summarize
```

Variable	Obs	Mean	Std. Dev.	Min	Max
_b_chronic	400	4.73843	2.184259	-1.135362	11.5334
_b_cons	400	2.853534	1.206185	.1126543	7.101852

输出结果报告了 400 个斜率系数估计值的均值(4.738),它接近于原始样本 OLS 斜率系数估计值 4.694(没有报告)。标准误(2.18)的自抽样估计值是接近于原始样本 OLS 默认估计值 2.39(没有给出)。这在预料之中,因为残差的自抽样假设误差是独立同分布的。

13.7.4 Wild 自抽样

对于线性回归而言,Wild 自抽样适合更现实的假设,即误差是独立的,但不服从相同分布,并且允许异方差性。它保持在样本值处 $\mathbf{x}_i$ 不变,并用 $y_i^*=\mathbf{x}_i'\hat{\beta}+\hat{\mu}_i^*$ 来替代 y_i,其中$\hat{\mu}_i^*=a_i\hat{\boldsymbol{\mu}}_i$,若 $a_i=(1-\sqrt{5})/2\simeq-0.618034$,它的概率为$(1+\sqrt{5})/2\sqrt{5}\simeq0.723\,607$,若 $a_i=1-(1-\sqrt{5})/2$,它的概率为 $1-(1+\sqrt{5})/2\sqrt{5}$。对于每个观测值,$\hat{\mu}_i^*$ 只取两个可能值,但是对于所有的 N 个观测值而言,如果 $\hat{\boldsymbol{\mu}}_i$ 的 N 个观测值都是不同的,则有 2^N 个可能的自抽样样本。讨论见 Horowitz(2001,3215-3217)、Davison 和 Hinkley(1997,272)或 Cameron 和 Trivedi(2005,376)。

改编前面的 bootresidual 程序来替换 bsample 命令,程序要求从$\hat{\mu}_i$ 中随机取样 $\hat{\mu}_i^*$,然后形成 $y_i^*=\mathbf{x}_i'\hat{\beta}+\hat{\mu}_i^*$。

上述 Stata 程序与第 13.7.1 节中的程序是相同的,不同的地方是用从$\hat{\mu}_i$ 中随机取样 $\hat{\mu}_i^*$ 的程序来替代 bootpairs 程序中的 bsample 命令,并再形成 $y_i^*=\mathbf{x}_i'\hat{\beta}+\hat{\mu}_i^*$。

```
* Wild bootstrap for OLS with iid errors
use bootdata.dta, clear
program bootwild
  version 11
  drop _all
  use bootdata. dta
  regress docvis chronic
  predict xb
  predict u, resid
  gen ustar = -0.618034*u
  replace ustar = 1.618034*u if runiform() > 0.723607
  gen ystar = xb + ustar
  regress ystar chronic
end
```

我们使用 bootwild 命令来检查程序,并且进行 400 次自抽样。

```
. * Wild bootstrap for the parameters
. simulate _b, seed(10101) reps(400) nodots: bootwild

      command:  bootwild

. summarize
```

Variable	Obs	Mean	Std. Dev.	Min	Max
_b_chronic	400	4.469173	2.904647	-2.280451	12.38536
_b_cons	400	2.891871	.9687432	1.049138	5.386696

Wild 自抽样允许异方差误差，并且产生了标准误的自抽样估计值(2.90)，它接近于原始样本 OLS 异方差-稳健标准误的估计值 3.06(没有给出)。这些标准误比使用残差自抽样得到的标准误要大得多，在这个例子中这明显是不合适的，因为计数数据存在内在异方差性。

具有 Wild 自抽样的百分位数-t 方法提供了 Wald 检验的渐近精炼，同时给出了具有异方差误差项的线性模型的置信区间。

13.7.5 次样本抽样

自抽样会在一些设置中失效，例如非平滑的估计量。那么一个更稳健的再抽样的方法是次样本抽样，它抽取比原始样本要少得多的再抽样样本。

例如，bsample 20 命令抽取容量为 20 的样本。为了执行次样本抽样，其中，再抽样样本的观测值和原始样本的观测值的三分之一相同，用 bsample int(_N/3)命令来替换在自抽样配对中的 bsample 命令，其中，int()函数可以向零进行取整。

次样本抽样比自抽样更复杂，并且它现在是经济学研究的一个话题。对这个模型的介绍见 Politis、Romano 和 Wolf(1999)。

13.8 刀切法

逐个删除的刀切法是一种再抽样的方法，通过依次删除每个观测值来得到容量为$(N-1)$的 N 个再抽样样本，并在每个再抽样样本中估计 $\boldsymbol{\theta}$。

13.8.1 刀切法

设 $\hat{\boldsymbol{\theta}}_i$ 表示删除了第 i 个观测值的样本中的参数估计值，$i=1,\cdots,N$，设 $\hat{\boldsymbol{\theta}}$ 为 $\boldsymbol{\theta}$ 的原始样本估计值，并设 $\bar{\hat{\boldsymbol{\theta}}}=N^{-1}\sum_{i=1}^{N}\hat{\boldsymbol{\theta}}_i$ 表示 N 个刀切法估计值的均值。

刀切法有几种用法。$\boldsymbol{\theta}$ 的 BC 刀切法估计值等于 $N\hat{\boldsymbol{\theta}}-(N-1)\bar{\hat{\boldsymbol{\theta}}}=(1/N)\sum_{i=1}^{N}\{N\hat{\boldsymbol{\theta}}-(N-1)\hat{\boldsymbol{\theta}}_i\}$。可以使用 N 个伪随机值 $\hat{\boldsymbol{\theta}}_i^*=N\hat{\boldsymbol{\theta}}-(N-1)\hat{\boldsymbol{\theta}}_i$ 的方差来估计 $\text{Var}(\hat{\boldsymbol{\theta}})$。具有渐近精炼的自抽样的 BCa 方法也使用刀切法。

VCE 的刀切法估计值有两种形式。Stata 默认的形式是：

$$\hat{V}_{\text{Jack}}(\hat{\boldsymbol{\theta}})=\left\{\frac{1}{N(N-1)}\sum_{i=1}^{N}(\hat{\boldsymbol{\theta}}_i^*-\bar{\hat{\boldsymbol{\theta}}})(\hat{\boldsymbol{\theta}}_i^*-\bar{\hat{\boldsymbol{\theta}}})'\right\}$$

并且使用 mse 选项给出的另一种形式是：

$$\hat{V}_{\text{Jack}}(\hat{\boldsymbol{\theta}})=\left\{\frac{N-1}{N}\sum_{i=1}^{N}(\hat{\boldsymbol{\theta}}_i-\hat{\boldsymbol{\theta}})(\hat{\boldsymbol{\theta}}_i-\hat{\boldsymbol{\theta}})'\right\}$$

自抽样的使用广泛地取代了 VCE 估计的刀切法。与自抽样法相比，刀切法必须有 N 个再抽样样本，如果 N 较大，这个方法需要更多的计算时间。再抽样不是随机抽样，所以没有设置种子。

13.8.2 vce(jackknife)选项和 jackknife 命令

对于许多估计命令，可以使用 vce(jackknife)选项来得到 VCE 的刀切法估计值。例如，

```
. * Jackknife estimate of standard errors
. use bootdata.dta, replace

. poisson docvis chrcnic, vce(jackknife, mse nodots)

Poisson regression                            Number of obs     =        50
                                              Replications      =        50
                                              F(   1,      49)  =      2.50
                                              Prob > F          =    0.1205
Log likelihood = -238.75384                   Pseudo R2         =    0.0917
```

docvis	Coef.	Jknife * Std. Err.	t	P>|t|	[95% Conf.	Interval]
chronic	.9833014	.6222999	1.58	0.121	-.2672571	2.23386
_cons	1.031602	.3921051	2.63	0.011	.2436369	1.819566

变量 chronic 的系数的标准误的刀切法估计值是 0.62，比使用 vce(boot，reps(2000))选项得到的估计值 0.53 和使用 vce(robust)选项得到的估计值 0.52 要大得多，见第 13.3.4 节的泊松例子。

jackknife 命令的运行与 bootstrap 命令相似。

13.9 Stata 资源

为了满足更多的用途，在使用了一个具有 vce(bootstrap)选项（见[R]*vce_option*）的估计命令之后，再使用 estat bootstrap 命令。为了进行更高级的分析，就需要使用 bootstrap 命令和 bsample 命令。

对那些比具有 vce(bootstrap)选项的命令更高级的应用，需要谨慎，同时建议要对自抽样有很好的理解。参考资料见 Efron 和 Tibshirani(1993)、Davison 和 Hinkley(1997)、Horowitz(2001)、Davidson 和 Mackinnon(2004，ch.4)，以及 Cameron 和 Trivedi(2005，ch.9)。Cameron、Gelbach 和 Miller(2008)研究了一系列的自抽样方法，包括了具有渐近精炼的一些自抽样方法，特别是适用于具有聚类误差项的线性回归模型的自抽样方法。

13.10 习题

1.使用与第 13.3.3 节中所生成的相同的数据，但是保留前 100 个观测值和保留变量

educ 和 age。在 docvis 对截距项和 educ 进行泊松回归之后,计算默认的标准误、稳健标准误和基于 1000 次自抽样和种子 10101 的自抽样标准误。

2.对于习题 1 中的泊松回归,得出下列 95%的置信区间:基于正态分布的置信区间、百分位数的置信区间、BC 置信区间和 BCa 置信区间。比较这些置信区间,哪个置信区间是最好的置信区间?

3.首先计算变量 docvis 标准差的估计值,再计算其标准差的自抽样估计值。

4.继续习题 1 中的回归,得出 $\hat{\beta}_{educ}$ 稳健标准误的标准差的自抽样估计值。

5.继续习题 1 中的回归,在 0.05 的显著性水平上,使用百分位数-t 方法来执行原假设 $H_a:\beta=0$(备择假设:$H_a:\beta\neq 0$) 的具有渐近精炼的 Wald 检验,并且得到一个百分位数-t 的 95%的置信区间。

6.使用第 13.3.3 节中带有 50 个观测值的数据。在这个习题末尾给出了这个命令。使用 percentile.dta 文件中的数据,得到 chronic 变量系数的:(1)自抽样标准误;(2)有偏的自抽样估计值;(3)基于正态分布的 95%的置信区间;(4)百分位数-t 的 95%的置信区间。最后,你可以使用 centile 命令。将你的结果与在执行带有 vce(bootstrap)选项的泊松回归之后从 estat bootstrap,all 命令中得到的结果进行比较。

```
bootstrap bstar=_b[chronic], reps(999) seed(10101) nodots ///
    saving(percentile, replace): poisson docvis chronic
use percentile, clear
```

7.继续前面的习题,变量 chronic 的系数的分布的自抽样估计值是否表现为服从正态分布?使用 summarize 命令和 kdensity 命令来进行检验。

8.重复在第 13.5.2 节开头中的百分位数-t 的自抽样。使用 kdensity 命令对自抽样 Wald 统计量进行绘图。使用带有默认标准误的 poisson 命令而不是 nbreg 命令来重复估计。评价这些结果的任何不同之处。

14 二值结果模型

14.1 导论

对定量二值或二分变量的回归分析在应用统计学中是一个常见的问题。互斥的二值结果模型注重结果发生概率 p 的决定因素，而不是相反结果发生的概率 $1-p$。一个直接相关的二值变量的例子就是对个人是否有保险进行建模。在回归分析中，我们想要衡量概率 p 作为一个函数的回归系数是如何在个体间变化的。另一种不同的例子是预测倾向得分 p，某一个体参与(非不参与)处理项目的条件概率。在处理效应的文献中，尽管我们最感兴趣的是处理的结果，但是给出观测变量的预测值也是非常重要的中间步骤。

两个标准的二值结果模型为 logit 模型和 probit 模型。这些模型为 p 设定不同的函数形式作为回归系数的函数，并且模型是通过极大似然估计(ML)进行拟合的。当然线性概率模型(LPM)有时候也通过普通最小二乘法(OLS)来拟合。

本章讨论使用一组与线性回归中相似的标准化命令的横截面二值结果模型的估计和解释，同时也涉及一些扩展内容。

14.2 一些参数模型

不同的二值结果模型都有相同的结构。被解释变量 y_i 仅仅可以取两个值，所以它的分布必然是伯努利或单尾的二项分布，其概率用 p_i 表示。logit 模型和 probit 模型对应于 p_i 的不同回归模型。

14.2.1 基本模型

假设结果变量 y 取两个值中的一个：

$$y=\begin{cases}1 & \text{概率为 } p\\ 0 & \text{概率为 } 1-p\end{cases}$$

鉴于我们的兴趣是对 p 建模，作为解释变量 $\mathbf{x}$ 的函数，设定结果值为 1 和 0 时并没有失去一般意义。被观测结果 y 的概率密度函数是 $p^y(1-p)^{1-y}$，$E(y)=p$ 且 $\mathrm{Var}(y)=p(1-p)$。

通过对 p 进行参数化形成的一个回归模型，取决于一个指数函数 $\mathbf{x}'\beta$，其中解释变量 $\mathbf{x}$ 是一个 $K\times 1$ 向量，β 是一个未知参数的向量。在标准的二值结果模型中，条件概率的表达式为：

$$p_i = \Pr(y_i = 1 \mid \mathbf{x}) = F(\mathbf{x}_i'\beta) \tag{14.1}$$

其中，$F(\cdot)$是 $\mathbf{x}'\beta$ 的设定参数函数，通常是在$(-\infty,\infty)$内的累积分布函数(c.d.f.)，因为这会确保满足 $0\leqslant p\leqslant 1$ 的限定条件。

14.2.2 logit 模型、probit 模型、线性概率模型及 clog-log 模型

模型会因函数 $F(\cdot)$的选择而不同。$F(x'\beta)$经常使用的四个函数形式，如表14.1显示的，分别是 logit、probit、线性概率及互补 log-log(clog-log)的函数形式。

表 14.1 常用的四个二值结果模型

模　型	概率 $p=\Pr(y=1\mid\mathbf{x})$	边际效应$\partial p/\partial x_j$
logit 模型	$\Lambda(\mathbf{x}'\beta)=e^{\mathbf{x}'\beta}/(1+e^{\mathbf{x}'\beta})$	$\Lambda(\mathbf{x}'\beta)\{1-\Lambda(\mathbf{x}'\beta)\}\beta_j$
Probit 模	$\Phi(\mathbf{x}'\beta)=\int_{-\infty}^{\mathbf{x}'\beta}\phi(z)dz$	$\phi(\mathbf{x}'\beta)\beta_j$
线性概率模型	$F(\mathbf{x}'\beta)=\mathbf{x}'\beta$	β_j
互补 log-log 模型	$C(\mathbf{x}'\beta)=1-\exp\{1-\exp(\mathbf{x}'\beta)\}$	$\exp\{-\exp(\mathbf{x}'\beta)\}\exp(\mathbf{x}'\beta)\beta_j$

logit 模型设定 $F(\cdot)=\Lambda(\cdot)$，即 logistic 分布的 c.d.f。probit 模型设定 $F(\cdot)=\Phi(\cdot)$，即标准正态分布的 c.d.f。logit 函数和 probit 函数在零值附近都是对称的，并且都被广泛应用在微观计量经济学中。线性概率模型(LPM)与线性回归对应，但是并没有 $0\leqslant p\leqslant 1$ 的限制。互补的 log-log 模型在零值附近并不对称。当 y 是偏斜分布时有时会推荐使用这个模型，这样就会在数据集中有较高比例的值为 0 或 1。表中最后一列给出了对应的边际效应的表达式，这在 14.7 章节中会使用，这里的 $\phi(\cdot)$表示标准正态分布的密度函数。

14.3 估计

对于含外生协变量的参数模型，自然会使用极大似然估计量(MLE)，因为密度函数很明确是伯努利分布。Stata 为 logit、probit 和 clog-log 模型，以及这些模型的一些变化的形式提供极大似然估计的步骤。对于含内生协变量的模型，相反可以使用工具变量法(IV)，见 14.8 节。

14.3.1 潜变量的解释和识别

二值结果模型可以给出一个潜变量的解释。这与线性回归模型是相关联的，更深入的解释了 logit 模型和 probit 模型间的差别，并且提供了在 15 章中给出的一些多项式模型扩展的基础。

我们区别可观测的二值结果 y 和潜在的连续的不可观测(或潜在)的变量 y^*，y^* 满足下面的单指数模型：

$$y^* = \mathbf{x}'\beta+\mu \tag{14.2}$$

尽管 y^* 不能被观测，但是我们可以观测

$$y=\begin{cases}1 & \text{如果 } y^*>0\\ 0 & \text{如果 } y^*\leqslant 0\end{cases} \tag{14.3}$$

其中,0 这个门槛值是标准化后的值,如果 x 包含一个截距项,那么返回值将显示无结果。

给出潜变量模型(14.2)式和(14.3)式,我们可以得出:

$$\begin{aligned}\Pr(y=1) &= \Pr(\mathbf{x}'\beta+\mu>0)\\ &= \Pr(-\mu<\mathbf{x}'\beta)\\ &= F(\mathbf{x}'\beta)\end{aligned}$$

其中,$F(\cdot)$是$-\mu$ 的 c.d.f。如果 μ 服从标准正态分布,该函数就会产生 probit 模型,并且如果 μ 服从 logistic 分布,就会产生 logit 模型。

潜变量模型的识别要求我们通过对方差 μ 施加约束来确定度量标准,因为单指数模型主要是依据 β 是否达到已确定标准来识别。对此的一种解释是我们仅能观测 $y^*=\mathbf{x}'+\mu>0$ 是否成立。但是结果 $\mathbf{x}'\beta^+ +\mu^+>0$ 是不可识别的(其中,对任意 $a>0$ 都有 $\beta^+=a\beta,\mu^+=a\mu$)。我们仅仅能识别 β/σ,其中 σ 是 μ 的标准差(度量参数)。

为了唯一地定义 β 的度量标准,传统的是在 probit 模型中设 $\sigma=1$,在 logit 模型中设其等于 $\pi/\sqrt{3}$。因此在不同的模型中 β 的度量标准是不同的,见 14.4.3 节。

14.3.2 极大似然(ML)估计

二值模型而不是线性概率模型,是使用极大似然法进行估计的。这种 ML 估计是很简单的。单个观测值的密度可以简写为 $p_i^{y_i}(1-p_i)^{1-y_i}$,其中 $p_i=F(\mathbf{x}'_i\beta)$。对含 N 个独立观测值的一个样本,极大似然估计值 $\hat{\beta}$ 会使相关的对数似然函数最大化,即下式:

$$Q(\beta)=\sum_{i=1}^{N}[y_i\ln F(\mathbf{x}_i'\beta)+(1-y_i)\ln\{1-F(\mathbf{x}_i'\beta)\}]$$

极大似然估计值是通过迭代方法得到的,且服从渐近正态分布。

如果 $F(\cdot)$函数是正确设定的,那么我们会得到一致的估计值。相反,当函数形式 $F(\cdot)$设定错误,则应用伪似然理论。

14.3.3 logit 和 probit 命令

logit 命令的语法是:

logit *depvar* [*indepvars*] [*if*] [*in*] [*weight*] [, *options*]

probit 和 cloglog 命令的语法是相似的。

像 regress 命令一样,方差估计可用的选项包括 vce(cluster *clustvar*)及 vce(robust)。默认包含常数项,但可以通过使用 noconstant 选项来进行压缩。

logit 命令的 or 选项显示了指数化的系数。原理是对于 logit 模型而言,比值比的对数 $\ln\{p/(1-p)\}$可以用 x 和β的线性形式来表示。比值比表达式为 $p/(1-p)=\exp(\mathbf{x}'\beta)$,所以 e^{β_j} 度量了解释变量 x_i 的一单位变化对比值比的乘数效应。由于这个原因,许多研究者更倾向于进行指数化后再报告 logit 的系数,即形式如 e^{β} 而不是 β。此外,用 logistic 命令估计 logit 模型的参数,并且直接报告指数化的系数。

14.3.4 VCE 的稳健估计

与二值结果模型不同之处在于，如果数据在 i 上都是独立的，且 $F(x'\beta)$ 函数也是正确设定的，对极大似然估计中的方差—协方差矩阵（VCE）使用稳健夹层（sandwich）形式是没有优势的。理由是极大似然估计的默认标准误是通过设定约束 $\text{Var}(y|\mathbf{x})=F(\mathbf{x}'\beta)\{1-F(\mathbf{x}'\beta)\}$ 获得的，并且由于二值变量的方差通常是 $p(1-p)$，因此必须坚持这个约束；进一步的解释见 Cameron 和 Trivedi（2005）。如果 $F(\mathbf{x}'\beta)$ 是正确设定的，则不需要 vce(robust) 选项。因此，如果 vce(robust) 选项生成与默认值显著不同的方差值时，我们可能推算出了一个错误设定的函数形式 $F(\mathbf{x}'\beta)$。

同时，由于聚类抽样，观测值间可能会出现依赖性。在这种情况下，适用的选项是使用 vce(cluster *clustvar*)。

14.3.5 LPM 的 OLS 估计

如果假设 $F(\cdot)$ 是线性的，即 $p=\mathbf{x}'\beta$，那么线性条件均值函数定义了 LPM。LPM 可以使用 regress 命令将 y 对 $\mathbf{x}$ 的 OLS 回归进行一致的估计。然而，该方法的一个主要的限制是拟合值 $\mathbf{x}'\beta$ 不一定会落在[0,1]区间内。而且，因为 LPM 的 $\text{Var}(y|\mathbf{x})=(\mathbf{x}'\beta)(1-\mathbf{x}'\beta)$，回归本质上是异方差性的，因此应该会使用 VCE 的一个稳健估计。

14.4 例子

我们对额外医疗保险[①]的数据进行分析，初步的分析是估计 14.2 节的模型的参数。

14.4.1 数据的描述性统计

数据是来自健康和退休研究（HRS）的 wave 5(2002)，它是一个由国家老年研究所资助的面板数据调查。样本仅限于医疗保险受益人。HRS 中包含各种医疗服务使用的信息。老年人可以通过自己购买或参加雇主资助的计划获得额外保险服务。我们使用这些数据来分析以任何渠道购买的私人保险（ins），包括私人市场或组织。保险的范围广泛地衡量了个体购买和雇主资助私人的额外保险，并且包括补充性医疗保险计划和其他的政策。

解释变量包括健康状况、社会经济特征及相关配偶的信息。自我评估的健康状况信息是用来生成一个虚拟变量（hstatusg），衡量健康状况是好、非常好和极好。其他的健康状况衡量指标是日常生活中参加活动（adl）的数量限制（上限是 5）以及慢性疾病（chronic）的总数量。使用的社会经济变量是年龄、性别、种族、民族、婚姻状况、受教育年数和退休状况（分别为 age、female、white、hisp、married、educyear 和 retire）以及家庭收入（hhincome），如果收入为正，对家庭收入取对数（linc）。配偶的退休状态（sretire）是一个指示变量，如果现有一个退休配偶，那么值为 1。

为了简单起见，我们使用全局宏来创建变量列表，即在 14.4－14.7 节中所使用的变量，其他的变量使用在 14.8 节中。我们有：

---

① 也可译为“附加医疗保险”。——译者注

```
. * Load data
. use mus14data.dta

. * Interaction variables
. drop age2 agefem agechr agewhi

. * Summary statistics of variables
. global xlist age hstatusg hhincome educyear married hisp

. generate linc = ln(hhinc)
(9 missing values generated)

. global extralist linc female white chronic adl sretire

. summarize ins retire $xlist $extralist

    Variable |       Obs        Mean    Std. Dev.       Min        Max
-------------+--------------------------------------------------------
         ins |      3206    .3870867    .4871597          0          1
      retire |      3206    .6247661    .4842588          0          1
         age |      3206    66.91391    3.675794         52         86
    hstatusg |      3206    .7046163    .4562862          0          1
    hhincome |      3206    45.26391    64.33936          0   1312.124
-------------+--------------------------------------------------------
    educyear |      3206    11.89863    3.304611          0         17
     married |      3206    .7330006     .442461          0          1
        hisp |      3206    .0726762    .2596448          0          1
        linc |      3197    3.383047    .9393629  -2.292635   7.179402
      female |      3206     .477854    .4995872          0          1
-------------+--------------------------------------------------------
       white |      3206    .8206488     .383706          0          1
     chronic |      3206    2.063319    1.416434          0          8
         adl |      3206     .301622    .8253646          0          5
     sretire |      3206    .3883344    .4874473          0          1
```

14.4.2 Logit 回归

我们从 logit 模型的 ML 估计开始。

```
. * Logit regression
. logit ins retire $xlist

Iteration 0:   log likelihood = -2139.7712
Iteration 1:   log likelihood = -1996.7434
Iteration 2:   log likelihood = -1994.8864
Iteration 3:   log likelihood = -1994.8784
Iteration 4:   log likelihood = -1994.8784

Logistic regression                               Number of obs   =       3206
                                                  LR chi2(7)      =     289.79
                                                  Prob > chi2     =     0.0000
Log likelihood = -1994.8784                       Pseudo R2       =     0.0677

------------------------------------------------------------------------------
         ins |      Coef.   Std. Err.      z    P>|z|     [95% Conf. Interval]
-------------+----------------------------------------------------------------
      retire |   .1969297   .0842067     2.34   0.019     .0318875    .3619718
         age |  -.0145955   .0112871    -1.29   0.196    -.0367178    .0075267
    hstatusg |   .3122654   .0916739     3.41   0.001     .1325878     .491943
    hhincome |   .0023036    .000762     3.02   0.003       .00081    .0037972
    educyear |   .1142626   .0142012     8.05   0.000     .0864288    .1420963
     married |    .578636   .0933198     6.20   0.000     .3957327    .7615394
        hisp |  -.8103059   .1957522    -4.14   0.000    -1.193973   -.4266387
       _cons |  -1.715578   .7486219    -2.29   0.022     -3.18285   -.2483064
------------------------------------------------------------------------------
```

在 0.05 的显著性水平上，除了 age 外的所有解释变量都是显著异于零的。对于 logit 模型，系数符号也是边际效应符号。在下一节中将会进一步讨论这些结果，到时我们可以把 logit 模型参数估计与其他模型中的参数估计进行比较。

迭代的对数显示了四次迭代的快速收敛。后面的输出结果压缩了迭代的记录来节省空间。在实际的工作经验中，最好是保存记录文件。例如，大量的迭代可能会意味着一个高度的多重共线性。

14.4.3 二值模型和参数估计的比较

大家都知道 logit 模型和 probit 模型在 $F(\cdot)$ 函数的中心值处有类似的图形形状，但是在 $F(\cdot)$ 分布趋向于 0 或 1 时的尾端形状不相同。同时，相应的这两个模型的系数估计的度量也是非常不同。假设不同模型有不同的影响仅仅是因为模型间被估计的系数不同，这是一个基本性错误。然而，这个差别主要是因为概率的不同函数形式所产生的后果。14.6 节和 14.7 节中涉及的边际效应和预测的概率水平在模型间更相似。

通过使用下面大致的转换因子(Amemiya 1981,1488)，系数可以在模型间进行比较：

$$\hat{\beta}_{\text{Logit}} \approx 4\,\hat{\beta}_{\text{OLS}}$$
$$\hat{\beta}_{\text{Probit}} \approx 2.5\,\hat{\beta}_{\text{OLS}}$$
$$\hat{\beta}_{\text{Logit}} \approx 1.6\,\hat{\beta}_{\text{Probit}}$$

为了能够在模型间更好地比较边际效应，即 $\partial p/\partial x_j$，并且可以看出 logit 模型的 $\partial p/\partial x_j \leqslant 0.25\,\hat{\beta}_j$，probit 模型的 $\partial p/\partial x_j \leqslant 0.4\,\hat{\beta}_j$，以及 OLS 估计的 $\partial p/\partial x_j = \hat{\beta}_j$。模型间最大的偏离出现在尾端。

我们通过 ML 对 logit 和 probit 模型进行参数估计，通过 OLS 对 LPM 进行参数估计，根据 VCE 的默认值和稳健估计值计算标准误和 z 统计值。下面的编码使用 estimates store 命令储存每个模型的结果。

```
. * Estimation of several models
. quietly logit ins retire $xlist

. estimates store blogit

. quietly probit ins retire $xlist

. estimates store bprobit

. quietly regress ins retire $xlist

. estimates store bols

. quietly logit ins retire $xlist, vce(robust)

. estimates store blogitr

. quietly probit ins retire $xlist, vce(robust)

. estimates store bprobitr

. quietly regress ins retire $xlist, vce(robust)

. estimates store bolsr
```

这会得到下面不同模型参数估计的输出表格：

```
. * Table for comparing models
. estimates table blogit blogitr bprobit bprobitr bols bolsr,  ///
> t stats(N ll) b(%7.3f) stfmt(%8.2f)
```

Variable	blogit	blogitr	bprobit	bprobitr	bols	bolsr
ins						
retire	0.197	0.197	0.118	0.118		
	2.34	2.32	2.31	2.30		
age	-0.015	-0.015	-0.009	-0.009		
	-1.29	-1.32	-1.29	-1.32		
hstatusg	0.312	0.312	0.198	0.198		
	3.41	3.40	3.56	3.57		
hhincome	0.002	0.002	0.001	0.001		
	3.02	2.01	3.19	2.21		
educyear	0.114	0.114	0.071	0.071		
	8.05	7.96	8.34	8.33		
married	0.579	0.579	0.362	0.362		
	6.20	6.15	6.47	6.46		
hisp	-0.810	-0.810	-0.473	-0.473		
	-4.14	-4.18	-4.28	-4.36		
_cons	-1.716	-1.716	-1.069	-1.069		
	-2.29	-2.36	-2.33	-2.40		
_						
retire					0.041	0.041
					2.24	2.24
age					-0.003	-0.003
					-1.20	-1.25
hstatusg					0.066	0.066
					3.37	3.45
hhincome					0.000	0.000
					3.58	2.63
educyear					0.023	0.023
					8.15	8.63
married					0.123	0.123
					6.38	6.62
hisp					-0.121	-0.121
					-3.59	-4.49
_cons					0.127	0.127
					0.79	0.83
Statistics						
N	3206	3206	3206	3206	3206	3206
ll	-1994.88	-1994.88	-1993.62	-1993.62	-2104.75	-2104.75

legend: b/t

模型间的系数阐述了回归系数对 Pr(ins=1)的影响在性质上的相似性。参数转换的大体规则也合理成立，因为 logit 估计值大约是 OLS 估计值的 5 倍，而且 probit 估计值大约是 OLS 估计系数的 3 倍。标准误进行了相似的调整，所以报告的三个模型的系数的 z 统计值都很相似。对于 logit 和 probit 模型系数，除 hhicome 变量的那些统计值外，稳健的和默认的 z 统计值非常相似。而对 OLS 估计值，就有较大的差别。

在 14.6 节中，我们将看到对设定的 logit 和 probit 模型而言，拟合的概率值是相似的。然而，线性函数形式并不限定拟合值在[0,1]区间内，而且我们发现在 LPM 和 logit、probit 模型拟合的尾端值中也有差别。

14.5 假设和模型设定检验

下面我们研究是维持模型设定还是进行其他选择的几个检验。重复和演示这些检验的许多方法，详见第 12 章的介绍，对非线性 logit 模型使用的命令与第 3 章线性回归模型中使用的命令相似。

14.5.1 Wald 检验

对变量系数使用 test 命令进行检验是最易执行的，也就是进行 Wald 检验。例如，我们可能会对 age 存在的交互效应进行检验。建立四个交互变量(age2，agefem，agechr 和 agewhi)，例如，agefem 等于 age 乘以 female，并且它们包含在 logit 回归中。原假设是这四个解释变量的系数都为零，因为这样的话就不存在交互效应。我们得到：

```
. * Wald test for zero interactions
. generate age2 = age*age

. generate agefem = age*female

. generate agechr = age*chronic

. generate agewhi = age*white

. global intlist age2 agefem agechr agewhi

. quietly logit ins retire $xlist $intlist

. test $intlist

 ( 1)  [ins]age2 = 0
 ( 2)  [ins]agefem = 0
 ( 3)  [ins]agechr = 0
 ( 4)  [ins]agewhi = 0

           chi2(  4) =    7.45
         Prob > chi2 =    0.1141
```

p 值为 0.114，所以在 0.05 或即使在 0.10 的显著性水平上，都不能拒绝原假设。

14.5.2 似然比检验

似然比(LR)检验(见 12.4 节)为假设检验提供另一种方法。如果模型是正确设定的，那么它与 Wald 检验是渐近等价的。为了对前面的假设进行 LR 检验，我们对一般模型和受约束的模型进行参数估计，然后使用 lrtest 命令。我们得到：

```
. * Likelihood-ratio test
. quietly logit ins retire $xlist $intlist

. estimates store B

. quietly logit ins retire $xlist

. lrtest B

Likelihood-ratio test                                 LR chi2(4)  =      7.57
(Assumption: . nested in B)                           Prob > chi2 =    0.1088
```

这个检验的 p 值为 0.109,与 Wald 检验的 p 值非常相近。

在某些情况下,我们主要关注的是模型的预测概率,而不是系数的符号和大小。一个例子是对倾向得分的估计,在这种情形下经常会推荐使用饱和模型,然后再根据贝叶斯信息准则(BIC)来选择最优模型。赤池信息准则(AIC)或贝叶斯信息准则(BIC)对比较非嵌套且参数数量不同的模型都是有效的,见 10.7.2 节。

14.5.3 额外的模型设定检验

对于特定的模型,通常有一些误设的特定检验。现在我们考虑 logit 和 probit 这两个模型的变化形式。

广义 logit 模型的拉格朗日乘子检验

Stukel(1988)认为,作为 logit 模型的一个选择,广义的 h 族 logit 模型为:

$$\Lambda_\alpha(\mathbf{x}'\beta) = \frac{e^{h_\alpha(\mathbf{x}'\beta)}}{1+e^{h_\alpha(\mathbf{x}'\beta)}} \tag{14.4}$$

其中,$e^{h_\alpha}(\mathbf{x}'\beta)$是通过形状参数 σ_1,σ_2 对 $\mathbf{x}'\beta$ 指数化的严格递增非线性函数,σ_1 和 σ_2 分别控制 $\Lambda(\cdot)$ 函数的厚尾和对称性。

Stukel 提出检验(14.4)式是否是一个更好的模型,这是通过使用拉格朗日乘子或得分来检验的,见 12.5 节。这个检验的优势是它仅需要对原假设 logit 模型进行估计,而不需要更多复杂的模型(14.4)。此外,极大似然检验可以通过添加 logit 模型的解释变量来进行(即新增的解释变量是 $\mathbf{x}'\beta$ 函数形式),并且对这些增加的解释变量的显著性进行检验。

例如,为了检验一个非对称的 h 族模型与 logit 模型在方向上的偏离程度,我们将生成的解释变量$(\mathbf{x}_i'\hat{\beta})^2$ 添加到解释变量的列表中,再估计 logit 模型,并检验扩充的变量是否显著地提高了模型的拟合优度。我们有:

```
. * Stukel score or LM test for asymmetric h-family logit
. quietly logit ins retire $xlist

. predict xbhat, xb

. generate xbhatsq = xbhat^2

. quietly logit ins retire $xlist xbhatsq

. test xbhatsq

 ( 1)  [ins]xbhatsq = 0

           chi2(  1) =   37.91
         Prob > chi2 =    0.0000
```

强烈拒绝了模型正确设定的原假设,因为新增的回归系数$(\mathbf{x}_i'\hat{\beta})^2$ 的零系数的 Wald 检验产生了一个$\chi^2(1)$统计值为 38,且 p=0.000。

这个检验易于应用, Stukel 建议的通过使用扩充变量法的一些得分检验也易于应用。同时,回顾 3.5.5 节里的检验,它可以拒绝不止一个假设。因此在先前例子中的拒绝是因为其他原因,而不是需要非对称 h 族 logit 模型。例如,也许使用 logit 模型时,在连续解释变量中包含额外的多项式或将额外的变量作为解释变量是足够的。

异方差 probit 回归

标准的 probit 模型和 logit 模型假设有同方差误差 μ，在(14.2)式的潜变量模型中，可以检验这一约束。一种方法是建立原假设模型：

$$\Pr(y_i = 1 \mid \mathbf{x}) = \mathbf{\Phi}(\mathbf{x}_i'\beta/\sigma)$$

标准化地有 $\sigma^2=1$，且备择假设为：

$$\Pr(y_i = 1 \mid \mathbf{x}) = \mathbf{\Phi}(\mathbf{x}_i'\beta/\sigma_i) \tag{14.5}$$

其中 μ_i 在(14.2)式中是异方差的，其方差为：

$$\sigma_i^2 = \exp(\mathbf{z}_i'\boldsymbol{\delta}) \tag{14.6}$$

其中，外生变量($z_1,\cdots,z_m$)都不包含常数项，因为约束条件 $\boldsymbol{\delta}=0$ 会如在原模型中一样产生 $\sigma_i^2=1$ 的结果。在 $\mathbf{z}$ 中包含一个常数项会使模型无法识别。

ML 估计可以建立在(14.5)式和(14.6)式的基础上。带有异方差的 probit 模型的参数可以用 ML 估计，通过使用 Stata 的 hetprob 命令来进行估计。hetprob 命令的语法是：

hetprob *depvar* [*indepvars*] [*if*] [*in*] [*weight*], het(*varlist*) [*options*]

这两个模型可以通过使用 LR 检验是否 $\boldsymbol{\delta}=0$ 来进行比较，当使用命令时，自动执行检验。此外，也可以使用 Wald 检验。

作为示例，我们重新研究在之前分析中使用的 probit 模型。在 $\mathbf{z}$ 上设定变量时，排除那些已经包含在 $\mathbf{x}$ 内的变量似乎是可取的，因为在一个二项模型中，一个会影响 $\Pr(y=1)$ 的变量必然会影响 y 的方差。在均值和方差的设定中加入一个变量会引起解释上的问题。在我们的应用中，我们选择单变量 chronic 作为我们的 $\mathbf{z}$ 值，chronic 代表的是患慢性病的数量。我们有：

```
. * Heteroskedastic probit model
. hetprob ins retire $xlist, het(chronic) nolog // Heteroskedastic Probit

Heteroskedastic probit model                    Number of obs      =      3206
                                                Zero outcomes      =      1965
                                                Nonzero outcomes   =      1241

                                                Wald chi2(7)       =     90.34
Log likelihood = -1992.904                      Prob > chi2        =    0.0000

------------------------------------------------------------------------------
         ins |      Coef.   Std. Err.      z    P>|z|     [95% Conf. Interval]
-------------+----------------------------------------------------------------
ins          |
      retire |   .1075926   .0476757     2.26   0.024     .0141501    .2010352
         age |  -.0087658   .0062107    -1.41   0.158    -.0209384    .0034069
    hstatusg |   .1629653   .0564771     2.89   0.004     .0522722    .2736584
    hhincome |   .0011135    .000364     3.06   0.002        .0004     .001827
    educyear |   .0642167   .0094184     6.82   0.000     .0457569    .0826765
     married |   .3341699   .0563861     5.93   0.000     .2236551    .4446847
        hisp |  -.4344396   .1055044    -4.12   0.000    -.6412244   -.2276548
       _cons |  -.9089138   .4318121    -2.10   0.035     -1.75525   -.0625776
-------------+----------------------------------------------------------------
lnsigma2     |
     chronic |  -.0442144   .0365848    -1.21   0.227    -.1159193    .0274906
------------------------------------------------------------------------------
Likelihood-ratio test of lnsigma2=0: chi2(1) =     1.44   Prob > chi2 = 0.2303
```

LR 检验表明了在 0.05 的显著性水平上,从广义化的同方差模型得到的结果统计显著性没有提高,因为 $p=0.23$。

然而,关于建模方法的问题,最好首先检验下 **z** 变量是否是从条件均值模型中被遗漏的解释变量,因为这样的误设同样与方差一致,都取决于 **z** 值。也就是说,我们发现 **z** 进入方差函数也与它被不正确地从条件均值函数中忽略了是一致的。据此,通过在 probit 模型中增加 chronic 作为解释变量来应用一个变量附加检验,且检验的 p 值为 0.23。因此,这个证据拒绝了 probit 模型包含 chronic 变量的假设。

14.5.4 模型的比较

通常会产生一个疑问:哪一个模型更好,logit 模型还是 probit 模型? 正如我们在下面的章节中将看到的,在许多情形中,拟合的概率值在 $\mathbf{x}'\beta$ 的大部分变化范围中是相似的。在分布的尾部可能会明显看到较大的差别,但是基于尾端分布的差异性,对两个模型进行可靠区分需要有一个大样本。

因为 logit 和 probit 模型都是非嵌套的,一个惩罚的似然准则对于模型选择很有吸引力,如 AIC 和 BIC(见 10.7.2 节)。然而,这两个模型有相同数量的参数,所以这降低了选择有更高对数似然模型的可能性。probit 模型的一个对数似然值为 -1993.62(见 381 页的表格),它比 logit 模型的 -1994.88 高 1.26。这有利于 probit 模型,但是差别并不大。例如,在 0.05 显著性水平上,如果 LR 统计值超过或等于 3.84,或者如果对数似然的变化值为 $3.84/2=1.92$,那么 LR 检验中的单一约束就被拒绝了。

14.6 拟合优度和预测

logit 和 probit 回归的 Stata 输出有相似的格式。回归系数的对数似然值和联合显著性的 LR 检验,以及它们的 p 值都给出来了。然而,一些整体拟合优度的度量方法是需要的,包括对于二值结果模型特定的度量方法。

有三种方法来估计模型的拟合优度,分别是伪 R^2 度量,比较含样本频数的分组平均预测概率,以及基于分类($\hat{y}$ 等于 0 或 1)的比较。没有哪个方法是最好的、最优的。下面我们使用预测的概率讨论模型拟合优度的比较。

14.6.1 伪 R^2 度量

在线性回归中,均值的离差总平方和可以被分解为解释平方和与残差平方和,R^2 衡量的是解释平方和与总平方和的比率,0 和 1 分别是它的下限和上限。这些性质不能推广到非线性回归中。这也存在一些拟合是试图模拟线性回归中 R^2 的度量值。有多种 R^2 方法,其中一个包含在 Stata 输出结果中。

McFadden 的 $\widetilde{R}^2$ 值计算为 $1-L_N(\hat{\beta})/L_N(\overline{y})$,其中 $L_N(\hat{\beta})$ 表示极大的或拟合的对数似然值,$L_N(\overline{y})$ 表示在仅有截距项的模型中的对数似然值。当应用到有二值模型或多项模型中时,伪 R^2 的下限和上限分别为 0 和 1(见 10.7.1 节),尽管 McFadden 的 $\widetilde{R}^2$ 并不能衡量模型方差中被解释变量被解释的部分。对于拟合的 logit 模型,$\widetilde{R}^2=0.068$。

14.6.2 用样本频数比较预测的概率

用样本频数 $\overline{y}$ 对平均预测概率(即 $N^{-1}\sum\hat{p}_i$)进行样本内比较,对评价二值结果模型的拟合估计并不合适。具体来说，这两者对于有截距项的 logit 模型必然是相等的，因为可以证明 logit 的极大似然估计的一阶条件施加了两者相等的约束条件。

然而，这个比较对于观测值的子组可能会很有用。Hosmer-Lemeshow 设定检验通过比较被解释变量的样本频数估计拟合优度，使用了观测值子组的拟合概率，调查者已经指定了子组的数量。原假设是两者相等。这个检验与 Pearson 的卡方拟合优度检验相似。

令 $\overline{\hat{p}}_g$ 和 $\overline{y}_g$ 分别表示平均预测概率和 g 组的样本频数。该检验的统计量是 $\sum_{g=1}^{G}(\overline{\hat{p}}_g-\overline{y}_g)^2/\overline{y}_g(1-\overline{y}_g)$，其中 g 是组下标。这些小组是基于有序的预测的概率分位数。例如，如果 $G=10$，那么每个小组都对应一个等分的有序的 $\hat{p}_i$。Hosmer 和 Lemeshow 通过模拟建立了原分布。在正确设定的原假设下，该统计量的分布是 $\chi^2(G-2)$ 分布。然而，应该注意两个问题：第一，这个检验结果对在设定中使用的小组数量较敏感。第二，许多已知的关于检验的特性是建立在蒙特卡洛检验结果证据的基础上，见 Hosmer 和 Lemeshow(2010)。模拟的证据显示在检验中，一个固定的样本规模设定一个较大数量的分组会造成经验的 c.d.f 和 $\chi^2(G-2)$ 分布的 c.d.f 之间有差别。

拟合优度的检验通过使用估计后 estat gof 命令来执行的，其语法如下：

estat gof [*if*] [*in*] [*weight*] [, *options*]

其中，group(#)选项指定在小组数据中使用的分位数的个数，默认的是 10 个。

在对 logit 模型的参数估计后，我们进行该检验，设定小组的数量为 4。我们有：

```
. * Hosmer-Lemeshow gof test with 4 groups
. quietly logit ins retire $xlist

. estat gof, group(4)  //Hosmer-Lemeshow gof test

Logistic model for ins, goodness-of-fit test

  (Table collapsed on quantiles of estimated probabilities)

        number of observations =      3206
              number of groups =         4
      Hosmer-Lemeshow chi2(2)  =     14.04
                   Prob > chi2 =    0.0009
```

结果显示模型是错误设定的，因为 p 值为 0.001。

为了检查如果我们使用更多小组来进行检验是否会出现相同的结果，我们对 10 组数据重复了该检验：

```
. quietly logit ins retire $xlist

. estat gof, group(10)   //Hosmer-Lemeshow gof test

Logistic model for ins, goodness-of-fit test

  (Table collapsed on quantiles of estimated probabilities)

        number of observations =     3206
              number of groups =       10
      Hosmer-Lemeshow chi2(8)  =    31.48
                   Prob > chi2 =   0.0001
```

检验结果又一次拒绝了现有的设定，这一次得到一个更小的 p 值。

14.6.3 比较实际的结果与预测的结果

先前的度量方法都是建立在有私人保险的样本的拟合概率的基础上。反过来我们可能想对结果本身进行预测，即个人有私人保险($\hat{y}=1$)或没有保险($\hat{y}=0$)。严格地说，这取决于损失函数。如果我们假设存在一个对称的损失函数，那么很自然地，设当 $F(\mathbf{x}'\beta)>0.5$时，$\hat{y}=1$，如果 $F(\mathbf{x}'\beta)\leqslant 0.5$ 时，$\hat{y}=0$。一个拟合优度的度量方法是正确的划分观测值的百分比。

通过使用估计后 estat classification 命令可以获得在分类基础上的拟合优度的测量。

对拟合的 logit 模型，我们有：

```
. * Comparing fitted probability and dichotomous outcome
. quietly logit ins retire $xlist

. estat classification

Logistic model for ins

              -------- True --------
Classified |         D            ~D  |      Total
-----------+--------------------------+-----------
     +     |       345           308  |        653
     -     |       896          1657  |       2553
-----------+--------------------------+-----------
   Total   |      1241          1965  |       3206

Classified + if predicted Pr(D) >= .5
True D defined as ins != 0
--------------------------------------------------
Sensitivity                     Pr( +| D)   27.80%
Specificity                     Pr( -|~D)   84.33%
Positive predictive value       Pr( D| +)   52.83%
Negative predictive value       Pr(~D| -)   64.90%
--------------------------------------------------
False + rate for true ~D        Pr( +|~D)   15.67%
False - rate for true D         Pr( -| D)   72.20%
False + rate for classified +   Pr(~D| +)   47.17%
False - rate for classified -   Pr( D| -)   35.10%
--------------------------------------------------
Correctly classified                        62.45%
--------------------------------------------------
```

该表对拟合值和实际值进行了比较。正确设定的值的比例在本例中是 62.45%。在这个例子中，308 个观测值都被误分为 1，而正确的分类是 0。此外，896 个值在正确值为 1 时被误分为 0。剩下的 345+1657 个观测值是正确设定的。

estat classification 命令同样生成了关于分类误差的详细输出结果，使用的术语是在生物统计学中常用的，详见[R]**logistic**。比率 345/1241，被称为敏感性度量，显示被正确设定的 $y=1$ 的观测值部分。比率 1657/1965，被称为设定度量，显示被正确设定的 $y=0$ 的那部分观测值比率。比率 308/1965 和 896/1241 都被看做是错的正值和负值分类误差比率。

14.6.4 拟合概率的 predict 命令

拟合的概率可以通过使用估计后 predict 命令来计算，这在 10.5.1 节中定义过。logit 模型和 probit 模型间的差异可能会很小，特别是在分布的中间部分。另一方面，在 LPM 中通过 OLS 估计的拟合概率值可能会完全不同。

首先我们从三个仅包括 hhincome 变量作为解释变量的模型中对拟合概率值进行概述。

```
. * Calculate and summarize fitted probabilities
. quietly logit ins hhincome

. predict plogit, pr

. quietly probit ins hhincome

. predict pprobit, pr

. quietly regress ins hhincome

. predict pols, xb

. summarize ins plogit pprobit pols
```

Variable	Obs	Mean	Std. Dev.	Min	Max
ins	3206	.3870867	.4871597	0	1
plogit	3206	.3870867	.0787632	.3176578	.999738
pprobit	3206	.3855051	.061285	.3349602	.9997945
pols	3206	.3870867	.0724975	.3360834	1.814582

在这三个例子中均值和标准差基本上是相同的，但是在 LPM 中，拟合值的变化范围包含 6 个在[0,6]区间外的不可接受的值。在评估估计时应牢记这一事实，下图比较了三个模型的拟合概率。OLS 估计中离差较大的观测值在分布的两端非常突出，但是 logit 模型和 probit 模型的结果却拟合得很好。

对于含单一解释变量的回归，根据该变量绘制预测的概率图内容比较详细，特别是如果这个变量会取到某一范围内所有的值。这样的图会解释不同的估计量产生的拟合值的差别。下面给出的例子绘制了 logit、probit 和 LPM 模型的拟合值关于家庭收入(hhincome)的图形。为了使图形更具可读性，jitter()选项可以用来增加可观测 0 值和 1 值的波动范围，从而使结果变量的带宽大约为 0 和 1 而不是精确的 0 和 1。这样在 income 有很高的值时，前两个模型的估计值与 LPM(OLS)的估计值之间会有较大的差异，尽管由于 income 位于区间上部的观测值的数量非常少，但问题并不是很严重。拟合值与大部分的样本值都很接近。

```
. * Following gives Figure mus14fig1.eps
. sort hhincome

. graph twoway (scatter ins hhincome, msize(vsmall) jitter(3)) /*
>    */ (line plogit hhincome, clstyle(p1)) /*
>    */ (line pprobit hhincome, clstyle(p2)) /*
>    */ (line pols hhincome, clstyle(p3)), /*
>    */ scale (1.2) plotregion(style(none)) /*
>    */ title("Predicted Probabilities Across Models") /*
>    */ xtitle("HHINCOME (hhincome)", size(medlarge)) xscale(titlegap(*5)) /*
>    */ ytitle("Predicted probability", size(medlarge)) yscale(titlegap(*5)) /*
>    */ legend(pos(1) ring(0) col(1)) legend(size(small)) /*
>    */ legend(label(1 "Actual Data (jittered)") label(2 "Logit") /*
>    */         label(3 "Probit") label(4 "OLS"))
```

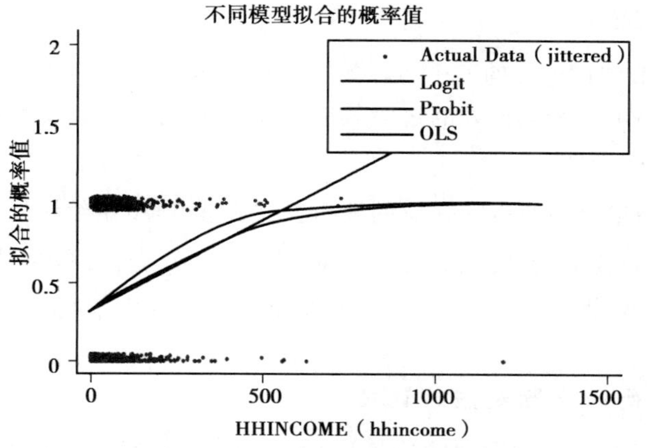

图 14.1 变量 hhincome 与其拟合概率值

14.6.5 拟合概率值的 prvlaue 命令

predict 命令生成每个个体的拟合概率值，在 $\mathbf{x}=\mathbf{x}_i$ 时进行评估。相反，有时候当 x 取一个代表性值 $\mathbf{x}=\mathbf{x}^*$ 时，它对获取预测概率值是有效的。这可以通过使用 nlcom 命令来完成，在 10.5.5 节中讲到过。使用用户编写的估计后 prvalue 命令反而会更简单。(Long and Freese 2006)。

prvalue 命令的语法是：

prvalue [*if*] [*in*] [, *x*(*conditions*) *rest*(*mean*)]

这里我们列出两个主要的选项。x(*conditions*)选项设定了解释变量的条件值，且默认的 rest(mean)选项设定了无条件的变量是设定在它们的样本均值上。忽略 x(*conditions*)选项意味着预测值是在 $\mathbf{x}=\bar{\mathbf{x}}$ 时进行估计的。

这个命令会对每一个观测值生成一个预测(拟合)值，在此即指 65 岁、已婚、退休、非拉美裔、有良好健康状况、17 年的受教育年数以及收入等于 $50000(income 变量等于 50)的观测人群。

```
. * Fitted probabilities for selected baseline
. quietly logit ins retire $xlist
. prvalue, x(age=65 retire=0 hstatusg=1 hhincome=50 educyear=17 married=1 hisp=0)
logit: Predictions for ins
Confidence intervals by delta method
```

```
                                    95 % Coni. Interval
 Pr(y=1|x):         0.5706          [ 0.5226,    0.6186]
 Pr(y=0|x):         0.4294          [ 0.3814,    0.4774]
     retire   age   hstatusg hhincomc   educyear   married   hisp
 x=       0    65          1       50         17         1      0
```

有私人保险的概率为 0.57,95%的置信区间为[0.52,0.62]。对于给定的 $\mathbf{x}=\mathbf{x}^*$,$y=1$的概率,这个置信区间相当严格。对给定的 $\mathbf{x}=\mathbf{x}^*$,$y=1$ 的结果充满了许多不确定性。例如,预测实际值的难题会导致对于 logit 模型有较小的 $\widetilde{R}^2$ 值。这个分布与之前在 3.6.1 节和 10.5.2 节中讨论的预测 $E(y|\mathbf{x})$和 $y|\mathbf{x}$ 间的分布是相似的。

14.7 边际效应

之前在 10.6 节中讨论过的三个边际效应的形式分别是平均边际效应(AME)、代表值处的边际效应(MER)和均值处的边际效应(MEM)。在一个非线性模型中,边际效应比系数提供了更多的信息。

标准的二值结果模型的边际效应的解析公式在表 14.1 中给出了。例如,对于 logit 模型,关于在连续变量 x_j 的变化的边际效应(在 $\mathbf{x}=\bar{\mathbf{x}}$ 处进行评估)是通过 $\Lambda(\bar{\mathbf{x}}'\hat{\beta})\{1-\Lambda(\bar{\mathbf{x}}'\hat{\beta})\}\hat{\beta}_j$ 来估计的。通过使用 delta 方法可以计算相关的置信区间。

14.7.1 代表值处的边际效应(MER)

带有 dydx()选项和 at()选项的估计后 margins 命令给出了对 $\mathbf{x}=\mathbf{x}^*$ 在特定值处的边际效应估计。这可能偏好于在解释变量的样本平均值处(使用 atmean 选项)进行评估。例如,如果模型有几个二值解释变量,那么设这些变量都与它们的样本均值相等,这不是特别有意义的。可能对用户来说创建一个基准值——在指数化的情形下进行边际效应的计算。

我们将使用 75 岁、退休、已婚、拉美裔、有良好健康状况、12 年的受教育年数以及收入等于 35 的条件作为基准条件。对于四个二值解释变量,我们使用有限差分的方法而不是微积分法来计算它们在代表值处的边际效应,即通过 logit 估计命令中的 i.算子来进行计算,例子见 10.6.6 节。那么:

```
. * Marginal effects (MER) after logit
. quietly logit ins i.retire age i.hstatusg hhincome educyear i.married i.hisp

. margins, dydx(*) at (retire=1 age=75 hstatusg=1 hhincome=35 educyear=12  ///
> married=1 hisp=1) noatlegend    // (MER)

Conditional marginal effects                      Number of obs   =       3206
Model VCE     : OIM

Expression    : Pr(ins), predict()
dy/dx w.r.t. : 1.retire age 1.hstatusg hhincome educyear 1.married 1.hisp
```

	dy/dx	Delta-method Std. Err.	z	P>|z|	[95% Conf.	Interval]
1.retire	.0354151	.0149556	2.37	0.018	.0061026	.0647276
age	-.0027608	.0020524	-1.35	0.179	-.0067834	.0012618
1.hstatusg	.0544316	.0161653	3.37	0.001	.0227482	.086115
hhincome	.0004357	.0001493	2.92	0.004	.0001432	.0007283
educyear	.0216131	.0036845	5.87	0.000	.0143916	.0288346
1.married	.0935092	.0174029	5.37	0.000	.0594001	.1276182
1.hisp	-.1794232	.037961	-4.73	0.000	-.2538254	-.105021

Note: dy/dx for factor levels is the discrete change from the base level.

解释变量在代表值处的边际效应大约是 logit 系数估计值处的 0.2 倍。

14.7.2 均值处的边际效应(MEM)

为了进行比较，我们对均值处的边际效应进行计算，使用带有 atmean 选项的 margins 命令。我们得到：

```
. * Marginal effects (MEM) after logit
. quietly logit ins i.retire age i.hstatusg hhincome educyear i.married i.hisp

. margins, dydx(*) atmean noatlegend   // (MEM)

Conditional marginal effects                    Number of obs   =       3206
Model VCE    : OIM

Expression   : Pr(ins), predict()
dy/dx w.r.t. : 1.retire age 1.hstatusg hhincome educyear 1.married 1.hisp
```

	dy/dx	Delta-method Std. Err.	z	P>|z|	[95% Conf.	Interval]
1.retire	.0457255	.0193956	2.36	0.018	.0077108	.0837402
age	-.0034129	.0026389	-1.29	0.196	-.008585	.0017592
1.hstatusg	.0716613	.0205694	3.48	0.000	.0313459	.1119766
hhincome	.0005386	.0001785	3.02	0.003	.0001888	.0008885
educyear	.0267179	.0033025	8.09	0.000	.0202452	.0331907
1.married	.1295601	.0197445	6.56	0.000	.0908617	.1682585
1.hisp	-.1677028	.0341779	-4.91	0.000	-.2346902	-.1007154

Note: dy/dx for factor levels is the discrete change from the base level.

在这个特定的情形中，均值处的边际效应比代表值处的边际效应值大 20%到 30%。

14.7.3 平均边际效应(AME)

使用 margins, dydx()命令的默认设置可以获得平均边际效应(AME)。对于平均边际效应，使用 delta 方法来获得相关的标准误和置信区间。

对于拟合的 logit 模型，我们有：

```
. * Marginal effects (AME) after logit
. quietly logit ins i.retire age i.hstatusg hhincome educyear i.married i.hisp

. margins, dydx(*) noatlegend          // (AME)

Average marginal effects                          Number of obs   =       3206
Model VCE    : OIM

Expression   : Pr(ins), predict()
dy/dx w.r.t. : 1.retire age 1.hstatusg hhincome educyear 1.married 1.hisp

------------------------------------------------------------------------------
             |            Delta-method
             |      dy/dx   Std. Err.      z    P>|z|     [95% Conf. Interval]
-------------+----------------------------------------------------------------
    1.retire |   .0426943   .0181787     2.35   0.019     .0070647    .0783239
         age |  -.0031693   .0024486    -1.29   0.196    -.0079686      .00163
  1.hstatusg |   .0675283   .0196091     3.44   0.001     .0290951    .1059615
    hhincome |   .0005002   .0001646     3.04   0.002     .0001777    .0008228
    educyear |   .0248111   .0029705     8.35   0.000     .0189891    .0306332
   1.married |   .1235562   .0191419     6.45   0.000     .0860388    .1610736
      1.hisp |  -.1608825   .0339246    -4.74   0.000    -.2273735   -.0943914
------------------------------------------------------------------------------
Note: dy/dx for factor levels is the discrete change from the base level.
```

在这个例子中，AME 比均值处的边际效应小 5%～10%。在其他样本中差别可能会更大。

14.7.4 prchange 命令

在指定其他解释变量值的条件下，可以使用用户编写的 prchange 命令来计算由于一个指定的解释变量的单位变化而引起概率的边际变化。这个命令语法与 14.6.5 节中我曾讨论过的 prvalue 命令的语法相似：

prchange *varname* [*if*] [*in*] [, *x* (*conditions*) rest (mean)]

其中，*varname* 是变化的变量的名称。默认的条件变量是样本均值。

下面给出了收入(hhincome)的变化的边际效应，在被估计的解释变量的均值 $\mathbf{x}=\bar{\mathbf{x}}$ 处进行估计。

```
. * Computing change in probability after logit
. quietly logit ins retire $xlist
. prchange hhincome
logit: Changes in Probabilities for ins

           min->max      0->1     -+1/2    -+sd/2  MargEfct
hhincome     0.5679    0.0005    0.0005    0.0346    0.0005

              0          1
Pr(y|x)  0.6272     0.3728

          retire        age   hstatusg   hhincome   educyear    married       hisp
    x=   .624766    66.9139    .704616    45.2639    11.8986    .733001    .072676
sd(x)=   .484259    3.67579    .456286    64.3394    3.30461    .442461    .259645
```

通过报告收入的几种类型的变化导致的概率上的变化，输出结果补充了边际效应的计算。输出的 min->max 给出了收入从最小值到最大值的变化导致的概率水平的变化值。输出的 0－＞1 给出了收入从 0 到 1 的变化导致的概率变化。输出的－＋1/2 给出了收入从低于基准值的一半单位到高于其一半单位的变化的影响。此外，输出的－＋sd/2给出了收入从低于半个标准差到高于基准值半个标准差的影响。添加 help 选项到这个命令中会为计算机的输出结果生成解释性说明。

14.8 内生解释变量

如果任意一个解释变量都是内生的，probit 和 logit 极大似然估计量都是不一致的。两个扩展的方法可以用来校正内生性问题。

结构法设定了一个完整的模型，这个模型很明确地具有非线性和内生性问题，这种特定的结构模型根据内生解释变量是离散的还是连续的而不同。极大似然估计是最有效的，但是通常使用更简单的(可能效率稍差)两步估计量。

另一种局部模型或半参数化的方法定义了我们感兴趣的方程中的残差，并且使用建立在工具变量正交性以及其残差的基础上的 IV 估计量。

正如在线性例子中，一个重要的要求是存在一个或多个有效的工具变量，它不直接地解释二值被解释变量，但是都是与这些内生解释变量相关的。与线性例子不同的是，当估计不同模型的参数时，即使在有限制的情况下，不同的控制内生性的方法也可能导致不同的估计量。

14.8.1 例子

尽管我们使用一组不同的解释变量，我们再一次对二值结果 ins 建模。这些解释变量包括连续变量 linc(家庭收入的对数)，该变量是潜在内生性的，表示购买额外医疗保险，而且即使在控制了一系列的外生变量后，家庭收入可能会受到一些不可观察的冲击的影响。也就是说，对于所研究的 HRS 样本，额外保险(ins)的选择与家庭收入(linc)一样，都可能被认为是联合决定的。

使用不能控制潜在内生性的常规 probit 回归得到：

```
. * Endogenous probit using inconsistent probit MLE
. generate linc = log(hhincome)
(9 missing values generated)

. global xlist2 female age age2 educyear married hisp white chronic adl hstatusg

. probit ins linc $xlist2, vce(robust) nolog

Probit regression                                 Number of obs   =       3197
                                                  Wald chi2(11)   =     366.94
                                                  Prob > chi2     =     0.0000
Log pseudolikelihood = -1933.4275                 Pseudo R2       =     0.0946
```

ins	Coef.	Robust Std. Err.	z	P>|z|	[95% Conf.	Interval]
linc	.3466893	.0402173	8.62	0.000	.2678648	.4255137
female	-.0815374	.0508549	-1.60	0.109	-.1812112	.0181364
age	.1162879	.1151924	1.01	0.313	-.109485	.3420608
age2	-.0009395	.0008568	-1.10	0.273	-.0026187	.0007397
educyear	.0464387	.0089917	5.16	0.000	.0288153	.0640622
married	.1044152	.0636879	1.64	0.101	-.0204108	.2292412
hisp	-.3977334	.1080935	-3.68	0.000	-.6095927	-.1858741
white	-.0418296	.0644391	-0.65	0.516	-.168128	.0844687
chronic	.0472903	.0186231	2.54	0.011	.0107897	.0837909
adl	-.0945039	.0353534	-2.67	0.008	-.1637953	-.0252125
hstatusg	.1138708	.0629071	1.81	0.070	-.0094248	.2371664
_cons	-5.744548	3.871615	-1.48	0.138	-13.33277	1.843677

解释变量 linc 的系数为 0.35，这是相当精确的估计，标准误为 0.04。在 $\mathbf{x}=\bar{\mathbf{x}}$ 处的相关的边际效应是通过 margins，dydx(linc atmean)命令来计算，结果为 0.13。这意味着在家庭收入上有 10% 的增长(在 linc 上有 0.1 的变化)，该变化与有补充性医疗保险的概率增长了 0.013 相关。

14.8.2 模型假设

我们将只关注二值结果模型中单一连续型解释变量的情形。对于二值结果模型中的离散型内生解释变量，应该使用其他方法。

我们研究下面的线性潜变量模型，其中 y_1^* 是结构方程中的被解释变量，y_2 是方程中的内生解释变量。这两个内生变量都是用外生变量 $\mathbf{x}_1$ 和 $\mathbf{x}_2$ 的线性形式来建模的，即，

$$y_{1i}^* = \beta y_{2i} + \mathbf{x}_{1i}'\gamma + u_i \tag{14.7}$$

$$y_{2i} = \mathbf{x}_{1i}'\pi_1 + \mathbf{x}_{2i}'\pi_2 + v_i \tag{14.8}$$

其中，$i=1\cdots\cdots,N$；外生解释变量 $\mathbf{x}_1$ 是一个 $K_1\times1$ 阶的向量；而且新增的工具变量 $\mathbf{x}_2$ 是 $K_2\times1$ 阶的向量，它会影响 y_2，但因为它并不直接影响 y_2，因此可以从(14.7)式中剔除。模型的识别要求 $K_2\geqslant1$。

变量 y_1^* 是潜变量，因此不能直接观测到。相反，二值结果 y_1 可以观测到，如果 $y_1^*>0$，$y_1=1$；如果 $y_1^*\leqslant0$，$y_1=0$。

方程(14.7)也可视为“结构方程”。我们感兴趣的主要是这个结构方程，第二阶段方程称为一阶方程或是简化型方程，它只起识别工具变量的作用。它能对工具变量的强度以及简化型方程的拟合优度进行检验。

根据严格外生性解释变量(包括排除在结构方程中的工具变量 $\mathbf{x}_2$)，简化型方程(14.8)式解释了内生性变量的变化。之前在第 6 章关于线性模型的内容中讨论过的这些排除的工具变量，对于识别结构方程的参数都是必不可少的。给定结构方程和简化型方程的设定形式，它的估计可以同时(即联合)或按序贯进行。

14.8.3 结构模型法

结构模型法完全设定了在(14.7)式和(14.8)式中 y_1^* 和 y_2 的分布形式。它假设

(u_i, v_i)是服从联合正态分布的，即$(u_i, v_i) \sim N(\mathbf{0}, \Sigma)$，且$\Sigma = (\sigma_{ij})$。在二值 probit 模型中，系数仅能通过度量因子才能识别；因此，通过度量因子的标准化，即$\sigma_{ij} = 1$。该假设意味着$u_i | v_i = \rho v_i + \varepsilon_i$，其中$E(\varepsilon_i | v_i) = 0$。对$y_2$的外生性的原假设的检验与检验$H_0: \rho = 0$是等价的，因为$u_i$和$v_i$是相互独立的。

这个方法非常依赖分布的假设。一致性的估计要求误差u_i和v_i具有正态性和同方差性。

ivprobit 命令

ivprobit 命令的语法与第 6 章讨论过的 ivregress 命令的语法相似：

ivprobit *depvar* [*varlist*1] (*varlist*2=*varlist_iv*) [*if*] [*in*] [*weight*] [, *mle_options*]

其中，*varlist*2 指的是内生性变量y_2，*varlist* 指的是因为y_1^*从方程中被排除的工具变量$\mathbf{x}_2$。默认的 ivprobit 命令提供极大似然估计值，并且 twostep 选项会生成两步估计值。

极大似然估计值

对于这个例子，我们使用两个被排除的变量 retire 和 sretire 作为工具变量。它们分别代表个人的退休状态和其配偶的退休状态。这两个变量似乎与 linc 相关，因为退休可能会降低家庭收入。对工具变量有效性的关键假设是退休状态不会直接影响额外保险的选择。这个假设是具有争议的，并且这个例子最好仅被看作是一个示例。我们使用 ivprobit 命令来获得 ML 估计值：

```
. * Endogenous probit using ivprobit ML estimator
. global ivlist2 retire sretire

. ivprobit ins $xlist2 (linc = $ivlist2), vce(robust) nolog

Probit model with endogenous regressors          Number of obs   =       3197
                                                 Wald chi2(11)   =     382.34
Log pseudolikelihood = -5407.7151                Prob > chi2     =     0.0000

------------------------------------------------------------------------------
             |               Robust
             |      Coef.   Std. Err.      z    P>|z|     [95% Conf. Interval]
-------------+----------------------------------------------------------------
        linc |  -.5338186    .385235    -1.39   0.166    -1.288865    .2212281
      female |  -.1394069   .0494475    -2.82   0.005    -.2363223   -.0424915
         age |   .2862283   .1280837     2.23   0.025     .0351888    .5372678
        age2 |  -.0021472   .0009318    -2.30   0.021    -.0039736   -.0003209
    educyear |   .1136877   .0237927     4.78   0.000     .0670549    .1603205
     married |    .705827   .2377727     2.97   0.003     .2398011    1.171853
        hisp |  -.5094513   .1049488    -4.85   0.000    -.7151473   -.3037554
       white |    .156344   .1035712     1.51   0.131    -.0466518    .3593399
     chronic |   .0061943   .0275259     0.23   0.822    -.0477555    .0601441
         adl |  -.1347663     .03498    -3.85   0.000    -.2033259   -.0662067
    hstatusg |   .2341782   .0709769     3.30   0.001     .0950661    .3732904
       _cons |  -10.00785   4.065794    -2.46   0.014    -17.97666   -2.039041
-------------+----------------------------------------------------------------
     /athrho |   .6745301   .3599909     1.87   0.061    -.0310391    1.380099
    /lnsigma |   -.331594   .0233799   -14.18   0.000    -.3774178   -.2857703
-------------+----------------------------------------------------------------
         rho |   .5879519   .2355466                     -.0310292    .8809735
       sigma |   .7177787   .0167816                      .6856296    .7514352
------------------------------------------------------------------------------
Instrumented:  linc
Instruments:   female age age2 educyear married hisp white chronic adl
               hstatusg retire sretire
------------------------------------------------------------------------------
Wald test of exogeneity (/athrho = 0): chi2(1) =     3.51 Prob > chi2 = 0.0610
```

输出结果包括对外生性原假设的检验，即对 $H_0: \rho = 0$ 的检验。p 值为 0.061，所以在 0.05 的显著性水平上不会拒绝原假设，尽管在 0.01 的显著性水平上会拒绝原假设。估计系数为正表明了 u 和 v 是正相关的。以方程中包括的其他解释变量为条件，那些可能使个人家庭收入变高的没有被测度的因素，同样也会使个人更有可能去购买额外医疗保险。

给定 ρ 的一个较大的估计值($\hat{\rho}=0.59$)，我们应该预期到被估计的 probit 和 ivprobit 模型的系数会有差异。对内生解释变量 linc 和其他的变量而言，事实确实如此。linc 的系数确实变换了符号(从 0.35 到 −0.53)，所以在家庭收入上的一个增长估计会降低有额外保险的概率值。一个可行的解释为，较富裕的人希望进行私人保险医疗服务而不是参与联邦医疗保险。同时，IV 估计会导致更大的不准确性，标准误从 0.04 增加到 0.39，所以负的系数在 0.05 的水平上是显著异于 0 的。然而，从表面意思看，该结果显示了 probit 命令忽略了内生性问题导致对家庭收入效应的过度估计。其他变量系数与在普通 probit 模型中的系数有相同的符号，且点估计的差异都在其估计的标准误所确定的范围内。

两步序贯估计

对含正态误差(Newey 1987)的(14.7)式和(14.8)式的另一种估计法是使用最小卡方估计量。该方法假设估计量具有多元正态性和同方差性，并且因此与极大似然估计量相似。然而，算法的具体内容是不相同的。两步序贯估计与 ML 估计相比的优点主要体现在计算上，这是因为这两种方法都假设有相同的分布。

这个估计量是通过使用 ivprobit 里的 twostep 选项来完成的。

我们运用 first 选项对数据进行操作，也会得到第一阶段的最小二乘估计值(LPM)。

```
. * Endogenous probit using ivprobit 2-step estimator
. ivprobit ins $xlist2 (linc = $ivlist2), twostep first
Checking reduced-form model...
First-stage regression
```

Source	SS	df	MS
Model	1173.12053	12	97.7600442
Residual	1647.03826	3184	.517285886
Total	2820.15879	3196	.882402626

Number of obs =	3197
F(12, 3184) =	188.99
Prob > F =	0.0000
R-squared =	0.4160
Adj R-squared =	0.4138
Root MSE =	.71923

linc	Coef.	Std. Err.	t	P>|t|	[95% Conf.	Interval]
retire	-.0909581	.0288119	-3.16	0.002	-.1474499	-.0344663
sretire	-.0443106	.0317252	-1.40	0.163	-.1065145	.0178932
female	-.0936494	.0297304	-3.15	0.002	-.151942	-.0353569
age	.2669284	.0627794	4.25	0.000	.1438361	.3900206
age2	-.0019065	.0004648	-4.10	0.000	-.0028178	-.0009952
educyear	.094801	.0043535	21.78	0.000	.0862651	.1033369
married	.7918411	.0367275	21.56	0.000	.7198291	.8638531
hisp	-.2372014	.0523874	-4.53	0.000	-.3399179	-.134485
white	.2324672	.0347744	6.69	0.000	.1642847	.3006496
chronic	-.0388345	.0100852	-3.85	0.000	-.0586086	-.0190604
adl	-.0739895	.0173458	-4.27	0.000	-.1079995	-.0399795
hstatusg	.1748137	.0338519	5.16	0.000	.10844	.2411875
_cons	-7.702456	2.118657	-3.64	0.000	-11.85653	-3.548385

```
Two-step probit with endogenous regressors          Number of obs   =      3197
                                                    Wald chi2(11)   =    222.51
                                                    Prob > chi2     =    0.0000
```

	Coef.	Std. Err.	z	P>|z|	[95% Conf.	Interval]
linc	-.6109087	.5723054	-1.07	0.286	-1.732607	.5107892
female	-.167917	.0773839	-2.17	0.030	-.3195867	-.0162473
age	.3422526	.1915485	1.79	0.074	-.0331756	.7176808
age2	-.0025708	.0014021	-1.83	0.067	-.0053188	.0001773
educyear	.13596	.0543047	2.50	0.012	.0295249	.2423952
married	.8351516	.441743	1.89	0.059	-.0306486	1.700952
hisp	-.6184546	.181427	-3.41	0.001	-.974045	-.2628642
white	.1818279	.1528281	1.19	0.234	-.1177098	.4813655
chronic	.0095837	.0309618	0.31	0.757	-.0511004	.0702678
adl	-.1630884	.0568288	-2.87	0.004	-.2744709	-.0517059
hstatusg	.2809463	.1228386	2.29	0.022	.0401871	.5217055
_cons	-12.04848	5.928158	-2.03	0.042	-23.66746	-.4295072

```
Instrumented:  linc
Instruments:   female age age2 educyear married hisp white chronic adl
               hstatusg retire sretire

Wald test of exogeneity:      chi2(1) =      3.57          Prob > chi2 = 0.0588
```

两步估计量的结果与使用 ivprobit 命令的极大似然估计的结果相似。两种方法的系数估计值相差均在20%以内。标准误大概增加了50%左右,表明两阶段估计法与ML估计相比精确度较低。与极大似然估计的 0.061 相比,对 linc 外生性检验的统计量的 p 值为 0.059。第一阶段的结果表明对于 linc，两个被排除的 IV 变量中有一个变量有较强的预测值。由于这是个简化型方程,我们并不试图对这些结果进行解释。

14.8.4 IV 法

另一种方法是使用 IV 估计法而不是结构方法对线性回归模型进行估计,这种方法在第 6 章讲过。这种方法不要求关于分布的假设,尽管如此,如果可以使用线性 IV,那么被解释变量 y_1(ins)的二值特性被忽略了。

我们对于可观测的变量(y_1,y_2)有标准的线性公式:

$$y_{1i} = \beta y_{2i} + \mathbf{x}'_{1i}\gamma + u_i$$
$$y_{2i} = \mathbf{x}'_{1i}\pi_1 + \mathbf{x}'_{2i}\pi_2 + v_i$$

其中,y_2 是内生的,协变量 $\mathbf{x}_2$ 是被排除的外生解释变量(工具变量)。这就是模型(14.7)式和(14.8)式,除了潜变量 y_1^* 被二值变量 y_1 替代。一个重要的区别是,尽管(u,v)是零均值和联合依赖的,但是它们不要求是服从多元正态分布和同方差的。

通过两阶段最小二乘法(2SLS),使用 ivregress 命令进行估计。由于 y_1 是二值的,误差 u 是异方差的。2SLS 估计量对于(β,γ)仍然是一致的,但是推断时将会用到异方差性稳健的标准误。在第 6 章,我们考虑了几个问题,特别是在应用工具变量估计时工具较弱的问题。这些问题在此仍然密切相关,建议读者回到第 6 章查看对于此话题的更详细的解决办法。

使用带有 vce(robust)选项的 ivregress 命令得到:

```
. * Endogenous probit using ivregress to get 2SLS estimator
. ivregress 2sls ins $xlist2 (linc = $ivlist2), vce(robust) noheader

------------------------------------------------------------------------------
             |               Robust
         ins |      Coef.   Std. Err.      z    P>|z|     [95% Conf. Interval]
-------------+----------------------------------------------------------------
        linc |   -.167901   .1937801    -0.87   0.386     -.547703    .2119011
      female |  -.0545806   .0260643    -2.09   0.036    -.1056657   -.0034955
         age |    .106631   .0624328     1.71   0.088     -.015735     .228997
        age2 |  -.0008054   .0004552    -1.77   0.077    -.0016977    .0000868
    educyear |   .0416443   .0182207     2.29   0.022     .0059324    .0773562
     married |   .2511613   .1499264     1.68   0.094     -.042689    .5450116
        hisp |   -.154928   .0546479    -2.84   0.005    -.2620358   -.0478202
       white |   .0513327   .0508817     1.01   0.313    -.0483936     .151059
     chronic |   .0048689   .0103797     0.47   0.639     -.015475    .0252128
         adl |  -.0450901   .0174479    -2.58   0.010    -.0792874   -.0108928
    hstatusg |   .0858946    .041327     2.08   0.038     .0048951    .1668941
       _cons |  -3.303902   1.920872    -1.72   0.085    -7.068743    .4609388
------------------------------------------------------------------------------
Instrumented:  linc
Instruments:   female age age2 educyear married hisp white chronic adl
               hstatusg retire sretire

. estat overid

  Test of overidentifying restrictions:

  Score chi2(1)          =  .521843  (p = 0.4701)
```

这个方法产生的 linc 的系数估计量为－0.17，对于 ivprobit，在 0.05 的显著性水平上，这个结果不是统计显著的。为了比较 ivregress 估计和 ivprobit 估计，我们需要像在 14.4.3 节中一样来重新对参数进行度量。然后重新度量的 2SLS 参数估计值为－0.17 ×2.5＝－0.42，与 ivprobit 命令的估计值－0.53 和－0.61 是具有可比性的。

2SLS 估计量的优点在于它计算的简便性，以及能对过度识别工具变量的有效性进行检验，并对弱工具变量进行诊断，这在第 6 章中介绍过。同时，当被解释变量是二值且存在内生的异方差时，用于正式检验和推断的正态同方差的假设就不再适用。在此，单一的过度识别约束不会被 Hansen J 检验所拒绝，它会产生一个$\chi^2(1)$值，为 0.522。如果工具变量较弱，结果对工具变量的选择是否敏感可以建议通过额外的设定形式进行进一步估计来获得。

在当前例子中的线性的 2SLS 估计量仅仅是建立在 $E(u|\mathbf{x}_1,\mathbf{x}_2)=0$ 的矩条件上，其中 $u=y_1-(\beta y_2+\mathbf{x}'_1\gamma)$，见 6.22 节。对于一个二值结果 y_1 建模时使用 probit 模型，相反运用基于矩条件 $E(u|\mathbf{x}_1,\mathbf{x}_2)=0$ 的非线性 2SLS 估计量则更好，其中误差项可以被定义为 $u=y_1-\Phi(\beta y_2+\mathbf{x}_1'\gamma)$，即 y_1 和其条件均值函数间的差。这个矩条件并不是通过(14.7)式和(14.8)式来确定的，因此估计值将会与 ivprobit 命令产生的估计值不同。Stata 命令没有执行非线性 2SLS 估计量的命令，但是可以对 11.8 节中的非线性 2SLS 例子进行适当的调整。

14.9 分组数据

在一些应用中只有分组或加总的数据，但个人行为也被认为是最好建模为一个二值选择模型。例如，我们可能会从一个样本总体中取出平均频数作为被解释变量和解释变量中解释变量的均值，我们假设其具有外生性。我们将这些称为分组数据。

当在解释变量取特殊值时进行分组，这种分组没有问题，而且解释变量每个特殊值有很多观测值。例如，在本章数据集中，年龄可以作为分组变量。这会产生 33 个组，在 52 到 86 之间任何年龄段都有一个分组；但是年龄为 84 或 85 的没有观测值。这 33 组的观测值数如下：

4	5	2	2	7	8	34	62	72	51	61
67	74	524	470	488	477	286	133	100	91	67
36	29	19	11	8	11	4	6	5	1	1

不在组内变化的观测值将会被舍弃，当小组的规模太小时这种情况可能会发生。在当前的样本中，有两组分别有两个观测值，且有两个小组仅仅有一个观测值。一些小的分组被丢弃掉，这会使样本规模减少到 29 个。

如果小组规模相对较大，分组变量是截然不同的，Berkson 的最小卡方估计量是估计模型中参数的一种方法。作为例子，假设回归向量 $\mathbf{x}_i(i=1,\cdots,N)$ 仅取 T 个不同的值，且 T 比 N 小很多。则对每一个解释变量的值，我们对 y 有多个观测值。这种类型的分组的每一个单元都包括许多观察值。Berkson 的估计（见 Camerson 和 Trivedi [2005,480]）可以通过加权最小二乘法（WLS）很容易计算出来。

这个方法对于我们的数据是不合适的，因为给定许多解释变量，其中有些解释变量是连续型的，解释变量向量 x_i 会取到许多值。尽管如此，我们可以按年龄分组来演示分组数据方法。

14.9.1 用加总的数据进行估计

令 $\overline{p}_{\mathrm{g}}$ 表示在小组 g$(\mathrm{g}=1,\cdots,G,G>K)$中的平均频数，令 $\overline{\mathbf{x}}_{\mathrm{g}}$ 表示关于 N_{g} 的 $\mathbf{x}$ 的均值，其中后者是在小组 g 中的观测值数量。一个可行的模型就是 $\overline{p}_{\mathrm{g}}$ 对 $\overline{x}_{\mathrm{g}}$ 的 OLS 回归。因为 $0<\overline{p}_{\mathrm{g}}<1$，使用 logistic 转换来定义被解释变量是很常见的，此时被解释变量是无界的，用来估计模型的参数为：

$$\ln\left(\frac{\overline{p}_{\mathrm{g}}}{1-\overline{p}_{\mathrm{g}}}\right)=\overline{\mathbf{x}}_{\mathrm{g}}'\gamma+u_{\mathrm{g}} \tag{14.9}$$

其中 u_{g} 为误差项。在上述模型中必须估计 OLS 系数的稳健标准误，因为已知 N_{g} 将会随着 g 变化，平均值 $\overline{p}_{\mathrm{g}}$ 具有异方差性。Logistic 转换可能会在某些程度上降低异方差性。

对于加总数据，前面介绍的模型将会潜在地产生有偏的估计值，也就是说，总体来说，γ 的 OLS 估计量在非线性模型中不是 β 的一致性估计量。然而，我们可以把 γ 解释为一个感兴趣的总体参数，它与 β 没有任何必然联系。

14.9.2 分组数据的应用

完整的有 3206 个个体观测值的数据集可以转换成一个加总数据集，通过使用下述的 Stata 命令产生分组均值，然后将集合数据储存为一个单独文件。

```
. * Using mus14data.dta to generate grouped data
. sort age

. collapse av_ret=retire av_hhinc=hhincome av_educyear=educyear        ///
>         av_mar=married av_adl=adl av_hisp=hisp av_hstatusg=hstatusg   ///
>         av_ins=ins, by(age)

. generate logins = log(av_ins/(1-av_ins))
(4 missing values generated)

. save mus14gdata.dta, replace
file mus14gdata.dta saved
```

在此，collapse 命令是用来建立按年龄为序的平均值。例如，collapse av_hhincome= hhincome, by(age)创建了 av_hhincome 变量的 29 个观测值，等于按照 age 变量分组的 29 个不同观察值的 hhincome 变量的均值。更一般地，collapse 可以计算其他的数据，比如设定的中位数的 median 统计量，而且如果不使用 by()选项，那么就会产生一个单独的观测值。当 av_ins 等于 0 或 1 时，每组中 logins 变量不会产生，因此会损失四个观测值。

总体回归估计如下：

```
. * Regressions with grouped data
. regress logins av_ret av_hstatusg av_hhinc av_educyear av_mar av_hisp, vce(ro
> st)

Linear regression                                      Number of obs =      29
                                                       F(  6,    22) =    5.26
                                                       Prob > F      =  0.0017
                                                       R-squared     =  0.4124
                                                       Root MSE      =  .44351
```

logins	Coef.	Robust Std. Err.	t	P>|t|	[95% Conf.	Interval]
av_ret	.1460855	.7168061	0.20	0.840	-1.340479	1.63265
av_hstatusg	-.5992983	1.033243	-0.58	0.568	-2.742112	1.543516
av_hhinc	.0016449	.0163948	0.10	0.921	-.0323558	.0356456
av_educyear	.1851466	.161844	1.14	0.265	-.1504974	.5207906
av_mar	1.514133	1.018225	1.49	0.151	-.5975358	3.625802
av_hisp	-.7119636	.6532035	-1.09	0.288	-2.066625	.6426976
_cons	-3.679837	1.80997	-2.03	0.054	-7.433484	.0738104

上述结果建立在 29 组观测值的基础上。每一个被估计的系数都反映了一个解释变量对比值比对数的影响。为了令估计值能直接反映对比值比的影响，其系数应该要取幂指数。总体回归模型中系数的符号与 14.4.2 节中被分解的 logit 模型的系数符号是相似却不相同的。值得注意的是，根据 R^2 的测度值，模型的拟合优度已经提高了，但是参数估计值的标准误却变差了。平均化的数据有较少的噪声，因此 R^2 提高了。但是解释变量方差减小和样本规模的减小却增大了标准误。

如上所述，分组模型中的参数与分解的 logit 模型的参数未必相关。例如，hstatusg 在 logit 方程中有一个显著的正系数，但是 av_hstatusg 却有一个负的系数。

14.10 Stata 资源

内生性解释变量例子的主要参考是[R] **ivprobit**。ME 可以使用 margins, dydx()命令进行估计。对于分组的或区组数据，Stata 提供 blogit 和 bprobit 命令对 logit 模型和 probit 模型进行极大似然估计；变形的 glogit 和 gprobit 命令可以用来执行 WLS 估计。对于联立方程组估计，可以用用户编写的 cdsimeq 命令(Keshk 2003)对一个内生变量是连续型的而其他内生变量是二值型的情形进行两阶段估计。

14.11 习题

1.研究 14.4 节中有被解释变量 ins 和单一解释变量 educyear 的例子。估计 logit、probit 及 OLS 模型的参数，使用默认的标准误和稳健的标准误。对于解释变量 educyear，在这些模型中比较其系数，比较系数的默认标准误和稳健标准误，并且对基于稳健标准误基础上的 t 统计值进行比较。对每一个模型，计算出对有样本均值年限的教育的人多一年教育经验的边际效应，以及 AME 值。哪一个模型对数据拟合的更好，logit 或是 probit?

2.使用 cloglog 命令来估计二值概率模型 ins 的参数，与本章中使用的 logit 模型有相同的解释变量。估计解释变量的平均边际效应。在协变量取下列值的情形中分别计算 ins=1 的比值比：age=50，retire=0，hstatusg=1，hhincome=45，educyear=12，married=1 及 hisp=0。

3.使用本章中生成图 14.1 的命令的模板，生成拟合概率关于受教育年数(educyear)或年龄(age)的图形。

4.对 14.4.2 节的 logit 模型的参数进行估计。现在使用 probit 命令来估计 probit 模型的参数。通过 AIC 和 BIC，使用报告的对数似然值来对模型进行比较。

5.估计 14.4.3 节中的 probit 回归模型。在下列条件(age=65，retire=1，hstatusg=1，hhincome=60，educyear=17，married=1，hisp=0)下，同时运用 margins 和 prchange 命令估计和比较 age 在 $\Pr(\text{ins}=1|\mathbf{x})$ 条件概率下的边际效应。它们应该是有相同的结果。

6.使用 hetprob 命令估计 14.4 节中的模型参数，将 hhincome 当做决定方差的变量。使用 LR 作为对同方差 probit 模型原假设的检验。

7.使用在 14.9 节中的案例作为一个模板，把 educyear 作为分组变量，估计一个分组的 logistic 回归。对分组变量和结果不满意的特点进行评论。

15 多项选择模型

15.1 导论

分类数据是关于被解释变量的数据，这里被解释变量可以归为几种互斥类型数据中的一种。例如，可以使用不同的方式去工作（开车/公车或步行），自我评估的健康状况也有多种（极好、良好、正常或较差）。

计量经济学的文献主要侧重于从几个互斥的类别中建立单一结果模型，其中被解释变量结果必须是多项分布的，就如二值数据必须是伯努利或二项式分布的一样。然而，我们不能进行直接分析，因为对于多项分布的概率值而言，有多种不同的模型可用。这些模型根据分类是否有序，个体特定的解释变量是否随可选类别的变化而变化，且在一些设定情形中，会根据模型是否与效用最大化一致而变化。此外，任一个给定模型参数的系数是难以直接解释的。我们感兴趣的代表值处的边际效应（MES）度量了对可观测的结果中每个结果概率值的影响，而不是对某个单一条件均值的影响。

我们从无序结果的模型开始研究，尤其是多项选择 logit 模型、条件 logit、嵌套的 logit 以及多项选项 probit 模型。接着我们转向对有序结果模型的研究，比如健康状况评估模型，以及多元多项选择结果模型。

15.2 多项选择模型总述

我们对多项选择回归模型进行一般性的讨论。随后的章节将详细讨论最常用的多项选择回归模型即每一种选择的概率相应的特定函数形式。

15.2.1 概率和 ME

某一个体 i 的结果 y_i 是 m 个选择中的一个。如果结果是第 j 个选择，我们设 $y_i=j$，$j=1,2,\cdots,m$。这些值 $1,2,\cdots,m$ 都是任意的，比如，如果使用 3,5,8…这些值，我们会得到相同的回归结果。除非使用的是一个有序模型（见 15.9 节），否则这些值的顺序不重要。

以解释变量 $\mathbf{x}_i$ 为条件，某一个体 i 的结果为 j 的概率值为

$$\mathrm{p}_{ij} = \Pr(y_i = j) = F_j(\mathbf{x}_i, \boldsymbol{\theta}), \quad j = 1,\cdots,m, \quad i = 1,\cdots,N \tag{15.1}$$

其中，不同的函数形式 $F_j(\cdot)$ 与不同多项选择模型相对应。由于概率总和为 1，所以只有 $m-1$ 个概率值可以自由设定。例如，$F_m(\mathbf{x}_i, \boldsymbol{\theta})=1-\sum_{j=1}^{m-1} F_j(\mathbf{x}_i, \boldsymbol{\theta})$。因此多项选择模型需要进行标准化。一些 Stata 多项选项命令包括 ascolgit，允许不同的个体对应不同的选择集，这样一来，例如，个体可能会从选项 1、3、4 中选择。

一般来说，多项选择模型的参数都是不能直接进行解释的。特别是，系数为正并不意味着解释变量系数增加就会使被选择的结果概率增大。反而，我们可以计算边际效应。对个体 i，第 k 个解释变量的变化对结果 j 的概率的边际效应为：

$$\mathrm{ME}_{ijk} = \frac{\partial \Pr(y_i = j)}{\partial x_{ik}} = \frac{\partial F_j(\mathbf{x}_i, \boldsymbol{\theta})}{\partial x_{ik}}$$

对每一个解释变量，都会有 m 个边际效应对应 m 个概率，且因为概率值的和为 1，所以这些 ME 值的和为 0。至于其他非线性模型，这些边际效应会随着估计点 x 的变化而变化。

15.2.2 极大似然估计

用极大似然估计法(ML)进行估计。我们使用一个简便形式表示密度函数，这种形式概括了用于二值结果模型的方法。第 i 个个体的密度函数可写作：

$$f(y_i) = p_{i1}^{y_{i1}} \times \cdots \times p_{im}^{y_{im}} = \prod\nolimits_{j=1}^{m} p_{ij}^{y_{ij}}$$

其中 $y_{i1}, \cdots, y_{im}$ 是 m 个指示变量，如果 $y_i = j$，那么 $y_i = 1$，否则 $y_{ij} = 0$。对每一个体，$y_1, y_2, \cdots, y_m$ 中有一个值肯定不为 0。例如，如果 $y_i = 3$，那么 $y_{i3} = 1$，其他的 $y_{ij} = 0$，此外经简化后，$f(y_i) = p_{i3}$，跟预期结果一样。

含 N 个独立观测值的样本的似然函数是其 N 个密度函数的积，所以 $L = \prod\nolimits_{i=1}^{N} \prod\nolimits_{j=1}^{m} p_{ij}^{y_{ij}}$。极大似然估计量 $\hat{\theta}$，使对数似然函数最大化为：

$$\ln L(\boldsymbol{\theta}) = \sum_{i=1}^{N} \sum_{j=1}^{m} y_{ij} \ln F_j(\mathbf{x}_i, \boldsymbol{\theta}) \tag{15.2}$$

而且通常有 $\hat{\boldsymbol{\theta}} \overset{a}{\sim} N(\boldsymbol{\theta}, [-E\{\partial^2 \ln L(\boldsymbol{\theta})/\partial \boldsymbol{\theta} \partial \boldsymbol{\theta}'\}]^{-1})$。

对于分类数据，分布必然是多项分布。通常我们没有理由使用除了默认的标准误以外的标准误，除非存在一些聚类数据，比如在同一个体上进行反复观测，这种情况下应使用到 vce(cluster *clustvar*)选项。尽管使用 `test` 命令进行 Wald 检验更简便，我们可以通过使用 `lrtest` 命令进行假设检验。

对于多项选择模型而言，伪 R^2 值的解释更有意义；见 10.7 节。非嵌套模型可以通过赤池信息准则(AIC)和相关的度量方法进行比较。

对多项选择数据而言，唯一可能出现的误设就是对 $F_j(\mathbf{x}_i, \boldsymbol{\theta})$ 函数的误设。对于 $F_j(\cdot)$ 函数而言有许多模型形式，特定模型的合适的设定形式取决于应用环境。

15.2.3 特定个体和特定选项的解释变量

有些解释变量，比如说性别，并不会在不同选项间变化，都被称作特定个体的或跨选项非变化的解释变量。其他的解释变量，比如价格，可能会随着选项的不同而变化，被称为是特定选项或可改变的解释变量。

多项选择模型估计用的命令可以根据回归系数的形式不同而变化。一个最简单的例子中，所有的解释变量都是依据具体情形设定的，例如，我们使用的 `mlogit` 命令。在更复杂的应用中，有些或所有的解释变量都是依据选项设定的，例如，我们可以使用 asclogit 命令。这些命令要求数据以不同的方式进行组织，见 15.5.1 节。

15.2.4 加法随机效用模型

对从个体选项中得到的无序多项选择结果而言，计量经济学家偏向从效用最大化中引出的模型。这会得到在其他应用统计学的分支中较少使用的多项选择模型。

对于个体 i 和选项 j，我们假设效用 U_{ij} 取决于解释变量和未知参数的一个决定性组成部分 V_{ij}，以及一个不能观测的随机组成部分 ε_{ij} 的和：

$$U_{ij} = V_{ij} + \varepsilon_{ij} \tag{15.3}$$

这称为加法随机效用模型（ARUM）。如果选项 j 在选项中具有最高的效用，我们观测结果 $y_i = j$。然后有：

$$\begin{aligned} \Pr(y_i = j) &= \Pr(U_{ij} \geqslant U_{ik}), && \text{对所有的 } k \\ &= \Pr(U_{ik} - U_{ij} \leqslant 0), && \text{对所有的 } k \\ &= \Pr(\varepsilon_{ik} - \varepsilon_{ij} \leqslant V_{ij} - V_{ik}), && \text{对所有的 } k \end{aligned} \tag{15.4}$$

标准的多项选择模型设定 $V_{ij} = \mathbf{x}_{ij}'\beta + \mathbf{z}_i'\gamma_j$，其中 $\mathbf{x}_i$ 是特定选项的解释变量，$\mathbf{z}_i$ 是特定个体的解释变量。对 $\varepsilon_{i1}, \cdots, \varepsilon_{im}$ 联合分布的不同假设则会导致对 15.1 节中 $F_j(\mathbf{x}_i, \boldsymbol{\theta})$ 不同设定形式的多项选择模型。由于结果中的概率值取决于误差项中的差异，误差项中仅有 $m-1$ 个是自由变换的，类似的，γ_j 中仅有 $m-1$ 个值是自由变换的。

15.2.5 Stata 的多项选择模型命令

表 15.1 概述了多项选择模型估计的 Stata 命令。

表 15.1 用于多项模型估计的 Stata 命令

模型	命令
多项选择 logit 模型	mlogit
条件 logit 模型	clogit, asclogit
嵌套 logit 模型	nlogit
多项选择 probit 模型	mprobit, asmprobit
秩-序模型	rologit, asroprobit
有序模型	ologit, oprobit
立体 logit 模型	slogit
二元 probit 模型	biprobit

在使用 clogit、asclogit、nlogit、asmprobit、rologit 及 asroprobit 命令时，数据最好是长格式的。使用剩下的命令时，数据最好是宽格式的。对于所有解释变量的列，这些估计命令中只有四个命令允许存在因子变量。因此，我们可以使用估计后命令 margins 命令来计算对预测的选择概率的边际效应。这四个命令分别为 asclogit、asmprobit、asroprobit 和 nlogit 命令。对于前三个命令，我们可以使用估计后命令 estat mfx 命令来计算均值处的边际效应和代表值处的边际效应，但是不能计算平均边际效应。

15.3 多项选择的示例:钓鱼方式模型的选择

我们对钓鱼的单个选项的数据进行分析,钓鱼的四个选项分别为从海滩、码头、私人船只或租船进行钓鱼。一个解释变量为特定个体的 income,其他变量 [price 和 crate (捕获率)]是可以依据选项设定的。

15.3.1 数据描述

来自 Herriges 和 Kling(1999)的数据也同样在 Cameron 和 Trivedi(2005)的书中进行了分析。mus12data.dta 数据集如下:

```
. * Read in dataset and describe dependent variable and regressors
. use mus15data.dta, clear

. describe

Contains data from mus15data.dta
  obs:         1,182
 vars:            16                          26 Nov 2008 17:16
 size:        80,376 (99.8% of memory free)
-------------------------------------------------------------------------------
              storage  display     value
variable name   type   format      label      variable label
-------------------------------------------------------------------------------
mode            float  %9.0g       modetype   Fishing mode
price           float  %9.0g                  price for chosen alternative
crate           float  %9.0g                  catch rate for chosen alternative
dbeach          float  %9.0g                  1 if beach mode chosen
dpier           float  %9.0g                  1 if pier mode chosen
dprivate        float  %9.0g                  1 if private boat mode chosen
dcharter        float  %9.0g                  1 if charter boat mode chosen
pbeach          float  %9.0g                  price for beach mode
ppier           float  %9.0g                  price for pier mode
pprivate        float  %9.0g                  price for private boat mode
pcharter        float  %9.0g                  price for charter boat mode
qbeach          float  %9.0g                  catch rate for beach mode
qpier           float  %9.0g                  catch rate for pier mode
qprivate        float  %9.0g                  catch rate for private boat mode
qcharter        float  %9.0g                  catch rate for charter boat mode
income          float  %9.0g                  monthly income in thousands $
-------------------------------------------------------------------------------
Sorted by:
```

上述每一个个体都有 1182 个观测值。有关钓鱼方式选择的前三个变量分别为 mode、price、crate,它们分别表示选择的钓鱼方式、价格及该方式的捕获率。后面四个变量是选择钓鱼方式的四个互斥虚拟变量,如果选择了一个选项,那么取值为 1,否则就取 0 值。下面的 8 个变量都是特定选项的变量,包括四种可能钓鱼方式中每个方式的价格和捕获率(前缀 q 代表质量;更高的捕获率表示高质量的钓鱼)。这些变量都是从个人调查中建立的,不仅包括关于选择的钓鱼方式的特点,也包括关于其他钓鱼方式的特点,比如说允许钓鱼的确定价格和进行捕获的地点。最后一个变量 income,是一个特定个体的变量,概述性统计如下:

```
. * Summarize dependent variable and regressors
. summarize, separator(0)
```

Variable	Obs	Mean	Std. Dev.	Min	Max
mode	1182	3.005076	.9936162	1	4
price	1182	52.08197	53.82997	1.29	666.11
crate	1182	.3893684	.5605964	.0002	2.3101
dbeach	1182	.1133672	.3171753	0	1
dpier	1182	.1505922	.3578023	0	1
dprivate	1182	.3536379	.4783008	0	1
dcharter	1182	.3824027	.4861799	0	1
pbeach	1182	103.422	103.641	1.29	843.186
ppier	1182	103.422	103.641	1.29	843.186
pprivate	1182	55.25657	62.71344	2.29	666.11
pcharter	1182	84.37924	63.54465	27.29	691.11
qbeach	1182	.2410113	.1907524	.0678	.5333
qpier	1182	.1622237	.1603898	.0014	.4522
qprivate	1182	.1712146	.2097885	.0002	.7369
qcharter	1182	.6293679	.7061142	.0021	2.3101
income	1182	4.099337	2.461964	.4166667	12.5

变量 mode 的取值变化范围是 1 到 4。平均来说，私人和租船钓鱼都比海滩和码头钓鱼成本低一些。海滩和码头钓鱼都离海岸较近，成本相似，有相同的价格。租船钓鱼的捕获率大大高于其他的方式。

tabulate 命令给出了 mode 变量不同的值及其频数。我们有：

```
. * Tabulate the dependent variable
. tabulate mode
```

Fishing mode	Freq.	Percent	Cum.
beach	134	11.34	11.34
pier	178	15.06	26.40
private	418	35.36	61.76
charter	452	38.24	100.00
Total	1,182	100.00	

在海岸边（海滩或码头）捕获的鱼大约占总份额的三分之一，在私人船只上捕获的鱼占三分之一，在租赁船只上捕获的鱼也占三分之一。这些份额都与 summarize 表中给出的 dbeach、…、dcharter 的均值相等。mode 变量取值从 1 到 4（见概述性统计），但是 describe 命令的输出结果中有一个标签为 modetype，将 1 标签为 beach，…，4 标签为 charter。这些标签可以使用 label list 命令来检查。钓鱼方式没有明显的顺序，所以无序的多项选择模型可以用来解释钓鱼方式的选择。

15.3.2 特定个体的解释变量

在正式建模前，对被解释变量和解释变量的关系进行概述很有用。当被解释变量是一个无序被解释变量时，更难进行概述。

对于特定个体的 income 变量，我们可以使用 bysortmode：summarize income 命令。相反，通过使用 table 命令会得到更多详细的输出结果。我们有：

```
. * Table of income by fishing mode
. table mode, contents(N income mean income sd income)
```

Fishing mode	N(income)	mean(income)	sd(income)
beach	134	4.051617	2.50542
pier	178	3.387172	2.340324
private	418	4.654107	2.777898
charter	452	3.8809	2.050028

平均来说，从码头捕鱼的人收入最低，而在私人船只上捕鱼的人收入最高。

15.3.3 特定选项的解释变量

所选的钓鱼方式和特定选项的解释变量 price 之间的关系概述如下：

```
. * Table of fishing price by fishing mode
. table mode, contents(mean pbeach mean ppier mean pprivate mean pcharter) format
> (%6.0f)
```

Fishing mode	mean(pbeach)	mean(ppier)	mean(pprivate)	mean(pcharter)
beach	36	36	98	125
pier	31	31	82	110
private	138	138	42	71
charter	121	121	45	75

平均而言，个人倾向于选择对他们而言最便宜或次便宜的钓鱼方式。例如，那些选择私人船只的人，私人船只捕鱼的平均价格是 42，相比较而言那些选择租船捕鱼的价格为 71，以及选择码头或海滩钓鱼的价格为 138。

类似的，对于捕获率，我们有：

```
. * Table of fishing catch rate by fishing mode
. table mode, contents(mean qbeach mean qpier mean qprivate mean qcharter) format
> (%6.2f)
```

Fishing mode	mean(qbeach)	mean(qpier)	mean(qprivate)	mean(qcharter)
beach	0.28	0.22	0.16	0.52
pier	0.26	0.20	0.15	0.50
private	0.21	0.13	0.18	0.65
charter	0.25	0.16	0.18	0.69

平均而言，所选的钓鱼方式并不具有最高的捕获率。尤其是，无论选择什么方式，租船钓鱼的人的捕获率总是最高的。回归分析可以衡量在控制了钓鱼模型价格后捕获率的影响。

15.4 多项选择 logit 模型

很多多项选择研究都是建立在仅有特定个体变量的数据集基础上，因为通常解释变量都是仅在被选定且不会有其他选项时观测到的。最简单的模型是多项选择 logit 模型，因为计算简单，而且参数估计比其他多项选择模型更容易解释。

15.4.1 mlogit 命令

多项选择 logit 模型(MNL)可以在所有解释变量都是特定个体时使用。MNL 模型设定：

$$p_{ij}=\frac{\exp(\mathbf{x}_i'\beta_j)}{\sum_{l=1}^{m}\exp(\mathbf{x}_i'\beta_l)},\qquad j=1,\cdots,m \tag{15.5}$$

其中，x_i 是特定个体的解释变量，它包括一个截距项和 income 变量。很明显，这个模型确保了 $0<p_{ij}<1$ 及 $\sum_{j=1}^{m}p_{ij}=1$ 的条件。为了确保模型可识别，对于分类中的一类，β_j 被设定为 0 值，这样系数的解释都与类别相关，被称为基准类别。

mlogit 命令有如下的语法：

mlogit *depvar* [*indepvars*] [*if*] [*in*] [*weight*] [, *options*]

其中，indepvars 都是特定个体的解释变量，默认选项都是自动包括截距项的。baseoutcome(#)选项指定了 depvar 的值作为基准类别使用，而不是 Stata 默认设定最高频的被选择的类型作为基准类别。其他的选项包括 rrr，用来显示指数化的系数(即 $e^{\hat{\beta}}$，而不是 $\hat{\beta}$)。

mlogit 命令要求数据是宽格式的，且每个个体都有一个观测值。这里的实例即是如此。

15.4.2 mlogit 命令的应用

我们将钓鱼方式对一个截距项和 income 变量进行回归，income 变量是我们数据集中仅有的特定选项的解释变量。在此并没有初始的基准类别，第一个类别即海滩钓鱼是人为设定的基准类别，我们得到：

```
. * Multinomial logit with base outcome alternative 1
. mlogit mode income, baseoutcome(1) nolog

Multinomial logistic regression                   Number of obs   =       1182
                                                  LR chi2(3)      =      41.14
                                                  Prob > chi2     =     0.0000
Log likelihood = -1477.1506                       Pseudo R2       =     0.0137

------------------------------------------------------------------------------
        mode |      Coef.   Std. Err.      z    P>|z|     [95% Conf. Interval]
-------------+----------------------------------------------------------------
beach        |  (base outcome)
-------------+----------------------------------------------------------------
pier         |
      income |  -.1434029   .0532884    -2.69   0.007    -.2478463   -.0389595
       _cons |   .8141503    .228632     3.56   0.000     .3660399    1.262261
-------------+----------------------------------------------------------------
private      |
      income |   .0919064   .0406637     2.26   0.024     .0122069    .1716058
       _cons |   .7389208   .1967309     3.76   0.000     .3533352    1.124506
-------------+----------------------------------------------------------------
charter      |
      income |  -.0316399   .0418463    -0.76   0.450    -.1136571    .0503774
       _cons |   1.341291   .1945167     6.90   0.000     .9600457    1.722537
------------------------------------------------------------------------------
```

这个模型拟合较差，有一个在 10.7.1 节中定义的伪 R^2 值，为 0.014。尽管如此，在 0.05的显著性水平上解释变量是联合统计显著的，因为 LR chi2(3)＝41.14。给定三组解释变量的估计值,即分别为 $\hat{\beta}_2$、$\hat{\beta}_3$ 和 $\hat{\beta}_4$,因为我们进行了标准化即 $\beta_1=0$。

在 0.05 显著性水平上,income 系数的三个估计值中有两个是统计显著的,但是这种个体检验的结果将会随着遗漏的类别而变化。相反,我们应该进行一个联合检验。使用 Wald 检验,我们有:

```
. * Wald test of the joint significance of income
. test income

 ( 1)   [beach]income = 0
 ( 2)   [pier]income = 0
 ( 3)   [private]income = 0
 ( 4)   [charter]income = 0
        Constraint 1 dropped

            chi2(  3) =    37.70
          Prob > chi2 =     0.0000
```

income 变量明显是高度统计显著的。渐近等价的另一个检验程序是使用 lrtest 命令(见 12.4.2 节),这需要对把解释变量 income 排除在外的原假设模型进行额外的拟合。在这个例子中,仅仅有一个解释变量,这与在输出结果标题中显示的整体检验 LR chi2(3)=41.14 相符。

15.4.3 对系数的解释

对多项选择模型中系数的解释,可以使用对二值 logit 模型中系数解释的相同方法,与基准类别进行比较。

这是多项选择 logit 模型的结果,它与配对的 logit 模型的系列结果等价。为了简便,我们将基准类别设定为第一种类型。则(15.5)式中定义的 MNL 模型意味着:

$$\Pr(y_i=j\,|\,y_i=j\ or\ 1)=\frac{\Pr(y_i=j)}{\Pr(y_i=j)+\Pr(y_i=1)}=\frac{\exp(\mathbf{x}_i'\beta_j)}{1+\exp(\mathbf{x}_i'\beta_j)}$$

这里使用 $\beta_1=0$,且消掉分子和分母中的 $\sum_{l=1}^{m}\exp(\mathbf{x}_i'\beta_l)$。

因此 $\hat{\beta}_j$ 可以看作是二值 logit 模型在选项 j 和 1 间的参数。所以一个 mlogit 的正系数意味着随着解释变量增加,我们可能会更倾向于选择 j 而不是 1。这个解释将随着基准类别的变化而变化,显然应当按照自然顺序来选择基准类别时是最有效的。

一些研究者发现转换为比值比或相对风险比(relative-risk ratio)有帮助,正如在二值 logit 例中的一样。选择选项 j 而不是 1 的比值比(odds ratio)或相对风险比(relative-risk ratio)是通过下式得到的

$$\frac{\Pr(y_i=j)}{\Pr(y_i=1)}=\exp(\mathbf{x}_i'\beta_j) \tag{15.6}$$

所以 $e^{\beta_{jr}}$ 给出了当 x_{ir} 变化一个单位时,选项 j 而不是 1 时的相对风险比(relative-risk ratio)变化。

Mlogit 命令的 rrr 选项给出了系数估计转换成相对风险比(relative-risk ratio)。我们有:

```
. * Relative-risk option reports exp(b) rather than b
. mlogit mode income, rr baseoutcome(1) nolog

Multinomial logistic regression                   Number of obs   =       1182
                                                  LR chi2(3)      =      41.14
                                                  Prob > chi2     =     0.0000
Log likelihood = -1477.1506                       Pseudo R2       =     0.0137
```

mode	RRR	Std. Err.	z	P>|z|	[95% Conf.	Interval]
beach	(base outcome)					
pier						
income	.8664049	.0461693	-2.69	0.007	.7804799	.9617896
private						
income	1.096262	.0445781	2.26	0.024	1.012282	1.18721
charter						
income	.9688554	.040543	-0.76	0.450	.8925639	1.051668

因此 income 增加一个单位，相对应的是每个月增长 \$1000，会导致选择码头捕鱼而不是海滩的相对比值是变化前的 0.866 倍；因此相对比值降低了。选项码头的 income 的初始系数是 -0.1434，且 $e^{-0.1434}=0.8664$。

15.4.4 预测的概率值

在大部分估计命令执行后，predict 命令会创建一个新变量。然而，在 mlogit 后会创建 m 个变量，其中 m 是选项的数量。对每一个选项预测的概率是通过使用 predict 命令的 pr 选项得到的。

在此，我们得到四个预测的概率，因为有四个选项。我们有：

```
. * Predict probabilities of choice of each mode and compare to actual freqs
. predict pmlogit1 pmlogit2 pmlogit3 pmlogit4, pr

. summarize pmlogit* dbeach dpier dprivate dcharter, separator(4)
```

Variable	Obs	Mean	Std. Dev.	Min	Max
pmlogit1	1182	.1133672	.0036716	.0947395	.1153659
pmlogit2	1182	.1505922	.0444575	.0356142	.2342903
pmlogit3	1182	.3536379	.0797714	.2396973	.625706
pmlogit4	1182	.3824027	.0346281	.2439403	.4158273
dbeach	1182	.1133672	.3171753	0	1
dpier	1182	.1505922	.3578023	0	1
dprivate	1182	.3536379	.4783008	0	1
dcharter	1182	.3824027	.4861799	0	1

注意：样本平均预测的概率值等于被观测的样本频数。对于包括一个截距项的 MNL 模型经常会有这样的情形，与二值 logit 模型有相似的结果。

理想的多项选择模型会得到完善的预测。例如，理想的 p1 对于 134 个 $y=1$ 的观测值的取值是 1，对剩余的观测值都取 0 值。在此 p1 的变化范围仅从 0.0947 到 0.1154，所以将 income 作为唯一解释变量预测海滩捕鱼的模型预测效果很差。对其他三个选项方式的预测的概率会有更多的变化。

我们可以用 margins 命令(见 10.5.7 节)来计算一个已知结果的平均预测的概率值,以及相关的置信区间。例如,对第三个结果,我们有:

```
. * Sample average predicted probability of the third outcome
. margins, predict(outcome(3)) noatlegend

Predictive margins                              Number of obs   =       1182
Model VCE    : OIM

Expression   : Pr(mode==private), predict(outcome(3))

------------------------------------------------------------------------------
             |            Delta-method
             |     Margin   Std. Err.      z    P>|z|     [95% Conf. Interval]
-------------+----------------------------------------------------------------
       _cons |   .3536379   .0137114    25.79   0.000      .326764    .3805118
------------------------------------------------------------------------------
```

15.4.5 MEs

对于一个无序多项选择模型,被解释变量 y 没有单一的条件均值。相反,y 有 m 个选项,我们对这些选项的概率进行建模。我们的研究兴趣在于这些概率如何随着解释变量的变化而变化。

对于多项选择 logit 模型,MEs 可以表示为:

$$\frac{\partial p_{ij}}{\partial \mathbf{x}_i} = p_{ij}(\beta_j - \bar{\beta}_i)$$

其中,$\bar{\beta}_i = \sum_l p_{il}\beta_l$,它是 β_1 的概率加权平均数。边际效应随着估计点 $\mathbf{x}_i$ 的变化而变化,因为 p_{ij} 随着 $\mathbf{x}_i$ 的变化而变化。回归系数的符号并不给出 MEs 的符号。当 $\beta_j > \bar{\beta}_i$ 时,变量 $\mathbf{x}_i$ 边际效应为正值。

用 margin,dydx()命令计算均值处的 ME(MEM)和代表值处的 ME(MER),并对每一个选项都分别进行计算。例如,在解释变量的样本均值处来评估收入的变化对概率 $\Pr(y=3)$ 的 ME,我们使用 predict(outcome(3))以及 atmean 选项可以得到:

```
. * Marginal effect at mean of income change for outcome 3
. margins, dydx(*) predict(outcome(3)) atmean noatlegend

Conditional marginal effects                    Number of obs   =       1182
Model VCE    : OIM

Expression   : Pr(mode==private), predict(outcome(3))
dy/dx w.r.t. : income

------------------------------------------------------------------------------
             |            Delta-method
             |      dy/dx   Std. Err.      z    P>|z|     [95% Conf. Interval]
-------------+----------------------------------------------------------------
      income |   .0325985    .005692     5.73   0.000     .0214424    .0437547
------------------------------------------------------------------------------
```

变量 income 一个单位变化等价于收入每月增长 \$1000,这个增长是由于私人船只捕鱼的概率增加了 0.033,而与海滩、码头或租船捕鱼无关。

相反,如果要得到平均边际效应(AME),我们去掉 atmean 选项。我们有:

```
.
. * Average marginal effect of income change for outcome 3
. margins, dydx(*) predict(outcome(3)) noatlegend

Average marginal effects                          Number of obs   =       1182
Model VCE    : OIM

Expression   : Pr(mode==private), predict(outcome(3))
dy/dx w.r.t. : income

------------------------------------------------------------------------------
             |            Delta-method
             |      dy/dx   Std. Err.      z    P>|z|     [95% Conf. Interval]
-------------+----------------------------------------------------------------
      income |   .0317562   .0052589     6.04   0.000      .021449    .0420633
------------------------------------------------------------------------------
```

在本例中 AME 值和 MEM 值非常接近。通常情况下，mlogit 会导致结果有更大的差异。

15.5 条件 logit 模型

一些多项选择的研究运用了包括特定选项解释变量的更大的数据集，例如所有选项的价格和质量的度量，而不仅仅是被选择的选项。这样就会用到条件 logit 模型。

15.5.1 从宽格式数据中建立长格式数据

估计条件 logit 模型的参数所使用命令要求数据是长格式的，一个观测值仅包括个体仅有一个选择的数据。

一些数据集是长格式的，但是在此不存在这种情况。相反，mus15data.dta 数据集是宽格式的，即一个观测值包含个体所有四个选项的数据。例如，

```
. * Data are in wide form
. list mode price pbeach ppier pprivate pcharter in 1, clean

          mode    price   pbeach    ppier   pprivate   pcharter
  1.   charter   182.93   157.93   157.93     157.93     182.93
```

第一个观测值包含了四个选项价格的数据。被选择的模式是租船，所以价格假设等于 pcharter。

为了将宽格式数据转化为长格式的数据，我们使用在 8.11 节介绍过的 reshape 命令。根据后缀是否是 beach、pier、private 或 charter，在此对每个个体，长格式数据都有四个观测值。这些后缀都是字符串而不是 reshape 命令的初始数量，所以我们使用 reshape 命令时要用 string 选项。为了完整化，我们要提供四个后缀。

```
. * Convert data from wide form to long form
. generate id = _n

. reshape long d p q, i(id) j(fishmode beach pier private charter) string

Data                                    wide   ->   long
-----------------------------------------------------------------------------
Number of obs.                          1182   ->    4728
Number of variables                       21   ->      13
j variable (4 values)                          ->   fishmode
xij variables:
              dbeach dpier ... dcharter        ->   d
              pbeach ppier ... pcharter        ->   p
              qbeach qpier ... qcharter        ->   q
-----------------------------------------------------------------------------

. save mus15datalong.dta, replace
file mus15datalong.dta saved
```

对第一个个体或情形而言，目前有四个观测值。如果我们没有提供四个后缀，reshape 命令会从 price 中错误地建立第五个选项 rice，像 pbeach、ppier、pprivate 和 pcharter 一样也会以字母 p 开头。

为了观察第一个个体情形中产生长格式的数据结果，首先我们列出前四个观测值。

```
. * List data for the first case after reshape
. list in 1/4, clean noobs

    id   fishmode      mode    price    crate   d        p        q     income     p
> mlogit1   pmlogit2    pmlogit3    pmlogit4
     1      beach   charter   182.93    .5391   0   157.93    .0678   7.083332    .1
> 1250922   .09196564   .45167331   .34385183
     1    charter   charter   182.93    .5391   1   182.93    .5391   7.083332    .1
> 1250922   .09196564   .45167331   .34385183
     1       pier   charter   182.93    .5391   0   157.93    .0503   7.083332    .1
> 1250922   .09196564   .45167331   .34385183
     1    private   charter   182.93    .5391   0   157.93    .2601   7.083332    .1
> 1250922   .09196564   .45167331   .34385183
```

这个顺序不再是码头、海滩、私人船只以及租船了。相反，现在是海滩、租船、码头，最后是私人船只，因为观测值按照 fishmode 的字母顺序来进行排序。对于第一个观测值，正如预期，结果变量 d 等同于代表租船钓鱼方式的 1。有关特定选项的价格和质量的变量，即 p 和 q，它们的四个独立观测值都是不同的。

所有特定个体的变量都是单一变量，它们在四个结果中取相同的值。对于 income 变量，没有什么问题。但是在此误导了 mode、price 和 crate 变量。mode 变量表明在第 1 种情形下钓鱼方式是 mode=4，因为在原始的宽格式中它对应的是租船钓鱼。但是对于第一个情形中的第二个观测值而言，d=1，因为它在有序的长格式中与租船钓鱼相对应。通过输入 drop mode price crate，去掉误导性的变量可能是最简便的，因为这些变量都不需要。

15.5.2 asclogit 命令

当一些或所有的解释变量都是特定选项的，就会使用条件 logit 模型(CL)。CL 模型设定：

$$p_{ij}=\frac{\exp(\mathbf{x}_{ij}'\beta+\mathbf{z}_i'\gamma_j)}{\sum_{l=1}^{m}\exp(\mathbf{x}_{il}'\beta+\mathbf{z}_i'\gamma_l)},\qquad j=1,\cdots,m \tag{15.7}$$

其中，$\mathbf{x}_{ij}$ 是特定选项的解释变量，$\mathbf{z}_i$ 是特定个体的解释变量。对于 MNL 模型而言，为了确保模型可识别，γ_j 的一个值设为 0。某些作者将上述模型称为混合 logit 模型，使用条件 logit 模型是指使用一个仅有特定选项解释变量的更为严格的模型。

asclogit 命令，是特定选项的条件 logit 的缩写，有下面的语法：

asclogit *depvar* [*indepvars*] [*if*] [*in*] [*weight*], case (*varname*)

alternatives(*varname*) [*options*]

其中，*indepvars* 都是特定选项的解释变量，case(*varname*)为每一种情形或个体提供识别，并且 alternatives(*varname*)提供可能的备选选项。

casevars(*varlist*) 选项是用来提供任一特定个体的解释变量的名称。basealternative()选项指定了被用作基准类别的选项，这只会影响特定个体的解释变量的系数。如果数据缺失了，altwise 选项只会删除一种选项的数据，而不是整个观测值。

nonconstant 选项会包括特定个体截距项的 Stata 默认设置。如果使用 nonconstant 选项，每个选项的属性只能通过特定选项的解释变量来解释。通过默认估计量来获得的特定个体的截距，它被解释为每个选项的合意程度，因为这些选项有不可测量的属性。

asclogit 命令考虑到选项的集合，选项随着个体而不同，而且可以选择多种选项。

15.5.3 clogit 命令

条件 logit 模型也可以通过使用 clogit 命令进行拟合，产生相同的结果。clogit 命令是为分组数据而设计的，分组数据主要用于匹配特定个体控制组研究，它的结果与 xtlogit 命令相似，xtlogit 命令主要用于特定个体按时间分组的面板数据。

clogit 命令并没有对特定个体的变量选项。相反一个特定个体的变量与有 $m-1$ 个选项的虚拟变量相互作用，并且 $m-1$ 个变量都是作为解释变量输入的。这将在 15.8.3节中演示，其中用户编写的 mixlogit 命令需要相同的数据转换。对于在本章中研究的一个应用，ascogit 比 clogit 更容易使用。

15.5.4 asclogit 命令的应用

给定特定选项的解释变量，价格和质量，特定个体的解释变量 income 及其截距项，我们估计条件 logit 模型(CL)的参数来解释钓鱼方式的选择。对于多项 logit 模型(MNL)，海滩捕鱼被设为基准类别。我们有：

```
. * Conditional logit with alternative-specific and case-specific regressors
. asclogit d p q, case(id) alternatives(fishmode) casevars(income) basealternativ
> e(beach) nolog

Alternative-specific conditional logit         Number of obs      =      4728
Case variable: id                              Number of cases    =      1182

Alternative variable: fishmode                 Alts per case: min =         4
                                                              avg =       4.0
                                                              max =         4

                                                  Wald chi2(5)    =    252.98
Log likelihood = -1215.1376                       Prob > chi2     =    0.0000
```

d	Coef.	Std. Err.	z	P>|z|	[95% Conf.	Interval]
fishmode						
p	-.0251166	.0017317	-14.50	0.000	-.0285106	-.0217225
q	.357782	.1097733	3.26	0.001	.1426302	.5729337
beach	(base alternative)					
charter						
income	-.0332917	.0503409	-0.66	0.508	-.131958	.0653745
_cons	1.694366	.2240506	7.56	0.000	1.255235	2.133497
pier						
income	-.1275771	.0506395	-2.52	0.012	-.2268288	-.0283255
_cons	.7779593	.2204939	3.53	0.000	.3457992	1.210119
private						
income	.0894398	.0500671	1.79	0.074	-.0086898	.1875694
_cons	.5272788	.2227927	2.37	0.018	.0906132	.9639444

第一组估计值都是特定选项的解释变量 price 和 quality 的系数 $\hat{\beta}$。接下来的三组都是特定个体的截距项和解释变量的估计值，系数分别为 $\hat{\gamma}_{\text{charter}}$，$\hat{\gamma}_{\text{pier}}$ 和 $\hat{\gamma}_{\text{private}}$，因为我们进行了标准化，即 $\gamma_{\text{beach}}=0$。

输出结果的标题并没有给出伪 R^2 值，但是这可以使用在 10.7.1 节中给出的公式进行计算。这里 $\ln L_{\text{fit}}=-1215.1$，而且一个仅有截距项的模型估计产生的值 $\ln L_0=-1497.7$，所以 $\widetilde{R}^2=1-(-1215.1)/(-1497.7)=0.189$，比在 15.4.2 节中的多项 logit 模型(MNL)的值 0.04 高很多。解释变量 p、q 以及 income 联合统计检验都是高度显著的，因为 Wald chi2(5)=253。可以用 test 命令进行个体的 Wald 检验，或可以用 lrtest 命令进行似然比(LR)检验。

如果 $\beta_{\text{p}}=0$ 以及 $\beta_{\text{q}}=0$，那么本节中的条件 logit 模型就会简化为 15.4.2 节的多项 logit 模型。使用 Wald 检验或似然比检验就会强烈地拒绝这个假设，而且条件 logit 模型是更受欢迎的模型。

15.5.5 条件 logit 模型与多项 logit 模型的关系

多项 logit 模型(MNL)和条件 logit 模型(CL)基本上是等价的。mlogit 命令是为特定个体的解释变量和宽格式的数据而设计的。asclogit 命令是为特定选项的解释变量和长格式的数据而设计的。

在没有特定选项的解释变量的特定情形中，可以用 asclogit 命令估计多项 logit 模型的参数。因此：

```
. * MNL  is CL with no alternative-specific regressors
. asclogit d, case(id) alternatives (fishmode) casevars(income)
> basealternative(beach)
```

(输出已省略)

产生了与之前 mlogit 命令相同的估计结果。当所有的解释变量都是特定个体时，对宽格式的数据使用 mlogit 命令更容易。

从另一方面来看，用 mlogit 命令对 CL 模型的参数估计是可行的。由于 mlogit 命令需要把特定选项的解释变量与基准类别的离差转换为与均值的离差，然后施加参数相等的约束，因此使用 mlogit 命令会更困难。对于 CL 模型，使用 asclogit 命令比 mlogit 命令更容易。

15.5.6 对系数的解释

特定选项的解释变量的系数很容易进行解释。特定选项的解释变量可以用带有系数为 β_r 的 x_r 来定义。x_{rik} 是个体 i 和选项 k 的 x_r 的值，其一个单位变化的效应为：

$$\frac{\partial p_{ij}}{\partial x_{rik}} = \begin{cases} p_{ij}(1-p_{ij})\beta_r & j = k \\ -p_{ij}p_{ik}\beta_r & j \neq k \end{cases} \tag{15.8}$$

如果 $\beta_r>0$，那么其自身效应是正值，因为 $p_{ij}(1-p_{ij})\beta_r>0$，而且交互效应为负值，因为 $-p_{ij}p_{ik}\beta_r<0$。所以一个正系数意味着如果某一类别的解释变量增加了，那么选择这个类别的概率就变大了，而选择其他类别的概率就减小了；反之则是一个负系数。这里 price 的负系数为−0.025，意味着如果一个钓鱼方式的价格上涨了，那么对于该方式的需求就会下降，对其他方式的需求就会增加，正如预期。关于捕获率，正系数 0.36 意味着对于一种有更高捕获率的钓鱼方式，需求会增加，其他方式的需求就会减少。

特定个体的解释变量的系数是作为二值 logit 模型而不是基准类别的参数来解释，MNL 模型见 15.4.3 节。income 的系数为−0.033、−0.128 和 0.089，意味着相对于海滩钓鱼的概率，在收入上的增加会导致租船和码头钓鱼的概率的减小，以及用私人船只钓鱼概率的提高。

15.5.7 预测的概率值

运用 predict 命令的 pr 选项可以获得预测的概率值。它对每一个观测值提供了一个预测的概率，因为数据是长格式的，这里的一个观测值对每一个个体是一种选项。

为了获得四个选项中每一个选项的预测概率值，我们需要对 fishmode 进行概述。我们使用 table 命令是因为这个命令给出了简明的输出结果。相反我们可以通过使用 by fishmode:summarize 命令得到更多详细的输出结果。我们有：

```
. * Predicted probabilities of choice of each mode and compare to actual freqs
. predict pasclogit, pr

. table fishmode, contents(mean d mean pasclogit sd pasclogit) cellwidth(15)
```

fishmode	mean(d)	mean(pasclogit)	sd(pasclogit)
beach	.1133672	.11336717	.1285041
charter	.3824027	.3824027	.1565869
pier	.1505922	.15059222	.1613722
private	.3536379	.3536379	.1664636

对于 MNL 模型，样本平均的预测概率等于样本概率值。CL 模型的预测的概率值的标准差（全超过了 0.10）比 MNL 模型的值大，所以 CL 模型预测得更好。概述性统计是通过 estat alternatives 命令获得的。

一个新的选项有一个完全不同的预测概率值。对于条件 logit 模型，如果模型的参数仅仅使用特定选项的解释变量进行估计是可行的，这需要 nonconstant 选项去掉特定个体的截距项，对于新的类别且这些解释变量的值都是已知的。

例如，我们可能要对比现有钓鱼方式有更高捕鱼率的新方式的概率进行预测，但这种新方式的价格较高。先对在(15.7)式中具有 m 种选项的模型参数 β 进行估计，然后运用具有 $m+1$ 种选项的(15.7)式来计算预测的概率。

15.5.8 边际效应

均值处的边际效应(MEM)和代表值处的边际效应(MER)值可以使用估计后命令 eatat mfx 计算，而不是通常使用的 margins 命令。该命令的选项包括 varlist()，它计算了解释变量的一个子集的边际效应。

我们仅计算解释变量 price 的 MEM，得到：

```
. * Marginal effect at mean of change in price
. estat mfx, varlist(p)

Pr(choice = beach|1 selected) = .05248806
```

variable	dp/dx	Std. Err.	z	P>|z|	[95%	C.I.]	X
p							
beach	-.001249	.000121	-10.29	0.000	-.001487	-.001011	103.42
charter	.000609	.000061	9.97	0.000	.000489	.000729	84.379
pier	.000087	.000016	5.42	0.000	.000055	.000118	103.42
private	.000553	.000056	9.88	0.000	.000443	.000663	55.257

```
Pr(choice = charter|1 selected) = .46206852
```

variable	dp/dx	Std. Err.	z	P>|z|	[95%	C.I.]	X
p							
beach	.000609	.000061	9.97	0.000	.000489	.000729	103.42
charter	-.006243	.000441	-14.15	0.000	-.007108	-.005378	84.379
pier	.000764	.000071	10.69	0.000	.000624	.000904	103.42
private	.00487	.000452	10.77	0.000	.003983	.005756	55.257

```
Pr(choice = pier|1 selected) = .06584968
```

variable	dp/dx	Std. Err.	z	P>|z|	[95%	C.I.]	X
p							
beach	.000087	.000016	5.42	0.000	.000055	.000118	103.42
charter	.000764	.000071	10.69	0.000	.000624	.000904	84.379
pier	-.001545	.000138	-11.16	0.000	-.001816	-.001274	103.42
private	.000694	.000066	10.58	0.000	.000565	.000822	55.257

```
Pr(choice = private|1 selected) = .41959373
```

variable	dp/dx	Std. Err.	z	P>|z|	[95%	C.I.]	X
p							
beach	.000553	.000056	9.88	0.000	.000443	.000663	103.42
charter	.00487	.000452	10.77	0.000	.003983	.005756	84.379
pier	.000694	.000066	10.58	0.000	.000565	.000822	103.42
private	-.006117	.000444	-13.77	0.000	-.006987	-.005246	55.257

总共有 16 个 ME,分别对应的是这四种选项中每一种选项的价格改变时对这四种选项选择概率影响的边际效应①。如 15.5.6 节中解释的一样,所有自身效应都是负值,所有的交互效应都是正值。estat mfx 输出的第一部分的标题给出了 $p_{11}=\Pr(\text{choice}=\text{beach}|$选择了某一个选项$)=0.0525$。使用(15.8)式及估计的系数−0.0251,我们可以估计自身效应为 $0.0525\times0.9475\times(-0.0251)=-0.001249$,这是输出结果给出的第一个边际效应值。这意味着对于一个含 p 和 q 的虚拟观测值而言,海滩钓鱼价格增长一个 \$1 会降低海滩钓鱼的概率 0.001249,并且 income 的值设为样本均值。第二个值为 0.000609,意味着租船钓鱼价格增加 \$1,海滩钓鱼的概率就会增加 0.000609,等等。

AME 值不能通过 margins 命令或用户编写的 margeff 命令来计算出来,因为这些命令不能应用到 asclogit 中。然而,正如在 10.6.9 节中一样,我们可以手动计算 AME 的值。我们仅对海滩价格的变化这样计算。我们得到:

```
. * Alternative-specific example: AME of beach price change computed manually
. preserve

. quietly summarize p

. generate delta = r(sd)/1000

. quietly replace p = p + delta if fishmode == "beach"

. predict pnew, pr

. generate dpdbeach = (pnew - pasclogit)/delta

. tabulate fishmode, summarize(dpdbeach)

            |        Summary of dpdbeach
   fishmode |        Mean   Std. Dev.       Freq.
------------+------------------------------------
      beach |  -.00210892    .0019528        1182
    charter |   .00064643   .00050528        1182
       pier |   .00090712   .00154868        1182
    private |   .00055537   .00047726        1182
------------+------------------------------------
      Total |   3.147e-18   .00178106        4728

. restore
```

这种计算仅生成了一个变量,但是这个变量给出了每个选项相应的平均边际效应值,与先前讨论的预测概率值相似。跟预期的一样,提高海滩钓鱼价格会减少海滩钓鱼的概率,并增加使用其他钓鱼方式的概率。将上述 AME 值与 MEM 的值(−0.001249、0.000609、0.000087 和 0.000553)分别进行比较,因此对于海滩钓鱼的概率和码头钓鱼的概率而言,边际效应估计值有很大差异。

15.6 嵌套 logit 模型

MNL 模型和 CL 模型都是使用最广泛的多项选择模型,特别是在应用统计学的其他分支中。然而,在涉及个体选择的微观计量经济学的应用中,这些模型是对个体决策施加了约束的模型,正如下面解释的,这种约束是不现实的。

---

① 共有四种选项,每种选项有一个价格,当其中一个选项价格发生变化时,它会对四种选项各自选择发生的概率产生影响,因此共有 16 种情况。——译者注

最简单的一般模型即是一个嵌套 logit 模型(NL)。我们使用了两个不同的 NL 模型。首选的一个变体模型是建立在加法随机效用模型(ARUM)基础上的模型。这是我们现在使用的模型,在 Stata 10 中也是默认的模型。第二个变体模型是在过去大部分程序包中使用的模型,包括 Stata 9。这两个变体都将 MNL 和 CL 视为特殊情形,而且它们都确保了多项选项概率值在 0 到 1 之间取值,并且总和为 1。但是建立在加法随机效用模型(ARUM)基础上的模型变体更受欢迎,因为它与效用最大化一致。

15.6.1 放松对无关选项的独立性假设

MNL 模型和条件 CL 模型对任意两对选项间的选择施加的约束是一个简单的二值 logit 模型;见(15.6)。这个假设,被称为是无关选项的独立性(IIA)假设 ,可能有较大约束性,如"红色公车/蓝色公车"解释的问题。假设通勤模式的选择是公车即蓝色公车和红色公车,无论是否选择蓝色公交作为交通工具,它们间都是相互独立的。但是引进一辆蓝色公车,除了颜色外的每一方面都与红色公车相同,应该对汽车的使用影响不大,且会对半使用红色的公车在给出的通勤工具汽车或红色公车的条件下,这样会导致使用汽车条件概率增加。

这一限制会导致对建立在 15.2.4 节中介绍的 ARUM 的基础上的无序选择选取一个更多的模型。如果(15.3)式中的误差项 ε_{ij} 是独立同分布的,作为类型 I 的极值,MNL 和 CL 模型都可以从 ARUM 中推导出来。相反,在红色公车/蓝色公车的例子中,我们期望选择蓝色公车的误差 ε_{i2} 与选择红色公车的误差 ε_{i3} 高度相关,因为如果我们对红色公车给出的解释变量的效用进行过度预测,那么我们同样会对蓝色公车的效用有过度的预测。

在本章节和下面的章节中介绍的更多一般性的多项选择模型,允许存在相关的误差。NL 模型是这些模型中最易应用的。

15.6.2 NL 模型

NL 模型需要一个设定的嵌套结构,对选项进行分组,这里 ARUM 中的误差在组内都是相关的,但是组间是不相关的。我们设定一个两层次的 NL 模型,尽管还可以容纳更多的嵌套层次,并且我们假设在海岸和船只钓鱼具有根本差别。这棵树为:

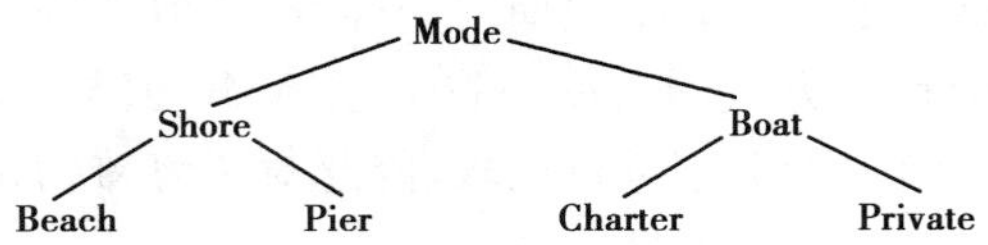

海岸/船只的对比被称为 1 层(或一个枝干),下一层被称为 2 层(或一个分支)。这个树状结构可以被看作一个决策树——首先决定是选择海岸还是船只进行钓鱼,然后在海岸和码头间选择(如果选择是海岸)或是在租船和私人船只间选择(如果选择是船只)。但是我们没有必要对这棵树进行解释。重点是嵌套 logit 模型允许在 2 层分组内误差存在相关性。这里($\varepsilon_{i,\text{beach}}$,$\varepsilon_{i,\text{pier}}$)是一个二元相关对,($\varepsilon_{i,\text{beach}}$,$\varepsilon_{i,\text{charter}}$)是一个二元相关对,并且这两个二元相关对是独立的。当所有的误差都是独立的,条件 logit 模型是嵌套模型的一种特殊情形模型。

更一般来说,用下标(j,k)表示选项,在此 j 表示枝干(1 层),k 表示枝干里的分支(2

层),不同的枝干有不同数量的分支,也包括仅有一个分支。例如,(2,3)表示在第二个枝干中的第三个选项。两层随机效用函数定义为:

$$U_{jk}+\varepsilon_{jk}=\mathbf{z}_j'\boldsymbol{\alpha}+\mathbf{x}_{jk}'\beta_j+\varepsilon_{jk},\qquad j=1,\cdots,J,\qquad k=1,\cdots,K_j$$

其中,$\mathbf{z}_j$ 仅在枝干上变化,$\mathbf{x}_{jk}$ 在枝干和分支上都变化。为了便于论述,我们去掉了个体的下标 i,我们仅仅考虑特定选项的解释变量。(相反如果所有的解释变量都是特定情形的变量,我们会有 $\mathbf{z}_j'\boldsymbol{\alpha}_j+\mathbf{x}_{jk}'\beta_j+\varepsilon_{jk}$,其中一个 $\beta_{jk}=\mathbf{0}$)。NL 模型假定($\varepsilon_{j1},\cdots,\varepsilon_{jk}$)的分布都是 Gumbel 的多元极值分布。那么选择选项(j,k)的概率值等于:

$$p_{jk}=p_j\times p_{k|j}=\frac{\exp(\mathbf{z}_j'\boldsymbol{\alpha}+\tau_jI_j)}{\sum_{m=1}^{J}\exp(\mathbf{z}_m'\boldsymbol{\alpha}+\tau_mI_m)}\times\frac{\exp(\mathbf{x}_{jk}'\beta_j/\tau_j)}{\sum_{l=1}^{K_j}\exp(\mathbf{x}_{jl}'\beta_j/\tau_j)}$$

其中,$I_j=\ln\{\sum_{l=1}^{K_j}\exp(\mathbf{x}_{jl}'\beta_j/\tau_j)\}$ 被称为包容性值或和的对数值。NL 的概率值都是概率值 p_i 和 $p_{k|j}$ 的乘积,$p_{k|j}$ 实质上就是条件 logit 的基本形式。模型会产生正概率值,对任意一个 τ_j 值这些概率的和都为 1,τ_j 被称为相异参数。但是加法随机效用模型(ARUM)约束 $0\leqslant\tau_j\leqslant1$,在这个范围外的值意味着:尽管模型在数值上是正确的,但是与随机效用理论不一致。

15.6.3 nlogit 命令

嵌套 logit 模型的 Stata 命令有较复杂的语法,我们简要地进行概述。在本节中简单地关注这些特定的应用,并且查看[R] **nlogit** 命令细节。

第一步是设定树形结构。nlogitgen 命令的语法为:

nlogitgen *newaltvar* = *altvar* (*branchlist*) [, nolog]

altvar 变量是原始变量,对可能的选项进行定义,并且创建 *newltwar* 变量对于 nlogit 是必须的,该变量的建立是为了让这个命令知道应该使用什么样的嵌套结构。在此 *branchlist* 是:

branch , *branch* [, *branch* ...]

并且 *branch* 是:

[*label* :] *alternative* [| *alternative* [| *alternative* ...]]

在此必须至少有两个分支,而且每个分支都有一个或更多的选项。

嵌套结构可以通过使用 nlogittree 命令显示出来,该命令语法为:

nlogittree *altvarlist* [*if*] [*in*] [*weight*] [, *options*]

一个非常有用的选项是 choice(*depvar*),这个命令列出了每一个选项的样本频数。

模型参数可以用 nlogit 命令来估计,该命令的语法为:

nlogit *depvar* [*indepvars*] [*if*] [*in*] [*weight*] [| | *lev1_equation* [| |
lev2_equation ...]] | |*altvar* : [*byaltvarlist*] case (*varname*) , [*options*]

其中,*indepvars* 都是特定选项的解释变量,特定个体的解释变量是在 *lev#_equation* 中介绍的。*lev#_equation* 的语法为:

altvar : [*byaltvarlist*] [, base(# /*lbl*) estconst]

case(*varname*)为每个案例(个体)提供识别符。

NL 命令使用长格式的数据,与 asclogit 命令一样。

15.6.4 模型估计

我们首先使用 nlogitgen 命令对嵌套模型定义嵌套结构。在此我们定义一个变量 type,对于码头和海滩的选择我们称为 shore,对于私人船只和租船的选择我们称为 boat。

```
. * Define the tree for nested logit
. nlogitgen type = fishmode(shore: pier | beach, boat: private | charter)
new variable type is generated with 2 groups
label list lb_type
lb_type:
           1 shore
           2 boat
```

树型结构是通过 nlogittree 命令来检查的。我们有:

```
. * Check the tree
. nlogittree fishmode type, choice(d)

tree structure specified for the nested logit model

 type    N         fishmode  N     k
--------------------------------------
 shore 2364 ──┬─ beach     1182  134
              └─ pier      1182  178
 boat  2364 ──┬─ charter   1182  452
              └─ private   1182  418
--------------------------------------
                    total  4728 1182

k = number of times alternative is chosen
N = number of observations at each level
```

这个树型结构跟期望的一样,所以我们现在准备用 nlogit 命令进行估计。首先,列出被解释变量和特定选项的解释变量。然后对 type 定义 1 层的方程,这里不包括解释变量。最后,定义 2 层的方程,这里包括解释变量 income 和一个截距项。我们使用 notree 选项,这会对树形结构进行压缩,因为已经使用 nlogittree 命令输出了树形结构。我们有:

```
. * Nested logit model estimate
. nlogit d p q || type:, base(shore) || fishmode: income, case(id) notree nolog

RUM-consistent nested logit regression          Number of obs      =      4728
Case variable: id                               Number of cases    =      1182

Alternative variable: fishmode                  Alts per case: min =         4
                                                               avg =       4.0
                                                               max =         4

                                                   Wald chi2(5)    =    212.37
Log likelihood = -1192.4236                        Prob > chi2     =    0.0000
```

d	Coef.	Std. Err.	z	P>|z|	[95% Conf.	Interval]
fishmode						
p	-.0267625	.0018937	-14.13	0.000	-.0304741	-.023051
q	1.340078	.3080391	4.35	0.000	.7363329	1.943824
fishmode equations						
beach						
income	(base)					
_cons	(base)					
charter						
income	-8.402969	78.34197	-0.11	0.915	-161.9504	145.1445
_cons	69.96747	558.6645	0.13	0.900	-1024.995	1164.93
pier						
income	-9.458769	80.28494	-0.12	0.906	-166.8144	147.8968
_cons	58.94565	500.589	0.12	0.906	-922.1908	1040.082
private						
income	-1.634704	8.583156	-0.19	0.849	-18.45738	15.18797
_cons	37.51814	230.7252	0.16	0.871	-414.695	489.7313
dissimilarity parameters						
type						
/shore_tau	83.46671	718.2333			-1324.245	1491.178
/boat_tau	52.56573	542.7797			-1011.263	1116.394

```
LR test for IIA (tau = 1):             chi2(2) =    45.43   Prob > chi2 = 0.0000
```

变量 p 的系数与 CL 模型的系数相比变化较小，但是其他的系数有显著的变化。

如果这两个相异参数都等于 1，那么 NL 模型就降为 CL 模型。输出结果的底部包括这个约束的一个 LR 检验统计量，这会导致对 CL 模型的强烈反对和对 NL 模型的支持。然而，相异参数都远大于 1。这对 NL 模型来说很常见；它意味着尽管模型的数值是正确的，概率值在 0 和 1 间，其和为 1，但是拟合的模型与 ARUM 并不一致。

15.6.5 预测的概率值

用带有 pr 选项的 predict 命令可以提供 1 层、2 层等随后层的预测概率值，当前模型有两层。第一层的概率值是选择海岸或船只的概率，第二层概率值是四个选项中每个选项的概率值。我们有：

```
. * Predict level 1 and level 2 probabilities from NL model
. predict plevel1 plevel2, pr

. tabulate fishmode, summarize(plevel2)
```

fishmode	Summary of Pr(fishmode alternatives) Mean	Std. Dev.	Freq.
beach	.1132351	.13335995	1182
charter	.38070838	.15724242	1182
pier	.15072736	.16982071	1182
private	.35532917	.16444521	1182
Total	.25	.19690069	4728

NL 模型的平均预测概率值不再等于样本概率值，但是它们的值非常接近。通过标准差衡量的预测概率值的变化，与 15.5.7 节中给出的 CL 模型预测值的变化本质上是相同的。

15.6.6 ME

无论是 mfx 和 margins 命令，还是用户编写的 margeff 命令，都不能在 nlogit 命令后使用。

因此，与 15.5.8 节中的 CL 模型的计算相似，我们手动地计算 AME。我们得到：

```
. * AME of beach price change computed manually
. preserve

. quietly summarize p

. generate delta = r(sd)/1000

. quietly replace p = p + delta if fishmode == "beach"

. predict pnew1 pnew2, pr

. generate dpdbeach = (pnew2 - plevel2)/delta

. tabulate fishmode, summarize(dpdbeach)
```

fishmode	Summary of dpdbeach Mean	Std. Dev.	Freq.
beach	-.00053326	.00047921	1182
charter	.00063589	.00054938	1182
pier	-.00065945	.00057602	1182
private	.00055681	.00051133	1182
Total	-2.012e-17	.00079968	4728

```
. restore
```

与 CL 模型相比而言，海滩价格的变化对租船和私人船只捕鱼概率的边际效应几乎没有影响。但是现在出乎意料的是，除了海滩捕鱼的概率下降之外，码头钓鱼的概率也下降了。

15.6.7 logit 模型的比较

下面的表格概述了先前的多项 logit 模型（MNL）、条件 logit 模型（CL）和嵌套 logit 模型（NL）拟合的主要输出结果。我们有：

```
. * Summary statistics for the logit models
. estimates table MNL CL NL, keep(p q) stats(N ll aic bic) equation(1) b(%7.3f) s
> tfmt(%7.0f)
```

Variable	MNL	CL	NL
p		-0.025	-0.027
q		0.358	1.340
N	1182	4728	4728
ll	-1477	-1215	-1192
aic	2966	2446	2405
bic	2997	2498	2469

赤池信息准则和贝叶斯信息准则都在 10.7.2 节中提到过；它们的值越低越好。MNL 模型是最不受欢迎的模型，NL 模型是首选模型。

在这个例子中，三个多项选择模型确实都是嵌套的，所以我们可以通过似然比检验对它们进行选择。从对 CL 模型和 NL 模型的讨论中看出，NL 模型相对 CL 模型而言更优，相反，CL 模型相对 MNL 模型而言更优。

这三个模型都使用相同数量的数据。CL 模型和 NL 模型的输入数据有 N 个，是 MNL 模型的四倍，因为它们使用的是长格式的数据，这会导致对每个个体有四个"观测值"。

15.7 多项选择 probit 模型

多项选择 probit 模型(MNP)，与 NL 模型一样，可以放松对无关选项的独立性假设。它的优点是误差相关的模式更灵活，而且不需要设定一个嵌套结构。

15.7.1 MNP 模型

MNP 模型来自于 15.2.4 节的加法随机效用模型(ARUM)中，它假设误差是正态分布的。

对于 ARUM，选项 j 的效用为：

$$U_{ij} = \mathbf{x}_{ij}'\beta + \mathbf{z}_i'\gamma_j + \varepsilon_{ij}$$

其中，误差假定都是正态分布的，即 $\varepsilon \sim N(0, \Sigma)$，$\varepsilon = (\varepsilon_{i1}, \cdots, \varepsilon_{im})$。

然后从(15.4)式中得到，选项 j 被选中的概率等于：

$$p_{ij} = \Pr(y_i = j) = \Pr\{\varepsilon_{ik} - \varepsilon_{ij} \leqslant (\mathbf{x}_{ij} - \mathbf{x}_{ik})'\beta + \mathbf{z}_i'(\gamma_j - \gamma_k)\}，\text{对所有的 } k \text{ 值}) \tag{15.9}$$

这是一个 $m-1$ 维的积分，这个积分没有闭式解，它的计算很困难。先前的 logit 模型并不会出现这个问题，因为对于那些模型而言，那些模型的 ε 的分布使得(15.9)式中有一个闭式解。

当选择很少时，比如说仅有 3 个或 4 个选择；或者当 $\Sigma = \sigma^2 \mathbf{I}$ 时，可以用正交数值化方法计算积分。否则，正如下面的讨论，可以使用模拟的极大似然函数。

不管使用什么方法，在误差方差的矩阵 Σ 中，并非所有的 $(m+1)m/2$ 个不同的项都能被识别。从(15.9)式中看出，可以用 $m-1$ 个误差的差分 $(\varepsilon_{ik} - \varepsilon_{ij})$ 来定义这个模型，这个误差的差分有一个 $(m-1)\times(m-1)$ 阶的方差矩阵，这个矩阵有 $m(m-1)/2$ 个不同的项。由于一个方差项也需要进行标准化，在 Σ 中仅有 $\{m(m-1)/2\}-1$ 个唯一项。在实践时，经常对 Σ 施加更严格的约束，否则对 Σ 的估计将不精确，即会导致 β 和 γ 会有一个不准确的估计值。

15.7.2 mprobit 命令

mprobit 命令类似于 mlogit 命令。它适用于仅有特定个体的解释变量的模型，并且假设选项的误差都是独立的正态分布，所以 $\Sigma = \mathrm{I}$。在(15.9)式中的 $(m-1)$ 维积分可以通过使用正交方法近似降为一维积分。

使用 mprobit 命令没有任何理由，因为模型本质上与 MNL 模型相似；mprobit 命令假设在 ARUM 中特定选项的误差都是不相关的，但是它计算起来更繁琐。mprobit 命令的语法与 mlogit 命令相似。对含跨选项非变化的解释变量 income 的回归而言，命令为：

```
. * Multinomial probit with independent errors and alternative-invariant regressors
. mprobit mode income, baseoutcome(1)
```

(输出已省略)

尽管在二值模型的例子中,参数估计的度量方式不相同,输出结果与从 mlogit 输出的结果在性质上相似。拟合对数似然值是－1477.8,与 MNL 模型的拟合对数似然值－1477.2非常接近(见 15.4.2 节)。

15.7.3 极大模拟似然

在(15.2)式中给出了多项对数似然函数,其中 $p_{ij}=F_j(\mathbf{x}_i,\boldsymbol{\theta})$,且参数 θ 分别为 β, $\gamma_1,\cdots,\gamma_m$(其中一个 γ 标准化为 0),和$\sum$中任意未设定的项。

因为 (15.9)式中的 $F_j(\mathbf{x}_i,\boldsymbol{\theta})$没有闭式解,对数似然值是通过模拟器 $\widetilde{F}_j(\mathbf{x},\boldsymbol{\theta})$近似得到,该模拟函数是建立在 S 次抽样的基础上。一个简单的例子是一个频数模拟器,现在给定一个估计值 $\hat{\theta}$,对 $\varepsilon_i \sim N(0,\hat{\sum})$进行 S 次抽样, 令 $\widetilde{F}_j(\mathbf{x}_i,\boldsymbol{\theta})$作为 S 抽样中的一个比例,其中对所有的 k 而言,$\varepsilon_{ik}-\varepsilon_{ij} \leqslant (\mathbf{x}_{ij}-\mathbf{x}_{ik})'\hat{\beta}+\mathbf{z}_i'(\hat{\gamma}_j-\hat{\gamma}_k)$。然而这个模拟器是不准确的,因为它对于低概率事件的噪声很大,并且对于 MNP 模型,频数模拟器在 β 和$\gamma_1,\cdots$, γ_m 上是不平滑的,所以在这些参数中较小的变化,可能会导致 $\widetilde{F}_j(\mathbf{x}_i,\boldsymbol{\theta})$没有变化。相反,可以使用在 Train(2003)中描述的 Geweke-Hajivassiliou-Keane(GHK)模拟器。

通过使下式最大化来求得极大模拟似然(MSL)估计量:

$$\ln L(\boldsymbol{\theta})=\sum_{i=1}^{N}\sum_{j=1}^{m} y_{ij}\ln\widetilde{F}_j(\mathbf{x}_i,\boldsymbol{\theta}) \tag{15.10}$$

通常应用极大似然渐近理论,都会给定 $S\to\infty$和 $N\to\infty$,且$\sqrt{N}/S\to 0$ 的条件,则模拟的次数会以超过$\sqrt{N}$的速度增加。即使多项选择模型默认的标准误是没有问题的,当使用 MSL 时,稳健的标准误在数值上会更好。

MSL 估计量在原则上可以应用到任何包含一个未知积分的估计问题中。通常结果如下所示:应当使用平滑模拟器。即使一些模拟器比另外的模拟器都要更好,但是平滑模拟器是模型设定的。当进行随机抽样时,这些抽样在每一次的迭代中都应是基于相同的种子,否则如果不是这样的话,这种梯度法可能会不收敛,这是因为进行了不同的随机抽样(其称之为振荡)。通过使用对偶抽样而不是独立抽样,在给定的精度水平上模拟次数大大减少;同时通过使用随机数量序列(如 Halton 序列)而不是使用伪随机均匀分布抽样来生成服从均匀分布的数据。在 Drukker 和 Gates(2006)证明了使用 Halton 和 Hammersley 抽样而不是均匀分布抽样的优点。此外,为了减少梯度方法的计算量,最好是至少要运用解析的一阶导数。关于这一问题更多的解释见 Train(2003)或 Cameron 和 Trivedi(2005)。asmprobit 命令包含以上所有的考虑因素,并能够得到 MNP 模型的 MSL 估计量。

15.7.4 asmprobit 命令

与 asclogit 命令相似,asmprobit 命令需要长格式的数据,并且它有相似的语法:

asmprobit *depvar* [*indepvars*] [*if*] [*in*] [*weight*],case (*varname*)

alternatives(*varname*) [*options*]

由于是通过 MSL 进行估计，所以估计会花很长的时间。

可以使用该命令的几个选项来设定误差方差矩阵Σ。如前所示，在矩阵Σ中，最多可以识别$\{m(m-1)/2\}-1$个不同的项。默认的识别方法是去掉矩阵Σ中与第一个选项相对应的行和列（除非Σ_{11}标准化为 1），同时设$\Sigma_{22}=1$。可以通过使用 basealternative()和 scalealternative()选项来改变默认设置。运用 correlation()和 srddeb()选项对矩阵Σ剩余非对角线和对角线上的项进行进一步结构设置。correlation(unstructured)选项对矩阵中的项不设置结构，correlation(exchangeable)选项施加等相关性的约束，correlation(independent)选项对于所有的$j\neq k$的项，设定$\Sigma_{jk}=0$，同时 correlation(pattern)和 correlation(fixed)选项允许手动的设定结构。stddev(homoskedastic)选项会限制$\Sigma_{jj}=1$，而 stddev(heteroskedastic)选项允许$\Sigma_{jj}\neq 1$，并且 stddev(pattern)和 stddev(fixed)选项可以手动的设定任意一种结构。

在 MSL 计算中其他的选项允许出现变异。intpoints(S)选项设定抽样次数 S 的数量，S 的默认值是 50 m 或 100 m，这取决于 intmethod()。intmethod()选项设定均匀随机数是来自伪随机抽样(intmethod(random))、还是来自 Halton 序列(intmethod(halton))，还是来自 Hammersley 序列(intmethod(hammersley))，其中 Hammersley 序列(intmethod(hammersley))默认的。antithetics 选项设定使用的是对偶抽样。如果要进行均匀随机抽样，就必须用 intseed()选项来设定随机数生成器的种子。

15.7.5 asmprobit 命令的应用

为了简便起见，我们仅关注三种选项中的一个选项：在码头、私人船只或租船上进行钓鱼。最常用的模型就是具有非结构化相关和含异方差误差项的模型。我们运用 structural 选项是因为这样可以使用 $m\times m$ 阶误差方差矩阵Σ，而不是误差差分的$(m-1)\times(m-1)$阶方差矩阵来报告方差参数估计值。我们有：

```
. * Multinomial probit wuth unstructured errors when charter is dropped
. use mus15datalong.dta, clear

. drop if fishmode=="charter" | mode == 4
(2538 observations deleted)

. asmprobit d p q, case(id) alternatives(fishmode) casevars(income) correlation(u
> nstructured) structural vce(robust)
note: variable p has 106 cases that are not alternative-specific: there is no
      within-case variability

Iteration 0:   log simulated-pseudolikelihood =  -493.8207
Iteration 1:   log simulated-pseudolikelihood = -483.41654  (backed up)
Iteration 2:   log simulated-pseudolikelihood = -482.98783  (backed up)
Iteration 3:   log simulated-pseudolikelihood =  -482.9415  (backed up)
Iteration 4:   log simulated-pseudolikelihood = -482.67112
Iteration 5:   log simulated-pseudolikelihood = -482.51402
Iteration 6:   log simulated-pseudolikelihood = -482.44493
Iteration 7:   log simulated-pseudolikelihood = -482.39599
Iteration 8:   log simulated-pseudolikelihood = -482.37574
Iteration 9:   log simulated-pseudolikelihood = -482.35251
Iteration 10:  log simulated-pseudolikelihood = -482.30752
Iteration 11:  log simulated-pseudolikelihood = -482.30473
Iteration 12:  log simulated-pseudolikelihood = -482.30184
Iteration 13:  log simulated-pseudolikelihood = -482.30137
Iteration 14:  log simulated-pseudolikelihood = -482.30128
Iteration 15:  log simulated-pseudolikelihood = -482.30128
```

```
Reparameterizing to correlation metric and refining estimates

Iteration 0:   log simulated-pseudolikelihood = -482.30128
Iteration 1:   log simulated-pseudolikelihood = -482.30128

Alternative-specific multinomial probit        Number of obs      =      2190
Case variable: id                              Number of cases    =       730

Alternative variable: fishmode                 Alts per case: min =         3
                                                              avg =       3.0
                                                              max =         3
Integration sequence:            Hammersley
Integration points:                     150       Wald chi2(4)    =     12.97
Log simulated-pseudolikelihood = -482.30128       Prob > chi2     =    0.0114

                                    (Std. Err. adjusted for clustering on id)
------------------------------------------------------------------------------
             |               Robust
           d |      Coef.   Std. Err.      z    P>|z|     [95% Conf. Interval]
-------------+----------------------------------------------------------------
fishmode     |
           p |  -.0233627   .0114346    -2.04   0.041    -.0457741   -.0009513
           q |   1.399925   .5395423     2.59   0.009     .3424418    2.457409
-------------+----------------------------------------------------------------
beach        |  (base alternative)
-------------+----------------------------------------------------------------
pier         |
      income |   -.097985   .0413117    -2.37   0.018    -.1789543   -.0170156
       _cons |   .7549123   .2013551     3.75   0.000     .3602636    1.149561
-------------+----------------------------------------------------------------
private      |
      income |   .0413866   .0739083     0.56   0.575     -.103471    .1862443
       _cons |   .6602584   .2766473     2.39   0.017     .1180397    1.202477
-------------+----------------------------------------------------------------
   /lnsigma3 |   .4051391   .5009809     0.81   0.419    -.5767654    1.387044
-------------+----------------------------------------------------------------
  /atanhr3_2 |   .1757361   .2337267     0.75   0.452    -.2823598    .6338319
-------------+----------------------------------------------------------------
      sigma1 |          1  (base alternative)
      sigma2 |          1  (scale alternative)
      sigma3 |   1.499511   .7512264                      .5617123    4.002998
-------------+----------------------------------------------------------------
      rho3_2 |    .173949   .2266545                     -.2750878    .5606852
------------------------------------------------------------------------------
(fishmode=beach is the alternative normalizing location)
(fishmode=pier is the alternative normalizing scale)
```

正如预期,效用随价格递减,随质量(捕获率)递增。

基准模式自动被设置为第一个选项 beach,因此Σ的第一行和第一列除了$\Sigma_{11}=1$外都设为 0。在此需要施加一个额外的方差约束,即对第二个选项 pier 的误差方差施加约束$\Sigma_{22}=1$(另外一种标准化的度量)。$m=3$ 时,在Σ中会有$(3\times 2)/2-1=2$个自由项:一个是误差方差的参数Σ_{33},另一个是相关系数$\rho_{32}=\mathrm{Cor}(\varepsilon_{i3},\varepsilon_{i2})$,sigma3 的输出结果为$\sqrt{\Sigma_{33}}$,rho3_2 的输出结果为$\rho_{32}$。

estat covariance 和 eatat correlation 命令列表列出了完整的估计方差矩阵$\hat{\Sigma}$,以及它的相关系数矩阵。我们有:

```
. * Show correlations and covariance
. estat correlation
```

	beach	pier	private
beach	1.0000		
pier	0.0000	1.0000	
private	0.0000	0.1739	1.0000

```
. estat covariance
```

	beach	pier	private
beach	1		
pier	0	1	
private	0	.2608385	2.248533

相反，如果没有使用 structural 选项对模型的参数进行估计，除了估计的误差，也会得到相同的参数估计值，但是对于 $\varepsilon_{i2}-\varepsilon_{i1}$ 和 $\varepsilon_{i3}-\varepsilon_{i1}$ 二元分布的方差矩阵，也可以得到它们的协方差和相关系数。

15.7.6 预测的概率值和 MEs

使用估计后 predict 命令默认的 pr 选项预测 p_{ij} 值，使用 eatat mfx 命令获得在均值或一个代表值处估计的 ME。这些命令与 asclogit 之后使用的命令都是相似的，见15.5.7节和 15.5.8 节。

15.8 随机参数 logit 模型

随机参数 logit 或混合 logit 模型，放松了 IIA 假设，允许在 CL 模型中的参数是正态分布或对数正态分布的。在此我们通过使用个体层面的数据对模型的参数进行估计。如果数据是分组的，比如超市份额数据，那么会有完全不同的估计步骤，见 Berry(1994)。

15.8.1 随机参数 logit 模型

随机参数 logit 模型(RPL)，或混合 logit 模型是从 15.2.4 节中的 ARUM，通过假设误差 ε_{ij} 是Ⅱ类极值分布获得的，类似 CL 模型，且参数 β 和 γ_j，$j=2,\cdots,m$，都是正态分布的。那么选项 j 的效用是：

$$\begin{aligned} U_{ij} &= \mathbf{x}_{ij}'\beta_i + \mathbf{z}_i'\gamma_{ji} + \varepsilon_{ij} \\ &= \mathbf{x}_{ij}'\beta + \mathbf{z}_i'\gamma_j + \mathbf{x}_{ij}'\mathbf{v}_i + \mathbf{z}_i'\mathbf{w}_{ji} + \varepsilon_{ij} \end{aligned}$$

其中，$\beta_i=\beta+\mathbf{v}_i$，$\mathbf{v}_i\sim N(0,\Sigma_\beta)$，且 $\gamma_{ji}=\gamma_j+\mathbf{w}_{ji}$，$\mathbf{w}_{ji}\sim N(0,\Sigma_{\gamma J})$。联合误差项 $(\mathbf{x}'_{ij}\mathbf{v}_i+\mathbf{z}'_i\mathbf{w}_{ji}+\varepsilon_{ij})$ 在选项间是相关的，而单独的误差项 $\varepsilon_i j$ 并不相关。

接着以不可观测的 v_i 和 w_{ji} 为条件，我们有一个具有下式特征的 CL 模型：

$$p_{ij}\mid \mathrm{v}_{ij},\mathrm{w}_{ji}=\frac{\exp(\mathbf{x}_{ij}'\beta+\mathbf{z}_i'\gamma_j+\mathbf{x}_{ij}'\beta+\mathbf{z}_i'\mathbf{w}_{ji})}{\sum_{l=1}^{m}\exp(\mathbf{x}_{il}'\beta+\mathbf{z}_i'\gamma_l+\mathbf{x}_{ij}'\mathbf{v}_i+\mathbf{z}_i'\mathbf{w}_{ji})},j=1,\cdots,m$$

MLE 以 p_{ij} 为基础，这也需要对 $\mathbf{v}_i$ 和 $\mathbf{w}_{ji}$ 求积分，这是一个高维积分。

相反，使(15.10)式最大化从而确定 MSL 估计量，其中 $\widetilde{F}_j(\mathbf{x}_i,\boldsymbol{\theta})$ 是 p_{ij} 的模拟函数。在给定 Σ_β 和 $\Sigma_{\gamma J}$ 的估计值的情况下，频数模拟器可以对 $\mathbf{v}_i$ 和 $\mathbf{w}_{ji}$ 进行多次抽样，这是一个平滑的模拟器。

15.8.2 mixlogit 命令

用户编写的 mixlogit 命令(Hole 2007)可以用来计算 MSL 估计量，语法如下：

mixlogit *depvar* [*indepvars*] [*if*] [*in*] [*weight*], group(*vamame*)

rand(*varlist*) [*options*]

该语法与 clogit 语法相似，使用 group()选项用来识别个体或单个观测值。用 rand()选项可以列举具有随机系数的解释变量，且非随机系数的解释变量都被列为 *indepvars*。

ln(#)选项允许在 rand()中的最后的#变量是对数正态分布的，而不是正态分布。corr 选项允许参数是相关的；默认的参数值是不相关的。在删除最初的 15 次抽样后，可以使用 Halton 序列的估计量进行 50 次抽样。nrep(#)和 burn(#)选项可以改变这些默认初始值，并且公布的结果应该至少使用 50 次以上的抽样结果。

15.8.3 mixlogit 命令的数据准备

mixlogit 命令与 clogit 命令相似。与 asclogit 和 asmprobit 命令不同的是，该命令对特定个体的解释变量没有选项。

相反，我们需要手动的建立截距项和 income 的解释变量。对于特定个体的解释变量，我们需要进行标准化。我们设 $\gamma_{pier}=0$，且构建三个截距项和含 income 的交互项。我们有：

```
. * Data set up to include case-invariant regressors
. use mus15datalong.dta, clear

. generate dbeach = fishmode=="pier"

. generate dprivate = fishmode=="private"

. generate dcharter = fishmode=="charter"

. generate ybeach = dbeach*income

. generate yprivate = dprivate*income

. generate ycharter = dcharter*income
```

下面我们使用 mixlogit 命令。相反，如果我们对相同被解释变量和解释变量使用 clogit 命令，那么结果将会与在 15.5.4 节中从 asclogit 命令得到的结果一样。

15.8.4 mixlogit 命令的应用

对于 MNP 模型，我们对在 15.7.5 节中使用过一个相同的三选项模型进行估计，并去掉租船钓鱼的选项。

使用 rand()命令，将 p 的参数设定为随机的。其他的所有参数都设定为固定的，作为 *indepvars*，例如，尽管我们可以将三个 income 变量的参数也设定为随机的。我们有：

```
. * Mixed logit or random parameters logit estimation
. drop if fishmode=="charter" | mode == 4
(2538 observations deleted)

. mixlogit d q dbeach dprivate ybeach yprivate, group(id) rand(p)

Iteration 0:   log likelihood = -602.33584  (not concave)
Iteration 1:   log likelihood = -447.46013
Iteration 2:   log likelihood = -435.29806
Iteration 3:   log likelihood = -434.56105
Iteration 4:   log likelihood = -434.52856
Iteration 5:   log likelihood = -434.52844
Iteration 6:   log likelihood = -434.52844

Mixed logit model                          Number of obs   =       2190
                                           LR chi2(1)      =      64.57
Log likelihood = -434.52844                Prob > chi2     =     0.0000
```

d	Coef.	Std. Err.	z	P>|z|	[95% Conf.	Interval]
Mean						
q	.7840088	.9147869	0.86	0.391	-1.008941	2.576958
dbeach	.7742955	.224233	3.45	0.001	.3348069	1.213784
dprivate	.5617395	.3158082	1.78	0.075	-.0572331	1.180712
ybeach	-.1199613	.0492249	-2.44	0.015	-.2164404	-.0234822
yprivate	.0518098	.0721527	0.72	0.473	-.0896068	.1932265
p	-.1069866	.0274475	-3.90	0.000	-.1607827	-.0531904
SD						
p	.0598364	.0191597	3.12	0.002	.022284	.0973888

在不同的个体间价格的影响有相当大的变化。随机系数的均值为－0.107，标准差为0.060，在 0.05 的显著性水平上，这两个值都统计结果很显著。随机参数 logit 模型的对数似然值为－435，这个值明显高于 CL 模型的－467。CL 模型的结果并没有显示出来，但是可以通过使用 asclogit 或 clogit 命令来获取。随机参数模型显然更好。

如果我们想要限定效应变为负值，那么我们应该定义一个变量 negp，令其等于负的变量 p，且取对数正态，我们使用 ln(1)。随后的结果都是 $\ln\beta_{negp}$ 的均值和标准差而不是 β_{negp} 或 β_p 的均值和标准差。利用“如果 $\ln\beta \sim N(u, \sigma^2)$，那么 $\beta \sim \{e^{u+\sigma^2/2}, e^{2u+\sigma^2}(e^{\sigma^2}-1)\}$”这个结论可以对均值和标准差进行转换。

15.9 有序结果模型

在一些例子中，分类数据会有自然排序。例如：自我评估的健康状况为差、一般、好或非常好。对于这种数据的两个标准模型是有序 logit 模型和有序 probit 模型。

15.9.1 概述性统计

我们使用兰德健康保险实验的数据，这在 18.3 节中有更详细的描述。我们使用面板中的一年数据，所以数据是横截面数据。

我们考虑的有序结果是健康状况，也就是，分别是差、一般(y=1)、好(y=2)或非常好(y=3)。这个变量需要从每一种健康状况的几个二值结果中构建。状况差和一般是结合在一起的，因为仅有1.5%的样本显示为健康状况差。建立的数据如下：

```
. * Create multinomial ordered outcome variables takes values y = 1, 2, 3
. use mus18data.dta, clear

. quietly keep if year==2

. generate hlthpf = hlthp + hlthf

. generate hlthe = (1 - hlthpf - hlthg)

. quietly generate hlthstat = 1 if hlthpf == 1

. quietly replace hlthstat = 2 if hlthg == 1

. quietly replace hlthstat = 3 if hlthe == 1

. label variable hlthstat "health status"

. label define hsvalue 1 poor_or_fair 2 good 3 excellent

. label values hlthstat hsvalue

. tabulate hlthstat
```

health status	Freq.	Percent	Cum.
poor_or_fair	523	9.38	9.38
good	2,034	36.49	45.87
excellent	3,017	54.13	100.00
Total	5,574	100.00	

健康状况是差或一般的人大概占样本的10%，状况好的占35%，非常好的占55%。

在此考虑的解释变量为按年算的年龄(age)、年家庭收入的对数(linc)和患慢性病的数量(ndisease)。概述性统计如下：

```
. * Summarize dependent and explanatory variables
. summarize hlthstat age linc ndisease
```

Variable	Obs	Mean	Std. Dev.	Min	Max
hlthstat	5574	2.447435	.659524	1	3
age	5574	25.57613	16.73011	.0253251	63.27515
linc	5574	8.696929	1.220592	0	10.28324
ndisease	5574	11.20526	6.788959	0	58.6

该样本包括儿童和成人的样本，但没有老年人的样本。

15.9.2 有序结果模型

对有序结果进行建模，会产生序列的潜变量 y^*，它会逐步跨越更高的门限值。在当前的例子中，y^* 是度量健康状况的一个不可观测指标。对于个体 i，我们设定：

$$y_i^* = \mathbf{x}_i'\beta + u_i$$

其中,标准化的结果就是解释变量 **x** 不包括截距项。y^* 值很低表示健康状况非常差;而对于 $y^* > \alpha_1$,表示健康状况提升到一般;对于 $y^* > \alpha_2$,表示健康状况提升到好;如果还有其他类型,以此类推。

对于一个含 m 选项的有序模型,我们定义:

$$y_i = j \qquad \text{如果}\ \alpha_{j-1} < y_i^* \leqslant \alpha_j, \qquad j = 1,\cdots,m$$

其中,$\alpha_0 = -\infty$,$\alpha_m = \infty$。接着有:

$$\begin{aligned}\Pr(y_i = j) &= \Pr(\alpha_{j-1} < y_i^* \leqslant \alpha_j)\\ &= \Pr(\alpha_{j-1} < \mathbf{x}_i'\beta + u_i \leqslant \alpha_j)\\ &= \Pr(\alpha_{j-1} < \mathbf{x}_i'\beta < u_i \leqslant \alpha_j - \mathbf{x}_i'\beta)\\ &= \Pr(\alpha_j - \mathbf{x}_i'\beta) - F(\alpha_{j-1} - \mathbf{x}_i'\beta)\end{aligned}$$

其中,F 是 u_i 的累积分布函数(c.d.f)。解释变量的系数 β 和 $m-1$ 个门限参数值 $\sigma_1,\cdots,\sigma_{m-1}$ 都是通过使对数似然函数极大化来获得的,$p_{ij}=\Pr(y_i=j)$ 与之前定义一样。Stata 从解释变量中排除了一个截距项。相反,如果估计了一个截距项,那么仅能识别 $m-2$ 个门限参数值。

对于有序 logit 模型,u 服从 logistic 分布,且 $F(z)=e^z/(1+e^z)$。对于有序 probit 模型,u 服从标准正态分布,且 $F(\cdot)=\Phi(\cdot)$ 是标准正态的 c.d.f 函数。

现在回归参数 β 的符号可以解释为:潜变量 y^* 是否随着解释变量而增长。如果 β_j 是正值,那么 x_{ij} 的增长必然会减少在最低类别的概率($y_i=1$),并且会增加最高类别的概率($y_i=m$)。

15.9.3 ologit 命令的应用

使用 ologit 命令来估计有序 logit 模型参数,该命令的语法与 mlogit 的语法基本相同:

ologit *depvar* [*indepvars*] [*if*] [*in*] [*weight*] [, *options*]

应用该命令得到:

```
. * Ordered logit estimates
. ologit hlthstat age linc ndisease, nolog

Ordered logistic regression                       Number of obs   =       5574
                                                  LR chi2(3)      =     740.39
                                                  Prob > chi2     =     0.0000
Log likelihood = -4769.8525                       Pseudo R2       =     0.0720
```

hlthstat	Coef.	Std. Err.	z	P>|z|	[95% Conf. Interval]	
age	-.0292944	.001681	-17.43	0.000	-.0325891	-.0259996
linc	.2836537	.0231098	12.27	0.000	.2383593	.3289481
ndisease	-.0549905	.0040692	-13.51	0.000	-.0629661	-.047015
/cut1	-1.39598	.2061301			-1.799987	-.9919722
/cut2	.9513097	.2054301			.5486741	1.353945

跟预期一样,潜在健康状况变量在收入上是递增的,并且随年龄和患慢性病的数量增长而递减。解释变量都具有高度的统计显著性。门限值参数显示统计结果彼此间显

著不同,所以三个类别不应该被整合为两类。

15.9.4 预测的概率值

可以使用 pr 选项来获得三个结果中每一个结果的预测概率值。为了进行比较,我们同样计算每一个结果的样本频数:

```
. * Calculate predicted probability that y=1, 2 or 3 for each person
. predict p1ologit p2ologit p3ologit, pr

. summarize hlthpf hlthg hlthe p1ologit p2ologit p3ologit, separator(0)
```

Variable	Obs	Mean	Std. Dev.	Min	Max
hlthpf	5574	.0938285	.2916161	0	1
hlthg	5574	.3649085	.4814477	0	1
hlthe	5574	.541263	.4983392	0	1
p1ologit	5574	.0946903	.0843148	.0233629	.859022
p2ologit	5574	.3651672	.0946158	.1255265	.5276063
p3ologit	5574	.5401425	.1640575	.0154515	.7999009

平均预测的概率值都是在每个结果样本频数的 0.01 之内。

15.9.5 ME

当解释变量 x_r 变化时,选取 j 选项的概率的 ME 由下式给出:

$$\frac{\partial \Pr(y_i = j)}{\partial x_{ri}} = \{F'(\alpha_{j-1} - \mathbf{x}_i'\beta) - F'(\alpha_j - \mathbf{x}_i'\beta)\}\beta_r$$

如果一个系数的大小是另一个系数的两倍,那么 ME 的大小也是如此。

对第三个结果(健康状况非常好),我们使用带有 atmean 选项的 margins 命令来获得在均值处估计的 ME,我们有:

```
. * Marginal effect at mean for 3rd outcome (health status excellent)
. margins, dydx(*) predict(outcome(3)) atmean noatlegend

Conditional marginal effects                    Number of obs   =       5574
Model VCE    : OIM

Expression   : Pr(hlthstat==3), predict(outcome(3))
dy/dx w.r.t. : age linc ndisease
```

	dy/dx	Delta-method Std. Err.	z	P>|z|	[95% Conf.	Interval]
age	-.0072824	.0004179	-17.43	0.000	-.0081014	-.0064634
linc	.070515	.0057527	12.26	0.000	.05924	.0817901
ndisease	-.0136704	.0010126	-13.50	0.000	-.015655	-.0116858

健康状况非常好的概率随着人们的年龄或有更多的疾病的增加而递减,并且随着收入的增加而递增。

通过去掉 atmean 选项可以计算 AME。

15.9.6　其他有序的模型

运用 oprobit 命令来估计有序 probit 模型的参数。该命令的语法和输出结果与有序 logit 模型的语法和输出结果基本一样，除了系数估计的度量不同。这里应用的数据产生了 t 统计值，且对数似然值与从有序 logit 模型估计的值非常接近。

用户编写的 gologit 命令（Williams 2006）可以估计一个广义有序 logit 模型，该模型允许门限参数值 $\alpha_1,\cdots,\alpha_{m-1}$ 取决于解释变量。

一个选项模型是 MNL 模型。尽管 MNL 模型有更多的参数，有序 logit 模型并不是在 MNL 模型中嵌套的。估计量的有效性是比较两种方法的另一种方式。一个有序的估计量比 MNL 估计量有更多的假设。如果这些额外的假设都是成立的，有序估计量就比 MNL 估计量更有效。

15.10　多元结果模型

我们研究与似不相关回归（SUR）模型（见 5.4 节）相类似的多元结果模型（见 5.4 节），即多元结果模型就是对两个或两个以上的分类结果进行建模。

在最简单的情形中，结果之间并不相互依赖——它们间无联立性，但结果的误差项可能是相关的。当误差项都是相关的，对误差项进行建模的一个更有效的估计量是可得的。

在更复杂的例子中，结果之间会相互依赖，所以存在联立性。我们并不研究这种情况，而是研究如果在连续型潜变量而不是在离散型结果变量中存在联立性时的情况，因此分析就较简单。

15.10.1　二元 probit 模型

二元 probit 模型会考虑两个二值结果。以解释变量为条件，这两个二值结果之间是潜在相关的。这种相关性是通过误差项的相关而产生的，误差项的相关体现在二值结果模型的指数函数模型中。

特定的，两个结果都是由两个不可观测的潜变量来决定的，

$$y_1^* = \mathbf{x}_1'\beta_1 + \varepsilon_1$$
$$y_2^* = \mathbf{x}_2'\beta_2 + \varepsilon_2$$

其中，误差项 ε_1 和 ε_2 是联合正态分布的，均值为 0，方差为 1，并且相关系数为 ρ，然后我们对两个二值结果进行观测

$$y_1 = \begin{cases} 1 & \text{如果 } y_1^* > 0 \\ 0 & \text{如果 } y_1^* \leqslant 0 \end{cases} \qquad \text{且 } y_2 = \begin{cases} 1 & \text{如果 } y_2^* > 0 \\ 0 & \text{如果 } y_2^* \leqslant 0 \end{cases}$$

如果 $\rho=0$，那么对于 y_1 和 y_2 来说，该模型分解为两个独立的 probit 模型。

有四个互斥的结果，我们可以用 y_{10}（当 $y_1=1, y_2=0$ 时）、y_{01}、y_{11} 和 y_{00} 来表示。使用概率的表达式来推导对数似然函数，通过 ML 来估计参数。在此有两个复杂的问题。第一，没有概率的解析表达式，因为它们都是取决于无闭式解的一维积分，但是这个问题可以很容易的通过数值积分法求积分来解决。第二，$\Pr(y_1=1|\mathbf{x})$ 和 $\Pr(y_2=1|\mathbf{x})$ 的结果表达式与二值 probit 模型和 probit 模型的表达式不相同。

最简单二元命令的语法为：

biprobit *depvar1 depvar2* [*varlist*][*if*] [*in*] [*weight*] [, *options*]

该命令假定对于两个结果使用相同的解释变量。更一般的命令允许两个结果的解释变量列表不同。

我们使用与 15.9 节中分析的有序结果模型中相同的数据集来研究两个二值结果。第一个结果是 hlthe 变量，如果自我评估的身体状况为非常好的，那么它取值为 1，否则取 0 值。第二个结果是 dmdu 变量，如果个人在过去几年中去看过医生，那么它取值为 1，否则取 0。关于数据的概述性统计为：

```
. * Two binary dependent variables: hlthe and dmdvs
. tabulate hlthe dmdu

           |  any MD visit = 1 if
           |        mdu > 0
     hlthe |         0          1 |     Total
-----------+----------------------+----------
         0 |       826      1,731 |     2,557
         1 |     1,006      2,011 |     3,017
-----------+----------------------+----------
     Total |     1,832      3,742 |     5,574

. correlate hlthe dmdu
(obs=5574)

             |    hlthe     dmdu
-------------+------------------
       hlthe |   1.0000
        dmdu |  -0.0110   1.0000
```

结果是非常弱的负相关，所以在这个例子中，可能不需要对两个结果进行联合建模。二元 probit 模型估计会产生下面的估计值：

```
. * Bivariate probit estimates
. biprobit hlthe dmdu age linc ndisease, nolog

Bivariate probit regression                   Number of obs   =       5574
                                              Wald chi2(6)    =     770.00
Log likelihood = -6958.0751                   Prob > chi2     =     0.0000

------------------------------------------------------------------------------
             |      Coef.   Std. Err.      z    P>|z|     [95% Conf. Interval]
-------------+----------------------------------------------------------------
hlthe        |
         age |  -.0178246   .0010827   -16.46   0.000    -.0199466   -.0157025
        linc |    .132468   .0149632     8.85   0.000     .1031406    .1617953
    ndisease |  -.0326656   .0027589   -11.84   0.000    -.0380729   -.0272583
       _cons |  -.2297079   .1334526    -1.72   0.085    -.4912703    .0318545
-------------+----------------------------------------------------------------
dmdu         |
         age |   .0020038   .0010927     1.83   0.067    -.0001379    .0041455
        linc |   .1212519   .0142512     8.51   0.000       .09332    .1491838
    ndisease |   .0347111   .0028908    12.01   0.000     .0290452    .0403771
       _cons |  -1.032527   .1290517    -8.00   0.000    -1.285464   -.7795907
-------------+----------------------------------------------------------------
     /athrho |   .0282258    .022827     1.24   0.216    -.0165142    .0729658
-------------+----------------------------------------------------------------
         rho |   .0282183   .0228088                     -.0165127    .0728366
------------------------------------------------------------------------------
Likelihood-ratio test of rho=0:     chi2(1) =   1.5295    Prob > chi2 = 0.2162
```

没有拒绝 $\rho=0$ 的假设，那么在这个例子中，不一定必须使用二元 probit 模型。可能跟预期结果一样，对每个结果分别进行 probit 估计（输出结果没有给出）会产生与之前给出的模型非常相似的系数。

预测的概率值是可获得的。例如，$y_1=1$ 的边缘概率值可以使用 pmarg1 选项求得，然而 $(y_1, y_2)=(1,1)$ 的联合概率值可以使用 p11 选项来获取。我们得到：

```
. * Predicted probabilities
. predict biprob1, pmarg1

. predict biprob2, pmarg2

. predict biprob11, p11

. predict biprob10, p10

. predict biprob01, p01

. predict biprob00, p00


. summarize hlthe dmdu biprob1 biprob2 biprob11 biprob10 biprob01 biprob00
```

Variable	Obs	Mean	Std. Dev.	Min	Max
hlthe	5574	.541263	.4983392	0	1
dmdu	5574	.6713312	.4697715	0	1
biprob1	5574	.5414237	.1577588	.0156161	.7853771
biprob2	5574	.6716857	.0976294	.1589158	.9834746
biprob11	5574	.3610553	.0989285	.0090629	.5492701
biprob10	5574	.1803685	.0765047	.0006476	.3680022
biprob01	5574	.3106305	.1434517	.1090853	.9385432
biprob00	5574	.1479458	.064902	.0158778	.6909309

$y_1=1$ 和 $y_2=1$ 的边际概率分别为 0.541 和 0.671，都与样本频数值非常接近。

15.10.2 非线性 SUR

对于非线性 SUR 的另外一种模型，使用 nlsur 命令，其中 y_1 的条件均值为 $\Phi(\mathbf{x}_1'\beta_1)$，而 y_2 的条件均值为 $\Phi(\mathbf{x}_2'\beta_2)$。这个估计量并不会控制二值结果数据内在的异方差性，所以我们使用 vce(robust) 选项来获得标准误，这样来对异方差性和相关性进行控制。我们有：

```
. * Nonlinear seemingly unrelated regressions estimator
. nlsur (hlthe = normal({a1}*age+{a2}*linc+{a3}*ndisease+{a4})) ///
>   (dmdu = normal({b1}*age+{b2}*linc+{b3}*ndisease+{b4})), vce(robust) nolog
(obs = 5574)
Calculating NLS estimates...
Calculating FGNLS estimates...

FGNLS regression
```

Equation		Obs	Parms	RMSE	R-sq	Constant
1	hlthe	5574	4	.4727309	0.5871*	(none)
2	dmdu	5574	4	.4595438	0.6854*	(none)

* Uncentered R-sq

	Coef.	Robust Std. Err.	z	P>|z|	[95% Conf.	Interval]
/a1	-.0173125	.0010624	-16.30	0.000	-.0193948	-.0152302
/a2	.1486604	.0184521	8.06	0.000	.1124949	.1848259
/a3	-.0333346	.0028682	-11.62	0.000	-.0389562	-.027713
/a4	-.3790899	.1638203	-2.31	0.021	-.7001719	-.0580079
/b1	.0018343	.0010776	1.70	0.089	-.0002778	.0039464
/b2	.1270039	.0165602	7.67	0.000	.0945465	.1594614
/b3	.0345088	.0030258	11.40	0.000	.0285783	.0404393
/b4	-1.081392	.1496894	-7.22	0.000	-1.374778	-.788006

对这个例子来说，回归系数和标准误都与 biprobit 命令的所得结果非常相似。

15.11 Stata 资源

我们初步了解的模型主要就是 MNL 模型和 CL 模型。在实践中，这些模型通常限制性比较大。Stata 命令涵盖了大部分的最值得注意的多项选择模型，但不包括随机参数 logit 或混合 logit 模型，这两个模型可以通过使用用户编写的 mixlogit 命令来进行估计。Train(2003)是一个非常好的资源，特别是对那些需要通过 MSL 或 Bayesian 方法进行拟合的模型而言。

15.12 习题

1.研究 15.9 节中的健康状况多项选项例子。把该例子当作多项选项 logit 模型使用 mlogit 命令重新进行拟合。对解释变量的统计显著性进行评论。获取 MNL 模型中解释变量的变化对健康状况极好的概率的边际效应，并将这些结果与 15.9.5 节中有序 logit 模型给出的结果进行比较。使用 BIC，对于这些数据你觉得哪个模型更好——多项选项 logit 模型还是有序 logit 模型?

2.研究 15.5 节中的条件 logit 模型例子。使用 mus15datalong.dta，如果必要的话建立如 15.5.1 节中的文件。去掉 15.7.5 节中的租船的选项，使用 drop if fishmode== "charter"|mode==4 命令，这样我们会有一个三选项的模型。对含解释变量 p、q 和 income 的一个条件 logit 模型进行参数估计，使用 asclogit 命令。私人船只钓鱼价格的 $ 10 的增长以及月收入中 $1000 的增长，会对选项私人船只钓鱼的概率值造成什么样的边际效应呢? 哪一个模型能够更好的拟合这些数据——是这个问题中的条件 logit 模型还是 15.7 节中的多项选项 probit 模型呢?

3.继续研究前面的问题，一个钓鱼模式的三选项模型。通过嵌套 logit 模型进行参数估计，码头和海滩捕鱼效用的误差项彼此相关，且与私人船只钓鱼效用的误差项不相关。获取私人船只钓鱼价格的一单位变化的边际效应，使其适应 15.6.6 节中的例子。

4.研究 15.9 节中的健康状况多项选项模型例子。将该模型作为有序 probit 模型进行参数估计，使用 oprobit 命令。对解释变量的统计显著性进行评论。获取 MNL 模型中健康状况非常好的预测概率值，并且将这些结果与 15.9.5 节中有序 logit 模型中给出的结果进行比较。你认为对这些数据而言，哪一个模型更好——是有序 probit 模型还是有序 logit 模型?

16 Tobit 模型和选择模型

16.1 导论

在一个线性回归中仅当被解释变量在其可支持的一些区间中可被观测时，就与 Tobit 模型相关。考虑每年在耐用品上的家庭支出，例如汽车。一个横截面调查几乎可以准确揭示出：家庭中有较大一部分家庭支出为零，其余家庭支出为正。换句话说，样本是包括了可观测的零支出和正支出值的一个混合样本。在本章将会研究对这种数据的回归分析提出的新的建模问题。

存在删失的情况下进行线性回归估计包括额外的计算复杂问题。由于删失的样本不能代表总体，所以普通最小二乘回归会产生不一致的参数估计值。由于同一原因，模型中被估计的参数的统计推断同样包括标准化理论的一些重要扩展。

在本章中，我们将会研究两个关于 tobit 模型的基本估计和推断的方法。第一种方法就是参数法，这建立在相关条件的数据分布和函数形式的假设上。第二种（半参数化）方法维持了函数形式的假设，但部分放松了对分布的假设。

16.2 Tobit 模型

假设我们的数据包括(y_i, x_i)，$i=1,\cdots,N$。假设：$\mathbf{x}_i$ 可以完全被观测到，但是 y_i 并非总能被观测到。特别是有些 y_i 值为 0。当相应的 $\mathbf{x}$ 被观测到时，我们首先考虑被观测到的 0 值的解释。

16.2.1 删失数据的回归

一种解释是，0 值是一个删失的观测值。假设一个家庭对商品有一种潜在的需求，由 y^* 表示。如果 y^* 未超过某些常数门限值（由 L 来表示），那么该需求不会被视为一次购买行为。我们仅当 $y^*>L$ 时才会对 y^* 进行观测。这样零支出可以被解释为一个左删失的变量，当 $y^*\leqslant L$ 时，它的值为 0。因此观测到的样本包括删失和未删失的观测值。

观测值可以是左删失，也可以是右删失的。后者意味着当 $y^*>U$（U 在此代表上删失点）时，y^* 的真实值无法被观测到。例如，考虑从 $N(0,1)$分布中对 y_i 进行抽样，$i=1,\cdots,N$，仅在区间$[L,U]$里进行观测，其中 L 和 U 都是已知的常数。这个分布在区间$(-\infty,+\infty)$都成立，但是我们仅观察在$[L,U]$范围内的变化。观测值此时被称为是删失的，L 是下（左）删失点，而 U 是上（右）删失点。

假设我们在回归设置中，观测值为$(y_i, \mathbf{x}_i)$，$i=1,\cdots,N$，$\mathbf{x}_i$ 总是完全可以观测到的。删失类似于 y 有缺失的观测值，也就是说删失意味着存在信息的丢失。在通常情况下，

$L=0$，但是在有的情形中，$L=\gamma,\gamma>0$，且 γ 可能是未知的。例如，只有在支出超过 10 美元的时候，调查者可能会在一个支出类别中记录支出。当 y 是顶端编码时，人们只知道是否 $y>U$，但是却不知道到底它的精确值是多少，这就是右端删失数据的例子。

16.2.2 Tobit 模型的建立

我们感兴趣的是将回归设定为一个不可观测的潜变量 y^* 的模型，

$$y_i^* = \mathbf{x}_i'\beta+\varepsilon_i, i=1,\cdots,N \tag{16.1}$$

其中，$\varepsilon\sim N(0,\sigma^2)$，$\mathbf{x}_i$ 是外生且完全可观测的解释变量的$(K\times 1)$阶向量。如果可以观测到 y^*，我们将会通过常规的 OLS 方法估计(β,σ^2)。

可观测的变量 y_i 与潜变量 y_i^* 通过观测规则是相关的：

$$y=\begin{cases} y^* & \text{如果 } y^*<L \\ L & \text{如果 } y^*\geqslant L \end{cases}$$

一个删失的观测样本的概率值是 $\Pr(y^*\leqslant L)=\Pr(\mathbf{x}_i'\beta+\varepsilon\leqslant L)=\Phi\{(L-\mathbf{x}_i'\beta)/\sigma\}$，其中 $\phi(\cdot)$是标准正态累积分布函数。

对于非删失的观测值，y 的截尾均值或期望值可以表示为：

$$E(y_i\mid \mathbf{x}_i,y_i>L)=\mathbf{x}_i'\beta+\sigma\frac{\phi\{(\mathbf{x}_i'\beta-L)/\sigma\}}{\Phi\{(L-\mathbf{x}_i'\beta/\sigma\}} \tag{16.2}$$

其中，$\phi(\cdot)$是标准正态分布密度函数。由于删失，上式中条件均值与 $\mathbf{x}_i'\beta$ 值不同，这种差异会导致 OLS 估计不一致。(16.2)式的精确公式严格依赖于 $\varepsilon\sim N(0,\sigma^2)$的假设。

相反，样本如果包括右删失的观测值，则我们观测到：

$$y=\begin{cases} y^* & \text{如果 } y^*<U \\ U & \text{如果 } y^*\geqslant U \end{cases}$$

关于删失的经典例子是，数据只存在左删失且 $L=0$。tobit 模型的一种变化形式是双受限 tobit 模型，允许同时存在左删失和右删失。这里我们考虑的另一种变化形式是，数据只存在左删失，但 L 是未知的。

16.2.3 未知的删失点

正如 Carson 和 Sun(2007)及其他学者已经指出的那样，删失点可能是未知的。假设数据都是左删失的，且有一个未知常数的门限值(称为 γ)①。假定将未知数 γ 设为 0 值进行“标准化”是不可行的。相反，$\Pr(y^*<\gamma)$等于 $\Phi\{(\gamma-\mathbf{x}'\beta)/\sigma\}$，其中$(\gamma-\mathbf{x}'\beta)/\sigma$ 被解释为一个“门槛值”。在本例中，我们设 $\hat{\gamma}=\min$（未删失的 y)且将 γ 当作是已知的来进行处理。建立在此过程基础上的 tobit 模型的估计值被证明是一致的，见 Carson 和 Sun(2007)。在 Stata 中，这仅要求在定义 11 时使用 γ 的值。这样我们可以再次使用带有 11(#)选项的 `tobit` 命令。最简单的方法就是设 # 等于 $\hat{\gamma}$。这就将 $y=\hat{\gamma}$ 的所有观测值看作是删失的，然而，对于某些很小的 $\boldsymbol{\Delta}$ 值(例如 10^{-6})，一个更好的选择是将 # 设置为$(\hat{\gamma}-\boldsymbol{\Delta})$。

16.2.4 Tobit 估计

上述的分析得到了两个估计量：极大似然估计和两阶段回归。首先，我们在假设回

---

① 也有学者译成“门槛值”，在本书中统一译为“门限”，两者互用。——译者注

归误差项是同方差的和正态分布的情况下考虑极大似然估计。

在有删失点 $\gamma(L=\gamma)$ 的左删失的例子中，密度函数由两个部分组成，分别对应无删失和有删失的观测值。令 d 表示删失的指示变量，$d=1$ 表示无删失的观测值的结果，同时令 $d=0$ 表示已删失的观测值。密度函数可以表示为：

$$f(y_i)=\left[\frac{1}{\sqrt{2\pi\sigma^2}}\exp\left\{-\frac{1}{2\sigma^2}(y_i-x_i'\beta)^2\right\}\right]^{d_i}\left[\Phi\{(\gamma-\mathbf{x}_i'\beta)/\sigma\}\right]^{1-d_i} \quad (16.3)$$

(16.3)式中第二项反映了对删失观测值似然值的影响。(β,σ^2)的极大似然估计要解建立在(16.3)式基础上的对数似然最大化的一阶条件。这些等式的参数都是非线性的，所以需要应用迭代算法。

在已知的假设下 tobit 极大似然估计是一致的。然而，如果误差项不是正态分布或它们是异方差的，极大似然估计就是不一致的。这些强烈的假设在实际应用中可能是不可行的，这样会使 tobit 模型的极大似然估计量不稳健。因此需要对正态性和异方差性的假设进行检验。

与极大似然估计相比，该估计可以建立在相对较弱的假设基础上。(16.2)式揭示了为什么 y_i 对 $\mathbf{x}_i$ 的 OLS 回归产生了一个不一致的估计值——由于(16.2)式中的“缺失变量”ϕ_i/Φ_i，将会存在遗漏变量的偏误。这些缺失变量是由 probit 模型产生的，probit 模型是对 $y_i^*>0$ 的结果的概率进行建模。设 $d_i=1$ 表示 $y_i^*>0$ 的结果，$d_i=0$ 表示其他结果。probit 估计可以对 $\lambda_i=\phi_i/\Phi_i$ 进行一致性估计。y_i 对 $\mathbf{x}$ 以及 $\widehat{\phi_i/\Phi_i}$ 进行线性回归将会产生 β 的估计值。

16.2.5 Stata 中的极大似然估计

在 Stata 中，对 tobit 模型回归进行估计命令有如下的基本语法：

tobit *depvar* [*indepvars*] [*if*] [*in*] [*weight*], ll[(#)] ul[(#)] [*options*]

命令设定中，ll[(#]]和 ul[(#)]分别指的是下限(左删失点)及上限(右删失点)。例如，如果数据需要在 0 值处进行左删失，那么仅需要 ll(0)命令。类似的，当右删失数据的右删失点在 10000 时，仅需要 ul(10000)命令。如果数据既是左删失又是右删失的，并且我们想要估计双受限 tobit 模型的参数，那么这两个命令都需要。tobit 模型的估计后工具稍后将会在本章中进行讨论。

16.3 Tobit 模型示例

我们研究的示例，门诊医疗支出变量也遇到同样的难题，即数据都严重右偏。最好的处理办法是取自然对数，但使这些应用的分析更复杂化。我们在 16.4—16.7 节中详细地讲述了这些难题，并将模型的诊断延伸到 16.4.5 节。在本节中，我们在不同显著性水平上讨论较简单的 tobit 模型。

16.3.1 数据的概述性统计

数据来源于 2001 年医疗支出的面板调查，其中被解释变量为门诊医疗支出(ambexp)，解释变量分别为 age、female、educ、blhisp、totchr 和 ins。在包括 3328 个观测值的样本中,ambexp 变量中有 526 个(15.8%)值为 0。

所有变量的描述性统计如下:

```
. * Raw data summary
. use mus16data.dta, clear

. summarize ambexp age female educ blhisp totchr ins

    Variable |       Obs        Mean    Std. Dev.       Min        Max
-------------+--------------------------------------------------------
      ambexp |      3328    1386.519    2530.406          0      49960
         age |      3328    4.056881    1.121212        2.1        6.4
      female |      3328    .5084135    .5000043          0          1
        educ |      3328    13.40565    2.574199          0         17
      blhisp |      3328    .3085938    .4619824          0          1
-------------+--------------------------------------------------------
      totchr |      3328    .4831731    .7720426          0          5
         ins |      3328    .3650841    .4815261          0          1
```

在估计含线性条件均值函数的 tobit 模型参数时,ambexp 变量的详细概述让我们更好地探讨其中的潜在问题。

```
. * Detailed summary to show skewness and kurtosis
. summarize ambexp, detail

                           ambexp
-------------------------------------------------------------
      Percentiles      Smallest
 1%            0              0
 5%            0              0
10%            0              0       Obs                3328
25%          113              0       Sum of Wgt.        3328

50%        534.5                      Mean           1386.519
                        Largest       Std. Dev.      2530.406
75%         1618          28269
90%         3585          30920       Variance        6402953
95%         5451          34964       Skewness       6.059491
99%        11985          49960       Kurtosis       72.06738
```

ambexp 变量偏度很大,且它的峰度是非正态的。对于模型而言,被解释变量的这个特性提醒我们 tobit 极大似然估计可能是错误的估计量。

若 0 观测值被忽略,为了观察这些特征是否存在,我们检查仅有正值的样本分布。

```
. * Summary for positives only
. summarize ambexp if ambexp >0, detail

                           ambexp
-------------------------------------------------------------
      Percentiles      Smallest
 1%           22              1
 5%           67              2
10%          107              2       Obs                2802
25%          275              4       Sum of Wgt.        2802

50%          779                      Mean             1646.8
                        Largest       Std. Dev.      2678.914
75%         1913          28269
90%         3967          30920       Variance        7176579
95%         6027          34964       Skewness       5.799312
99%        12467          49960       Kurtosis       65.81969
```

如果 0 值都被忽略了，那么 ambexp 变量的偏度系数和非正态峰度系数会变小。

原则上看，ambexp 变量的偏度和非正态峰度可能是因为回归量是偏斜的。但从没有列出的结果看，ambexp 对 age、female、blhisp、totchr 和 ins 等变量进行的 OLS 回归结果对总离差的解释很弱($R^2=0.16$)，并且 OLS 的残差的偏度统计量为 6.6，峰度统计量为 92.2。即使以解释变量为条件，被解释变量也是非正态的，此时更适合用对数正态模型。

16.3.2 Tobit 分析

作为初步探索阶段，即使结果显示数据分布可能是非正态的，我们将对没有任何转换的被解释变量进行线性 tobit 模型分析。

```
. * Tobit analysis for ambexp using all expenditures
. global xlist age female educ blhisp totchr ins  //Define regressor list $xlist

. tobit ambexp $xlist, ll(0)

Tobit regression                                  Number of obs   =       3328
                                                  LR chi2(6)      =     694.07
                                                  Prob > chi2     =     0.0000
Log likelihood = -26359.424                       Pseudo R2       =     0.0130

------------------------------------------------------------------------------
      ambexp |      Coef.   Std. Err.      t    P>|t|     [95% Conf. Interval]
-------------+----------------------------------------------------------------
         age |   314.1479   42.63358     7.37   0.000     230.5572    397.7387
      female |   684.9918   92.85445     7.38   0.000     502.9341    867.0495
        educ |    70.8656   18.57361     3.82   0.000     34.44873    107.2825
      blhisp |   -530.311   104.2667    -5.09   0.000    -734.7443   -325.8776
     totchr |   1244.578   60.51364    20.57   0.000      1125.93    1363.226
         ins |  -167.4714   96.46068    -1.74   0.083    -356.5998    21.65696
       _cons |  -1882.591   317.4299    -5.93   0.000    -2504.969   -1260.214
-------------+----------------------------------------------------------------
      /sigma |   2575.907   34.79296                      2507.689    2644.125
------------------------------------------------------------------------------
  Obs. summary:        526  left-censored observations at ambexp<=0
                      2802     uncensored observations
                         0 right-censored observations
```

除了 ins 之外的所有解释变量在 0.05 的水平上都是统计显著的。系数就是潜变量 y^* 关于 x 的一个偏导数。可观测变量 y 的边际效应如 16.3.4 节所示。

对于 tobit MLE，标准的方法是使用估计量的方差—协方差矩阵(VCE)的默认估计，因为如果模型是误设的，tobit MLE 可能是不一致的，从而需要对 VCE 矩阵进行稳健估计。

16.3.3 Tobit 估计后的预测

在 3.6 节中对 predict 命令进行了概述。这个命令可以在 tobit 估计后被用来预测它的分位数。我们从默认的线性预测 xb 开始，对于所有的观测值就会得到潜变量 y^* 的样本内拟合值。

```
. * Tobit prediction and summary
. predict yhatlin
(option xb assumed; fitted values)

. summarize yhatlin

    Variable |        Obs        Mean    Std. Dev.       Min        Max
-------------+---------------------------------------------------------
     yhatlin |       3328    1066.683    1257.455  -1564.703   8027.957
```

yhatlin 与 ambexp 样本统计量的详细比较结果显示 tobit 模型在分布的上尾端拟合得不好。

显然，对可观测变量 y 而言，我们可以运用模型来解释其他预测选项，同时将边际效应的计算结合起来。

16.3.4 边际效应

在删失回归中，有许多我们可能感兴趣的边际效应，见[R] **tobit postestimation**。ME 是解释变量的变化对被解释变量的条件均值的影响。这个效应会发生变化，它取决于我们的兴趣是在于潜变量均值还是截尾或删失的均值。省略了的推导过程，见 Cameron 和 Trivedi(2005，16 章)，这些 ME 如下：

潜变量 $\partial E(y^* \mid \mathbf{x})/\partial \mathbf{x} = \beta$

左截尾（在 0 处） $\partial E(y \mid \mathbf{x}, y > 0)/\partial \mathbf{x} = \{1 - \omega\lambda(\omega) - \lambda(\omega)^2\}\beta$

左删失（在 0 处） $\partial E(y \mid \mathbf{x})/\partial \mathbf{x} = \Phi(\omega)\beta$

其中，$\omega = \mathbf{x}'\beta/\sigma$ 且 $\lambda(\omega) = \phi(\omega)/\Phi(\omega)$第一项在之前已经讨论过。

左截尾、左删失和右截尾的示例

为了进行解释，我们在下面三个条件均值的特定条件下计算 MEs：$E(y|\mathbf{x}, y>0)$，$E(y|\mathbf{x})$及 $E(y|\mathbf{x}, 0<y<535)$，其中 b=535 是 y 的中位数值。在每种情形下，被估计的条件均值之后就是被估计的 MEs。

margins 命令的 predict()选项经常被用来获取与期望数量相关的 ME。在此我们使用 atmean 选项来计算 ME 值。

我们首先计算左截尾均值 $E(y|\mathbf{x}, y>0)$处的 ME。

```
. * (1) ME on censored expected value E(y|x,y>0)
. quietly tobit ambexp age i.female educ i.blhisp totchr i.ins, ll(0)

. margins, dydx(*) predict(e(0,.)) atmean noatlegend

Conditional marginal effects                      Number of obs   =       3328
Model VCE    : OIM

Expression   : E(ambexp|ambexp>0), predict(e(0,.))
dy/dx w.r.t. : age 1.female educ 1.blhisp totchr 1.ins
```

	dy/dx	Delta-method Std. Err.	z	P>|z|	[95% Conf.	Interval]
age	145.524	19.78076	7.36	0.000	106.7544	184.2935
1.female	317.1037	42.96062	7.38	0.000	232.9024	401.305
educ	32.82734	8.601068	3.82	0.000	15.96956	49.68513
1.blhisp	-240.2953	46.21518	-5.20	0.000	-330.8754	-149.7152
totchr	576.5307	28.50486	20.23	0.000	520.6622	632.3992
1.ins	-77.19554	44.26196	-1.74	0.081	-163.9474	9.556319

Note: dy/dx for factor levels is the discrete change from the base level.

对于这些数据，ME 都大致是在 16.3.2 节中给出的系数估计量 $\hat{\beta}$ 的一半。

下面计算删失均值 $E(y|\mathbf{x})$ 处的 ME。

```
. * (2) ME without censoring on E(y|x)
. margins, dydx(*) predict(ystar(0,.)) atmean noatlegend

Conditional marginal effects                    Number of obs   =       3328
Model VCE    : OIM

Expression   : E(ambexp*|ambexp>0), predict(ystar(0,.))
dy/dx w.r.t. : age 1.female educ 1.blhisp totchr 1.ins
```

	dy/dx	Delta-method Std. Err.	z	P>|z|	[95% Conf.	Interval]
age	207.526	28.20535	7.36	0.000	152.2445	262.8074
1.female	451.6399	61.02875	7.40	0.000	332.0257	571.2541
educ	46.81378	12.26549	3.82	0.000	22.77386	70.8537
1.blhisp	-342.4803	65.75642	-5.21	0.000	-471.3606	-213.6001
totchr	822.1678	40.6103	20.25	0.000	742.573	901.7625
1.ins	-110.0883	63.11688	-1.74	0.081	-233.7951	13.61852

Note: dy/dx for factor levels is the discrete change from the base level.

这些 ME 在绝对值上比左截尾均值处的 ME 值要大，并且大约是原始系数估计值的 70%。

在第三个例子中，我们考虑在 y 的中位数处进行右删失时 ME 的值。

```
. * (3) ME when E(y|0<y<535)
. margins, dydx(*) predict(e(0,535)) atmean noatlegend

Conditional marginal effects                    Number of obs   =       3328
Model VCE    : OIM

Expression   : E(ambexp|0<ambexp<535), predict(e(0,535))
dy/dx w.r.t. : age 1.female educ 1.blhisp totchr 1.ins
```

	dy/dx	Delta-method Std. Err.	z	P>|z|	[95% Conf.	Interval]
age	1.12742	.1554335	7.25	0.000	.8227758	1.432064
1.female	2.458287	.3366104	7.30	0.000	1.798543	3.118032
educ	.2543237	.0668133	3.81	0.000	.123372	.3852754
1.blhisp	-1.903269	.3762306	-5.06	0.000	-2.640668	-1.165871
totchr	4.466565	.2439444	18.31	0.000	3.988442	4.944687
1.ins	-.601031	.3467692	-1.73	0.083	-1.280686	.0786242

Note: dy/dx for factor levels is the discrete change from the base level.

在此 ME 与先前两个例子相比相对较小，与预期结果一样，我们考虑 y 值在其变化范围中有较小的变化。

直接对左删失示例进行计算

接下来我们解释对左删失均值的 ME 的直接计算。从图表中可看出，第 j 个解释变量是 $\Phi(\bar{\mathbf{x}}'\hat{\beta}/\hat{\sigma})\hat{\beta}_j$。这个例子同样解释了怎样恢复 tobit 模型的系数。

```
. * Direct computation of marginal effects for E(y|x)
. predict xb1, xb // xb1 is estimate of x'b

. matrix btobit = e(b)

. scalar sigma = btobit[1,11] // sigma is estimate of sigma

. matrix bcoeff = btobit[1,1..9] // bcoeff is betas excl. constant

. quietly summarize xb1

. scalar meanxb = r(mean) // mean of x'b equals (mean of x)'b

. scalar PHI = normal(meanxb/sigma)

. matrix deriv = PHI*bcoeff

. matrix list deriv

deriv[1,9]
         model:       model:       model:       model:       model:       model:
                         0b.           1.                       0b.           1.
           age       female       female         educ       blhisp       blhisp
y1   207.52598            0    452.50523    46.813781            0   -350.32317

         model:       model:       model:
                         0b.           1.
        totchr          ins          ins
y1   822.16778            0   -110.63154

. * The following gives nicer looking result
. ereturn post deriv

. ereturn display
```

	Coef.
model	
age	207.526
1.female	452.5052
educ	46.81378
1.blhisp	-350.3232
totchr	822.1678
1.ins	-110.6315

正如预期，连续解释变量的 ME 值与上述用 margins 命令得到的 ME 值是相等的。对于二值解释变量而言会有一些差异，是因为 margins 命令使用的是有限差分法而不是微积分法，见 10.6.6 节。

对概率的边际影响

我们感兴趣的是：解释变量一单位变化对 y 在一个特定区间内概率的影响。为了进行说明，我们研究在 Pr(5000<amb exp<10000)内的 ME。

```
. * Compute margins on Pr(5000<ambexp<10000)
. quietly tobit ambexp age i.female educ i.blhisp totchr i.ins, ll(0) vce(robust)
>

. margins, dydx(*) predict(pr(5000,10000)) atmean noatlegend

Conditional marginal effects                      Number of obs   =       3328
Model VCE     : Robust

Expression    : Pr(5000<ambexp<10000), predict(pr(5000,10000))
dy/dx w.r.t. : age 1.female educ 1.blhisp totchr 1.ins
```

	dy/dx	Delta-method Std. Err.	z	P>|z|	[95% Conf.	Interval]
age	.0150449	.0028009	5.37	0.000	.0095551	.0205346
1.female	.0328152	.0068033	4.82	0.000	.0194809	.0461495
educ	.0033938	.0009929	3.42	0.001	.0014478	.0053399
1.blhisp	-.0239676	.0049076	-4.88	0.000	-.0335863	-.0143489
totchr	.0596042	.0090395	6.59	0.000	.0418871	.0773212
1.ins	-.0079162	.0043282	-1.83	0.067	-.0163993	.0005669

```
Note: dy/dx for factor levels is the discrete change from the base level.
```

这一效应是十分小的；仅有 5%的样本落在在这个范围内。

16.3.5 ivtobit 命令

当 tobit 模型中的解释变量都是外生时，之前的分析是适用的。外生性假设可以被看作是设定一个简化型方程。当我们关注的方程是结构的，即它包括一个或多个内生变量，当这些外生性条件失效时，需要能控制一个或多个解释变量内生性的额外的估计量。对于二值结果模型(见 14.8 节)，主要有 2 个可用的估计方法。一个是完全参数化方法，另一个就是半参数化方法(两步)。这些方法都是通过 ivtobit 命令的变体来实现的。

ivtobit 程序基本理论框架在[R]**ivtobit** 中和 Newey(1987)中有解释。如果仅有一个外生解释变量，那么我们需要建立包括关注的两个方程结构方程以及内生解释变量的简化方程。这个框架假定内生解释变量是连续型的，这样这个方法不适用于离散的内生变量。这个变量的简化方程必须包括仅通过内生解释变量影响结果变量的外生工具变量。这就是说，这些工具变量都被排除在结构方程之外。参数(MLE)估计法假定结构型和简化方程的误差项是联合正态分布的。半参数化方法放弃了联合正态分布的假设，而是使用 Newey 提出的最小卡方分布准则。ML 是默认的估计方法。

ivtobit 命令与 ivregress 命令有相似的语法，且有边际效应和预测值的选项，此外方差估计类似于 tobit 估计。我们不提供一个数据实例，但是我们可以从[R]**ivtobit** 中找到实例。

16.3.6 删失数据回归的其他命令

在较弱的假设，即 16.1 式中误差项 ε 是独立同分布且是对称分布的条件下，Powell(1984)删失最小绝对离差估计量可以对左删失数据或右删失数据提供一致性估计值。这是通过用户编写的 clad 命令来执行的(Jolliffe,Krushelnytskyy,and Semykina 2000)。对于这些数据,使用这种方法最好用对数形式的数据。

intreg 命令是对在区间内观测数据的一个 tobit 命令的推广。例如,支出可以分别在 $y<0$,$0<y<1000$,$1000<y<10000$ 及 $y\geqslant 10000$ 等范围内进行观测。

与右删失数据完全不同的数据是时段数据,如失业持续时间数据或生存时间数据。对这种数据处理的标准方法是对时期结束时的条件风险建模,而不是对其条件均值进行建模。这种方法的优点是允许使用 Cox 比例风险模型分析,这一分析允许在没有强分布假设的条件下进行半参数估计,例如时期的指数分布或 Weibull 分布。详细细节见[ST]*Survival Analysis and Epidemiological Tables Reference Manual*,特别是[ST]**stset**、[ST]**sts**、[ST]**stcox**、[ST]**stcrreg** 和[ST]**streg** 这些内容。

16.4 对数正态数据的 tobit 模型

tobit 模型严格依赖正态性,但对支出数据而言,通常用对数正态分布来建模更合适。一个对数正态数据的 tobit 回归模型引入了 2 个难题:一个非 0 的门槛值和对数正态的 y。

现在通过设定函数来引进对数正态性:

$$y^* = \exp(\mathbf{x}'\beta+\varepsilon),\varepsilon \sim N(0,\sigma^2)$$

在此我们可以观测到:

$$y=\begin{cases} y^* & \text{如果 } \ln y^* > \gamma \\ 0 & \text{如果 } \ln y^* \leqslant \gamma \end{cases}$$

大家都知道当数据是删失的,$y=0$,并且通常情况下 $\gamma\neq 0$。这个模型的参数可以通过 tobit 命令,使用 ll(#)选项进行估计,其中被解释变量是 $\ln y$ 而不是 y,并且门槛值 # 等于 $\ln y$ 的最小未删失值。$\ln y$ 的删失值必须等于或小于 $\ln y$ 的最小未删失值。

在这个模型中,我们感兴趣的是支出的水平预测值而不是对数预测值。这些问题与在第 3 章中关于对数正态模型中考虑的问题相似。一些代数运算会产生删失的均值:

$$E(y\mid \mathbf{x})=\exp\left(\mathbf{x}'\beta+\frac{\sigma^2}{2}\right)\left\{1-\Phi\left(\frac{\gamma-\mathbf{x}'\beta-\sigma^2}{\sigma}\right)\right\} \tag{16.4}$$

截尾后的均值 $E(y|\mathbf{x},y>0)$ 等于 $E(y|\mathbf{x})/[1-\Phi\{(\gamma-\mathbf{x}'\beta)/\sigma\}]$。

16.4.1 数据示例

在此研究的 tobit 模型的解释型应用使用与 16.3 节一样的数据。我们提醒读者在 3328 个的观测值中,ambexp 变量有 526(15.8%)个 0 值。对 ln(ambexp)更详细的概述,由 lambexp 表示,结果如下:

```
. * Summary of log(expenditures) for positives only
. summarize lambexp, detail

                          lambexp
-------------------------------------------------------------
      Percentiles      Smallest
 1%     3.091043              0
 5%     4.204693       .6931472
10%     4.672829       .6931472       Obs                2802
25%     5.616771       1.386294       Sum of Wgt.        2802

50%      6.65801                      Mean           6.555066
                        Largest       Std. Dev.       1.41073
75%     7.556428       10.24952
90%     8.285766       10.33916       Variance       1.990161
95%     8.704004       10.46207       Skewness      -.3421614
99%      9.43084       10.81898       Kurtosis       3.127747
```

这个概述显示了 ln(ambexp)基本上是对称分布的，基本可以忽略其非正态峰度。即使以解释变量为条件，分析结果与使用 ambexp 分析的结果形成鲜明对比，见 16.3.1 节。我们认为对 lambexp 而不是 ambexp 进行 tobit 模型分析更适合。

16.4.2 为对数形式的数据设置删失点

对一个 tobit 应用而言，大多数情况下对被解释变量进行转换会更好。在本例中，我们使用 ln(ambexp)作为被解释变量。如果 ambexp 这个变量初始值设置为缺失，但是为了使用 tobit 命令，它需要被设为非缺失值即要设置下限。

这里的难题是 ambexp 的最小正值是 1，在这种情况下为 ln(ambexp)。然后 Stata 的 ll 或 ll(0)选项会错误的将观测值视为删失的而非 0 值，这样会导致未删失观测值的样本规模缩小。在我们的样本中，一个观测值可能因此“丢失”。为了避免这种丢失，我们在使用 Stata 时需要把 ln y 的所有删失观测值都设定成比 ln y 最小未删失值稍小的一个数值，过程如下：

```
. * "Tricking" Stata to handle log transformation
. generate y = ambexp

. generate dy = ambexp > 0

. generate lny = ln(y)                  // Zero values will become missing
(526 missing values generated)

. quietly summarize lny

. scalar gamma = r(min)                 // This could be negative

. display "gamma = " gamma
gamma = 0

. replace lny = gamma - 0.0000001 if lny == .
(526 real changes made)
```

```
. tabulate y if y < 0.02                    // .02 is arbitrary small value

          y |      Freq.     Percent        Cum.
------------+-----------------------------------
          0 |        526      100.00      100.00
------------+-----------------------------------
      Total |        526      100.00

. tabulate lny if lny < gamma + 0.02

        lny |      Freq.     Percent        Cum.
------------+-----------------------------------
  -1.00e-07 |        526       99.81       99.81
          0 |          1        0.19      100.00
------------+-----------------------------------
      Total |        527      100.00

. * Label the variables
. label variable y "ambexp"

. label variable lny "lnambexp"

. label variable dy "dambexp"
```

在此注意，被解释变量已经重新被标记了，这使得给定的 Stata 代码更容易改编应用到以后其他应用中。在接下来的研究中，y 就是 ambexp 变量，$\ln y$ 就是 lNambexp 变量①。

16.4.3 结果

我们首先获取 tobit MLE 值，现在支出的对数是被解释变量。

```
. * Now do tobit on lny and calculate threshold and lambda
. tobit lny $xlist, ll

Tobit regression                                  Number of obs   =       3328
                                                  LR chi2(6)      =     831.03
                                                  Prob > chi2     =     0.0000
Log likelihood =   -7494.29                       Pseudo R2       =     0.0525

------------------------------------------------------------------------------
         lny |      Coef.   Std. Err.      t    P>|t|     [95% Conf. Interval]
-------------+----------------------------------------------------------------
         age |   .3630699   .0453222     8.01   0.000     .2742077    .4519321
      female |   1.341809   .0986074    13.61   0.000     1.148471    1.535146
        educ |    .138446   .0196568     7.04   0.000     .0999054    .1769866
     blhisp  |  -.8731611   .1102504    -7.92   0.000    -1.089327   -.6569955
      totchr |   1.161268   .0649655    17.88   0.000     1.033891    1.288644
         ins |   .2612202    .102613     2.55   0.011     .0600292    .4624112
       _cons |   .9237178   .3350343     2.76   0.006     .2668234    1.580612
-------------+----------------------------------------------------------------
      /sigma |   2.781234   .0392269                      2.704323    2.858146
------------------------------------------------------------------------------
  Obs. summary:        526  left-censored observations at lny<=-1.000e-07
                      2802     uncensored observations
                         0 right-censored observations
```

在 0.05 的显著性水平上所有被估计的系数都是统计显著的，并且有预期的符号。

---

① 原书中是 ln y，可能是作者的笔误，见程序中标注的命令编码。——译者注

为了评估使用删失回归模型框架的影响,而不是把从相同数据产生的过程观测到的 0 值视为正值的影响,我们将它的结果与 lny 对解释变量进行 OLS 回归的结果进行对比。

```
. * OLS, not tobit
. regress lny $xlist, noheader

------------------------------------------------------------------------------
         lny |      Coef.   Std. Err.      t    P>|t|     [95% Conf. Interval]
-------------+----------------------------------------------------------------
         age |   .3247317    .038348     8.47   0.000     .2495436    .3999199
      female |   1.144695   .0833418    13.73   0.000     .9812886    1.308102
        educ |    .114108   .0165414     6.90   0.000     .0816757    .1465403
     blhisp  |  -.7341754   .0928854    -7.90   0.000    -.9162938   -.5520571
     totchr  |   1.059395   .0553699    19.13   0.000     .9508324    1.167958
         ins |   .2078343   .0869061     2.39   0.017     .0374394    .3782293
       _cons |   1.728764   .2812597     6.15   0.000     1.177304    2.280224
------------------------------------------------------------------------------
```

所有 OLS 估计的斜率系数在绝对值上都比 ML tobit 估计的系数小,大约小 10%~15%,但是 OLS 估计的截距项更大。删失值(0 值)对 OLS 估计的结果的影响取决于删失观测值的比例,在我们的例子中比例大约为 15%。

16.4.4 双受限的 tobit 回归

样本中少于 1.5%(48 个观测值)的 ambexp 值超过了 \$10000。假设我们都想排除那些对非正态峰度有影响作用的较高值,或者假设在上截取点以上的数据都会在某个区间内显示下降趋势。选择 \$10000 作为上删失点,我们对 tobit 模型中双受限的 tobit 模型进行估计。我们看观测到,去掉 48 个观测值的影响是相对较小的。由于样本容量中右删失的比例较少,所以这个结果并不会太出乎意料。

```
. * Now do two-limit tobit
. scalar upper = log(10000)

. display upper
9.2103404

. tobit lny $xlist, ll ul(9.2103404)

Tobit regression                                  Number of obs   =       3328
                                                  LR chi2(6)      =     840.33
                                                  Prob > chi2     =     0.0000
Log likelihood = -7451.7623                       Pseudo R2       =     0.0534

------------------------------------------------------------------------------
         lny |      Coef.   Std. Err.      t    P>|t|     [95% Conf. Interval]
-------------+----------------------------------------------------------------
         age |   .3711061   .0459354     8.08   0.000     .2810416    .4611706
      female |   1.348768   .0999154    13.50   0.000     1.152866     1.54467
        educ |   .1402643   .0199113     7.04   0.000     .1012246    .1793039
      blhisp |  -.8759505   .1116504    -7.85   0.000    -1.094861   -.6570399
      totchr |    1.20494   .0664951    18.12   0.000     1.074565    1.335316
         ins |   .2466838   .1039194     2.37   0.018     .0429313    .4504363
       _cons |   .8638458   .3394729     2.54   0.011     .1982487    1.529443
-------------+----------------------------------------------------------------
      /sigma |   2.812304   .0401377                      2.733607    2.891001
------------------------------------------------------------------------------
  Obs. summary:        526  left-censored observations at lny<=-1.000e-07
                      2754     uncensored observations
                        48 right-censored observations at lny>=9.2103404
```

16.4.5 模型诊断

为了检验 tobit 模型正态性和同方差性等主要假设的有效性，我们需要应用一些诊断检查。对于普通的线性回归模型，sktest 和 hettest 命令可以来检验正态性和同方差性。这些检验都是建立在 OLS 残差的基础上。这些估计后检验对于删失后的数据都是无效的，因为这些删失模型中的拟合值和残差并不具备相应的普通回归性质。正如 Cameron和 Trivedi（2005，18.7.2 节）中讨论的以及 Verbeek（2008，238-240）中指出的，删失回归的广义残差为生成检验同方差性和正态性的原假设的检验统计量提供了关键的部分。

在线性回归中，同方差性的检验典型地使用残差平方和，且在正态性的检验中使用残差的势提升到 3 或 4。然后第一步是为删失回归构建类似的量。对于未删失的观测值，我们用$\hat{\varepsilon}_i=(y_i-\mathbf{x}_i'\hat{\beta})/\hat{\sigma}$ 提高相关的检验势，其中 y_i 是被解释变量的一个通用符号，在此它是 ln(ambexp)。对于在 γ 处左删失的观测值，我们使用表 16.1 上列出的表达式，对 $\hat{\beta}$ 和 $\hat{\sigma}$ 做出评价。

表 16.1　对于在 γ 处左删失的观测值的矩的表达式

矩	表达式
$E(\varepsilon_i\mid d_i=0)$	其中 $\lambda_i=\dfrac{\phi(\mathbf{x}_i'\beta/\sigma)}{1-\Phi(\mathbf{x}_i'\beta/\sigma)}$
$E(\varepsilon_i^2\mid d_i=0)$	$1-z_i\lambda_i$，其中 $z_i=(\gamma-\mathbf{x}_i'\beta)/\sigma$
$E(\varepsilon_i^3\mid d_i=0)$	$-(2+z_i^2)\lambda_i$
$E(\varepsilon_i^4\mid d_i=0)$	$3-(3z_i+z_i^3)\lambda_i$

$\phi(\cdot)$和 $\Phi(\cdot)$部分可以用过 Stata 中的 normalden()和 normal()函数来进行评价。已知 ML 回归中给出的值和预测的值，表中给出的四个表达式很容易就可以计算出来。

16.4.6 正态性和同方差性的检验

拉格朗日乘子法(LM)或者得分，用于检验异方差性和正态性是很好的方法，因为它们仅需要在正态性和同方差性的假设条件下对模型进行估计。检验统计量是二次型的，可以用不同的方式进行计算。一种方法是利用辅助回归，见 12.5.3 节和 Cameron 和 Trivedi（2005，第 8 章）。

同样可以通过一个相似方法来执行条件矩检验，见 12.7.1 节，Newey(1985)，以及 Pagan 和 Vella(1989)。这种以回归为基础的检验因为广义残差而得到发展。尽管它们现在不是作为 Stata 官方软件包进行使用，但是它们可以用 Stata 输出结果构建，正如下面解释的。辅助回归的关键部分是非中心化 R^2，用 R_u^2 表示，它来自于用 1 对生成的解释变量的辅助回归，而生存的解释变量本身就是广义残差的函数。这些具体的解释变量取决于原假设的备择假设。

广义残差和得分

为了进行检验，首先我们需要计算和储存各种检验统计量的不同组成部分。首先要计算逆 Mills 比率 λ_i 和相关的变量，还包括广义残差。

```
. * Mill's ratio
. quietly tobit lny $xlist, ll

. predict xb, xb                                  // xb is estimate of x'b

. matrix btobit = e(b)

. scalar sigma = btobit[1,e(df_m)+2]              // sigma is estimate of sigma

. generate threshold = (gamma-xb)/sigma           // gamma: lower censoring point

. generate lambda = normalden(threshold)/normal(threshold)
```

接下来我们计算广义残差及其函数。例如，对于一个未删失的观测值，gres3 就等于$\{(y_i-\mathbf{x}_i'\hat{\beta})/\hat{\sigma}\}^3$，且等于$-(2+\hat{z}_i^2)\hat{\lambda}_i$，其中，$z_i$ 和 λ_i 在表 16.1 中已经被定义了。我们可以看出，广义残差 gres1 和 gres2 分别有助于计算截距项 β_1 和 σ 的得分，因此在全样本中它们的总和必须为 0。只有在模型正确设定的情况下，广义残差 gres3 和 gres4 才满足相同的 0 均值特性。

广义残差的计算如下：

```
. * Generalized residuals
. * gres1 and gres2 should have mean zero by the first order conditions
. * gres3 and gres4 have mean zero if model correctly specified
. * Residual (scaled by sigma) for positive values
. quietly generate uifdyeq1 = (lny - xb)/sigma if dy == 1

. * First sample moment
. quietly generate double gres1 = uifdyeq1

. quietly replace gres1 = -lambda if dy == 0

. summarize gres1

    Variable |       Obs        Mean    Std. Dev.       Min        Max
-------------+--------------------------------------------------------
       gres1 |      3328    4.36e-09    .9877495  -3.129662   2.245604
```

可以检验变量 gres1 的 0 均值特性。剩下的三个变量计算如下：

```
. * Second to fourth sample moments
. quietly generate double gres2 = uifdyeq1^2 - 1

. quietly replace gres2 = -threshold*lambda if dy == 0

. quietly generate double gres3 = uifdyeq1^3

. replace gres3 = -(2 + threshold^2)*lambda if dy == 0
(526 real changes made)

. quietly generate double gres4 = uifdyeq1^4 - 3

. quietly replace gres4 = -(3*threshold + threshold^3)*lambda if dy == 0
```

正态性检验

为了应用 LM 检验来检验正态性，我们需要似然得分。那些与 β 相关部分的得分是 $\mathbf{x}$ 相应部分的 $\hat{\lambda}_i$ 倍，即 $\hat{\lambda}_i\mathbf{x}$。这些得分都可以通过使用 foreach 命令计算出来：

```
. * Generate the scores to use in the LM test
. foreach var in $xlist {
  2.    generate score`var' = gres1*`var'
  3.    }

. global scores score* gres1 gres2
```

回想下，gres1 是相应截距项 β_i 的得分，gres2 是相应截距项 σ 的得分。

为了对回归的正态性进行检验，我们用 1 对 scores 进行回归，并且计算 NR^2 的统计量。

```
. * Test of normality in tobit regression
. * NR^2 from the uncentered regression has chi-squared distribution
. generate one = 1

. quietly regress one gres3 gres4 $scores, noconstant

. display "N R^2 = " e(N)*e(r2) " with p-value = " chi2tail(2,e(N)*e(r2))
N R^2 = 1832.1279 with p-value = 0
```

即使支出变量被转换成了对数形式，检验结果仍非常强烈地拒绝了正态性假设。

在此使用的条件矩方法的特性已经被 Skeels 和 Vella(1999)研究过，他们发现即使是在相当大的样本中，在检验过程中使用渐近分布会产生严重的水平扭曲。这是该检验的严重缺陷。Drukker(2002)发展了一种参数自抽样法来更正使用自抽样临界值造成的水平扭曲。对于大于 500 的样本，蒙特卡洛实验结果显示基于自抽样临界值的检验更合理且更具说服力。

使用用户编写的 tobcm 命令(Drukker 2002)能够更好的执行该检验。这个命令仅在 tobit 命令后才适用，左删失点是 0 且没有右删失。比较上述改善的自抽样法正态性检验结果，感兴趣的读者可以简单地执行 tobcm 命令。

同方差性的检验

对于同方差性检验，备择假设是方差的形式为 $\sigma^2\exp(\mathbf{w}_i'\boldsymbol{\alpha})$。这个假设令 1 对 $\hat{\lambda}_i$、$\hat{\lambda}_i\mathbf{x}_i$ 及 $z_i\hat{\lambda}_i\mathbf{w}_i$ 进行辅助回归，设定 $\mathbf{w}$ 的值后可以生成辅助解释变量 $z_i\hat{\lambda}_i$。通常设 $\mathbf{w}$ 与 $\mathbf{x}$ 的值相等。如果 $\dim(\mathbf{x}_i)=K$ 且 $\dim(\mathbf{w}_i)=J$，那么在原假设条件下有 $NR_u^2\sim\chi^2(K+J+1)$。下面其他命令按照正态性检验过程生成用于检验同方差性所需要的其他组成部分 $z_i\hat{\lambda}_i\mathbf{w}_i$。

```
. * Test of homoskedasticity in tobit regression
. foreach var in $xlist {
  2.    generate score2`var' = gres2*`var'
  3.    }

. global scores2 score* score2* gres1 gres2

. * summarize $scores2
. quietly regress one gres3 gres4 $scores2, noconstant

. display "N R^2 = " e(N)*e(r2) " with p-value = " chi2tail(2,e(N)*e(r2))
N R^2 = 2585.9089 with p-value = 0
```

多余的解释变量(得分)都从辅助回归中剔除了。这个结果同样会在备择假设中方差形式被设定时，强烈拒绝同方差性原假设。如果一个调查者想要设定 $\mathbf{w}$ 的不同部分，那么对上述命令进行所需的修改则变得无意义。

16.4.7 下一个步骤?

尽管对 tobit 模型而言看似是令人满意的估计结果,但是诊断检验揭示了它的缺陷。正态性和同方差性假设的失效会对删失数据的回归造成严重的后果,但这种后果不会出现在线性回归中。所产生的自然问题就是:我们需要更多的努力来建立一个一般化的模型。我们将考虑两种一般化建模的方法。第一个模型就是下一节中给出的两部分模型,第一部分是设定了一个删失机制的模型;第二部分是以观测结果为条件的结果模型。第二个模型是随后章节中提出的样本选择模型,相反它是设定一个关于删失机制和结果的联合分布,然后找到以可观测结果为条件的隐含条件分布。

16.5 对数形式的两部分模型

tobit 回归提出一个强假设,即相同的概率机制都会产生 0 值和正值。但更加灵活的是允许 0 值和正值可能是不同机制产生的。许多应用已经证明了作为一个备选模型,即两部分模型或栅栏模型可以通过放松对 tobit 模型的假设来提高拟合度。

我们下一阶段的建模策略自然是这个模型。我们又一次将它应用到对数模型而不是水平模型。

16.5.1 模型结构

两部分模型中的第一个部分是一个二值结果方程,它使用在第 11 章中所研究的任何一个(通常 probit)二值结果模型来对 Pr(ambexp>0)建模。第二个部分是使用线性回归来对 E(ln ambexp| ambexp>0)建模。假设这两个部分是相互独立的,并且是分开进行估计的。

令 y 表示 ambexp。定义一个正消费支出的二值指标变量为 d,当 $y>0$ 时 $d=1$,若 $y=0$则 $d=0$。当 $y=0$ 时,我们仅观测 $\Pr(d=0)$。当 $y>0$ 时,设 $f(y|d=1)$是 y 的条件密度函数。y 的两部分模型便这样建立:

$$f(y \mid \mathbf{x}) = \begin{cases} \Pr(d = 0 \mid \mathbf{x}) & \text{如果 } y = 0 \\ \Pr(d = 1 \mid \mathbf{x}) f(y \mid d = 1, \mathbf{x}) & \text{如果 } y > 0 \end{cases} \tag{16.5}$$

在模型的两个部分中经常会有相同的解释变量,但是如果有明确的排除约束,这一约束应该会被放松。

对于第一部分,很明确地选择 probit 模型或 logit 模型。如果使用一个 probit 模型,那么 $\Pr(d=1|\mathbf{x})=\Phi(\mathbf{x}_1'\beta_1)$。如果给出 $y|y>0$ 的一个正态对数模型,那么$(\ln y|d=1,\mathbf{x})\sim N(\mathbf{x}_2'\beta_2,\sigma_2^2)$。结合两者,我们会得到对数形式的模型:

$$E(y \mid \mathbf{x}_1, \mathbf{x}_2) = \Phi(\mathbf{x}_1'\beta_1)\exp(\mathbf{x}_2'\beta_2 + \sigma_2^2/2)$$

其中,第二项使用了“如果 $\ln y \sim N(\mu,\sigma^2)$,那么 $E(y)=\exp(\mu+\sigma^2/2)$”的结论。

很容易对(16.5)式进行极大似然估计,因为它使用所有观测值对一个离散选择模型进行估计,同时仅使用 $y>0$ 的观测值对密度函数 $f(y|d=1,\mathbf{x})$进行参数估计。

16.5.2 第一部分模型的设定

在我们研究的例子中,$\mathbf{x}_1=\mathbf{x}_2$,但是却无法解释为什么是这样。两部分模型的一个优点是它的灵活性:在两部分模型中可以有不同的解释变量。在这个例子中,第一个部分是通过 probit 回归建模的,同时我们又可以灵活的使用 logit 或 cloglog 模型来改变这一部分。如果我们使用 probit 形式,那么比较 tobit 模型、两部分模型以及选择模型会更容易一点。

```
. * Part 1 of the two-part model
. probit dy $xlist, nolog

Probit regression                               Number of obs   =       3328
                                                LR chi2(6)      =     509.53
                                                Prob > chi2     =     0.0000
Log likelihood = -1197.6644                     Pseudo R2       =     0.1754

------------------------------------------------------------------------------
          dy |      Coef.   Std. Err.      z    P>|z|     [95% Conf. Interval]
-------------+----------------------------------------------------------------
         age |    .097315   .0270155     3.60   0.000     .0443656    .1502645
      female |   .6442089   .0601499    10.71   0.000     .5263172    .7621006
        educ |   .0701674   .0113435     6.19   0.000     .0479345    .0924003
      blhisp |  -.3744867   .0617541    -6.06   0.000    -.4955224   -.2534509
      totchr |   .7935208   .0711156    11.16   0.000     .6541367    .9329048
         ins |   .1812415   .0625916     2.90   0.004     .0585642    .3039187
       _cons |  -.7177087   .1924667    -3.73   0.000    -1.094936   -.3404809
------------------------------------------------------------------------------

. scalar llprobit = e(ll)
```

probit 回归模型表明了在统计上,所有的协变量都是正支出概率的显著决定因素。正如第 14 章中解释的那样,我们可以计算第一部分的标准边际效应。

16.5.3 两部分模型中第二部分模型的设定

第二部分是 ln y 即 ln(ambexp)对所有解释变量的线性回归模型,这些解释变量是用全局宏 xlist 命令表示的。

```
. * Part 2 of the two-part model
. regress lny $xlist if dy==1

      Source |       SS       df       MS              Number of obs =    2802
-------------+------------------------------           F(  6,  2795) =  110.58
       Model |  1069.37333     6  178.228889           Prob > F      =  0.0000
    Residual |  4505.06636  2795  1.61183054           R-squared     =  0.1918
-------------+------------------------------           Adj R-squared =  0.1901
       Total |  5574.43969  2801  1.99016055           Root MSE      =  1.2696

------------------------------------------------------------------------------
         lny |      Coef.   Std. Err.      t    P>|t|     [95% Conf. Interval]
-------------+----------------------------------------------------------------
         age |   .2172327   .0222225     9.78   0.000     .1736585    .2608069
      female |   .3793756   .0485772     7.81   0.000     .2841247    .4746264
        educ |   .0222388   .0097615     2.28   0.023     .0030983    .0413793
      blhisp |  -.2385321   .0551952    -4.32   0.000    -.3467597   -.1303046
      totchr |   .5618171   .0305078    18.42   0.000      .501997    .6216372
         ins |   -.020827   .0500062    -0.42   0.677    -.1188797    .0772258
       _cons |   4.907825   .1681512    29.19   0.000     4.578112    5.237538
------------------------------------------------------------------------------

. scalar lllognormal = e(ll)

. predict rlambexp, residuals
```

第二部分中的解释变量系数与第一部分中的系数符号相同,除了 ins 变量,该变量在第二部分统计结果中非常不显著。

给出上述两部分模型是相互独立的假设,两部分模型的联合似然值是两个似然对数值的和,即-5838.8。计算过程如下:

```
. * Create two-part model log-likelihood
. scalar lltwopart = llprobit + lllognormal  //two-part model log-likelihood

. display "lltwopart = " lltwopart
lltwopart = -5838.8219
```

通过比较,tobit 模型中似然对数值是-7494.29。即使 AIC 或 BIC 是由于两部分模型中其他的参数用来惩罚两部分模型,但两部分模型被认为能更好对数据进行拟合。

两部分模型消除了异方差和非正态的双重问题吗? 很容易使用 hettest 命令和 sktest 命令检验这一问题。

```
. * hettest and sktest command
. quietly regress lny $xlist if dy==1

. hettest

Breusch-Pagan / Cook-Weisberg test for heteroskedasticity
         Ho: Constant variance
         Variables: fitted values of lny

         chi2(1)      =    19.25
         Prob > chi2  =   0.0000

. sktest rlambexp

                    Skewness/Kurtosis tests for Normality
                                                          ------- joint ------
    Variable |    Obs   Pr(Skewness)   Pr(Kurtosis)  adj chi2(2)    Prob>chi2
-------------+----------------------------------------------------------------
    rlambexp |  3.3e+03    0.0000         0.0592           .          0.0000
```

该检验明确的拒绝了同方差和正态性的假设。然而,与 tobit 模型不同,这两个条件对于估计量一致性检验都不是必须的。所需要的关键假设是 $E(\ln y|d=1,\mathbf{x})$在 $\mathbf{x}$ 上是线性的。另一方面,大家都知道存在异方差时,OLS 估计的残差方差会产生偏误。这一缺陷会影响 y 的预测值,计算会涉及残差的方差。这一点将在 16.8 节中进一步研究。

从解释的角度来看,两部分模型很灵活,且十分有吸引力,因为它允许不同的协变量在模型的两部分中有不同的影响。例如,它允许一个变量通过改变正结果的概率值来进行完全影响,同时对作为条件正结果的水平没有影响。在我们的例子中,在条件回归中 ins 有一个很小且统计不显著的系数,但在 probit 模型中它有一个正的且统计显著的系数。

16.6 选择模型

两部分模型通过假设两部分——决定消费和消费的数额是独立的来达到它的灵活性和计算的简便性。这对模型来说是个潜在的约束。如果这是可行的,在控制解释变量后,那些有正支出水平的样本并不能随机地从总体中挑选出来,这样第二阶段的回归结果就会受选择偏误的影响。由于模型的两个部分间可能会有依赖性,本节中使用的选择模型考虑到存在偏误的可能性。这种新模型是一种典型的二元样本选择模型,也称为二型 tobit 模型。

本小节中的示例使用了对数形式的支出。不需要修改，就可以把相同的方法应用到支出的水平形式中。

16.6.1 模型结构和假设

星号贯穿本章节，表示一个潜变量。令 y_2^* 表示我们关注的结果，在此即支出。在标准 tobit 模型中，如果 $y_2^*>0$，结果就可以被观测到。在一个更一般的模型中引入第二个潜变量 y_1^*，如果 $y_2^*>0$ 时，y_2^* 的结果被观测到。在当前的例子中，y_1^* 决定了个人是否有任何门诊支出，y_2^* 决定了支出的水平，并且 $y_1^* \neq y_2^*$。

两方程模型包括一个 y_1 的选择方程，其中：

$$y_1 = \begin{cases} 1 & \text{如果 } y_1^* > 0 \\ 0 & \text{如果 } y_1^* \leqslant 0 \end{cases}$$

和 y_2 的一个相关的结果方程，其中，

$$y_2 = \begin{cases} y_2^* & \text{如果 } y_1^* > 0 \\ - & \text{如果 } y_1^* \leqslant 0 \end{cases}$$

在此，只有当 $y_1^*>0$ 时 y_2 才被观测到，y_1^* 可能会取负值，而当 $y_1^* \leqslant 0$ 时，y_2 不取任何值。比较经典的模型是有线性加法误差形式的模型，所以，

$$\begin{aligned} y_1^* &= \mathbf{x}_1'\beta_1 + \varepsilon_1 \\ y_2^* &= \mathbf{x}_2'\beta_2 + \varepsilon_2 \end{aligned}$$

ε_1 和 ε_2 可能是相关的，$y_1^*=y_2^*$ 的 tobit 模型是一个特例。

假定相关误差都是联合正态分布的，并且是同方差的，即，

$$\begin{bmatrix} \varepsilon_1 \\ \varepsilon_2 \end{bmatrix} \sim N\left[\begin{bmatrix} 0 \\ 0 \end{bmatrix}, \begin{bmatrix} 1 & \sigma_{12} \\ \sigma_{12} & \sigma_2^2 \end{bmatrix}\right]$$

其中，用到标准化值 $\sigma_1^2=1$，因为仅有系数 y_1^* 是可观测的，所以用极大似然估计是十分简单的。

这个模型的似然函数是：

$$L = \prod_{i=1}^{n} \{\Pr(y_{1i}^* \leqslant 0)\}^{1-y_{1i}} \ \{f(y_{2i} \mid y_{1i}^* > 0) \times \Pr(y_{1i}^* > 0)\}^{y_{1i}}$$

其中，第一项是当 $y_{1i}^* \leqslant 0$ 时的结果，因为这样的话 $y_{1i}=0$，且第二项是当 $y_{1i}^*>0$ 时的结果。这个似然函数可以设定为其他模型而不是在此考虑的线性模型。在有联合正态误差的线性模型的例子中，二元密度函数 $f^*(y_1^*, y_2^*)$ 是正态的，并且第二项中的条件密度函数是一元正态的。

选择对数形式还是线性形式的正支出进行建模，模型的基本结构和极大似然估计(ML)的步骤都不会受到影响，尽管这确实会影响支出水平值的条件预测值。尽管之前两个小节中所执行检验表明正态性和同方差的假设都受到质疑，在此我们依然采取这个步骤。

16.6.2 样本选择模型的 ML 估计

使用 heckman 命令对二元样本选择模型进行极大似然估计是非常简单的。这个命令的基本语法是：

heckman *depvar* [*indepvars*] [*if*] [*in*] [*weight*], select ([*depvar_s* =]

varlist_s [,noconstant]) [*options*]

其中,select()是用来设定选择方程的选项。对于选择方程和结果方程我们都需要指定变量列表。在许多实例中,研究者可能会在两个方程式中使用同一组解释变量。这样做时,它通常被认为是这种情况,即模型的识别仅建立在函数形式是非线性的基础上。由于选择方程是非线性的,它潜在地允许解释变量有更高的势来对影响选择变量。当然,在线性结果方程中,更高的势并不会出现。因此,选择模型的非线性自然地会产生一个排除性约束。也就是说它允许在一个正结果的概率中有独立的变化来源,因此,称之为“通过非线性函数形式来识别”。

选择方程的设定涉及具体的识别问题。例如,如果 probit 模型中非线性关系较弱,则模型不好识别。由于这个原因,在实证分析中通常的做法是寻找排除性约束。研究者会寻求那些对选择变量产生重要影响但不会对结果变量造成直接影响的变量。这与在前几章中遇到的使用工具变量的背景有完全一样的参数。如果可以使用一个合适的工具变量,并且可能因情况不同而不同,那么就会出现一个有效的排除性约束。我们将会在下面的例子中解释这些观点的实际重要性。

16.6.3 没有排除性约束的估计

首先我们使用没有排除性约束的选择模型进行参数估计。

```
. * Heckman MLE without exclusion restrictions
. heckman lny $xlist, select(dy = $xlist) nolog

Heckman selection model                         Number of obs      =      3328
(regression model with sample selection)        Censored obs       =       526
                                                Uncensored obs     =      2802

                                                Wald chi2(6)       =    294.42
Log likelihood = -5838.397                      Prob > chi2        =    0.0000

------------------------------------------------------------------------------
             |      Coef.   Std. Err.      z    P>|z|     [95% Conf. Interval]
-------------+----------------------------------------------------------------
lny          |
         age |   .2122921    .022958     9.25   0.000     .1672952     .257289
      female |    .349728   .0596734     5.86   0.000     .2327703    .4666856
        educ |   .0188724   .0105254     1.79   0.073    -.0017569    .0395017
      blhisp |  -.2196042   .0594788    -3.69   0.000    -.3361804    -.103028
      totchr |   .5409537   .0390624    13.85   0.000     .4643929    .6175145
         ins |  -.0295368    .051042    -0.58   0.563    -.1295772    .0705037
       _cons |   5.037418   .2261901    22.27   0.000     4.594094    5.480743
-------------+----------------------------------------------------------------
dy           |
         age |   .0984482   .0269881     3.65   0.000     .0455526    .1513439
      female |   .6436686   .0601399    10.70   0.000     .5257966    .7615407
        educ |   .0702483   .0113404     6.19   0.000     .0480216     .092475
      blhisp |  -.3726284   .0617336    -6.04   0.000    -.4936241   -.2516328
      totchr |   .7946708   .0710278    11.19   0.000     .6554588    .9338827
         ins |   .1821233   .0625485     2.91   0.004     .0595305    .3047161
       _cons |  -.7244413    .192427    -3.76   0.000    -1.101591   -.3472913
-------------+----------------------------------------------------------------
     /athrho |   -.124847   .1466391    -0.85   0.395    -.4122544    .1625604
    /lnsigma |   .2395983   .0143319    16.72   0.000     .2115084    .2676882
-------------+----------------------------------------------------------------
         rho |  -.1242024   .1443771                     -.3903852    .1611435
       sigma |   1.270739    .018212                       1.23554     1.30694
      lambda |  -.1578287   .1842973                     -.5190448    .2033873
------------------------------------------------------------------------------
LR test of indep. eqns. (rho = 0):   chi2(1) =     0.85   Prob > chi2 = 0.3569
------------------------------------------------------------------------------
```

这个模型的对数似然值与两部分模型相比稍高一些，即把 −5838.4 与 −5838.8（见 16.5.3节）相比。与这种细微差别一致的是在 95%的置信水平上，$\hat{\rho}=-0.124$，它的区间估计为[−0.390，0.161]。似然比检验的 p 值为 0.36。因此在误差项间的相关性估计并非显著不为 0，并且不能拒绝两部分是相互独立的假设。

上述结论应该要谨慎对待，因为这个模型是建立在二元正态的假设基础上，该假设本身就值得怀疑。下面考虑到的两阶段估计分别依赖于一元正态的假设，同时可以预期它是相对稳健的。

16.6.4 两步估计法

两步估计法基于条件期望：

$$E(y_2 \mid \mathbf{x}, y_1^* > 0) = \mathbf{x}_2'\beta_2 + \sigma_{12}\lambda(\mathbf{x}_1'\beta_1) \tag{16.6}$$

其中，$\lambda(\cdot)=\phi(\cdot)/\Phi(\cdot)$。这样做的动机是因为 $y_2^*=\mathbf{x}_2'\beta_2+\varepsilon_2$，$E(y_2|\mathbf{x},y_1^*>0)=\mathbf{x}_2'\beta_2+E(\varepsilon_2|y_1^*>0)$，同时给定误差项的正态分布，则 $E(\varepsilon_2|y_1^*>0)=\sigma_{12}\lambda(\mathbf{x}_1'\beta_1)$。

(16.6)式中第二项可以通过 $\lambda(\mathbf{x}_1'\hat{\beta}_1)$ 进行估计，其中 $\hat{\beta}_1$ 是通过 y_1 对 $\mathbf{x}_1$ 的 probit 回归得到的。y_2 对 $\mathbf{x}_2$ 的 OLS 回归和生成的解释变量 $\lambda(\mathbf{x}_1'\hat{\beta}_1)$（称作逆 Mils 比率或是非选择风险）可以得到 (β_{12},σ_{12}) 的半参数估计值。然而，由于回归中存在生成的解释变量 $\lambda(\mathbf{x}_1'\hat{\beta}_1)$，因此标准误的计算变得复杂。

带 twostep 选项的 heckman 命令会得到两步估计量。

```
. * Heckman 2-step without exclusion restrictions
. heckman lny $xlist, select(dy = $xlist) twostep

Heckman selection model -- two-step estimates   Number of obs      =      3328
(regression model with sample selection)        Censored obs       =       526
                                                Uncensored obs     =      2802

                                                Wald chi2(6)       =    189.46
                                                Prob > chi2        =    0.0000

------------------------------------------------------------------------------
             |      Coef.   Std. Err.      z    P>|z|     [95% Conf. Interval]
-------------+----------------------------------------------------------------
lny          |
         age |    .202124   .0242974     8.32   0.000     .1545019    .2497462
      female |   .2891575    .073694     3.92   0.000     .1447199    .4335951
        educ |   .0119928   .0116839     1.03   0.305    -.0109072    .0348928
     blhisp  |  -.1810582   .0658522    -2.75   0.006    -.3101261   -.0519903
     totchr  |   .4983315   .0494699    10.07   0.000     .4013724    .5952907
         ins |  -.0474019   .0531541    -0.89   0.373     -.151582    .0567782
       _cons |   5.302572   .2941363    18.03   0.000     4.726076    5.879069
-------------+----------------------------------------------------------------
dy           |
         age |    .097315   .0270155     3.60   0.000     .0443656    .1502645
      female |   .6442089   .0601499    10.71   0.000     .5263172    .7621006
        educ |   .0701674   .0113435     6.19   0.000     .0479345    .0924003
      blhisp |  -.3744867   .0617541    -6.06   0.000    -.4955224   -.2534509
      totchr |   .7935208   .0711156    11.16   0.000     .6541367    .9329048
         ins |   .1812415   .0625916     2.90   0.004     .0585642    .3039187
       _cons |  -.7177087   .1924667    -3.73   0.000    -1.094936   -.3404809
-------------+----------------------------------------------------------------
mills        |
      lambda |  -.4801696   .2906565    -1.65   0.099    -1.049846    .0895067
-------------+----------------------------------------------------------------
         rho |   -0.37130
       sigma |  1.2932084
      lambda | -.48016962   .2906565
------------------------------------------------------------------------------
```

可以计算回归系数 $\hat{\beta}_2$ 的标准误，它允许生成的解释变量 $\lambda(\mathbf{x}_1'\hat{\beta}_1)$ 的估计误差，见[R] **heckman**命令。一般来说，这些标准误都比 **ML** 估计的标准误稍大。尽管没有提供 rho＝lambda/sigma 的标准误，可以使用 lambda 的系数来对 ε_1 和 ε_2 是相互独立的假设直接进行检验，因为在(16.6)式中，误差的协方差为 σ_{12}。与极大似然估计情况相比，lambda 的系数有一个较大的 z 统计值为－1.65，并且它是显著异于 0 值的，任何一个 p 值都比0.099大。因此无论如何，选择两步估计法生成估计量都比 ML 估计量更有说服力。

两步估计量的标准误比极大似然估计量的标准误大，部分原因是变量 $\lambda(\mathbf{x}_1'\hat{\beta}_1)$ 与结果方程中其他的解释变量($\mathbf{x}_2$)共线。如果 $\mathbf{x}_1=\mathbf{x}_2$，这就等同于没有排除性约束情形；如果有排除性约束，即 $\mathbf{x}_1\neq\mathbf{x}_2$，它就会减少共线性问题，特别是在小样本的情况下。

16.6.5 存在排除性约束的估计

正如前文解释的，为了更稳健地识别，通常都会建议施加排除性约束。它要求选择方程有一个被排除在结果方程之外的外生变量。此外，被排除的变量应该对选择的概率有重大影响。由于通常很难找到一个不直接影响结果但却会影响选择的被排除变量，研究者在施加排除性约束时需有充分的理由。

我们对在选择方程中增加了一个解释变量 income 的两步 Heckman 模型进行重复计算。

```
. * Heckman MLE with exclusion restriction
. heckman lny $xlist, select(dy = $xlist income) nolog

Heckman selection model                          Number of obs      =      3328
(regression model with sample selection)         Censored obs       =       526
                                                 Uncensored obs     =      2802

                                                 Wald chi2(6)       =    288.88
Log likelihood = -5836.219                       Prob > chi2        =    0.0000
```

	Coef.	Std. Err.	z	P>|z|	[95% Conf.	Interval]
lny						
age	.2119749	.0230072	9.21	0.000	.1668816	.2570682
female	.348144	.0601142	5.79	0.000	.2303223	.4659658
educ	.018716	.0105473	1.77	0.076	-.0019563	.0393883
blhisp	-.2185714	.0596687	-3.66	0.000	-.3355198	-.101623
totchr	.53992	.0393324	13.73	0.000	.4628299	.61701
ins	-.0299871	.0510882	-0.59	0.557	-.1301182	.0701439
_cons	5.044056	.2281259	22.11	0.000	4.596938	5.491175
dy						
age	.0879359	.027421	3.21	0.001	.0341917	.14168
female	.6626649	.0609384	10.87	0.000	.5432278	.7821021
educ	.0619485	.0120295	5.15	0.000	.0383711	.0855258
blhisp	-.3639377	.0618734	-5.88	0.000	-.4852073	-.2426682
totchr	.7969518	.0711306	11.20	0.000	.6575383	.9363653
ins	.1701367	.0628711	2.71	0.007	.0469117	.2933618
income	.0027078	.0013168	2.06	0.040	.000127	.0052886
_cons	-.6760546	.1940288	-3.48	0.000	-1.056344	-.2957652
/athrho	-.1313456	.1496292	-0.88	0.380	-.4246134	.1619222
/lnsigma	.2398174	.0144598	16.59	0.000	.2114767	.268158
rho	-.1305955	.1470772			-.4008098	.1605217
sigma	1.271017	.0183786			1.235501	1.307554
lambda	-.1659891	.1878698			-.5342072	.2022291

```
LR test of indep. eqns. (rho = 0):   chi2(1) =     0.91   Prob > chi2 = 0.3406
```

尽管 income 变量似乎有显著的附加解释能力，但这个结果与之前报告的结果差别很小。此外，排除性约束的使用是具有争议的，因为有许多理由可以推测 income 变量同样也会出现在结果方程中。

16.7 用具有对数形式结果的模型来预测

对于本章中研究的模型，条件预测是模型被估计参数的一个重要的应用。这种应用可能是样本内的预测，也可能涉及在 3.6 节所示的备选方案条件下对拟合值的比较。样本内模型预测的好坏是模型间比较和选择的一个非常重要的因素。

在水平形式的模型下对预测值的计算和比较相对简单，因为它不涉及形式再转换问题。在当前的分析中，被解释变量转化为对数形式，但是若想进行水平预测，就必然会遇到在第 3 章中首次提到的再转换问题。

表 16.2 给出的是三个模型的条件均值和非条件均值的表达式，这三个模型的结果是对数形式而不是水平形式的，如 16.4—16.6 节中所示。预测值是一个函数，它取决于线性指数函数 $\mathbf{x}'\beta$ 以及方差和协方差参数 σ^2、σ_2^2 和 σ_{12}。这些公式都是在正态性和同方差的双假设下推导出的。在同方差误差的假设条件下预测值对估计的方差的依赖，对这三个模型而言都是潜在的问题，因为如果假设是不正确的，那么方差和协方差系数的一般估计量都将会有偏误。

表 16.2 条件均值与非条件均值的表达式

矩	模　型	预测函数
$E(y\|\mathbf{x},y>0)$	Tobit 模型	$\exp(\mathbf{x}'\beta+\sigma^2/2)[1-\Phi\{\gamma-\mathbf{x}'\beta)/\sigma\}]^{-1}$ $[1-\Phi\{(\gamma-\mathbf{x}'\beta-\sigma^2)/\sigma\}]$
$E(y\|\mathbf{x})$	Tobit 模型	$\exp(\mathbf{x}'\beta+\sigma^2/2)[1-\Phi\{\gamma-\mathbf{x}'\beta)-\sigma^2/\sigma\}]$
$E(y_2\|\mathbf{x},y_2>0)$	两部分模型	$\exp(\mathbf{x}_2'\beta_2+\sigma_2^2/2)$
$E(y_2\|\mathbf{x})$	两部分模型	$\exp(\mathbf{x}_2'\beta_2+\sigma_2^2/2)\Phi(\mathbf{x}_1'\beta_1)$
$E(y_2\|\mathbf{x},y_2>0)$	选择模型	$\exp(\mathbf{x}_2'\beta_2+\sigma_2^2/2)\{1-\Phi(-\mathbf{x}_1'\beta_1)\}^{-1}$ $\{1-\Phi(-\mathbf{x}_1'\beta_1-\sigma_{12}^2)\}$
$E(y_2\|\mathbf{x})$	选择模型	$\exp(\mathbf{x}_2'\beta_2+\sigma_2^2/2)\{1-\Phi(-\mathbf{x}_1'\beta_1-\sigma_{12}^2)\}$

16.7.1 tobit 模型的预测

我们首先用对数形式的 tobit 模型的 $E(y|\mathbf{x})$ 和 $E(y|\mathbf{x},y>0)$ 进行估计。

```
. * Prediction from tobit on lny (using scalars and variables from 16.4)
. generate yhat = exp(xb+0.5*sigma^2)*(1-normal((gamma-xb-sigma^2)/sigma))

. generate ytrunchat = yhat / (1 - normal(threshold)) if dy==1
(526 missing values generated)

. summarize y yhat

    Variable |       Obs        Mean    Std. Dev.       Min        Max
-------------+--------------------------------------------------------
           y |      3328    1386.519    2530.406          0      49960
        yhat |      3328    45805.91    273444.6   133.9767   1.09e+07
```

```
. summarize y yhat ytrunchat if dy==1
```

Variable	Obs	Mean	Std. Dev.	Min	Max
y	2802	1646.8	2678.914	1	49960
yhat	2802	53271.5	297386.3	283.4537	1.09e+07
ytrunchat	2802	53536.84	297376.6	383.6245	1.09e+07

用 yhat 和 ytrunchat 表示的估计值,更表明这些预测值预测的较差。支出的均值在两个例子中都被过度估计了,在删失模型中更是如此。报告显示的结果反映了估计量对 σ^2 估计值具有高度敏感性。

16.7.2 对两部分模型的预测

在两部分模型中 $E(y_2|\mathbf{x})$和 $E(y_2|\mathbf{x},y_2>0)$的预测值相对较好,但是仍然有偏误。我们首先对来自于两部分模型中,条件均值的对数拟合值进行转换,假设其服从正态分布。

```
. * Two-part model predictions
. quietly probit dy $xlist

. predict dyhat, pr

. quietly regress lny $xlist if dy==1

. predict xbpos, xb

. generate  yhatpos = exp(xbpos+0.5*e(rmse)^2)
```

然后,我们令转换后水平值与来自于 probit 回归中正支出概率的拟合值 dyhat 相乘,生成一个无条件值的估计值,用 yhat2step 表示。

```
. * Unconditional prediction from two-part model
. generate yhat2step = dyhat*yhatpos

. summarize yhat2step y
```

Variable	Obs	Mean	Std. Dev.	Min	Max
yhat2step	3328	1680.978	2012.084	87.29432	40289.02
y	3328	1386.519	2530.406	0	49960

```
. summarize yhatpos y if dy==1
```

Variable	Obs	Mean	Std. Dev.	Min	Max
yhatpos	2802	1995.981	2087.073	430.8354	40289.02
y	2802	1646.8	2678.914	1	49960

预测值的均值与样本均值更接近,而不是相应的 tobit 估计量,证实了两部分模型有更好的稳健性。

16.7.3 对选择模型的预测

最后我们对选择模型的 $E(y_2|\mathbf{x})$和 $E(y_2|\mathbf{x},y_2>0)$进行预测。

```
. * Heckman model predictions
. quietly heckman lny $xlist, select(dy = $xlist)

. predict probpos, psel

. predict x1b1, xbsel

. predict x2b2, xb

. scalar sig2sq = e(sigma)^2

. scalar sig12sq = e(rho)*e(sigma)^2

. display "sigma1sq = 1" " sigma12sq = " sig12sq " sigma2sq = " sig2sq
sigma1sq = 1 sigma12sq = -.20055908 sigma2sq = 1.6147767

. generate yhatheck = exp(x2b2 + 0.5*(sig2sq))*(1 - normal(-x1b1-sig12sq))

. generate yhatposheck = yhatheck/probpos

. summarize yhatheck y probpos dy

    Variable |       Obs        Mean    Std. Dev.       Min        Max
-------------+--------------------------------------------------------
    yhatheck |      3328    1659.802    1937.095   74.32412   37130.19
           y |      3328    1386.519    2530.406          0      49960
     probpos |      3328    .8415738    .1411497   .2029135          1
          dy |      3328    .8419471    .3648454          0          1

. summarize yhatposheck probpos dy y if dy==1

    Variable |       Obs        Mean    Std. Dev.       Min        Max
-------------+--------------------------------------------------------
 yhatposheck |      2802    1970.923    2003.406   389.4755   37130.19
     probpos |      2802    .8661997    .1237323   .2867923          1
          dy |      2802           1           0          1          1
           y |      2802      1646.8    2678.914          1      49960
```

从性质上讲，正如预期，选择模型的预测值（用 yhatheck 表示）相对于 tobit 模型的预测而言，它更接近于两部分模型的预测值。它与两部分模型主要的差别在于条件均值对协方差的依赖，在两部分模型中没有对依赖进行限制。协方差越大，这两个模型的差别可能会更大。尽管该预测值有正偏误，但是选择模型避免了在 tobit 模型预测中出现的较大预测误差。

tobit 模型较差的预测能力证实了早期关于它不适于对当前数据集建模的结论。

16.8 Stata 资源

对于 tobit 模型估计，相关的条目有［R］**tobit**、［R］**tobit postestimation**、［R］**ivtobit** 和［R］**intreg** 命令等。有用的用户编写的命令是 clad 和 tobcm 命令。许多边际效应都是通过使用有许多不同预测选项的 margins 命令计算出来的。对于 tobit 面板估计，相关的命令是［XT］**xttobit**，将在 18 章将讨论这个应用。

16.9 习题

1.研究本章使用的 tobit 模型的“线性形式”。使用同方差和正态性检验，与模型对数形式的检验结果进行比较。

2.在先前的习题中使用 tobit 模型的线性形式，比较有保险和无保险(ins=0)平均预测的支出水平。将这些结果与取对数(ambexp)的 tobit 模型的结果进行比较。

3.假设我们想研究对数形式的 tobit 模型中支出的预测值对被忽略同方差的敏感度。从 16.7 节中的表可以观察到：预测公式包括方差参数 σ^2，它将会被它的估计值所替代。门限值 0 处进行删失处理，从具有一个外生变量的对数正态回归模型中抽取一个模拟的异方差样本。考虑到异方差的两个水平：低和高。假设被估计的 σ^2 中存在着变化，进而证明同方差 tobit 模型 σ^2 估计值存在的结果偏误是如何导致均值预测存在偏误的。

4.重复模拟练习：使用回归误差，它的抽样服从 $\chi^2(5)$ 分布。通过去掉均值来对模拟的抽样进行中心化，因此中心化后的误差具有零均值。总结这个例子中的预测练习的结果。

5.已知对数形式估计模型的参数，3.6 节中提到的水平条件预测值 $E(y|\mathbf{x},y>0)$ 为 $\exp(\mathbf{x}'\hat{\beta})N^{-1}\sum_i \exp(\hat{\varepsilon}_i)$。这个表达式基于 ε_i 是独立同分布但并非正态分布的假设。将条件预测值应用到通过两步估计法估计的两部分模型和选择模型的参数估计中，获得 $E(y|\mathbf{x},y>0)$ 和 $E(y|\mathbf{x})$ 的估计值。与 16.7 节中给出的结果进行比较。

6.重复计算 16.4.6 节中报告中的 gres1 和 gres2 的得分。检验这些计算是否是正确的；是否所有的得分都应有一个 0 均值的特性。

17 计数数据模型

17.1 导论

在许多情况下,我们感兴趣的结果是一个非负整数,或一个计数,由 y 表示,$y \in \mathrm{N}_0 = \{0, 1, 2, \cdots\}$。我们可以在人口学、经济学、生态学、环境学、保险和金融这些应用领域找到例子。

我们的目标是在已知有 K 个协变量的向量 x 的情况下对 y 进行回归分析。因为解释变量是离散的,其分布的大部分概率值仅位于其非负整数值部分。计数模型的全参数化公式满足这种分布特征。一些半参数回归模型只适用于 $y \geqslant 0$ 情形,且是不离散的。计数回归是非线性的,$E(y|\mathbf{x})$通常是非线性函数,最常见的是单指数函数 $\exp(\mathbf{x}'\beta)$。计数回归模型的几个特性与它的离散性和非线性密切相关。

在分析计数数据时我们可能会遇到一些典型难题,例如:由于遗漏变量所产生的非观测的异质性;因为存在"过剩"的 0 导致 y 的期望值偏小;所观测到 y 的分布的截尾现象;内生性解释变量。为了解决这些问题,必须使用 Stata 较为复杂的命令。

本章首先使用 poisson 和 nbreg 命令讨论基本泊松分布和负二项分布模型,然后详细介绍了一些标准模型的扩展,包括栅栏模型、有限混合模型及零膨胀模型。在本章最后一部分将处理内生性解释变量所带来的复杂问题。

17.2 计数数据的特征

首先,我们用泊松分布和泊松模型对计数数据进行分析。一元泊松分布,一般用 Poisson(y/μ)表示,即在单位时间内,某随机事件 y 发生的次数具有如下的概率密度函数:

$$\Pr(Y = y) = \frac{e^{-\mu}\mu^{y}}{y!}, \qquad y = 0,1,2,\cdots \tag{17.1}$$

其中,μ 是密度或比率参数,前两阶矩为:

$$\begin{aligned} E(Y) &= \mu \\ \mathrm{Var}(Y) &= \mu \end{aligned} \tag{17.2}$$

这就是著名的泊松分布均值和方差相等的特性,也被称为泊松分布的均匀离散性质。

标准的均值参数化为 $\mu = \exp(\mathbf{x}'\beta)$,保证了 $\mu > 0$ 的条件。这意味着基于(17.2)式的模型具有内在的异方差性。

17.2.1 生成的泊松数据

为了阐述泊松分布数据的一些特征,我们运用 Stata 10 最新更新的 rpoission()函数,从 Poisson$(y/\mu = 1)$分布中抽样。

```
. * Poisson (mu=1) generated data
. quietly set obs 10000

. set seed 10101                // set the seed !

. generate xpois= rpoisson(1) // Draw from Poisson(mu=1)

. summarize xpois

    Variable |       Obs        Mean    Std. Dev.       Min        Max
-------------+--------------------------------------------------------
       xpois |     10000       .9933    1.001077          0          6

. tabulate xpois

      xpois |      Freq.     Percent        Cum.
------------+-----------------------------------
          0 |      3,721       37.21       37.21
          1 |      3,653       36.53       73.74
          2 |      1,834       18.34       92.08
          3 |        607        6.07       98.15
          4 |        142        1.42       99.57
          5 |         35        0.35       99.92
          6 |          8        0.08      100.00
------------+-----------------------------------
      Total |     10,000      100.00
```

(17.1)式的 0 值的期望频数为 $\Pr(Y=0|\mu=1)=e^{-1}=0.368$。模拟样本中 0 值占了 37.2%。很明显,$\mu$ 越大,0 值出现次数所占的比例越小,例如当 $\mu=5$ 时,0 出现次数的期望比例仅有 0.0067%。当数据的平均值很小时,例如,一个家庭中每年出生的孩子个数(或是每年发生事故或住院的次数),0 观测值就是数据重要的特征。进一步看,当数据平均值很小时,样本数据的大部分值会集中在几个不同的值上。在本例中,大约有 98%的观察值集中在了四个不同的数值上。生成的数据也反映了均匀离散性质,即 y 的均值与方差相等,因为标准差和方差都接近于 1。

17.2.2 过度离散及负二项分布数据

由于过度离散的普遍存在,实证研究中均匀离散的性质经常会违背。这样(条件)方差就会超过(条件)均值。这种额外的离散可能是多种因素造成的,其中最重要的原因就是存在不可观测的异质性。

不可观测的异质性会令 y 产生额外的变化,它可以通过增加一个随机乘数来获得。我们用 μv 代替 μ,其中 v 是一个随机变量,在这种情况下 y 的泊松分布就变成了 $\text{Poisson}(y/\mu v)$。假设我们设 v 的 $E(v)=1$,方差 $\text{Var}(v)=\sigma^2$。那么我们可以很直观地看到,随 v 值增加,均值不变但增加了离散性。具体来看,$E(y)=\mu$ 且 $\text{Var}(y)=\mu(1+\mu\sigma^2)>E(y)=\mu$。"过度离散"这个词描述的就是 $\text{Var}(y)>E(y)$ 这种特征,或在回归模型中更准确的 $\text{Var}(y/\mathbf{x})>E(y/\mathbf{x})$。

特殊情况下,当 $v\sim\text{Gamma}(1,\alpha)$时,其中 α 是伽马分布的方差参数,y 的边际分布就是一个具有闭合形式的泊松-伽马混合分布(闭合形式是用负二项(NB)分布来定义的,即 $\text{NB}(\mu,\alpha)$),它们的概率密度函数是:

$$\Pr(Y = y \mid \mu, \alpha) = \frac{\Gamma(\alpha^{-1}+y)}{\Gamma(\alpha^{-1})\Gamma(y+1)}\left(\frac{\alpha^{-1}}{\alpha^{-1}+\mu}\right)^{\alpha^{-1}}\left(\frac{\mu}{\mu+\alpha^{-1}}\right)^{y} \tag{17.3}$$

其中，$\Gamma(\cdot)$是一个伽马积分，它设定了积分参数的阶乘。负二项模型比泊松模型更为常见，因为它允许存在过度离散性，而且当 $\alpha \to 0$ 时，负二项模型就变成了泊松模型。具有二次方差的负二项分布(NB2)的矩为：$E(y)=\mu$，且 $\mathrm{Var}(y)=\mu(1+\mu\sigma^2)>E(y)=\mu$。从经验角度看，二次方差函数对于过度离散数据差异很大的观测个体是一个最好的近似。

负二项回归模型令 $\mu=\exp(\mathbf{x}'\beta)$，$\alpha$ 是一个常数。在 Stata 中 NB 回归默认的选项是二次方差形式(NB2)。在文献中，NB 的另一个变体就是有一个线性方差函数，其为 $\mathrm{Var}(y|\mu,\alpha)=(1+\alpha)\mu$，它被称为 NB1 模型，见 Cameron 和 Trivedi(2005，20.4 节)。

对 NB 模型进行混合解释，我们从 NB($\mu=1,\alpha=1$)分布模拟出了一个样本。我们先用 rgamma(1,1)函数获得伽马分布的抽样 v，其均值为 $1\times1=1$，方差 $\alpha=1\times1^2=1$，见 4.2.4 节。然后，我们运用参数为 v 的 rpoisson()函数来得到泊松分布的抽样，$\mu v=1\times v=v$。

```
. * Negative binomial (mu=1 var=2) generated data
. set seed 10101                    // set the seed !

. generate xg = rgamma(1,1)

. generate xnegbin = rpoisson(xg) // NB generated as a Poisson-gamma mixture

. summarize xnegbin
```

Variable	Obs	Mean	Std. Dev.	Min	Max
xnegbin	10000	1.0059	1.453092	0	17

```
. tabulate xnegbin
```

xnegbin	Freq.	Percent	Cum.
0	5,048	50.48	50.48
1	2,436	24.36	74.84
2	1,264	12.64	87.48
3	607	6.07	93.55
4	324	3.24	96.79
5	151	1.51	98.30
6	78	0.78	99.08
7	46	0.46	99.54
8	19	0.19	99.73
9	11	0.11	99.84
10	9	0.09	99.93
11	3	0.03	99.96
12	1	0.01	99.97
14	1	0.01	99.98
16	1	0.01	99.99
17	1	0.01	100.00
Total	10,000	100.00	

正如预期，均值接近 1，方差等于 $1.45^2=2.10$，非常接近于 $(1+1)\times1=2$。相较于 Poisson(1)的伪随机数抽样，这个样本有更多的 0 值以及一个更长的右尾，且方差与均值的比超过了 1。这些特征就是引入一个乘法形式异质项的结果。

相反，使用 rnbinomial()函数能够从 NB 分布中直接进行抽样，但因为它使用了 NB

分布的另一种参数化方法，因而使用上述泊松-伽马混合分布更容易。

17.2.3 建模方法

已知(17.1)式 $\mu=\exp(\mathbf{x}'\beta)$，假设观测值$(y_i|\mathbf{x}_i)$是相互独立的，那么一般从泊松极大似然(ML)开始建模练习，特别是当我们感兴趣的不仅是条件均值而是整个分布时。

计数数据一般都是过度离散的。一种方法是坚持条件均值 $E(y|\mathbf{x})=\exp(\mathbf{x}'\beta)$的假设，然后继续使用泊松极大似然估计量(MLE)，它可以保持一致性的估计，但它放松了方差均值相等的假设，以此来获得估计量的方差-协方差矩阵(VCE)的稳健估计值。另一种估计方法就是使用 NB 模型，它能够清晰地对离散数据进行建模，可以用极大似然估计法进行估计。

另外一种方法也是使用参数法，但是更为广泛，重要的意义在于：与泊松模型相比，它的条件均值和方差函数更为灵活。特别是，$E(y|\mathbf{x})\neq\exp(\mathbf{x}'\beta)$。17.3 和 17.4 节中的实证案例演示了泊松模型的几种替代模型方法。

17.2.4 估计方法

对本节后面将出现的不同种类的计数模型来说，最基本的估计方法是极大似然估计法。使用第 10 章与第 11 章讨论过的非线性回归或广义矩方法(GMM)，建立在仅仅使用指数条件均值矩条件基础上的非线性估计法也是可行的。虽然第 10 章与第 11 章仅讲述了泊松模型与 NB 模型，但是那里使用的程序也可用来延伸到其他计数模型。虽然极大似然估计法应用广泛，但当我们研究的关系中包括了内生性解释变量时，使用 GMM 回归估计量就会有特别的意义。除此之外，Stata 还为包括广义线性模型(GLM)类的计数模型提供了推断方法。这些模型可能在参数化上存在差别，但它们所使用的估计方法都是极大似然估计法(ML)和非线性广义最小二乘法(GLS)。

17.3 实证案例 1

在这一节，我们将对年度看医生次数的计数模型进行参数估计。这些模型包括泊松模型、负二项模型(NB2)以及这些模型的扩展模型。17.4 节中的例子同样考虑了 0 值过多的问题。

17.3.1 数据的概述性统计

数据是来自 2003 年美国医疗支出面板数据调查的横截面样本。我们使用年龄大于或等于 65 岁的医保人群为样本来对每年看医生次数(docvis)进行建模。

回归中的协变量包括年龄数(age)、年龄的平方(age2)、受教育年数(educyr)、行为是否受限(actlim)、慢性疾病的数量(totchr)、有补充医保的私人保险(private)、补充医保中对低收入个人发放的公共医疗补助保险(medicaid)。

以下是对解释变量和被解释变量的概述性统计：

```
. * Summary statistics for doctor visits data
. use mus17data.dta

. global xlist private medicaid age age2 educyr actlim totchr

. summarize docvis $xlist
```

Variable	Obs	Mean	Std. Dev.	Min	Max
docvis	3677	6.822682	7.394937	0	144
private	3677	.4966005	.5000564	0	1
medicaid	3677	.166712	.3727692	0	1
age	3677	74.24476	6.376638	65	90
age2	3677	5552.936	958.9996	4225	8100
educyr	3677	11.18031	3.827676	0	17
actlim	3677	.333152	.4714045	0	1
totchr	3677	1.843351	1.350026	0	8

取样个人的年龄范围为65～90岁，较大比例的人有行为限制或慢性疾病。docvis的样本均值是6.82，样本方差是$7.39^2=54.61$，因此存在很大的离散性。

对计数数据，我们一定要获得它的频数分布或直方图。为了简化输出结果，我们创建了一个新变量dvrange，计数中11～40的部分都被重编码为40，41～143的部分则都被重编码为143。我们有：

```
. * Tabulate docvis after recoding values > 10 to ranges 11-40 or 41-143
. generate dvrange = docvis

. recode dvrange (11/40 = 40) (41/143 = 143)
(dvrange: 786 changes made)

. tabulate dvrange
```

dvrange	Freq.	Percent	Cum.
0	401	10.91	10.91
1	314	8.54	19.45
2	358	9.74	29.18
3	334	9.08	38.26
4	339	9.22	47.48
5	266	7.23	54.72
6	231	6.28	61.00
7	202	5.49	66.49
8	179	4.87	71.36
9	154	4.19	75.55
10	108	2.94	78.49
40	774	21.05	99.54
143	16	0.44	99.97
144	1	0.03	100.00
Total	3,677	100.00	

这个分布有更长的右尾。22%的观测值超过了10，最大值达到了144。超过99%的数值比40小。0值所占比例为10.9%。对于这种类型的数据来讲，这个值相对较低，部分原因在于数据取自于老年人口。来自年轻人或是更健康总体的样本中一般有多达90%的数值为0。

17.3.2 泊松模型

对于泊松模型来说，它的概率密度函数就是(17.1)式中给出的泊松分布函数，且默认值设置为指数均值的参数化：

$$\mu_i = \exp(\mathbf{x}_i'\beta), \qquad i = 1,\cdots,N \tag{17.4}$$

其中，假设有 K 个线性独立的协变量，通常包含 1 个常数。这个设定约束了条件均值只能为正。

泊松极大似然估计量，通常表示为 $\hat{\beta}_p$，是相应极大似然一阶条件的 K 个非线性方程的解。

$$\sum_{i=1}^{N}\{y_i - \exp(\mathbf{x}_i'\beta)\}\mathbf{x}_i = 0 \tag{17.5}$$

如果 $\mathbf{x}_i$ 包含一个常数项，那么在(17.5)式为基础的残差 $y_i - \exp(\mathbf{x}_i'\beta)$ 总和为 0。由于对数似然函数是全局凹的，用迭代求解算法，通常也称为牛顿-拉夫逊法(见 11.2 节)，可以快速收敛于特定的全局最大值。

依据标准极大似然理论，如果泊松模型的参数是正确设定的，那么估计量 $\hat{\beta}_p$ 对于 β 是一致的，它的协方差矩阵可由下式进行估计：

$$\hat{V}(\hat{\beta}_p) = \left(\sum_{i=1}^{N}\hat{\mu}_i \mathbf{x}_i \mathbf{x}'_i\right)^{-1} \tag{17.6}$$

其中，$\hat{\mu}_i = \exp(\mathbf{x}_i'\beta_p)$。在下面的内容里我们将展示用(17.6)式来估计 $\hat{\beta}_p$ 的 VCE 是有误的，因此我们也将介绍其他更好的方法。

使用 poisson 命令可以得到泊松的极大似然估计值，对 VCE 的默认估计如(17.6)式所示。poisson 命令语法与 regress 命令相似，即：

poisson *depvar* [*indepvars*] [*if*] [*in*] [*weight*] [, *options*]

vce(robust)选项会产生 VCE 的稳健估计值。

两个常用的选项是 offset()和 exposure()。假设解释变量 z 是一个曝光变量，例如时间。那么当 z 的值增加一倍时，我们预期计数 y 的值也会增加一倍。这样，$E(y|z, \mathbf{x}_2) = z\exp(\mathbf{x}_2'\beta) = \exp(\ln z + \mathbf{x}_2'\beta)$。如果变量 z 出现在解释变量中，可以使用 offset(z)的选项来施加约束。相反，如果变量 lnz＝ln(z)出现在解释变量中，就可以用 exposure(lnz)来施加约束。

泊松模型的结果

首先我们获得并讨论泊松极大似然估计的结果。

```
. * Poisson with default ML standard errors
. poisson docvis $xlist, nolog

Poisson regression                              Number of obs   =       3677
                                                LR chi2(7)      =    4477.98
                                                Prob > chi2     =     0.0000
Log likelihood =  -15019.64                     Pseudo R2       =     0.1297

------------------------------------------------------------------------------
      docvis |      Coef.   Std. Err.      z    P>|z|     [95% Conf. Interval]
-------------+----------------------------------------------------------------
     private |   .1422324   .0143311     9.92   0.000      .114144    .1703208
    medicaid |   .0970005   .0189307     5.12   0.000     .0598969     .134104
         age |   .2936722   .0259563    11.31   0.000     .2427988    .3445457
        age2 |  -.0019311   .0001724   -11.20   0.000    -.0022691   -.0015931
      educyr |   .0295562    .001882    15.70   0.000     .0258676    .0332449
      actlim |   .1864213    .014566    12.80   0.000     .1578726    .2149701
     totchr |   .2483898   .0046447    53.48   0.000     .2392864    .2574933
       _cons |  -10.18221   .9720115   -10.48   0.000    -12.08732   -8.277101
------------------------------------------------------------------------------
```

输出结果的顶部列出了样本容量、七个解释变量的联合显著性的似然比(LR)检验、检验的 p 值,及用来测度模型拟合优度的伪 R^2 值(见 10.7.1 节)。平均来看,docvis 随年龄、受教育年数、慢性病数量、行为受限程度以及是否有任意一种额外医疗保险而递增。这些结果与先验预期结果相同。

另一度量模型拟合优度的方法是被解释变量值观测值与拟合值相关系数的平方。它并不能通过 poisson 命令获取,但很容易用以下方法计算:

```
. * Squared correlation between y and yhat
. drop yphat

. predict yphat, n

. quietly correlate docvis yphat

. display "Squared correlation between y and yhat = " r(rho)^2
Squared correlation between y and yhat = .1530784
```

相关系数的平方值很小,但对于横截面数据来说也是合理的。

泊松模型中的变量是高度统计显著的,其部分原因在于对标准误的低估,我们将在下面进行解释。

对泊松极大似然估计 VCE 的稳健估计

正如我们在 10.3 节中所解释的,即使计数数据并非泊松分布,泊松极大似然估计仍然能保持一致性,只要(17.4)式中的条件均值函数是正确设定的。

当计数数据不是泊松分布的,但其条件均值函数是如(17.4)式进行设定的,我们可以利用伪 ML 法或是准 ML 法估计参数,这种方法能够使泊松极大似然函数最大化,但是使用的是 VCE 的稳健估计:

$$\hat{V}_{\text{Rob}}(\hat{\beta}_p)=\left(\sum\nolimits_{i=1}^{N}\hat{\mu}_i\mathbf{x}_i\mathbf{x}_i'\right)^{-1}\left\{\sum\nolimits_{i=1}^{N}(y_i-\hat{\mu}_i)^2\mathbf{x}_i\mathbf{x}_i'\right\}\left(\sum\nolimits_{i=1}^{N}\hat{\mu}_i\mathbf{x}_i\mathbf{x}_i'\right)^{-1} \tag{17.7}$$

其中,$\hat{\mu}_i=\exp(\mathbf{x}_i'\hat{\beta}_p)$。在此过程中,我们使用泊松极大似然估计来获得点估计值,但得到了 VCE 的稳健估计值。因为过度离散,利用(17.7)式求得的方差比用(17.6)式求得的值大,因为(17.7)式可简化成(17.6)式,但是在过度离散条件下,平均来看,$(y_i-\hat{\mu}_i)^2>\hat{\mu}_i$。在极少出现的低离散的情况下,这个顺序就是相反的。

使用带有 vce(robust)选项的 poisson 命令获得 VCE 更优的估计。我们得到:

```
. * Poisson with robust standard errors
. poisson docvis $xlist, vce(robust) nolog  // Poisson robust SEs

Poisson regression                              Number of obs   =       3677
                                                Wald chi2(7)    =     720.43
                                                Prob > chi2     =     0.0000
Log pseudolikelihood =  -15019.64               Pseudo R2       =     0.1297
```

docvis	Coef.	Robust Std. Err.	z	P>|z|	[95% Conf. Interval]	
private	.1422324	.036356	3.91	0.000	.070976	.2134889
medicaid	.0970005	.0568264	1.71	0.088	-.0143773	.2083783
age	.2936722	.0629776	4.66	0.000	.1702383	.4171061
age2	-.0019311	.0004166	-4.64	0.000	-.0027475	-.0011147
educyr	.0295562	.0048454	6.10	0.000	.0200594	.039053
actlim	.1864213	.0396569	4.70	0.000	.1086953	.2641474
totchr	.2483898	.0125786	19.75	0.000	.2237361	.2730435
_cons	-10.18221	2.369212	-4.30	0.000	-14.82578	-5.538638

与泊松极大似然估计相比较，这个稳健的标准误要大 2～3 倍。这是对过度离散数据进行泊松回归所得结果的常见特征。

过度离散的检验

均匀离散的原假设为 $\mathrm{Var}(y|\mathbf{x})=E(y|\mathbf{x})$，对过度离散的备择假设的检验可以基于以下等式：

$$\mathrm{Var}(y \mid \mathbf{x}) = E(y \mid \mathbf{x}) + \alpha^2 E(y \mid \mathbf{x})$$

也就是 NB2 模型的方差函数。我们检验原假设 $H_0: \alpha=0$，备择假设是 $H_1: \alpha>0$。

可以通过对生成的被解释变量$\{(y-\hat{\mu})^2-y\}/\hat{\mu}$ 对 $\hat{\mu}$ 进行辅助回归来执行检验，辅助回归中不含截距项，然后对 $\hat{\mu}$ 的系数是否为 0 进行 t 检验；对这种过度离散和其他过度离散更详细的解释见 Cameron 和 Trivedi（2005，670-671）。

```
. * Overdispersion test against V[y|x] = E[y|x] + a*(E[y|x]^2)
. quietly poisson docvis $xlist, vce(robust)

. predict muhat, n

. quietly generate ystar = ((docvis-muhat)^2 - docvis)/muhat

. regress ystar muhat, noconstant noheader
```

ystar	Coef.	Std. Err.	t	P>|t|	[95% Conf. Interval]	
muhat	.7047319	.1035926	6.80	0.000	.5016273	.9078365

检验结果表明存在显著的过度离散性。想要对有这种特征的数据进行建模，一种方法是使用 NB 模型。不过这个通常选择的方法并不是唯一的选择。例如，我们可以简单地使用带 vce(robust)选项的 poisson 命令。

系数的解释与边际效应

在 10.6 节中，我们分别在一般情况下和指数化条件均值（$\exp(\mathbf{x}'\beta)$）条件下，讨论了系数的解释以及边际效应（ME）。在 10.6.4 节中，对于指数化的条件均值，系数可以被解释为半弹性的。所以 educyr 的系数 0.030 可以解释为多接受一年的教育使得每年看医生次数增加了 3.0%。使用带 irr 选项的 poisson 命令可得到指数化的系数（$e^{\hat{\beta}}$），它可以用乘数法来解释。因此多受一年的教育，看医生次数就会大约增加 $e^{0.030}\approx 1.030$。

连续解释变量 x_j 的一个单位变化的 ME 等于$\partial E(y|\mathbf{x})\partial x_j=\beta_j\exp(\mathbf{x}'\beta)$，这取决于 $\mathbf{x}$ 的估计点。在 10.6.2 节中介绍了三个标准的 ME 度量方法。可以看到对于有截距项的

泊松模型来说，平均边际效应等于$\hat{\beta}_j\bar{y}$。例如，受教育年数增加一年会使看医生次数增加 $0.02956\times6.823=0.2017$。使用带 dydx()选项的 margins 命令，也可以得到相同的结果及置信区间。为了确保能够使用有限差分方法来计算二值解释变量的 ME，我们使用因子变量 i.算子来定义这个模型，并应用 poisson 命令对模型进行拟合。我们有：

```
. * Average marginal effect for Poisson
. quietly poisson docvis i.private i.medicaid age age2 educyr i.actlim totchr, vc
> e(robust)

. margins, dydx(*)

Average marginal effects                          Number of obs   =       3677
Model VCE    : Robust

Expression   : Predicted number of events, predict()
dy/dx w.r.t. : 1.private 1.medicaid age age2 educyr 1.actlim totchr

------------------------------------------------------------------------------
             |            Delta-method
             |      dy/dx   Std. Err.      z    P>|z|     [95% Conf. Interval]
-------------+----------------------------------------------------------------
   1.private |   .9701906   .2473149     3.92   0.000     .4854622    1.454919
  1.medicaid |   .6830664   .4153252     1.64   0.100     -.130956    1.497089
         age |   2.003632   .4303207     4.66   0.000     1.160219    2.847045
        age2 |  -.0131753   .0028473    -4.63   0.000    -.0187559   -.0075947
      educyr |   .2016526   .0337805     5.97   0.000     .1354441    .2678612
    1.actlim |   1.295942   .2850588     4.55   0.000     .7372367    1.854647
      totchr |   1.694685   .0908884    18.65   0.000     1.516547    1.872823
------------------------------------------------------------------------------
Note: dy/dx for factor levels is the discrete change from the base level.
```

例如，受教育年数增加一年与看医生的次数增加 0.202 是相关的。输出结果同样给出了边际效应的置信区间。均值处的边际效应(MEM)是用带 atmean 选项的 margins 命令计算的，代表值处的边际效应是使用 at()选项计算的。

17.3.3 NB2 模型

含二次方差函数的 NB2 模型与由泊松-伽马混合分布产生的过度离散是一致的(见 17.2.2 节)，但是它同样可以被视为过度离散计数数据的一种更灵活的函数形式。

用$\hat{\beta}_{NB2}$表示 NB2 模型的极大似然估计量，可以使以概率质量函数(17.3)式为基础的对数似然函数最大化，其中，再令$\mu=\exp(\mathbf{x}'\beta)$，而$\alpha$仅是一个常数参数。估计量$\hat{\beta}_{NB2}$和$\hat{\alpha}_{NB2}$是$K+1$个非线性方程的解，分别对应最大似然估计的一阶条件：

$$\begin{gathered}\sum_{i=1}^{N}\frac{y_i-\mu_i}{1+\alpha\mu_i}\mathbf{x}_i=0\\ \sum_{i=1}^{N}\left[\frac{1}{\alpha^2}\left\{\ln(1+\alpha\mu_i)-\sum_{j=0}^{y_i-1}\frac{1}{(j+\alpha^{-1})}\right\}+\frac{y_i-\mu_i}{\alpha(1+\alpha\mu_i)}\right]=0\end{gathered}\tag{17.8}$$

出现在(17.8)式第一行中的K阶系数β的方程，通常与(17.5)式不同，且在有些情况下难以使用迭代算法求解。α很大或很小的值可以产生数值的不稳定性，且不能保证迭代算法的收敛性。

不同于泊松极大似然估计，如果方差设定$\text{Var}(y|\mu,\alpha)=\mu(1+\alpha\mu)$是不正确的，那么 NB2 极大似然估计量是不一致的。然而，这个二次设定通常更近似于一个更一般化的方差函数，一个重要的特征就是它可以解释为什么这个模型在实证中非常适用。方差函

数的参数 α，出现在概率方程(17.3)式中。这意味着计数数据的概率分布是取决于 α，即使条件均值不取决于 α。其次，即使在两个模型中条件均值设定的很相似，NB 的拟合概率分布与泊松的拟合概率分布是不同的。如果数据确实是过度离散的，且当目的是对概率分布建模而不仅是对条件均值建模，此时 NB 模型更优。

NB 模型不是万能的。造成过度离散还有其他的原因，包括对指数条件均值约束导致的误设。替代模型在 17.3.5 节和 17.3.6 节中有解释。

对 NB 模型进行极大似然估计命令的部分语法与泊松命令的部分语法相似：

nbreg *depvar* [*indepvars*] [*if*] [*in*] [*weight*] [, *options*]

如果方差设定是不确定的，那么可以使用 vce(robust)选项，但是在实证中，会使用默认的选项，一般与 vce(robust)选项区别很小。使用默认选项来拟合 NB2 模型，以及 dispersion(constant)选项用来拟合 NB1 模型。

NB2 模型结果

在我们数据中已知存在很多过度离散数据，那么我们可以考虑 NB2 模型。我们得到：

```
. * Standard negative binomial (NB2) with default SEs
. nbreg docvis $xlist, nolog

Negative binomial regression                    Number of obs   =       3677
                                                LR chi2(7)      =     773.44
Dispersion     = mean                           Prob > chi2     =     0.0000
Log likelihood = -10589.339                     Pseudo R2       =     0.0352
```

docvis	Coef.	Std. Err.	z	P>|z|	[95% Conf.	Interval]
private	.1640928	.0332186	4.94	0.000	.0989856	.2292001
medicaid	.100337	.0454209	2.21	0.027	.0113137	.1893603
age	.2941294	.0601588	4.89	0.000	.1762203	.4120384
age2	-.0019282	.0004004	-4.82	0.000	-.0027129	-.0011434
educyr	.0286947	.0042241	6.79	0.000	.0204157	.0369737
actlim	.1895376	.0347601	5.45	0.000	.121409	.2576662
totchr	.2776441	.0121463	22.86	0.000	.2538378	.3014505
_cons	-10.29749	2.247436	-4.58	0.000	-14.70238	-5.892595
/lnalpha	-.4452773	.0306758			-.5054007	-.3851539
alpha	.6406466	.0196523			.6032638	.6803459

```
Likelihood-ratio test of alpha=0:  chibar2(01) = 8860.60 Prob>=chibar2 = 0.000
```

NB2 模型的参数估计值都在泊松极大似然估计所得估计值的 15%以内，通常比这个值更接近。标准误都会小 5%～20%，表明由于使用更合适的参数模型提高了有效性。NB2 模型的参数和边际效应的解释与泊松模型的解释是一样的，因为两个模型都有相同的条件均值。

NB2 模型过度离散参数估计值为 0.64，与过度离散检验中使用的辅助回归估计的参数值 0.70 相近。计算机输出结果同样包括对 $H_0: \alpha = 0$ 的 LR 检验，且在这里假设是被拒绝的。对数似然值增加了{−10589.3−(−15019.6)}=4430.3，作为增加一个过度离散参数的代价。LR 统计值是这个值的两倍，使得 LR 检验统计值高度显著。回想一下，可以把 α 为方差异质性的度量指标，它显著异于 0 ——这个结果与模型拟合优度的巨大改进相一致。

与泊松模型的 0.130 相比而言，NB2 模型的伪 R^2 值为 0.035。与泊松模型相比，其拟合优度似乎更差，问题在于伪 R^2 值在这些模型间并不具有直接可比性，此处的模型是指 NB2 模型和泊松模型。

更具直接可比性的是拟合值和实际值间相关系数的平方。我们有：

```
. * Squared correlation between y and yhat
. predict ynbhat, n

. quietly correlate docvis ynbhat

. display "Squared correlation between y and yhat = " r(rho)^2
Squared correlation between y and yhat = .14979846
```

NB2 的相关系数平方值与泊松模型的 0.152 非常接近，所以这两个模型对条件均值有一个相似的拟合度。NB2 模型真正的优势在于对概率的拟合，下面将讨论这个问题。

泊松模型和 NB2 模型的拟合概率值

为了能更好地探讨拟合优度改进的问题，我们应该比较泊松模型和 NB2 模型中参数估计值是如何影响 docvis 变量的拟合概率分布的。

使用拟合的模型，我们可以对 docvis 实际的和拟合的单元频数进行比较。通过使用 $\hat{p}(i,y), i=1,2,\cdots,N$ 且 $y=0,1,2,\cdots$，来计算拟合的单元频数，这表示个人 i 经历 y 个事件的拟合概率值。对每个个体 i，这些值都是通过在泊松模型(17.1)式中插入被估计的 β 值，以及在 NB2 模型(17.3)式中插入被估计的 β 和 α 进行计算的。然后对单元 y 的拟合频数值计算为 N $\overline{p}(y)$，且：

$$\overline{p}(y)=\frac{1}{N}\sum_{i=1}^{N}\hat{p}(i,y), \qquad y=0,1,2,\cdots \tag{17.9}$$

对于一个给定 y，$\overline{p}(y)$和可观测的样本频数间有一个较大的偏差，这表明样本缺乏拟合优度。

此外，我们可以计算在一个特殊值 $\mathbf{x}=\mathbf{x}^*$ 处的概率，通常令 $\mathbf{x}^*=\overline{\mathbf{x}}$，即样本均值。因此我们使用：

$$p(y\mid\mathbf{x}=\mathbf{x}^*)=\hat{p}(y\mid\mathbf{x}=\mathbf{x}^*), \qquad y=0,1,2,\cdots \tag{17.10}$$

其中，$\overline{\mathbf{x}}$ 是解释变量样本均值的 K 阶向量。$\overline{p}(y)$和 $p(y|x=\mathbf{x}^*)$之间的差别在于：前者是在 N 个 $\mathbf{x}_i$ 样本值上的平均值，而后者是在 $\overline{\mathbf{x}}$ 上的条件值，并且变化更小。

用户编写的用于计数回归之后的几个估计后命令详见 Long 和 Freese(2006)。这里我们将演示 countfit 命令和 prvalue 命令，用它分别计算在(17.9)式和(17.10)式中定义的拟合概率。prvalue 命令也可计算在(17.9)式中的拟合概率，详见 17.4.3 节。

countfit 命令

用户编写的 countfit 命令(Long 和 Freese 2005)计算在(17.9) 式中定义的预测概率的平均值 $\overline{p}(y)$。prm 选项对泊松模型进行拟合，且 nbreg 选项对 NB2 模型进行拟合。其他选项控制了命令产生的输出值的数量。具体来说，maxcount()选项设定需要评价的预测概率的最大计数个数；默认值为 maxcount(9)。对于泊松模型，我们得到：

```
.
. * Poisson: Sample vs avg predicted probabilities of y = 0, 1, ..., 5
. countfit docvis $xlist, maxcount(5) prm nograph noestimates nofit
Comparison of Mean Observed and Predicted Count

              Maximum        At        Mean
Model       Difference     Value      |Diff|
---------------------------------------------
PRM            0.102         0        0.045

PRM: Predicted and actual probabilities

Count   Actual      Predicted     |Diff|    Pearson
------------------------------------------------
0        0.109        0.007       0.102   5168.233
1        0.085        0.030       0.056    387.868
2        0.097        0.063       0.034     69.000
3        0.091        0.095       0.005      0.789
4        0.092        0.116       0.024     17.861
5        0.072        0.121       0.049     72.441
------------------------------------------------
Sum      0.547        0.432       0.269   5716.192
```

泊松模型严重地低估了较小计数处的概率质量函数。具体来说，与样本频数 0.190 和 0.085 比较而言，在计数 0 和 1 处的预测概率为 0.007 和 0.030。NB2 模型允许存在过度离散的数据，我们得到：

```
. * NB2: Sample vs average predicted probabilities of y = 0, 1, ..., 5
. countfit docvis $xlist, maxcount(5) nbreg nograph noestimates nofit
Comparison of Mean Observed and Predicted Count

              Maximum        At        Mean
Model       Difference     Value      |Diff|
---------------------------------------------
NBRM          -0.023         1        0.010

NBRM: Predicted and actual probabilities

Count   Actual      Predicted     |Diff|    Pearson
------------------------------------------------
0        0.109        0.091       0.018     12.708
1        0.085        0.108       0.023     17.288
2        0.097        0.105       0.008      2.270
3        0.091        0.096       0.005      1.086
4        0.092        0.085       0.007      2.333
5        0.072        0.074       0.001      0.072
------------------------------------------------
Sum      0.547        0.559       0.062     35.757
```

NB2 模型的拟合更好。最大的差异是当 $y=1$ 时，预测的概率值为 0.108，它超过了样本频数 0.085。最后一列是 Pearson 相关系数，给出了 N 倍的(diff)^2/predicted 值，其中，变量 diff 是拟合的平均频数与真实频数值的差，对 docvis 变量的每一个值而言，maxcount()选项给出了其最大值。尽管这些值都是拟合优度的一个很粗略的指标，但用这些数为基础进行 Pearson 卡方拟合优度检验时我们应该谨慎，因为这些拟合的概率值是被估计系数的函数，见 Camern 和 Trivedi(2005,266)。

该比较证实了 NB2 模型比泊松模型对概率拟合的更好(即使这两个模型的条件均值和边际效应相似)。

prvalue 命令

用户编写的 prvalue 命令(Long & Freese 2006)对给出的解释变量的概率进行预测,使用(17.10)式进行计算。作为一个示例,在将其他的解释变量设为他们的样本均值情况下,我们获得对有私人保险和医疗补助的个人的预测概率值。prvalue 命令以及其选项是用来令其输出结果的长度最短,在 nbreg 命令后得到:

```
. * NB2: Predicted NB2 probabilities at x = x* of y = 0, 1, ..., 5
. quietly nbreg docvis $xlist

. prvalue, x(private=1 medicaid=1) max(5) brief

nbreg: Predictions for docvis

                                  95% Conf. Interval
  Rate:                 7.34    [ 6.6477,    8.0322]
  Pr(y=0|x):          0.0660    [ 0.0580,    0.0741]
  Pr(y=1|x):          0.0850    [ 0.0761,    0.0939]
  Pr(y=2|x):          0.0898    [ 0.0818,    0.0977]
  Pr(y=3|x):          0.0879    [ 0.0816,    0.0942]
  Pr(y=4|x):          0.0826    [ 0.0781,    0.0872]
  Pr(y=5|x):          0.0758    [ 0.0728,    0.0787]
```

运用 countfit 命令对于我们以前计算的 NB2 模型来说,给定解释变量的特定值,它的预测概率值在平均预测的概率值的 30%以内。

讨论

伽马异质性的假设,它强调了对 NB2 模型的一种混合型解释,这样的假设是非常方便的,但是还存在其他的选择。例如,我们可以假设异质性是对数正态分布的。不幸的是,这种设定并不能得到混合分布的解析表达式,并将要求涉及一维数值积分的一种估计方法,例如,基于模拟或基于正交化的估计法。官方的 Stata 版本目前并不支持这个选项。

广义的 NB 模型

广义的 NB 模型是 NB2 模型的一个推广,该模型考虑了在(17.3) 式中过度离散参数 α 的参数化,而在 NB2 模型中它仅是一个正的常数值。不同的个体间过度离散的参数是不同的,相同的变量可以同时影响在分布中的位置参数及尺度参数的值,使 ME 的值计算复杂化。选择性地,模型的设定使得不同的变量可能会分别影响在分布中的位置和尺度参数。

即使在原则上这种设定的灵活性是可取的,但当前这种模型并不被广泛应用。模型的参数可以通过使用 gnbreg 命令进行参数估计,该命令的语法与 nbreg 命令相似,都有附加的 lnalpha()选项,用来为模型中的 $\ln(\alpha)$设定变量。

对于虚拟变量 female 和 bh(black/Hispanic),我们对 $\ln(\alpha)$进行参数化。

```
. * Generalized negative binomial with alpha parameterized
. gnbreg docvis $xlist, lnalpha(female bh) nolog

Generalized negative binomial regression          Number of obs   =       3677
                                                  LR chi2(7)      =     759.49
                                                  Prob > chi2     =     0.0000
Log likelihood = -10576.261                       Pseudo R2       =     0.0347

------------------------------------------------------------------------------
      docvis |      Coef.   Std. Err.      z    P>|z|     [95% Conf. Interval]
-------------+----------------------------------------------------------------
docvis       |
     private |   .1571795   .0329147     4.78   0.000     .0926678    .2216912
    medicaid |   .0860199   .0462092     1.86   0.063    -.0045486    .1765883
         age |     .30188   .0598412     5.04   0.000     .1845934    .4191665
        age2 |  -.0019838   .0003981    -4.98   0.000    -.0027641   -.0012036
      educyr |   .0284782   .0043246     6.59   0.000     .0200021    .0369544
      actlim |   .1875403   .0346287     5.42   0.000     .1196693    .2554112
      totchr |   .2761519   .0120868    22.85   0.000     .2524623    .2998415
       _cons |  -10.54756    2.23684    -4.72   0.000    -14.93169   -6.163434
-------------+----------------------------------------------------------------
lnalpha      |
      female |  -.1871933   .0634878    -2.95   0.003     -.311627   -.0627595
          bh |   .3103148   .0706505     4.39   0.000     .1718423    .4487873
       _cons |  -.4119142   .0512708    -8.03   0.000     -.512403   -.3114253
------------------------------------------------------------------------------
```

与 NB2 模型相关的对数似然值有一些提高。黑人和西班牙裔人间的离散程度较大，而对于女性而言离散程度较小。然而，这两个变量同样也可以被引入到条件均值函数中。很难能够判定令一个变量影响 α 而不是 μ 的决定是否正确。

17.3.4 非线性最小二乘估计法

假设我们想要在条件方差函数中避免进行任何的参数设定。相反的，我们可能会通过非线性最小二乘法(NLS)对指数均值模型进行拟合，并且使用一个 VCE 的稳健估计值。对于计数数据，这个估计量可能没有泊松 MLE 有效，因为泊松 MLE 明确对计数数据中的内在异方差性进行建模，而 NLS 是建立在同方差误差的基础上。

NLS 的目标函数为：

$$Q(\beta)=\sum_{i=1}^{N}\{y_i-\exp(\mathbf{x}_i'\beta)\}^2$$

10.3.5 节提供了一个 NLS 的示例，对一个相关数据集中看医生数据使用 nl 命令。

在 10.3.5 节中没有提到的一个实际的复杂问题是：如果大部分观测值都是 0，那么 NLS 估计量会遇到数值估计的问题。NLS 估计量可以用来解决：

$$\sum_{i=1}^{N}\{y_i-\exp(\mathbf{x}_i'\beta)\}\exp(\mathbf{x}_i'\beta)\mathbf{x}_i=0$$

与泊松极大似然估计的(17.5)式相比，该式有一个附加乘数的 $\exp(\mathbf{x}_i'\beta)$，如果大部分计数都是 0，那么这会导致数值估计的问题。NLS 估计使用 nl 命令会产生：

```
. * Nonlinear least squares
. nl (docvis = exp({xb: $xlist one})), vce(robust) nolog
(obs = 3677)

Nonlinear regression                                Number of obs =       3677
                                                    R-squared     =     0.5436
                                                    Adj R-squared =     0.5426
                                                    Root MSE      =   6.804007
                                                    Res. dev.     =   24528.25
```

docvis	Coef.	Robust Std. Err.	t	P>|t|	[95% Conf.	Interval]
/xb_private	.1235144	.0395179	3.13	0.002	.0460351	.2009937
/xb_medicaid	.0856747	.0649936	1.32	0.188	-.0417525	.2131018
/xb_age	.2951153	.0720509	4.10	0.000	.1538516	.4363789
/xb_age2	-.0019481	.0004771	-4.08	0.000	-.0028836	-.0010127
/xb_educyr	.0309924	.0051192	6.05	0.000	.0209557	.0410291
/xb_actlim	.1916735	.0413705	4.63	0.000	.110562	.2727851
/xb_totchr	.2191967	.0151021	14.51	0.000	.1895874	.248806
/xb_one	-10.12438	2.713159	-3.73	0.000	-15.44383	-4.804931

NLS 系数估计值介于泊松和 NB2 极大似然估计值的 20%之间，同时也表明了边际效应值有相似的差异。NLS 估计值的稳健标准误大概比泊松极大似然估计的稳健标准误值高 20%，证实了预测的效率缺失。

然而除非有一个很好的理由，否则对于计数数据而言最好还是使用泊松或 NB2 极大似然估计值，而不是使用 NLS 估计量。

17.3.5 栅栏(Hurdle)模型

我们现在考虑两种混合模型中的第一种，这种模型包含对分布的条件均值和方差的新设定。

栅栏模型或两部分模型，放宽了对相同数据生成过程中 0 值和正值的假设。0 值都是取决于密度函数 $f_1(\cdot)$，使得 $\Pr(y=0)=f_1(0)$，且 $\Pr(y>0)=1-f_1(0)$。从截尾的密度函数 $f_2(y|y>0)=f_2(y)/\{1-f_2(0)\}$得到的正计数，乘以 $\Pr(y>0)$来保证概率总和为 1。因此为了记数的简便性，我们要压缩解释变量。

$$f(y)=\begin{cases} f_1(0) & \text{如果 } y=0, \\ \dfrac{1-f_1(0)}{1-f_2(0)}f_2(y) & \text{如果 } y\geqslant 1 \end{cases}$$

该式设定了仅当 $f_1(\cdot)=f_2(\cdot)$时的标准模型。尽管该模型的动因是用来处理 0 值过多的数据，但是它同样可以处理建模中 0 值太少的情况。

栅栏模型有一个解释是它能反映一个两阶段决策的过程，每一部分都是作为一个决策的模型。模型的两部分的函数都是相互独立的。因此，栅栏模型的极大似然估计可以通过分别在似然函数中对两项求最大值来得到，一个与 0 值相关，另一个与正值相关。这是非常简便的。第一部分用的是完整的样本，但是第二部分仅使用了正计数观测值。

对于特定的活动类型，这种设定非常容易进行推理。例如，在一个解释每天吸烟数量的模型中，调查可能会包括吸烟者和不吸烟者。已知至少有一个人是吸烟的，第一个模型决定着一个人是否吸烟，第二个模型决定吸烟的数量(或吸烟的包数)。

作为解释说明，我们按下面的步骤从栅栏模型中进行抽样。正值都是由在 0 处截尾的 Poisson(2)分布中产生的。对这些截尾数据进行抽样的一个方法是从 Poisson(2)分布中抽样，然后将任何一个观测值的 0 抽样值由一个非 0 的抽样值替代，直到所有的这些值都是非 0 的。可以证明，这个方法与随机抽样的接收—拒绝方法是等价的，该方法的具体定义见 Cameron 和 Trivedi (2005,414)。这种方法很简单，但是如果大部分抽样值都是在 0 处截取的，那么计算会缺乏效率。那么为了对栅栏模型进行抽样，我们随机的将部分截取的泊松抽样值用 0 值替代。一个抽样值点由π的概率值替代，且概率值保持为 $1-\pi$，我们设 $\pi=1-(1-e^{-2})/2\simeq0.568$，因为这个值证明对于栅栏模型抽样数据，可以产生一个为 1 的均值。正值的比例是 0.432。我们有：

```
. * Hurdle: Pr[y=0]=pi and Pr[y=k]=(1-pi) x Poisson(2) truncated at 0
. quietly set obs 10000

. set seed 10101              // set the seed !

. scalar pi=1-(1-exp(-2))/2  // Probability y=0

. generate xhurdle = 0

. scalar minx = 0

. while minx == 0 {
  2.  generate xph = rpoisson(2)
  3.  quietly replace xhurdle = xph if xhurdle==0
  4.  drop xph
  5.  quietly summarize xhurdle
  6.  scalar minx = r(min)
  7. }

. replace xhurdle = 0 if runiform() < pi
(5663 real changes made)

. summarize xhurdle
```

Variable	Obs	Mean	Std. Dev.	Min	Max
xhurdle	10000	.999	1.415698	0	9

模型的设置为随机变量的均值为 1。从概述性统计中可看出即为这种情形。模型会引起过度离散分布，因为方差为 $1.4157^2=2.004>1$。

栅栏模型改变了条件均值的设定。栅栏模型的条件均值为：

$$E(y\mid\mathbf{x})=\Pr(y_1>0\mid\mathbf{x}_1)\times E_{y2>0}(y_2\mid y_2>0,\mathbf{x}_2) \tag{17.11}$$

且右式中的两项是分别由模型的两个部分所决定的。由于条件均值设定的形式，计算边际效应$\partial E(y|\mathbf{x})/\partial x_j$ 都变得更复杂。

栅栏模型的变化形式

任何一个二值结果模型都可以对“0 值与正值”的结果建模。logit 模型是一个很好的选择。第二部分模型可以使用可任意截取的参数化的计数密度函数，例如泊松模型或 NB 模型。在应用中，对 0/1 结果进行建模的模型中，栅栏部分中出现的协变量并不需要与截尾部分中的协变量一样，尽管在实证中协变量通常是一样的。

栅栏模型被广泛应用，并且栅栏 NB 模型更加灵活。模型主要的缺点就是不简洁。与栅栏模型相比的另一种模型是零膨胀类模型，在 17.4.2 节中会进行讲解。

栅栏计数模型的两个变体是由用户编写的 hplogit 命令和 hnblogit 命令来提供的(Hilbe 2005a,b)。他们在第一部分使用 logit 模型，在第二部分使用零截尾泊松(ZTP)模型或零截尾 NB(ZTNB)模型。(零膨胀模型在 17.4.2 节中进行讨论)命令的部分语法为：

hplogit *depvar* [*indepvars*] [*if*] [*in*] [, *options*]

和许多回归命令中的选项一样，options 包括 robust 和 nolog。

栅栏模型的应用

我们对栅栏模型进行极大似然估计，用官方的 Stata 命令进行两阶段估计，而不是使用用户编写的命令，因为用户编写的命令要求每一部分的解释变量是同一组。

第一阶段包括对一个二值结果模型的参数进行估计，较好的选择为二值 logit 模型或 probit 模型，使用 logit 命令或 probit 命令进行估计。

第二阶段是估计 ZTP 模型或 ZTNB 模型的参数，使用 ztp 命令和 ztnb 命令。这些命令的语法和选项都与 poisson 命令和 nbreg 命令相同。特别地，ztnb 命令的默认选项是用来估计一个零截尾 NB2 模型的参数。

我们首先使用 logit 命令。在运行 logit 命令前，我们不需要将 docvis 转换为一个二值变量，因为 Stata 会自动这么做。通过转换然后运行 logit 命令是很容易进行验证的。

```
. * Hurdle logit-nb model manually
. logit docvis $xlist, nolog

Logistic regression                               Number of obs   =       3677
                                                  LR chi2(7)      =     453.08
                                                  Prob > chi2     =     0.0000
Log likelihood = -1040.3258                       Pseudo R2       =     0.1788
```

docvis	Coef.	Std. Err.	z	P>|z|	[95% Conf.	Interval]
private	.6586978	.1264608	5.21	0.000	.4108392	.9065563
medicaid	.0554225	.1726693	0.32	0.748	-.2830032	.3938482
age	.5428779	.2238845	2.42	0.015	.1040724	.9816834
age2	-.0034989	.0014957	-2.34	0.019	-.0064304	-.0005673
educyr	.047035	.0155706	3.02	0.003	.0165171	.0775529
actlim	.1623927	.1523743	1.07	0.287	-.1362553	.4610408
totchr	1.050562	.0671922	15.64	0.000	.9188676	1.182256
_cons	-20.94163	8.335137	-2.51	0.012	-37.2782	-4.605057

第二阶段回归是仅建立在 docvis 的正观测值的基础上的。

```
. * Second step uses positives only
. summarize docvis if docvis > 0
```

Variable	Obs	Mean	Std. Dev.	Min	Max
docvis	3276	7.657814	7.415095	1	144

去掉样本中的 0 值已经提高了 docvis 的样本均值，并降低了标准差。

然后通过使用 ztnb 命令来估计 ZTNB 模型的参数。

```
. * Zero-truncated negative binomial
. ztnb docvis $xlist if docvis>0, nolog

Zero-truncated negative binomial regression       Number of obs   =       3276
                                                  LR chi2(7)      =     509.10
Dispersion      = mean                            Prob > chi2     =     0.0000
Log likelihood = -9452.899                        Pseudo R2       =     0.0262

------------------------------------------------------------------------------
      docvis |      Coef.   Std. Err.      z    P>|z|     [95% Conf. Interval]
-------------+----------------------------------------------------------------
     private |   .1095567   .0345239     3.17   0.002     .0418911    .1772223
    medicaid |   .0972309   .0470358     2.07   0.039     .0050425    .1894193
         age |   .2719032   .0625359     4.35   0.000     .1493352    .3944712
        age2 |  -.0017959    .000416    -4.32   0.000    -.0026113   -.0009805
      educyr |   .0265974   .0043937     6.05   0.000     .0179859     .035209
      actlim |   .1955384   .0355161     5.51   0.000     .1259281    .2651488
     totchr |   .2226969   .0124128    17.94   0.000     .1983683    .2470254
       _cons |   -9.19017   2.337591    -3.93   0.000    -13.77176   -4.608576
-------------+----------------------------------------------------------------
    /lnalpha |  -.5259629   .0418671                     -.6080209    -.443905
-------------+----------------------------------------------------------------
       alpha |    .590986   .0247429                      .5444273    .6415264
------------------------------------------------------------------------------
Likelihood-ratio test of alpha=0:  chibar2(01) = 7089.37 Prob>=chibar2 = 0.000
```

在 logit 模型中符号为正的系数意味着相应的解释变量会增加正观测值的概率。在第二部分中,以正计数为条件的正系数也意味着,相应的变量会增加计数的值。结果显示除了 medicaid 和 actlim 外所有的变量的系数都是统计显著的,并且它们会对相同方向的结果都造成影响。

对于在模型的两部分中有相同的一组解释变量的例子,可以用用户编写的 hnblogit 命令来代替使用。那么:

```
. * Same hurdle model fit using the user-written hnblogit command
. hnblogit docvis $xlist, robust
```

(输出已省略)

在对模型的两部分进行分别的估计中产生了相同的参数估计值。

计算栅栏模型的 ME 是十分复杂的,因为一个解释变量的变化可能会改变模型的 logit 部分和截尾计数部分。对于 logit-截尾泊松模型或 logit-截尾 NB2 栅栏模型的完整分析,设定了对(17.11)式中给出的条件均值的表达式,然后使用微积分或有限差分的方法来计算 ME。在此我们简单地对两个部分的 ME 分别进行计算,为了保证二值解释变量的边际效应值是通过有限差分法来计算的,我们需要使用因子变量的 i.算子来定义需要拟合的模型。然而用户编写的 hnblogit 命令并不支持因子变量,所以相反地我们使用 logit 命令和 ztnb 命令分别对每一部分进行估计。然后我们使用 margins 命令、dydx()atmean 命令在解释变量的样本均值处进行评价。

在 logit 命令后通过使用 margins 命令能够得到第一部分的 ME。

```
. * margins for marginal effects of first part
. quietly logit docvis i.private i.medicaid age age2 educyr i.actlim totchr, vce(
> robust)

. margins, dydx(*) atmean noatlegend

Conditional marginal effects                    Number of obs     =       3677
Model VCE    : Robust

Expression   : Pr(docvis), predict()
dy/dx w.r.t. : 1.private 1.medicaid age age2 educyr 1.actlim totchr

------------------------------------------------------------------------------
             |            Delta-method
             |      dy/dx   Std. Err.      z    P>|z|     [95% Conf. Interval]
-------------+----------------------------------------------------------------
   1.private |   .0363352   .0074238     4.89   0.000     .0217848    .0508856
  1.medicaid |   .0029777    .009205     0.32   0.746    -.0150638    .0210193
         age |   .0296458   .0126672     2.34   0.019     .0048186    .0544731
        age2 |  -.0001911   .0000849    -2.25   0.024    -.0003574   -.0000247
      educyr |   .0025685   .0008484     3.03   0.002     .0009056    .0042314
    1.actlim |   .0086643   .0079693     1.09   0.277    -.0069552    .0242838
      totchr |   .0573698   .0031875    18.00   0.000     .0511224    .0636171
------------------------------------------------------------------------------
Note: dy/dx for factor levels is the discrete change from the base level.
```

同样,在 ZTNB 估计中用 margins 命令可以获得第二部分的 ME。

```
. * margins for marginal effects of second part
. quietly ztnb docvis i.private i.medicaid age age2 educyr i.actlim totchr if doc
> vis>0, vce(robust)

. margins, dydx(*) atmean noatlegend

Conditional marginal effects                    Number of obs     =       3276
Model VCE    : Robust

Expression   : Predicted number of events, predict()
dy/dx w.r.t. : 1.private 1.medicaid age age2 educyr 1.actlim totchr

------------------------------------------------------------------------------
             |            Delta-method
             |      dy/dx   Std. Err.      z    P>|z|     [95% Conf. Interval]
-------------+----------------------------------------------------------------
   1.private |   .7370155   .2570042     2.87   0.004     .2332966    1.240734
  1.medicaid |   .6763906   .4244585     1.59   0.111    -.1555328    1.508314
         age |   1.830572   .4512718     4.06   0.000     .9460953    2.715048
        age2 |  -.0120909   .0029917    -4.04   0.000    -.0179544   -.0062273
      educyr |   .1790656   .0343792     5.21   0.000     .1116835    .2464476
    1.actlim |   1.357682   .2932076     4.63   0.000     .7830057    1.932358
      totchr |   1.499293   .0901594    16.63   0.000     1.322584    1.676002
------------------------------------------------------------------------------
Note: dy/dx for factor levels is the discrete change from the base level.
```

在本例中,age 变量的平方项使 ME 的计算更复杂。在解释变量的列中用 c.age#c.age 和 c.age 来代替 age 和 age2,用 margins 命令会得到与年龄相关的正确的 ME,见 10.6.11节。

可以用 ztp 命令代替 ztnb 命令估计泊松栅栏模型的参数,因为模型的第一部分都是相同的。ZTNB 模型回归比 ZTP 模型回归拟合得更好,这是由于数据是过度离散的。大部分的 ZTP 系数都比 ZTNB 系数值稍大一点或差不多,但是从 ZTP 和 ZTNB 中得到的实质性结论是相似的。

栅栏模型的估计值更不可靠，因为任何分布上的误设都会导致 MLE 的不一致性。从(17.11)式的条件均值表达式中可以清晰看出这一点。这包括了一个截尾均值即 $E_{y>0}(y|y>0,\mathbf{x})$，均值的差异取决于我们使用的是 ZTP 模型还是 ZTNB 模型。

关于模型选择的问题将稍后在本章中进行讨论。

17.3.6 有限混合模型

NB 模型是连续混合模型的一个例子，因为假定了异质性变量或混合随机变量 μ 是连续分布的(伽马分布)。另一个可选方法是对不可观测的异质性使用一个离散的代表值。这会产生一类模型，称之为有限混合模型(PMMS)——一个潜变量类型模型的特殊子类别模型；见 Deb(2007)及 Cameron 和 Trivedi(2005，第 20.4.3 节)。

FMM 模型设定

FMM 模型设定 y 的密度是 m 个不同密度的一个线性组合，这里第 j 个密度是 $f_j(y|\beta_j)$，$j=1,2,\cdots,m$。因此一个含 m 部分的有限混合模型为：

$$f(y|\beta,\pi)=\sum_{j=1}^{m}\pi_j f_j(y|\beta_j),\qquad 0\leqslant\pi_j\leqslant 1,\qquad \sum_{j=1}^{m}\pi_j=1$$

这个简单的例子包含两个组成部分，即$(m=2)$Poisson(μ_1)和 Poisson(μ_2)的一个泊松混合模型。它反映了被抽样总体包含两种“类型”个例的可能性，一种个例是它的结果变量 y 服从 $f_1(y|\beta_1)$分布，另一个个例的结果变量 y 服从 $f_2(y|\beta_2)$分布，同时假设它们有不同的矩。一般而言，混合部分π_1是一个未知参数。在一个更一般的公式中，对被观测的变量 z 而言同样可以进行参数化。

模拟的 FMM 样本的比较

作为一个示例，我们生成的 Poisson(0.5)和 Poisson(5.5)的混合部分的比例分别为 0.9 和 0.1。

```
. * Mixture: Poisson(.5) with prob .9 and Poisson(5.5) with prob .1
. set seed 10101          // set the seed !

. generate xp1= rpoisson(.5)

. generate xp2= rpoisson(5.5)

. summarize xp1 xp2

    Variable |       Obs        Mean    Std. Dev.       Min        Max
-------------+--------------------------------------------------------
         xp1 |     10000       .5064    .7114841          0          5
         xp2 |     10000      5.4958    2.335793          0         16

. rename xp1 xpmix

. quietly replace xpmix = xp2 if runiform() > 0.9

. summarize xpmix

    Variable |       Obs        Mean    Std. Dev.       Min        Max
-------------+--------------------------------------------------------
       xpmix |     10000       .9936    1.761894          0         15
```

模型的设定产生一个均值为 $0.9\times 0.5+0.1\times 5.5=1$ 的随机变量。但是数据是过度离散的，样本方差为 $1.762^2=3.10$。这个离散程度比之前从泊松、NB2 和栅栏模型中生成的数据样本的离散程度更大。

```
. * Tabulate the mixture data
. tabulate xpmix
```

xpmix	Freq.	Percent	Cum.
0	5,414	54.14	54.14
1	2,770	27.70	81.84
2	764	7.64	89.48
3	245	2.45	91.93
4	195	1.95	93.88
5	186	1.86	95.74
6	151	1.51	97.25
7	108	1.08	98.33
8	73	0.73	99.06
9	42	0.42	99.48
10	27	0.27	99.75
11	12	0.12	99.87
12	6	0.06	99.93
13	4	0.04	99.97
14	2	0.02	99.99
15	1	0.01	100.00
Total	10,000	100.00	

对于 NB2 模型，分布有一个很长的右尾。尽管每一部分的均值差别很大，但混合分布并不是双峰的，见图 17.1 的直方图。这是因为仅有 10%的观测值是来自高均值分布区的。

将本章中泊松模型、NB2 模型、栅栏模型和有限混合模型中生成的四个分布从图中进行观察是有指导意义的。所有的模型都有相同的均值 1，但是它们有不同的离散特性。生成的数据用来产生四个直方图，我们选择将它们合并到一张图中。

```
. * Compare the four distributions, all with mean 1
. graph combine mus17xp.gph mus17negbin.gph mus17pmix.gph ///
>     mus17hurdle.gph, title("Four different distributions with mean = 1") ///
>     ycommon xcommon
```

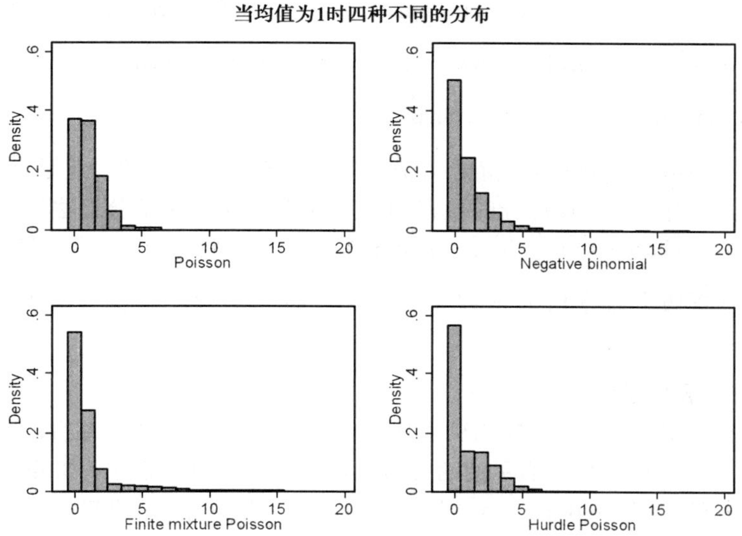

图 17.1 **四种计数分布**

对于这些分布，用概述性统计来补充这个图非常有助于解释。

```
. * Compare the four distributions, all with mean 1
. summarize xpois xnegbin xpmix xhurdle
```

Variable	Obs	Mean	Std. Dev.	Min	Max
xpois	10000	.9933	1.001077	0	6
xnegbin	10000	1.0129	1.442339	0	12
xpmix	10000	.9936	1.761894	0	15
xhurdle	10000	.999	1.415698	0	9

FMM 模型的 ML 估计

一般来说，混合模型的组成部分可能会被假设为它们的参数是不同的。这是一个很灵活的设定，因为分布的所有矩条件都取决于(π_j,$\beta_j=1,\cdots,m$)。但是这种灵活性是以简化模型参数化为代价得到的。更多的简化公式都假定在各部分中仅有部分参数不同，例如截距项，且剩下的参数在混合模型的部分中都是共同的。

FMM 的 ML 估计在计算上非常有挑战性，因为对数似然函数可能是多峰的，且它的对数分布形式不是凹的，此外还因为个别部分可能很难凭经验来识别。样本中异常值的存在可能会进一步引起识别问题。

fmm 命令

用户编写的 fmm 命令(Deb 2007)能对有限混合计数模型进行 ML 估计。可以用这个命令来估计几个连续和计数模型的混合部分。在此我们仅包括了计数模型。

这个命令的部分语法如下：

fmm *depvar* [*indepvars*] [*if*] [*in*] [*weight*], components(#)

mixtureof(*density*) [*options*]

其中，componets(#)指的是在设定中部分的数量，而且 mixtureof(density)指的是分布的设定。对于计数模型，有三个选择：泊松、NB2(negbin2)和 NB1(negbin1)。具体例子为：

fmm *depvar* [*varlist*1], components(2) mixtureof(poisson) vce(robust)

fmm *depvar* [*varlist*1], components(3) mixtureof(negbin2) vce(robust)

fmm *depvar* [*varlist*1], components(2) mixtureof(negbin1)

probability(varlist2) vce(robust)

该算法按照组成部分的个数依次计算。如果具有三个部分的设定是合适的，则我们首先应该运算具有两个组成部分的设定，进而得到模型第三个部分算法的初始值。一个重要的选项是 probability(*varlist*2)，它将π_j参数化为选项 *varlist*2 中变量的函数。

默认的设置假定概率值为常数类型的。该命令支持具有所有类型的 VCE 值的 vce()选项。

应用：泊松有限混合模型

接下来我们将 FMM 模型应用到看医生的数据中。我们将考虑泊松模型和 NB 模型的变体。一个由 FMM2-P 表示的两部分泊松混合模型中，每一个部分都是一个不同均值的泊松分布，即 Poisson$\{\exp(\mathbf{x}'\beta_j)\}$，$j=1,2$，并且样本中 π_j 的部分来自每一个子总体。这个模型有 $2K+1$ 个未知的参数，而 K 是模型中外生变量的数量。对于一个由

FMM2-NB 表示的两部分 NB 混合模型，可以进行相似的解释，但现在在总体的不同组别间，过度离散的参数是不同的。这个模型有 $2(K+1)+1$ 个未知参数。

我们首先考虑 FMM2-P 模型：

```
. * Finite-mixture model using fmm command with constant probabilities
. use mus17data.dta, clear

. fmm docvis $xlist, vce(robust) components(2) mixtureof(poisson)

Fitting Poisson model:

Iteration 0:   log likelihood = -15019.656
Iteration 1:   log likelihood =  -15019.64
Iteration 2:   log likelihood =  -15019.64

Fitting 2 component Poisson model:

Iteration 0:   log pseudolikelihood = -14985.068  (not concave)
Iteration 1:   log pseudolikelihood = -12233.072  (not concave)
Iteration 2:   log pseudolikelihood = -11752.598
Iteration 3:   log pseudolikelihood = -11518.01
Iteration 4:   log pseudolikelihood = -11502.758
Iteration 5:   log pseudolikelihood = -11502.686
Iteration 6:   log pseudolikelihood = -11502.686

2 component Poisson regression                   Number of obs   =       3677
                                                 Wald chi2(14)   =     576.86
Log pseudolikelihood = -11502.686                Prob > chi2     =     0.0000

------------------------------------------------------------------------------
             |               Robust
      docvis |      Coef.   Std. Err.      z    P>|z|     [95% Conf. Interval]
-------------+----------------------------------------------------------------
component1   |
     private |   .2077415   .0560256     3.71   0.000     .0979333    .3175497
    medicaid |   .1071618   .0964233     1.11   0.266    -.0818245    .2961481
         age |   .3798087    .100821     3.77   0.000     .1822032    .5774143
        age2 |  -.0024869   .0006711    -3.71   0.000    -.0038022   -.0011717
      educyr |    .029099   .0067908     4.29   0.000     .0157893    .0424087
      actlim |   .1244235   .0558883     2.23   0.026     .0148844    .2339625
     totchr |   .3191166   .0184744    17.27   0.000     .2829074    .3553259
       _cons |  -14.25713   3.759845    -3.79   0.000    -21.62629   -6.887972
-------------+----------------------------------------------------------------
component2   |
     private |    .138229   .0614901     2.25   0.025     .0177106    .2587474
    medicaid |   .1269723   .1329626     0.95   0.340    -.1336297    .3875742
         age |   .2628874   .1140355     2.31   0.021     .0393819     .486393
        age2 |  -.0017418   .0007542    -2.31   0.021      -.00322   -.0002636
      educyr |   .0241679   .0076208     3.17   0.002     .0092314    .0391045
      actlim |   .1831598   .0622267     2.94   0.003     .0611977    .3051218
     totchr |   .1970511   .0263763     7.47   0.000     .1453545    .2487477
       _cons |  -8.051256    4.28211    -1.88   0.060    -16.44404    .3415266
-------------+----------------------------------------------------------------
 /imlogitpi1 |    .877227   .0952018     9.21   0.000      .690635    1.063819
-------------+----------------------------------------------------------------
         pi1 |   .7062473   .0197508                      .6661082    .7434197
         pi2 |   .2937527   .0197508                      .2565803    .3338918
------------------------------------------------------------------------------
```

解释

在此,计算机输出结果将两部分的参数估计值分开了。如果两种类型的潜变量对解释变量的变化的反映差别很大,则可以预期参数也有很大的差别。在本例中,个体间的系数水平值并没有表现出有很大的差异。但正如下所示,这是误导的,因为两部分看医生的次数均值明显不同,即使斜率参数看似没有那么大的差别,这也会导致完全不同的 ME。

输出结果中的最后两行给出了 $\hat{\pi}_1$ 和 $\hat{\pi}_2(=1-\hat{\pi}_1)$的值。该算法把π参数化为 logistic 函数,同时约束它有一个正值。在算法收敛后,通过转换来恢复 $\hat{\pi}_1$。pi1 的解释为它代表了在 1 类中观测值的比例。本例中,大概有 70%的观测值在 1 类中,且剩下的 30%的观测值在 2 类中。

这些分类都是潜在的,所以对它们进行一些解释是很有帮助的。一种解释为:类别的差异取决于各自分布的均值,即 $\exp(\mathbf{x}_i'\hat{\beta}_j)\neq\exp(\mathbf{x}'\beta_2)$。为了对其进行比较,我们使用 predict 命令产生拟合值。对于泊松模型,预测值为 $\hat{y}_i^j=\exp(\mathbf{x}_i'\hat{\beta}_j)$,$j=1,2$。

两部分模型的预测值被保存为变量 yfit1 和 yfit2。

```
. * Predict y for two components
. quietly fmm docvis $xlist, vce(robust) components(2) mixtureof(poisson)

. quietly predict yfit1, equation(component1)

. quietly predict yfit2, equation(component2)

. summarize yfit1 yfit2
```

Variable	Obs	Mean	Std. Dev.	Min	Max
yfit1	3677	3.801692	2.176922	.9815563	27.28715
yfit2	3677	13.95943	5.077463	5.615584	55.13366

概述性统计对混合模型有明确的含义。第一部分中看医生次数的均值相对较低,大约是 3.80。第二部分中看医生次数的均值相对较高,大约为 13.96。两个类别的加权概率平均值为 $0.7062\times3.8017+0.2938\times13.9594=6.79$,这个数与总体样本平均值 6.82 非常接近。

所以 FMM 的解释为数据是由两类个体数据产生的,第一类数据为相对较少看医生的用户,大概占总体的 70%,第二类数据为看医生较多的用户,大约占总体的 30%。

边际效应的比较

两个类别同样对解释变量的变化的反应差别很大。为了比较反应的差异,我们使用 margins、dydx(*)atmean 命令,在解释变量相同值处即样本均值 $\bar{\mathbf{x}}$ 处计算 ME。用户编写的 fmm 命令并不能处理因子变量,所以我们在回归中不使用 i.算子来识别二值解释变量。结果是所有解释变量包括二值解释变量的 ME 都是用微积分方法来计算。

```
. * Marginal effects for component 1
. margins, dydx(*) predict(eq(component1)) atmean noatlegend
Warning: cannot perform check for estimable functions.

Conditional marginal effects                    Number of obs     =       3677
Model VCE    : Robust

Expression   : predicted mean: component1, predict(eq(component1))
dy/dx w.r.t. : private medicaid age age2 educyr actlim totchr

------------------------------------------------------------------------------
             |            Delta-method
             |      dy/dx   Std. Err.      z    P>|z|     [95% Conf. Interval]
-------------+----------------------------------------------------------------
     private |   .6952778   .1788904     3.89   0.000     .3446591    1.045897
    medicaid |   .3586536   .3277206     1.09   0.274    -.2836669    1.000974
         age |    1.27116   .3300602     3.85   0.000     .6242534    1.918066
        age2 |  -.0083233   .0021979    -3.79   0.000    -.0126311   -.0040156
      educyr |   .0973898   .0235727     4.13   0.000     .0511881    .1435915
      actlim |   .4164256   .1898125     2.19   0.028        .0444    .7884513
      totchr |   1.068033   .0641102    16.66   0.000     .9423791    1.193686
------------------------------------------------------------------------------

. * Marginal effects for component 2
. margins, dydx(*) predict(eq(component2)) atmean noatlegend
Warning: cannot perform check for estimable functions.

Conditional marginal effects                    Number of obs     =       3677
Model VCE    : Robust

Expression   : predicted mean: component2, predict(eq(component2))
dy/dx w.r.t. : private medicaid age age2 educyr actlim totchr

------------------------------------------------------------------------------
             |            Delta-method
             |      dy/dx   Std. Err.      z    P>|z|     [95% Conf. Interval]
-------------+----------------------------------------------------------------
     private |   1.822005    .795072     2.29   0.022     .2636927    3.380318
    medicaid |   1.673629   1.784231     0.94   0.348    -1.823399    5.170657
         age |   3.465136   1.482792     2.34   0.019     .5589159    6.371356
        age2 |  -.0229591   .0098162    -2.34   0.019    -.0421986   -.0037196
      educyr |   .3185591   .1043185     3.05   0.002     .1140986    .5230197
      actlim |    2.41424   .8438944     2.86   0.004     .7602377    4.068243
      totchr |   2.597344   .3458016     7.51   0.000     1.919585    3.275102
------------------------------------------------------------------------------
```

保险使用频率较高的小组即第二小组的边际效应值是使用频率较低的小组的几倍。对于两个主要的保险状况变量而言，使用频率较低的小组的 MEM 值大概是使用频率较高的小组的 3 到 4 倍。

下面的代码会生成两个部分拟合均值的分布直方图。

```
. * Create histograms of fitted values
. quietly histogram yfit1, name(_comp_1, replace)

. quietly histogram yfit2, name(_comp_2, replace)

. quietly graph combine _comp_1 _comp_2
```

这些直方图都绘制在图 17.2 中。很明显，第二部分看医生的次数更多。

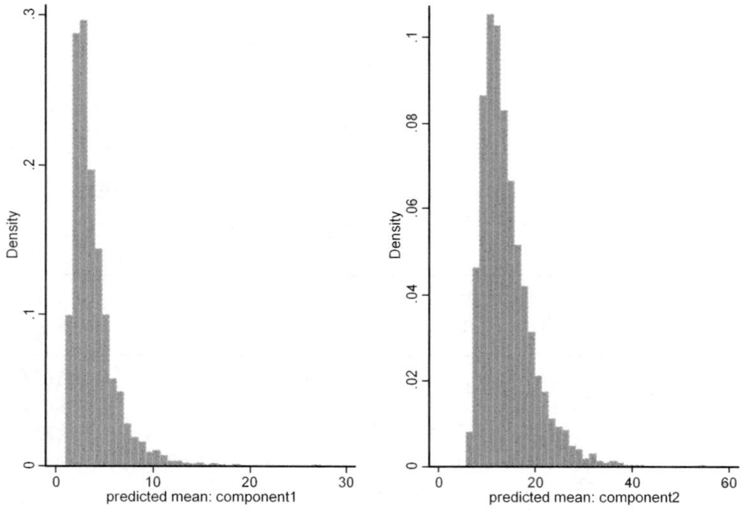

图 17.2 拟合值的分布,FMM2.P

应用:负二项(NB)有限混合模型

使用带有 mixtureof(negbin1)选项的 fmm 命令可以估计具有负二项分布的两部分混合模型。这个模型包括附加的过度离散的参数,这可能会潜在地造成数值算法的收敛性问题。如果一个过度离散的参数与 0 值太接近可能就会发生这种情况。进一步说,参数的个数随着组成部分个数以线性形式来增加,并且当设定中包括许多解释变量时,似然函数很快就会是高维的。通常情况下,mixtureof(negbin2)选项或 mixtureof(negbin2)选项比 mixtureof(poisson)选项需要进行更多次的迭代。

两个部分都是服从 NB1 形式的有限混合模型例子如下。

```
. * 2-component mixture of NB1
. fmm docvis $xlist, vce(robust) components(2) mixtureof(negbin1)

Fitting Negative Binomial-1 model:

Iteration 0:   log likelihood = -15019.656
Iteration 1:   log likelihood =  -15019.64
Iteration 2:   log likelihood =  -15019.64

Iteration 0:   log likelihood = -12739.566
Iteration 1:   log likelihood = -11125.786
Iteration 2:   log likelihood = -10976.314
Iteration 3:   log likelihood = -10976.058
Iteration 4:   log likelihood = -10976.058

Iteration 0:   log likelihood = -10976.058
Iteration 1:   log likelihood = -10566.829
Iteration 2:   log likelihood = -10531.205
Iteration 3:   log likelihood = -10531.054
Iteration 4:   log likelihood = -10531.054

Fitting 2 component Negative Binomial-1 model:
```

```
Iteration 0:   log pseudolikelihood = -10531.611  (not concave)
Iteration 1:   log pseudolikelihood = -10529.012  (not concave)
Iteration 2:   log pseudolikelihood =  -10515.85  (not concave)
Iteration 3:   log pseudolikelihood = -10500.668  (not concave)
Iteration 4:   log pseudolikelihood = -10495.501  (not concave)
Iteration 5:   log pseudolikelihood = -10494.709
Iteration 6:   log pseudolikelihood = -10493.449
Iteration 7:   log pseudolikelihood = -10493.333
Iteration 8:   log pseudolikelihood = -10493.324
Iteration 9:   log pseudolikelihood = -10493.324

2 component Negative Binomial-1 regression        Number of obs   =       3677
                                                  Wald chi2(14)   =     560.31
Log pseudolikelihood = -10493.324                 Prob > chi2     =     0.0000
```

docvis	Coef.	Robust Std. Err.	z	P>|z|	[95% Conf.	Interval]
component1						
private	.137827	.0610423	2.26	0.024	.0181863	.2574676
medicaid	.0379753	.0628139	0.60	0.545	-.0851377	.1610883
age	.253357	.0633567	4.00	0.000	.12918	.3775339
age2	-.0016569	.0004261	-3.89	0.000	-.002492	-.0008218
educyr	.0228524	.0055063	4.15	0.000	.0120602	.0336446
actlim	.1060655	.0514198	2.06	0.039	.0052845	.2068464
totchr	.2434641	.0294843	8.26	0.000	.1856759	.3012523
_cons	-8.645394	2.352187	-3.68	0.000	-13.2556	-4.035192
component2						
private	.372013	.5124233	0.73	0.468	-.6323182	1.376344
medicaid	.3344168	.856897	0.39	0.696	-1.34507	2.013904
age	.5260549	.6902627	0.76	0.446	-.8268352	1.878945
age2	-.0034424	.0047508	-0.72	0.469	-.0127539	.005869
educyr	.0457671	.0499026	0.92	0.359	-.0520402	.1435743
actlim	.3599301	.3852059	0.93	0.350	-.3950595	1.11492
totchr	.4150389	.1332826	3.11	0.002	.1538097	.6762681
_cons	-19.3304	25.16197	-0.77	0.442	-68.64696	29.98615
/imlogitpi1	2.382195	2.159316	1.10	0.270	-1.849987	6.614377
/lndelta1	1.210492	.2343343	5.17	0.000	.7512047	1.669778
/lndelta2	2.484476	.7928709	3.13	0.002	.9304772	4.038474
delta1	3.355133	.7862229			2.119552	5.310991
delta2	11.99483	9.510352			2.535719	56.7397
pi1	.9154595	.1671169			.1358744	.9986608
pi2	.0845405	.1671169			.0013392	.8641256

这两类数据的发生的概率不同，因为总体中的 92%都会落入保险使用频率较低的类别，且仅有 8%的样本会落入到保险使用频率较高的类别。在第二类中只有 totchr 的系数显著不为 0。对数似然函数的最大值约与栅栏 NB 模型的值相等，但是在混合模型中多了 3 个参数。两类中的系数与相应的 FMM2-P 结果差别不大。与预期结果一样，两部分中都有过度离散的事实，deltal 和 delta2 是过度离散参数。

使用每一部分的拟合值对两个部分的均值和方差进行比较是可行的。

```
. * Fitted values for 2-component NB1 mixture
. drop yfit1 yfit2

. predict yfit1, equation(component1)

. predict yfit2, equation(component2)

. summarize yfit1 yfit2

    Variable |       Obs        Mean    Std. Dev.       Min        Max
-------------+---------------------------------------------------------
       yfit1 |      3677    6.366216    2.634751   2.382437   28.68904
       yfit2 |      3677    12.39122    11.20933   1.507496   186.8094
```

第一部分的均值为 6.37,比样本均值稍低;第二部分的均值为 12.39。第二个分布的方差值很高,这表明在两个分布中有大量的重叠。这意味着两部分间的差别比在 FMM3-P 模型中的更小,但是拟合水平显著提高了。

模型选择

选择最好的模型涉及在拟合值、简化度和易于解释间的权衡。六个模型中哪一个模型的估计值能最好地对数据进行拟合呢?

表 17.1 总结了 3 个常用的模型比较统计值—对数似然值、赤池信息准则和贝叶斯信息准则(AIC 和 BIC) —在 10.7.2 节中解释过的。

栅栏模型的对数似然值简单地为模型两个部分的对数似然值的和,然而对于其他的模型,该值都是作为命令输出结果直接给出的。3 个准则都表明 NB2 栅栏模型能够有更好地进行拟合和最简便的设定。这样一个明确的结果并不是总能实现的。

表 17.1 六个模型的拟合优度准则

模 型	参 数	对数似然值	AIC	BIC
泊松模型	8	−15,019.64	30,055	30,113
NB2 模型	9	−10,589.34	21,197	21,253
泊松栅栏模型	16	−14,037.91	28,108	21,126
NB2 栅栏模型	17	−10,493.23	21,020	21,126
PMM2-P 模型	17	−11,502.69	23,039	23,145
FMM2-NB1 模型	19	−10,493.32	21,025	21,143

[a]泊松栅栏模型的对数似然值可以通过使用 587 页中的 hplogit 命令而非 hnblogit 命令来得到。

这些模型中大部分都是无嵌套的,所以 LR 检验是不可行的。可以用 LR 检验来比较泊松模型和 NB2 模型,这会导致强烈的拒绝选择泊松模型。

注意事项

很容易就会对混合模型过度参数化。当混合部分的组成部分个数太少,比如 2,并且组成部分分布的均值都相差甚远,那么各部分间就会出现明显的差别。然而,如果不是这种情形,且对 m 设定了一个更大的值,对所有组成部分进行清晰的识别可能是困难的,因为在分布中重叠的部分会增加。特别是,异常值的存在可能会引起组成部分的值只占观测值的一小部分。例如,如果 $m=3$,$\pi_1=0.6$,$\pi_2=0.38$,且$\pi_3=(1-0.6-0.38)=$

0.02,那么这就意味第三部分的观测值在数据中仅占2%。如果样本的2%的观测值的个数是一个很小的数量,我们就会将结果看作是异常值存在的结果。fmm命令允许组成部分的个数在2到9之间。

有许多迹象会显示出对混合模型组成部分的识别失败或弱识别。我们列出几个实例。第一,仅当在混合部分中添加其他组成部分时,对数似然值才可能略有增加。第二,当在混合部分中添加其他组成部分分时,就意味着它可能是一个多峰的目标函数,对数似然值也因此而减小。第三,如果少量观测值所占的比例很小,则一个或多个混合的部分所占的比例可能也很小。第四,迭代的对数可能会持续产生"不收敛"的信息。最后,收敛可能会很慢,这表明有一个平滑的对数似然值。因此,建议在设定和评价一个FMM模型时,使用相关背景知识和信息。

17.4 实证案例2

现在我们考虑一类计数数据模型的应用,这类模型允许0观测值的生成机制不同于将正观测值生成为1的机制。这些模型的一个子类别称之为零膨胀类模型,它用来处理"过多0值"的问题。这些模型是在上节中考虑到的几个模型的推广模型,所以自然而然地,在调查的一个适当的时间点询问这些模型是否在统计上都优于它们受约束的版本。

17.4.1 零膨胀数据

在本节中使用的数据集与在上一节中使用的数据集有高度重叠。最大的区别就是我们选择分析的变量是不同的。我们使用er变量来代替docvis作为被解释变量,er变量定义为在调查被访者中进急诊室的次数。进急诊室对于有医疗保险的老年总体是少有事件,这些人可以通过他们的公共保险项目来获得帮助,并因此不用将使用急诊室作为唯一获得医疗帮助的方法。这个变量看似有很明显的高度随机性。

开始时,模型中全部的解释变量与在docvis例子使用解释变量完全一样。然而,在进行一些初步分析后,这个解释列表就会减少到只有三个健康状况的变量,age,actlim和totchr,看似对er变量都有预测能力。概述性统计如下,同时还有er的频数分布的制表。

```
. * Summary stats for ER use model
. use mus17data_z.dta, clear

. global xlist1 age actlim totchr

. summarize er $xlist1

    Variable |       Obs        Mean    Std. Dev.       Min        Max
-------------+--------------------------------------------------------
          er |      3677    .2774001    .6929326          0         10
         age |      3677    74.24476    6.376638         65         90
      actlim |      3677     .333152    .4714045          0          1
      totchr |      3677    1.843351    1.350026          0          8

. tabulate er
```

# Emergency Room Visits	Freq.	Percent	Cum.
0	2,967	80.69	80.69
1	515	14.01	94.70
2	128	3.48	98.18
3	40	1.09	99.27
4	15	0.41	99.67
5	8	0.22	99.89
6	2	0.05	99.95
7	1	0.03	99.97
10	1	0.03	100.00
Total	3,677	100.00	

与 docvis 相比，er 变量有更大比例(80.7%)的 0 值。首先的四个值(0,1,2,3)在 er 中占了超过 99%的概率密度。

就其本身而言，这可能并不表明存在着“过多 0 值”的问题。给出的均值为 0.2774，泊松分布预测的概率值为 $\Pr(Y=0)=e^{-0.2774}=0.758$。被观测的比例为 0.807，比这个值高，但这个差异可以潜在地通过模型中的解释变量来解释。所以没有必要着急得出零膨胀的变体是必不可少的这个结论。

17.4.2 零膨胀数据的模型

提出零膨胀模型的初始目的是用来处理对于泊松模型而言 0 值过多的数据。像栅栏模型一样，它补充了一个计数密度函数 $f_2(\cdot)$，这在二值过程中是通过 $f_1(\cdot)$ 产生的。如果二值过程取值为 0，概率值为 $f_1(0)$，那么 $y=0$。如果二值过程取值为 1，概率为 $f_1(1)$，然后从计数密度 $f_2(\cdot)$ 中 y 的取值为 0,1,2,…。这令 0 值从两个方面产生：在二值过程的实现中；当二值随机变量取值为 1 时计数过程的实现中。

为了计数简便性而压缩解释变量的数量，零膨胀模型的密度为：

$$f(y)=\begin{cases} f_1(0)+\{1-f_1(0)\}f_2(0) & \text{如果 } y=0 \\ \{1-f_1(0)\}f_2(y) & \text{如果 } y\geqslant 1 \end{cases}$$

跟栅栏模型的例子一样，概率 $f_1(0)$ 可能是一个常数，或者是通过二项模型(例如 logit 模型或 probit 模型)来参数化。此外，$f_1(\cdot)$ 密度中的一组变量不需要与 $f_2(\cdot)$ 密度中的变量相同。

分别使用估计命令 zip 和 zinb，对零膨胀泊松(ZTP)模型和零膨胀 NB(ZTNB)模型进行参数估计。zip 命令的部分语法为：

zip *depvar* [*indepvars*] [*if*] [*in*] [*weight*], inflate (*varlist*) [*options*]

其中，inflate(*varlist*)对变量进行设定，如果有的话，这些变量决定计数是 logit 形式(默认选项)还是 probit 形式(probit 选项)的概率。其他的选项对于泊松命令而言都是相同的。

zinb 的部分语法与 zip 命令基本上是相同的。其他的选项与 nbreg 命令是相同的。我们仅需要估计的 NB 模型是一个(截尾的)NB2 模型。

对于泊松模型和 NB 模型,计数过程的条件均值为 $\exp(\mathbf{x}_2'\beta_2)$,且相应的含零值模型被证明有条件均值为:

$$E(y \mid \mathbf{x}) = \{1 - f_1(0 \mid \mathbf{x}_1)\} \times \exp(\mathbf{x}_2'\beta_2) \quad (17.12)$$

其中,$1-f_1(0|\mathbf{x}_1)$是二值过程变量等于 1 的概率。对于栅栏模型,边际效应因为模型的两部分中解释变量的存在而复杂化了。但是如果二值过程不依赖于解释变量,那么 $f_1(0|\mathbf{x}_1)=f_1(0)$,然后对于常规的泊松和 NB 模型而言,参数 β_2 可以直接被解释为半弹性的。

在运行了 zip 命令和 zinb 命令后,可以使用估计后 predict 命令来得到(17.12)式中被预测的均值,且可以用 margins 命令获得 MEM,MER 和 AME 值。

17.4.3 NB2 模型的结果

我们从 NB2 模型开始进行估计。

```
. * NB2 for er
. nbreg er $xlist1, nolog

Negative binomial regression                    Number of obs     =       3677
                                                LR chi2(3)        =     225.15
Dispersion     = mean                           Prob > chi2       =     0.0000
Log likelihood = -2314.4927                     Pseudo R2         =     0.0464

------------------------------------------------------------------------------
          er |      Coef.   Std. Err.      z    P>|z|     [95% Conf. Interval]
-------------+----------------------------------------------------------------
         age |   .0088528   .0061341     1.44   0.149    -.0031697    .0208754
      actlim |   .6859572   .0848127     8.09   0.000     .5197274    .8521869
     totchr |   .2514885   .0292559     8.60   0.000     .1941481     .308829
       _cons |  -2.799848   .4593974    -6.09   0.000    -3.700251   -1.899446
-------------+----------------------------------------------------------------
    /lnalpha |   .4464685   .1091535                      .2325315    .6604055
-------------+----------------------------------------------------------------
       alpha |   1.562783   .1705834                       1.26179    1.935577
------------------------------------------------------------------------------
Likelihood-ratio test of alpha=0:  chibar2(01) =  237.98 Prob>=chibar2 = 0.000
```

由于 $\alpha=1.56$,所以模型结果是过度离散的。系数估计值与之前泊松模型的估计值(没有给出)非常相似。回归模型方程的解释势较小但统计结果很显著。对具有高度内在随机性的事件来说,可以预料到有较小的总体解释势。有活动限制性的变量和有较多慢性病的变量与进急诊室的次数的 er 变量是正相关的。

prcounts 命令

从 NB2 模型中平均拟合的概率值中可得到模型拟合的一个指标。这可以通过使用用户编写的 countfit 命令来完成,在 17.3.3 节中讨论过。相反,我们演示用户编写的 prcounts 命令的使用(Long 和 Freese 2006),该命令计算每一个观测值预测的概率值和累积概率值。我们使用 max(3)选项是因为对于这些数据而言,大部分计数都是最多为 3。

```
. * Sample average fitted probabilities of y = 0 to max()
. prcounts erpr, max(3)

. summarize erpr*

    Variable |       Obs        Mean    Std. Dev.       Min        Max
-------------+--------------------------------------------------------
    erprrate |      3677    .2782362    .1833994   .1081308   1.693112
     erprpr0 |      3677    .8073199    .0855761   .4370237   .9049199
     erprpr1 |      3677    .1387214    .0389334   .0837048   .2136777
     erprpr2 |      3677    .0355246    .0243344   .0099214   .1207627
     erprpr3 |      3677    .0112286    .0122574    .001262   .0771202
-------------+--------------------------------------------------------
     erprcu0 |      3677    .8073199    .0855761   .4370237   .9049199
     erprcu1 |      3677    .9460414    .0485141   .6399685   .9886248
     erprcu2 |      3677     .981566    .0249449   .7607312   .9985461
     erprcu3 |      3677    .9927946    .0130371   .8378514   .9998082
    erprprgt |      3677    .0072054    .0130371   .0001918   .1621486
```

输出结果从 erprrate 变量开始，它是一个拟合均值并且平均值为 0.278，与样本均值 0.277 很接近。erprpr0—erprpr3 变量是 $\Pr(y_i=j)$ 的预测值，$j=0,1,2,3$，与 17.4.1 节中输出结果中给出的样本频数 0.807，0.140，0.035 和 0.011 相比，平均数为 0.807，0.139，0.036 和 0.011。拟合的频数和被观测的频数值非常接近，相比较泊松分布提高了拟合值(并未给出)。erprcu0—erprcu3 变量都是相应的累积的预测概率值。

17.4.4 ZINB 模型的结果

用 zinb 命令来估计 ZINB 模型的参数，在模型的两部分中我们使用同一组解释变量。

```
. * Zero-inflated negative binomial for er
. zinb er $xlist1, inflate($xlist1) vuong nolog

Zero-inflated negative binomial regression        Number of obs   =       3677
                                                  Nonzero obs     =        710
                                                  Zero obs        =       2967

Inflation model = logit                           LR chi2(3)      =      34.29
Log likelihood  = -2304.868                       Prob > chi2     =     0.0000

------------------------------------------------------------------------------
          er |      Coef.   Std. Err.      z    P>|z|     [95% Conf. Interval]
-------------+----------------------------------------------------------------
er           |
         age |   .0035485   .0076344     0.46   0.642    -.0114146    .0185116
      actlim |   .2743106   .1768941     1.55   0.121    -.0723954    .6210165
      totchr |   .1963408   .0558635     3.51   0.000     .0868504    .3058313
       _cons |  -1.822978   .6515914    -2.80   0.005    -3.100074   -.5458825
-------------+----------------------------------------------------------------
inflate      |
         age |  -.0236763   .0284226    -0.83   0.405    -.0793835    .0320309
      actlim |   -4.22705   18.91192    -0.22   0.823    -41.29372    32.83962
      totchr |  -.3471091   .2052892    -1.69   0.091    -.7494686    .0552505
       _cons |   1.846526   2.071003     0.89   0.373    -2.212565    5.905618
-------------+----------------------------------------------------------------
    /lnalpha |   .1602371    .235185     0.68   0.496    -.3007171    .6211913
-------------+----------------------------------------------------------------
       alpha |   1.173789   .2760576                      .7402871    1.861144
------------------------------------------------------------------------------
Vuong test of zinb vs. standard negative binomial: z =     1.99  Pr>z = 0.0233
```

模型估计的系数与 NB2 模型中估计的系数值不同。这两个模型的条件均值不同——见(17.12)式，所以这些系数并无直接可比性。

zinb 命令的 vuong 选项执行了 Vuong(1989)的 LR 检验，对 NB 模型和 ZINB 模型进行区分。这个检验解决了只有在 logit 模型参数空间的边界处才能将 ZINB 模型简化为 NB 模型的问题[所以 $f_1(0)=0$]。此外，Vuong 的检验并不要求在原假设下条件下的两个模型中任一个模型是正确设定的。检验统计值是服从标准正态分布的，一个较大的正值适合于选择 ZINB 模型，较大的负值适合于选择 NB 模型。这里检验统计值为 1.99，单边 p 值为 0.023，所以在 0.05 的显著性水平上适合于选择 ZINB 模型。

17.4.5 模型比较

计数模型，即使是非嵌套的模型，都可以根据拟合优度进行比较。

countfit 命令

尽管我们可以到此为止，仅依据这些估计得出实质性结论，但是我们应该检验零膨胀模型是否可以提高对数据的拟合优度。用用户编写的 countfit 命令(Long 和 Freese 2006)对四个候选模型的多项模型进行比较：Poisson 模型、NB2 模型、ZIP 模型和 ZINB 模型。

用 countfit 命令比较模型

我们使用 countfit 命令的不同选项来限制输出结果，最重要的限制是不报告模型的估计值，而仅仅是对 NB2 和 ZINB 模型进行比较。我们得到：

```
. * Comparison of NB and ZINB using countfit
. countfit er $xlist1, nbreg zinb nograph noestimates
Comparison of Mean Observed and Predicted Count

            Maximum        At        Mean
Model     Difference     Value      |Diff|
---------------------------------------------
NBRM         0.001          1        0.000
ZINB         0.006          1        0.001

NBRM: Predicted and actual probabilities

Count   Actual     Predicted    |Diff|    Pearson
------------------------------------------------
0        0.807       0.807       0.000      0.001
1        0.140       0.139       0.001      0.047
2        0.035       0.036       0.001      0.053
3        0.011       0.011       0.000      0.040
4        0.004       0.004       0.000      0.001
5        0.002       0.002       0.001      0.558
6        0.001       0.001       0.000      0.181
7        0.000       0.000       0.000      0.052
8        0.000       0.000       0.000      0.610
9        0.000       0.000       0.000      0.308
------------------------------------------------
Sum      1.000       1.000       0.004      1.850
```

```
ZINB: Predicted and actual probabilities

Count    Actual     Predicted     |Diff|    Pearson
------------------------------------------------
0         0.807       0.808      0.001      0.009
1         0.140       0.135      0.006      0.834
2         0.035       0.039      0.004      1.467
3         0.011       0.012      0.001      0.444
4         0.004       0.004      0.000      0.003
5         0.002       0.001      0.001      1.499
6         0.001       0.001      0.000      0.003
7         0.000       0.000      0.000      0.087
8         0.000       0.000      0.000      0.300
9         0.000       0.000      0.000      0.125
------------------------------------------------
Sum       1.000       1.000      0.013      4.770

Tests and Fit Statistics

-------------------------------------------------------------------------
NBRM           BIC=  4670.035  AIC=  4638.985  Prefer  Over  Evidence
-------------------------------------------------------------------------
  vs ZINB      BIC=  4683.624  dif=   -13.589  NBRM    ZINB  Very strong
               AIC=  4627.735  dif=    11.250  ZINB    NBRM
               Vuong=   1.991  prob=    0.023  ZINB    NBRM  p=0.023
```

第一组输出结果给出了平均预测的概率值，分别是 NB2 模型(nbreg)和 ZINB 模型(zinb)的概率值。这两个值与实际的频数都非常接近，并且实际上 ZINB 模型估计得更好。

第二组输出结果给出了惩罚的基于对数似然统计值的 AIC 和 BIC，它们是 AIC 和 BIC 另一种缩放度量的方法，详见 10.7.2 节。BIC 惩罚模型的复杂性(被估计参数的数量)比 AIC 更严重，更适合于选择 NB2 模型，而 AIC 更适合于选择 ZINB 模型。

这个实例表明在数据集中有过度 0 值并不意味着需要一个零膨胀模型。对于这些数据，ZINB 模型比 NB2 模型仅改进一点，而且如果 BIC 被作为模型选择的准则，实际上该模型是完全没有改进之处的。NB2 模型的参数估计值更容易解释。

17.5 含内生解释变量的模型

截止目前为止，在计数模型回归中解释变量被假设是外生的。我们现在研究一个更一般的模型，该模型中有一个解释变量是内生的。具体来说，在本章中使用的实证案例中假设解释变量 private 是外生的。但是个人可以并需要选择他们是否想要私人额外保险，因此这个变量可能是内生性的，即由 private 与 docvis 联合决定。如果内生性被忽略了，标准单方程的估计量将会不一致。

这些问题与 14.8 节中已经讨论的 probit 模型中的内生性问题是相似的。我们演示控制模型内生性问题的两种不同的方法——结构模型法和较少参数化的非线性工具变量(IV)法。

17.5.1 结构模型法

结构模型法对我们感兴趣的被解释变量(y_1)和内生解释变量(y_2)进行了清晰的建模。

模型和假设

首先，计数收入的结构方程是一个泊松模型，它的均值取决于内生解释变量：

$$y_{1i} \sim \text{Poisson}(\mu_i)$$
$$\mu_i = E(y_{1i} \mid y_{2i}, \mathbf{x}_{1i}, \mu_{i1}) = \exp(\beta_1 y_{2i} + \mathbf{x}_{1i}'\beta_2 + \mu_{1i}) \tag{17.13}$$

y_2 是一个内生变量，$\mathbf{x}_1$ 是外生变量的一个向量。μ_1 是一个误差项，可以解释为与内生解释变量 y_2 相关的不可观测的异质性，但 μ_1 与外生解释变量 $\mathbf{x}_1$ 不相关。如果添加的误差项 μ_1 允许其考虑内生性，同时它也导致了过度离散的问题，因此必须把泊松模型一般化来控制过度离散的问题，如果使用一个 NB 模型将会采用同样的方法。

接下来，为了说明 y_2 和 μ_1 之间相互依赖的性质，我们设定 y_2 的一个线性简化方程。也就是：

$$y_{2i} = \mathbf{x}_{1i}'\gamma_1 + \mathbf{x}'_{2i}\gamma_2 + \varepsilon_i \tag{17.14}$$

其中，$\mathbf{x}_2$ 是一个外生变量的向量，对 y_2 有重要的影响，但是不会直接影响 y_1，因此它是对 y_2 变化的一个独立观测来源。标准做法是将其视为一个排除约束，并将 $\mathbf{x}_2$ 视为一个排除的外生变量或 IV。按照惯例，(17.13)式的稳健识别的一个条件如在线性回归模型的情形一样，就是在此至少存在一个有效的排除性变量(工具变量)是可用的。当仅有一个这样的变量出现在(17.14)式中，模型就被认为是恰好识别的，如果有其他的排除性变量，模型就会被认为是过度识别的。

假定误差 μ_1 和 ε 是通过下式相关的：

$$\mu_{1i} = \rho\,\varepsilon_i + \eta_i \tag{17.15}$$

其中，$\eta_i \sim [0, \sigma_n^2]$与 $\varepsilon_i \sim [0, \sigma_\varepsilon^2]$是相互独立的。

这个假设可以解释为 ε 是一个共同的潜因子，会影响 y_1 和 y_2，并且在控制了可观测变量 $\mathbf{x}_1$ 和 $\mathbf{x}_2$ 的影响后，是 y_1 和 y_2 间相互依赖的唯一来源。如果 $\rho=0$，那么 y_2 可以被认为是外生性的。否则，y_2 是内生性的，由于它与 μ_1 在(17.14)式中是相关的，这是因为 y_2 和 μ_1 都取决于 ε 的值。

两阶段估计法

这个模型的极大似然估计法计算是具有挑战性的。两阶段估计法计算要简单得多。

把(17.14)式代入(17.13)式中，会得到 $\mu=\exp(\beta_1 y_2 + \mathbf{x}_1'\beta_2 + \rho\varepsilon)e^\eta$。关于 η 取期望值会得到 $E_\eta(\mu)=\exp(\beta_1 y_2 + \mathbf{x}_1'\beta_2 + \rho\varepsilon)\times E(e^\eta)=\exp(\beta_1 y_2 + \ln E(e^\eta) + \mathbf{x}_1'\beta_2 + \rho\varepsilon)$。常数项 $\ln E(e^\eta)$可以包含在截距项的系数中，即 $\mathbf{x}_1$ 的一部分。接下来会有：

$$\mu_i \mid \mathbf{x}_{1i}, y_{2i}, \varepsilon_i = \exp(\beta_1 y_{2i} + \mathbf{x}_{1i}'\beta_2 + \rho\,\varepsilon_i) \tag{17.16}$$

其中，ε_i 是一个新增变量，并且截距项包含在 $E(e^\eta)$中。

如果 ε 是可观测的，包含它的一个解释变量会控制 y_2 的内生性。已知 ε 是不可观测的，估计方法要采用一致性估计。下面使用两阶段估计法的步骤为：第一阶段，用 OLS 法估计(17.14)式，并产生残差 $\hat{\varepsilon}_i$。第二阶段，用 $\hat{\varepsilon}_i$ 替代 ε_i 后，再估计(17.16)式给出的泊松模型的参数。如下面讨论的，如果 $\rho=0$，那么我们可以使用 vce(robust)选项，但是如果 $\rho\neq0$，那么需要用自抽样法来估计 VCE，以此来控制 $\hat{\varepsilon}_i$ 对 ε_i 的估计值，该方法详见 13.4.5 节。

应用

我们将两阶段估计步骤应用到在 17.3 节中分析的看医生数据的泊松模型中，其中一个重要的改变是 private 变量现在被看作内生的。两个排除性变量被当作工具变量使用，分别是 income 和 asiratio。第一个变量用来度量全部家庭收入，第二个变量用来度量社会保障收入与总收入的比率。联合来看，这两个变量反映了私人保险的购买力。income 变量有较高的值会使私人保险购买更容易，然而 asiratio 有较高的值表明了收入的约束性，而且预计可能与 private 负相关。为了这些工具的有效性，在控制包括二次年龄、教育、健康状况测量和获得的医疗补助等其他解释变量后，我们需要假定在65～90 岁年龄段的人去看医生的次数并不是由 income 或 asiratio 变量决定的。

第一阶段是生成一个 private 对解释变量和工具变量进行线性概率回归所得的残差值。

```
. * First-stage linear regression
. use mus17data.dta, clear

. global xlist2 medicaid age age2 educyr actlim totchr

. regress private $xlist2 income ssiratio, vce(robust)

Linear regression                                      Number of obs =    3677
                                                       F(  8,  3668) =  249.61
                                                       Prob > F      =  0.0000
                                                       R-squared     =  0.2108
                                                       Root MSE      =  .44472
```

private	Coef.	Robust Std. Err.	t	P>|t|	[95% Conf.	Interval]
medicaid	-.3934477	.0173623	-22.66	0.000	-.4274884	-.3594071
age	-.0831201	.0293734	-2.83	0.005	-.1407098	-.0255303
age2	.0005257	.0001959	2.68	0.007	.0001417	.0009098
educyr	.0212523	.0020492	10.37	0.000	.0172345	.02527
actlim	-.0300936	.0176874	-1.70	0.089	-.0647718	.0045845
totchr	.0185063	.005743	3.22	0.001	.0072465	.0297662
income	.0027416	.0004736	5.79	0.000	.0018131	.0036702
ssiratio	-.0647637	.0211178	-3.07	0.002	-.1061675	-.0233599
_cons	3.531058	1.09581	3.22	0.001	1.3826	5.679516

```
. predict lpuhat, residual
```

两个工具变量 income 和 asiratio 都是高度统计显著的，与预期的符号一致。

第二阶段对包含第一阶段残差的泊松模型的解释变量进行拟合。

```
. * Second-stage Poisson with robust SEs
. poisson docvis private $xlist2 lpuhat, vce(robust) nolog

Poisson regression                                Number of obs   =       3677
                                                  Wald chi2(8)    =     718.87
                                                  Prob > chi2     =     0.0000
Log pseudolikelihood = -15010.614                 Pseudo R2       =     0.1303
```

docvis	Coef.	Robust Std. Err.	z	P>|z|	[95% Conf.	Interval]
private	.5505541	.2453175	2.24	0.025	.0697407	1.031368
medicaid	.2628822	.1197162	2.20	0.028	.0282428	.4975217
age	.3350604	.0696064	4.81	0.000	.1986344	.4714865
age2	-.0021923	.0004576	-4.79	0.000	-.0030893	-.0012954
educyr	.018606	.0080461	2.31	0.021	.002836	.034376
actlim	.2053417	.0414248	4.96	0.000	.1241505	.286533
totchr	.24147	.0129175	18.69	0.000	.2161523	.2667878
lpuhat	-.4166838	.249347	-1.67	0.095	-.9053949	.0720272
_cons	-11.90647	2.661445	-4.47	0.000	-17.1228	-6.69013

lpuhta 系数的 z 统计值为外生性的原假设 $H_0: \rho = 0$ 提供了一个稳健 Wald 检验的基础。z 统计值的 p 值为 0.095，拒绝了 $H_1: \rho \neq 0$，这导致在 0.05 的显著性水平上不拒绝原假设 H_0。但是对 $H_1: \rho \neq 0$ 的单侧检验是可行的，因为这是在先验的基础上提出的。然后 p 值为 0.047，这导致在 0.05 显著性水平上拒绝了 H_0。

如果 $\rho \neq 0$，那么第二阶段估计量的 VCE 值需要用 13.4.5 节中给出的自抽样法得到的 $\hat{\varepsilon}_i$ 代替 ε_i。我们有：

```
. * Program and bootstrap for Poisson two-step estimator
. program endogtwostep, eclass
  1.    version 11
  2.    tempname b
  3.    capture drop lpuhat2
  4.    regress private $xlist2 income ssiratio
  5.    predict lpuhat2, residual
  6.    poisson docvis private $xlist2 lpuhat2
  7.    matrix `b' = e(b)
  8.    ereturn post `b'
  9. end

. bootstrap _b, reps(400) seed(10101) nodots nowarn: endogtwostep

Bootstrap results                               Number of obs      =      3677
                                                Replications       =       400
```

	Observed Coef.	Bootstrap Std. Err.	z	P>|z|	Normal-based [95% Conf.	Interval]
private	.5505541	.2567815	2.14	0.032	.0472716	1.053837
medicaid	.2628822	.1205813	2.18	0.029	.0265473	.4992172
age	.3350604	.0707275	4.74	0.000	.1964371	.4736838
age2	-.0021923	.0004667	-4.70	0.000	-.0031071	-.0012776
educyr	.018606	.0083042	2.24	0.025	.0023301	.034882
actlim	.2053417	.0412756	4.97	0.000	.124443	.2862405
totchr	.24147	.0134522	17.95	0.000	.2151042	.2678359
lpuhat2	-.4166838	.2617964	-1.59	0.111	-.9297953	.0964276
_cons	-11.90647	2.698704	-4.41	0.000	-17.19583	-6.617104

该标准误与之前使用选项 vce(robust)获得的标准误基本没有区别。在 17.3.2 节中，private 的系数的泊松 ML 估计值为 0.142，稳健的标准误为 0.036。private 系数的两阶段估计值为 0.551，标准误为 0.241。估计的精度可能会差些，因为标准误比上面那个标准误大了 7 倍。对横截面数据来说，标准误的增大是很常见的，其中，工具变量(预测值)与被视为工具变量的解释变量并不高度相关。同时，系数是之前系数的 4 倍，这些

解释变量仍然是统计显著的。现在这一效应非常大,私人保险导致看医生次数的概率增加了 $100(e^{0.551}-1)=73\%$。

lpuhat2 的负系数可以解释为潜在因素增加了购买私人保险的概率,而减少了看医生的次数——根据相对健康状态,个体自我选择参与保险的情况来看,这个效应与偏好选择是一致的。对于私人保险的外生变化所产生的边际效应,要控制内生性实质性的效果,因为现在 private 的系数和相关的边际效应值更高。

17.5.2 非线性工具变量(IV)法

控制内生性另一种可供选择方法是非线性 IV(NLIV)法,或是在 11.8 节中提到的 GMM 方法。在 17.5.1 节的注释中,非线性工具变量法假设存在工具变量 $\mathbf{z}_i=(\mathbf{x}_{1i}'\mathbf{x}_{2i}')'$,并且它满足:

$$E[\mathbf{z}_i\{y_{1i}-\exp(\beta_1 y_{2i}+\mathbf{x}_{1i}'\beta_2)\}]=0$$

由于方程(17.13)—(17.15)都没指出矩条件,所以这个较少参数化的方法将所得到的估计量与使用结构法所得到估计量并不相同,即使在极限为 $N\to\infty$的条件下。

为了在我们的例子中应用非线性的工具变量法,我们使用与在 11.8.2 节中给出的一个相似的 gmm 命令。对于第一阶段的 GMM 估计,我们有:

```
. * Command gmm for one-step GMM (nonlinear IV) of overidentified Poisson model
. gmm (docvis - exp({xb:private medicaid age age2 educyr actlim totchr}+{b0})), i
> nstruments(income ssiratio medicaid age age2 educyr actlim totchr) onestep nolo
> g

Final GMM criterion Q(b) =  .0495772

GMM estimation

Number of parameters =   8
Number of moments    =   9
Initial weight matrix: Unadjusted                     Number of obs   =    3677
```

	Coef.	Robust Std. Err.	z	P>|z|	[95% Conf.	Interval]
/xb_private	.5920141	.3397342	1.74	0.081	-.0738527	1.257881
/xb_medicaid	.3186684	.190995	1.67	0.095	-.0556748	.6930117
/xb_age	.3323179	.0705327	4.71	0.000	.1940763	.4705595
/xb_age2	-.002176	.0004643	-4.69	0.000	-.0030859	-.001266
/xb_educyr	.0190887	.0092216	2.07	0.038	.0010148	.0371626
/xb_actlim	.2084978	.0433758	4.81	0.000	.1234828	.2935128
/xb_totchr	.241843	.0129869	18.62	0.000	.2163892	.2672968
/b0	-11.86323	2.732635	-4.34	0.000	-17.21909	-6.50736

```
Instruments for equation 1: income ssiratio medicaid age age2 educyr actlim
    totchr _cons
```

这个结果与上面其他估计给出的结果在性质上是相似。在 0.05 的显著性水平上使用双侧检验,变量 private 的系数现在不再是统计显著的,因为其得到的标准误比在 17.5.1节中使用两阶段估计法所得到标准误的值更大。但是,在 0.05 的显著性水平上使用单侧检验对系数为负的备择假设进行检验,private 的系数仍然是统计显著的。

由于模型是过度识别的,由于比现有的解释变量多一个工具变量,用 twostep 这个命令选项进行两阶段 GMM 估计,就会潜在地提高估计效率。

```
. * Command gmm for two-step GMM (nonlinear IV) of overidentified Poisson model
. gmm (docvis - exp({xb:private medicaid age age2 educyr actlim totchr}+{b0})), i
> nstruments(income ssiratio medicaid age age2 educyr actlim totchr) twostep nolo
> g

Final GMM criterion Q(b) =  .0009926

GMM estimation

Number of parameters =   8
Number of moments    =   9
Initial weight matrix: Unadjusted                    Number of obs   =    3677
GMM weight matrix:     Robust

------------------------------------------------------------------------------
             |               Robust
             |      Coef.   Std. Err.      z    P>|z|     [95% Conf. Interval]
-------------+----------------------------------------------------------------
  /xb_private |   .5863841   .3412679     1.72   0.086    -.0824887    1.255257
 /xb_medicaid |   .2875693   .1910993     1.50   0.132    -.0869785    .6621171
      /xb_age |   .3495993    .070644     4.95   0.000     .2111396    .4880591
     /xb_age2 |  -.0022813   .0004653    -4.90   0.000    -.0031932   -.0013694
   /xb_educyr |   .0174443   .0092449     1.89   0.059    -.0006753    .0355639
   /xb_actlim |   .1842652    .041791     4.41   0.000     .1023563    .2661741
   /xb_totchr |   .2461328   .0128855    19.10   0.000     .2208777     .271388
          /b0 |  -12.53958   2.737662    -4.58   0.000     -17.9053   -7.173866
------------------------------------------------------------------------------
Instruments for equation 1: income ssiratio medicaid age age2 educyr actlim
    totchr _cons
```

与一阶段 GMM 法相比，系数改变最多为 10%，而且标准误的变化很小。

在 6.3.7 节介绍的对线性 IV 模型进行过度识别约束的检验，也可扩展使用于非线性 GMM 方法。对于本例，在进行两阶段 GMM 估计之后，我们可以进行以下检验：

```
.* Test of overidentifying restriction following two-step GMM
.estat overid
  Test of overidentifying restriction:
  Hansen's J chi2(1)= 3.64969 (p = 0.0561)
```

检验统计量为 $\chi^2(1)$分布，因为有一个过度识别的约束（income 和 ssiratio 都是 private 的工具变量，且所有的其他解释变量都是它们自己的工具变量）。由于$p>0.05$，我们不会拒绝原假设，且过度识别的约束的结论有效。

17.6 Stata 资源

单方程的 Stata 命令[R]**poisson** 和[R] **nbreg**(对于 nbreg 和 gnbreg)包括基本的计数回归模型。另见[R] **poisson poestimation** 和[R] **nbreg postestimation**，它对检验假设及计算 ME 提出详细指导。关于零膨胀和删失模型，见[R] **zip**、[R] **zinb**、[R] **ztp** 和[R] **ztnb**。对于估计栅栏模型和有限混合模型，用户编写的 hplogit、hnblogit 和 fmm 命令都是与此相关的。用户编写的 prvalue、prcount 和 countfit 命令对模型评价和比较都是很有用的。对于面板计数数据分析，基本的命令[XT] **xtpoisson** 和[XT] **xtnbreg** 在 18 章中将会讨论。在 7.5 节中讨论过计数的分位数回归。最后，Deb 和 Trivedi (2006)提供了 mtreatnb 命令，可以用来估计一个处理效应模型的参数，该模型用来分析一个内生的多项处理（当从超过两个选择中选择一个处理时）对一个非负整数值的结果模型的效应，用 NB 回归来对非负整数值结果进行建模。

17.7 习题

1.研究 $\mu=2$ 的泊松分布和一个具有乘法形式的均值不变的对数正态异质性，其方差值为0.25。分别使用泊松分布和对数正态分布的伪随机数生成器，用这种方法生成一个具有 NB2 分布的模拟样本，以及生成一个具有泊松和对数正态混合分布的抽样。使用 17.2.2 节中使用的方法，生成另一个均值不变的伽马分布样本，方差为 0.25。使用 `summarize,detail` 命令，对两个样本的分位数进行比较。哪一个分布有更厚的右尾？对条件均值函数为 $\mu(x)=\exp(1+1x)$ 的计数数据回归模型重复以上操作，其中 x 是从均匀分布 uniform(0,1)中产生的一个外生变量。

2.对以上练习中生成的每一个回归样本，估计 NB2 模型的参数。比较这两个例子中 NB2 模型的拟合优度。哪一个模型的数据集能够更好地被 NB2 模型解释？你能对这个结果进行解释吗？

3.假设建议使用 `ztp` 命令来估计 ZTP 模型中的参数，尽管这不是必须的。相反，可以简单地从 y 的计数中减去 1，用 $y^*=y-1$ 来替代，然后使用新变量 y^* 应用常规的泊松模型；$E(y^*)=E(y)-1$。使用从泊松$\{\mu(x)=1+x\}$，$x=$uniform(0,1)中生成的数据，证实是否使用的这种方法与使用 `ztp` 方法是相等的？

4.使用有限混合命令(`fmm`)，对单变量(仅有截距的)的 `docvis` 模型而言，估计两个组成部分和三个组成部分的 NB2 混合模型。[因为 `fmm` 使用从$(m-1)$部分的混合模型中的结果来获得 m 部分混合模型的初始值，所以模型应该按 m 的值按顺序拟合。]使用 BIC 来挑选“更好”的模型。对于被选择的模型，使用 `predict` 命令计算 m 个部分的均值。解释和说明各部分均值的估计值和混合部分的估计值。两个部分和三个部分的识别稳健吗？解释你的答案。

5.使用从 17.4 节中的数据进行练习。使用 17.4 节中相同的协变量，估计泊松模型和 ZIP 模型的参数。检验在对数似然值中统计数值是否有显著的提高。哪一个模型的 BIC 更好？将这个结果与 NB2/2INB 的结果进行配对比较，并对结果进行合理化解释。

6.研究 17.5.1 节中的数据应用。去掉 `medicaid` 变量值为 1 的所有观测值，因此在回归中，去掉 `medicaid` 作为一个协变量。对于这个减少的样本，将 `private` 变量首先作为外生变量，然后作为内生变量，估计泊松模型的参数。获得并比较 `private` 变量对 `docvis` 变量 ME 的两个估计值。对 17.5.1 节中给出的内生性问题进行检验。

18 非线性面板模型

18.1 导论

用于非线性面板模型的一般方法与线性模型的方法相似,如:混合数据模型,总体平均模型,随机效应模型和固定效应模型。

我们特别关注短面板,对于短面板,在一些标准的非线性模型中,固定效应模型的一致估计量无法得到,比如二值 probit 模型。与线性的情形不同,混合数据模型与随机效应(RE)模型中的斜率参数将导致不一致的估计量。更一般地,线性模型的结果并非总能推广到非线性模型,并且用于某一种形式的非线性模型的方法可能无法适用于另一种形式。

我们首先讨论非线性面板模型的一般处理方法。然后,详细地讨论 logit 模型的面板处理方法。最后,给出其他数据形式的简略处理方法。

18.2 非线性面板数据概述

我们假设读者熟悉了第 8 章中的内容。我们使用个体效应模型作为起点来研究用于非线性模型的各种面板方法。

18.2.1 一些基本的非线性面板模型

我们研究被解释变量 y_{it} 与解释变量 $\mathbf{x}_{it}$ 为标量的非线性面板模型,其中 i 代表个体,t 代表时间。

在某些情形中,可以设定一个完全参数化的模型,其条件密度为:

$$f(y_{it} \mid \alpha_i, \mathbf{x}_{it}) = f(y_{it}, \alpha_i + \mathbf{x}'_{it}\beta, \gamma), \qquad t = 1, \cdots, T_i, i = 1, \cdots, N \tag{18.1}$$

其中,γ 表示附加的模型参数,如方差参数,而 α_i 是一个个体效应。

在其他情形中,可以设定一个条件均值模型,对于指定的函数 $g(\cdot)$,其加法效应为

$$E(y_{it} \mid \alpha_i, \mathbf{x}_{it}) = \alpha_i + g(\mathbf{x}'_{it}\beta) \tag{18.2}$$

或者其乘法效应为:

$$E(y_{it} \mid \alpha_i, \mathbf{x}_{it}) = \alpha_i \times g(\mathbf{x}'_{it}\beta) \tag{18.3}$$

在这些模型中,$\mathbf{x}_{it}$ 包含了一个截距项,所以在(18.1)式和(18.2)式中,α_i 是以 0 为均值的一个离差,在(18.3)中 α_i 是以 1 为均值一个离差。

固定效应模型

固定效应模型将 α_i 作为一个未观测的随机变量来处理,它可能与解释变量 $\mathbf{x}_{it}$ 相关。

在长面板中，这不会导致什么问题。

但是在短面板中，固定效应 $\alpha_1,\cdots,\alpha_N$ 和其他模型参数 β 以及可能的 γ 的联合估计，通常会导致所有参数的不一致估计。其原因在于，如果 T_i 很小，N 个偶发参数 α_i 无法进行一致估计，因为对于每一个 α_i，只有 T_i 个观测值。α_i 的不一致估计会导致 β 的不一致估计。

对于某些模型，通过对足够多的统计量 $y_{i1},\cdots,y_{iT_i}$ 设置合适的条件，有可能估计出 α_i。这种可能的情形存在于二值数据的 logit(但非 probit)模型和计数数据的泊松模型与负二项模型中。对于其他模型，估计 α_i 是不可能的，尽管在这些情形中，最近的研究已经提出了偏误校正的估计量。

即使得到了 β 的一致估计量，也不可能得到边际效应(ME) 的一致估计量。对于加法效应则是可能的，因为从(18.2)式可得 $\partial E(y_{it}|\alpha_i,\mathbf{x}_{it})/\partial x_{it}=\beta$。但是对于乘法效应，(18.3)式暗示着 $\partial E(y_{it}|\alpha_i,\mathbf{x}_{it})/\partial x_{it}=\alpha_i\beta$，除了 β，它还依赖于 α_i。对于其他非线性模型，关于 α_i 的依赖关系甚至会更复杂。

随机效应模型

随机效应模型将个体特定效应 α_i 作为未观测的随机变量来处理，其设定的分布 $g(\alpha_i|\gamma)$ 通常为正态分布。那么 α_i 是通过在这一分布上的积分来估计的。特定地，第 i 个观测值的非条件密度是：

$$f(y_{it},\cdots,y_{iT_i}\mid \mathbf{x}_{it},\cdots,\mathbf{x}_{iT_i},\beta,\gamma,\eta)=\int\left\{\prod\nolimits_{t=1}^{T_i}f(y_{it}\mid \mathbf{x}_{it},\alpha_i,\beta,\gamma)\right\}g(\alpha_i\mid\eta)d\alpha_i \tag{18.4}$$

在非线性模型中，这个积分通常没有解析解，但数值积分的效果很好，因为只需要进行一元积分。

这种方法可以推广到随机斜率参数(随机系数)模型，不仅仅是随机截距模型，但随机斜率参数模型的计算任务更重，因为这个积分是更高维度的。

混合数据模型或者总体平均模型

混合数据模型设定 $\alpha_i=\alpha$。对于参数化的模型，不管联合密度 $f(y_{it},\cdots,y_{iT}|\mathbf{x}_{i1},\cdots,\mathbf{x}_{iT},\beta,\gamma)$ 的(通常不设定)形式如何，都假设单对 (i,t) 的边际密度 $f(y_{it}|\mathbf{x}_{it})=f(\alpha+\mathbf{x}_{it}'\beta,\gamma)$ 是正确设定的。用于合适的参数化模型的横截面命令，很容易估计混合数据模型的参数，这些命令隐含地假设了在 t 和 i 上都是相互独立的。对于特定个体的任何跨期依赖，都可以用估计量的方差协方差矩阵(VCE)的一个面板-稳健估计值或者聚类-稳健(在 i 上聚类)估计值来校正标准误。这种方法类似于线性模型的混合数据普通最小二乘法(OLS)。

如果估计考虑了面板数据中内在的时间依赖，就可以提高估计的潜在效率。这对于 10.3.7 节中定义的广义线性模型是可能的。在 10.3.7 节中，你可以对估计量的一阶条件进行加权来考虑对于一个给定个体的跨期相关性，但仍然保留估计量的一致性，这里假定对于一个设定的函数 $g(\cdot)$，条件均值正确地设定为 $E(y_{it}|\mathbf{x}_{it})=g(\alpha+\mathbf{x}_{it}'\beta)$。这叫做总体平均(PA)法，或广义估计方程法，类似于线性模型的混合数据可用的广义最小二乘法(FGLS)。

与线性模型不同,非线性模型中,PA 法通常导致随机效应模型的非一致估计,反之亦然(在 18.6 节中将给出一个明显例外的例子)。在非线性模型中,必须强调 RE 估计值与 PA 估计值之间的这一重要区别。

不同模型的比较

如果 FE 模型是恰当的,那么如果可行,就必须使用 FE 估计量。

RE 模型的条件均值与混合数据模型或 PA 模型的条件均值不同,除非随机个体效应是加法形式或者乘法形式的。所以,与线性的情形不同,如果假设 RE 模型是恰当的,非线性模型的混合数据估计会导致不一致的参数估计值,反之亦然。

18.2.2 动态模型

在某些情形下,个体效应的动态模型可以估计出来,正如(18.2) 式和(18.3)式中大多数具有加法效应或者乘法效应的条件均值模型。估计方法本质上与线性模型情形中的方法类似。目前,Stata 尚未对估计动态非线性面板模型提供内置命令。

18.2.3 Stata 的非线性面板命令

非线性面板模型的 PA,RE 以及 FE 估计量的 Stata 命令与相应的横截面模型的命令相同,但须加上前缀 xt。例如,xtlogit 是面板 logit 模型的命令。如果需要的话,用 re 选项拟合 RE 模型,用 fe 选项拟合 FE 模型,用 pa 选项拟合 PA 模型。带有合适的选项的 xtgee 命令等同于 xtlogit,pa 命令,但是 xtgee 可用于更多类型的模型,包括伽马模型和逆高斯模型。

对于 logit 模型和泊松模型,可以使用 xtmelogit 命令和 xtmepoisson 命令对具有随机斜率和附加随机截距项模型进行估计。可以运用用户编写的 gllamm 命令来估计更多类型的混合模型,而不仅仅是这两种模型。表 18.1 列出了非线性面板模型的混合数据、PA、RE、随机斜率与 FE 的估计量的 Stata 命令。

表 18.1 Stata **非线性面板命令**

	二值模型	tobit 模型	计数模型
混合数据	logit probit	tobit	poisson nbreg
总体平均	xtlogit,pa xtprobit,pa		xtpoisson,pa xtnbreg,pa
随机效应	xtlogit,re xtprogit,re	xttobit	xtpoisson,pa xtnbreg,pa
随机斜率	xtmelogit		xtmepoisson
固定效应	xtlogit,fe		xtpoisson,fe xtnbreg,fe

所有这些命令的默认设置都报告标准误,但这些标准误都不是聚类-稳健的标准误。用 vce(cluster id)选项可以获得混合数据估计量的聚类-稳健标准误,其中 id 为个体识别符。原则上,控制了聚类效应的 PA,RE 和 FE 命令,仍需要计算聚类-稳健标准误。

对于 PA 估计量，这可以使用 vce(robust)选项得到。非线性模型其他的 xt 命令没有这一选项，但是 vce(bootstrap)选项是可行的。对于 xtpoisson, fe 命令而言，用户编写的 xtpqml 命令可以计算聚类-稳健标准误。

18.3 非线性面板数据的例子

我们研究的例子的数据集是一个来自兰德医疗保险实验(Rand Health Insurance Experiment)的非平衡面板。这个社会实验随机地将不同的医疗保险政策分配给不同的家庭，这种实验持续了几年。其目的在于考察医疗服务的使用如何随着共同保险率的变化而变化，其中，比如 25%的共同保险率意味着受保人支付 25%，而承保人支付 75%。Manning et al.(1987)给出了实验的主要结果。我们使用的数据摘录由 Deb 和 Trivedi (2002)整理。

18.3.1 数据的描述性统计与概述性统计

被解释变量与解释变量的描述性统计如下：

```
. * Describe dependent variables and regressors
. use mus18data.dta, clear

. describe dmdu med mdu lcoins ndisease female age lfam child id year

              storage  display     value
variable name   type   format      label      variable label
-------------------------------------------------------------------------------
dmdu            float  %9.0g                  any MD visit = 1 if mdu > 0
med             float  %9.0g                  medical exp excl outpatient men
mdu             float  %9.0g                  number face-to-fact md visits
lcoins          float  %9.0g                  log(coinsurance+1)
ndisease        float  %9.0g                  count of chronic diseases -- ba
female          float  %9.0g                  female
age             float  %9.0g                  age that year
lfam            float  %9.0g                  log of family size
child           float  %9.0g                  child
id              float  %9.0g                  person id, leading digit is sit
year            float  %9.0g                  study year
```

相应的概述性统计为：

```
. * Summarize dependent variables and regressors
. summarize dmdu med mdu lcoins ndisease female age lfam child id year

    Variable |       Obs        Mean    Std. Dev.       Min        Max
-------------+--------------------------------------------------------
        dmdu |     20186    .6875062    .4635214          0          1
         med |     20186    171.5892    698.2689          0   39182.02
         mdu |     20186    2.860696    4.504765          0         77
      lcoins |     20186    2.383588    2.041713          0   4.564348
    ndisease |     20186     11.2445    6.741647          0       58.6
-------------+--------------------------------------------------------
      female |     20186    .5169424    .4997252          0          1
         age |     20186    25.71844    16.76759          0   64.27515
        lfam |     20186    1.248404    .5390681          0   2.639057
       child |     20186    .4014168    .4901972          0          1
          id |     20186    357971.2    180885.6     125024     632167
-------------+--------------------------------------------------------
        year |     20186    2.420044    1.217237          1          5
```

我们考虑三个不同的被解释变量。dmdu 变量是一个二值指示变量，用于指示在当年中，某个个体是否看了医生(69%看了医生)。med 变量度量年度医疗支出(以美元为单位)，其中一些观测值为 0 支出(其他的计算显示 22%的观测值为 0)。mdu 变量是(面对面)看医生的次数，其均值为 2.9。最好的方法是分别通过 logit 或 probit 模型、tobit 模型和计数模型对三个被解释变量来建模。

解释变量包括 lcoins(共同保险率加上 1 的自然对数)、ndisease(对健康态度的度量变量)以及四个人口统计变量。样本中包含了儿童的信息数据。

18.3.2 面板数据的组织结构

我们指出了个体标识符和时间标识符，并使用 xtdescribe 命令描述面板数据的组织结构。

```
. * Panel description of dataset
. xtset id year
       panel variable:  id (unbalanced)
        time variable:  year, 1 to 5, but with gaps
                delta:  1 unit

. xtdescribe

      id:  125024, 125025, ..., 632167                         n =       5908
    year:  1, 2, ..., 5                                        T =          5
           Delta(year) = 1 unit
           Span(year)  = 5 periods
           (id*year uniquely identifies each observation)

Distribution of T_i:   min      5%      25%       50%       75%     95%     max
                         1       2        3         3         5       5       5

     Freq.  Percent    Cum. |  Pattern
 ---------------------------+---------
      3710    62.80   62.80 |  111..
      1584    26.81   89.61 |  11111
       156     2.64   92.25 |  1....
       147     2.49   94.74 |  11...
        79     1.34   96.07 |  ..1..
        66     1.12   97.19 |  .11..
        33     0.56   97.75 |  ..111
        33     0.56   98.31 |  .1111
        29     0.49   98.80 |  ...11
        71     1.20  100.00 | (other patterns)
 ---------------------------+---------
      5908   100.00         |  XXXXX
```

这个面板是非平衡的面板。样本中的大部分个体(占由 5908 个个体所构成样本的 90%)出现在前三年或前五年，这也是样本的设计。只有很少的面板数据，约 5%的个体出现在前两年；由于家庭重组的原因，也产生了一些观测个体。

18.3.3 组内差异与组间差异

分析之前，量化组内差异与组间差异的相对重要性将很有帮助。在本章稍后的相关章节中，我们将讨论被解释变量的组内差异与组间差异。

解释变量 lcoins、ndisease 和 female 是非时变的，所以他们的组内差异为零。因此，我们仅对其他三个解释变量使用 xtsum 命令。我们有：

```
. * Panel summary of time-varying regressors
. xtsum age lfam child
```

Variable		Mean	Std. Dev.	Min	Max	Observations
age	overall	25.71844	16.76759	0	64.27515	N = 20186
	between		16.97265	0	63.27515	n = 5908
	within		1.086687	23.46844	27.96844	T-bar = 3.41672
lfam	overall	1.248404	.5390681	0	2.639057	N = 20186
	between		.5372082	0	2.639057	n = 5908
	within		.0730824	.3242075	2.44291	T-bar = 3.41672
child	overall	.4014168	.4901972	0	1	N = 20186
	between		.4820984	0	1	n = 5908
	within		.1096116	-.3985832	1.201417	T-bar = 3.41672

对于解释变量 age、lfam 和 child，大部分差异是组间差异而不是组内差异。因此，我们预期 FE 估计量将不会很有效，因为它们依赖于组内差异。同样，如果组内差异和组间差异起不同作用，FE 参数估计量可能显著地异于其他估计量。

18.3.4 是 FE 模型还是 RE 模型更适合这些数据？

更一般地，对于这些数据，我们预期先验的经验是并不需要使用 FE 模型。兰德实验的关键在于通过随机地将医疗保险政策分配给不同的个体来消除医疗保险选择的内生性，从而消除共同保险率的内生性。与这些数据最相关的模型是 RE 模型或者 PA 模型，它们在本质上正好校正了面板的复杂问题，即对于给定个体其观测值跨期相关的问题。

18.4 二值结果模型

我们用 logit 模型来拟合一个个体是否看医生(dmdu)。对于 probit 模型和互补的双对数模型，类似的方法也适用。可以使用 xtprobit 命令和 xtcloglog 命令得到 PA 估计量与 RE 估计量，但是没有类似于 xtmelogit 命令的、用于 FE 估计量与混合模型的 Stata 命令。

18.4.1 被解释变量的面板概述

被解释变量 dmdu 有相同大小的组内差异与组间差异。

```
. * Panel summary of dependent variable
. xtsum dmdu
```

Variable		Mean	Std. Dev.	Min	Max	Observations
dmdu	overall	.6875062	.4635214	0	1	N = 20186
	between		.3571059	0	1	n = 5908
	within		.3073307	-.1124938	1.487506	T-bar = 3.41672

```
. * Year-to-year transitions in whether visit doctor
. xttrans dmdu
```

any MD visit = 1 if mdu > 0	any MD visit = 1 if mdu > 0		
	0	1	Total
0	58.87	41.13	100.00
1	19.73	80.27	100.00
Total	31.81	68.19	100.00

dmdu 变量在年与年之间的差异存在相当大的持续性：某一年没有看医生的个体中，59%的个体不会在下一年看医生，而该年看了医生的个体中，有 80%的个体也会在下一年看医生。

```
. * Correlations in the dependent variable
. corr dmdu l.dmdu l2.dmdu
(obs=8626)
```

	dmdu	L. dmdu	L2. dmdu
dmdu			
--.	1.0000		
L1.	0.3861	1.0000	
L2.	0.3601	0.3807	1.0000

被解释变量 dmdu 中的相关性随滞后期长度变化很小，这与第 8 章中对数工资的例子不同，在那个例子中，对数工资的相关性随滞后期长度的增加而下降。

18.4.2 混合数据 logit 估计量

混合数据 logit 模型是通常的横截面模型，

$$\Pr(y_{it}=1\mid \mathbf{x}_{it})=\Lambda(\mathbf{x}_{it}'\beta) \tag{18.5}$$

其中，$\Lambda(z)=e^z/(1+e^z)$。对于一个给定的个体，用 VCE 的一个聚类-稳健估计值来校正误差项的跨期相关性。

带有选项 vce(cluster id)的 logit 命令得到：

```
. * Logit cross-section with panel-robust standard errors
. logit dmdu lcoins ndisease female age lfam child, vce(cluster id) nolog

Logistic regression                               Number of obs   =      20186
                                                  Wald chi2(6)    =     488.18
                                                  Prob > chi2     =     0.0000
Log pseudolikelihood = -11973.392                 Pseudo R2       =     0.0450

                                  (Std. Err. adjusted for 5908 clusters in id)
```

dmdu	Coef.	Robust Std. Err.	z	P>|z|	[95% Conf.	Interval]
lcoins	-.1572107	.0109064	-14.41	0.000	-.1785869	-.1358345
ndisease	.050301	.0039657	12.68	0.000	.0425285	.0580735
female	.3091573	.0445772	6.94	0.000	.2217876	.396527
age	.0042689	.0022307	1.91	0.056	-.0001032	.008641
lfam	-.2047573	.0470287	-4.35	0.000	-.2969317	-.1125828
child	.0921709	.0728107	1.27	0.206	-.0505355	.2348773
_cons	.6039411	.1107712	5.45	0.000	.3868335	.8210486

前四个解释变量的符号与预期相同。lfam 的负号可能是由于医疗服务中存在着家庭规模经济。child 的正系数可能反映了一种看医生次数随 age 变化的 U 型模式。child 变量的系数估计值的含义是，比如说，一个 10 岁的孩子看医生的可能性与一个 31 岁的年轻家长相近，因为 $0.092+0.0043\times10\approx0.0043\times31=0.1333$。

通过使用 margins，dydx（ * ）命令，估计系数可以被转化为 ME，或者近似地，乘以 $\overline{y}(1-\overline{y})=0.69\times0.31=0.21$。例如，在一年中的某个时段，女人看医生的概率比男人高 0.07，因为 $0.31\times0.21=0.07$。

在没有给出的输出结果中，默认的标准误大概是上面给出标准误的三分之二，所以聚类-稳健标准误的使用是有必要的。

18.4.3 xtlogit 命令

混合数据 logit 命令假设了在 i 和 t 上的独立性，这导致了潜在的效率损失，同时，该命令忽略了 FE 的可能性，这可能导致不一致的参数估计。

xtlogit 命令考虑了这些面板的复杂性，它的语法为：

xtlogit *depvar* [*indepvars*] [*if*] [*in*] [*weight*] [,*options*]

PA、RE 和 FE 模型的选项依次是(pa)、(re)和(fe)。使用带有选项 pa 的选项 vce (robust)可以计算面板-稳健标准误。对于其他估计量这并不可行，但是可以使用 vce (bootstrap)选项计算它们的面板-稳健标准误。特定模型的选项将在下面相关模型的章节中讨论。

18.4.4 xtgee 命令

对于一些其他的非线性面板命令，xtlogit 命令的 pa 选项同样是可行的，比如 xt-poisson 命令。这是 xtgee 命令的一个特例。xtgee 命令的语法是：

xtgee *depvar* [*indepvars*] [*if*] [*in*] [*weight*] [,*options*]

选项 family()和 link()定义特定的模型。例如，线性模型是 family(gaussian) link (identity)，而 logit 模型是 family(binomial) link(logit)。其他的 family()选项是 poisson，nbinomial，gamma 和 igaussian(逆高斯)。

假设对于第 i 个个体的观测值，选项 corr()定义时间序列相关性的形式。这些形式包括，用 exchangeable 定义等相关性，用 independent 选项定义无相关性，在 8.4.3 节中详细讨论了的各种时间序列模型。

在下面的例子中，我们通过使用带有选项 pa 的 xtlogit 命令来获得 PA 估计量。但是，如果使用了相应的 xtgee 命令，那么估计后 estat wcorrelation 命令将产生组内相关性的估计矩阵。

18.4.5 PA logit 估计量

通过使用带选项 pa 的 xtlogit 命令可以得到(18.5)式中参数的 PA 估计量。对于不同相关系数的模型，在 8.4.3 节和[XT]**xtgee** 中介绍了选项 corr()相应的不同参数。

$$\rho_{ts} = \mathrm{Cor}[\{y_{it} - \Lambda(\mathbf{x}_{it}'\beta)\}\{y_{is} - \Lambda(\mathbf{x}_{is}'\beta)\}], s \neq t$$

exchangeable 选项的模型假设：不论观测值相差为多少年，其相关系数都相同，所以 $\rho_{ts}=\alpha$。对于我们的数据，这个模型就足够了，因为，从 18.4.1 节可知，dmdu 的相关性随滞后期的长度变化很小。即使存在等相关性，协方差也可以随不同的个体时间对而变化，因为给定 $\mathrm{Var}(y_{it} \mid \mathbf{x}_{it}) = \Lambda_{it}(1-\Lambda_{it})$，这意味着协方差为 $\alpha\sqrt{\Lambda_{it}(1-\Lambda_{it})\times\Lambda_{is}(1-\Lambda_{is})}$。

使用 xtlogit,pa 命令进行估计得到：

```
. * Pooled logit cross-section with exchangeable errors and panel-robust VCE
. xtlogit dmdu lcoins ndisease female age lfam child, pa corr(exch) vce(robust) n
> olog

GEE population-averaged model                   Number of obs      =     20186
Group variable:                         id      Number of groups   =      5908
Link:                                logit      Obs per group: min =         1
Family:                           binomial                     avg =       3.4
Correlation:                  exchangeable                     max =         5
                                                Wald chi2(6)       =    521.45
Scale parameter:                         1      Prob > chi2        =    0.0000

                                  (Std. Err. adjusted for clustering on id)
```

dmdu	Coef.	Semirobust Std. Err.	z	P>|z|	[95% Conf.	Interval]
lcoins	-.1603179	.0107779	-14.87	0.000	-.1814422	-.1391935
ndisease	.0515445	.0038528	13.38	0.000	.0439931	.0590958
female	.2977003	.0438316	6.79	0.000	.211792	.3836086
age	.0045675	.0021001	2.17	0.030	.0004514	.0086836
lfam	-.2044045	.0455004	-4.49	0.000	-.2935837	-.1152254
child	.1184697	.0674367	1.76	0.079	-.0137039	.2506432
_cons	.5776986	.106591	5.42	0.000	.368784	.7866132

混合数据 logit 模型与 PA logit 模型的参数估计结果非常相似。对于 PA 估计值，聚类-稳健标准误稍微偏低，意味着效率的轻微提升。输入 matrix list e(R)，则显示出 $\hat{\rho}_{ts}=\hat{\alpha}=0.34$。参数估计值可以用与横截面 logit 模型相同的方式来解释。

18.4.6 RE logit 估计量

logit 个体效应模型设定为：

$$\Pr(y_{it} = 1 \mid \mathbf{x}_{it}, \beta, \alpha_i) = \Lambda(\alpha_i + \mathbf{x}_{it}'\beta) \tag{18.6}$$

其中，α_i 可能是 FE 也可能是 RE。

logit RE 模型设定 $\alpha_i \sim N(0,\sigma_\alpha^2)$。那么，对 α_i 积分后，第 i 个观测值的联合密度是：

$$f(y_{it},\cdots,y_{iT}) = \int\left[\prod_{t=1}^{T}\Lambda(\alpha_i + \mathbf{x}_{it}'\beta)^{y_{it}}\{1-\Lambda(\alpha_i+\mathbf{x}_{it}'\beta)\}^{1-y_{it}}\right]g(\alpha_i \mid \sigma^2)d\alpha_i \tag{18.7}$$

其中，$g(\alpha_i \mid \sigma^2)$ 是服从 $N(0,\sigma_\alpha^2)$ 的密度函数。对 α_i 积分后，$\Pr(y_{it}=1 \mid \mathbf{x}_{it},\beta) \neq \Lambda(\mathbf{x}_{it}'\beta)$，所以 RE 模型的参数与混合数据 logit 模型和 PA logit 模型的参数不同。

(18.7)式中的一元积分没有解析解，所以使用数值法。默认的方法是适应性 12 点高斯-埃尔米特求积(adaptive 12-point Gauss-Hermite quadrature)。选项 intmethod()允许使用其他求积法，选项 intpoints()允许使用不同的求积点数。quadchk 命令检验是否能通过使用一组不同的求积点数，并对不同的解进行比较来得到一个较好的近似；详见[XT]**xtlogit** 和[XT]**quadchk**。

通过使用带选项 re 的 xtlogit 命令可以得到 RE 估计量。我们有：

```
. * Logit random-effects estimator
. xtlogit dmdu lcoins ndisease female age lfam child, re nolog

Random-effects logistic regression              Number of obs      =     20186
Group variable: id                              Number of groups   =      5908

Random effects u_i ~ Gaussian                   Obs per group: min =         1
                                                               avg =       3.4
                                                               max =         5

                                                Wald chi2(6)       =    549.76
Log likelihood  = -10878.687                    Prob > chi2        =    0.0000

------------------------------------------------------------------------------
        dmdu |      Coef.   Std. Err.      z    P>|z|     [95% Conf. Interval]
-------------+----------------------------------------------------------------
      lcoins |  -.2403864   .0162836   -14.76   0.000    -.2723017    -.208471
    ndisease |    .078151   .0055456    14.09   0.000     .0672819    .0890201
      female |   .4631005   .0663209     6.98   0.000     .3331138    .5930871
         age |   .0073441   .0031508     2.33   0.020     .0011687    .0135194
        lfam |  -.3021841   .0644721    -4.69   0.000    -.4285471    -.175821
       child |   .1935357   .1002267     1.93   0.053     -.002905    .3899763
       _cons |   .8629898   .1568968     5.50   0.000     .5554778    1.170502
-------------+----------------------------------------------------------------
    /lnsig2u |   1.225652   .0490898                      1.129438    1.321866
-------------+----------------------------------------------------------------
     sigma_u |    1.84564    .045301                      1.758953    1.936599
         rho |   .5087003   .0122687                      .4846525     .532708
------------------------------------------------------------------------------
Likelihood-ratio test of rho=0: chibar2(01) =  2189.41 Prob >= chibar2 = 0.000
```

系数估计值的绝对值大概比 PA 模型估计值的绝对值大 50%。标准误也同样大概多出 50%，所以 t 统计量几乎不变。很明确的是，相比于 PA 模型，RE 模型具有一个不同的条件均值，并且这些参数并不具有直接的可比性。

RE 的标准差，σ_α，在 sigma_u 的输出中给出，所以估计得到 $\alpha_i \sim N(0, 1.846^2)$。logit RE 模型可以看作来自于一个潜变量模型，该模型中如果 $y_{it}^* = \mathbf{x}_{it}'\beta + \alpha_i + \varepsilon_{it} > 0$，那么 $y_{it} = 1$，其中 ε_{it} 服从一个方差为 $\sigma_\varepsilon^2 = \pi^2/3$ 的 logit 分布。通过一个类似于 8.3.10 节中的计算，潜变量模型中的组间误差相关系数为 $\rho = \sigma_\alpha^2/(\sigma_\alpha^2 + \sigma_\varepsilon^2)$。在这里，$\hat{\rho} = 1.846^2/(1.846^2 + \pi^2/3) = 0.509$，正如 rho 所报告的值一样。

β 的一致估计并不适用于对个体的预测，因为，从(18.7)式可知，概率依赖于 α_i，而 α_i 没有估计出来。同样地，RE 模型相应的 ME：

$$\partial \Pr(y_{it} = 1 \mid \mathbf{x}_{it}, \beta, \alpha_i)/\partial x_{ji,t} = \beta_j \Lambda(\alpha_i + \mathbf{x}_{it}'\beta)\{1 - \Lambda(\alpha_i + \mathbf{x}_{it}'\beta)\}$$

也依赖于未知的 α_i。margins, dydx() predict(pu0)命令可以在 $\alpha_i = 0$ 处计算 ME，但这可能是一个无代表性的评估点，并且，在这个例子中，它低估了 ME。使用 10.6.4 节中用于单指数模型的分析，我们仍可以做一些说明。如果一个系数是另一个系数的两倍，那么 ME 也是两倍。ME 的符号与 β_j 相同，因为 $\Lambda()\{1-\Lambda()\}>0$。第 14 章中给出的，对 logit 模型的比值比的对数值进行解释仍是可行的。因为 $\ln\{p_i/(1-p_i)\} = \alpha_i +$

$\mathbf{x}_{it}'\beta$，使得$\partial\ln\{p_i/(1-p_i)\}/\partial x_{ji,t}=\beta_j$。例如，变量 age 的系数意味着年龄每增加一年会使看医生的比值比的对数增加 0.0073，或者等价的 0.73%。

18.4.7 FE logit 估计量

在 FE 模型中，α_i 可能与模型中的协变量相关。这时参数估计非常困难，而且线性情形中的许多方法不再适用。特别是，8.5.4 节中最小二乘虚拟变量估计量得到 β 的一个一致估计值，但是，logit 模型的一个相似的虚拟变量估计量会导致 logit 模型中 β 的非一致估计，除非 $T\to\infty$。

一种一致估计的方法是从估计方程中消除 α_i。这种方法就是求条件极大似然估计量(MLE)的方法，它是以第 i 个个体的对数密度为条件，即以$\sum_{t=1}^{T_i}y_{it}$为条件，也就是说，对于一个给定的个体在所有的时期上结果的总数等于 1。

我们可以用一个最简单的两期例子来说明这个方法。条件就是 $y_{i1}+y_{i2}=1$，使得在两期中的某一期恰好有 $y_{it}=1$。那么，一般地，

$$\Pr(y_{i1}=0,y_{i2}=1\mid y_{i1}+y_{i2}=1)=\frac{\Pr(y_{i1}=0,y_{i2}=1)}{\Pr(y_{i1}=0,y_{i2}=1)+\Pr(y_{i1}=1,y_{i2}=0)} \tag{18.8}$$

这里 $\Pr(y_{i1}=0,y_{i2}=1)=\Pr(y_{i1}=0)\times\Pr(y_{i2}=1)$，假设对于给定的 α_i 和 $\mathbf{x}_{it}$，y_{i1} 和 y_{i2} 是相互独立的。对于(18.6)式中的 logit 模型，我们得到：

$$\Pr(y_{i1}=0,y_{i2}=1)=\frac{1}{1+\exp(\alpha_i+\mathbf{x}_{i1}'\beta)}\times\frac{\exp(\alpha_i+\mathbf{x}_{i2}'\beta)}{1+\exp(\alpha_i+\mathbf{x}_{i2}'\beta)}$$

同样地，

$$\Pr(y_{i1}=1,y_{i2}=0)=\frac{\exp(\alpha_i+\mathbf{x}_{i1}'\beta)}{1+\exp(\alpha_i+\mathbf{x}_{i1}'\beta)}\times\frac{1}{1+\exp(\alpha_i+\mathbf{x}_{i2}'\beta)}$$

将这两个式子带入(18.8)式中，分母抵消后我们得到：

$$\begin{aligned}\Pr(y_{i1}=0,y_{i2}=1\mid y_{i1}+y_{i2}=1)\\ &=\exp(\alpha_i+\mathbf{x}_{i2}'\beta)/\{\exp(\alpha_i+\mathbf{x}_{i1}'\beta)+\exp(\alpha_i+\mathbf{x}_{i2}'\beta)\}\\ &=\exp(\mathbf{x}_{i2}'\beta)/\{\exp(\mathbf{x}_{i1}'\beta)+\exp(\mathbf{x}_{i2}'\beta)\}\\ &=\exp\{(\mathbf{x}_{i2}-\mathbf{x}_{i1})'\beta\}/[1+\exp\{(\mathbf{x}_{i2}-\mathbf{x}_{i1})'\beta\}]\end{aligned} \tag{18.9}$$

它存在多种结果。第一，通过设置的约束条件消掉了有问题的 FE α_i。第二，得到的条件模型是一个 logit 模型，其解释变量为 $\mathbf{x}_{i2}-\mathbf{x}_{i1}$。第三，非时变的解释变量的系数是无法识别的，因为 $\mathbf{x}_{i2}-\mathbf{x}_{i1}=0$。

更一般地，当增加至 T 个结果时，我们通过设置条件$\sum_{t=1}^{T_i}y_{it}=1$ 和$\sum_{t=1}^{T_i}y_{it}=2,\cdots,\sum_{t=1}^{T_i}y_{it}=T-1$，可以消掉 α_i。这会导致一些观测值的损失，包括对 t 有 y_{it} 为 0 的所有观测值，或者对 T 有 y_{it} 为 1 的所有观测值。更一般地，这样得到的条件模型是一个多项 logit 模型。详见 Cameron 和 Trivedi(2005)或者[R]**clogit**。

使用带有选项 `fe` 的 `xtlogit` 命令可以得到 FE 估计量。我们有：

```
. * Logit fixed-effects estimator
. xtlogit dmdu lcoins ndisease female age lfam child, fe nolog
note: multiple positive outcomes within groups encountered.
note: 3459 groups (11161 obs) dropped because of all positive or
      all negative outcomes.
note: lcoins omitted because of no within-group variance.
note: ndisease omitted because of no within-group variance.
note: female omitted because of no within-group variance.

Conditional fixed-effects logistic regression   Number of obs      =      9025
Group variable: id                              Number of groups   =      2449

                                                Obs per group: min =         2
                                                               avg =       3.7
                                                               max =         5

                                                LR chi2(3)         =     10.74
Log likelihood  = -3395.5996                    Prob > chi2        =    0.0132

------------------------------------------------------------------------------
        dmdu |      Coef.   Std. Err.      z    P>|z|     [95% Conf. Interval]
-------------+----------------------------------------------------------------
      lcoins |  (omitted)
    ndisease |  (omitted)
      female |  (omitted)
         age |  -.0341815   .0183827    -1.86   0.063     -.070211    .001848
        lfam |    .478755   .2597327     1.84   0.065    -.0303116   .9878217
       child |    .270458   .1684974     1.61   0.108    -.0597907   .6007068
------------------------------------------------------------------------------
```

正如预期,非时变的解释变量的系数无法识别,所以这些变量被舍去了。因为 y_{it} 在 t 上没有变化,满足$\sum_{t=1}^{T_i} y_{it}=0$(全为 0)或者$\sum_{t=1}^{T_i} y_{it}=T_i$(全为 1)的 3459 个个体被舍去了,导致原有 20186 个观测值中损失了 11161 个观测值。FE 估计量的标准误大幅度增加,因为观测值的这种损失仅使用了解释变量的组内差异。

这些系数显著地异于 RE logit 模型的系数,并且在两种情形中,符号改变了。参数的解释与 18.4.6 节末尾中关于 RE 模型的解释类似。同样,也可以使用一个基于$\sum_{t=1}^{T_i} y_{it}$的条件的解释,见 18.4.9 节。

18.4.8 面板 logit 估计量的比较

我们把前面的估计量放在一张单独的表中,以便于比较。我们有:

```
. * Panel logit estimator comparison
. global xlist lcoins ndisease female age lfam child

. quietly logit dmdu $xlist, vce(cluster id)

. estimates store POOLED

. quietly xtlogit dmdu $xlist, pa corr(exch) vce(robust)

. estimates store PA

. quietly xtlogit dmdu $xlist, re     // SEs are not cluster-robust

. estimates store RE

. quietly xtlogit dmdu $xlist, fe     // SEs are not cluster-robust

. estimates store FE
```

```
. estimates table POOLED PA RE FE, equations(1) se b(%8.4f) stats(N ll) stfmt(%8.
> 0f)
```

Variable	POOLED	PA	RE	FE
#1				
lcoins	-0.1572	-0.1603	-0.2404	(omitted)
	0.0109	0.0108	0.0163	
ndisease	0.0503	0.0515	0.0782	(omitted)
	0.0040	0.0039	0.0055	
female	0.3092	0.2977	0.4631	(omitted)
	0.0446	0.0438	0.0663	
age	0.0043	0.0046	0.0073	-0.0342
	0.0022	0.0021	0.0032	0.0184
lfam	-0.2048	-0.2044	-0.3022	0.4788
	0.0470	0.0455	0.0645	0.2597
child	0.0922	0.1185	0.1935	0.2705
	0.0728	0.0674	0.1002	0.1685
_cons	0.6039	0.5777	0.8630	
	0.1108	0.1066	0.1569	
lnsig2u				
_cons			1.2257	
			0.0491	
Statistics				
N	20186	20186	20186	9025
ll	-11973		-10879	-3396

legend: b/se

混合数据 logit 模型与 PA logit 模型得到了非常相似的参数估计和聚类-稳健标准误。尽管 RE logit 估计值显著地异于 PA logit 估计值，但是正如所注意到的，相应的 t 统计值非常相似。FE 估计值没有那么精确，也显著地异于其他的估计值，并且它只能得到时变的解释变量的系数估计值。

18.4.9 预测与边际效应

估计后 predict 命令有一些选项，这些选项取决于 xtlogit 命令是否使用是 pa，re 和 fe 选项。

在 xtlogit，pa 命令之后，默认的预测选项是 mu，它给出(18.5)式中的预测概率。

在 xtlogit，re 命令之后，默认的预测选项是 xb，它计算了 $\mathbf{x}_{it}'\hat{\beta}$。为了预测概率，可以使用 pu0 选项，它预测了当 $\alpha_i=0$ 时的概率。它的实用性很有限，因为(18.6)式是以 α_i 为条件的，而 α_i 是不可观测的或者是不可估计的。我们的兴趣在于非条件概率：

$$\Pr(y_{it}=1 \mid \mathbf{x}_{it},\beta)=\int \Lambda(\alpha_i+\mathbf{x}_{it}'\beta)g(\alpha_i \mid \sigma^2)d\alpha_i \qquad (18.10)$$

其中，$g(\alpha_i|\sigma^2)$ 是服从 $N(0,\sigma_\alpha^2 r)$ 的密度函数，且并不等于 pu0 选项计算出来的 $\Lambda(\mathbf{x}_{it}'\beta)$。当然，也可以使用 4.5 节中说明的模拟法来计算(18.10)式。或者可以使用 xtmelogit 命令来估计 RE 模型的参数，这个命令将在下一节介绍，在使用这个之后，使用带有 reffeets 选项的估计后命令 predict，可计算 RE 模型的后验模的估计值。见[XT] **xtmelogit postestimation**。

在 xtlogit，fe 命令之后，predict 命令的选项 xb 和 pu0 都是可行的。默认的选项是 pc1，它在给出了假定 $y_{i1},\cdots,y_{iT_i}$ 中恰好有一个为 1，即 $y_{it}=1$ 时的条件概率。使用这个命令是因为这个条件概率不依赖于 α_i。(18.9)式中给出了 $T_i=2$ 的特殊情形下的方程。

带有 predict()选项的估计后 margins,dydx()命令计算相应的解释变量在均值处的 ME。在 xtlogit,pa 命令之后，ME 的解释与横截面 logit 模型相同。在 xtlogit,re 命令和 xtlogit,fe 命令之后，因为存在 α_i，ME 的解释更加困难。在相关章节的末尾已经给出了一些讨论。对于非线性面板模型，Drukker(2008)已经强调了使用 PA 模型比使用 RE 模型更容易计算 ME。

18.4.10 混合效应 logit 估计量

RE logit 模型设定了只有截距项服从正态分布。斜率参数可能也服从正态分布。xtmelogit 命令估计这个模型的参数，这个命令是 9.5.2 节中介绍的用于线性模型的 xtmixed 命令的 logit 扩展。

例如，除了细微的计算差异，下面的命令得到了与带有 re 选项的 xtlogit 命令相同的估计值：

```
. xtmelogit dmdu lcoins ndisease female age lfam child || id:
```

(输出已省略)

上述命令中加入 lcoins 和 ndisease 变量允许截距项与 lcoins 和 ndisease 的斜率参数服从联合正态分布。接着，使用高斯-埃尔米特求积计算了一个三元积分，并且估计过程的计算强度很大；如果不对方差矩阵施加约束，这个模型可能无法估计。

正如线性的情形那样，混合 logit 模型更适用于聚类数据而不是面板数据，它使用的领域更多的是应用统计学而不是计量经济学。

18.5 Tobit 模型

我们使用面板 tobit 模型来拟合医疗支出变量(med)。那么唯一可用的面板估计量是 re 选项，它引入了一个服从正态分布的 RE。

18.5.1 被解释变量的面板概述

尽管从第 16 章可知，tobit 模型的正态性的关键假设对支出的自然对数值来说是更加合理的，但是为了简便起见，我们只对支出的水平值进行建模。

被解释变量 med 的组内差异与组间差异大小相似，因为 xtsum 命令得到了：

```
. * Panel summary of dependent variable
. xtsum med
```

Variable		Mean	Std. Dev.	Min	Max	Observations
med	overall	171.5892	698.2689	0	39182.02	N = 20186
	between		503.2589	0	19615.14	n = 5908
	within		526.269	-19395.28	20347.2	T-bar = 3.41672

18.5.2 RE tobit 模型

RE tobit 模型设定：潜变量 y_{it}^* 依赖于解释变量、特殊的误差项和个体特定的误差项，所以：

$$y_{it}^* = \mathbf{x}_{it}'\beta + \alpha_i + \varepsilon_{it} \tag{18.11}$$

其中，$\alpha_i \sim N(0,\sigma_\alpha^2)$，$\varepsilon_{it} \sim N(0,\sigma_\varepsilon^2)$，同时解释变量向量包含了一个截距项。在 L 处进行左删失，我们观测变量 y_{it}，其中

$$y_{it} = \begin{cases} y_{it}^* & \text{如果 } y_{it}^* > L \\ L & \text{如果 } y_{it}^* \leqslant L \end{cases} \tag{18.12}$$

xttobit 命令具有与横截面 tobit 命令相同的语法。选项 ll()用于定义左删失的最小界值，选项 ul()用于定义右删失的最大界值。界值可以是一个变量，而不仅仅是一个数值，所以更一般地，在(18.12)式中，我们可以使用界值 L_i 而不是界值 L。同 RE logit 模型一样，估计过程需要使用高斯-埃尔米特求积来计算单变量数值积分。

对于我们的数据，我们得到：

```
. * Tobit random-effects estimator
. xttobit med lcoins ndisease female age lfam child, ll(0) nolog

Random-effects tobit regression                 Number of obs      =     20186
Group variable: id                              Number of groups   =      5908

Random effects u_i ~ Gaussian                   Obs per group: min =         1
                                                               avg =       3.4
                                                               max =         5

                                                Wald chi2(6)       =    573.45
Log likelihood  = -130030.45                    Prob > chi2        =    0.0000

------------------------------------------------------------------------------
         med |      Coef.   Std. Err.      z    P>|z|     [95% Conf. Interval]
-------------+----------------------------------------------------------------
      lcoins |  -31.10247   3.578498    -8.69   0.000    -38.1162   -24.08875
    ndisease |   13.49452   1.139156    11.85   0.000    11.26182    15.72722
      female |   60.10112   14.95966     4.02   0.000    30.78072    89.42152
         age |   4.075582   .7238253     5.63   0.000    2.656911    5.494254
        lfam |  -57.75023   14.68422    -3.93   0.000   -86.53077   -28.96968
       child |  -52.02314   24.21619    -2.15   0.032   -99.48599   -4.560284
       _cons |  -98.27203   36.05977    -2.73   0.006   -168.9479   -27.59618
-------------+----------------------------------------------------------------
    /sigma_u |   371.3134    8.64634    42.94   0.000    354.3668    388.2599
    /sigma_e |   715.1779   4.704581   152.02   0.000    705.9571    724.3987
-------------+----------------------------------------------------------------
         rho |   .2123246   .0086583                      .1957541    .2296872
------------------------------------------------------------------------------

  Observation summary:       4453   left-censored observations
                            15733      uncensored observations
                                0  right-censored observations
```

大概 22%的观测值是删失(20186 中的 4453 个观测值)，所有的解释变量的系数在统计上都显著，并且与预期的符号一致。估计得到的 RE α_i 的标准差为 371.3，也是高度统计显著的。标记为 rho 的数值等于 $\sigma_\alpha^2/(\sigma_\alpha^2+\sigma_\varepsilon^2)$，它衡量了总方差 $\sigma_\alpha^2+\sigma_\varepsilon^2$ 中 RE α 所占的部分。在习题中，我们会将这些估计值与 tobit 命令得到的估计值进行比较，在 tobit 命令中所有的观测值都独立于 i 和 t(从而 $\alpha_i=0$)。这些估计值非常相似。

18.5.3 广义 tobit 模型

xtintreg 命令能够估计区间数据模型的参数，其中，连续数据仅以区间的形式来报告。例如，年度医疗支出数据可能仅仅报告 \$0、\$0 至 \$100、\$100 至 \$1000 以及大于 \$1000的区间。按(18.11)式对不可观测的连续变量 y_{it}^* 建模，可观测的变量 y_{it} 随着 y_{it}^* 落入合适的区间而增加。

随机生产前沿模型将一个严格为负的误差项引入生产函数，这个误差项使得生产位于有效率的水平的下方。在最简单的面板模型中，这个误差项是非时变的，并且服从一个截断正态分布，所以，该模型同面板 tobit 模型具有一些相同点。用 xtfrontier 命令来估计这类模型的参数。

为了得到一致估计量，所有这三个命令(xttobit、xtintreg 和 xtfrontier)都严重地依赖于误差项同方差且服从正态分布的假设，并且同相对应的横截面命令一样，这些命令比线性模型和 logit 模型对分布误设问题更加敏感。特别地，在许多使用 tobit 模型的应用中，更为可靠的方法是使用一个样本选择模型。尽管这种方法已经提出来了，但是 Stata 尚未给出用于这种情形的面板命令。

18.5.4 参数化的非线性面板模型

更一般地，即使不引入 FE，也很难将高度参数化的横截面非线性模型推广至面板情形。

PA 法或混合数据法使用横截面估计量，但是接着需要基于一个能通过面板自助抽样得到的 VCE 的面板稳健估计来进行推断。这种方法需要一个假设：即使在 t 上 y_{it} 是相关的，对 y_{it} 设定的边际分布也必须是正确的。RE 法引入了一个类似 re 选项的 RE α_i。对于更多的广义线性模型，用户编写的 gllamm 命令(Rabe-Hesketh，Skrondal 和 Pickles，2002)正是这样做的。

这两种方法截然不同，并且能得到不同的缩放参数。

18.6 计数数据模型

我们用计数模型拟合看医生的次数(mdu)。对于 xtlogit 命令，许多相关问题已经提出来了。第一点区别在于，通过对 RE 的(非正态)分布做出合适的选择，可以得到计数 RE 模型的解析解。第二点区别是，泊松面板估计量具有与泊松横截面估计量相同的稳健性质。只要假定条件均值设定正确，即使数据不服从泊松分布，泊松面板估计量也是一致的。同时，计数数据通常是过度离散的，在面板情形下，横截面情形中所使用的异方差稳健标准误必须转换为面板稳健标准误。

18.6.1 xtpoisson 命令

xtpoisson 命令的语法为：

xtpoisson *depvar* [*indepvars*] [*if*] [*in*] [*weight*] [,*options*]

选项包括 PA(pa)，RE(re)和 FE(fe)模型。

那么 PA.RE 和 FE 估计量都适用于泊松模型和负二项模型，对于泊松模型使用 xtpoisson 命令，对于负二项模型使用 xtnbreg 命令。

18.6.2 被解释变量的面板概述

被解释变量 mdu 是过度离散的，因为从 18.3.1 节可知，其样本方差$4.50^2=20.25$ 是样本均值 2.86 的 7 倍。这很可能使得横截面泊松估计量和面板泊松估计量的默认标准误显著地低估了真实标准误。

变量 mdu 的组内差异与组间差异的大小差不多。

```
. * Panel summary of dependent variable
. xtsum mdu

Variable         |      Mean   Std. Dev.       Min        Max |    Observations
-----------------+--------------------------------------------+----------------
mdu      overall |  2.860696   4.504765          0         77 |     N =   20186
         between |             3.785971          0   63.33333 |     n =    5908
         within  |             2.575881  -34.47264    40.0607 | T-bar = 3.41672
```

为了详细地讨论 mdu 在时间上的差异，有效的方法就是：首先将四次及四次以上看医生的例子加总为一个单独的类别，然后考察转变概率。我们有：

```
. * Year-to-year transitions in doctor visits
. generate mdushort = mdu

. replace mdushort = 4 if mdu >= 4
(4039 real changes made)

. xttrans mdushort

           |                     mdushort
  mdushort |         0          1          2          3          4 |     Total
-----------+-------------------------------------------------------+----------
         0 |     58.87      19.61       9.21       4.88       7.42 |    100.00
         1 |     33.16      24.95      17.58      10.14      14.16 |    100.00
         2 |     23.55      24.26      17.90      12.10      22.19 |    100.00
         3 |     17.80      20.74      18.55      12.14      30.77 |    100.00
         4 |      8.79      11.72      12.32      11.93      55.23 |    100.00
-----------+-------------------------------------------------------+----------
     Total |     31.81      19.27      13.73       9.46      25.73 |    100.00
```

变量 mdu 在时间上的差异存在相当大的持续性：某一年里未看医生的人中，超过半数的人也不会在下一年看医生，而某一年里看医生四次及四次以上的人中，也有超过半数的人会在下一年里看医生四次或四次以上。

18.6.3 混合数据泊松估计量

正如横截面的情形一样，混合数据泊松估计量假设 y_{it} 服从泊松分布，其均值为：

$$E(y_{it} \mid \mathbf{x}_{it}) = \exp(\mathbf{x}'_{it}\beta) \tag{18.13}$$

这种估计量的一致性要求(18.13)式是正确设定的，但是并不要求数据确实服从泊松分布。但是，如果数据不服从泊松分布，那么有必要使用稳健标准误。

使用 poisson 命令可以估计得到混合数据泊松估计量，并且聚类-稳健标准误能够很好地处理过度离散问题与序列相关问题。我们有：

```
. * Pooled Poisson estimator with cluster-robust standard errors
. poisson mdu lcoins ndisease female age lfam child, vce(cluster id)

Iteration 0:   log pseudolikelihood = -62580.248
Iteration 1:   log pseudolikelihood = -62579.401
Iteration 2:   log pseudolikelihood = -62579.401

Poisson regression                                Number of obs   =      20186
                                                  Wald chi2(6)    =     476.93
                                                  Prob > chi2     =     0.0000
Log pseudolikelihood = -62579.401                 Pseudo R2       =     0.0609

                                   (Std. Err. adjusted for 5908 clusters in id)

------------------------------------------------------------------------------
             |               Robust
         mdu |      Coef.   Std. Err.      z    P>|z|     [95% Conf. Interval]
-------------+----------------------------------------------------------------
      lcoins |  -.0808023   .0080013   -10.10   0.000    -.0964846   -.0651199
    ndisease |   .0339334   .0026024    13.04   0.000     .0288328     .039034
      female |   .1717862   .0342551     5.01   0.000     .1046473    .2389251
         age |   .0040585   .0016891     2.40   0.016      .000748    .0073691
        lfam |  -.1481981   .0323434    -4.58   0.000      -.21159   -.0848062
       child |   .1030453   .0506901     2.03   0.042     .0036944    .2023961
       _cons |    .748789   .0785738     9.53   0.000     .5947872    .9027907
------------------------------------------------------------------------------
```

我们不能过分地强调使用聚类-稳健标准误的重要性。对于这些数据，正确的聚类-稳健标准误比异方差-稳健标准误大 50%，比默认的标准误大 300%，见本章末习题。这里，未能控制自相关问题与未能控制过度离散问题都会导致对真实标准误的低估。

18.6.4 PA 泊松估计量

PA 泊松估计量是混合数据泊松估计量的一个变体，它放松了 y_{it} 相互独立的假设，从而允许有相关系数为 $\rho_{ts}=\mathrm{Cor}[\{y_{it}-\exp(\mathbf{x}_{it}'\beta)\}\{y_{is}-\exp(\mathbf{x}_{is}'\beta)\}]$的不同建模。

通过使用带选项 pa 的 xtpoisson 命令可以得到 PA 估计量。使用 corr()选项设定不同相关形式的模型，见 8.4.3 节。这种估计量的一致性仅仅要求正确设定(18.13)式。但是，如果数据是非泊松分布且过度离散的，那么必须使用 vce(robust)选项，因为，不使用该选项的话，默认标准误会低估真实标准误。

我们使用 corr(unstructured)选项，使得 ρ_{ts} 在 t 和 s 上可以自由变动。我们得到：

```
. * Poisson PA estimator with unstructured error correlation and robust VCE
. xtpoisson mdu lcoins ndisease female age lfam child, pa corr(unstr) vce(robust)

Iteration 1: tolerance = .01585489
Iteration 2: tolerance = .00034066
Iteration 3: tolerance = 2.334e-06
Iteration 4: tolerance = 1.939e-08

GEE population-averaged model                   Number of obs      =     20186
Group and time vars:                 id year    Number of groups   =      5908
Link:                                    log    Obs per group: min =         1
Family:                              Poisson                   avg =       3.4
Correlation:                    unstructured                   max =         5
                                                Wald chi2(6)       =    508.61
Scale parameter:                           1    Prob > chi2        =    0.0000
```

```
                                   (Std. Err. adjusted for clustering on id)
```

mdu	Coef.	Semirobust Std. Err.	z	P>|z|	[95% Conf.	Interval]
lcoins	-.0804454	.0077782	-10.34	0.000	-.0956904	-.0652004
ndisease	.0346067	.0024238	14.28	0.000	.0298561	.0393573
female	.1585075	.0334407	4.74	0.000	.0929649	.2240502
age	.0030901	.0015356	2.01	0.044	.0000803	.0060999
lfam	-.1406549	.0293672	-4.79	0.000	-.1982135	-.0830962
child	.1013677	.04301	2.36	0.018	.0170696	.1856658
_cons	.7764626	.0717221	10.83	0.000	.6358897	.9170354

这里的系数估计值同混合数据泊松模型的估计值非常相近。标准误减小了 10%，这反映出由于对相关形式进行了更加合适的建模，从而增加了估计的有效性。关于估计量和估计 VCE 的方法更详尽的比较(见本章末习题)可以证明：如果不使用 vce(robust)选项，则会导致错误的标准误，该错误的标准误是稳健标准误的三分之一，而使用 corr(exchangeable)或者 corr(ar2)选项可以得到相近的估计值。

18.6.5 RE 泊松估计量

泊松个体效应模型假设 y_{it} 服从泊松分布，其均值为：

$$E(y_{it} \mid \alpha_i, \mathbf{x}_{it}) = \exp(\gamma_i + \mathbf{x}_{it}'\beta) = \alpha_i \exp(\mathbf{x}_{it}'\beta) \qquad (18.14)$$

其中，$\gamma_i = \ln \alpha_i$，并且这里的 $\mathbf{x}_{it}$ 包含了一个截距项。这个条件均值可以看作一个在求幂前带加法效应的均值，或者可以看作一个带乘法效应的均值。

标准的泊松 RE 估计量假设 α_i 服从均值为 1 且方差为 η 的伽马分布。这一假设的魅力在于积分(18.4)式具有一个闭式的表达式，从而易于计算估计量。其次，$E(y_{it} \mid \mathbf{x}_{it}) = \exp(\mathbf{x}_{it}'\beta)$，使得预测与 ME 容易得到并易于解释。对于 PA 模型与混合数据模型而言，这就是(18.13)式给出的条件均值，所以对于泊松模型这一特殊情形，PA 估计量与混合数据估计量是 RE 模型的一致估计量。最后，泊松 RE 估计量 $\hat{\beta}$ 的一阶条件可以写成：

$$\sum_{i=1}^{N}\sum_{i=1}^{T}\mathbf{x}_{it}\left(y_{it} - \lambda_{it}\frac{\overline{y}_i + \eta/T}{\overline{\lambda}_i + \eta/T}\right) = 0 \qquad (18.15)$$

其中，$\overline{\lambda}_i = T^{-1}\sum_t \exp(\mathbf{x}_{it}'\beta)$，所以，如果 $E(y_{it} \mid \alpha_i, \mathbf{x}_{i1}, \cdots, \mathbf{x}_{iT}) = \alpha_i \exp(\mathbf{x}_{it}'\beta)$，那么估计量是一致的，因为(18.15)式左边的预期值为 0。

使用带选项 re 的 xtpoisson 命令可以得到 RE 估计量。这里没有聚类-稳健标准误的选项，所以我们使用 vce(bootstrap)选项，它能运行一个聚类的自抽样。我们有：

```
. * Poisson random-effects estimator with cluster-robust standard errors
. * xtpoisson mdu lcoins ndisease female age lfam child, re
> vce(boot, reps(400) seed(10101) nodots)
Random-effects Poisson regression               Number of obs      =     20186
Group variable: id                              Number of groups   =      5908

Random effects u_i ~ Gamma                      Obs per group: min =         1
                                                               avg =       3.4
                                                               max =         5

                                                Wald chi2(6)       =    534.34
Log likelihood  = -43240.556                    prob > chi2        =    0.0000
```

(Replications based on 5908 clusters in id)

mdu	Observed Coef.	Bootstrap Std. Err.	z	p>|z|	Normal-based [95% Conf.	Interval]
lcoins	-.0878258	.0081916	-10.72	0.000	-.103881	-.0717706
ndisease	.0387629	.0024574	15.77	0.000	.0339466	.0435793
female	.1667192	.0376166	4.43	0.000	.0929921	.2404463
age	.0019159	.0016831	1.14	0.255	-.001383	.0052148
lfam	-.1351786	.0338651	-3.99	0.000	-.201553	-.0688042
child	.1082678	.0537636	2.01	0.044	.0028931	.2136426
_cons	.7574177	.0827935	9.15	0.000	.5951454	.91969
/lnalpha	.0251256	.0257423			-.0253283	.0755796
alpha	1.025444	.0263973			.9749897	1.078509

Likelihood-ratio test of alpha=0: chibar2(01) = 3.9e+04 Prob>=chibar2 = 0.000

与 PA 估计量相比,RE 的估计系数小 10%,而 RE 的聚类-稳健标准误差不多大 10%。RE 估计量的聚类-稳健标准误比默认标准误大 20%～50%,所以必须使用聚类-稳健标准误。问题在于,泊松 RE 模型不具有充分的灵活性,因为单独的附加参数 η 需要同时解决过度离散问题和相关性问题。聚类-稳健标准误可以校正这个问题,或者可以使用更复杂的负二项 RE 模型。

对于 RE 模型,$E(y_{it}|\mathbf{x}_{it})=\exp(\mathbf{x}_{it}'\beta)$,所以使用带选项 nu0 的 predict 命令得到的拟合值 $\exp(\mathbf{x}_{it}'\hat{\beta})$,可以解释为对 RE 进行积分后的条件均值的估计值。同时,带选项 predict(nu0)的 margins,dydx()命令可以给出相应的 ME。相反,如果我们也想以 α_i 为条件,那么 $E(y_{it}|\alpha_i,\mathbf{x}_{it})=\alpha_i\exp(\mathbf{x}_{it}'\beta)$意味着$\partial E(y_{it}|\alpha_i,\mathbf{x}_{it})/\partial x_{j,it}=\beta_j\times E(y_{it}|\alpha_i,\mathbf{x}_{it})$,所以 β_j 仍可以作为一个半弹性解释。

另一种泊松 RE 估计量假设 $\gamma_i=\ln\alpha_i$ 服从均值为 0 且方差为 σ_α^2 的正态分布,与 xtlogit 命令和 xtprobit 命令相类似。这里估计过程会更慢,因为使用了高斯-埃尔米特求积来计算一元数值积分,并且同 logit RE 模型一样,预测与 ME 的计算也很困难。可以使用带选项 re 和 normal 的 xtpoisson 命令来计算这种泊松 RE 估计量。在 18.6.7 节中将给出这种方法的估计过程。

RE 模型只允许截距为随机效应的情形。我们也可以允许斜率系数为随机的。这就是通过 xtmepoisson 命令实施的混合效应泊松估计量。这种方法与 18.4.10 节中介绍的 xtmelogit 命令相似。这种方法的计算强度很大。

18.6.6 FE 泊松估计量

FE 模型就是(18.14)式中的泊松个体效应模型,其中,现在假设 α_i 与 $\mathbf{x}_{it}$ 相关,并且在短面板中,我们必须在估计 β 前先消掉 α_i。

通过使用条件 ML 估计量可以消掉这些个体效应,而条件 ML 估计量以第 i 个个体的对数密度函数为基础,对数密度函数又以 $\sum_{t=1}^{T_i}y_{it}$ 为条件,这类似于 logit 模型中对 FE 的处理。一些代数运算可以得出泊松 FE 估计量,其一阶条件为:

$$\sum_{i=1}^{N}\sum_{i=1}^{T}\mathbf{x}_{it}\left(y_{it}-\frac{\lambda_{it}}{\bar{\lambda}_i}\bar{y}_i\right)=0 \qquad (18.16)$$

其中,$\lambda_{it}=\exp(\mathbf{x}_{it}'\beta)$且 $\bar{\lambda}_i=T^{-1}\sum_t\exp(\mathbf{x}_{it}'\beta)$。因此,如果 $E(y_{it}|\alpha_i,\mathbf{x}_{i1},\cdots,\mathbf{x}_{iT})=$

$\alpha_i \exp(\mathbf{x}_{it}'\beta)$，那么泊松 FE 估计量是一致的，因为(18.16)式的左边的预期值为 0。

使用带选项 fe 的 xtpoisson 命令可以得到泊松 FE 估计量。可以使用 vce(bootstrap)选项可以得到聚类-稳健标准误。但是，使用用户编写的 xtpgml 命令(Simcoe 2007)计算的速度更快，它可以直接计算聚类-稳健标准误。我们有：

```
. * Poisson fixed-effects estimator with cluster-robust standard errors
. * xtpoisson mdu lcoins ndisease female age lfam child, fe vce(boot, reps(400))
> seed(10101)  nodots)
Conditional fixed-effects Poisson regression    Number of obs      =     17791
Group variable: id                              Number of groups   =      4977

                                                Obs per group: min =         2
                                                               avg =       3.6
                                                               max =         5

                                                Wald chi2(3)       =      4.39
Log likelihood  =  -24173.211                   Prob > chi2        =    0.2221

                                 (Replications based on 4977 clusters in id)
------------------------------------------------------------------------------
             |  Observed   Bootstrap                        Normal-based
         mdu |     Coef.   Std. Err.      z    p>|z|     [95% Conf. Interval]
-------------+----------------------------------------------------------------
         age |  -.0112009   .0094595   -1.18   0.236    -0.297411   .0073394
        lfam |   0.877134   .1152712    0.76   0.447     -.138214   .3136407
       child |   .1059867   .0758987    1.40   0.163    -.0427721   .2547454
------------------------------------------------------------------------------
```

与其他的 FE 模型估计量一样，只有时变解释变量的系数才是可识别的。泊松 FE 估计量要求数据至少有两期，这会损失 265 个观测值；同时要求至少有一期，个体的计数是非零的($\sum_{t=1}^{T_i} y_{it} > 0$)，这会损失 666 个个体，因为对 666 个个体的 mdu 变量，在所有各期中都是等于 0 的。聚类-稳健标准误大约是默认标准误的两倍，见本章末习题。理论上，个体效应 α_i 可以解释过度离散问题，但对这些数据来说，它们无法完全解释。标准误大约也是 PA 和 RE 标准误的两倍，反映出由于仅仅使用组内差异造成了估计精度的损失。

对于 FE 模型，必须基于 $E(y_{it}|\alpha_i, \mathbf{x}_{it}) = \alpha_i \exp(\mathbf{x}_{it}'\beta)$ 来解释这些结果。带 predict(nu0)选项的 predict 命令可以给出当 $\gamma_i = 0$，从而 $\alpha_i = 1$ 时的预测，而带 predict(nu0)选项的 margins,dydx()命令可以给出相应的 ME。如果我们不仅仅想考虑 $\alpha_i = 1$ 的情形，那么该模型暗示着$\partial E(y_{it}|\alpha_i, \mathbf{x}_{it})/\partial x_{j,it} = \beta_j \times E(y_{it}|\alpha_i, \mathbf{x}_{it})$，所以 β_j 仍可以解释为一个半弹性。

给定(18.16)式给出的估计方程，泊松 FE 估计量可以适用于任何带有乘法效应和一个对条件均值求幂的模型，实际上它适用于被解释变量有正的条件均值的任何模型。那么泊松 FE 估计量使用准差分 $y_{it} - (\lambda_{it}/\bar{\lambda}_i)\bar{y}_i$，而线性模型使用均值差分 $y_{it} - \bar{y}_i$。

在线性模型中，我们可以使用一阶差分 $y_{it} - y_{i,t-1}$ 来消除 FE，而这有一个额外的优势，即可以使用 Arellano-Bond 估计量来估计 FE 动态线性模型。同样地，这里我们可以使用另一种准差分$(\lambda_{i,t-1}/\lambda_{it})y_{it} - y_{i,t-1}$来消除 FE，并使用这一准差分作为估计动态面板计数模型的基础。

18.6.7 面板泊松估计量的比较

我们对使用几种面板泊松估计量的结果进行比较。尽管如前面的章节中强调的那样，任何报告出来的标准误都应该以 VCE 的聚类-稳健估计值为基础，但是为了加快计算速度，我们还是使用 VCE 的默认估计过程估计出 RE 估计量和 FE 估计量。

```
. * Comparison of Poisson panel estimators
. quietly xtpoisson mdu lcoins ndisease female age lfam child, pa corr(unstr) vce
> (robust)

. estimates store PPA_ROB

. quietly xtpoisson mdu lcoins ndisease female age lfam child, re

. estimates store PRE

. quietly xtpoisson mdu lcoins ndisease female age lfam child, re normal

. estimates store PRE_NORM

. quietly xtpoisson mdu lcoins ndisease female age lfam child, fe

. estimates store PFE

. estimates table PPA_ROB PRE PRE_NORM PFE, equations(1) b(%8.4f) se stats(N ll)
> stfmt(%8.0f)
```

Variable	PPA_ROB	PRE	PRE_NORM	PFE
#1				
lcoins	-0.0804	-0.0878	-0.1145	
	0.0078	0.0069	0.0073	
ndisease	0.0346	0.0388	0.0409	
	0.0024	0.0022	0.0023	
female	0.1585	0.1667	0.2084	
	0.0334	0.0286	0.0305	
age	0.0031	0.0019	0.0027	-0.0112
	0.0015	0.0011	0.0012	0.0039
lfam	-0.1407	-0.1352	-0.1443	0.0877
	0.0294	0.0260	0.0265	0.0555
child	0.1014	0.1083	0.0737	0.1060
	0.0430	0.0341	0.0345	0.0438
_cons	0.7765	0.7574	0.2873	
	0.0717	0.0618	0.0642	
lnalpha				
_cons		0.0251		
		0.0210		
lnsig2u				
_cons			0.0550	
			0.0255	
Statistics				
N	20186	20186	20186	17791
ll		-43241	-43227	-24173

legend: b/se

PA 与 RE 的参数估计值非常相近；另一种基于服从正态分布的 RE 的 RE 估计值大体上是可比较的，然而，时变解释变量的 FE 估计值差异很大。

18.6.8 负二项估计量

前文关于泊松估计量的分析也适用于对负二项估计量的分析。与泊松估计量不同，负二项估计量的魅力在于它能够明确地处理过度离散问题，而计数数据通常是过度离散的。这可能提高估计效率，并且与泊松面板命令不同的是，VCE 的默认估计值应该与 VCE 的聚类-稳健估计值更加接近。同时，泊松面板估计量依赖于更弱的分布假设(实际上是关于均值的正确设定的假设)，使用带聚类-稳健标准误的泊松面板估计量可能更加稳健。

对于混合数据负二项估计量,标准误的问题与混合数据泊松估计量相类似。对于混合数据负二项估计量,我们使用带选项 vce(cluster id)的 nbreg 命令。对于 PA 负二项估计量,我们使用带选项 pa 和 vce(robust)的 xtnbreg 命令。

对于面板负二项的 RE 模型和 FE 模型,可以分别使用带选项 re 的 xtnbreg 命令和带选项 fe 的 xtnbreg 命令。除 β 之外,负二项 RE 模型引入了另外两个参数来考虑过度离散问题和组内相关问题。负二项 FE 估计量与其他的 FE 估计量不同,因为它除了可以估计时变解释变量的系数外,还可以估计非时变解释变量的系数。更加全面的解释详见 Cameron 和 Trivedi (1998,2005)的例子以及[XT]**xtnbreg**。

我们运用泊松 PA 估计量和负二项 PA,RE,FE 估计量来拟合看医生的数据。我们有:

```
. * Comparison of negative binomial panel estimators
. quietly xtpoisson mdu lcoins ndisease female age lfam child, pa corr(exch) vce(
> robust)

. estimates store PPA_ROB

. quietly xtnbreg mdu lcoins ndisease female age lfam child, pa corr(exch) vce(ro
> bust)

. estimates store NBPA_ROB

. quietly xtnbreg mdu lcoins ndisease female age lfam child, re

. estimates store NBRE

. quietly xtnbreg mdu lcoins ndisease female age lfam child, fe

. estimates store NBFE

. estimates table PPA_ROB NBPA_ROB NBRE NBFE, equations(1) b(%8.4f) se stats(N ll
> ) stfmt(%8.0f)
```

```
--------------------------------------------------------------
    Variable |  PPA_ROB    NBPA_ROB      NBRE        NBFE
-------------+------------------------------------------------
#1           |
      lcoins |  -0.0815     -0.0865     -0.1073     -0.0885
             |   0.0079      0.0078      0.0062      0.0139
    ndisease |   0.0347      0.0376      0.0334      0.0154
             |   0.0024      0.0023      0.0020      0.0040
      female |   0.1609      0.1649      0.2039      0.2460
             |   0.0338      0.0343      0.0263      0.0586
         age |   0.0032      0.0026      0.0023     -0.0021
             |   0.0016      0.0016      0.0012      0.0020
        lfam |  -0.1487     -0.1633     -0.1434     -0.0008
             |   0.0299      0.0291      0.0251      0.0477
       child |   0.1121      0.1154      0.1145      0.2032
             |   0.0444      0.0452      0.0385      0.0543
       _cons |   0.7755      0.7809      0.8821      0.9243
             |   0.0724      0.0730      0.0663      0.1156
-------------+------------------------------------------------
ln_r         |
       _cons |                           1.1280
             |                           0.0269
-------------+------------------------------------------------
ln_s         |
       _cons |                           0.7259
             |                           0.0313
-------------+------------------------------------------------
Statistics   |
           N |    20186       20186       20186       17791
          ll |                           -40661      -21627
--------------------------------------------------------------
                                                  legend: b/se
```

泊松 PA 估计值和负二项 PA 估计值以及它们的标准误很相近。负二项 RE 估计值差异很大,它更接近于 18.6.4 节中给出的泊松 RE 估计值。负二项 FE 估计值的差异最大,特别是对于非时变解释变量系数的估计值。

18.7 Stata 资源

Stata 的面板命令包括了大部分常用的面板方法,特别是对于短面板。面板的估计方法特别多,并且还有很多其他方法:有很少使用的但可以替代 Stata 现有方法的一些方法,还包括 Stata 现有方法不能够处理复杂问题的一些方法,特别是能处理如动态 FE logit 模型这样几种复杂问题同时出现的方法。Arellano (2003)、Baltagi (2008)、Hsiao (2003)和 Lee (2002)所著的面板数据的书中包含了许多这些方法;对于混合模型估计法另见 Rabe-Hesketh 和 Skrondal (2008)。Cameron 和 Trivedi (2005)以及 Wooldridge (2002)也讨论了一些这样的方法。

18.8 习题

1.研究 18.4 节中的面板 logit 估计。对于混合 logit 估计量,比较以下三类估计的标准误:默认标准误,异方差-稳健标准误和聚类-稳健标准误。这些标准误对控制异方差和聚类有多么的重要?证明:带选项 pa 的 xtlogit 命令与带选项 family(binomial), link(logit)和 corr(exchangeable)的 xtgee 命令可以得到相同的估计值。比较分别带有选项 corr(exchangeable),corr(AR2)和 corr(unstructured)的三种 PA 估计量,在每种情形中都使用 vce(robust)选项。

2.研究 18.4 节中的面板 logit 估计。去掉 id>125200 的观测值。使用 18.4 节中的 xtlogit 命令来估计 FE logit 模型的参数。然后,对于每一个个体(使用 xi:logit,其解释变量包括 i.id),使用带有虚拟变量的 logit 命令估计同一个模型的参数。已知这种方法会给出非一致的参数估计值。将这些估计值与由 xtlogit 命令得到的估计值进行比较。这些相同的参数是可识别的吗?

3.对于 18.4 节中面板 logit 模型的参数分别使用带有选项 pa,re 和 fe 的 xtlogit 命令进行估计。计算以下的预测值:对于 pa,使用带 mu 选项的 predict;对于 re,使用带 pu0 选项的 predict;对于 pa,使用带 pu0 选项的 predict。对于这些预测值和原始的被解释变量 dmdu,比较样本均值和样本相关系数。然后,使用带这些 predict 选项的 margins,dydx()命令,并比较得到的 lcoins 变量的 ME。

4.对于 18.5 节中的面板 tobit 模型,将由 xttobit 命令得到的结果与由 tobit 命令得到的结果进行比较。你更偏向于哪一个?为什么?

5.研究 18.6 节的面板泊松估计。对于混合泊松估计量,比较以下三种估计所得的标准误:默认标准误,异方差-稳健标准误和聚类-稳健标准误。这些标准误控制异方差和聚类有多么的重要?比较分别带有选项 corr(exchangeable),corr(AR2)和 corr(unstructured)的三种 PA 估计量,在每种情形中都使用 VCE 的默认估计值和 vce(robust)选项。

6.研究 18.6 节的面板计数估计。为了节约计算时间,运用 drop if id > 127209 命令仅使用原始样本的 10%。对以下估计量:泊松 RE,泊松 FE,负二项 RE 和负二项 FE,将使用默认标准误得到的标准误与使用 vce(boot)选项得到的标准误进行比较。对于这些估计量,使用面板-稳健标准误有多么的重要?

A Stata 中的编程

这个附录中的内容，是我们在第 1 章中有关 Stata 编程介绍的基础上的展开。我们将首先介绍 Stata 矩阵命令，这在 1.5 节中已经介绍过。这个附录的余下部分将通过使用在 4.3.1 节中介绍的 program 命令，集中讨论关于编写 Stata 程序方面的内容。我们将讨论包含在一个 Stata 的 do 文件中的程序、ado 文件（即由其他 Stata 用户使用的程序）以及一些程序调试的方法（即关于最简单的 Stata 编程）。

A.1 Stata 矩阵命令

我们首先研究 Stata 的矩阵命令，从 `matrix` 前缀开始。这些命令提供了一个有限但足够使用的矩阵命令集，特别是 1.6 节中介绍的估计结果的估计后处理，同时这些命令与其他计量经济学软件包中提供的矩阵命令具有可比性。

单独的附录 B 介绍 Stata 9 中引入的 Mata 矩阵命令。Mata 是一个成熟的矩阵编程语言，它可以与 Gauss 和 Matlab 齐名。

A.1.1 Stata 矩阵的综述

研究的关键问题包括：输入矩阵（直接输入矩阵或者将数据的变量转化为矩阵），以及对矩阵或者矩阵中的部分元素，比如单个元素进行操作。

基础知识见[U] **14 Matrix expressions** 和[P] **matrix**。有用的在线帮助命令包括：`help matrix operators` 以及 `help matrix functions`。

A.1.2 Stata 矩阵的输入与输出

在 Stata 中有几种方法可以输入矩阵。

手动地输入矩阵

使用 `matrix define` 命令可以输入矩阵的元素。例如，考虑一个 2×3 阶的矩阵，其第一行元素分别为 1、2 和 3，第二行元素分别为 4、5 和 6。列元素用逗号隔开，而行元素用反斜线隔开。我们有：

```
. * Define a matrix explicitly and list the matrix
. matrix define A = (1,2,3 \ 4,5,6)

. matrix list A
```

```
A[2,3]
    c1  c2  c3
r1   1   2   3
r2   4   5   6
```

上述命令中的单词 define 可以省略。

这个矩阵的行的默认名称分别为 r1,r2,…,而列的默认名称是 c1,c2,…。使用 matrix rownames 和 matrix colnames 命令可以更改这些名称。例如,为了对矩阵 A 的两行命名为 one 和 two,可以输入命令:

```
. * Matrix row and column names
. matrix rownames A = one two

. matrix list A

A[2,3]
     c1  c2  c3
one   1   2   3
two   4   5   6
```

另一个对矩阵命名的命令是 matname。

从 Stata 的估计结果中输入矩阵

通过用存入 e()或 r()中的 Stata 估计命令的结果所产生的矩阵来构建矩阵。例如,在普通最小二乘(OLS)回归后,方差协方差矩阵存储在 e(V)中。为了给它一个更明晰的名称,或者将它保存下来以便在之后的分析中使用,我们定义一个等于 e(V)的矩阵。

作为一个数据的例子,我们使用与第 3 章相同的数据集。我们使用前 100 个观测值,并且把医疗支出(ltotexp)对截距项和慢性病问题(totchr)进行回归。我们有:

```
. * Read in data, summarize and run regression
. use mus03data.dta

. keep if _n <= 100
(2964 observations deleted)

. drop if ltotexp == . | totchr == .
(0 observations deleted)

. summarize ltotexp totchr
```

Variable	Obs	Mean	Std. Dev.	Min	Max
ltotexp	100	4.533688	.8226942	1.098612	5.332719
totchr	100	.48	.717459	0	3

```
. regress ltotexp totchr, noheader
```

ltotexp	Coef.	Std. Err.	t	P>|t|	[95% Conf.	Interval]
totchr	.1353098	.1150227	1.18	0.242	-.0929489	.3635685
_cons	4.468739	.0989462	45.16	0.000	4.272384	4.665095

这里包含了一个从内存中的数据集中删除带有缺失值的观测值的命令，因为并非以下所有要研究的矩阵运算都能处理缺失值。

接着，我们得到了存储在 e(V)中的方差矩阵，并列出了它的内容。

```
. * Create a matrix from estimation results
. matrix vbols = e(V)

. matrix list vbols

symmetric vbols[2,2]
             totchr       _cons
totchr   .01323021
 _cons   -.0063505   .00979036
```

Stata 已将解释变量的名称包含到了估计量的方差协方差矩阵(VCE)的估计中，因此把矩阵 vbols 的行和列命名为 totchr 和_cons。

A.1.3 Stata 矩阵的下标以及合并矩阵

矩阵的下标在方括号中表示出来。矩阵的第(i,j)个元素表示为[i,j]。例如，要将矩阵 A 中第(1,1)个元素设置为等于第(1,2)个元素，输入命令：

```
. * Change value of an entry in matrix
. matrix A[1,1] = A[1,2]

. matrix list A

A[2,3]
     c1  c2  c3
one   2   2   3
two   4   5   6
```

如果行或者列有名称，我们也可以选择使用这个名称。例如，因为矩阵 A 的第一行命名为 one，我们可以输入 matrix A [1,1] = A ["one",2]。

对于一个列向量，其第 i 个元素表示为[i,1]而不是简单的[i]。同样地，对于一个行向量，其第 j 个元素表示为[1,j]而不是简单的[j]。

矩阵的下标可以用一个范围来给定，这允许从一个矩阵中抽取一个子矩阵。例如，从矩阵 A 中抽取所有的行以及 2 到 3 列。输入：

```
. * Select part of matrix
. matrix B = A[1...,2..3]

. matrix list B

B[2,2]
     c2  c3
one   2   3
two   5   6
```

这里的 k... 选取了所有的 k 行元素，而 k..l 选取了从第 k 列到第 l 列的元素。

要对一个矩阵添加或追加一些行，使用垂直连接算子"\"。例如，A\B 就是把 B 的行追加在 A 的行后面。同样地，要对一个矩阵添加一些列，使用水平连接算子","。例如：

```
. * Add columns to an existing matrix
. matrix C = B, B

. matrix list C

C[2,4]
     c2  c3  c2  c3
one   2   3   2   3
two   5   6   5   6
```

A.1.4 矩阵算子

假定矩阵是可相乘的，则所有标准的矩阵算子都可以应用。这些算子包括：+表示加，-表示减，* 表示乘，且 # 表示 Kronecker 乘积。另外，乘法命令可以用于与标量相乘，比如，2 * A 或 A * 2，而标量除法也是可行的，比如，A/2。一个单独的撇号"´"表示矩阵的转置。要计算 A´A，我们使用 A´ * A。例如：

```
. * Matrix operators
. matrix D = C + 3*C

. matrix list D

D[2,4]
     c2  c3  c2  c3
one   8  12   8  12
two  20  24  20  24
```

A.1.5 矩阵函数

标准的矩阵函数使用括号"()"来定义。某些命令会得到一个标量的结果，例如，

```
. * Matrix functions
. matrix r = rowsof(D)

. matrix list r

symmetric r[1,1]
    c1
r1   2
```

在这个例子中，将结果存储为一个标量比存储为一个 1×1 阶的矩阵更加方便。例如，

```
. * Can use scalar if 1x1 matrix
. scalar ralt = rowsof(D)

. display ralt
2
```

生成标量的函数包括：colsof (A)、det(A)、rowsof (A)以及 trace(A)。

其他命令也可以生成矩阵。例如,之前构造的矩阵 B 是一个非对称方阵,它的逆矩阵为:

```
. * Inverse of nonsymmetric square matrix
. matrix Binv = inv(B)

. matrix list Binv

Binv[2,2]
           one         two
c2          -2           1
c3   1.6666667  -.66666667
```

生成矩阵的一些函数包括:cholesky (A)、corr (A)、diag (A)、hadamard(A,B)、I(n)、inv(A)、invsym(A)、vec(A)以及 vecdiag(A)。

A.1.6 矩阵累积命令

大多数估计量,比如 OLS 估计量$(\mathbf{X}'\mathbf{X})^{-1}\mathbf{X}'y$,需要对矩阵的交叉乘积进行计算。我们强烈建议,你不要将数据输入到 Stata 矩阵中。Stata 包含了矩阵累积命令,它能够计算各变量之间的交叉乘积并将结果返回到 Stata 矩阵中。如果你确实需要将数据输入到 Stata 矩阵中,可以参考附录 B 介绍的 Mata。

Stata 的矩阵累积命令计算 $\mathbf{X}'\mathbf{X}$ 和 $\mathbf{X}'y$ 的矩阵交叉乘积不要求构造更大的矩阵 $\mathbf{X}$ 和 y 的中间步骤。

作为一个例子,命令 matrix accum A=v1 v2 生成一个 3×3 阶的矩阵 $\mathbf{A}=\mathbf{Z}'\mathbf{Z}$,其中 $\mathbf{Z}$ 是一个 $N\times 3$ 阶的矩阵,其各列为变量 v1 和 v2 以及 accum 命令自动地追加了变量值为 1 的一列,除非使用了 noconstant 选项。类似的命令 matrix vecaccum A=w v1 v2 生成一个 1×3 阶的行向量 $\mathbf{A}=\mathbf{w}'\mathbf{Z}$,其中 $\mathbf{w}$ 是一个 $N\times 1$ 阶的列向量,该列为变量 w,并且 $\mathbf{Z}$ 是一个 $N\times 3$ 阶的矩阵,其各列分别为变量 v1 和 v2 以及 accum 命令自动地在末尾追加了变量值为 1 的一列,除非使用了 noconstant 选项。相关的命令是 matrix glsaccum 和 matrix opaccum,其中前者构造了一个形式为 $\mathbf{X}'\mathbf{B}\mathbf{X}$ 的加权交叉乘积。

以下的程序得到了与 regress ltotexp totchr 所得结果相同的点估计值。

```
. * OLS estimator using matrix accumulation operators
. matrix accum XTX = totchr              // Form X'X including constant
(obs=100)

. matrix vecaccum yTX = ltotexp totchr   // Form y'X including constant

. matrix cols = invsym(XTX)*(yTX)'

. matrix list cols

cols[2,1]
           ltotexp
totchr  .13530976
 _cons  4.4687394
```

A.1.7 使用 Stata 矩阵命令的 OLS

下面的例子运行了 ltotexp 对一个截距项和 totchr 的 OLS 回归，并且报告出了默认的 OLS 标准误和相关的 t 统计值。我们使用矩阵累积命令，这样可以处理一些大问题。使用这些命令的挑战在于得到 $s^2=\sum_{i=1}^{N}(y_i-\hat{y}_i)^2$，而不需要构造一个 $N\times 1$ 阶的预测值向量。能够这样操作的一个方法是使用 OLS 回归的结果 $\sum_{i=1}^{N}(y_i-\hat{y}_i)^2=\mathbf{y}'\mathbf{y}-\hat{\beta}'\mathbf{X}'\mathbf{X}\hat{\beta}$。

我们有：

```
. * Illustrate Stata matrix commands: OLS with output
. matrix accum XTX = totchr              // Form X'X including constant
(obs=100)

. matrix vecaccum yTX = ltotexp totchr // Form y'X including constant

. matrix b = invsym(XTX)*(yTX)'

. matrix accum yTy = ltotexp, noconstant
(obs=100)

. scalar k = rowsof(XTX)

. scalar n = _N

. matrix s2 = (yTy - b'*XTX'*b)/(n-k)

. matrix V = s2*invsym(XTX)

. matrix list b

b[2,1]
           ltotexp
totchr   .13530976
 _cons   4.4687394

. matrix list V

symmetric V[2,2]
            totchr       _cons
totchr   .01323021
 _cons   -.0063505   .00979036
```

这得到了与 A.1.2 中列出的相同的系数和 VCE 的估计值。

现在我们想用通常的格式来列出输出结果，即每一列依次为：解释变量名称，系数估计值，标准误以及 t 统计值。使用 Stata 矩阵命令时，这并不简单。我们希望构造列向量 t，其第 j 个元素为 $t_j=b_j/s_j=b_j/\sqrt{V_{jj}}$ 。但是，Stata 并没有提供元素对元素的除法的简便方法，并且没有提供简单的方法来取一个矩阵中元素对元素的平方根。一种补救的方法是，首先构造一个第 j 个元素为 $1/s_j$ 的列向量 seinv，这需要先生成一个元素为 s_j^2 的对角阵，再取这个矩阵的逆，并取这个矩阵的平方根，最后用这个得到的对角阵的元素构造一个列向量。然后，通过使用 b 和 seinv 的 Hadamard 乘积构造列向量 t，其中对于相同维度的矩阵 A 和 B，C＝hadamard(A,B)给出了矩阵 C，其第 ij 个元素为 $C_{ij}=A_{ij}\times B_{ij}$。我们得到：

```
. * Stata matrix commands to compute SEs and t statistics given b and V
. matrix se = (vecdiag(cholesky(diag(vecdiag(V)))))'

. matrix seinv = (vecdiag(cholesky(invsym(diag(vecdiag(V))))))'

. matrix t = hadamard(b,seinv)

. matrix results = b, se, t

. matrix colnames results = coeff sterror tratio

. matrix list results, format(%7.0g)

results[2,3]
          coeff  sterror   tratio
totchr   .13531   .11502   1.1764
 _cons   4.4687   .09895   45.163
```

相反，基于系数估计值的行向量和估计的方差矩阵，使用 Stata 的 ereturn 命令来得到这个结果则更加容易。前面的程序得到了一个系数的列向量，所以我们首先需要对其转置。我们得到：

```
. * Easier is to use ereturn post and display given b and V
. matrix brow = b'

. ereturn post brow V

. ereturn display
```

	Coef.	Std. Err.	z	P>|z|	[95% Conf.	Interval]
totchr	.1353098	.1150227	1.18	0.239	-.0901305	.36075
_cons	4.468739	.0989462	45.16	0.000	4.274808	4.66267

相反，类似的 OLS 程序使用了 3.8 节中介绍的 Mata 函数。

A.2 程序

do 文件、ado 文件和程序文件是 Stata 命令的集合，不管是完全重复相同的分析还是对这些分析进行相对较小的改动，它们都是有用的。对于许多分析，一个能够执行 Stata 命令(这些命令通常是编写在 Stata 或 Mata 中的 ado 文件)的 do 文件就足够了。

但是，更高层次的分析可能需要在 Stata 中进行编程。这些程序可以作为一个 do 文件的一个组成部分来定义并执行，或者它们也可以被转化为一个 ado 文件，这使得它们可以被其他程序调用。有帮助的参考文献是[U]**18 Programming Stata** 和[P] **program**。

A.2.1 简单的程序(没有参数的程序或者可获取结果的程序)

通过使用后面跟有程序名称的 program define 命令可以定义一个程序。随后的每行给出该程序,并且以单独 end 行来结束。

最简单的程序没有任何输入项,并且简单地显示出程序输出结果。下面的程序显示出当前的时间和日期。

```
. * Program with no arguments
. program time
  1.    display c(current_time) c(current_date)
  2. end
```

在上面的输入中,单词 define 是可选的——简单地输入 program time 就足够了。

通过输入该程序的名称就可以执行该程序。我们有:

```
. * Run the program
. time
12:36:13 5 Oct 2009
```

与执行一个 do 文件时只列出程序的结果不同,这里的结果就是当前的日期和时间;没有列出执行过的程序命令。

A.2.2 修改一个程序

Stata 不允许我们重新定义一个已有的程序。所以,如果存在这样一个具有相同名称的程序,首先必须全部删除。

program drop time 命令将会删除 time 程序。但是,如果这个程序不存在,Stata 将会停止执行并生成错误信息。前缀 capture 能确保 Stata 继续运行,即使 time 程序并不存在。

因此,定义并执行 time 程序的较好方法是:

```
. * Drop program if it already exists, write program and run
. capture program drop time
. program time
  1.    display c(current_time) c(current_date)
  2. end
. time
12:36:13 5 Oct 2009
```

clear 命令不会删除程序,但是 clear all 会删除程序。若要特定地删除所有程序,可以使用 clear programs 命令或者 program drop all 命令。

A.2.3 带有位置参数的程序

更复杂的程序有输入项,其被称为参数。例如,Stata 中的 regress 命令将被解释变量和若干解释变量作为参数。那么执行该命令要求我们同时给出命令名称和命令的参数,比如,regress y x1 x2。这些参数输入项必须传入到程序并在程序中进行合适的引用。

程序的参数输入项可以被转化为位置参数来进行传递。在程序中,第一个参数通过局部宏`1'来引用,第二个参数通过局部宏`2'来引用,以此类推。例如,对于 regress 命令,被解释变量,比如说 y,可能在内存里用`1'来引用。这里的引号与它在这张打印纸上的样子不同。在大多数键盘上,左引号位于左上方,而右引号位于中间偏右的位置。当使用文本编辑器查看时,单引号显示正确。但是当在LaTeX文档中查看时,它们错误地显示为'1'而不是正确的`1'。

我们介绍一个程序来报告两个变量之间差的中位数,其中这两个变量需要被传入到程序。使用位置参数,我们有:

```
. * Program with two positional arguments
. program meddiff
  1.    tempvar diff
  2.    generate `diff' = `1' - `2'
  3.    _pctile `diff', p(50)
  4.    display "Median difference = " r(r1)
  5. end
```

这个程序使用了一个将在下一节中解释的临时变量 diff,来存储两个变量之间的差。几个命令可以计算出中位数。这里我们使用带 p(50)选项的_pctile 命令。这个命令把得到的中位数存储在 r(r1)中,然后我们使用 display 命令输出这个结果。

现在我们运行 meddiff 程序,使用与 A.1 节中相同的数据集和变量 ltotchr 与 totchr。我们有:

```
. * Run the program with two arguments
. meddiff ltotexp totchr
Median difference = 4.2230513
```

A.2.4 临时变量

meddiff 程序要求对我们命名为 diff 的中间变量进行计算。为了保证这个名称不会与其他地方的变量产生冲突,并保证一旦程序执行结束,就删除这个变量,我们使用 tempvar 命令来定义一个仅对该程序为局部的临时变量,并且在执行该程序之后就删除它。使用 tempvar 命令来声明这个临时变量,然后通过相同的左右引号进行引用,并把它作为局部宏使用。类似地,使用 tempname 命令可以声明临时标量和临时矩阵,且使用 tempfile 命令可以声明一个临时文件。

A.2.5 带有位置参数被命令的程序

如果对位置参数`1'、`2'、…等进行命令,那么程序的读取更容易。为了使用被命令的位置参数,我们首先按照参数在命令中出现的顺序来定义程序中的参数。例如,

```
. * Program with two named positional arguments
. capture program drop meddiff

. program meddiff
  1.    args y x
  2.    tempvar diff
  3.    generate `diff' = `y' - `x'
  4.    _pctile `diff', p(50)
  5.    display "Median difference = " r(r1)
  6. end

. meddiff ltotexp totchr
Median difference = 4.2230513
```

与临时变量一样，声明这些参数不需要带引号，但是 Stata 将这些参数存储为局部宏，所以我们需要使用引号来引用这些参数。

A.2.6 存储并读取程序结果

前面的例子简单地显示出了结果。通常，我们想要存储程序的结果以备进一步的数据分析。把结果存储于 1.6 节中介绍的 r()、e()和 s()就可以做到这一点。为此，我们需要将程序定义为相应的类，并且需要将结果返回到 r()、e()或 s()中指定的条目中。

对于我们的例子，我们将该程序声明为 rclass，将唯一的结果存储到 r(medylx)中。我们有：

```
. * Program with results stored in r()
. capture program drop meddiff

. program meddiff, rclass
  1.    args y x
  2.    tempvar diff
  3.    generate `diff' = `y' - `x'
  4.    _pctile `diff', p(50)
  5.    return scalar medylx = r(r1)
  6. end
```

执行这个程序不会产生输出结果。相反，执行这个程序得到的结果被存储到 r()中。为了列出 r()中的程序结果，我们使用 return list 命令。为了显示 r()中的标量，我们使用 display 命令。

```
. * Running the program does not immediately display the result
. meddiff ltotexp totchr

. return list

scalars:
              r(medylx) =  4.223051309585571

. display r(medylx)
4.2230513
```

eclass 程序的一个例子，返回存储在 e 和 V 中的结果用于后续的分析，见 13.4.4 节。

A.2.7 带有使用标准 Stata 语法的参数的程序

程序的参数可能非常长并且可能包含选项参数，但是许多命令用一种标准的格式来使用参数。特别地，如果命令使用标准的 Stata 语法，则存在一些分解命令的工具，即把长命令分解成不同的参数。

完整的 Stata 标准语法为：

command [*varlist* | *namelist* | *anything*] [*if*] [*in*] [using *filename*] [=*exp*]

[*weight*] [, *options*]

方括号表示选项。对于某些命令，要求使用方括号中的一些选项来运行特定的命令。在那些特定命令的语法中,这些所要求的选项不用方括号括起来。

作为一个例子,我们考虑如下命令:

```
. regress ltotexp totchr if ltotexp < . in 1/100, vce(robust)
```

为了执行这个命令,Stata 将 regress 解释为 *command*;将变量 ltotexp 和 totchr 解释为 *varlist* 中的选项;将 if ltotexp<. 解释为 *if* 限定符;将 in 1/100 解释为 *in* 限定符;且将 vce(robust)解释为 *option* 中的一个选项。对于 regress 命令,Stata 需要进一步分解 *varlist* 中的内容,即把第一个变量作为被解释变量,而把其余的变量作为解释变量。

现在我们演示如何操作。我们编写一个程序 mylos,它复制了 regress。特别是,我们想能够把这个命令分解成其参数:

```
. myols ltotexp totchr if ltotexp < . in 1/100, vce(robust)
```

然后用这些参数来执行 regress 命令。

为此,我们使用 syntax 命令和 gettoken 命令,正如以下程序中所演示的。

```
. * Program that uses Stata commands syntax and gettoken to parse arguments
. program myols
     syntax varlist [if] [in] [,vce(string)]
     gettoken y xvars : varlist
     display "varlist contains: "  "`varlist'"
     display "and  if contains: "  "`if'"
     display "and  in contains: "  "`in'"
     display "and vce contains: "  "`vce'"
     display "and   y contains: "  "`y'"
     display "& xvars contains: "  "`xvars'"
     regress `y' `xvars' `if' `in', `vce' noheader
  end
```

syntax 命令列出所需的参数——这里就是变量名称的列表(varlist)——和可选的参数——这里是 if 限定符([if])、in *range* 限定符([in])以及带有一个 string 参数的 vce()选项,即用([, vce(string)])来设定特定的选项。syntax 命令会把所有出现在 myols 值后且在 if 或 in 限定符之前的变量名称列表设置在局部宏`varlist'中;把所有 if 限定符设置在局部宏`if'中;把所有 in *range* 限定符设置在局部宏`in'中;并把所有 *vce_opion* 设置在局部宏`vce'中。`varlist'中的名称是用空格分离的符号。这里使用的 gettoken 命令的特定形式把`varlist'中的第一个符号设置在局部宏`y'中,并把其余的符号设置在局部宏`x'中。

可以包含 display 命令(不是必需的)来演示发生的命令分解是合意的。注意复引号的使用。例如,为了显示局部宏`y'中的名称,我们使用 display "`y'"命令。然而,如果我们使用了 display `y',那么我们会看到局部宏`y'中变量的值。

作为一个例子,我们然后运行 myols 程序。

```
. * Execute program myols for an example
. myols ltotexp totchr if ltotexp < . in 1/100, vce(robust)
varlist contains: ltotexp totchr
and  if contains: if ltotexp < .
and  in contains: in 1/100
and vce contains: robust
and   y contains: ltotexp
& xvars contains:  totchr
```

ltotexp	Coef.	Robust Std. Err.	t	P>|t|	[95% Conf.	Interval]
totchr	.1353098	.1089083	1.24	0.217	-.0808151	.3514347
_cons	4.468739	.1089425	41.02	0.000	4.252547	4.684932

成功地分解了 myols 命令的参数，从而得到了来自 regress 命令的预期输出结果。

A.2.8 ado 文件

一些 Stata 命令，比如说 summarize，是内置命令。但是许多 Stata 命令是通过一个 ado 文件来定义的，它是一个 Stata 的命令集。例如，logit.ado 文件定义了用于 logit 回归的 logit 命令。同时，Stata 的用户也可以使用 ado 文件自行定义 Stata 命令。全书中，我们使用了许多这种用户编写的命令。

ado 文件是一个程序文件，它与已经介绍的程序文件相类似。但是，为了更广泛地使用，通常它们需要编写得更加严密。使用临时变量、标量和矩阵必须避免与调取的 ado 文件中程序潜在的名称相冲突。变量可以双精度来生成。需要小心从程序中输出的结果，例如使用 quietly 前缀来压缩不必要的中间结果的显示。应该提供注释，比如当前的版本号和日期。同时应该进行不同的检查以确保命令可以被正确地使用(例如，如果程序的输入项应该为正，假如不是这种情况，就会发出出错信息)。

一个很好的关于 ado 文件开发的例子见[u] 18.11 **Ado-files**。对于一个估计命令，见 Gould，Pitblado 和 Sribney(2006，第 10 章)。

这里我们给出一个简单的例子，将前面的 meddiff 程序转换为一个 ado 文件。特别是，meddiff.ado 文件包含了：

```
*! version 1.1.0  22feb2008
program meddiff, rclass
  version 10.1
  args y x
  tempvar diff
  quietly {
          generate double `diff' = `y' - `x'
          _pctile `diff', p(50)
           return scalar medylx = r(r1)
  }
  display "Median of first variable - second variable = " r(r1)
end
```

该程序以版本号和日期开头。编写该程序用于 Stata 11。quietly 前缀压缩了输出结果。例如，如果y或者x有任何的缺失值，那么 generate 命令会产生一项声明：生成了缺失值。在这里，这项声明不会出现。为了提高精确性，`diff'变量是双精度的。

为了执行 meddiff.ado 文件中的命令，我们简单地输入带有合适参数的命令 meddiff。例如，

```
. * Execute program mediff for an example
. meddiff ltotexp totchr
Median of first variable - second variable = 4.2230513
```

meddiff.ado 文件必须在一个 Stata 可以自动读取的目录中。对于一台 Microsoft Windows 的计算机，这些目录包括 C:\ado 和 C:\Program Files\Stata 11 以及当前的目录。详见[u]17 **Ado-files**。

A.3　程序调试

本节对 Stata 中许多基本的用法提供了相关建议。

有两个挑战。第一个挑战就是持续执行一个程序，不因为一个错误而停止执行；第二个挑战是一旦执行这个程序，就必须确保这个程序按照预定的目标执行。

这里我们关注第一个挑战。调试一个程序最简单的方式是操作一个简单的例子并显示出中间结果。Stata 也会提供错误信息和一个追踪功能来检测执行一个程序的每一个步骤。

第二个挑战很容易被忽略，但它不应该被跳过。试想这样一个例子，它有一个已知的结果或者一种确认这个结果的方法。例如，为了检测一个估计程序，从一个已知的数据生成过程中生成许多观测值，并查看这个估计程序是否得到了已知的数据生成过程的参数，见第 4 章。显示出中间结果同样很有帮助。特别是，经常使用 summarize 命令来证实我们正在操作目标数据集。

A.3.1　一些简单的方法

调试 Stata 程序的一种简单方法就是显示中间输出结果。例如，在以下的列表中，我们可以查看是否得到了正确维度的矩阵。如果该程序失败了，我们可以在出现故障前研究中间结果，以便发现故障。

```
. * Display intermediate output to aid debugging
. matrix accum XTX = totchr              // Recall constant is added
(obs=100)

. matrix list XTX                        // Should be 2 x 2

symmetric XTX[2,2]
        totchr   _cons
totchr      74
 _cons      48     100

. matrix vecaccum yTX = ltotexp totchr

. matrix list yTX                        // Should be 1 x 2
```

```
yTX[1,2]
            totchr       _cons
ltotexp  224.51242  453.36881

. matrix bOLS = invsym(XTX)*(yTX)'

. matrix list bOLS                         // Should be 2 x 1

bOLS[2,1]
          ltotexp
totchr  .13530976
 _cons  4.4687394
```

即使看起来没有问题，如果仍然调试这个程序，把一个无关命令（比如 matrix list）注释出来而不是删除该命令也会很有帮助，以防万一由于某种原因需要在以后使用它。

如果我们操作一个简化的程序，调试程序就可以更快更简单。例如，预期需要操作整个数据集和许多解释变量，我们可以先操作该数据的一个小的子集和单个解释变量。这也可以减少仅由数据问题而产生问题的机会，比如多重共线性问题。

为了进一步节省时间，使用/＊和＊/来注释在调试过程中不需要运行的那部分程序是很有意义的。这对于计算量很重但又不必要计算的情形是非常重要的，比如在最终分析中使用而在程序开发阶段又不需要使用的图形。

A.3.2 报错的信息与返回的代码

Stata 会产生报错的信息。这些信息给得很简单，但是可以从手册中或者直接从 Stata 中获得更详细的解释。

例如，如果我们用 y 对 z 回归，但是一个或两个变量不存在时，我们得到：

```
. search rc 111
. regress y x
variable x not found
r(111);
```

对于返回代码 111 更加详细的解释，输入命令：

```
. search rc 111
```

（输出已省略）

如果正在调试某个 Stata 程序，那么程序故障会导致一个没有任何帮助的报错信息。如果该代码没有嵌入程序当中，将会给出更多有用的报错信息。因此，与其在程序环境下操作一个程序，不如首先在一个 Stata 的 do 文件中而不是在一个程序中操作这些命令，这是更有帮助的。例如，meddiff 程序的一个非程序化的版本是：

```
. * Debug an initial nonprogram version of a program
. tempvar y x diff

. generate `y' = ltotexp

. generate `x' = totchr

. generate double `diff' = `y' - `x'

. _pctile `diff', p(50)

. scalar medylx = r(r1)

. display "Median of first variable - second variable = " medylx
Median of first variable - second variable = 4.2230513
```

A.3.3 trace 命令

trace 命令可以追踪这个程序的执行过程。要启动一个追踪过程,输入命令:

```
. set trace on
```

(输出已省略)

要停止这个追踪过程,输入命令:

```
. set trace off
```

trace 功能可以生成大量的输出结果。基于这一原因,手动地插入能给出中间结果的命令是更有帮助的。默认的设置时 set trace off。

B Mata

在 Stata 的版本 9 中引入的 Mata 是一个强大的矩阵编程语言，它可以与 Gauss 和 Matlab 齐名。与 Stata 的 matrix 命令相比，它的计算速度更快，支持更大的矩阵（Mata 对矩阵的规模没有限制，所以唯一的限制在于电脑的特定配置），具有更多的矩阵命令，并且这些命令在语法上更接近于在数学中所使用的矩阵符号。

Mata 是 Stata 的一个可以自我运行的组成部分。另外，把 Stata 函数和 Mata 函数结合起来使用是可行的。

B.1 如何运行 Mata

Mata 命令通常在 Mata 中运行，这需要首先在 Stata 中输入 mata 命令来启动。单个 Mata 命令可以在 Stata 中给出，而单个 Stata 命令也可以在 Mata 中给出。

B.1.1 Mata 中的 Mata 命令

通过 Stata 的 mata 命令可以启动 Mata。在 Mata 中，命令提示符是一个冒号(:)[①]而不是一个句号。用行的分割线或者冒号把 Mata 命令隔开。要退出 Mata 并返回 Stata，使用 Mata 的 end 命令。

在下面的样本中，Mata 过程创建了一个 2×2 阶的单位阵 I，并且显示出矩阵 I 的元素。

```
. * Sample Mata session
. mata
------------------------------------------------- mata (type end to exit) -----
: I = I(2)

: I
[symmetric]
        1   2
    +---------+
  1 |   1     |
  2 |   0   1 |
    +---------+

: end
-------------------------------------------------------------------------------
```

对于对称阵，比如单位阵，只列出下三角阵。这里未列出的元素(1,2)等于列出的元素(2,1)，其值为 0。

---

① 原文中为分号，译者认为应该是冒号。——译者注

B.1.2 Stata 中的 Mata 命令

在 Mata 命令前加上 mata:前缀可以在 Stata 中启动一个单独的 Mata 命令。

例如,为了创建一个 2×2 阶的单位阵 I,并且显示出 I 的元素,输入命令:

```
. * Mata commands issued from Stata
. mata: I = I(2)

. mata: I
[symmetric]
        1   2
    +---------+
  1 |   1     |
  2 |   0   1 |
    +---------+
```

B.1.3 Mata 中的 Stata 命令

Mata 命令与 Stata 命令不同。但是,在 Mata 中使用 stata()函数可能可以在一个 Mata 程序中执行一个 Stata 命令。

例如,假设我们在 Mata 中,且想要得到变量 ltotexp 的均值,而这个变量在当前内存的 Stata 数据集中。在 Stata 中,我们可以输入 summarize ltotexp 命令。在 Mata 中,我们使用 stata()函数,并把合意的 Stata 命令放入双引号中作为参数。

```
. * Stata commands issued from Mata
. mata
------------------------------------------------- mata (type end to exit) -----
: stata("summarize ltotexp")

    Variable |       Obs        Mean    Std. Dev.       Min        Max
-------------+--------------------------------------------------------
     ltotexp |       100    4.533688    .8226942   1.098612   5.332719

: end
-------------------------------------------------------------------------------
```

B.1.4 交互使用与批处理使用

在 Mata 交互使用中可行的内容与在 Mata 程序中可行的内容有很大差别。例如,在交互使用中,Mata 不能包含注释。

B.1.5 Mata 的 help 命令

在本附录中,我们提供一些基本的 Mata 程序。两卷 Mata 手册是非常完善的,但是没有提供在其他 Stata 手册中出现的许多以数据为导向的例子。

Mata 的 help 命令可以在 Stata 的点提示符下或者 Mata 的句号提示符下运行。

如果知道 matrix 命令的名称、算子或者函数,那么可以输入 help mata name 命令。例如,如果我们知道 det()函数是取一个矩阵的行列式,那么输入命令:

```
: help mata det
```

（输出已省略）

在这个例子中，这个命令是在 Mata 中输入的，但是在 Stata 中可以输入恰好相同的 help 命令。

如果我们并不知道特定的名称，处理会很难。例如，假设我们想找到关于分类的 matrix 命令的相关帮助。那么，输入 help mata matrix 命令后，不会得到有关帮助的条目。但是，

```
: help mata m4 matrix
```

（输出已省略）

上述命令可以提供帮助，因为 M-4 是 Mata 手册中的相关章节。更一般地，这个命令是 help m# *name*，但是这要求知道手册的相关章节。

通常，必须首先输入 help mata 命令，然后有选择地从随后的条目中挑选。

B.2 Mata 的矩阵命令

我们介绍关于创建矩阵，矩阵算子以及函数的各种基本知识。解释性的注释以“//”开头，因为 Mata 无法识别以“ * ”开头的注释。

B.2.1 Mata 矩阵的输入

手动地输入矩阵

可以通过手动来输入矩阵。例如，考虑一个 2×3 阶矩阵 A，其第一行的元素分别为 1、2 和 3，而第二行的元素分别为 4、5 和 6。这可以被定义为以下内容：

```
: // Create a matrix
: A = (1,2,3 \ 4,5,6)
```

与 Stata 中的 matrix define 命令相同，用逗号来分隔各列元素，而用反斜线来分隔各行。

要查看该矩阵，简单地输入矩阵名称：

```
: // List a matrix
: A
         1   2   3
      +-------------+
    1 |  1   2   3  |
    2 |  4   5   6  |
      +-------------+
```

单位矩阵、单位向量和常数矩阵

一个 $n\times n$ 阶的单位阵可以用 I(n)来创建。例如，

```
. // Create a 2x2 identity matrix
. I = I(2)
```

一个除了第 i 个元素以外其他元素都为 0 的 $1\times n$ 阶向量可以用 e(i,n)来创建。例如，

```
: // Create a 1x5 unit row vector with 1 in second entry and zeros elsewhere
: e = e(2,5)

: e
        1   2   3   4   5
    +---------------------+
  1 |   0   1   0   0   0 |
    +---------------------+
```

一个各元素值为 v 的 $r\times c$ 阶常数矩阵可以用 J(r,c,v)来创建。例如，

```
: // Create a 2x5 matrix with entry 3
: J = J(2,5,3)

: J
        1   2   3   4   5
    +---------------------+
  1 |   3   3   3   3   3 |
  2 |   3   3   3   3   3 |
    +---------------------+
```

范围算子用于创建向量，该向量的元素依次增加 1 个单位，对于行向量使用 a..b，对于列向量使用 a::b。例如，

```
: // Create a row vector with entries 8 to 15
: a = 8..15

: a
         1    2    3    4    5    6    7    8
    +-----------------------------------------+
  1 |    8    9   10   11   12   13   14   15 |
    +-----------------------------------------+
```

上述命令创建了一个元素依次为 8,9,…,15 的行向量。

对于其他标准矩阵的创建，输入 help m4 standard 命令。

从 Stata 数据输入矩阵

使用 Mata 的 st_view()函数，矩阵可以与当前内存中的 Stata 数据集中的变量联系起来。

例如，假设当前的 Stata 数据集包含了变量 ltotexp、totche 和 cons。那么：

```
// Create Mata matrices from variables stored in Stata
st_view(y=., ., "ltotexp")
st_view(X=., ., ("totchr", "cons"))
```

上述命令把列向量 y 与变量 ltotexp 中的观测值联系起来，同时把矩阵 X 与变量 totchr 和 cons 中的观测值联系起来。

对于上面的第二个 st_view()函数，一个简单的语法概述如下。第一项是 X=.，因为这可以避免事先定义向量 X 的需要。相反，如果我们已经简单地输入了 X，我们可能会收到报错的信息<istmt>：3499 X not found。第二项是一个句号.，它意味着将选取所有的观测值。相反，参数可以是一系列观测值。第三项是一个选取特定变量的行向量，其变量名称在引号中给出，而逗号用于分隔行向量中的列元素。如果 totchr 和 cons 分别是数据集中的第 31 和第 45 元素，我们可以等同地输入 st_view(X=.,.,(31,45))。

st_view()函数生成对 Stata 数据集的一个预览，但不要求把实际数据载入到 Mata 中，这可以节省时间和内存。例如，要在 Mata 中依次构造普通最小二乘(OLS)估计量 $(\mathbf{X}'\mathbf{X})^{-1}\mathbf{X}'y$，只需要载入 $K\times K$ 阶矩阵 $(\mathbf{X}'\mathbf{X})^{-1}$ 和 $K\times 1$ 阶矩阵 $\mathbf{X}'y$，而不需要载入更大的 $N\times K$ 阶矩阵 $\mathbf{X}$。

相关的 st_data()函数实际上确实载入了矩阵，但是这通常并不需要。作为一个例子，

```
. // Create a Mata matrix from variables stored in Stata
. Xloaded = st_data(., ("totchr", "cons"))
```

上述命令创建了一个矩阵 Xloaded，其第 i 行是变量 totchr 和 cons 的第 i 个观测值。

从 Stata 矩阵输入矩阵

使用 Mata 的 st_matrix()函数，可以从 Stata 命令创建的矩阵中来创建 Mata 矩阵。例如，

```
: // Read Stata matrix (created in first line below) into Mata
: stata("matrix define B = I(2)")

: C = st_matrix("B")

: C
[symmetric]
        1   2
    +---------+
  1 |   1     |
  2 |   0   1 |
    +---------+
```

也可以使用 st_matrix()函数把一个 Mata 矩阵转化为 Stata 矩阵，见 B.2.6 节。

Stata 的接口函数

Stata 的接口函数以 st_开头，并且能把 Mata 中的矩阵和数据与 Stata 中的矩阵和数据连接起来。已经给出的例子是 st_view()、st_data()和 st_matrix()函数。在 B.2.6 节中将介绍 st_addvar()函数和 st_store()函数。总结见[M-4] **stata**，而单个的 st_函数见[M-5] **intro**。

B.2.2 Mata 的矩阵算子

可乘矩阵的算术算子有："+"表示加，"−"表示减，"*"表示乘以及"#"表示 Kronecher 积。乘法命令也可以用于标量相乘，例如，2 * A 或者 A * 2，而标量除法也是可以的，比如 A/2。标量可以升级到标量的幂运算，例如 a^2。矩阵−A 是 A 的负。

一个单撇号"'"表示矩阵的转置(或者共轭转置，如果是复数矩阵)。要计算 A'A，我们可以使用 A'A 或者 A' * A。

A#B 给出了两个矩阵的 Kronecher 积。如果 A 是 $m\times n$ 阶的，B 是 $r\times s$ 阶的，那么 A#B 是 $mr\times ns$ 阶的。

元素对元素的算子

元素对元素运算的重要的算术算子是冒号算子。第一个例子是相同纬度的两个矩

阵之间元素的乘积(Hadamard 乘积)。那么,C=:*B 的第 ij 个元素等于 A 的第 ij 个元素乘以 B 的第 ij 个元素。

如果具有相同的行数,那么列向量与矩阵之间元素对元素的相乘是可行的。类似地,如果具有相同的列数,那么行向量与矩阵之间元素对元素的相乘是可行的。对于列向量的情形,

```
: // Element by element multiplication of matrix by column vector
: b = 2::3

: J = J(2,5,3)

: b:*J
        1    2    3    4    5
    +--------------------------+
  1 |   6    6    6    6    6  |
  2 |   9    9    9    9    9  |
    +--------------------------+
```

列向量 b 的元素为 2 和 3,而 2×5 阶矩阵 J 所有的元素都等于 3。矩阵 J 的第一行都乘以 2(列向量 b 中的第一个元素),而矩阵 J 的第二行都乘以 3(列向量 b 中的第二个元素)。

设 w 为一个 $N\times1$ 阶的列向量,X 是一个 $N\times K$ 阶的矩阵,其第 i 行为 $\mathbf{x}_i'$。那么,w:*X是一个 $N\times K$ 阶的矩阵,其第 i 行为 $w_i\mathbf{x}_i'$,而(w:*X)'X 是一个 $K\times K$ 阶的矩阵,它等于 $\sum_{i=1}^{N} w_i\mathbf{x}_i\mathbf{x}_i'$。

其他的冒号算子也适用于除法(:/)、减法(:-)、幂(:^)、恒等(:==)、不等于(:!=)、特定的不等式(比如:>=),"且"(:&)和"或"(:|)等运算。这些算子是矩阵编程语言的一个特殊优势。

其他种类的算子详见[M-2] **intro**。

B.2.3 Mata 函数

标准的矩阵函数的参数在括号"()"中给出。

标量与矩阵函数

一些矩阵命令可以产生标量,例如,

```
: // Matrix function that returns scalar
: r = rows(A)

: r
  2
```

常用的例子包括矩阵的行列式(det())、秩(rank())和迹(trace())等的标量。统计函数包括 mean()。

一些矩阵命令可以通过元素对元素的转换生成矩阵。例如,

```
: // Matrix function that returns matrix by element-by-element transformation
: D = sqrt(A)

: D
                 1              2              3

  1              1    1.414213562    1.732050808
  2              2    2.236067977    2.449489743
```

数学函数包括绝对值(abs())、符号(sign())、自然对数(ln())、幂指数(exp())、对数阶乘(lnfactorial())、模(mod())和截断取整(trunc())等。统计函数包括均匀分布(runiform())、标准正态密度(normal())和许多其他密度函数以及累积分布函数。

一些矩阵命令通过作用于整个矩阵来生成向量和矩阵。一个重要的例子是,下面要讨论的矩阵的逆。mean()函数可以找出一个矩阵每一列的矩阵,而 corr()函数可以从方差矩阵中构造一个相关系数矩阵。

使用 Mata 的 eigensystem()函数可以得到一个方阵的特征值和特征向量。例如,

```
: // Calculate eigenvalues and eigenvectors
: E = (1, 2 \ 4, 3)

: lambda = .

: eigvecs = .

: eigensystem(E,eigvecs,lambda)

: lambda
        1    2

  1     5   -1

: eigvecs
                  1              2

  1    -.447213595    -.707106781
  2    -.894427191     .707106781
```

特征值在行向量 lamda 中给出,特征向量是方阵 eigvecs 所对应的的列。这个命令要求 lamda 和 eigvecs 已经存在,所以我们把它们的初始值设定为缺失值。

Mata 有许多函数,索引和函数的使用手册见[M-4] **intro**。

矩阵求逆

有几个不同的矩阵求逆函数。cholinv()函数可以计算正定对称阵的逆并且速度最快。invsym()函数可以计算实对称阵的逆,luinv()可以计算方阵的逆,qrinv()可以计算矩阵的广义逆,且 pinv()可以计算 Moore-Penrose 伪逆。

对于列满秩的矩阵 X,矩阵 X′X 是正定对称的,所以 cholinv(X′X)是最合适的。但是,如果 X′X 非严格对称,这个函数将会失效,因为计算中存在化整误差。makesymmetric()函数

通过将对角线以下的元素复制到对角线以上相对应的位置来构造一个对称阵。例如，

```
: // Use of makesymmetric() before cholinv()
: F = 0.5*I(2)

: G = makesymmetric(cholinv(F'F))

: G
[symmetric]
       1   2
    +---------+
  1 |  4      |
  2 |  0   4  |
    +---------+
```

B.2.4 Mata 交叉乘积

矩阵函数 cross()可以创建矩阵的交叉乘积。例如，从 cross(X,X)中可以得到 X′X，从 cross(X,Z)中可以得到 X′Z，且从 cross(X,w,Z)中可以得到 X′diag(w)Z。对于前面载入到 X 和 y 中的数据，OLS 估计量可以计算为：

```
: // Matrix cross product
: beta = (cholinv(cross(X,X)))*(cross(X,y))

: beta
                   1
    +----------------+
  1 |   .1353097647  |
  2 |   4.468739434  |
    +----------------+
```

这些估计值与 A.1.2 中给出的估计值相同。

使用 cross()比算术乘法算子的优势在于计算速度更快且使用的内存较少。带有缺失观测值的行将被删掉，然而如果有任何缺失的观测值，X′Z 都将会产生缺失值。并且，cross(X′Z)会产生一个对称的结果，因此在 cholinv()和 invsym()函数之前，不再需要使用 makesymmetric()函数。

B.2.5 Mata 矩阵的下标以及合并矩阵

矩阵中的第(i,j)个元素用[i,j]表示。例如，要把矩阵 A 中的第(1,2)个元素设定为(1,1)，输入命令：

```
: // Matrix subscripts
: A[1,2] = A[1,1]

: A
       1   2   3
    +-------------+
  1 |  1   1   3  |
  2 |  4   5   6  |
    +-------------+
```

对于一个列向量，第 i 个元素表示为[i,1]而不是简单的[i]。同样地，对于一个行

向量，第 j 个元素表示为[1,j]而不是简单的[j]。

要对一个矩阵添加一些列，使用水平连接算子逗号“,”。假设 A、B 两个矩阵具有相同的行数，那么，A,B 把 B 的列添加到 A 的列之后。例如，

```
: // Combining matrices: add columns
: M = A, A

: M
        1    2    3    4    5    6
    +-------------------------------+
  1 |   1    1    3    1    1    3  |
  2 |   4    5    6    4    5    6  |
    +-------------------------------+
```

要对一个矩阵添加或追加一些行，使用垂直连接算子“\”。假设 A、B 两个矩阵具有相同的列数，那么，A\B 把 B 的行添加到 A 的行之后。例如，

```
: // Combining matrices: add rows
: N = A \ A

: N
        1    2    3
    +----------------+
  1 |   1    1    3  |
  2 |   4    5    6  |
  3 |   1    1    3  |
  4 |   4    5    6  |
    +----------------+
```

使用列举下标可以从一个矩阵抽取一个子矩阵，它将要抽取的行作为第一个参数，将要抽取的列作为第二个参数。例如，要从矩阵 M 中抽取第 1～2 行和第 5～6 列来构成的子矩阵，我们输入：

```
: // Form submatrix using list subscripts
: O = M[(1\2), (5::6)]

: O
        1    2
    +-----------+
  1 |   1    3  |
  2 |   5    6  |
    +-----------+
```

另一种方法是使用范围下标，它对要抽取部分的左上元素和右下元素，给出下标。因此，

```
: // Form submatrix using range subscripts
: P = M[|1,5 \ 2,6|]

: P
        1    2
    +-----------+
  1 |   1    3  |
  2 |   5    6  |
    +-----------+
```

其中,列举下标和范围下标都可以使用,但范围下标更好,因为它们执行的速度更快。详见[M-2] **subscripts**。

B.2.6 将 Mata 数据和矩阵转换至 Stata

以 st_开头的 Mata 函数提供一个与 Stata 连接的接口。

从 Mata 矩阵创建 Stata 矩阵

使用 Mata 的 st_matrix()函数可以从 Mata 矩阵创建 Stata 矩阵。

例如,从 Mata 矩阵 P 创建一个 Stata 矩阵 Q,然后列出这个 Stata 矩阵,输入:

```
: // Output mata matrix to Stata
: st_matrix("Q", P)

: stata("matrix list Q")

Q[2,2]
     c1  c2
r1    1   3
r2    5   6
```

3.8 节给出了一个例子,其中参数向量 b 和估计量的方差协方差矩阵(VCE)的估计值,都是在 Stata 中计算的,用 st_matrix()函数把它们从 Mata 转换到 Stata,然后使用 Stata 的 ereturn 命令将结果显示出来。

从 Mata 向量创建 Stata 数据

st_addvar()函数可以把一个新的变量添加到 Stata 的数据集中,尽管它只是创建了这个变量的名称而不是它的值。st_store()函数可以修改当前 Stata 数据集中变量的值。因此,要在 Stata 中创建一个新变量并给这个新变量赋值,我们先输入 st_addvar(),再输入 st_store()。

回顾:X 是一个包含变量 totchr 和 cons 的矩阵,beta 是从 ltotexp 对 totchr 和 cons 进行回归所得 OLS 系数的一个列向量。我们在 Mata 中创建一个拟合值的向量 yhat,将其转换到 Stata 中作为 ltotexphat 变量,并使用 summarize 命令来检查结果。我们有:

```
: // Output mata matrix to Stata
: yhat = X*beta

: st_addvar("float", "ltotexphat")
  35

: st_store(.,"ltotexphat", yhat)

: stata("summarize ltotexp ltotexphat")
```

Variable	Obs	Mean	Std. Dev.	Min	Max
ltotexp	100	4.533688	.8226942	1.098612	5.332719
ltotexphat	100	4.533688	.0970792	4.46874	4.874669

正如 OLS 回归后所预期的,拟合值的平均值等于被解释变量的平均值。

B.3 Mata 中的编程

在 3.8 节、11.2 节、11.7 节以及 11.8 节中已经给出了使用 Mata 编程的详细的例子。这些例子把数据从 Stata 转换到 Mata，在 Mata 中计算参数估计值和 VCE 的估计值，并传回到 Stata 中。

这里我们介绍了 Mata 中编程的入门处理方法。

B.3.1 声明

11.7 和 11.8 节中的例子包含了一个 Mata 程序，可以把程序的参数往返传递到 Mata 的 optimize()函数中。

在使用这些矩阵和标量之前这些例子中的程序并不需要声明它们。这使得编写程序更容易，但也使得可能产生无法检测的错误。例如，如果一个操作预期是创建一个标量而得到的结果是一个矩阵，对于这种效果并不会产生任何反馈信息。相反，如果我们事先已经声明预期的结果是一个标量，那么，如果错误地创建了一个矩阵，则会出现出错的信息。

下面的 Mata 程序把 optimize()函数改写为 11.7.3 节中的计算器 poissonmle 程序，用来声明在程序中使用的所有程序参数以及所有其他变量的类型。

```
:   void poissonmle(real scalar todo,
>     real rowvector b,
>     real colvector y,
>     real matrix X,
>     real colvector lndensity,
>     real matrix g,
>     real matrix H)
>   {
>     real colvector Xb
>     real colvector mu
>     Xb = X*b'
>     mu = exp(Xb)
>     lndensity = -mu + y:*Xb - lnfactorial(y)
>     if (todo == 0) return
>     g = (y-mu):*X
>     if (todo == 1) return
>     H = - cross(X, mu, X)
>   }
```

B.3.2 Mata 程序

作为一个例子，我们创建一个 Mata 程序 calcsum，它可以计算列向量的列的和。这个例子纯粹是演示性的，它建立在[M-1]**ado** 中例子之上，因为 Mata 的 colsum()函数无论如何都能做到这点。

使用 st_view()函数可以从当前内存的 Stata 数据集中的一个名为 varname 的变量得到列向量 x。当调用这个程序时，varname 字符串是一个提供的程序参数。对于列的和的实际计算过程通过 Mata 的 colsum()函数来进行。其结果被存储于实数标量 resultissum 中，它是第二个程序参数。要将这个程序运用于 ltotexp 变量，我们调用带有"ltotexp"和 sum 参数的 calcsum 程序。结果存储在 sum 中，为了查看该结果，我们简单地输入 sum。我们有：

```
. mata:
─────────────────────────────────────── mata (type end to exit) ───
:   void calcsum(varname, resultissum)
>   {
>     st_view(x=., ., varname)
>     resultissum = colsum(x)
>   }

:   sum = .

:   calcsum("ltotexp", sum)

:   sum
  453.3688121

: end
────────────────────────────────────────────────────────────────────
```

结果 453.3688 正是预期的值，因为从 B.2.6 节给出的输出中可知，ltotexp 中 100 个观测值的样本均值为 4.533688。

B.3.3 把结果输出到 Stata 中的 Mata 程序

前面的 Mata 程序把结果 resultissum 传回到 Mata 中。接下来，我们研究一个变形的 Mata 程序，即把重新命名为 sum 的结果传递到 Stata 中。

要把结果转换到 Stata 中，我们使用 Mata 的 st_numscalar()函数并删掉 calcsum 程序中的第二个参数，因为这个结果不用再传递到 Mata。现在，因为结果在 Stata 中，我们需要使用 Stata 的 display 命令来显示结果。我们有：

```
. mata:
─────────────────────────────────────── mata (type end to exit) ───
:   void function calcsum2(varname)
>   {
>     st_view(x=., ., varname)
>     st_numscalar("r(sum)",colsum(x))
>   }

:   calcsum2("ltotexp")

:   stata("display r(sum)")
453.36881

: end
────────────────────────────────────────────────────────────────────
```

B.3.4 调用 Mata 程序的 Stata 程序

前面的两个程序都是从 Mata 的内部调用 Mata 程序。现在，我们创建一个 Stata 程序 varsum，它可以从 Stata 调用 Mata 程序 calcsum2。

varsum 程序使用标准的 Stata 语法(见 A.2.7 节)而不是位置参数。这个语法把调用 varsum ltotexp 过程中的参数作为出现在 varlist 中的一个变量的名称。调用在上一节中已经定义的 Mata 程序 calcsum2,并把 varname 作为 varlist 中的变量名称。我们有:

```
. program varsum
  1.    version 11
  2.    syntax varname
  3.    mata: calcsum2("`varlist'")
  4.    display r(sum)
  5. end

. varsum ltotexp
453.36881
```

B.3.5 在 ado 文件中使用 Mata

在 Stata 中编写新命令的主要创建方式是 Stata 的 ado 文件。当在 Mata 中进行计算比较方便时,ado 文件可以包含 Mata 程序或者调用 Mata 函数。

在 ado 文件中定义的一个 Mata 函数要求在每一次被调用时都进行编辑。为了节省计算时间,使用 mata mosave 和 mata mlib 命令可以再次使用编辑过的函数,而不需要重新编辑。详见[M-1]**ado**,它更具广泛性地介绍了前面求列的和的例子。

本书术语缩写

2SLS——两阶段最小二乘法

3SLS——三阶段最小二乘法

AIC——赤池信息准则

AME——平均边际效应

ARUM——加法随机效用模型

BC——偏误校正的

BCa——加速的偏误校正的

BIC——贝叶斯信息准则

CL——条件 logit

CV——变异系数

DGP——数据生成过程

FD——一阶差分

FE——固定效应

FGLS——可行的广义最小二乘法

FMM——有限混合模型

GLM——广义线性模型

GLS——广义最小二乘法

GMM——广义矩方法

HAC——(克服)异方差与自相关(得到的)一致的(估计量)

IIA——无关选项的独立性

IM——信息矩阵

IV——工具变量

JIVE——刀切法工具变量的估计量

LEF——线性指数族

LIML——有限信息的极大似然估计法

LM——拉格朗日乘子

LPM——线性概率模型

LR——似然比

LS——最小二乘法

LSDV——最小二乘虚拟变量

ME——边际效应

MEM——均值处的边际效应

MEPS——医疗支出面板数据调查

MER——代表值处的边际效应

ML——极大似然估计法

MM——矩方法

MNL——多项选择 logit

MNP——多项选择 probit

MSE——均方误差

MSL——极大模拟似然估计法

MSS——模型平方和

NB——负二项

NL——嵌套 logit

NLIV——非线性工具变量

NLS——非线性最小二乘法

NR——牛顿-拉夫逊方法

OLS——普通最小二乘法

PA——总体平均的

PFGLS——混合数据可行的广义最小二乘法

PSID——收入动态的面板数据研究

PSU——初始抽样单元

QCR——分位数计数回归

QR——分位数回归

RE——随机效应

RPL——随机参数 logit

RSS——残差平方和

SUR——似不相关回归

TSS——总平方和

VCE——估计量的方差协方差矩阵

WLS——加权最小二乘法

ZINB——零膨胀负二项(模型)

ZIP——零膨胀泊松(模型)

ZTNB——零截尾负二项(模型)

ZTP——零截尾泊松(模型)

主题及术语

linear probability model	线性概率模型
logit model	logit 模型
marginal effects	边际效应
maximum likelihood estimation	极大似然估计法
model comparison	模型的比较
panel-data estimators	面板数据估计量
predicted outcome	预测的结果
predicted probabilities	预测的概率
probit model	probit 模型
pseudo-R^2	伪 R^2
robust variance estimation	稳健的方差估计
specification analysis	(模型)设定分析
two-stage least squares	两阶段最小二乘法
biprobit command	biprobit 命令
bootstrap command	bootstrap 命令
bootstrap methods	自抽样法
asymptotic refinement	渐进精炼
asymptotically pivotal statistic	渐进枢轴量
BCa confidence interval	加速的偏误校正的置信区间
bias estimation	偏误估计
bias-corrected confidence interval	偏误校正的置信区间
bootstrap pairs	自抽样配对法
bootstrap-t method	自抽样-t 方法
case bootstrap	自抽样的例子
clustered bootstrap	聚类自抽样
confidence-intervals example	置信区间的例子
Hausman test	Hausman 检验
jackknife	刀切法
misuse of bootstrap	自抽样的误用
nonparametric bootstrap	非参数的自抽样
normal-based confidence interval	以正态分布为基础的置信区间
number of bootstraps	自抽样的个数
paired bootstrap	配对的自抽样
parametric bootstrap	参数的自抽样
percentile-t confidence interval	百分位数-t 的置信区间
percentile-t method	百分位数-t 方法
percentile-t Wald test	百分位数-t Wald 检验
quantile regression variance matrix	分位数回归方差矩阵
residual bootstrap	残差的自抽样
standard-error estimation	标准误的估计
subsampling	二次抽样
two-step estimator	两阶段估计量
variance of standard error	标准误的方差
wild bootstrap	wild 自抽样

D

E

H

I

J

K

L

P

panel data	面板数据
Arellano-Bond estimator	Arellano-Bond 估计量
between estimator	组间估计量
between variation	组间差异
binary outcome models	二值结果模型
cluster-robust inference	聚类-稳健推断
cointegration	协整
command summary	命令的概述
comparison of estimators	估计量的比较
count-data models	计数数据模型
dynamic model	动态模型
endogeneity	内生性
exogeneity	外生性
first-difference estimator	一阶差分估计量
first-difference model	一阶差分模型
fixed versus random effects	固定效应与随机效应
fixed-effects estimator	固定效应估计量
fixed-effects model	固定效应模型
generalized estimating equations	广义估计方程
generalized method-of-moments estimator	广义矩方法估计量
Hausman test	Hausman 检验
Hausman-Taylor estimator	Hausman-Taylor 估计量
individual-effects model	个体效应模型
individual-invariant regressor	个体不变的解释变量
instrumental-variables estimator	工具变量估计量
least-squares dummy-variable estimator	最小二乘虚拟变量估计量
linear Stata commands summary	线性 Stata 命令的概述
logit model	logit 模型
long panel	长面板
management of data	数据的管理
marginal effects	边际效应
mixed linear models	混合(分层)线性模型
mixed nonlinear model	混合(分层)非线性模型
multiplicative-effects model	乘法效应模型
negative binomial model	负二项模型
nonlinear models overview	非线性模型综述
nonlinear Stata commands summary	非线性 Stata 命令的概述
Poisson model	泊松模型
pooled estimator	混合(数据)估计量
pooled model	混合(数据)模型
population-averaged estimator	总体平均估计量
population-averaged model	总体平均模型
prediction	预测

R^2	R^2
random-coefficients estimator	随机系数估计量
random-coefficients model	随机系数模型
random-effects estimator	随机效应估计量
random-effects model	随机效应模型
random-intercept model	随机截距模型
short panel	短面板
spatial correlation	空间相关性
summary of data	数据的概述
time-invariant regressor	非时变的解释变量
time-series autocorrelations	时间序列自相关
time-series plots	时间序列绘图
two-stage least-squares estimator	两阶段最小二乘估计量
two-way-effects model	双向效应模型
unbalanced panel	非平衡面板
unit roots	单位根
variance components	方差成分
within estimator ... *see* panel data, fixed-effects estimator	组内估计量 见面板数据,固定效应估计量
within scatterplot	组内散点图
within variation	组内差异
percentiles	百分位数
poisson command	poisson 命令
Poisson model ... *see* count-data models post command	Poisson 模型 见计数数据模型 post 命令
postclose command	postclose 命令
postestimation commands summary	估计后命令的概述
postfile command	postfile 命令
prchange command	prchange 命令
prcounts command	prcounts 命令
predict command	predict 命令
prediction	预测
at specified regressor value	解释变量特定值处的
binary outcome models	二值结果模型
in count-data models	在计数数据模型中
in levels from log model	从对数形式的结果中预测水平形式的结果
in linear panel-data model	在线性面板数据模型中
in linear regression model	在线性回归模型中
in panel logit model	在面板 logit 模型中
of multinomial model probabilities	多项选择模型概率的预测
out of sample	样本外预测
summary	概述
weighted	加权的

S

T

U

V

W

X

参考文献

Amemiya, T. 1981, Qualitative response models: A survey. *Journal of Economic Literature* 19: 1483-1536.

Anderson, T. W., and C, Hsiao. 1981. Estimation of dynamic models with error components. *Journal of the American Statistical Association* 76: 598-606.

Andrews, D.W. K. 1988. Chi-square diagnostic tests for econometric models: Introduction and applications. *Journal of Econometrics* 37: 135-156.

Andrews, D. W. K., and M. Y. Buchinsky. 2000. On the number of bootstrap repetitions for BC_a confidence intervals. Cowles Foundation Discussion Papers 1250, Cowles Foundation, Yale University.

Andrews, D. W. K., M. J. Moreira, and J. H. Stock. 2007. Performance of conditional Wald tests in IV regression with weak instruments. *Journal of Econometrics* 139: 116-132.

Angrist, J. D., G. W. Imbens, and A. B. Krueger. 1999. Jackknife instrumental variables estimation. *Journal of Applied Econometrics* 14: 57-67.

Arellano, M. 2003. *Panel Data Econometrics*. New York: Oxford University Press.

Arellano, M., and S. Bond. 1991. Some tests of specification for panel data: Monte Carlo evidence and an application to employment equations. *Review of Economic Studies* 58: 277-297.

Arellano, M., and O. Bover. 1995. Another look at the instrumental variable estimation of error-components models. *Journal of Econometrics* 68 : 29-51.

Azevedo, J. P. 2004. grqreg: Stata module to graph the coefficients of a quantile regression. Statistical Software Components S437001, Boston College Department of Economics. Downloadable from http:// ideas.repec.org/c/bocode/s437001.html.

Baltagi, B. H. 2008. *Econometric Analysis of Panel Data*. 4th ed. Chichester, UK: Wiley.

Baltagi, B. H., J. M. Griffin, and W. Xiong. 2000. To pool or not to pool: Homogeneous versus heterogeneous estimators applied to cigarette demand. *Review of Economics and Statistics* 82: 117-126.

Baltagi, B. H., and S. Khanti-Akom. 1990. On efficient estimation with panel data: An empirical comparison of instrumental variables. *Journal of Applied Econometrics* 5: 401-406.

Bartus, T. 2005. Estimation of marginal effects using margeff. *Stata Journal* 5: 309-329.

Baum, C. F., M. E. Schaffer, and S. Stillman. 2007. Enhanced routines for instrumental variables/ generalized method of moments estimation and testing. *Stata Journal* 7: 465-506.

Beck, N., and J. N. Katz.1995. What to do (and not to do) with time-series cross-section data. *American Political Science Review* 89: 634-647.

Berry, S. T. 1994. Estimating discrete-choice models of product differentiation. *Rand Journal of Economics* 25: 242-262.

Bhattacharya, D. 2005. Asymptotic inference from multi-stage samples. *Journal of Econometrics* 126: 145-171.

Blackburne, E. F., and M. W. Frank. 2007. Estimation of nonstationary heterogeneous panels. *Stats Journal* 7: 197-208.

Blomquist, S., and M. Dahlberg. 1999. Small sample properties of LIML and jackknife IV estimators: Experiments with wesk instruments. *Journal of Applied Econometrics* 14: 69-88.

Blundell, R., and S. Bond. 1998. Initial conditions and moment restrictions in dynamic panel data models. *Journal of Econometrics* 87: 115-143.

Bornhorst, F., and C. F. Baum. 2006. levinlin: Stata module to perform Levin-Lin-Chu panel unit root test. Statistical Software Components S419702, Boston College Department of Economics. Downloadable from http://ideas.repec.org/c/boc/bocode/s419702.html.

——.2007.ipshin: Stata module to perform Im-Pesaran-Shin panel unit root test. Statistical Software Components S419704, Boston College Department of Economics. Downloadable from http://ideas.repec.org/c/boc/bocode/s419704.html.

Brady, T. 2002. reformat: Stata module to reformat regression output. Statistical Soft-ware Components S426304, Boston College Department of Economics. Downloadable from http://ideas.repec.org/c/boc/bocode/s426304.html.

Breitung, J., and M. H. Pesaran. 2005. Unit roots and cointegration in panels. Manuscript. Downloadable from http://ideas.repec.org/p/ces/ceswps/-1565.html.

Cameron, A. C., J. B. Gelbach, and D. L. Miller.2008. Bootstrap-based improvements for inference with clustered errors. *Review of Economics and Statistics* 90: 414-427.

Cameron, A. C., and P. K. Trivedi. 1998. *Regression Analysis of Count Data*. Cam-bridge: Cambridge University Press.

——.2005. *Microeconometrics: Methods and Applications*. Cambridge: Cambridge University Press.

Cameron, A. C., and F. A. G. Windmeijer. 1997. An R-squared measure of goodness of fit for some common nonlinear regression models. *Journal of Econometrics* 77: 329-342.

Carson, R. T., and Y. Sun. 2007. The Tobit model with a non-zero threshold. *Econometrics Journal* 10: 488-502.

Cornwell, C., and P. Rupert. 1988. Efficient estimation with panel data: An empirical comparison of instrumental variables estimators. *Journal of Applied Econometrics* 3: 149-155.

Cox, N. J. 2005. Speaking Stata: The protean quantile plot. *Stata Journal* 5: 442-460.

Cragg, J. G., and S. G. Donald. 1993. Testing identifiability and specification in instrumental variable models. *Econometric Theory* 9: 222-240.

Davidson, J. 2000. *Econometric Theory*. Oxford: Blackwell.

Davidson, R., and J. G. MacKinnon. 2004. *Econometric Theory and Methods*. New York: Oxford University Press.

——.2006. The case against JIVE. *Journal of Applied Econometrics* 21: 827-833.

Davison, A. C., and D. V. Hinkley. 1997. *Bootstrap Methods and Their Application*. Cambridge: Cambridge University Press.

Deb, P. 2007. fmm: Stata module to estimate finite mixture modes. Statistical Software Components S456895, Boston College Department of Economics. Downloadable from http://ideas.repec.org/c/boc/bocode/s456895.html.

Deb, P., A. K. Munkin, and P. K. Trivedi. 2006. Private insurance, selection, and health care use: A bayesian analysis of a Roy-type model. *Journal of Business and Economic Statistics* 24: 403-415.

Deb, P., and P. K. Trivedi. 2002. The structure of demand for medical care: latent class versus two-part models. *Journal of Health Economics* 21: 601-625.

——. 2006.Maximum simulated likelihood estimation of a negative binomial regression model with multinomial endogenous treatment. *Stata Journal* 6: 246-255.

Driscoll, J. C., and A. C. Kraay. 1998. Consistent covariance matrix estimation with spatially dependent panel data. *Review of Economics and Statistics* 80: 549-560.

Drukker，D. A. 2002. Bootstrapping a conditional moments test for normality after tobit estimation. *Stata Journal* 2：125-139.

——.2008. Treatment effects highlight use of population-averaged estimates. Unpublished manuscript.

Drukker，D. A.，and R. Gates. 2006. Generating Halton sequences using Mata. *Stata Journal* 6：214-228.

Duan，N. 1983. Smearing estinate：A nonparametric retransformation method. *Journal of the American Statistical Association* 78：605-610.

Efron，B.，and R. J. Tibshirani. 1993. *An Introduction to the Bootstrap*. New York：Chapman & Hall.

Goldstein，H. 1987. Multileved covariance component models. *Biometrika* 74：430-431.

Gould，W.，J. Pitblado，and W. Sribney. 2006. *Maximum Likelihood Estimation with Stata*. 3rd ed. College Station，TX：Stata Press.

Greene，W. H. 2003. *Econometric Analysis*. 5th ed. Upper Saddle River，NJ：Prentice Hall.

——.2008. *Econometric Analysis*. 6th ed. Upper Saddle River，NJ：Prentice Hall.

Hahn，J.，and J. Hausman. 2002. A new specification test for the validity of instrumental variables. *Econometrica* 70：163-189.

Hall，A . 1987. The information matrix test for the linear model. *Review of Economic Studies* 54：257-263.

Hardin，J. W.，and J. M. Hilbe. 2007. *Generalized Linear Models and Extensions*. 2nd ed. College Station，TX：Stata Press.

Herriges，J. A.，and C. L. Kling. 1999. Nonlinear income effects in random utility models. *Review of Economecs and Statistics* 81：62-72.

Hilbe，J. 2005a. hnblogit：Stata module to estimate negative binomial-logit hurdle regression. Statistical Software Components S456401，Boston College Department of Economics. Downloadable from http：//ideas.repec.org/c/boc/bocode/s456401.html.

——.2005b. hplogit：Stata module to estimate Poisson-logit hurdle regression. Statistical Software Components S456405，Boston College Department of Economics. Downloadable from http：//ideas.repec.org/c/boc/bocode/s456405.html.

Hoechle，D. 2007. Robust standard errors for panel regressions with cross-sectional dependence. *Stata Journal* 7：281-312.

Hole，A. R. 2007. Fitting mixed logit models by using maximum simulated lidelihood. *Stata Journal* 7：388-401.

Holtz-Eakin，D.，W. Newey，and H. S. Rosen. 1988. Estimating vector autoregressions with panel data. *Econometrica* 56：1371-1395.

Horowitz，J. L. 2001. The bootstrap. In *Handbook of Econometrics*，ed .J.J. Heckman and E. Leamer，vol. 5，3159-3228. Amsterdam：Elsevier.

Hosmer，D. W.，Jr.，and S. Lemeshow. 1980. Goodness-of-fit tests for the multiple logistic regression model. *Communications in Statisstics*：*Theory and Methods* 9：1043-1069.

——.2000. *Applied Logistic Regression*. 2nd ed. New York：Wiley.

Hsiao，C. 2003. *Analysis of Panel Data*. 2nd ed. Cambridge：Cambridge University Press.

Huber，P. J. 1965. The behavior of maximum likelihood estimates under nonstandard conditions. In *Proceedings of the Fifth Berkeley Symposium on Mathematical Statistics and Probability*，vol. 1，221-233. Berkeley，CA：University of California Press.

Im，K. S.，M. H. Pesaran，and Y. Shin. 2003. Testing for unit roots in heterogeneous panels. *Journal of Econometrics* 115：53-74.

Jann，B. 2005. Making regression tables from stored estimates. *Stata Journal* 5：288-308.

——.2007. Making regression tables simplified . *Stata Journal* 7：227-244.

Jolliffe, D., B. Krushelnytskyy, and A. Semykina. 2000. sg153: Censored least absolute deviations estimator: CLAD. *Stata Technical Bulletin* 58: 13-16. Reprinted in *Stata Technical Bulletin Reprints*, vol. 10, pp. 240-244. College Station, TX: Stata Press.

Keshk, O. M. G. 2003. CDSIMEQ: A program to implement two-stage probit least squares. *Stata Journal* 3: 157-167.

Koenker, R. 2005. *Quantile Regression*. Cambridge: Cambridge University Press.

Kreuter, F., and R. Valliant. 2007. A survey on survey statistics: What is done and can be done in StatA. *Stata Journal* 7: 1-21.

Lee, M. 2002. *Panel Data Econometrics: Methods-of-Moments and Limited Dependent Variables*. San Diego, CA: Academic Press.

Levin, A., C.-F.Lin, and C.-S. J. Chu. 2002. Unit root tests in panel data: Asymptotic and finite-sample properties. *Journal of Econometrics* 108: 1-24.

Liang, K.-Y., and S. L. Zeger. 1986. Longitudinal data analysis using generalized linear models. *Biometrika* 73: 13-22.

Long, J. S., and J. Freese. 2006. *Regression Models for Categorical Dependent* Variables *Using Stata*. 2nd ed. College Station, TX: Stata Press.

Machado, J. A. F., and J. M. C. Santos Silva. 2005. Quantiles for counts. *Journal of the American Statistical Association* 100: 1226-1237.

MacKinnon, J. G. 2002. Bootstrap inference in econometrics. *Canadian Journal of Economics* 35: 615-645.

Manning, W. G., J. P. Newhouse, N. Duan, E. B. Keeler, and A. Leibowitz. 1987. Health insurance and the demand for medical care: Evidence from a randomized experiment. *American Economic Review* 77: 251-277.

McCullagh, P., and J. A. Nelder. 1989. *Generalized Linear Models*. 2nd ed. London: Chapman & Hall.

Mikusheva, A., and B. P. Poi. 2006. Tests and confidence sets with correct size when instruments are potentially weak. *Stata Journal* 6: 335-347.

Miller, G. E.1991. Asymptotic test statistics for coefficients of variation. *Communications in Statistics: Theory and Methods* 20: 3351-3363.

Miranda, A. 2007. qcount: Stata program to fit quantile regression models for count data. Statistical Software Components S456714. Boston College Department of Economics. Downloadable from http://ideas.repec.org/c/boc/bocode/s456714.html.

Mitchell, M. N. 2008. *A Visual Guide to Stata Graphics*. 2nd ed. College Station, TX: Stata Press.

Newey, W. K. 1985. Maximum likelihood specification testing and conditional moment tests, *Econometrica* 53: 1047-1070.

——. 1987. Efficient estimation of limited dependent variable models with endogenous explanatory variables. *Journal of Econometrics* 36: 231-250.

Newey, W. K., and K. D. West. 1987. A simple, positive semi-definite, heteroskedasticity and autocorrelation consistent covariance matrix. *Econometrica* 55: 703-708.

Pagan, A., and F. Vella. 1989. Diagnostic tests for models based on individual data: A survey. Special issue, *Journal of Applied Econometrics* 4: S229-S259.

Papps, K. L. 2006. outsum: Stata module to write formatted descriptive statistics to a text file. Statistical Software Components S456780, Boston College Deparement of Economics. Downloadable from http://ideas.repec.org/c/boc/bocode/s456780.html.

Pesaran, M. H., Y. Shin. and R. P. Smith. 1999. Pooled mean group estimation of dynamic heterogeneous panels. *Journal of the American Statistical Association* 94: 621-634.

Pesaran, M. H., and R. Smith. 1995. Estimating long-run relationships from dynamic heterogeneous panels. *Journal of Econometrics* 68: 79-113.

Poi, B. P. 2004. From the help desk: Some bootstrappong techniques. *Stata Journal* 4: 312-328.

——. 2006. Jackknife instrumental variables estimation in Stata. *Stata Journal* 6: 364-376.

Politis, D. N., J. P. Romano, and M. Wolf. 1999. *Subsampling*. New York: Springer.

Powell, J. L. 1984. Least absolute deviations estimation for the censored regression model. *Journal of Econometrics* 25: 303-325.

Press, W. H., S. A. Teukolsky, W. T. Vetterling, and B. P. Flannery. 1992. *Numerical Recipes in C: The Art of Scientific Computing*. 2nd ed. Cambridge: Cambridge University Press.

Rabe-Hesketh, S., and A. Skrondal. 2008. *Multilevel and Longitudinal Modeling Using Stata*. 2nd ed. College Station, TX: Stata Press.

Rabe-Hesketh, S., A. Skrondal, and A. Pickles. 2002. Reliable estimation of generalized linear mixed models using adaptive quadrature. *Stata Journal* 2: 1-21.

Salgado-Ugarte, I. H., M. Shimezu, and T. Taniuchi. 1996. snp10: Nonparametric regression: Kernel, WARP. and k-NN estimators. *Stata Technical Bulletin* 30: 15-30. *Reprinted in Stata Technical Bulletin Reprints*, vol. 5, pp. 197-218. College Station, TX: Stata Press.

Schaffer, M. E. 2007. xtivreg2: Stata module to perform extended IV / 2SLS, GMM and AC/ HAC, LIML, and k-class regression for panel data models. Statistical Software Components S456501, Boston College Department of Economics. Downloadable from http://ideas.repec.org/c/boc/bocode/s456501.html.

Simcoe, T. 2007. xtpqml: Stata module to estimate fixed-effects Poisson (quasi-ML) regression with robust standard errors. Statistcal Software Components S456821, Boston College Department of Economics. Downloadable from http://ideas.repec.org/c/boc/bocode/s456821.html.

Skeels, C. L., and F. Vella. 1999. A Monte Carlo investigation of the sampling behavior of conditional moment tests in tobit and probit models. *Journal of Econometrics* 92: 275-294.

Staiger, D., and J. H. Stock. 1997. Instrumental variables regression with weak instruments. *Econometrica* 65: 557-586.

Stock, J. H., and M. Yogo. 2005. Testing for weak instruments in linear IV regression. In *Identification and Inference for Econometric Models: Essays in Honor of Thomas Rothenberg*, ed. D. W. K. Andrews and J. H. Stock, 80-108. Cambridge: Cambridge University Press.

Stukel, T. A. 1988. Generalized logistic models. *Journal of the American Statistical Association* 83: 426-431.

Train, K. 2003. *Discrete Choice Methods with Simulation*. Cambridge: Cambridge University Press.

Verbeek, M. 2008. *A Guide to Modern Econometrics*. 3rd ed. Chichester, UK: Wiley.

Vuong, Q. H. 1989. Likelihood ratio tests for model selection and nonnested hypotheses. *Econometrica* 57: 307-333.

White, H. 1980. A heteroskedasticity-consistent covariance matrix estimator and a direct test for heteroskedasticity. *Econometrica* 48: 817-838.

Williams, R. 2006. Generalized ordered logit/partial proportional odds models for ordinal dependent variables. *Stata Journal* 6: 58-82.

Windmeijer, F. 2005. A finite sample correction for the variance of linear efficient two-step GMM estimators. *Journal of Econometrecs* 126: 25-51.

Wolfe, F. 2002. fsum: Stata module to generate and format summary statistics. Statistical Software Components S426501, Boston College Department of Economecs. Downloadble from http://ideas.repec.org/c/boc/bocode/s426501.html.

Wooldridge, J. M. 2002. Econometric *Analysis of Cross Section and Panel Data*. Cambridge, MA: MIT Press.